전면개정 제36회 공인중개사 시험대비
방송대학TV 무료강의 | 첫방송 2025. 8. 25(월) 오전 7시

박문각
공인중개사

실전모의고사 2차 7회분

공인중개사법·중개실무 | 부동산공법
부동산공시법령 | 부동산세법

박문각 부동산교육연구소 편

합격까지 박문각
합격 노하우가 다르다!

박문각 공인중개사

PREFACE

이 책의 머리말

넘어지는 것은 실패가 아니다.
진정한 실패란 넘어진 상태에서 그대로 머물러 있는 것을 말하는 것이다.

— 소크라테스 —

시험을 앞두고 불안해하는 마음이 드는 이때, 무엇보다 중요한 것은 자신의 실력을 정확히 파악하고 시험에서 범하기 쉬운 실수들을 미리 대처함으로써 실전에 대한 불안감을 극복하는 것입니다.

최근 공인중개사 시험은 단편적인 지식을 묻는 것이 아니라 과목 전체를 얼마나 넓고 체계적으로 이해하고 있는가를 측정하기 때문에 이론을 공부한 후에는 다양한 문제 유형을 통해, 제한된 시간 내에 문제를 해결하는 연습을 꾸준히 해야 합니다.

이 교재는 여러분들이 실전에 좀 더 자신감을 가지고 임할 수 있도록 만들어진 실전 대비용 교재로 모의고사를 공부하실 때에는 연습이 아닌 실전에 임하는 것처럼 과목별로 시간을 배분하시고, 또 문제당 시간을 배분해 보시는 것이 실전에 많은 도움이 될 것입니다.

본서는 실전에 철저히 대비할 수 있는 능력을 배양하는 데 중점을 두고 구성되었으며, 특징은 다음과 같습니다.

01 기출문제의 경향분석을 통해 출제 가능한 문제를 위주로 한 내용 구성과 적절한 난이도 조절로 실제 시험에서의 적응력을 키울 수 있도록 하였습니다.

02 새로운 출제경향에 맞는 문제를 엄선하여 수록하였고, 각 문제마다 상세한 해설을 통해 문제에 대한 완벽한 이해가 가능하도록 하였습니다.

03 2025년 최신 개정 법령을 충실히 반영하여 새로운 법령에 대한 인지도를 높이는 것과 동시에 총 7회 분량의 문제 구성을 통해 본인의 평균 점수대를 확인해 볼 수 있도록 하였습니다.

끝으로 본서가 수험생 여러분의 땀방울이 결실을 맺는 데 나침반이 되길 바라면서,
마지막까지 최선을 다하여 합격의 영광이 함께하시기를 기원합니다.

2025년 5월

GUIDE

공인중개사 시험정보

시험일정 및 시험시간

1. 시험일정 및 장소

구 분	정기접수	빈자리접수	시험시행일	합격자발표
일 정	2025. 8. 4. ~ 8. 8.	2025. 9. 29. ~ 9. 30.	2025. 10. 25.	2025. 11. 26.
장 소	원서 접수시 수험자가 시험지역 및 시험장소를 직접 선택			

TIP 1. 제1·2차 시험이 동시접수·시행·발표됨
2. 빈자리 접수는 정기접수 환불로 발생한 수용인원 범위 내에서 선착순으로만 이루어져 조기 마감될 수 있음

2. 시험시간

구 분	교시	시험과목 (과목당 40문제)	시험시간	
			입실시간	시험시간
제1차 시험	1교시	2과목	09:00까지	09:30 ~ 11:10(100분)
제2차 시험	1교시	2과목	12:30까지	13:00 ~ 14:40(100분)
	2교시	1과목	15:10까지	15:30 ~ 16:20(50분)

* 수험자는 반드시 입실시간까지 입실하여야 함(시험 시작 이후 입실 불가)
* 개인별 좌석배치도는 입실시간 20분 전에 해당 교실 칠판에 별도 부착함
* 위 시험시간은 일반응시자 기준이며, 장애인 등 장애유형에 따라 편의제공 및 시험시간 연장가능(장애 유형별 편의제공 및 시험시간 연장 등 세부내용은 큐넷 공인중개사 홈페이지 공지사항 참조)
* 2차만 응시하는 시간연장 수험자는 1·2차 동시응시 시간연장자의 2차 시작시간과 동일 시작

TIP 시험일시, 시험장소, 시험방법, 합격자 결정방법 및 응시수수료의 환불에 관한 사항 등은 '제36회 공인중개사 자격시험 시행공고'시 고지

응시자격 및 합격자 결정방법

1. 응시자격: 제한 없음. 다만, 다음의 각 호에 해당하는 경우에는 공인중개사 시험에 응시할 수 없음
① 공인중개사시험 부정행위자로 처분 받은 날로부터 시험시행일 전일까지 5년이 경과되지 않은 자(공인중개사법 제4조의3)
② 공인중개사 자격이 취소된 후 합격자발표일까지 3년이 경과하지 않은 자(공인중개사법 제6조)
③ 이미 공인중개사 자격을 취득한 자

2. 합격자 결정방법
제1·2차 시험 공통. 매 과목 100점 만점으로 하여 매 과목 40점 이상, 전 과목 평균 60점 이상 득점한 자
TIP 제1차 시험에 불합격한 자의 제2차 시험은 무효로 함
* 제1차 시험 면제대상자: 2024년 제35회 제1차 시험에 합격한 자

시험과목 및 출제비율

구 분	시험과목	시험범위	출제비율
제1차 시험 (2과목)	부동산학개론 (부동산 감정평가론 포함)	부동산학개론 • 부동산학 총론[부동산의 개념과 분류, 부동산의 특성(속성)] • 부동산학 각론(부동산 경제론, 부동산 시장론, 부동산 정책론, 부동산 투자론, 부동산 금융론, 부동산 개발 및 관리론)	85% 내외
		부동산 감정평가론(감정평가의 기초이론, 감정평가방식, 부동산가격 공시제도)	15% 내외
	민법 및 민사특별법 중 부동산중개에 관련되는 규정	민 법 • 총칙 중 법률행위 • 질권을 제외한 물권법 • 계약법 중 총칙·매매·교환·임대차	85% 내외
		민사특별법 • 주택임대차보호법 • 집합건물의 소유 및 관리에 관한 법률 • 가등기담보 등에 관한 법률 • 부동산 실권리자명의 등기에 관한 법률 • 상가건물 임대차보호법	15% 내외
제2차 시험 1교시 (2과목)	공인중개사의 업무 및 부동산 거래신고 등에 관한 법령 및 중개실무	공인중개사법	70% 내외
		부동산 거래신고 등에 관한 법률	
		중개실무	30% 내외
	부동산공법 중 부동산중개에 관련되는 규정	국토의 계획 및 이용에 관한 법률	30% 내외
		도시개발법	30% 내외
		도시 및 주거환경정비법	
		주택법	40% 내외
		건축법	
		농지법	
제2차 시험 2교시 (1과목)	부동산공시에 관한 법령 및 부동산 관련 세법	부동산등기법	30% 내외
		공간정보의 구축 및 관리 등에 관한 법률 제2장 제4절 및 제3장	30% 내외
		부동산 관련 세법(상속세, 증여세, 법인세, 부가가치세 제외)	40% 내외

TIP 답안은 시험시행일에 시행되고 있는 법령을 기준으로 작성

GUIDE

최근 5개년 출제경향 분석표

공인중개사법·중개실무

구 분		제31회	제32회	제33회	제34회	제35회	총 계	비율(%)
공인중개사법령	총 설	1	1	2	2	0	6	3.0
	공인중개사제도	1	0	2	1	1	5	2.5
	중개사무소 개설등록 및 결격사유 등	2	3	2	3	2	12	6.0
	중개사무소 등 중개업무제도	10	5	1	0	3	19	9.5
	중개계약 및 부동산거래정보망	3	1	4	1	2	11	5.5
	개업공인중개사 등의 업무상 의무	4	5	1	9	3	22	11.0
	중개보수 등	2	0	3	1	1	7	3.5
	공인중개사협회 및 보칙	0	2	2	2	3	9	4.5
	지도·감독 및 벌칙	4	6	4	4	3	21	10.5
	법령 통합문제	2	4	1	1	2	10	5.0
	소 계	29	27	22	24	20	122	61.0
부동산 거래신고 등에 관한 법령	부동산거래신고제	2	4	2	3	4	15	7.5
	외국인 등의 부동산 등 취득에 관한 특례	1	1	2	1	1	6	3.0
	토지거래허가제	2	3	5	3	2	15	7.5
	법령 통합문제	0	0	0	0	0	0	0.0
	소 계	5	8	9	7	7	36	18.0
중개실무	중개실무 총설 및 중개의뢰접수	0	0	4	0	0	4	2.0
	중개대상물의 조사·확인의무	1	1	3	3	3	11	5.5
	중개영업활동	0	0	0	0	0	0	0.0
	거래계약체결 및 개별적 중개실무	3	3	0	4	5	15	7.5
	경매·공매 및 매수신청대리인 등록	2	1	2	2	2	9	4.5
	법령 통합문제	0	0	0	0	3	3	1.5
	소 계	6	5	9	9	13	42	21.0
총 계		40	40	40	40	40	200	100.0

부동산공법

구 분	제31회	제32회	제33회	제34회	제35회	총 계	비율(%)
국토의 계획 및 이용에 관한 법률	12	12	12	12	12	60	30.0
도시개발법	6	6	6	6	6	30	15.0
도시 및 주거환경정비법	6	6	6	6	6	30	15.0
건축법	7	7	7	7	7	35	17.5
주택법	7	7	7	7	7	35	17.5
농지법	2	2	2	2	2	10	5.0
총 계	40	40	40	40	40	200	100.0

최근 5개년 출제경향 분석표

부동산공시법령

구분		제31회	제32회	제33회	제34회	제35회	총계	비율(%)
공간정보의 구축 및 관리 등에 관한 법률	지적제도 총칙	0	0	0	0	0	0	0.0
	토지의 등록	1	4	2	3	5	15	12.0
	지적공부	4	4	5	2	3	18	15.2
	토지의 이동 및 지적정리	5	1	4	4	4	18	15.2
	지적측량	2	3	1	3	0	9	7.6
	소계	12	12	12	12	12	60	50.0
부동산등기법	등기제도 총칙	0	0	0	0	0	0	0.0
	등기의 기관과 설비	0	1	1	0	0	2	1.7
	등기절차 총론	4	3	4	4	2	17	14.3
	각종의 등기절차(I)	6	4	3	4	3	20	16.7
	각종의 등기절차(II)	2	4	4	4	7	21	17.3
	소계	12	12	12	12	12	60	50.0
총계		24	24	24	24	24	120	100.0

부동산세법

구분		제31회	제32회	제33회	제34회	제35회	총계	비율(%)
	조세총론	1	2	2	2	2	9	11.25
지방세	취득세	1.5	2	2	2	3	10.5	13.125
	등록면허세	2.5	1	1	2	0	6.5	8.125
	재산세	3	2.5	2	2	3	12.5	15.625
	지방소득세	0	0	0	0	0	0	0.0
	지역자원시설세	1	0	0	0	0	1	1.25
국세	종합부동산세	1	2.5	2	2	2	9.5	11.875
	양도소득세	5	6	5	5	5	26	32.5
	종합소득세	1	0	2	1	1	5	6.25
총계		16	16	16	16	16	80	100.0

CONTENTS

이 책의 차례

문제편

01 실전모의고사	… 8
02 실전모의고사	… 31
03 실전모의고사	… 54
04 실전모의고사	… 75
05 실전모의고사	… 98
06 실전모의고사	… 120
07 실전모의고사	… 143

해설편

01 정답 및 해설	… 170
02 정답 및 해설	… 182
03 정답 및 해설	… 195
04 정답 및 해설	… 208
05 정답 및 해설	… 221
06 정답 및 해설	… 232
07 정답 및 해설	… 245

빠른 정답 찾기 … 256

Test 01 실전모의고사

정답 및 해설 ▶ P. 170

1교시

⏱ 제한시간 100분

공인중개사법 · 중개실무

01 공인중개사법령상 공인중개사 자격시험에 관한 설명으로 옳은 것을 모두 고른 것은?

> ㉠ 공인중개사정책심의위원회에서 시험에 관한 사항을 정하는 경우에는 시·도지사는 이에 따라야 한다.
> ㉡ 시·도지사가 시험을 시행하려는 경우에는 공인중개사정책심의위원회의 사전의결을 거쳐야 한다.
> ㉢ 시험시행기관장은 시험을 시행하기 어려운 부득이한 사정이 있는 경우에는 공인중개사정책심의위원회의 의결을 거쳐 당해 연도의 시험을 시행하지 않을 수 있다.
> ㉣ 시·도지사는 합격자 결정·공고일로부터 지체 없이 합격자에게 공인중개사자격증을 교부하여야 한다.

① ㉠, ㉡
② ㉠, ㉢
③ ㉡, ㉢
④ ㉢, ㉣
⑤ ㉠, ㉢, ㉣

02 공인중개사법령상 중개대상물이 될 수 있는 것은 모두 몇 개인가? (다툼이 있으면 판례에 따름)

> ㉠ 영업용 건물의 비품, 영업상의 노하우
> ㉡ 분양계약이 체결되어 동·호수가 특정된 장차 건축될 아파트
> ㉢ 아파트 추첨기일에 신청하여 당첨되면 아파트의 분양 예정자로 선정될 수 있는 지위인 입주권
> ㉣ 「입목에 관한 법률」에 따른 입목
> ㉤ 「공장 및 광업재단 저당법」에 따른 광업재단

① 1개
② 2개
③ 3개
④ 4개
⑤ 5개

03 공인중개사법령상 중개사무소 개설등록에 필요한 실무교육에 관한 설명으로 틀린 것은?

① 개업공인중개사가 중개사무소를 이전하는 경우, 실무교육을 다시 받지 않아도 된다.
② 실무교육은 부동산중개와 관련되는 전문지식, 부동산중개실무와 경영실무, 직업윤리 등을 그 내용으로 한다.
③ 실무교육의 실시는 시·도지사가 한다.
④ 법인이 중개사무소를 개설 등록을 하는 경우에 그 임원의 1/3 이상이 실무교육을 받아야 한다.
⑤ 폐업신고 후 2년이 지난 자는 다시 실무교육을 받아야 중개사무소 개설등록을 신청할 수 있다.

04 공인중개사법령상 법인이 중개사무소를 개설 등록하려는 경우, 이에 관한 설명으로 옳은 것을 모두 고른 것은? (다른 법률에 의해 중개업을 할 수 있는 법인은 제외함)

> ㉠ 중개업 및 주택의 임대관리 등 부동산의 관리대행업을 영위할 목적으로 설립된 법인은 개설등록을 신청할 수 있다.
> ㉡ 자본금 5천만원 이상의 「상법」상의 합명회사는 개설등록을 신청할 수 있다.
> ㉢ 대표자를 제외한 임원 또는 사원(합명회사 또는 합자회사의 무한책임사원을 말함)이 8명이라면 그중 4명 이상이 공인중개사이어야 한다.
> ㉣ 분사무소를 설치하는 경우, 그 분사무소의 책임자와 중개보조원은 설치신고일 전 1년 이내에 실무교육을 받은 자이어야 한다.

① ㉠, ㉡
② ㉠, ㉣
③ ㉡, ㉢
④ ㉡, ㉣
⑤ ㉢, ㉣

05 공인중개사법령상 중개사무소 개설등록의 결격사유에 해당하지 않는 자는?

① 「도로교통법」 위반으로 징역형에 대한 집행유예를 받고 그 유예기간이 만료되고 2년이 경과되지 아니한 자
② 법정대리인의 동의를 얻은 피성년후견인
③ 파산선고를 받고 복권되지 않은 자가 법인의 임원으로 있는 경우의 그 법인
④ 「공인중개사법」 위반으로 벌금형을 299만원 받고 3년이 경과되지 않는 자
⑤ 「형법」 위반으로 징역형의 실형 선고를 받고 그 집행이 종료된 날부터 3년이 경과되지 않은 자

06 공인중개사법령상 개업공인중개사의 "고용인"의 신고에 관한 설명으로 틀린 것은?

① 개업공인중개사가 중개보조원을 고용한 경우에는 업무개시 전까지 등록관청에 신고해야 한다.
② 개업공인중개사가 중개보조원과의 고용관계를 종료시킨 경우에는 고용관계 종료일부터 10일 이내에 등록관청에 신고해야 한다.
③ 소속공인중개사의 업무상 행위는 그를 고용한 개업공인중개사의 행위로 본다.
④ 개업공인중개사가 소속공인중개사를 고용한 경우라도 소속공인중개사의 공인중개사 자격증을 중개사무소에 게시할 의무는 없다.
⑤ 소속공인중개사 고용신고를 받은 등록관청은 공인중개사 자격증을 발급한 시·도지사에게 그 소속공인중개사의 공인중개사 자격 확인을 요청해야 한다.

07 개업공인중개사 甲의 중개보조원 乙의 고의로 거래상의 중요사항에 대한 잘못된 설명으로 인하여 중개의뢰인 丙이 재산상의 손해를 입었다. 이와 관련한 설명으로 옳은 것은? (다툼이 있으면 판례에 따름)

① 甲은 중개사무소 개설등록 이전에 손해배상책임을 보장하기 위해 보증보험 또는 공제에 가입하거나 공탁을 해야 한다.
② 乙의 업무상 행위로 인한 배상책임은 乙과 甲이 연대하여 丙에게 배상책임을 져야 한다.
③ 甲은 乙의 업무상 행위뿐만 아니라, 모든 행위에 대하여 丙에게 손해배상책임을 진다.
④ 甲은 乙의 행위로 인하여 등록이 취소되거나 업무정지 처분을 받지는 아니한다.
⑤ 甲의 책임이 인정되어 丙에게 손해배상책임을 이행한 甲은 乙에게 구상권을 행사할 수는 없다.

08 공인중개사법령상 중개사무소에 관한 설명으로 옳은 것은?

① 법인인 개업공인중개사는 주된 사무소가 소재하는 등록관청 관할구역 안에 분사무소를 둘 수 있다.
② 개업공인중개사는 1개에 한하여 천막 그 밖에 이동이 용이한 임시중개시설물을 설치할 수 있다.
③ 다른 법률의 규정에 따라 중개업을 할 수 있는 법인의 분사무소에도 공인중개사를 책임자로 두어야 한다.
④ 분사무소의 이전신고를 하려는 자는 분사무소 이전신고서를 주된 사무소의 소재지를 관할하는 등록관청에 제출하여야 한다.
⑤ 개업공인중개사는 휴업 중인 다른 개업공인중개사와 중개사무소를 공동으로 사용할 수 없다.

09 공인중개사법령상 중개사무소를 등록관청의 관할지역 외의 지역으로 이전하고 이를 신고한 경우, 이에 관한 설명으로 옳은 것(○)과 틀린 것(×)을 옳게 표시한 것은?

> ㉠ 개업공인중개사는 이전한 날부터 지체 없이 이전 후의 등록관청에 이전사실을 신고해야 한다.
> ㉡ 이전신고 전에 발생한 사유로 인한 개업공인중개사에 대한 행정처분은 이전 후의 등록관청이 이를 행한다.
> ㉢ 이전신고를 받은 등록관청은 원래의 중개사무소등록증에 변경사항을 기재하여 이를 교부할 수 있다.

① ㉠(×), ㉡(×), ㉢(×)
② ㉠(×), ㉡(○), ㉢(×)
③ ㉠(×), ㉡(×), ㉢(○)
④ ㉠(○), ㉡(○), ㉢(×)
⑤ ㉠(○), ㉡(○), ㉢(○)

10 공인중개사법령상 인장등록에 관한 내용으로 틀린 것은?

① 법인인 개업공인중개사의 경우 등록할 인장은 가족관계등록부나 주민등록표에 기재된 성명이 나타난 인장으로서, 가로·세로 각각 7mm 이상 30mm 이하 크기의 인장이어야 한다.
② 법인의 분사무소에서 사용할 인장은 「상업등기규칙」에 따라 법인의 대표자가 보증하는 인장을 등록할 수 있다.
③ 개업공인중개사가 등록하지 않은 인장을 중개행위에 사용한 것은 업무정지 처분사유에 해당한다.
④ 인장의 등록은 중개사무소 개설등록신청과 같이 할 수 있다.
⑤ 법인인 개업공인중개사의 인장등록은 「상업등기규칙」에 따른 인감증명서의 제출로 갈음한다.

11 공인중개사법령상 개업공인중개사의 휴업 또는 폐업 신고에 관한 설명으로 틀린 것은?
① 징집으로 인한 입영으로 휴업하는 경우, 그 휴업기간은 6개월을 초과할 수 있다.
② 중개사무소재개신고를 받은 등록관청은 반납 받은 중개사무소 등록증을 즉시 반환해야 한다.
③ 개업공인중개사의 폐업신고는 전자문서에 의하여 할 수 없으나, 휴업신고는 전자문서에 의한 신고를 할 수 있다.
④ 휴업기간의 변경을 하고자 하는 때에는 등록관청에 미리 신고해야 한다.
⑤ 중개사무소의 개설등록 후 3개월을 초과하여 업무를 개시하지 아니하고자 할 때에는 등록관청에 미리 신고해야 한다.

12 공인중개사인 개업공인중개사가 다음의 행위를 한 경우, 공인중개사법령상 피해자의 명시한 의사에 반하여 처벌할 수 없는 반의사불벌죄에 해당하는 것은?
① 업무상 알게 된 비밀을 누설한 경우
② 거래상의 중요사항에 대하여 거짓된 언행 기타의 방법으로 의뢰인의 판단을 그르치게 한 경우
③ 2 이상의 서로 다른 중개사무소를 둔 경우
④ 거짓 그 밖의 부정한 방법으로 중개사무소 개설등록을 한 경우
⑤ 중개대상물의 매매를 업으로 한 경우

13 공인중개사법령상 중개계약에 관한 설명으로 옳은 것은?
① 국토교통부장관이 일반중개계약의 표준이 되는 서식을 정하고 있으므로, 개업공인중개사는 그 서식을 반드시 사용해야 한다.
② 전속중개계약을 체결할 경우 당사자 간에 다른 약정이 없으면 그 유효기간은 6개월로 한다.
③ 개업공인중개사가 국토교통부령이 정하는 전속중개계약서에 의하지 않고 전속중개계약을 체결한 경우, 개설등록이 취소된다.
④ 일반중개계약서와 전속중개계약서 서식(시행규칙 별지 서식)에는 중개보수를 기재하도록 정해져 있다.
⑤ 일반중개계약서에는 유효기간이 원칙적으로 1개월이라고 기술되어 있다.

14 공인중개사법령상 중개대상물의 확인·설명에 관한 설명으로 틀린 것은? (다툼이 있으면 판례에 따름)
① 개업공인중개사가 중개를 의뢰받은 경우 중개대상물에 대한 확인·설명은 중개가 완성되기 전에 해야 한다.
② 개업공인중개사의 중개대상물에 대한 확인·설명은 당해 중개대상물에 대한 권리를 취득하고자 하는 중개의뢰인에게 해야 한다.
③ 중개대상물에 대한 취득시 부담할 조세와 양도시 부담할 조세는 개업공인중개사의 확인·설명할 사항에 해당된다.
④ 중개의뢰인이 개업공인중개사에게 소정의 중개보수를 지급하지 아니하였다고 해서 개업공인중개사의 확인·설명의무 위반에 따른 손해배상책임이 당연히 소멸되는 것이 아니다.
⑤ 개업공인중개사는 중개가 완성되어 거래계약서를 작성하는 때에는 중개대상물 확인·설명서를 작성하여 거래당사자에게 교부하여야 한다.

15 공인중개사법령상 주거용 건축물의 중개대상물 확인·설명서[Ⅰ]에서, "개업공인중개사 기본 확인사항"이 아닌 것은?
① 공법상 이용제한과 거래규제
② 입지조건
③ 비선호시설(1km 이내)
④ 현장안내
⑤ 취득시 부담할 조세의 종류 및 세율

16 공인중개사법령상 개업공인중개사의 중개대상물 확인·설명서[Ⅰ]의 작성방법에 관한 설명으로 틀린 것은?
① 개업공인중개사 기본 확인사항은 개업공인중개사가 확인한 사항을 적어야 한다.
② 권리관계의 등기부기재사항은 등기사항증명서를 확인하여 적는다.
③ 매매의 경우, 취득시 부담할 조세의 종류 및 세율은 중개가 완성되기 전에 지방세법의 내용을 확인하여 적는다.
④ 당해 중개행위를 한 소속공인중개사가 있는 경우, 확인·설명서에 개업공인중개사와 소속공인중개사가 함께 서명 및 날인해야 한다.
⑤ 중개보수는 실제거래가격(거래대금)을 기준으로 계산하여 적는다.

17 공인중개사법령상 거래계약서의 작성에 관한 설명으로 틀린 것은? (다툼이 있으면 판례에 따름)
① 국토교통부장관은 개업공인중개사가 작성하는 거래계약서의 표준이 되는 서식을 정하여 그 사용을 권장할 수 있으나, 공인중개사법령에는 별지서식이 정해져 있지 않다.
② 개업공인중개사는 거래계약서에 서명 및 날인해야 한다.
③ 개업공인중개사는 중개대상물에 관하여 중개가 완성된 때에는 거래계약서를 작성하여 거래당사자 쌍방에게 교부하여야 한다.
④ 매매계약서에 실제로 거래한 가액보다 낮은 금액을 매매대금으로 기재하였다 하여, 그것만으로 그 매매계약이 사회질서에 반하는 법률행위로서 무효로 된다고 할 수는 없다.
⑤ 중개보수 및 실비의 금액 및 산출내역은 거래계약서에 기재해야 할 사항에 해당한다.

18 개업공인중개사의 중개로 매매계약이 체결된 후 계약금 등의 반환채무이행을 보장하기 위해 매수인이 낸 계약금을 개업공인중개사 명의로 금융기관에 예치하였다. 공인중개사법령상 이에 관한 설명으로 틀린 것은?
① 금융기관에 예치하는 데 소요되는 실비는 특별한 약정이 없는 한 매수인이 부담한다.
② 개업공인중개사는 계약금 이외에 중도금이나 잔금도 매매대금이므로 이를 예치하도록 거래당사자에게 권고하여야 한다.
③ 개업공인중개사는 예치된 계약금에 해당하는 금액을 보장하는 보증보험 또는 공제에 가입하거나 공탁을 해야 한다.
④ 개업공인중개사는 예치된 계약금이 자기 소유의 예치금과 분리하여 관리될 수 있도록 하여야 하며, 위반시에는 업무정지처분의 대상이 된다.
⑤ 개업공인중개사는 예치된 계약금을 거래당사자의 동의 없이 임의로 인출하여서는 안 되며, 위반시에는 업무정지처분의 대상이 된다.

19 다음 중 「공인중개사법」 제33조 규정에 의한 개업공인중개사의 금지행위에 해당하는 것은? (다툼이 있으면 판례에 따름)
① 공인중개사인 개업공인중개사가 중개업과 별도로 편의점의 운영을 업으로 하는 경우
② 법인인 개업공인중개사가 상가건물의 권리금 알선과 관련하여 법령상의 한도액을 초과한 금원을 받은 경우
③ 개업공인중개사가 소유자의 대리인으로부터 매도의뢰 받은 주택을 개업공인중개사의 경제공동체인 배우자가 직접 자기 명의로 매수하는 행위
④ 개업공인중개사가 자신이 거주할 주택을 다른 개업공인중개사의 중개로 임차하는 행위
⑤ 개업공인중개사가 거래당사자 일방을 대리하는 행위

20 법인인 개업공인중개사가 서울특별시 A구에 주된 사무소를, 서울특별시 B구·C구·D구·E구·F구에 각각 분사무소를 두는 경우, 공인중개사법령상 중개행위를 함에 있어서 거래당사자에게 발생할 수 있는 손해배상과 관련하여 보증보험에 가입할 때 법인이 설정해야 할 최저 보증보험금액의 합계는? (다른 법률에 의해 중개업을 할 수 있는 법인은 제외함)
① 4억원 ② 7억원
③ 10억원 ④ 12억원
⑤ 14억원

21 ( ) 안에 들어갈 내용으로 옳은 것은?

> 공인중개사법령상 중개의뢰인 일방으로부터 받을 수 있는 15억원 이상의 주택(부속토지 포함)의 중개보수의 한도는 매매·교환의 경우에는 거래금액의 (㉠) 이내, 임대차 등의 경우에는 거래금액의 (㉡) 이내의 범위 안에서 시·도의 조례로 정한다.

① ㉠: 1천분의 9, ㉡: 1천분의 9
② ㉠: 1천분의 9, ㉡: 1천분의 8
③ ㉠: 1천분의 8, ㉡: 1천분의 7
④ ㉠: 1천분의 7, ㉡: 1천분의 6
⑤ ㉠: 1천분의 6, ㉡: 1천분의 5

22 공인중개사법령상 중개보수에 관련된 설명으로 옳은 것을 모두 고른 것은?

> ㉠ 중개대상물인 주택의 소재지와 중개사무소의 소재지가 다른 경우, 개업공인중개사는 중개사무소 소재지를 관할하는 시·도의 조례에서 정한 기준에 따라 중개보수를 받아야 한다.
> ㉡ 교환계약의 경우, 교환대상 중개대상물 중 거래금액이 큰 중개대상물의 가액을 거래금액으로 하여 중개보수를 산정한다.
> ㉢ 사례·증여 기타 어떤 명목으로든 법에서 정한 중개보수를 초과하여 금품을 받는 행위는 개설등록을 취소하여야 하는 사유에 해당한다.
> ㉣ 동일한 중개대상물에 대하여 동일한 당사자 간에 매매와 임대차가 동일 기회에 이루어지는 경우, 매매계약과 임대차계약의 거래금액을 합산한 금액을 기준으로 중개보수를 산정한다.

① ㉠, ㉡ ② ㉠, ㉣
③ ㉡, ㉢ ④ ㉡, ㉢, ㉣
⑤ ㉠, ㉢, ㉣

23 공인중개사법령상 부동산거래정보망의 지정 및 이용에 관한 설명으로 틀린 것은? (단, 다른 조건은 고려하지 아니한다)
① 국토교통부장관은 부동산거래정보망을 설치·운영할 자를 지정할 수 있다.
② 거래정보사업자가 정당한 사유 없이 지정받은 날부터 1년 이내에 부동산거래정보망을 설치·운영하지 않은 경우, 지정권자는 그 지정을 취소할 수 있다.
③ 거래정보사업자는 지정받은 날부터 3개월 이내에 부동산거래정보망의 운영규정을 정하여 지정권자의 승인을 얻어야 한다.
④ 거래정보사업자가 개업공인중개사로부터 의뢰받은 정보와 다르게 정보를 공개한 경우에는 지정이 취소될 수 있으며, 1년 이하의 징역형 또는 1천만원 이하의 벌금형의 대상도 된다.
⑤ 부동산거래정보망에 중개대상물에 관한 거래의 중요한 정보를 거짓으로 공개한 개업공인중개사는 등록이 취소될 수 있다.

24 공인중개사법령상 "공인중개사협회"에 관한 설명으로 틀린 것은?
① 협회에 관하여 공인중개사법령에 규정된 것 외에는 「민법」 중 조합에 관한 규정을 적용한다.
② 협회는 총회의 의결 내용을 지체 없이 국토교통부장관에게 보고해야 한다.
③ 협회는 부동산중개제도의 연구·개선에 관한 업무를 수행할 수 있다.
④ 협회가 지부를 설치한 때에는 그 지부는 시·도지사에게 신고해야 한다.
⑤ 협회가 지회를 설치한 때에는 그 지회는 등록관청에 신고해야 한다.

25 공인중개사법령상 포상금에 관한 설명으로 틀린 것은?
① 신고 또는 고발사건에 대하여 판사가 무죄판결을 선고하여 확정된 경우에도 포상금은 지급된다.
② 신고 또는 고발사건에 대하여 검사가 기소유예의 결정을 한 경우에도 포상금은 지급된다.
③ 수사기관에 신고 또는 고발한 경우에는 수사기관에 포상금 지급을 신청하여야 한다.
④ 포상금의 지급에 소요되는 비용 중 국고에서 보조할 수 있는 비율은 100분의 50 이내로 한다.
⑤ 포상금지급신청서를 제출받은 등록관청은 포상금의 지급결정일부터 1개월 이내에 포상금을 지급해야 한다.

26 공인중개사법령상 중개업무를 수행하는 소속공인중개사의 자격정지에 관한 설명으로 틀린 것은?
① 자격증을 교부한 시·도지사와 중개사무소 소재지 관할 시·도지사가 서로 다른 경우에는 먼저 위법행위를 발견한 시·도지사가 공인중개사의 자격을 정지할 수 있다.
② 2 이상의 중개사무소에 소속된 경우, 6개월의 자격정지를 받을 수 있다.
③ 거래계약서에 거래금액을 거짓으로 기재한 경우, 6개월의 자격정지를 받을 수 있다.
④ 등록하지 않은 인장을 중개행위에 사용한 경우, 3개월의 자격정지를 받을 수 있다.
⑤ 자격정지 기간은 부가기준에 2분의 1 범위 안에서 가중 또는 감경할 수 있지만, 가중하더라도 6개월을 초과할 수 없다.

27 공인중개사법령상 등록관청이 중개사무소의 개설등록 취소처분을 하고자 하는 경우, 청문을 실시하지 않아도 되는 것은?
① 개업공인중개사가 서로 다른 2 이상의 거래계약서를 작성한 경우
② 개업공인중개사인 법인이 해산한 경우
③ 개업공인중개사가 거래당사자 쌍방을 대리하여 거래계약을 체결한 경우
④ 개업공인중개사가 이중으로 중개사무소의 개설등록을 한 경우
⑤ 개업공인중개사가 다른 사람에게 자기의 중개사무소 등록증을 대여한 경우

28 공인중개사법령상 행정제재 처분효과의 승계 등에 관한 설명으로 옳은 것은?
① 폐업기간이 1년을 초과한 경우, 폐업신고 전의 위반행위에 대한 행정처분이 업무정지에 해당하는 경우에는 재등록 개업공인중개사에게 다시 업무정지처분을 할 수 있다.
② 폐업신고 전에 개업공인중개사에게 한 업무정지처분의 효과는 그 폐업일로부터 1년간 재등록 개업공인중개사에게 승계된다.
③ 폐업기간이 3년을 초과한 경우, 재등록 개업공인중개사에 대해 폐업신고 전의 중개사무소 개설등록 취소사유에 해당하는 위반행위를 이유로 행정처분을 할 수 없다.
④ 폐업신고 전에 개업공인중개사에게 한 과태료부과처분의 효과는 그 폐업일로부터 1년간 재등록 개업공인중개사에게 승계된다.
⑤ 재등록 개업공인중개사에 대하여 폐업신고 전의 개설등록취소 및 업무정지에 해당하는 위반행위에 대한 행정처분을 함에 있어서는 폐업기간과 폐업의 사유 등을 고려할 필요는 없다.

29 공인중개사법령상 과태료를 부과하는 경우, 부과대상자와 부과기관의 연결이 틀린 것은?

① 중개대상물에 대한 허위·과장 광고를 한 개업공인중개사 – 국토교통부장관
② 공제사업 운용실적을 공시하지 아니한 협회 – 국토교통부장관
③ 중개사무소의 개설등록이 취소되었음에도 중개사무소 등록증을 반납하지 아니한 자 – 등록관청
④ 중개사무소등록증을 게시하지 아니한 개업공인중개사 – 등록관청
⑤ 공인중개사 자격이 취소되었음에도 공인중개사자격증을 반납하지 아니한 자 – 시·도지사

30 ( ) 안에 들어갈 의무 보존기간이 옳게 나열된 것은?

- 공인중개사법령상 전속중개계약서는 (㉠) 이상, 중개대상물 확인·설명서는 (㉡) 이상, 거래계약서는 (㉢) 이상 보존해야 한다.
- 단, 확인·설명서와 거래계약서는 공인전자문서센터에 보존시에는 제외한다.

① ㉠: 3년, ㉡: 5년, ㉢: 3년
② ㉠: 3년, ㉡: 3년, ㉢: 5년
③ ㉠: 3년, ㉡: 5년, ㉢: 5년
④ ㉠: 5년, ㉡: 3년, ㉢: 3년
⑤ ㉠: 5년, ㉡: 3년, ㉢: 5년

31 공인중개사법령상 개업공인중개사의 의무에 관한 설명으로 틀린 것을 모두 고른 것은?

㉠ 등록한 인장을 변경한 경우, 지체 없이 그 변경된 인장을 등록관청에 등록해야 한다.
㉡ 개업공인중개사는 중개완성시 거래당사자에게 손해배상책임의 보장에 관한 주요사항을 설명하면 되고, 관계 증서의 사본 등을 교부할 의무는 없다.
㉢ 전속중개계약을 체결한 경우, 중개의뢰인에게 2주일에 1회 이상 중개업무 처리상황을 문서로 통지해야 한다.
㉣ 개업공인중개사가 작성한 일반중개계약서는 3년간 보존해야 한다.

① ㉠, ㉡
② ㉡, ㉢
③ ㉢, ㉣
④ ㉠, ㉡, ㉢
⑤ ㉠, ㉡, ㉣

32 부동산거래신고에 관한 법령상 부동산거래신고에 관한 설명으로 옳은 것은?

① 부동산거래신고는 부동산의 증여계약을 체결한 경우에도 해야 한다.
② 개업공인중개사가 중개를 완성하여 거래계약서를 작성·교부한 때에는 거래당사자와 개업공인중개사가 공동으로 신고해야 한다.
③ 농지의 매매계약을 체결한 경우 「농지법」상의 농지취득자격증명을 받으면 부동산거래신고를 한 것으로 본다.
④ 시장·군수 또는 구청장은 부동산거래가격 검증체계를 구축·운영해야 한다.
⑤ 거래당사자는 신고한 부동산거래계약이 무효·취소·해제가 된 경우에는 그 확정일로부터 30일 이내에 무효·취소·해제 등의 신고를 하여야 한다.

33 부동산거래신고에 관한 법령상 부동산거래계약 신고서의 작성·제출에 관한 설명으로 틀린 것은?

① 거래대상 주택의 취득에 필요한 자금조달계획이 신고사항인 경우, 매수인이 작성하여 해당 주택거래를 중개한 개업공인중개사에게 제공해야 한다.
② 중개보수·실비의 금액 및 산출내역은 부동산 거래계약 신고서의 기재사항이다.
③ 계약대상 면적에는 실제 거래면적을 계산하여 적되, 건축물면적은 집합건축물의 경우 전용면적을 기재한다.
④ 물건별 거래가격란에는 2 이상의 부동산을 함께 거래하는 경우 각각의 부동산별 거래가격을 적는다.
⑤ 부동산 거래계약 신고서의 제출(전자문서에 의한 신고 제외)은 당해 거래계약을 중개한 개업공인중개사의 위임을 받은 소속공인중개사가 대행할 수 있다.

34 개업공인중개사가 대한민국 내의 토지를 취득하고자 하는 외국인에게 한 설명으로 옳은 것은?

① 대한민국 안의 토지를 가지고 있는 대한민국 국민이 외국인으로 변경된 경우 그 외국인이 해당 토지를 계속 보유하려는 경우에는 외국인으로 변경된 날부터 3개월 이내에 국토교통부장관에게 신고해야 한다.
② 국토교통부장관은 토지의 취득신고 의무를 위반한 외국인에게 과태료를 부과·징수한다.
③ 외국인이 법원경매로 대한민국 안의 토지를 취득한 때에는 경락대금을 완납한 날로부터 6개월 이내에 시장·군수 또는 구청장에게 신고해야 한다.
④ 외국인이 부동산거래신고를 한 경우에도 외국인특례에 따라 토지취득의 신고를 별도로 하여야 한다.
⑤ 시장·군수 또는 구청장은 토지취득신고 등의 내용을 관리대장에 기록하여 관리해야 하고, 그 내용을 국토교통부장관에게 통보해야 한다.

35 개업공인중개사가 농지를 매수하려는 의뢰인에게 설명한 내용 중 옳은 것은? (다툼이 있으면 판례에 따름)

① 공유농지를 분할하는 경우에도 농지취득자격증명이 필요하다.
② 농지전용협의를 마친 농지를 매수하는 경우에도 농지취득자격증명이 필요하다.
③ 법원경매로 농지를 매수하려면 매수신청시 농지취득자격증명을 함께 제출해야 한다.
④ 신청 당시 농업경영을 하지 아니하는 자가 자기의 농업경영에 이용하고자 농지를 취득하는 경우, 고정식 온실이나 버섯재배사의 경우에는 1,000m² 이상을 확보하여야 농지취득자격증명을 발급받을 수 있다.
⑤ 농지취득자격증명은 농지에 대한 소유권이전등기에 필요한 첨부서류에 해당되며, 농지취득의 원인이 되는 법률행위의 효력발생요건이 아니다.

36 개업공인중개사가 주택임대차계약을 중개하면서 「주택임대차보호법」에 대하여 설명한 내용으로 틀린 것은?

① 당사자의 합의로 임대차계약 기간을 1년으로 정한 경우에 임차인은 그 기간이 유효함을 주장할 수 있다.
② 주택의 미등기 전세계약에 관하여는 「주택임대차보호법」을 준용한다.
③ 「주택임대차보호법」에 따라 임대차계약이 묵시적으로 갱신된 경우 임차인은 언제든지 임대인에게 계약해지를 통지할 수 있다.
④ 임차인이 소액보증금 중의 일정액에 대한 우선변제권을 인정받으려면 주민등록 전입신고 이외에 임대차계약증서에 확정일자도 받아야 한다.
⑤ 「주택임대차보호법」에 위반된 약정으로서 임차인에게 불리한 것은 그 효력이 없다.

37 개업공인중개사가 「상가건물 임대차보호법」의 적용을 받는 상가건물의 임대차를 중개하면서, 임차인의 계약갱신요구권에 관하여 설명한 내용으로 틀린 것을 모두 고른 것은?

㉠ 임차인의 계약갱신요구권은 최초의 임대차기간을 포함한 전체 임대차기간이 5년을 초과하지 않는 범위에서만 행사할 수 있다.
㉡ 임대인의 동의를 받은 경우라도, 전대차계약을 체결한 전차인은 임차인의 계약갱신요구권을 대위하여 행사할 수는 없다.
㉢ 임차인이 임대인의 동의 없이 목적 건물의 전부 또는 일부를 전대한 경우에는 임대인은 임차인의 계약갱신 요구를 거절할 수 있다.
㉣ 갱신되는 임대차는 전(前) 임대차와 동일한 조건으로 다시 계약된 것으로 보므로 차임과 보증금은 변경할 수 없다.

① ㉠, ㉣ ② ㉠, ㉢
③ ㉡, ㉣ ④ ㉠, ㉡, ㉢
⑤ ㉠, ㉡, ㉣

38 개업공인중개사가 「상가건물 임대차보호법」의 적용을 받는 상가건물의 임대차를 중개하면서 설명한 내용이다. ( ) 안에 들어갈 것으로 옳은 것은?

- 차임 또는 보증금이 경제사정의 변동으로 인하여 상당하지 않게 된 경우, 그 증액청구는 청구 당시의 차임 또는 보증금의 (㉠)의 금액을 초과하지 못한다.
- 보증금의 전부 또는 일부를 월단위의 차임으로 전환하는 경우, 그 전환되는 금액에 다음 중 낮은 비율을 곱한 월 차임의 범위를 초과할 수 없다.
  1. 대통령령으로 정하는 비율(㉡)
  2. 한국은행에서 공시한 기준금리의 4.5배수

① ㉠: 100분의 8, ㉡: 연 1할 5푼
② ㉠: 100분의 9, ㉡: 연 1할 4푼
③ ㉠: 100분의 5, ㉡: 연 1할 2푼
④ ㉠: 20분의 1, ㉡: 연 1할 5푼
⑤ ㉠: 20분의 8, ㉡: 연 1할 4푼

39 개업공인중개사가 부동산경매에 관하여 의뢰인에게 설명한 내용으로 옳은 것은?

① 「민사집행법」상의 매각방법은 기일입찰과 기간입찰, 호가경매, 세 가지 방법 중에서 경매신청인이 결정한 방법으로 매각한다.
② 차순위매수신고는 그 신고액이 최고가매수신고액에서 그 보증액을 뺀 금액을 넘는 때에만 할 수 있다.
③ 매수인은 매각대금이 지급되어 법원사무관 등이 소유권이전등기를 촉탁한 때에 매각의 목적인 권리를 취득한다.
④ 매각허가결정이 확정되면 매수인은 법원이 정한 대금지급기일에 매각대금을 지급해야 한다.
⑤ 기일입찰에서 매수신청의 보증금액은 매수신고가격의 10분의 1로 한다.

40 공인중개사의 매수신청대리인 등록 등에 대한 규칙에 관한 설명으로 옳은 것은?

① 개업공인중개사가 매수신청대리를 위임받은 경우 매수신청대리 대상물의 경제적 가치도 위임인에게 확인·설명해야 한다.
② 매수신청대리인으로 등록된 개업공인중개사가 매수신청대리의 위임을 받은 경우, 「민사집행법」의 규정에 따른 차순위매수신고를 할 수 없다.
③ 매수신청대리인이 된 개업공인중개사가 손해배상책임을 보장하기 위하여 공탁한 공탁금은 그가 폐업, 사망 또는 해산한 날부터 3년 이내에 회수할 수 있다.
④ 공인중개사법령상 중개사무소 개설등록에 필요한 실무교육을 이수하고 1년이 경과되지 않은 자는 매수신청대리인으로 등록하기 위하여 부동산경매에 관한 실무교육을 별도로 받지 않아도 된다.
⑤ 매수신청대리인이 되고자 하는 공인중개사인 개업공인중개사는 중개사무소가 있는 곳을 관할하는 법원행정처장에게 매수신청대리인 등록을 해야 한다.

부동산공법

41 국토의 계획 및 이용에 관한 법령상 용어에 대한 다음 설명 중 옳은 것은?

① 도시·군관리계획을 시행하기 위한 「도시개발법」에 따른 도시개발사업은 도시·군계획사업에 해당된다.
② 용도구역은 용도지역의 행위제한을 강화하기 위하여 시장·군수가 도시·군관리계획으로 결정하는 지역이다.
③ 중앙행정기관이 수립하는 계획 중 광역도시계획으로 결정하여야 할 사항이 포함된 계획은 국가계획에 해당된다.
④ 공공시설은 기반시설 중 도시·군관리계획으로 결정된 시설을 말한다.
⑤ 기반시설부담구역과 개발밀도관리구역은 필요한 경우 중복하여 지정할 수 있다.

42 국토의 계획 및 이용에 관한 법령상 도시·군기본계획에 관한 설명으로 옳은 것은?

① 시장·군수는 인접한 시·군의 관할구역을 포함하여 도시·군기본계획을 수립할 수 없다.
② 도시·군기본계획의 수립기준 등은 대통령령이 정하는 바에 따라 시·도지사가 정한다.
③ 인구 50만 이상의 대도시의 시장이 도시·군기본계획을 수립하는 때에는 도지사의 승인을 받을 필요가 없다.
④ 도시·군기본계획을 변경하는 경우에는 공청회를 개최하지 아니할 수 있다.
⑤ 특별시장·광역시장·특별자치시장·특별자치도지사·시장 또는 군수는 5년마다 관할 구역의 도시·군기본계획에 대하여 그 타당성 여부를 전반적으로 재검토하여 정비하여야 한다.

43 국토의 계획 및 이용에 관한 법령상 도시·군관리계획 입안의 제안에 관한 설명으로 옳은 것을 모두 고른 것은?

㉠ 주민은 도시·군계획시설입체복합구역의 지정 및 변경에 관한 사항에 대하여 도시·군관리계획을 입안할 수 있는 자에게 도시·군관리계획의 입안을 제안할 수 있다.
㉡ 주민이 지구단위계획의 수립에 관한 사항에 대하여 제안하려면 대상 토지 면적의 5분의 4 이상의 토지소유자의 동의를 받아야 한다.
㉢ 도시·군관리계획의 입안의 제안을 받은 자는 그 처리결과를 제안자에게 제안일부터 60일 이내에 도시·군관리계획 입안에의 반영 여부를 통보하여야 한다.

① ㉠
② ㉡
③ ㉠, ㉡
④ ㉠, ㉢
⑤ ㉡, ㉢

44 국토의 계획 및 이용에 관한 법령상 용도지역·용도지구·용도구역에 관한 설명으로 옳은 것은?
① 용도지역과 용도지구는 중첩하여 지정될 수 없다.
② 녹지지역과 관리지역은 중첩하여 지정될 수 있다.
③ 관리지역이 세부 용도지역으로 지정되지 아니한 경우에 용적률과 건폐율은 계획관리지역에 관한 규정을 적용한다.
④ 시·도지사 또는 대도시 시장은 도시자연공원구역의 지정 또는 변경을 도시·군관리계획으로 결정할 수 있다.
⑤ 해양수산부장관은 수산자원보호구역의 지정을 광역도시계획으로 결정할 수 있다.

45 국토의 계획 및 이용에 관한 법령상 용도지역별 용적률의 최대한도가 높은 것부터 낮은 것으로 순서대로 나열된 것은? (단, 조례는 고려하지 않음)

> ㉠ 계획관리지역
> ㉡ 준공업지역
> ㉢ 준주거지역
> ㉣ 근린상업지역

① ㉠ - ㉡ - ㉢ - ㉣
② ㉢ - ㉣ - ㉠ - ㉡
③ ㉢ - ㉣ - ㉡ - ㉠
④ ㉣ - ㉢ - ㉠ - ㉡
⑤ ㉣ - ㉢ - ㉡ - ㉠

46 국토의 계획 및 이용에 관한 법령상 복합용도지구를 지정할 수 있는 지역만으로 묶은 것은?
① 일반주거지역, 준주거지역, 근린상업지역
② 준주거지역, 근린상업지역, 준공업지역
③ 일반주거지역, 일반공업지역, 자연녹지지역
④ 일반주거지역, 일반공업지역, 계획관리지역
⑤ 일반주거지역, 일반상업지역, 일반공업지역

47 국토의 계획 및 이용에 관한 법령상 시가화조정구역에 관한 설명으로 옳은 것은?
① 시가화조정구역은 도시의 무질서한 확산을 방지하기 위하여 도시의 개발을 제한할 목적으로 지정한다.
② 시가화조정구역은 국토교통부장관이 지정하는 것이 원칙이다.
③ 시가화유보기간은 5년 이상 20년 이내의 기간으로 한다.
④ 시가화조정구역의 지정에 관한 도시·군관리계획결정은 시가화유보기간이 끝난 날에 그 효력을 잃는다.
⑤ 국방과 관련하여 보안상 도시의 개발을 제한할 필요가 있는 경우에도 시가화조정구역을 지정할 수 있다.

48 국토의 계획 및 이용에 관한 법령상 반드시 지구단위계획구역으로 지정해야 하는 지역에 해당하지 않는 것은? (단, 해당 지역에 토지 이용과 건축에 관한 계획이 수립되어 있는 경우가 아님)
① 개발제한구역·도시자연공원구역·시가화조정구역 또는 공원에서 해제되는 구역 중 계획적인 개발 또는 관리가 필요한 지역
② 「택지개발촉진법」에 따라 지정된 택지개발지구에서 시행되는 사업이 끝난 후 10년이 지난 지역
③ 도시지역의 체계적·계획적인 개발 또는 관리가 필요한 지역으로서 녹지지역에서 주거지역으로 변경되는 지역 중 그 면적이 30만제곱미터 이상인 지역
④ 도시지역의 체계적·계획적인 개발 또는 관리가 필요한 지역으로서 녹지지역에서 공업지역으로 변경되는 지역 중 그 면적이 30만제곱미터 이상인 지역
⑤ 「도시 및 주거환경정비법」에 따라 지정된 정비구역에서 시행되는 사업이 끝난 후 10년이 지난 지역

49 국토의 계획 및 이용에 관한 법령상 공동구에 관한 설명으로 옳은 것은?
① 「도시개발법」에 따른 도시개발구역이 100만m^2를 초과하는 경우에는 해당 구역에서 개발사업을 시행하는 자는 공동구를 설치하여야 한다.
② 공동구가 설치된 경우에 전선로, 통신선로 및 수도관은 공동구에 수용하지 아니할 수 있다.
③ 공동구 설치에 필요한 비용은 「국토의 계획 및 이용에 관한 법률」이나 다른 법률에 특별한 규정이 있는 경우를 제외하고는 사업시행자가 단독으로 부담한다.
④ 공동구의 관리에 소요되는 비용은 그 공동구를 점용하는 자가 함께 부담하되, 부담비율은 점용면적을 고려하여 공동구관리자가 정한다.
⑤ 공동구관리자는 3년마다 해당 공동구의 안전 및 유지관리계획을 수립·시행하여야 한다.

50 국토의 계획 및 이용에 관한 법령에 따른 개발행위에 대한 내용으로 옳은 것은?

① 도시·군계획사업에 의하는 경우라도 건축물을 건축하는 경우에는 개발행위허가를 받아야 한다.
② 사업기간을 단축하는 내용으로 개발행위허가를 받은 사항을 변경하는 경우에는 변경허가를 받지 아니하여도 된다.
③ 건축물의 건축에 대하여 개발행위허가를 받은 경우「건축법」에 의한 건축허가를 받은 것으로 본다.
④ 재해복구 또는 재난수습을 위한 응급조치를 한 경우에는 2개월 이내에 신고하여야 한다.
⑤ 기반시설부담구역 안에서는 기반시설의 설치 또는 그에 필요한 용지의 확보에 관한 계획서를 제출하지 아니한다.

51 국토의 계획 및 이용에 관한 법령상 성장관리계획구역을 지정할 수 있는 지역이 아닌 것은?

① 자연녹지지역
② 계획관리지역
③ 전용주거지역
④ 농림지역
⑤ 자연환경보전지역

52 국토의 계획 및 이용에 관한 법령상 개발밀도관리구역에 대한 설명으로 옳은 것은?

① 주거·상업 또는 녹지지역에서의 개발행위로 인하여 기반시설의 처리·공급 또는 수용능력이 부족할 것으로 예상되는 지역 중 기반시설의 설치가 곤란한 지역을 개발밀도관리구역으로 지정할 수 있다.
② 개발밀도관리구역을 지정하거나 변경하려는 경우에는 주민의 의견을 들어야 한다.
③ 개발밀도관리구역 안의 기반시설의 변화를 주기적으로 검토하여 용적률을 강화 또는 완화하거나 개발밀도관리구역을 해제하는 등 필요한 조치를 취하도록 하여야 한다.
④ 향후 3년 이내에 당해 지역의 하수발생량이 하수시설의 시설용량을 초과할 것으로 예상되는 지역에 개발밀도관리구역을 지정할 수 있다.
⑤ 개발밀도관리구역 안에서는 그 용도지역에 적용되는 건폐율의 최대한도의 50%의 범위에서 건폐율을 강화하여 적용한다.

53 도시개발법령상 도시개발구역을 지정할 수 있는 자를 모두 고른 것은?

㉠ 국토교통부장관
㉡ 시·도지사
㉢ 시장·군수
㉣ 한국토지주택공사

① ㉠, ㉡
② ㉡, ㉣
③ ㉢, ㉣
④ ㉠, ㉡, ㉢
⑤ ㉠, ㉡, ㉣

54 도시개발법령상 도시개발구역의 지정 등에 관한 설명으로 옳은 것은?

① 100만m² 이상의 도시개발구역을 지정하려면 국토교통부장관의 승인을 얻어야 한다.
② 도시개발구역을 둘 이상의 사업시행지구로 분할하는 경우 분할 후 각 사업시행지구의 면적이 각각 3만m² 이상이어야 한다.
③ 지방공사는 대상구역의 토지면적의 3분의 2 이상에 해당하는 토지소유자의 동의를 얻어 도시개발구역의 지정을 제안할 수 있다.
④ 도시개발구역지정 후 개발계획을 수립하는 경우로서 도시개발구역이 지정·고시된 날부터 2년이 되는 날까지 개발계획의 수립·고시하기 아니하는 경우에는 그 2년이 되는 날의 다음 날에 도시개발구역의 지정은 해제된 것으로 본다.
⑤ 시장·군수 또는 구청장은 국토교통부장관에게 도시개발구역의 지정을 요청할 수 있다.

55 도시개발법령상 도시개발사업의 조합에 관한 설명으로 옳은 것은?

① 청산금의 징수·교부를 완료한 후에 조합을 해산하는 경우에는 총회의 의결 없이 대의원회에서 해산할 수 있다.
② 조합원은 도시개발구역의 토지 소유자 또는 그 지상권자로 한다.
③ 조합장의 자기를 위한 조합과의 계약이나 소송에 관하여는 이사가 조합을 대표한다.
④ 금고 이상의 형의 선고를 받고 그 집행이 종료되거나 집행을 받지 아니하기로 확정된 후 2년이 지난 자는 조합의 임원이 될 수 없다.
⑤ 조합의 임원은 조합원이어야 하고, 대의원회에서 선임한다.

56 도시개발법령상 토지상환채권에 관한 설명으로 옳은 것만 고른 것은?

> ㉠ 지방공사인 시행자가 토지상환채권을 발행하려면 금융기관 등으로부터 지급보증을 받아야 한다.
> ㉡ 토지상환채권의 발행규모는 그 토지상환채권으로 상환할 토지·건축물이 해당 도시개발사업으로 조성되는 분양토지 또는 분양건축물 면적의 3분의 1을 초과하지 아니하도록 하여야 한다.
> ㉢ 토지상환채권은 기명식(記名式) 증권으로 한다.

① ㉠ ② ㉢
③ ㉠, ㉡ ④ ㉠, ㉢
⑤ ㉡, ㉢

57 도시개발법령상 원형지의 공급과 개발에 관한 설명으로 틀린 것은?

① 사업시행자는 미리 지정권자의 승인을 받아 지방자치단체에게 원형지를 공급하여 개발하게 할 수 있다.
② 공급될 수 있는 원형지의 면적은 해당 도시개발구역 전체 토지면적의 3분의 1 이내로 한정된다.
③ 원형지 공급가격은 시행자와 원형지개발자가 협의하여 결정한다.
④ 원형지를 공장부지로 직접 사용하는 자를 원형지개발자로 선정하는 경우 수의계약의 방법으로 한다.
⑤ 지방자치단체가 원형지개발자인 경우 원형지 공사완료 공고일부터 5년이 지나기 전에도 원형지를 매각할 수 있다.

58 도시개발법령상 환지예정지에 관한 설명으로 틀린 것은?

① 시행자는 도시개발사업의 시행을 위하여 필요하면 도시개발구역의 토지에 대하여 환지예정지를 지정할 수 있다.
② 환지예정지가 지정되면 종전의 토지의 소유자와 임차권자 등은 종전의 토지를 사용하거나 수익할 수 있다.
③ 도시개발사업으로 임차권 등의 목적인 토지 또는 지역권에 관한 승역지(承役地)의 이용이 증진되거나 방해를 받아 종전의 임대료 등이 불합리하게 되면 당사자는 계약 조건에도 불구하고 장래에 관하여 그 증감을 청구할 수 있다.
④ 환지예정지 효력발생일로부터 60일이 지나면 위 ③에 따른 임대료 등의 증감을 청구할 수 없다.
⑤ 순환개발을 위한 순환용주택을 건설하려는 경우에는 환지예정지를 지정하기 전이라도 실시계획 인가 사항의 범위에서 토지 사용을 하게 할 수 있다.

59 도시 및 주거환경정비법령상 주민이 공동으로 사용하는 공동이용시설에 해당하는 것을 모두 고른 것은?

> ㉠ 공용주차장
> ㉡ 공동으로 사용하는 구판장
> ㉢ 탁아소·어린이집·경로당 등 노유자시설
> ㉣ 열·가스 등의 공급시설

① ㉠, ㉡ ② ㉠, ㉢
③ ㉠, ㉣ ④ ㉡, ㉢
⑤ ㉡, ㉣

60 도시 및 주거환경정비법령상 정비구역의 지정권자는 다음의 어느 하나에 해당하는 경우 지방도시계획위원회의 심의를 거쳐 정비구역 등을 해제할 수 있다. 틀린 것은?

① 정비사업의 시행에 따른 토지등소유자의 과도한 부담이 예상되는 경우
② 정비구역 등의 추진 상황으로 보아 지정 목적을 달성할 수 없다고 인정되는 경우
③ 추진위원회가 구성된 구역에서 토지등소유자의 100분의 30 이상이 정비구역 등의 해제를 요청하는 경우
④ 추진위원회 구성 또는 조합 설립에 동의한 토지등소유자의 2분의 1 이상 3분의 2 이하의 범위에서 시·도조례로 정하는 비율 이상의 동의로 정비구역의 해제를 요청하는 경우(사업시행계획인가를 신청하지 아니한 경우로 한정한다)
⑤ 조합이 설립된 정비구역에서 토지등소유자 과반수의 동의로 정비구역의 해제를 요청하는 경우(사업시행계획인가를 신청하지 아니한 경우로 한정한다)

61 도시 및 주거환경정비법령상 재건축사업의 시행에 관한 내용으로 틀린 것은?
① 재건축사업은 인가받은 관리처분계획에 따라 주택 및 부대·복리시설을 건설하여 공급하는 방법 또는 환지로 공급하는 방법에 의한다.
② 재건축사업은 조합이 조합원 과반수의 동의를 얻어 시장·군수등과 공동으로 시행할 수 있다.
③ 순환정비방식으로 정비사업을 시행할 필요가 있다고 인정하는 때에는 시장·군수등이 직접 재건축사업을 시행할 수 있다.
④ 재건축사업조합은 조합설립인가를 받은 후 조합총회에서 경쟁입찰 또는 수의계약(2회 이상 경쟁입찰이 유찰된 경우로 한정)의 방법으로 건설업자 또는 등록사업자를 시공자로 선정하여야 한다.
⑤ 시장·군수등은 정비예정구역별 정비계획의 수립시기가 도래한 때부터 사업시행계획인가 전까지 재건축진단을 실시하여야 한다.

62 도시 및 주거환경정비법령상 재개발사업을 시행하기 위하여 조합을 설립하고자 할 때 다음 표의 예시에서 산정되는 토지등소유자의 수는?

지 번	토지소유자	건축물소유자	지상권자
1	A		
2	B, C		D, E
3	F	G	
4	A	A	

① 3인 ② 4인
③ 5인 ④ 7인
⑤ 9인

63 도시 및 주거환경정비법령상 관리처분계획에 포함되어야 하는 사항으로 명시되지 않은 것은?
① 분양설계
② 분양대상자의 주소 및 성명
③ 세입자의 주거 및 이주대책
④ 기존 건축물의 철거 예정시기
⑤ 세입자별 손실보상을 위한 권리명세 및 그 평가액

64 도시 및 주거환경정비법령상 공사완료에 따른 조치 등에 관한 내용으로 옳은 것은?
① 사업시행자가 정비사업에 관한 공사를 완료한 때에는 시·도지사의 준공인가를 받아야 한다.
② 정비구역의 지정은 준공인가의 고시가 있는 날에 해제된 것으로 본다.
③ 정비사업에 관한 공사가 전부 완료되기 전이라도 완공된 부분은 준공인가를 받아 대지 또는 건축물별로 분양받을 자에게 소유권을 이전할 수 있다.
④ 사업시행자는 이전고시가 있은 때에는 14일 이내에 대지 및 건축물에 관한 등기를 지방법원지원 또는 등기소에 촉탁 또는 신청하여야 한다.
⑤ 청산금을 지급받을 권리 또는 이를 징수할 권리는 이전고시일의 다음 날부터 10년간 행사하지 아니하면 소멸한다.

65 건축법령상 대수선에 해당하는 것은?
① 지붕틀 2개를 변경하는 것
② 다가구주택의 가구간 경계벽을 증설하는 것
③ 옥외계단을 변경하는 것
④ 기둥 2개를 수선하는 것
⑤ 건축물의 내벽에 사용하는 마감재료를 해체하는 것

66 건축법령상 용도변경의 허가를 받아야 하는 것으로 틀린 것은?
① 동물병원을 노래연습장으로 변경하는 경우
② 단독주택을 일반음식점으로 변경하는 경우
③ 치과의원을 치과병원으로 변경하는 경우
④ 오피스텔을 유스호스텔로 변경하는 경우
⑤ 일반음식점을 다중생활시설로 변경하는 경우

67 건축법령상 건축 관련 입지와 규모의 사전결정에 관한 설명으로 틀린 것은?

① 건축허가 대상 건축물을 건축하려는 자는 건축허가를 신청하기 전에 허가권자에게 그 건축물을 해당 대지에 건축하는 것이 「건축법」이나 다른 법령에서 허용되는지에 대한 사전결정을 신청할 수 있다.
② 사전결정신청자는 건축위원회 심의와 「도시교통정비 촉진법」에 따른 교통영향분석·개선대책의 검토를 동시에 신청할 수 있다.
③ 허가권자는 사전결정이 신청된 건축물의 대지면적이 「환경영향평가법」에 따른 소규모 환경영향평가 대상사업인 경우 환경부장관이나 지방환경관서의 장과 소규모 환경영향평가에 관한 협의를 하여야 한다.
④ 사전결정 통지를 받은 경우에도 「국토의 계획 및 이용에 관한 법률」에 따른 개발행위허가는 따로 받아야 한다.
⑤ 사전결정신청자가 사전결정을 통지받은 날부터 2년 이내에 건축허가를 신청하지 아니하면 사전결정의 효력이 상실된다.

68 건축법령상 건축허가의 제한에 대한 설명으로 틀린 것은?

① 이미 허가받은 건축물에 대하여 그 착공을 제한할 수도 있다.
② 건축허가를 제한하는 경우 주민의견을 청취한 후 건축위원회의 심의를 거쳐야 한다.
③ 건축허가를 제한하는 경우 제한기간은 3년 이내로 하되, 1회에 한하여 2년 이내의 범위에서 제한기간을 연장할 수 있다.
④ 특별시장이 구청장의 허가를 제한한 경우 즉시 국토교통부장관에게 보고하여야 한다.
⑤ 위 ④의 보고를 받은 국토교통부장관은 제한 내용이 지나치다고 인정하면 해제를 명할 수 있다.

69 건축법령상 공개공지 등의 확보에 관한 다음의 내용 중 ( )에 들어갈 내용으로 옳게 묶은 것은?

- 공개공지 등의 면적은 대지면적의 (㉠) 이하의 범위에서 건축조례로 정한다.
- 공개공지 등에는 연간 (㉡)일 이내의 기간 동안 건축조례로 정하는 바에 따라 주민들을 위한 문화행사를 열거나 판촉활동을 할 수 있다.

① ㉠ 100분의 5, ㉡ 60
② ㉠ 100분의 10, ㉡ 90
③ ㉠ 100분의 20, ㉡ 60
④ ㉠ 100분의 5, ㉡ 90
⑤ ㉠ 100분의 10, ㉡ 60

70 건축법령상 건축물의 높이제한에 관한 설명으로 틀린 것은?

① 전용주거지역 안에서 건축하는 건축물의 경우 높이 10m 이하의 부분은 정북방향으로의 인접대지경계선으로부터 1.5m 이상을 띄어 건축하여야 한다.
② 일반주거지역 안에서 건축하는 건축물의 경우 높이 10m를 초과하는 부분은 정북방향으로의 인접대지경계선으로부터 해당 건축물 각 부분 높이의 2분의 1 이상을 띄어 건축하여야 한다.
③ 시장·군수·구청장은 도시의 관리를 위하여 필요하면 가로구역별 건축물의 최고높이를 해당 지방자치단체의 조례로 정할 수 있다.
④ 허가권자는 같은 가로구역에서 건축물의 용도 및 형태에 따라 건축물의 높이를 다르게 정할 수 있다.
⑤ 허가권자는 가로구역별 건축물의 최고 높이를 지정하려면 지방건축위원회의 심의를 거쳐야 한다.

71 건축법령상 이행강제금에 관한 설명으로 옳은 것을 모두 고른 것은?

> ㉠ 허가권자는 시정명령을 받은 자가 이를 이행하면 새로운 이행강제금의 부과를 즉시 중지하되, 이미 부과된 이행강제금은 징수하여야 한다.
> ㉡ 동일인이 「건축법」에 따른 명령을 최근 2년 내에 2회 위반한 경우 부과될 금액을 100분의 150의 범위에서 가중하여야 한다.
> ㉢ 허가권자는 최초의 시정명령이 있었던 날을 기준으로 하여 1년에 최대 3회 이내의 범위에서 그 시정명령이 이행될 때까지 반복하여 이행강제금을 부과·징수할 수 있다.

① ㉠
② ㉡
③ ㉠, ㉢
④ ㉡, ㉢
⑤ ㉠, ㉡, ㉢

72 주택법령상 하나의 주택단지로 보아야 하는 것은?
① 폭 12m의 일반도로로 분리된 주택단지
② 고속도로로 분리된 주택단지
③ 폭 10m의 도시계획예정도로로 분리된 주택단지
④ 자동차전용도로로 분리된 주택단지
⑤ 보행자 및 자동차의 통행이 가능한 도로로서 「도로법」에 따른 지방도로 분리된 주택단지

73 주택법령상 주택상환사채에 관한 설명으로 옳은 것은?
① 한국토지주택공사는 주택도시보증공사의 보증을 받은 때에 한하여 이를 발행할 수 있다.
② 주택상환사채를 발행하려는 자는 주택상환사채발행계획을 작성하여 기획재정부장관의 승인을 얻어야 한다.
③ 주택상환사채의 상환기간은 3년을 초과할 수 없다. 이 경우 상환기간은 주택상환사채발행일부터 주택의 입주가능일까지의 기간으로 한다.
④ 등록사업자의 등록이 말소된 경우 그가 발행한 주택상환사채는 효력을 상실한다.
⑤ 세대원 전원이 상속에 의하여 취득한 주택으로 이전하는 경우에는 주택상환사채를 양도하거나 중도해약할 수 있다.

74 주택법령상 등록사업자에 대한 설명으로 옳은 것은?
① 연간 20호 이상의 단독주택을 건설하기 위한 주택건설사업을 시행하려는 자는 시·도지사에게 등록하여야 한다.
② 주택건설사업 또는 대지조성사업의 등록을 하려는 자는 법인인 경우 자본금이 5억원 이상 되어야 한다.
③ 「부정수표단속법」 또는 이 법을 위반하여 금고 이상의 형의 집행유예를 선고받고 그 유예기간 중에 있는 자는 주택건설사업 등의 등록을 할 수 없다.
④ 등록사업자가 등록증의 대여를 한 경우에는 그 등록을 말소할 수 있다.
⑤ 한국토지주택공사가 연간 1만m^2 이상의 대지조성사업을 시행하려면 국토교통부장관에게 등록하여야 한다.

75 주택법령상 주택조합에 대한 설명으로 옳은 것은?
① 국민주택을 공급받기 위하여 직장주택조합을 설립하려는 자는 관할 시장·군수·구청장의 인가를 받아야 한다.
② 주택조합은 주택건설예정세대수의 3분의 2 이상의 조합원으로 구성한다.
③ 주택조합은 등록사업자가 소유하는 공공택지를 주택건설대지로 사용할 수 있다.
④ 조합원의 탈퇴로 인한 결원을 충원하는 경우 공개모집의 방법으로 조합원을 모집하여야 한다.
⑤ 지역주택조합의 설립인가를 신청하는 경우 신청서에 해당 주택건설대지의 80퍼센트 이상에 해당하는 토지의 사용권원을 확보하였음을 증명하는 서류를 첨부하여야 한다.

76 주택법령상 매도청구에 관한 다음의 내용 중 ( )에 들어갈 내용으로 옳은 것은?

> (㉠)를(을) 받은 사업주체는 다음 각 호에 따라 해당 주택건설대지 중 사용할 수 있는 권원을 확보하지 못한 대지의 소유자에게 그 대지를 (㉡)로 매도할 것을 청구할 수 있다. 이 경우 매도청구 대상이 되는 대지의 소유자와 매도청구를 하기 전에 (㉢) 이상 협의를 하여야 한다.
> 1. 주택건설대지면적의 (㉣)퍼센트 이상의 사용권원을 확보한 경우: 사용권원을 확보하지 못한 대지의 모든 소유자에게 매도청구 가능
> 2. 제1호 외의 경우: 사용권원을 확보하지 못한 대지의 소유자 중 지구단위계획구역 결정고시일 (㉤) 이전에 해당 대지의 소유권을 취득하여 계속 보유하고 있는 자를 제외한 소유자에게 매도청구 가능

① ㉠ - 사용검사
② ㉡ - 공시지가
③ ㉢ - 2개월
④ ㉣ - 95
⑤ ㉤ - 5년

77 주택법령상 주택의 공급에 관한 설명으로 옳은 것은?
① 한국토지주택공사가 총지분의 100분의 70을 출자한 부동산투자회사가 사업주체로서 입주자를 모집하려는 경우에는 시장·군수·구청장의 승인을 받아야 한다.
② 「관광진흥법」에 따라 지정된 관광특구에서 건설·공급하는 층수가 51층이고 높이가 140m인 아파트는 분양가상한제의 적용대상이다.
③ 시·도지사는 주택 가격상승률이 물가상승률보다 현저히 높은 지역으로서 주택가격의 급등이 우려되는 지역에 대해서 분양가상한제 적용 지역으로 지정할 수 있다.
④ 주택의 사용검사 후 주택단지 내 일부의 토지의 소유권을 회복한 자에게 주택소유자들이 매도청구를 하려면 해당 토지의 면적이 주택단지 전체 대지면적의 5퍼센트 미만이어야 한다.
⑤ 사업주체가 투기과열지구에서 건설·공급하는 주택의 입주자로 선정된 지위는 매매하거나 상속할 수 없다.

78 주택법령상 양도·양수 등이 금지된 증서 또는 지위에 해당하지 않는 것은? (단, 상속·저당의 경우를 제외함)
① 한국토지주택공사가 발행한 주택상환사채
② 리모델링주택조합의 조합원으로서의 지위
③ 입주자저축의 증서
④ 군수가 발행한 무허가건물확인서 또는 건물철거확인서
⑤ 공공사업의 시행으로 인한 이주대책에 의하여 주택을 공급받을 수 있는 이주대책대상자확인서

79 농지법령상 농지취득자격증명에 관한 설명으로 옳은 것은?
① 농지취득자격증명은 시장·군수·구청장이 발급한다.
② 농지전용협의를 마친 농지를 취득하는 경우 농지취득자격증명을 발급받아야 한다.
③ 주말·체험영농을 목적으로 농업진흥지역 외의 농지를 취득하는 경우 농지취득자격증명을 발급받지 않아도 된다.
④ 농지위원회의 심의 대상인 경우 농지취득자격증명은 그 발급신청일로부터 7일 내에 발급하여야 한다.
⑤ 농지취득자격증명을 발급받아 농지를 취득하는 자가 그 소유권에 관한 등기를 신청할 때에는 농지취득자격증명을 첨부하여야 한다.

80 농지법령상 농지 소유자가 소유 농지를 위탁경영할 수 있는 경우는?
① 1년간 국내 여행 중인 경우
② 농업법인이 소송 중인 경우
③ 농작업 중의 부상으로 2개월간 치료가 필요한 경우
④ 임신 중이거나 분만 후 6개월 미만인 경우
⑤ 2개월간 국외 여행 중인 경우

부동산공시법령

01 지적측량에 관한 설명으로 틀린 것은?
① 측량기간은 5일로 하며, 측량검사기간은 4일로 한다.
② 측량의뢰인과 측량수행자와 협의에 의하여 기간을 정하는 경우에는 협의에 정하여진 기간에 의하되, 전체기간의 4분의 3을 측량기간으로, 4분의 1을 측량검사기간으로 본다.
③ 지적측량기준점을 설치하여 측량 또는 측량검사를 하는 경우 지적측량기준점이 15점 이하인 때에는 4일을, 15점을 초과하는 때에는 4일에 15점을 초과하는 4점마다 1일을 가산한 기간을 측량 및 검사기간으로 한다.
④ 경계복원측량 및 지적확정측량은 측량성과를 검사하지 않는다.
⑤ 국토교통부장관이 정하는 면적규모 이상의 경위의 측량 방법으로 실시한 지적확정측량성과인 경우에는 시·도지사 또는 대도시시장이 검사한다.

02 공간정보의 구축 및 관리 등에 관한 법령상 축척변경위원회의 구성과 회의 등에 관한 설명으로 옳은 것을 모두 고른 것은?

㉠ 위원장이 위원회의 회의를 소집할 때에는 회의일시·장소 및 심의안건을 회의 5일 전까지 각 위원에게 서면으로 통지하여야 한다.
㉡ 축척변경위원회는 5명 이상 10명 이하의 위원으로 구성하되, 위원의 3분의 2 이상을 토지소유자로 하여야 한다. 이 경우 그 축척변경 시행지역의 토지소유자가 7명 이하일 때에는 토지소유자 전원을 위원으로 위촉하여야 한다.
㉢ 중앙지적위원회가 현지조사를 하고자 하는 경우에는 지적직 공무원을 지정하여 지적측량 및 자료조사 등 현지조사를 하고 그 결과를 보고하게 할 수 있으며, 필요한 때에는 지적측량수행자에게 그 소속 지적기술자의 참여를 요청할 수 있다.

① ㉠ ② ㉡ ③ ㉠, ㉢
④ ㉡, ㉢ ⑤ ㉠, ㉡, ㉢

03 공간정보의 구축 및 관리 등에 관한 법령상 지번부여원칙에 관한 설명으로 옳은 것은?
① 지번의 변경으로 지번을 새로이 부여하는 경우에는 인접토지의 본번에 부번을 붙여서 부여하여야 한다.
② 합병의 경우 합병대상지번 중 본번이 있을 때에는 본번 중 최종순위의 지번을 합병 후의 지번으로 한다.
③ 분할의 경우에는 분할 후의 필지 중 1필지의 지번은 분할 전의 지번으로 하고, 나머지 필지의 지번은 지번부여지역의 최종본번 다음 순번의 본번으로 부여한다.
④ 도시개발사업 등이 완료됨에 따른 지적확정측량을 실시한 지역의 각 필지에 지번은 그 지번부여지역의 최종본번의 다음 순번에 본번을 붙여서 부여할 수 있는 경우도 있다.
⑤ 등록전환의 경우로서 대상 토지가 여러필지인 경우에 그 지번부여지역의 최종부번 다음 순번의 부번을 붙여서 부여할 수 있다.

04 축척변경절차에 관한 설명으로 틀린 것은?
① 축척변경위원회는 5인 이상 10인 이내의 위원으로 구성하되, 위원의 2/3 이상을 토지소유자로 하여야 한다.
② 청산금의 납부고지를 받은 자는 그 고지를 받은 날부터 6개월 이내에 청산금을 지적소관청에 내야 한다.
③ 지적소관청은 시·도지사로부터 축척변경승인을 얻은 때에는 지체 없이 축척변경의 목적 등을 30일 이상 시행공고 하여야 한다.
④ 지적소관청은 청산금을 산정하였을 때에는 청산금 조서를 작성하고, 청산금이 결정되었다는 뜻을 15일 이상 공고하여 일반인이 열람할 수 있게 하여야 한다.
⑤ 축척변경 시행지역의 토지는 확정공고일에 토지의 이동이 있는 것으로 본다.

05
「공간정보의 구축 및 관리 등에 관한 법률」상 토지의 조사·등록 등에 관한 내용이다. ( )에 들어갈 사항으로 옳은 것은?

> (㉠)은(는) (㉡)에 대하여 필지별로 소재·지번·지목·면적·경계 또는 좌표 등을 조사·측량하여 지적공부에 등록하여야 한다. 지적공부에 등록하는 지번·지목·면적·경계 또는 좌표는 (㉢)이 있을 때 토지소유자의 신청을 받아 (㉣)이 결정한다.

① ㉠: 지적소관청, ㉡: 모든 토지, ㉢: 토지의 이용,
　㉣: 국토교통부장관
② ㉠: 지적측량수행자, ㉡: 관리 토지, ㉢: 토지의 이동,
　㉣: 국토교통부장관
③ ㉠: 국토지리정보원장, ㉡: 모든 토지, ㉢: 토지의 이동,
　㉣: 지적소관청
④ ㉠: 국토교통부장관, ㉡: 관리 토지, ㉢: 토지의 이용,
　㉣: 지적소관청
⑤ ㉠: 국토교통부장관, ㉡: 모든 토지, ㉢: 토지의 이동,
　㉣: 지적소관청

06
공간정보의 구축 및 관리 등에 관한 법령상 분할에 따른 지상 경계를 지상건축물에 걸리게 결정할 수 없는 경우는?
① 법원의 확정판결에 따라 토지를 분할하는 경우
② 도시개발사업 시행자가 사업지구의 경계를 결정하기 위하여 토지를 분할하는 경우
③ 「국토의 계획 및 이용에 관한 법률」에 따른 도시·군관리계획 결정고시와 지형도면 고시가 된 지역의 도시·군관리계획선에 따라 토지를 분할하는 경우
④ 공공사업 등에 따라 학교용지·도로·철도용지·제방 등의 지목으로 되는 토지를 분할하는 경우
⑤ 소유권이전이나 매매 등을 위하여 분할하는 경우

07
공간정보의 구축 및 관리 등에 관한 법령상 지적공부에 등록된 토지가 지형의 변화 등으로 바다로 된 토지의 등록말소 및 회복 등에 관한 설명으로 틀린 것은?
① 지적소관청은 지적공부에 등록된 토지가 지형의 변화 등으로 바다로 된 경우로서 원상(原狀)으로 회복될 수 없는 경우에는 지적공부에 등록된 토지소유자에게 지적공부의 등록말소 신청을 하도록 통지하여야 한다.
② 지적소관청은 바다로 된 토지의 등록말소 신청에 의하여 지적공부를 정리한 경우에는 관할 등기관서에 그 등기를 촉탁할 필요가 없다.
③ 지적소관청이 직권으로 지적공부의 등록사항을 말소한 후 지형의 변화 등으로 다시 토지가 된 경우에 토지로 회복등록을 하려면 그 지적측량성과 및 등록말소 당시의 지적공부 등 관계 자료에 따라야 한다.
④ 지적소관청으로부터 지적공부의 등록말소 신청을 하도록 통지를 받은 토지소유자가 통지를 받은 날부터 90일 이내에 등록말소 신청을 하지 아니하면, 지적소관청은 직권으로 그 지적공부의 등록사항을 말소하여야 한다.
⑤ 지적소관청이 직권으로 지적공부의 등록사항을 말소하거나 회복등록하였을 때에는 그 정리 결과를 토지소유자 및 해당 공유수면의 관리청에 통지하여야 한다.

08
다음 중 옳은 것은?
① 지적소관청은 해당 청사에 지적서고를 설치하고 그 곳에 지적공부(정보처리시스템을 통하여 기록·저장한 경우는 제외)를 영구히 보존하여야 하며, 천재지변이나 그 밖에 이에 준하는 재난을 피하기 위하여 필요한 경우 또는 관할 국토교통부장관의 승인을 받은 경우 외에는 해당 청사 밖으로 지적공부를 반출할 수 없다.
② 지적공부를 정보처리시스템을 통하여 기록·저장한 경우 지적소관청은 그 지적공부를 지적정보관리체계에 10년간 보존해야 한다.
③ 지적소관청은 정보처리시스템을 통하여 기록·저장한 지적공부가 멸실·훼손될 경우를 대비하여 지적공부를 복제하여 관리하는 정보관리체계를 구축해야 한다.
④ 국토교통부장관은 지적공부의 효율적인 관리 및 활용을 위하여 지적정보 전담 관리기구를 설치·운영한다.
⑤ 시, 도지사는 부동산의 효율적 이용과 부동산과 관련된 정보의 종합적 관리·운영을 위하여 부동산종합공부를 관리·운영한다.

09 지적공부의 등록사항에 관한 설명으로 옳은 것은?
① 지적도에는 일람도가 등록되어 있다.
② 토지대장등본에서 확인할 수 있는 사항은 소유자의 성명, 주소, 개별공시지가, 저당권 등의 권리관계이다.
③ 대지권등록부에는 고유번호, 건물의 명칭과 전유건물의 표시 등이 등록되어 있다.
④ 공유지연명부에는 소유권의 지분과 지목이 등록되어 있다.
⑤ 경계점좌표등록부에는 좌표와 지목, 축척이 등록되어 있다.

10 공간정보의 구축 및 관리 등에 관한 법령상 지적에 관한 설명으로 틀린 것은?
① 「산지관리법」에 따른 산지전용허가·신고, 산지일시사용허가·신고, 그 밖의 관계 법령에 따른 개발행위 허가 등을 받은 경우에는 등록전환 할 수 있다.
② 지적소관청은 신규등록 등 토지이동에 따른 토지의 표시변경에 관한 등기를 할 필요가 있는 경우에는 지체 없이 관할 등기관서에 그 등기를 촉탁하여야 한다.
③ 자연유수가 있을 것으로 예상되는 소규모 수로부지는 도면에 지목을 등록할 때 '구'로 등록된다.
④ 분할에 따른 지상경계는 지상건축물이 걸리게 결정하여서는 아니 된다. 다만 법원의 확정판결이 있는 경우에는 그러하지 아니하다.
⑤ 등기된 토지의 지적공부 등록사항정정 내용이 토지의 소유자에 관한 사항인 경우 등기필정보(등기필증), 등기완료통지서 또는 등기사항증명서, 등기관서에서 제공한 등기전산정보자료에 의하여 정정하여야 한다.

11 합병할 수 있는 경우로 옳은 것은 모두 몇 개인가?

> ㉠ 요역지에 관하여 하는 지역권의 등기가 있는 경우
> ㉡ 합병하고자 하는 토지 전부에 관하여 등기원인 및 등기연월일과 접수번호가 같은 저당권에 관한 등기가 있는 경우
> ㉢ 합병하려는 각 필지가 서로 연접하지 않은 경우
> ㉣ 전세권이 설정된 토지와 저당권이 설정된 토지의 경우
> ㉤ 토지의 소유자별 공유지분은 같으나 소유자의 주소가 서로 다른 경우

① 1개 ② 2개 ③ 3개
④ 4개 ⑤ 5개

12 지목에 관한 설명으로 옳은 것은?
① 자연의 유수(流水)가 있거나 있을 것으로 예상되는 토지의 지목은 '구거'이다.
② 자동차 등의 주차에 필요한 독립적인 시설을 갖춘 부지와 주차전용 건축물 및 이에 접속된 부속시설물의 부지의 지목은 '주차장'이다.
③ 용수(用水) 또는 배수(排水)를 위하여 일정한 형태를 갖춘 인공적인 수로·둑 및 그 부속시설물의 부지의 지목은 '제방'이다.
④ 지하에서 석유류 등이 용출되는 용출구와 그 유지에 사용되는 부지는 '주유소 용지'이다.
⑤ 물이 고이거나 상시적으로 물을 저장하고 있는 댐·저수지·소류지(沼溜地)·호수·연못 등의 토지의 지목은 '답'이다.

13 등기할 수 없는 것은?
① 가등기가처분명령에 의하여 가등기권리자 甲이 乙 소유 건물에 대하여 가등기를 신청한 경우
② 구분임차권등기신청
③ 전세금반환채권의 일부양도에 따른 전세권 일부이전등기
④ 채권담보권의 등기신청
⑤ 부동산의 일부에 대한 지상권설정등기

14 소유권보존등기에 관한 설명으로 옳은 것은?
① 소유권보존등기신청에서 등기필정보는 제공할 필요가 없으나 인감증명정보와 대장등본은 제공하여야 한다.
② 미등기부동산에 대한 세무서에 압류등기촉탁시 등기관은 직권으로 보존등기를 한다.
③ 공유자중 1인이 자기지분만에 대한 보존등기도 가능하다.
④ 건축법상 사용승인을 받지 않은 미등기건물도 건축허가를 한 경우에는 직권 보존등기를 할 수 있다.
⑤ 소유권보존등기를 신청하는 자는 신청정보의 내용으로 등기원인과 그 연월일을 제공하여야 한다.

15 대지권등기에 관련된 설명으로 옳은 것은?
① 규약상 공용부분의 등기는 전유건물의 표제부에 행하여진다.
② 대지권에 대한 전세권설정등기를 할 수 있다.
③ 건물의 등기기록에 대지권의 등기를 한 경우, 그 권리의 목적인 토지의 등기기록 중 표제부에 대지권이라는 뜻의 등기를 하여야 한다.
④ 대지권을 등기한 건물의 등기기록에는 그 건물만에 관한 소유권이전등기를 할 수 있다.
⑤ 대지권을 등기한 건물의 등기기록에는 그 건물만에 관한 전세권설정등기를 할 수 없다.

16 '甲'소유의 부동산에 대하여 '乙'명의의 저당권설정등기가 완료되고 그 저당권등기가 다시 '丙'에게 이전되었다. '甲'이 피담보채권을 변제한 경우, 그 해결방법에 관한 설명으로 옳은 것은?
① '甲'은 '乙'을 상대로 하여 저당권등기의 말소를 구하면 충분하다.
② '甲'은 '乙'을 상대로 하여 저당권등기의 말소를, '丙'을 상대로 하여 저당권이전등기의 말소를 구하여야 한다.
③ '甲'은 '乙', '丙' 중에서 임의로 한 사람을 선정하여 그를 상대로 하여 저당권등기의 말소를 구하여야 한다.
④ 甲은 丙을 상대로 하여 甲·乙 사이에 이루어진 저당권설정등기의 말소를 신청하여야 한다.
⑤ '甲'은 '乙', '丙'을 상대로 하여 저당권등기의 말소를 구하여야 한다.

17 소유권등기에 관한 설명으로 틀린 것은? (다툼이 있으면 판례에 따름)
① 수용을 원인으로 미등기토지의 소유권을 취득한 자는 자기 명의로 소유권보존등기를 신청할 수 있다.
② 소유권보존등기를 할 때에는 등기원인과 그 연월일을 기록하지 않는다.
③ 공유물의 소유권등기에 부기등기된 분할금지약정의 변경등기는 공유자의 1인이 단독으로 신청할 수 있다.
④ 미등기건물의 건축물대장에 최초의 소유자로 등록된 자로부터 포괄유증을 받은 자는 그 건물에 관한 소유권보존등기를 신청할 수 있다.
⑤ 법원이 미등기부동산에 대한 소유권의 처분제한등기를 촉탁한 경우, 등기관은 직권으로 소유권보존등기를 하여야 한다.

18 부기등기에 관한 설명으로 틀린 것을 모두 고른 것은?

㉠ 지상권설정등기는 부기등기로 실행한다.
㉡ 환매권의 이전등기는 부기등기의 부기등기로 실행한다.
㉢ 권리변경등기는 등기상 이해관계인의 승낙을 얻으면 부기등기로 실행할 수 있다.
㉣ 1개의 주등기에 여러 개의 부기등기가 있는 경우 그 부기등기 상호간의 순위는 그 등기순서에 의한다.
㉤ 소유권 처분제한의 등기는 부기등기로 실행한다.

① ㉠, ㉡ ② ㉡, ㉢ ③ ㉢, ㉣
④ ㉣, ㉤ ⑤ ㉠, ㉤

19 등기관의 처분에 대한 이의신청에 관한 설명 중 틀린 것은?
① 저당권자가 저당권설정자의 동의 없이 저당권이전등기를 경료한 경우 저당권설정자는 이의신청을 할 수 있다.
② 상속인이 아닌 자는 상속등기가 위법하다 하여 이의신청을 할 수 없다.
③ 등기의 말소에 관하여 이해관계 있는 제3자의 승낙서가 첨부되지 아니한 경우에도 말소등기의무자는 이의신청을 할 수 없다.
④ 채권자대위에 의하여 경료된 등기가 채무자의 신청에 의하여 말소된 경우 채권자는 이의신청을 할 수 있다.
⑤ 각하결정에 대한 이의신청은 등기신청인인 등기권리자 및 등기의무자가 할 수 있다.

20 단독으로 신청할 수 있는 등기가 아닌 것을 모두 고른 것은?

> ㉠ 토지수용의 재결의 실효를 원인으로 하는 토지수용으로 인한 소유권이전등기의 말소신청
> ㉡ 전세금 증액에 따른 전세권변경등기
> ㉢ 가등기 가처분명령정본에 의한 가등기
> ㉣ 전세권자가 소유권을 취득한 경우의 전세권말소등기
> ㉤ 의사진술을 명하는 이행판결에 의한 소유권이전등기

① ㉠ ② ㉠, ㉡ ③ ㉠, ㉡, ㉢
④ ㉣ ⑤ ㉠, ㉡, ㉤

21 가등기에 관한 설명으로 틀린 것은?
① 지상권설정청구권을 보전하기 위한 가등기는 乙구에 주등기 형식으로 한다.
② 저당권설정등기청구권보전 가등기에 의하여 저당권설정의 본등기를 한 경우 가등기 후 본등기 전에 마쳐진 등기는 직권말소의 대상이 되지 아니 한다.
③ 부동산 거래신고 등에 관한 법률에 의한 토지거래허가구역 내의 토지에 대한 소유권이전 청구권보전 가등기의 신청정보에는 토지거래허가정보를 제공하지 않아도 된다.
④ 乙이 甲 소유 토지에 대한 소유권이전청구권을 보전하기 위하여 가등기를 한 후 甲이 그 토지를 丙에게 양도한 경우, 乙의 본등기청구의 상대방은 甲이다.
⑤ 하나의 가등기에 관하여 여러 사람의 가등기권자가 있는 경우에 그 중 일부의 가등기권리자는 자기지분만에 관하여 본등기를 신청할 수 있다.

22 인터넷에 의한 등기사항증명 등에 관한 설명 중 틀린 것은?
① 등기사항증명서의 발급 또는 등기기록의 열람업무는 등기소장이 정하는 바에 따라 인터넷을 이용하여 처리할 수 있다.
② 민원인은 등기기록에 기록되어 있는 내용의 전부나 일부를 증명하는 서면을 인터넷을 통하여 발급받을 수 있다.
③ 민원인은 타인으로부터 교부받은 등기사항증명서의 진위 여부를 인터넷을 통하여 확인할 수 있다.
④ 인터넷 열람 등에 관한 업무는 법원행정처 등기정보중앙관리소에서 수행한다.
⑤ 인터넷에 의한 등기기록의 열람 및 등기사항증명서 발급에는 신청서의 제출을 요하지 아니하고, 수수료 면제에 관한 규정을 적용하지 아니한다.

23 소유권이전등기에 관한 설명으로 옳은 것은?
① 토지수용으로 인한 소유권이전등기의 경우 그 부동산의 처분제한등기와 그 부동산을 위하여 존재하는 지역권등기는 직권말소할 수 없다.
② 상속인이 수인인 경우 자기지분만 상속등기도 가능하다.
③ 진정명의회복을 원인으로 한 소유권이전등기 신청시에는 토지거래허가증을 제공하여야 한다.
④ 유증으로 인한 소유권이전등기청구권보전의 가등기는 유언자가 사망한 후에도 수리할 수 있다.
⑤ 합유지분에 대한 저당권 및 처분제한등기도 할 수 있다.

24 변경등기에 관한 설명으로 틀린 것은?
① 건물의 구조가 변경된 경우에는 변경등기를 신청하기 전에 먼저 건축물대장의 기재사항을 변경하여야 한다.
② 행정구역 명칭의 변경이 있을 때에는 등기명의인의 직권에 의하여 변경된 사항을 등기하여야 한다.
③ 甲 건물을 乙 건물에 합병하는 것을 등록한 경우 乙 건물 소유권의 등기명의인은 건축물대장상 건물의 합병등록이 있은 날로부터 60일 이내에 건물합병등기를 신청하여야 한다.
④ A토지에 乙의 가압류등기, B토지에 丙의 가압류등기가 있는 경우에는 합필등기를 할 수 없다.
⑤ 등기명의인 표시변경등기는 언제나 부기등기로 한다.

TEST 01

부동산세법

25 2025년 2월 4일에 부동산을 취득하여 2025년 10월 25일 현재 보유하는 경우 보유단계에서 부담할 수 있는 지방세를 모두 고른 것은?

㉠ 취득세	㉡ 농어촌특별세
㉢ 재산세	㉣ 종합부동산세
㉤ 양도소득세	

① ㉠
② ㉠, ㉡
③ ㉠, ㉡, ㉢
④ ㉢
⑤ ㉡, ㉤

26 「지방세기본법」상 용어 정의로 옳지 않은 것은?

① 보통징수란 세무공무원이 납세고지서를 납세자에게 발급하여 지방세를 징수하는 것을 말한다.
② 표준세율이란 지방자치단체가 지방세를 부과할 경우에 통상 적용하여야 할 세율로서 재정상의 사유 또는 그 밖의 특별한 사유가 있는 경우에는 이에 따르지 아니할 수 있는 세율을 말한다.
③ 납세자란 납세의무자와 특별징수의무자를 말한다.
④ 지방자치단체 징수금이란 지방세와 체납처분비를 말한다.
⑤ 납세의무자란 지방세법에 따라 지방세를 납부할 의무(특별징수의무자를 포함)가 있는 자를 말한다.

27 다음은 취득세에 대한 설명이다. 옳지 않은 것은?

① 토지의 지목을 사실상 변경한 경우로 그 가액이 증가한 경우에는 취득으로 보아 취득세를 부과한다.
② 개인 간에 부동산을 교환한 경우 무상승계취득으로 취득세를 부과한다.
③ 법인 설립시 발행하는 주식 또는 지분을 취득하여 과점주주가 된 경우에는 취득으로 보지 아니한다.
④ 취득이란 매매, 교환, 상속, 증여, 건축, 개수, 공유수면의 매립, 간척에 의한 토지의 조성 등과 그 밖에 이와 유사한 취득으로서 원시취득·승계취득 또는 유상·무상을 불문한 모든 취득을 말한다.
⑤ 취득세의 납세의무자는 등기·등록을 하지 아니한 경우라도 사실상 취득하면 각각 취득한 것으로 보고 해당 취득물건의 소유자 또는 양수인을 각각 납세의무자로 본다.

28 다음은 「지방세법」상 부동산에 관한 취득세의 표준세율에 대한 설명이다. 틀린 것은?

① 매매로 농지 외 부동산 취득: 1천분의 40
② 매매로 취득가액이 6억원인 1주택의 취득: 1천분의 20
③ 공유물 분할: 1천분의 23
④ 비영리사업자가 증여를 원인으로 한 대지의 취득: 1천분의 28
⑤ 상속으로 인한 농지의 취득: 1천분의 23

29 다음은 취득세 과세표준에 대한 설명이다. 틀린 것은?

① 토지 및 주택에 대한 시가표준액은 「부동산 가격공시에 관한 법률」에 따라 공시된 개별공시지가, 개별주택가격 또는 공동주택가격으로 한다.
② 특수관계인 간의 유상거래로 그 취득에 대한 조세부담을 부당하게 감소시키는 행위 또는 계산을 한 것으로 인정되는 경우에는 시가인정액을 취득당시가액으로 결정할 수 있다.
③ 지목변경의 경우 사실상 취득가격을 확인할 수 없는 경우에는 지목변경 후 시가표준액에서 지목변경 전 시가표준액을 뺀 금액을 과세표준으로 한다.
④ 상속으로 인한 취득의 경우 사실상 취득가격을 과세표준으로 한다.
⑤ 원시취득의 경우 사실상 취득가격을 과세표준으로 한다. 다만, 법인이 아닌 자가 건축물을 건축하여 취득하는 경우로서 사실상 취득가격을 확인할 수 없는 경우에는 시가표준액을 과세표준으로 한다.

30 「지방세법」상 등록에 대한 등록면허세 과세표준을 부동산가액에 의하는 것은?

① 지상권 설정등기
② 저당권 설정등기
③ 지역권 설정등기
④ 전세권 말소등기
⑤ 임차권의 설정등기

31 다음은 「지방세법」상 재산세에 관한 설명이다. 틀린 것은?
① 재산세는 토지, 건축물, 주택, 선박, 항공기의 소유에 대하여 그 소유자에게 부과하는 지방세이다.
② 특별시 관할구역에 있는 구의 경우에 재산세(선박 및 항공기는 제외)는 특별시세 및 구세인 재산세로 한다.
③ 「신탁법」에 따라 수탁자 명의로 등기·등록된 신탁재산의 경우 위탁자별로 구분된 재산에 대해서는 그 수탁자가 납세의무자이다.
④ 고지서 1장당 재산세로 징수할 세액이 2,000원인 경우에는 재산세를 징수한다.
⑤ 재산세 납부세액이 250만원을 초과하는 경우에는 납부할 세액의 일부를 납부기한이 지난날로부터 3개월 이내 분할납부하게 할 수 있다.

32 다음은 「지방세법」상 토지분 재산세에 대한 설명이다. 틀린 것은?
① 한국농어촌공사가 농가에 공급하기 위하여 소유하는 농지는 분리과세대상이다.
② 「도로교통법」에 따라 등록된 자동차운전학원용 토지로서 같은 법에서 정하는 시설을 갖춘 구역 안의 토지는 별도합산과세대상이다.
③ 일반영업용 건축물의 시가표준액이 해당 부속토지의 시가표준액의 100분의 2에 미달하는 건축물의 부속토지 중 그 건축물 바닥면적을 제외한 부속토지는 별도합산과세대상이다.
④ 1990년 5월 31일 이전에 취득하여 종중이 소유하는 농지는 분리과세대상이다.
⑤ 군 지역에 소재하는 공장용 건축물 부속토지로서 공장입지 기준면적을 초과하는 토지는 종합합산대상이다.

33 재산세에 대한 설명 중 바르지 않은 것은?
① 재산세 물납의 경우 물납 부동산 평가는 재산세 과세기준일 현재 시가로 한다.
② 분할납부의 경우 납부기한까지 신청을 하여야 하고 물납의 경우에는 납부기한 10일 전까지 물납을 신청하여야 한다.
③ 행정기관으로부터 철거명령을 받은 건축물 등 재산세를 부과하는 것이 적절하지 아니한 건축물 또는 주택(「건축법」에 따른 건축물 부분으로 한정)은 재산세를 비과세한다.
④ 재산세의 납기에도 불구하고 지방자치단체의 장은 과세대상의 누락·위법 또는 착오 등으로 인하여 이미 부과한 세액을 변경하거나 수시부과하여야 할 사유가 발생하면 수시로 부과·징수할 수 있다.
⑤ 소유권의 변동으로 인한 신고의무가 있는 납세의무자가 과세기준일로부터 15일 이내 신고를 하지 않은 경우에는 무신고가산세 20%가 부과된다.

34 종합부동산세에 대한 설명으로 옳지 않은 것은?
① 1주택과 공시가격 4억원 이하의 지방 저가주택을 함께 소유하고 있는 경우 1주택자로 신청여부와 관계없이 1세대 1주택자로 본다.
② 1주택과 다른 주택의 부속토지(주택의 건물과 부속토지의 소유자가 다른 경우의 그 부속토지를 말한다)를 함께 소유하고 있는 경우에는 1세대 1주택자로 본다.
③ 1세대가 일반주택과 합산배제를 신고한 임대주택을 각각 1채씩 소유한 경우 해당 일반 주택에 그 주택 소유자가 과세기준일 현재 그 주택에 주민등록이 되어 있고 실제로 거주하고 있는 경우에 한정하여 1세대 1주택자에 해당한다.
④ 1세대 1주택자가 1주택을 양도하기 전에 다른 주택을 대체취득하여 일시적으로 2주택이 된 경우로서 과세기준일 현재 신규주택을 취득한 날로부터 3년 이내 양도하는 경우 1세대 1주택자로 본다.
⑤ 주택분 종합부동산세액을 계산할 때 1주택을 여러 사람이 공동으로 매수하여 소유한 경우 공동 소유자 각자가 그 주택을 소유한 것으로 본다.

35 국내에 소재하는 다음의 자산을 양도하는 경우 양도소득세 과세대상에 해당하지 않는 것은?
① 토지·건물과 함께 양도하는 「개발제한구역의 지정 및 관리에 관한 특별조치법」에 따른 이축을 할 수 있는 권리의 양도
② 등기된 부동산 임차권의 양도
③ 건물이 완성되는 때에 그 건물과 이에 딸린 토지를 취득할 수 있는 권리의 양도
④ 신탁 수익권의 양도
⑤ 영업권의 단독 양도

36 1세대 1주택을 양도한 경우 양도소득세가 과세되는 경우는?
① 수용으로 인하여 1년간 보유한 주택(사업인정고시일 이전에 취득한 주택 및 그 부수토지에 한한다)이 양도된 경우
② 이혼 위자료로 2년 보유(조정대상지역이 아님)한 아파트를 배우자에게 이전하여 준 경우
③ 건축허가를 받지 아니하여 등기가 불가능한 주택(조정대상지역이 아님)을 2년 이상 보유하고 양도한 경우
④ 1년 이상 거주하던 주택을 근무상 형편으로 인하여 다른 시·군으로 이전하기 위해 양도한 경우
⑤ 콘도미니엄을 5년간 보유하다가 양도하는 경우

37 「소득세법」상 실지거래가액에 의하여 양도소득세의 양도차익을 계산하는 경우 양도가액에서 차감하는 필요경비에 해당하지 않는 것은?

① 엘리베이터 또는 냉난방장치의 설치비용
② 자산을 양도하기 위하여 직접 지출한 공증비용
③ 양도소득세 과세표준 신고서 작성비용 및 계약서 작성비용
④ 양도자산의 이용편의를 위하여 지출한 비용
⑤ 취득에 관한 쟁송으로 인한 소송비용, 화해비용 등의 금액으로서 그 지출한 연도의 각 소득금액의 계산에 있어서 필요경비에 산입한 금액

38 「소득세법」상 부동산 양도에 따른 장기보유특별공제에 관한 설명으로 틀린 것은?

① 장기보유특별공제액은 토지, 건물, 조합원입주권의 양도 시 양도차익에 보유기간별 공제율을 곱하여 계산한다.
② 보유기간이 3년 이상인 등기된 상가 건물은 장기보유특별공제가 적용된다.
③ 100분의 70의 세율이 적용되는 미등기(법령이 정하는 경우는 제외) 건물에 대해서는 장기보유특별공제를 적용하지 아니한다.
④ 1세대 1주택 요건을 충족한 고가주택(보유기간 3년 6개월)이 과세되는 경우로서 거주기간이 2년인 경우 양도차익 100분의 24의 장기보유특별공제가 적용된다.
⑤ 국외자산 양도의 경우에는 장기보유특별공제를 적용하지 아니한다.

39 다음은 「소득세법」상 거주자의 양도소득세에 대한 설명이다. 틀린 것은?

① 거주자의 양도소득 과세표준은 종합소득 및 퇴직소득에 대한 과세표준과 구분하여 계산한다.
② 「도시개발법」이나 그 밖의 법률에 따른 환지처분으로 지목 또는 지번이 변경되거나 보류지로 충당되는 경우 「소득세법」상 양도로 보지 아니한다.
③ 거주자로서 양도소득 과세표준 예정신고 또는 확정신고 납부세액이 1,600만원인 경우 최대 600만원을 분할납부할 수 있다.
④ 등기된 국내 소재 토지를 2025년 5월 10일에 양도한 경우 예정신고기한은 2025년 7월 10일이다.
⑤ 예정신고와 관련하여 무신고 가산세가 부과되는 경우 그 부분에 대하여 확정신고와 관련하여 무신고 가산세를 추가로 부과하지 아니한다.

40 다음 중 양도소득세의 부과·징수에 관한 설명으로 틀린 것은?

① 예정신고기한까지 예정신고를 하지 아니하였으나 확정신고기한까지 과세표준신고를 한 경우 무신고가산세액의 100분의 50에 상당하는 금액을 감면한다.
② 양도소득세 납부세액이 1,500만원인 경우 300만원을 신고기한이 지난 후 2개월 이내 분할납부할 수 있다.
③ 납세지 관할 세무서장이 양도소득 과세표준과 세액을 결정·경정을 한 경우에는 거주자에게 통지한 날로부터 30일 이내에 징수한다.
④ 건축물을 신축하고 그 취득일로부터 3년 이내에 양도하는 경우로서 감정가액을 취득가액으로 하는 경우에는 그 감정가액의 100분의 3에 해당하는 금액을 양도소득 결정세액에 가산한다.
⑤ 예정신고납부를 하는 경우 예정신고 산출세액에서 감면세액을 빼고 수시부과 세액이 있을 때에는 이를 공제한 세액을 납부한다.

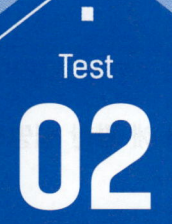

실전모의고사

정답 및 해설 ▶ P. 182

1교시

제한시간 100분

공인중개사법 · 중개실무

01 공인중개사법령상 공인중개사 자격시험 등에 관한 설명으로 옳은 것은?

① 시험의 출제위원이 성실의무 위반으로 시험의 신뢰도를 현저히 저하시킨 경우에는 시·도지사는 그 위원을 7년간 출제위원으로 위촉하여서는 아니 된다.
② 공인중개사자격증의 재교부를 신청하는 자는 재교부신청서를 국토교통부장관에게 제출해야 한다.
③ 국토교통부장관은 공인중개사시험의 합격자에게 공인중개사자격증을 교부해야 한다.
④ 시험시행기관장은 시험에서 부정한 행위를 한 응시자에 대하여는 그 시험을 무효로 하고, 그 처분이 있은 날부터 5년간 시험응시자격을 정지한다.
⑤ 시험시행기관장은 시험을 시행하고자 하는 때에는 시험시행에 관한 구체적인 사항은 시험시행하기 60일 전까지 일간신문, 방송, 관보 중 하나 이상 공고하고, 인터넷에도 공고하여야 한다.

02 공인중개사법령에 관한 내용으로 옳은 것은? (다툼이 있으면 판례에 따름)

① 소속공인중개사는 현장안내 등의 중개업무시에 중개의뢰인에게 신분을 고지할 의무규정은 없으나, 중개보조원은 신분을 고지할 의무가 있다.
② 개업공인중개사인 법인의 사원으로서 중개업무를 수행하는 공인중개사는 소속공인중개사에 포함되지 아니한다.
③ 무등록 중개업자에게 중개를 의뢰한 거래당사자는 무등록 중개업자의 중개행위에 대하여 무등록 중개업자와 공동정범으로 처벌된다.
④ 개업공인중개사는 다른 개업공인중개사의 중개보조원 또는 개업공인중개사인 법인의 사원·임원이 될 수 있다.
⑤ 거래당사자 간 저당권의 설정과 취득을 알선하는 행위는 중개에 해당하지 아니한다.

03 공인중개사법령상 독자적인 중개대상물에 해당하지 않는 것을 모두 고른 것은?

㉠ 사권(私權)이 소멸된 영구 포락지
㉡ 온천수
㉢ 금전채권
㉣ 20톤 이상의 선박등기를 한 선박

① ㉠, ㉡
② ㉢, ㉣
③ ㉠, ㉡, ㉣
④ ㉡, ㉢, ㉣
⑤ ㉠, ㉡, ㉢, ㉣

04 공인중개사법령상 "공인중개사 정책심의위원회"(이하 "심의위원회"라 함)에 관한 설명으로 옳은 것은?

① 국토교통부에 심의위원회를 두어야 한다.
② 심의위원회는 위원장 1명을 포함하여 7명 이상 11명 이내의 위원으로 구성한다.
③ 심의위원회의 위원이 해당 안건에 대하여 연구나 용역을 한 경우에는 심의·의결에서 제척되나, 단순히 자문을 한 경우에는 제척되지 아니한다.
④ 심의위원회의 위원장이 부득이한 사유로 직무를 수행할 수 없을 때에는 부위원장이 그 직무를 대행한다.
⑤ 심의위원회의 회의는 재적위원 과반수의 출석으로 개의(開議)하고, 재적위원 과반수의 찬성으로 의결한다.

05 공인중개사법령상 중개사무소 개설등록의 결격사유에 해당하지 않는 자는?

① 후견인의 영업 동의를 받은 피성년후견인
② 「형법」을 위반하여 사기죄로 300만원의 벌금형의 선고를 받고 3년이 경과되지 아니한 자
③ 공인중개사의 자격이 취소된 후 3년이 경과되지 아니한 자
④ 업무정지처분을 받은 개업공인중개사인 법인의 업무정지의 사유가 발생한 당시의 사원 또는 임원이었던 자로서 당해 개업공인중개사에 대한 업무정지기간이 경과되지 아니한 자
⑤ 공인중개사의 자격이 정지된 자로서 자격정지기간 중에 있는 자

06 공인중개사법령상 법인인 개업공인중개사가 겸업할 수 있는 것을 모두 고른 것은? (단, 다른 법률의 규정은 고려하지 않음)

> ㉠ 상업용 건축물 및 주택의 분양대행
> ㉡ 부동산의 이용·개발 및 거래에 관한 상담
> ㉢ 개업공인중개사를 대상으로 한 중개업의 경영기법 및 경영정보의 제공
> ㉣ 개업공인중개사를 대상으로 한 부동산거래정보사업

① ㉠, ㉡
② ㉠, ㉢
③ ㉠, ㉡, ㉢
④ ㉡, ㉢, ㉣
⑤ ㉠, ㉡, ㉢, ㉣

07 공인중개사법령상 개업공인중개사의 고용인에 관한 설명으로 옳은 것은? (다툼이 있으면 판례에 따름)

① 중개보조원의 업무상 행위는 그를 고용한 개업공인중개사의 행위로 추정한다.
② 개업공인중개사는 중개보조원과의 고용관계가 종료된 때에는 고용관계가 종료된 날부터 10일 이내에 등록관청에 신고하여야 한다.
③ 중개보조원이 중개업무와 관련된 행위를 함에 있어서 과실로 거래당사자에게 손해를 입힌 경우, 그를 고용한 개업공인중개사가 책임을 지며, 중개보조원은 손해배상책임이 없다.
④ 개업공인중개사가 소속공인중개사를 고용한 경우에는 개업공인중개사 및 소속공인중개사의 공인중개사자격증 사본을 중개사무소에 게시하여야 한다.
⑤ 중개보조원의 고용신고는 전자문서에 의해서는 할 수 없다.

08 공인중개사법령상 개업공인중개사가 의뢰받은 중개대상물에 대하여 표시·광고를 하려는 경우 "중개사무소, 개업공인중개사에 관한 사항"으로서 명시해야 하는 것을 모두 고른 것은?

> ㉠ 중개사무소의 등록번호
> ㉡ 중개사무소의 명칭
> ㉢ 중개사무소의 건축연도
> ㉣ 개업공인중개사의 성명(법인인 경우에는 대표자의 성명)

① ㉠, ㉡
② ㉡, ㉢
③ ㉢, ㉣
④ ㉠, ㉡, ㉣
⑤ ㉠, ㉢, ㉣

09 공인중개사법령상 중개사무소 및 광고 등에 관한 설명으로 틀린 것은?

① 개업공인중개사는 중개대상물의 가격 등 내용을 사실과 다르게 거짓으로 표시·광고하거나 사실을 과장되게 하는 표시·광고를 해서는 아니 되며, 위반시에는 500만원 이하의 과태료처분의 대상이 된다.
② 개업공인중개사는 중개대상물이 존재하지 않아서 실제로 거래를 할 수 없는 중개대상물에 대한 표시·광고를 해서는 아니 되며, 위반 시에는 500만원 이하의 과태료처분의 대상이 된다.
③ 법인이 아닌 개업공인중개사는 분사무소를 둘 수 없다.
④ 부칙 규정에 따라 등록을 한 것으로 보는 부칙상의 개업공인중개사는 등록관청의 관할구역 외의 지역에 있는 중개대상물을 중개할 수 없다.
⑤ 국토교통부장관은 인터넷을 이용한 중개대상물에 대한 표시·광고가 적법한지 여부를 모니터링을 할 수 있다.

10 공인중개사법령상 인장등록 등에 관한 설명으로 틀린 것은?

① 소속공인중개사의 인장등록은 소속공인중개사에 대한 고용신고와 같이 할 수 있다.
② 소속공인중개사가 등록하지 아니한 인장을 중개행위에 사용한 경우, 등록관청은 6개월의 범위 안에서 자격정지를 명할 수 있다.
③ 인장의 등록은 중개사무소 개설등록신청과 같이 할 수 있다.
④ 법인인 개업공인중개사의 인장등록은 「상업등기규칙」에 따른 인감증명서의 제출로 갈음한다.
⑤ 개업공인중개사가 등록한 인장을 변경한 경우, 변경일부터 7일 이내에 그 변경된 인장을 등록관청에 등록하여야 한다.

11 공인중개사법령상 개업공인중개사의 휴업과 폐업 등에 관한 설명으로 틀린 것은?

① 개업공인중개사는 임신·출산의 경우에는 6개월을 초과하여 휴업을 할 수 있다.
② 개업공인중개사가 폐업을 한 때에는 등록증을 첨부하여 지체 없이 등록관청에 신고하여야 한다.
③ 개업공인중개사가 등록관청에 폐업사실을 신고한 경우에는 지체 없이 사무소의 간판을 철거하여야 한다.
④ 중개사무소의 개설등록 후 업무를 개시하지 않은 개업공인중개사라도 3개월을 초과하는 휴업을 하고자 하는 때에는 부동산중개업휴업신고서에 중개사무소등록증을 첨부하여 등록관청에 미리 신고하여야 한다.
⑤ 부동산중개업 휴업신고서의 서식에 있는 "개업공인중개사의 종별"란에는 법인, 공인중개사, 법 제7638호 부칙 제6조 제2항에 따른 개업공인중개사가 있다.

12 개업공인중개사는 자신의 주택을 "매도"하고자 하는 중개의뢰인과 전속중개계약을 체결하였다. 이 경우 공인중개사법령상 법정서식인 전속중개계약서에 기재하는 항목을 모두 고른 것은?

> ㉠ 소유자 및 등기명의인
> ㉡ 희망 지역
> ㉢ 취득 희망가격
> ㉣ 거래규제 및 공법상 제한사항
> ㉤ 주택의 내·외부시설물의 상태

① ㉠, ㉣
② ㉠, ㉡
③ ㉡, ㉢
④ ㉠, ㉣, ㉤
⑤ ㉠, ㉡, ㉢

13 중개의뢰인 甲은 자신 소유의 X 주택에 대한 매매계약을 위해 개업공인중개사 乙과 전속중개계약을 체결하였다. X부동산에 기존 임차인 丙이 있는 경우 乙이 부동산거래정보망 또는 일간신문에 공개해야만 하는 중개대상물에 관한 정보를 모두 고른 것은? (단, 중개의뢰인이 비공개 요청을 하지 않음)

> ㉠ 丙의 성명 및 주소
> ㉡ X 부동산의 경제적 가치
> ㉢ X 부동산의 공시지가
> ㉣ X 부동산에 대한 벽면 및 도배의 상태

① ㉣
② ㉠, ㉡
③ ㉢, ㉣
④ ㉠, ㉡, ㉣
⑤ ㉠, ㉡, ㉢, ㉣

14 공인중개사법령상 중개대상물의 확인·설명에 관한 내용으로 옳은 것은? (다툼이 있으면 판례에 따름)

① 개업공인중개사는 선량한 관리자의 주의로 중개대상물을 조사·확인하여 중개의뢰인에게 설명할 의무는 없다.
② 2명의 개업공인중개사가 공동중개한 경우 중개대상물 확인·설명서에는 공동중개한 개업공인중개사 중 1인만 서명 및 날인하면 된다.
③ 개업공인중개사는 중개대상물을 취득하고자 하는 중개의뢰인에게 중개가 완성된 후에 확인·설명을 하여야 한다.
④ 개업공인중개사는 중개대상물 확인·설명서를 작성하여 거래당사자에게 교부하고 그 원본으로 3년간 보존하여야 하며, 사본이나 전자문서로서는 할 수 없다.
⑤ 중개보조원은 본인이 직접 의뢰를 받은 물건이라 하더라도, 중개의뢰인에게 중개대상물의 확인·설명의무를 지지 않는다.

15 공인중개사법령상 계약금 등의 반환채무이행의 보장 등에 관한 설명으로 틀린 것은?

① 소속공인중개사는 거래의 안전을 보장하기 위하여 필요하다고 인정하는 경우, 계약금 등을 자신의 명의로 예치하도록 거래당사자에게 권고할 수 없다.
② 예치대상은 계약금·중도금 또는 잔금이다.
③ 보험업법에 따른 보험회사는 계약금 등의 예치명의자가 될 수 있다.
④ 개업공인중개사는 거래당사자에게 「공인중개사법」에 따른 공제사업을 하는 자의 명의로 계약금 등을 예치하도록 권고할 수 없다.
⑤ 개업공인중개사는 계약금 등을 자기 명의로 금융기관 등에 예치하는 경우 자기 소유의 예치금과 분리하여 관리될 수 있도록 하여야 한다.

16 공인중개사법령상 법 제33조상의 금지행위에 관한 설명으로 옳은 것은? (다툼이 있으면 판례에 따름)

① 법인인 개업공인중개사의 사원이 아파트 매매를 업으로 하는 것은 금지되지 않는다.
② 개업공인중개사가 거래당사자 일방을 대리하는 것은 금지된다.
③ 개업공인중개사가 전세 의뢰받은 물건을 개업공인중개사의 배우자 명의로 직접 임대차계약을 체결하는 행위는 금지된다.
④ 법인인 개업공인중개사의 임원이 중개의뢰인과 직접 매매계약을 체결하는 것은 금지되지 않는다.
⑤ 개업공인중개사가 교환의뢰 받은 물건을 중개보조원이 중개의뢰인과 직접 교환계약을 체결하는 것은 금지되지 않는다.

17 공인중개사법령상 부동산거래정보망의 지정 및 이용에 관한 설명으로 틀린 것은?

① 부동산거래정보망을 설치·운영할 자로 지정을 받을 수 있는 자는 공인중개사 1명 이상과 정보처리기사 1명 이상을 확보하여야 한다.
② 부동산거래정보망을 설치·운영할 자로 지정을 받을 수 있는 자는 전기통신사업법의 규정에 의한 부가통신사업자로서 국토교통부령이 정하는 요건을 갖춘 자이어야 한다.
③ 거래정보사업자는 지정받은 날부터 3개월 이내에 부동산거래정보망의 이용 및 정보제공방법 등에 관한 운영규정을 정하여 국토교통부장관의 승인을 얻어야 한다.
④ 거래정보사업자가 부동산거래정보망의 이용 및 정보제공방법 등에 관한 운영규정을 변경하고자 하는 경우 국토교통부장관의 승인을 얻어야 한다.
⑤ 거래정보사업자는 개업공인중개사로부터 공개를 의뢰받은 중개대상물의 정보를 다르게 공개해서는 아니 되나, 개업공인중개사에 따라 차별적으로 공개할 수 있다.

18 「공인중개사법 시행령」 제30조(협회의 설립)의 내용이다. ( )에 들어갈 내용을 모두 바르게 나열한 것은?

- 공인중개사협회를 설립하고자 하는 때에는 발기인이 작성하여 서명·날인한 정관에 대하여 회원 (㉠)인 이상이 출석한 창립총회에서 출석한 회원 (㉡)의 동의를 얻어 국토교통부장관의 설립 (㉢)를 받아야 한다.
- 창립총회에는 서울특별시에서는 100인 이상, 광역시·도 및 특별자치도에서는 각각 (㉣)인 이상의 회원이 참여하여야 한다.

① ㉠: 300, ㉡: 반수 이상, ㉢: 허가, ㉣: 20
② ㉠: 300, ㉡: 반수 이상, ㉢: 허가, ㉣: 20
③ ㉠: 600, ㉡: 과반수, ㉢: 인가, ㉣: 20
④ ㉠: 600, ㉡: 과반수, ㉢: 인가, ㉣: 30
⑤ ㉠: 600, ㉡: 과반수, ㉢: 인가, ㉣: 30

19 공인중개사법령상 "공인중개사협회"(이하 "협회"라 함)에 관한 설명으로 옳은 것은?

① 협회는 영리사업으로서 중개사고처리를 위한 공제사업을 할 수 있다.
② 협회는 총회의 의결내용을 14일 이내에 국토교통부장관에게 보고하여야 한다.
③ 협회가 그 지부 또는 지회를 설치한 때에는 그 지부는 시·도지사에게, 지회는 등록관청에 신고하여야 한다.
④ 협회는 개업공인중개사에 대한 등록취소나 업무정지 등의 행정처분의 부과를 할 수 있다.
⑤ 협회는 품위유지업무나 자질향상에 관한 업무는 수행할 수 있으나, 부동산 중개제도의 연구·개선에 관한 업무를 수행할 수 없다.

20 공인중개사법령상 공인중개사 협회의 공제사업에 관한 설명으로 옳은 것은?

① 공제운영위원회는 위원장을 포함하여 7명 이상 11명 이내의 위원으로 구성된다.
② 금융감독원의 원장은 국토교통부장관의 요청이 있어도 공제사업에 관하여 조사 또는 검사를 할 수는 없다.
③ 공인중개사협회는 책임준비금을 다른 용도로 전용하여 사용할 수는 없다.
④ 책임준비금의 적립비율은 공제사고 발생률 및 공제금 지급액 등을 종합적으로 고려하여 정하되, 공제료 수입액의 100분의 100 이상으로 정한다.
⑤ 공인중개사협회는 회계연도 종료 후 3개월 이내에 매년도의 공제사업 운영실적을 일간신문이나·협회보 등을 통하여 공제계약자에게 공시하여야 하며, 또한 협회 홈페이지에 게시도 하여야 한다.

21 공인중개사법령상 포상금 지급에 관한 설명으로 옳은 것은?

① 포상금은 1건당 50만원 이하로 한다.
② 검사가 공소제기 하였으나, 판사가 무죄선고를 한 경우에는 포상금은 지급되지 아니한다.
③ 포상금의 지급에 소요되는 비용 중 지방자치단체에서 보조할 수 있는 비율은 100분의 50 이내로 한다.
④ 포상금지급신청서를 제출받은 등록관청은 그 사건에 관한 수사기관의 처분내용을 조회한 후 포상금의 지급을 결정하고, 그 결정일부터 1개월 이내에 포상금을 지급하여야 한다.
⑤ 등록관청은 하나의 사건에 대하여 2건 이상의 신고가 접수된 경우, 포상금을 균등하게 배분하여 지급한다.

22 공인중개사법령상 지방자치단체 조례가 정하는 바에 따라 수수료를 납부해야 하는 경우를 모두 고른 것은?

㉠ 공인중개사 자격증의 재교부 신청
㉡ 산업관리공단에서 시행하는 공인중개사 자격시험 응시
㉢ 중개사무소의 개설등록 신청
㉣ 분사무소설치의 신고

① ㉠, ㉡
② ㉠, ㉣
③ ㉠, ㉢, ㉣
④ ㉡, ㉢, ㉣
⑤ ㉠, ㉡, ㉢, ㉣

23 공인중개사법령상 공인중개사의 자격취소와 자격정지처분에 관한 설명으로 옳은 것은?

① 공인중개사의 자격취소처분은 자격증을 교부한 시·도지사와 중개사무소 소재 관할 시·도지사가 서로 다른 경우, 국토교통부장관이 이를 행한다.
② 시·도지사는 공인중개사의 자격취소처분을 한 때에는 5일 이내에 이를 국토교통부장관과 다른 시·도지사에게 통보하여야 한다.
③ 자격정지사유가 발생한 경우에는 청문의 절차를 거쳐서 해당 공인중개사의 자격정지 처분을 할 수 있다.
④ 공인중개사의 자격이 정지된 자는 공인중개사자격증을 7일 이내에 시·도지사에게 반납하여야 한다.
⑤ 공인중개사 자격이 취소되었으나 공인중개사자격증을 분실 등의 사유로 반납할 수 없는 자는 신규발급절차를 거쳐 발급된 공인중개사자격증을 반납하여야 한다.

24 공인중개사법령상 중개업무를 수행하는 소속공인중개사의 자격정지사유에 해당하지 않는 것은?

① 법인의 분사무소의 책임자가 서명 및 날인하였기에 당해 중개행위를 한 소속공인중개사가 확인·설명서에 서명 및 날인을 하지 않은 경우
② 2 이상의 중개사무소에 소속된 경우
③ 고객의 요청에 의해 거래계약서에 거래금액을 거짓으로 기재한 경우
④ 권리를 취득하고자 하는 중개의뢰인에게 중개가 완성되기 전까지 등기사항증명서 등 확인·설명의 근거자료를 제시하지 않은 경우
⑤ 중개업무와 관련하여,「형법」상의 사기죄로 금고 이상의 형의 선고를 받은 경우

25 공인중개사법령상 중개사무소 개설등록의 절대적 취소사유가 아닌 것은?

① 개업공인중개사인 법인이 해산한 경우
② 자격정지처분을 받은 소속공인중개사로 하여금 자격정지 기간 중에 중개업무를 하게 한 경우
③ 거짓 그 밖의 부정한 방법으로 중개사무소의 개설등록을 한 경우
④ 법인이 아닌 개업공인중개사가 파산선고를 받고 복권되지 아니한 경우
⑤ 「공인중개사법」 제33조 제1항을 위반하여 거짓행위 등의 금지행위를 한 경우

26 다음 중 공인중개사법령상 과태료를 부과할 경우 과태료의 부과기준에서 정하는 과태료 금액이 가장 적은 경우는?

① 휴업기간의 변경 신고를 하지 않고 휴업기간을 변경한 개업공인중개사
② 공제규정을 위반한 임원에 대한 징계요구를 따르지 아니한 협회
③ 공제업무의 개선명령을 이행하지 않은 협회
④ 이수 받아야 할 연수교육을 받지 아니한 소속공인중개사
⑤ 중개대상물에 대한 표시·광고를 허위매물로 공개한 개업공인중개사

27 부동산 거래신고 등에 관한 법령상 부동산 거래신고의 대상이 되는 계약은?

① 「주택법」에 따라 공급된 주택의 저당권설정계약
② 「택지개발촉진법」에 따라 공급되는 택지의 공급계약
③ 「입목법」에 따른 입목의 매매계약
④ 「체육시설의 설치·이용에 관한 법률」에 따라 등록된 시설이 있는 건물의 전세권 설정계약
⑤ 「도시 및 주거환경정비법」에 따른 관리처분계약의 인가로 취득한 입주자로 선정된 지위의 교환계약

28 부동산 거래신고 등에 관한 법령상 부동산 거래신고에 관한 설명으로 옳은 것은?

① 개업공인중개사가 거래계약서를 작성·교부한 경우 개업공인중개사가 지체 없이 부동산 거래신고를 하여야 한다.
② 고용신고가 된 중개보조원은 방문신고에 한하여 부동산 거래신고를 대행할 수 있다.
③ 「지방공기업법」에 따른 지방공사와 개인이 매매계약을 체결한 경우 양 당사자는 공동으로 신고하여야 한다.
④ 거래대상 부동산의 공법상 거래규제 및 이용제한에 관한 사항은 부동산거래계약 신고서의 기재사항이다.
⑤ 「주택법」상의 투기과열지구나 조정대상지역에서는 주택의 금액에 상관없이 자금조달계획과 입주계획을 신고하여야 한다.

29 부동산 거래신고 등에 관한 법령상 부동산거래계약신고 내용의 정정신청사항이 아닌 것은?

① 거래대상 건축물의 종류
② 소속공인중개사의 주소와 성명
③ 거래대상 부동산의 면적
④ 거래 지분 비율
⑤ 거래당사자의 전화번호

30 토지 소유자 甲은 A도(道) B군(郡)에 토지 220㎡를 소유한 자로서, 관할 A도지사는 甲의 토지 전부가 포함된 녹지지역 일대를 토지거래허가구역으로 지정하였다. 이에 관한 내용으로 옳은 것은? (단, A도지사는 허가를 요하지 아니하는 토지의 면적을 따로 정하지 않았음)

① 甲이 자신의 토지 전부에 대해 대가를 받고 지상권을 설정하려면 토지거래계약 허가를 받아야 한다.
② 甲의 토지가 농지라면 토지거래계약 허가를 받은 경우라도 별도로 「농지법」에 따른 농지취득자격증명을 받아야 한다.
③ 허가구역에 거주하는 농업인 乙이 그 허가구역에서 농업을 경영하기 위해 甲의 토지 전부를 임의 매수하는 경우에는 토지거래계약 허가가 필요하지 않다.
④ 丙이 자기의 거주용 주택용지로 이용하려는 목적으로 甲의 토지 전부를 임의 매수하는 경우, 해당 토지거래계약허가의 신청에 대하여 B군수는 허가를 해서는 아니 된다.
⑤ 토지거래계약 허가신청에 대해 불허가처분을 받은 경우, 甲은 그 통지를 받은 날부터 2개월 이내에 B군수에게 해당 토지에 관한 권리의 매수를 청구할 수 있다.

31 부동산 거래신고 등에 관한 법령상 토지거래허가제도와 관련된 이행강제금에 대하여 개업공인중개사가 중개의뢰인에게 설명한 내용으로 옳은 것은?

① 토지거래허가를 받은 후 의무이용기간동안 토지를 이용하지 아니하고 그대로 방치한 경우, 이행강제금은 토지 취득가액의 100분의 7에 상당하는 금액을 부과한다.
② 토지거래허가를 받은 후 의무이용기간동안 허가관청의 승인을 받지 아니하고 무단으로 변경하여 이용하는 경우, 이행강제금은 토지취득가액의 100분의 7에 상당하는 금액을 부과한다.
③ 시장·군수 또는 구청장은 이행명령을 받은 자가 그 명령을 이행하는 경우라도 명령을 이행하기 전에 이미 부과된 이행강제금은 징수하여야 한다.
④ 토지거래계약허가를 받아 토지를 취득한 자가 직접 이용하지 아니하고 임대한 경우에는 토지 취득가액의 100분의 8에 상당하는 금액을 이행강제금으로 부과한다.
⑤ 이행강제금 부과처분을 받은 자는 이의를 제기할 수 없다.

32 부동산 거래신고 등에 관한 법령상 신고포상금에 관한 설명으로 옳은 것은?

① 익명이나 가명으로 신고·고발한 경우에도 포상금은 지급하여야 한다.
② 해당 위반행위에 관여한 자가 신고한 경우라도 신고포상금은 지급하여야 한다.
③ 포상금의 지급에 드는 비용은 국고로 충당한다.
④ 부동산 등의 거래가격을 신고하지 않은 자를 수사기관이 적발하기 전에 수사기관에 1건 고발한 경우 1천5백만원의 신고포상금을 받을 수 있다.
⑤ 부동산거래신고와 관련하여 거래가 없음에도 거래가 있는 것처럼 허위·가장신고를 한 자도 포상금을 지급할 수 있는 신고·고발의 대상이 된다.

33 부동산 거래신고 등에 관한 법령상 외국인 등의 부동산 취득 등에 관한 특례에 대한 설명으로 옳은 것은? (단, 「헌법」과 법률에 따라 체결된 조약의 이행에 필요한 경우는 고려하지 않음)

① 국제연합의 전문기구가 법원경매로 대한민국 안의 부동산 등을 취득한 때에는 부동산 등을 취득한 날부터 3개월 이내에 신고관청에 신고하여야 한다.
② 외국인 등이 부동산 임대차계약을 체결하는 경우 계약 체결일로부터 6개월 이내에 신고관청에 신고하여야 한다.
③ 외국인 등의 토지거래허가신청서를 받은 신고관청은 신청서를 받은 날부터 30일 이내에 허가 또는 불허가처분을 하여야 한다.
④ 대한민국법령에 따라 설립된 법인이더라도, 그 구성원의 1/2 이상이 대한민국 국민으로 구성이 되어 있으면 외국인 취득의 특례가 적용된다.
⑤ 외국인 등이 법원의 확정판결로 대한민국 안의 부동산 등을 취득한 때에는 신고하지 않아도 된다.

34 X대지에 Y건물이 있고, X대지와 Y건물은 동일인의 소유이다. 개업공인중개사가 Y건물에 대해서만 매매를 중개하면서 중개의뢰인에게 설명한 내용으로 틀린 것을 모두 고른 것은? (다툼이 있으면 판례에 따름)

> ㉠ Y건물에 대한 철거특약이 없는 경우, Y건물이 건물로서의 요건을 갖추었다면 무허가건물이라도 관습상의 법정지상권이 인정된다.
> ㉡ 관습상의 법정지상권이 성립한 후 Y건물을 증축하더라도 구 건물을 기준으로 관습상의 법정지상권은 인정된다.
> ㉢ Y건물 취득시 Y건물을 위해 X대지에 대한 임대차계약을 체결한 경우에는 관습법상의 법정지상권을 포기한 것으로 본다.
> ㉣ Y건물의 소유를 위한 법정지상권이 인정된 경우, 건물의 소유자는 건물의 소유권과 법정지상권 중의 어느 하나만을 처분할 수는 없다.

① ㉣
② ㉡, ㉢
③ ㉢, ㉣
④ ㉠, ㉡, ㉢
⑤ ㉠, ㉢, ㉣

35 개업공인중개사가 묘소가 설치되어 있는 임야를 중개하면서 중개의뢰인에게 설명한 내용으로 옳은 것은? (다툼이 있으면 판례에 따름)

① 분묘가 1995년에 설치되었다 하더라도 「장사 등에 관한 법률」이 2001년에 시행되었기 때문에 분묘기지권을 시효취득할 수 없다.
② 암장되어 있어 객관적으로 인식할 수 있는 외형을 갖추고 있지 않은 묘소라도 유골이 있는 경우에는 분묘기지권이 인정된다.
③ 아직 사망하지 않은 사람을 위한 장래의 묘소(가묘)인 경우라도 봉분이 설치된 경우에는 분묘기지권이 인정된다.
④ 분묘기지권이 시효취득된 경우 특별한 사정이 없는 한, 시효취득자는 지료를 20년을 소급하여 모두 지급할 필요는 없다.
⑤ 분묘기지권의 효력이 미치는 지역의 범위 내에서는 기존의 분묘 외에 새로운 분묘를 신설할 권능도 인정된다.

36 중개실무와 관련하여 부동산 전자계약에 관한 설명으로 틀린 것은?

① 시·도지사는 부동산거래의 계약·신고·허가·관리 등의 업무와 관련된 정보체계를 구축·운영하여야 한다.
② 부동산 거래계약의 신고를 하는 경우 전자인증의 방법으로 신분을 증명할 수 있다.
③ 정보처리시스템을 이용하여 주택임대차계약을 체결한 경우, 해당 주택의 임차인은 정보처리시스템을 통하여 전제계약증서에 확정일자 부여를 신청할 수 있다.
④ 개업공인중개사가 부동산거래계약시스템을 통하여 부동산 거래계약을 체결한 경우 부동산거래계약이 체결된 때에 부동산거래계약신고서를 제출한 것으로 본다.
⑤ 거래계약서 작성시 확인·설명사항이 전자문서 및 「전자거래기본법」에 따른 공인전자문서센터에 보관된 경우, 개업공인중개사는 확인·설명서를 보존한 것으로 본다.

37 甲은 乙과 乙 소유의 X부동산의 매매계약을 체결하고, 친구 丙과의 명의신탁약정에 따라 乙로부터 바로 丙 명의로 소유권이전등기를 하였다. 이와 관련하여 개업공인중개사가 甲과 丙에게 설명한 내용으로 틀린 것을 모두 고른 것은? (다툼이 있으면 판례에 따름)

> ㉠ 甲과 친구 丙 사이의 명의신탁약정은 탈세 등의 목적이 아닌 한, 유효하다.
> ㉡ 丙이 X부동산을 제3자에게 처분한 경우, 丙은 甲과의 관계에서 횡령죄가 성립하지 않는다.
> ㉢ 甲과 乙 사이의 매매계약은 무효이므로, 甲은 乙을 상대로 소유권이전등기를 청구할 수 없다.
> ㉣ 丙이 소유권을 취득하고 甲은 丙에게 대금 상당의 부당이득반환청구권을 행사할 수 있다.

① ㉠, ㉢
② ㉠, ㉣
③ ㉡, ㉢
④ ㉠, ㉢, ㉣
⑤ ㉡, ㉢, ㉣

38 개업공인중개사가 선순위 저당권이 설정되어 있는 서울시 소재 상가건물(「상가건물 임대차보호법」이 적용됨)에 대해 임대차기간 2025. 10. 1.부터 1년, 보증금 5천만원, 월차임 100만원으로 임대차를 중개하면서 임대인 甲과 임차인 乙에게 설명한 내용으로 틀린 것은?

① 乙의 연체차임액이 300만원에 이르는 甲은 계약을 해지할 수 있다.
② 차임 또는 보증금의 증액이 있은 후 1년 이내에는 다시 증액을 하지 못한다.
③ 甲이 2026. 4. 1.부터 2026. 8. 31. 사이에 乙에게 갱신거절 또는 조건 변경의 통지를 하지 않은 경우, 2026. 10. 1. 임대차계약이 해지된 것으로 본다.
④ 상가건물에 대한 경매개시 결정등기 전에 乙이 건물의 인도와 「부가가치세법」에 따른 사업자등록을 신청한 경우라도, 보증금 중의 일정액에 대한 우선변제권은 인정되지 아니한다.
⑤ 乙이 임대차의 등기 및 사업자등록을 마치지 못한 상태에서 2019. 1. 5. 甲이 상가건물을 丙에게 매도한 경우, 丙의 상가건물 인도청구에 대하여 乙은 대항할 수 없다.

39 법원은 X부동산에 대하여 담보권 실행을 위한 경매절차를 개시하는 결정을 내렸고, 최저매각가격을 10억원으로 정하였다. 기일입찰로 진행되는 이 경매에서 매수신청을 하고자 하는 중개의뢰인 甲에게 개업공인중개사가 설명한 내용으로 틀린 것은?

① 甲이 13억에 매수신청을 하려는 경우, 법원에서 달리 정함이 없으면 1억 3천만원을 입찰보증금액으로 제공하여야 한다.
② 최고가매수신고를 한 사람이 둘 이상인 때에는 집행관은 그 사람들에게 다시 입찰(추가입찰)하게 하여 최고가매수신고인을 정한다.
③ 만약에 15억원에 최고가매수신고인에게 허가결정이 된 경우, 허가결정에 항고하기 위해서는 1억 5천만원을 항고공탁금으로 공탁하여야 한다.
④ 만약에 15억원의 최고가매수신고인이 있는 경우, 법원에서 보증금액을 달리 정하지 않았다면 甲이 차순위매수신고를 하기 위해서는 신고액이 14억원을 넘어야 한다.
⑤ 만약에 甲이 최고가매수신고인으로 확정되면, 소유권이전등기와 관계없이 경락대금을 완납하는 날에 소유권을 취득하게 된다.

40 甲 소유의 X주택에 대하여 임차인 乙이 주택의 인도를 받고 2025. 9. 12. 10:00에 주민등록과 확정일자를 받았다. 그런데 甲의 채권자 丙이 같은 날(9. 12.) 16:00에 저당권설정등기를 하였고, 다른 채권자 丁은 다음 날(9. 13.) 16:00에 X주택에 대해 저당권설정등기를 마쳤다. 임차인 乙에게 개업공인중개사가 설명한 내용으로 틀린 것은? (다툼이 있으면 판례에 따름)

① 丁이 저당권을 실행하여 X주택이 경매로 매각된 경우 乙은 매수인에 대하여 임차권으로 대항할 수 있다.
② 丙이 저당권을 실행하여 X주택이 경매로 매각된 경우 乙은 매수인에 대하여 임차권으로 대항할 수 없다.
③ 乙은 X주택의 경매시 경매법원에 배당요구를 하면 丙보다는 후순위로 배당을 받게 된다.
④ X주택이 경매로 매각된 후 乙이 우선변제권 행사로 보증금을 배당받기 위해서는 X주택을 먼저 매수인에게 인도하여야 한다.
⑤ X주택에 대해 임차인 乙이 집행권원을 얻어 강제경매를 신청한 경우에는 배당요구를 별도로 하지 않더라도 당연 배당된다.

부동산공법

41 국토의 계획 및 이용에 관한 법령상 국토교통부장관이 단독으로 광역도시계획을 수립하여야 하는 경우는?
① 시·도지사가 협의를 거쳐 요청하는 경우
② 광역계획권을 지정한 날부터 3년이 지날 때까지 관할 시·도지사로부터 광역도시계획의 승인 신청이 없는 경우
③ 광역계획권이 둘 이상의 시·도의 관할 구역에 걸쳐 있는 경우
④ 광역계획권이 같은 도의 관할 구역에 속하여 있는 경우
⑤ 중앙행정기관의 장이 요청하는 경우

42 국토의 계획 및 이용에 관한 법령상 공간재구조화계획에 관한 설명으로 틀린 것은?
① 주민은 도시혁신구역의 지정을 위하여 공간재구조화계획 입안권자에게 공간재구조화계획의 입안을 제안할 수 있다.
② 도시혁신구역의 지정에 관한 공간재구조화계획의 입안을 제안하려는 자는 대상 토지면적의 5분의 4 이상의 토지소유자의 동의를 받아야 한다.
③ 시·도지사가 결정하는 공간재구조화계획 중 용도구역 지정 및 입지 타당성 등에 관한 사항은 중앙도시계획위원회의 심의를 거쳐야 한다.
④ 공간재구조화계획 결정의 효력은 지형도면을 고시한 날부터 발생한다.
⑤ 고시된 공간재구조화계획의 내용은 도시·군계획으로 관리하여야 한다.

43 국토의 계획 및 이용에 관한 법령상 도시·군관리계획에 관한 설명으로 틀린 것은?
① 주민은 기반시설의 설치에 관한 사항에 대하여 도시·군관리계획을 입안할 수 있는 자에게 도시·군관리계획의 입안을 제안할 수 있다.
② 도시지역의 축소에 따른 용도지역의 변경을 내용으로 하는 도시·군관리계획을 입안하는 경우에는 주민의견 청취를 생략할 수 있다.
③ 둘 이상의 시·도에 걸쳐 이루어지는 사업의 계획으로서 국토교통부장관이 입안한 도시·군관리계획은 국토교통부장관이 결정한다.
④ 도시·군관리계획결정은 지형도면을 고시한 날부터 그 효력이 발생한다.
⑤ 도시·군관리계획결정 당시 이미 사업에 착수한 자는 도시·군관리계획결정의 고시일부터 30일 이내에 그 사업의 내용을 신고하고 계속할 수 있다.

44 국토의 계획 및 이용에 관한 법령상 도시건설을 목적으로 도시지역과 이웃하고 있는 공유수면(바다)을 매립한 경우 그 매립지가 속하게 될 용도지역에 관한 설명으로 옳은 것은?
① 도시·군관리계획의 입안 및 결정절차를 거쳐 도시지역으로 지정하여야 한다.
② 도시·군관리계획의 입안 및 결정절차를 거쳐 관리지역으로 지정하여야 한다.
③ 도시·군관리계획의 입안 및 결정절차를 거쳐 자연환경보전지역으로 지정하여야 한다.
④ 도시·군관리계획의 입안 및 결정절차 없이 도시지역으로 지정된 것으로 본다.
⑤ 도시·군관리계획의 입안 및 결정절차를 거쳐 농림지역으로 지정하여야 한다.

45 국토의 계획 및 이용에 관한 법령상 자연녹지지역에 관한 설명으로 옳은 것은?
① 자연녹지지역이란 주로 농업적 생산을 위하여 개발을 유보할 필요가 있는 지역을 말한다.
② 자연녹지지역에서는 특별시·광역시·특별자치시·특별자치도·시 또는 군의 조례가 정하는 바에 따라 아파트를 건축할 수 있다.
③ 자연녹지지역에 지정된 개발진흥지구에서의 건폐율은 30% 이하의 범위에서 특별시·광역시·특별자치시·특별자치도·시 또는 군의 조례로 따로 정한다.
④ 도시지역이 세부 용도지역으로 지정되지 아니한 경우 행위제한을 적용함에 있어 자연녹지지역의 규정을 적용한다.
⑤ 자연녹지지역에 집단취락지구를 지정할 수 있다.

46 국토의 계획 및 이용에 관한 법령상 용도지구의 세분에 대한 연결이 옳은 것은?
① 경관지구 – 자연경관지구, 시가지경관지구, 역사문화경관지구
② 방재지구 – 시가지방재지구, 자연방재지구
③ 보호지구 – 주거환경보호지구, 군사시설보호지구, 생태계보호지구
④ 취락지구 – 자연취락지구, 주거취락지구
⑤ 개발진흥지구 – 주거개발진흥지구, 산업개발진흥지구, 관광개발진흥지구

47 국토의 계획 및 이용에 관한 법률상 도시혁신구역 및 도시혁신계획에 관한 설명으로 옳은 것은?

① 주요 기반시설과 연계하여 지역의 거점 역할을 수행할 수 있는 지역에 도시혁신구역을 지정할 수 있다.
② 「건축법」에 따른 특별건축구역으로 지정된 지역은 도시혁신구역으로 지정된 것으로 본다.
③ 도시혁신구역에서의 행위 제한은 용도지역 및 용도지구에서의 제한을 강화하거나 완화하여 따로 법률로 정한다.
④ 도시혁신구역의 지정에 관한 공간재구조화계획을 결정하는 경우 협의요청을 받은 관계 행정기관의 장은 30일 이내에 의견을 회신하여야 한다.
⑤ 도시혁신구역의 지정 및 변경은 도시·군기본계획으로 결정한다.

48 국토의 계획 및 이용에 관한 법령상 지구단위계획구역에 관한 설명으로 옳은 것은?

① 「택지개발촉진법」에 따라 지정된 택지개발지구의 전부에 대하여 지구단위계획구역을 지정할 수는 없다.
② 지구단위계획구역의 결정은 도시·군관리계획으로 하여야 하나, 지구단위계획의 결정은 그러하지 아니한다.
③ 세 개 이상의 노선이 교차하는 대중교통 결절지로부터 1km 이내에 위치한 지역은 지구단위계획구역으로 지정하여야 한다.
④ 「도시개발법」에 따라 지정된 도시개발구역에서 사업이 끝난 후 10년이 지난 지역은 지구단위계획구역으로 지정하여야 한다.
⑤ 도시지역 외에 지정하는 지구단위계획구역에서는 당해 지역에 적용되는 용적률의 200% 이내에서 완화하여 적용할 수 있다.

49 국토의 계획 및 이용에 관한 법령상 타인토지의 출입 등에 대한 설명으로 옳은 것은?

① 도시·군계획시설사업의 시행자는 허가를 받지 아니하고 타인의 토지에 출입할 수 있다.
② 출입하려는 날의 3일 전까지 당해 토지의 소유자·점유자 또는 관리인에게 그 일시와 장소를 알려야 한다.
③ 행정청인 도시·군계획시설사업의 시행자가 타인의 토지를 임시통로로 일시사용하려는 경우 토지의 소유자·점유자 또는 관리인의 동의를 얻지 않아도 된다.
④ 일출 전이나 일몰 후라도 그 토지 점유자의 승낙을 받으면 울타리로 둘러싸인 타인의 토지에 출입할 수 있다.
⑤ 타인토지의 출입 등에 의한 행위로 인하여 손실을 받은 자가 있는 때에는 행위자가 손실을 보상하여야 한다.

50 국토의 계획 및 이용에 관한 법령상 도시·군계획시설채권에 관한 설명으로 옳은 것은?

① 도시·군계획시설채권은 도시·군계획시설사업을 위한 자금의 조달을 위하여 발행한다.
② 매수의무자가 지방공사인 경우에 도시·군계획시설채권을 발행할 수 있다.
③ 비업무용토지로서 매수대금이 2천만원을 초과하는 금액을 지급하는 경우 도시·군계획시설채권을 발행할 수 있다.
④ 도시·군계획시설채권의 발행절차 그 밖의 필요한 사항에 관하여 이법에 특별한 규정이 있는 경우를 제외하고는 「지방재정법」이 정하는 바에 따른다.
⑤ 도시·군계획시설채권의 이율은 발행자가 정한다.

51 국토의 계획 및 이용에 관한 법령상 성장관리계획구역 및 성장관리계획에 대한 설명으로 옳은 것만 고른 것은?

> ㉠ 개발수요가 많아 무질서한 개발이 진행되고 있는 공업지역에 성장관리계획구역을 지정할 수 있다.
> ㉡ 군수는 5년마다 관할 구역 내 수립된 성장관리계획에 대하여 그 타당성 여부를 전반적으로 재검토하여 정비하여야 한다.
> ㉢ 성장관리계획이 수립된 보전녹지지역의 경우 해당 지방자치단체의 조례로 건폐율을 30% 이내에서 완화하여 적용할 수 있다.

① ㉠ ② ㉡
③ ㉢ ④ ㉠, ㉢
⑤ ㉡, ㉢

52 국토의 계획 및 이용에 관한 법령상 기반시설부담구역 등에 관한 설명으로 옳은 것은?

① 기반시설부담구역은 국토교통부장관이 지정한다.
② 용도지역 등이 변경되어 행위 제한이 강화되는 지역에는 기반시설부담구역을 지정하여야 한다.
③ 해당 지역의 전년도 개발행위허가 건수가 전전년도 개발행위허가 건수보다 10퍼센트 이상 증가한 지역에는 기반시설부담구역을 지정하여야 한다.
④ 기반시설부담구역은 기반시설이 적절하게 배치될 수 있는 규모로서 최소 30만제곱미터 이상의 규모가 되도록 지정하여야 한다.
⑤ 기반시설부담구역의 지정고시일부터 1년이 되는 날까지 기반시설설치계획을 수립하지 아니하면 그 1년이 되는 날의 다음 날에 구역의 지정은 해제된 것으로 본다.

53 계획관리지역의 자연취락지구에서 환지방식으로 도시개발사업을 하려고 한다. 도시개발법령상 틀린 것은?

① 개발계획을 수립하려면 환지방식이 적용되는 지역의 토지면적의 3분의 2 이상에 해당하는 토지소유자와 그 지역의 토지소유자 총수의 2분의 1 이상의 동의를 받아야 한다.
② 도시개발조합은 도시개발구역 지정을 제안하는 경우 토지면적 3분의 2 이상의 토지소유자의 동의를 받아야 한다.
③ 광역도시계획이나 도시·군기본계획이 수립되지 아니한 지역이라 하여도 도시개발구역을 지정할 수 있다.
④ 도시개발구역을 지정한 후에 개발계획을 수립할 수 있다.
⑤ 도시개발구역으로 지정·고시된 경우 도시지역 또는 지구단위계획구역으로 결정·고시된 것으로 보지 아니한다.

54 도시개발법령상 도시개발사업에 관한 설명으로 틀린 것은?

① 도시개발구역에서 관상용 죽목의 임시식재(경작지에서 임시식재는 제외)는 허가를 받지 아니한다.
② 허가대상 행위에 대하여 허가받아 사업 등을 착수한 자는 도시개발구역 지정·고시된 날부터 30일 이내에 그 진행상황 등을 신고하고 이를 계속 시행할 수 있다.
③ 도시개발사업에 관한 실시계획의 인가를 받은 후 2년 이내에 사업을 착수하지 아니하는 경우 지정권자는 시행자를 변경할 수 있다.
④ 시행자는 항만, 철도 등 공공시설의 건설에 관한 업무를 공공기관 등에 위탁할 수 있다.
⑤ 한국토지주택공사인 시행자는 신탁업자와 신탁계약을 체결하여 도시개발사업을 시행할 수 있다.

55 도시개발법령상 실시계획에 관한 설명으로 틀린 것은?

① 실시계획에는 지구단위계획이 포함되어야 한다.
② 국토교통부장관이 실시계획을 작성하거나 인가하는 경우 시·도지사 또는 대도시 시장의 의견을 미리 들어야 한다.
③ 사업비의 100분의 10의 범위에서의 사업비의 증액으로 실시계획을 변경하는 경우에는 별도의 인가를 받지 아니한다.
④ 시행자는 그가 수용방식으로 개발한 조성토지 등을 고시된 실시계획에 따라 공급하여야 한다.
⑤ 실시계획을 고시한 경우 「공익사업을 위한 토지 등의 취득 및 보상에 관한 법률」에 따른 사업인정·고시로 본다.

56 도시개발법령상 수용·사용의 방식에 따른 사업으로 조성된 토지에 관한 설명으로 옳은 것은?

① 시행자가 조성토지 등의 공급계획을 변경하는 경우에는 지정권자의 승인을 받지 않아도 된다.
② 시행자는 기반시설의 원활한 설치를 위하여 필요하면 공급대상자의 자격을 제한하거나 공급조건을 부여할 수 있다.
③ 조성토지의 공급은 수의계약의 방법으로 한다.
④ 면적 330m² 이하의 단독주택용지에 대하여는 경쟁입찰의 방법으로 분양할 수 있다.
⑤ 시행자는 학교, 폐기물처리시설, 이주단지의 조성을 위한 토지를 공급하는 경우에는 공시지가로 할 수 있다.

57 도시개발법령상 환지방식의 도시개발사업에 관한 설명으로 틀린 것은?
① 시행자는 필지별과 권리별로 된 청산 대상 토지 명세가 포함된 환지계획을 작성하여야 한다.
② 임차권자의 동의가 없어도 토지 소유자가 신청하거나 동의하면 해당 토지의 전부 또는 일부에 대하여 환지를 정하지 아니할 수 있다.
③ 환지예정지를 지정하기 전에 사용하는 토지는 환지를 정하지 아니할 토지에서 제외할 수 있다.
④ 행정청이 아닌 시행자가 환지계획을 작성한 경우에는 특별자치도지사, 시장·군수 또는 구청장의 인가를 받아야 한다.
⑤ 종전 토지의 합필 또는 분필로 환지명세가 변경되는 것을 내용으로 환지계획을 변경하는 경우 인가를 받지 아니한다.

58 도시개발법령상 준공검사 등에 관한 설명으로 틀린 것은?
① 도시개발사업의 준공검사 전에는 체비지를 사용할 수 없다.
② 지정권자는 효율적인 준공검사를 위하여 필요하면 관계 행정기관 등에 의뢰하여 준공검사를 할 수 있다.
③ 지정권자가 아닌 시행자는 도시개발사업에 관한 공사가 전부 끝나기 전이라도 공사가 끝난 부분에 관하여 준공검사를 받을 수 있다.
④ 지정권자가 아닌 시행자가 도시개발사업의 공사를 끝낸 때에는 공사완료 보고서를 작성하여 지정권자의 준공검사를 받아야 한다.
⑤ 지정권자가 시행자인 경우 그 시행자는 도시개발사업의 공사를 완료한 때에는 공사 완료 공고를 하여야 한다.

59 도시 및 주거환경정비법령상의 용어 및 내용에 대한 설명으로 옳은 것은?
① 정비기반시설이 열악하고 노후·불량건축물이 밀집한 지역에서 주거환경을 개선하는 사업은 주거환경개선사업이다.
② 상업지역·공업지역 등에서 도시기능의 회복 및 상권활성화 등을 위하여 도시환경을 개선하기 위한 사업은 재건축사업이다.
③ 대지란 정비구역 안에 있는 지목이 '대'인 토지를 말한다.
④ 공용주차장은 공동이용시설에 해당한다.
⑤ 주거환경개선사업의 경우 토지등소유자란 정비구역에 위치한 토지 또는 건축물의 소유자 또는 그 지상권자를 말한다.

60 도시 및 주거환경정비법령상 정비구역 안에서 시장·군수 등의 허가를 받아야 하는 행위로 옳은 것만을 모두 고른 것은? (단, 재해복구 또는 재난수습에 필요한 응급조치를 위하여 하는 행위는 고려하지 않으며, 정비구역의 지정 및 고시 당시 이미 행위허가를 받았거나 받을 필요가 없는 행위는 제외함)

㉠ 가설공연장의 용도변경
㉡ 죽목의 벌채
㉢ 토지분할
㉣ 이동이 용이하지 아니한 물건을 3주일 동안 쌓아놓는 행위

① ㉠, ㉣
② ㉢, ㉣
③ ㉠, ㉡, ㉢
④ ㉠, ㉢, ㉣
⑤ ㉠, ㉡, ㉢, ㉣

61 도시 및 주거환경정비법령상 정비사업의 시행에 관한 설명으로 틀린 것은?
① 재건축사업은 조합이 조합원의 과반수의 동의를 받아 시장·군수등과 공동으로 시행할 수 있다.
② 토지등소유자가 20인 미만인 경우에는 토지등소유자가 직접 재개발사업을 시행할 수 없다.
③ 조합설립추진위원회도 개략적인 정비사업 시행계획서를 작성할 수 있다.
④ 재개발사업은 정비구역에서 인가받은 관리처분계획에 따라 건축물을 건설하여 공급하거나 환지로 공급하는 방법으로 한다.
⑤ 조합이 사업시행인 경우 시장·군수등은 특별한 사유가 없으면 사업시행계획서의 제출이 있은 날부터 60일 이내에 인가 여부를 결정하여 사업시행자에게 통보하여야 한다.

62 도시 및 주거환경정비법상 조합의 설립에 관한 다음의 내용 중 ( )에 들어갈 숫자가 틀린 것은?

• 재개발사업의 추진위원회가 조합을 설립하려면 토지등소유자의 (㉠) 이상 및 토지면적의 (㉡) 이상의 토지소유자의 동의를 받아 정비구역 지정·고시 후 시장·군수등의 인가를 받아야 한다.
• 재건축사업의 추진위원회가 조합을 설립하려는 때에는 주택단지의 공동주택의 각 동별 구분소유자의 (㉢) 동의와 주택단지의 전체 구분소유자의 (㉣) 이상 및 토지면적의 (㉤) 이상의 토지소유자의 동의를 받아 정비구역 지정·고시 후 시장·군수등의 인가를 받아야 한다.

① ㉠ - 4분의 3
② ㉡ - 2분의 1
③ ㉢ - 3분의 2
④ ㉣ - 100분의 70
⑤ ㉤ - 100분의 70

63 도시 및 주거환경정비법령상 조합원 및 조합임원에 관한 설명으로 옳은 것은?

① 파산선고를 받고 복권되지 아니한 자는 조합원이 될 수 없다.
② 조합임원의 임기는 2년 이하의 범위에서 정관으로 정하되, 연임할 수 없다.
③ 조합임원이 결격사유에 해당되어 당연 퇴임된 경우 퇴임 전에 관여한 행위는 그 효력을 잃는다.
④ 조합원의 수가 100명 이상인 조합은 대의원회를 두어야 한다.
⑤ 조합장은 조합의 대의원이 될 수 없다.

64 도시 및 주거환경정비법령상 분양신청에 관한 다음의 내용 중 ( ) 안에 들어갈 내용으로 옳은 것은?

> 사업시행자는 관리처분계획이 인가·고시된 다음 날부터 ( ) 이내에 분양신청을 하지 아니한 자와 토지, 건축물 또는 그 밖의 권리의 손실보상에 관한 협의를 하여야 한다.

① 30일
② 60일
③ 90일
④ 120일
⑤ 150일

65 건축법령상 주요구조부에 해당하는 것은?

① 지붕틀
② 사이 기둥
③ 최하층 바닥
④ 차양
⑤ 옥외 계단

66 건축법령상 사용승인을 받은 건축물의 용도를 변경하는 경우 특별자치시장·특별자치도지사 또는 시장·군수·구청장의 허가를 받아야 하는 것은?

① 자동차 관련 시설군을 산업 등의 시설군으로 변경
② 산업 등의 시설군을 전기통신시설군으로 변경
③ 문화 및 집회시설군을 영업시설군으로 변경
④ 영업시설군을 교육 및 복지시설군으로 변경
⑤ 주거업무시설군을 근린생활시설군으로 변경

67 건축법령상 사전결정의 통지를 받은 경우에는 다음의 허가를 받거나 신고 또는 협의를 한 것으로 본다. 이에 해당하지 않는 것은?

① 「국토의 계획 및 이용에 관한 법률」에 따른 개발행위허가
② 「산지관리법」에 따른 산지전용허가와 산지전용신고
③ 「농지법」에 따른 농지전용허가·신고 및 협의
④ 「하천법」에 따른 하천점용허가
⑤ 「도로법」에 따른 도로점용허가

68 건축법령상 건축허가에 관한 다음의 내용 중 ( ) 안에 들어갈 내용을 옳게 나열한 것은?

> 층수가 (㉠) 이상이거나 연면적의 합계가 (㉡) 제곱미터 이상인 건축물을 특별시나 광역시에 건축하려면 특별시장이나 광역시장의 허가를 받아야 한다.

① ㉠ − 16층, ㉡ − 5만
② ㉠ − 16층, ㉡ − 10만
③ ㉠ − 21층, ㉡ − 5만
④ ㉠ − 21층, ㉡ − 10만
⑤ ㉠ − 31층, ㉡ − 10만

69 면적이 1,000m²인 대지에 건축물을 건축하는 경우, 건축법령상 대지의 조경 등의 조치가 면제될 수 있는 건축물이 아닌 것은? (단, 지구단위계획구역이 아니며, 조례는 고려하지 않음)

① 녹지지역에서 건축하는 수련시설
② 연면적이 1,000m²인 공장
③ 상업지역에서 건축하는 연면적이 1,000m²인 물류시설
④ 연면적이 500m²인 축사
⑤ 농림지역에서 건축하는 농어가 단독주택

70 건축법령상 1,000m²의 대지에 지하 1층, 지상 4층으로 다음과 같이 건축하는 경우 용적률은?

> • 지하 1층은 주차장으로 그 바닥면적은 500m²
> • 지상 1층부터 4층은 모두 업무시설로서 각 층의 바닥면적은 모두 500m²

① 100% ② 150%
③ 200% ④ 250%
⑤ 300%

71 건축법령상 건축물의 높이제한에 관한 내용으로 틀린 것은?

① 허가권자는 가로구역[도로로 둘러싸인 일단(一團)의 지역]을 단위로 하여 건축물의 높이를 지정·공고할 수 있다.
② 허가권자는 가로구역별 건축물의 높이를 지정하려면 지방건축위원회의 심의를 거쳐야 한다.
③ 허가권자는 같은 가로구역에서 건축물의 용도 및 형태에 따라 건축물의 높이를 다르게 정할 수 있다.
④ 특별시장이나 광역시장은 도시의 관리를 위하여 필요하면 가로구역별 건축물의 높이를 특별시나 광역시의 조례로 정할 수 있다.
⑤ 일반상업지역에서 건축물을 건축하는 경우에는 건축물의 높이를 정북방향으로의 인접대지경계선으로부터의 거리에 따라 대통령령으로 정하는 높이 이하로 하여야 한다.

72 주택법령상 도시형 생활주택에 대한 설명으로 옳은 것을 모두 고른 것은?

> ㉠ 도시지역에 건설하는 300세대의 아파트형 주택은 도시형 생활주택에 해당한다.
> ㉡ 단지형 연립주택은 건축위원회의 심의를 받은 경우에는 주택으로 쓰는 층수를 5개층까지 건축할 수 있다.
> ㉢ 하나의 건축물에는 단지형 연립주택 또는 단지형 다세대주택과 아파트형 주택을 함께 건축할 수 없다.

① ㉠ ② ㉠, ㉡
③ ㉠, ㉢ ④ ㉡, ㉢
⑤ ㉠, ㉡, ㉢

73 주택법상 부대시설에 해당하는 것은?
① 어린이놀이터
② 근린생활시설
③ 관리사무소
④ 유치원
⑤ 경로당

74 주택법령상 주택건설사업의 등록사업자의 결격사유가 아닌 것은?
① 미성년자·피성년후견인 또는 피한정후견인
② 파산선고를 받은 자로서 복권되지 아니한 자
③ 「부정수표단속법」 또는 「주택법」을 위반하여 금고 이상의 실형의 선고를 받고 그 집행이 종료되거나 집행이 면제된 날부터 3년이 경과되지 아니한 자
④ 「부정수표단속법」 또는 「주택법」을 위반하여 금고 이상의 형의 집행유예선고를 받고 그 유예기간 중에 있는 자
⑤ 등록이 말소된 후 2년이 경과되지 아니한 자

75 주택법령상 주택조합에 관한 설명으로 틀린 것은?
① 국민주택을 공급받기 위하여 직장주택조합을 설립하려는 자는 관할 시장·군수 또는 구청장에게 설립인가를 받아야 한다.
② 리모델링주택조합이 아닌 주택조합은 주택건설예정세대수의 50퍼센트 이상의 조합원으로 구성하되, 그 수는 20명 이상이어야 한다.
③ 주택을 마련하기 위하여 주택조합설립인가를 받으려는 자는 해당 주택건설대지의 80퍼센트 이상에 해당하는 토지의 사용권원을 확보하여야 한다.
④ 지역주택조합의 경우 설립인가를 받은 날부터 2년 이내에 사업계획승인을 신청하여야 한다.
⑤ 주택조합(리모델링주택조합은 제외)은 그 구성원을 위하여 건설하는 주택을 그 조합원에게 우선 공급할 수 있다.

76 주택법령상 사업계획승인에 관한 설명으로 틀린 것은?
① 국가 및 한국토지주택공사가 주택건설사업을 시행하는 경우에는 국토교통부장관에게 사업계획승인을 받아야 한다.
② 사업계획승인권자는 사업계획승인의 신청을 받은 날부터 정당한 사유가 없는 한 60일 이내에 사업주체에게 승인 여부를 통보하여야 한다.
③ 사업계획승인권자는 사업주체가 경매로 인하여 대지소유권을 상실한 경우에는 그 사업계획의 승인을 취소할 수 있다.
④ 지방공사가 주택건설사업계획의 승인을 받으려면 해당 주택건설대지의 소유권을 확보하여야 한다.
⑤ 사업주체는 공사의 착수기간이 연장되지 않는 한 주택건설사업계획의 승인을 받은 날부터 5년 이내에 공사를 시작하여야 한다.

77 수도권의 공공택지에서 분양가상한제 적용주택을 공급받은 자(이하 '甲'이라 함)의 주택 전매행위 제한에 관한 주택법령상의 내용으로 틀린 것은?
① 甲이 주택을 전매하는 경우 사업주체인 한국토지주택공사가 우선 매입할 수 있다.
② 전매행위 제한기간은 해당 주택의 입주자로 선정된 날부터 기산한다.
③ 甲의 세대원 전원이 해외로 이주하는 경우 甲은 주택을 전매할 수 있다.
④ 甲이 주택을 전매하는 경우 한국토지주택공사의 동의는 받을 필요가 없다.
⑤ 甲이 근무로 인하여 세대원 전원과 함께 수도권 안에서 이전할 경우 甲은 주택을 전매할 수 없다.

78 주택법령상 토지임대부 분양주택에 관한 설명으로 틀린 것은?
① 토지임대부 분양주택의 토지에 대한 임대차기간은 50년 이내로 한다.
② 토지임대부 분양주택 소유자의 75퍼센트 이상이 계약갱신을 청구하는 경우 40년의 범위에서 이를 갱신할 수 있다.
③ 토지임대료를 보증금으로 전환하려는 경우 그 보증금을 산정할 때 적용되는 이자율은 「은행법」에 따른 은행의 3년 만기 정기예금 평균이자율 이상이어야 한다.
④ 토지임대부 분양주택을 공급받은 자가 토지소유자와 임대차계약을 체결한 경우 해당 주택의 구분소유권을 목적으로 그 토지 위에 임대차기간 동안 지상권이 설정된 것으로 본다.
⑤ 토지임대료는 월별 임대료를 원칙으로 한다.

79 농지법령상 농지의 위탁경영이 허용되는 사유로 틀린 것은?
① 「병역법」에 따라 징집 또는 소집된 경우
② 부상으로 2개월 이상의 치료가 필요한 경우
③ 농업법인이 청산 중인 경우
④ 농지이용증진사업 시행계획에 따라 위탁경영하는 경우
⑤ 농업인이 자기 노동력이 부족하여 농작업의 일부를 위탁하는 경우

80 농지법령상 농업진흥지역을 지정할 수 없는 지역은?
① 특별시의 녹지지역
② 특별시의 농림지역
③ 광역시의 녹지지역
④ 광역시의 관리지역
⑤ 군의 자연환경보전지역

부동산공시법령

01 공간정보의 구축 및 관리에 관한 법령상 토지의 소유자에 관한 설명으로 틀린 것은?

① 지적소관청은 토지소유자의 변동 등에 따라 지적공부를 정리하려는 경우에는 토지이동정리결의서를 작성하여야 한다.
② 지적소관청은 등기부에 적혀 있는 토지의 표시가 지적공부와 일치하지 아니하면 토지소유자를 정리할 수 없다.
③ 지적소관청은 필요하다고 인정하는 경우에는 관할 등기관서의 등기부를 열람하여 지적공부와 부동산등기부가 일치하는지 여부를 조사·확인하여야 한다.
④ 지적공부에 등록된 토지소유자의 변경사항은 등기관서에서 등기한 것을 증명하는 등기필증, 등기완료통지서, 등기사항증명서 또는 등기관서에서 제공한 등기전산정보자료에 따라 정리한다.
⑤ 「국유재산법」에 따른 총괄청이나 같은 법에 따른 중앙관서의 장이 소유자 없는 부동산에 대한 소유자 등록을 신청하는 경우 지적소관청은 지적공부에 해당 토지의 소유자가 등록되지 아니한 경우에만 등록할 수 있다.

02 공간정보의 구축 및 관리 등에 관한 법령상 지적공부의 복구 및 복구절차 등에 관한 설명으로 틀린 것은?

① 지적소관청은 지적공부의 전부 또는 일부가 멸실되거나 훼손된 경우에는 지체 없이 이를 복구하여야 한다.
② 지적공부의 등본, 토지이동정리 결의서, 측량결과도, 토지이용계획확인서는 지적공부의 복구자료이다.
③ 정보처리시스템을 통하여 기록·저장한 지적공부의 경우에는 시·도지사, 시장·군수 또는 구청장이 지체없이 복구하여야 한다.
④ 소유자에 관한 사항은 부동산등기부나 법원의 확정판결에 따라 복구하여야 한다.
⑤ 복구자료도에 따라 측정한 면적과 지적복구자료 조사서의 조사된 면적의 증감이 오차의 허용범위 이내인 경우에는 조사된 면적을 복구면적으로 결정하여야 한다.

03 甲이 자신의 소유인 A토지와 B토지를 합병하여 합필등기를 신청하고자 한다. 합필등기를 신청할 수 없는 사유에 해당하는 것은? (단, 이해관계인의 승낙은 없는 것으로 본다)

① A토지에 乙의 가처분등기, B토지에 丙의 가처분등기가 있는 경우
② A, B토지 모두에 등기원인 및 그 연월일과 접수번호가 동일한 乙의 전세권등기가 있는 경우
③ A, B토지 모두에 등기원인 및 그 연월일과 접수번호가 동일한 乙의 저당권등기가 있는 경우
④ A토지에 乙의 전세권등기, B토지에 丙의 전세권등기가 있는 경우
⑤ A토지에 乙의 지상권등기, B토지에 丙의 전세권등기가 있는 경우

04 공간정보의 구축 및 관리 등에 관한 법령상 지적공부의 보존 및 보관방법 등에 관한 설명으로 옳지 않은 것은? (단, 정보처리시스템을 통하여 기록·저장한 지적공부는 제외함)

① 지적소관청은 해당 청사에 지적서고를 설치하고 그 곳에 지적공부를 영구히 보존하여야 한다.
② 창문과 출입문은 2중으로 하되, 바깥쪽 문은 반드시 철제로 하고 안쪽 문은 곤충·쥐 등의 침입을 막을 수 있도록 철망 등을 설치하여야 한다.
③ 지적서고는 지적사무를 처리하는 사무실과 반드시 연접(連接)하여 설치하여야 한다.
④ 지적서고에는 인화물질의 반입을 금지하며, 지적공부, 지적관계서류, 지적측량장비만 보관하여야 한다.
⑤ 지적공부 보관상자는 벽으로부터 10센티미터 이상 띄워야 하며, 높이 15센티미터 이상의 깔판 위에 올려놓아야 한다.

05 공간정보의 구축 및 관리 등에 관한 법령상 축척변경위원회에 관한 설명으로 옳은 것은?
① 축척변경시행지역의 토지소유자가 10명 이하일 때에는 토지소유자 전원을 위원으로 위촉하여야 한다.
② 위원장은 위원 중에서 국토교통부장관이 지명한다.
③ 위원은 해당 축척변경 시행지역의 토지소유자로서 지역 사정에 정통한 사람과 지적에 관하여 전문지식을 가진 사람 중에서 지적소관청이 위촉한다.
④ 위원장은 회의 소집시 일시·장소·안건을 회의 개최 7일 전까지 구두나 서면으로 통지하여야 한다.
⑤ 축척변경위원회는 5명 이상 20명 이하의 위원으로 구성하되, 위원의 과반을 토지소유자로 한다.

06 지적소관청이 직권으로 정정할 수 없는 것은?
① 토지이동정리결의서의 내용과 다르게 정리된 경우
② 지적도 및 임야도에 등록된 필지가 면적의 증감 없이 경계의 위치만 잘못된 경우
③ 등기부와 지적공부와의 토지 표시사항이 불일치하는 경우
④ 지적측량성과와 다르게 정리된 경우
⑤ 지적공부의 작성 당시 잘못 정리된 경우

07 지목의 구분 기준에 관한 설명으로 옳은 것은?
① 연·왕골 등이 재배되는 토지는 '유지'로 한다.
② 여객자동차터미널, 자동차운전학원 및 폐차장 등 자동차 관련 부지, 그리고 공항시설 및 항만시설부지는 '잡종지'로 한다.
③ 묘지의 관리를 위한 건축물의 부지는 '묘지'로 한다.
④ 용수(用水) 또는 배수(排水)를 위하여 일정한 형태를 갖춘 인공적인 수로는 '하천'으로 한다.
⑤ 학교용지·공원·종교용지 등 다른 지목으로 된 토지에 있는 유적·고적·기념물을 보호하기 위하여 구획된 토지는 '사적지'로 한다.

08 공간정보의 구축 및 관리 등에 관한 법령상 경계점좌표등록부를 갖춰 두는 지역의 지적공부 및 토지의 등록 등에 관한 설명으로 틀린 것은?
① 지적도에는 해당 도면의 제명 끝에 "(좌표)"라고 표시하여야 한다.
② 지적도에는 도곽선의 오른쪽 아래 끝에 "이 도면에 의하여 측량할 수 없음"이라고 적어야 한다.
③ 토지 면적은 제곱미터 이하 한 자리 단위로 결정하여야 한다.
④ 필지별 면적측정은 전자면적측정기에 의한다.
⑤ 경계점좌표등록부를 갖춰 두는 토지는 지적확정측량 또는 축척변경을 위한 측량을 실시하여 경계점을 좌표로 등록한 지역의 토지로 한다.

09 중앙지적위원회의 심의·의결사항에 해당하는 것을 모두 고른 것은?

㉠ 지적측량적부심사
㉡ 지적측량기술의 연구·개발 및 보급에 관한 사항
㉢ 지적기술자의 업무정지 처분 및 징계요구에 관한 사항
㉣ 지적공부를 관리하기 위하여 필요하다고 인정되는 경우
㉤ 축척변경에 대한 승인

① ㉡, ㉢
② ㉡, ㉢, ㉣
③ ㉢, ㉣, ㉤
④ ㉠, ㉡, ㉢, ㉣
⑤ ㉠, ㉡, ㉢, ㉣, ㉤

10 토지대장의 등록사항에 해당하는 것을 모두 고른 것은?

㉠ 토지의 고유번호
㉡ 토지의 지목
㉢ 소유권의 지분
㉣ 개별 공시지가와 그 기준일
㉤ 건물의 명칭
㉥ 토지소유자가 변경된 날과 그 원인

① ㉢, ㉤, ㉥
② ㉠, ㉡, ㉣, ㉥
③ ㉠, ㉣, ㉤, ㉥
④ ㉡, ㉢, ㉤, ㉥
⑤ ㉠, ㉡, ㉣, ㉤, ㉥

11 공간정보의 구축 및 관리 등에 관한 법령상 지적도 및 임야도의 등록사항 등에 관한 설명으로 옳은 것은?

① 경계점좌표등록부를 갖추어 두는 지역의 임야도에는 좌표에 의하여 계산된 경계점간의 거리가 등록된다.
② 지적도면의 축척은 지적도 5종, 임야도 5종으로 구분한다.
③ 지적도면의 색인도, 건축물 및 구조물 등의 위치는 지적도면의 등록사항에 해당한다.
④ 경계점좌표등록부를 갖춰 두는 지역의 지적도에는 도곽선의 왼쪽 위 끝에 "이 도면에 의하여 측량을 할 수 없음"이라고 적어야 한다.
⑤ 고유번호와 삼각점 및 지적기준점의 위치와 도곽선의 수치가 등록된다.

12 지적측량 적부재심사의 청구절차에 관한 다음 설명 중 옳은 것은?

① 지방지적위원회의 의결서를 받은 자가 지방지적위원회의 의결에 불복하는 경우에는 그 의결서를 받은 날부터 90일 이내에 시, 도지사를 거쳐 중앙지적위원회에 재심사를 청구할 수 있다.
② 지적측량 적부재심사 청구를 받은 국토교통부장관은 60일 내에 중앙지적위원회에 회부하여야 한다.
③ 지적측량 적부재심사 청구를 회부받은 중앙지적위원회는 그 심사청구를 회부받은 날부터 30일 이내에 심의·의결하여야 한다.
④ 중앙지적위원회는 지적측량 적부재심사를 의결한 때에는 위원장과 참석위원 전원이 서명 및 날인한 지적측량 적부재심사 의결서를 의결한 날부터 7일 이내에 국토교통부장관에게 송부해야 한다.
⑤ 국토교통부장관은 중앙지적위원회로부터 의결서를 받은 날부터 7일 이내에 지적측량 적부재심사 청구인 및 이해관계인에게 그 의결서를 통지하여야 한다.

13 (근)저당권에 관한 설명으로 틀린 것은?

① 일정한 금액을 목적으로 하지 않는 채권을 담보하기 위한 저당권설정등기를 신청하는 경우, 그 채권의 평가액을 신청정보의 내용으로 등기소에 제공하여야 한다.
② 대지권이 등기된 구분건물의 등기기록에는 건물만을 목적으로 하는 저당권설정등기를 하지 못한다.
③ 甲 소유로 등기된 토지에 설정된 乙 명의의 근저당권을 丙에게 이전하는 등기를 신청하는 경우, 등기의무자는 甲이다.
④ 5개의 부동산이 공동담보의 목적물로 제공되는 경우, 등기관은 공동담보목록을 작성하여야 한다.
⑤ 근저당권의 이전등기는 피담보채권이 확정되기 전이라도 계약의 양도나 계약의 일부양도를 원인으로 하여 근저당권이전등기를 신청할 수 있다.

14 부동산등기법상 등기의 당사자능력에 관한 설명으로 옳은 것은?

① 법인 아닌 사단은 그 대표자 명의로 등기를 신청할 수 있다.
② 사립학교는 설립주체가 누구인지를 불문하고 학교 명의로 등기를 신청한다.
③ 지방자치단체는 등기신청의 당사자능력이 인정되므로 읍, 면도 등기신청적격이 인정된다.
④ 민법상 조합을 등기의무자로 한 근저당권설정등기는 신청할 수 없지만, 채무자로 표시한 근저당권설정등기는 신청할 수 있다.
⑤ 동(洞) 명의로 동민들이 법인 아닌 사단을 설립한 경우에는 그 대표자가 동 명의로 등기신청을 할 수 있다.

15 등기의 효력에 관한 설명으로 옳은 것은?

① 소유권보존등기가 경료된 경우, 그 등기명의인은 직전 소유자에 대하여 적법한 등기원인에 의하여 소유권을 취득한 것으로 추정된다.
② 실체적 권리관계의 소멸로 인하여 무효가 된 담보가등기라도 이해관계 있는 제3자가 있기 전에 다른 채권담보를 위하여 유용하기로 합의하였대도 그 등기는 무효이다.
③ 1필의 토지 전부에 대하여, 이미 소멸한 지상권등기가 존재하는 경우 다른 지상권 설정등기신청을 수리하지 못한다.
④ 등기의 추정력은 표제부의 등기에도 인정된다.
⑤ 건물멸실로 무효인 소유권보존등기라도 이해관계 있는 제3자가 있기 전 신축건물에 유용하기로 합의한 경우에도 그 등기는 무효이다.

16 확정판결에 의한 등기신청에 관한 설명으로 틀린 것은?

① 승소한 등기권리자가 판결에 의한 등기신청을 하지 않는 경우에 패소한 등기의무자는 그 판결에 의하여 직접 등기신청을 할 수 있다.
② 승소한 등기권리자가 그 소송의 변론종결 후 사망하였다면, 상속인이 그 판결에 의해 직접 자기명의로 등기를 신청할 수 있다.
③ 확정판결에 의하여 등기의 말소를 신청하는 경우, 그 말소에 대하여 등기상 이해관계인이 있는 때에는 그의 승낙서 등을 첨부할 필요가 있다.
④ 공유물분할판결이 확정되면 그 소송의 피고도 단독으로 공유물분할을 원인으로 한 지분이전등기를 신청할 수 있다.
⑤ 채권자 대위소송에서 채무자가 그 소송이 제기된 사실을 알았을 경우, 채무자도 채권자가 얻은 승소판결에 의하여 단독으로 그 등기를 신청할 수 있다.

17 전세권의 등기에 관한 설명으로 옳은 것은?

① 전세금반환채권의 일부양도를 원인으로 한 전세권일부이전등기를 할 때 양도액을 기록한다.
② 전세권설정등기는 부기등기로 행하여진다.
③ 공유부동산에 전세권을 설정할 경우, 그 등기기록에 기록된 공유자 1인이 등기의무자이다.
④ 전세권이 소멸하기 전에 전세금반환채권의 일부양도에 따른 전세권일부이전등기를 신청할 수 있다.
⑤ 3개 이상의 부동산에 관한 권리를 목적으로 하는 전세권설정등기를 하는 경우에는 공동전세목록을 작성하여야 한다.

18 부동산등기를 신청하는 경우 제출해야 하는 인감증명에 관한 설명으로 틀린 것은?

① 소유권의 등기명의인이 등기의무자로서 등기신청을 하는 경우 등기의무자의 인감증명을 제공하여야 한다.
② 인감증명을 제출하여야 하는 자가 국가 또는 지방자치단체인 경우에도 등기의무자로서 인감증명을 제공하여야 한다.
③ 소유권 외의 권리의 등기명의인이 등기의무자로서 등기필정보가 없어 구제되는 수단으로 등기를 신청하는 경우 등기의무자의 인감증명을 제공하여야 한다.
④ 협의분할상속등기를 신청하는 경우 분할협의서에 날인한 상속인 전원의 인감증명을 제공하여야 한다.
⑤ 소유권에 관한 가등기명의인이 가등기의 말소등기를 신청하는 경우 가등기명의인의 인감증명을 제출하여야 한다.

19 각종 권리의 설정등기에 따른 필요적 기록사항으로 옳은 것을 모두 고른 것은?

㉠ 지상권: 설정목적과 범위, 존속기간
㉡ 소유권보존: 등기원인과 등기원인일자
㉢ 전세권: 전세금과 설정범위
㉣ 임차권: 차임과 범위
㉤ 저당권: 채권액과 변제기

① ㉠
② ㉢, ㉣
③ ㉡, ㉣, ㉤
④ ㉠, ㉢, ㉣, ㉤
⑤ ㉠, ㉡, ㉢, ㉣, ㉤

20 등기완료 후 등기필정보의 작성 통지에 관한 설명으로 틀린 것은?

① 말소등기나 말소회복등기를 한 경우에는 등기필정보를 작성·통지하지 아니한다.
② 채권자가 채무자를 대위하여 등기를 신청한 경우에는 등기관은 등기를 완료한 때에 채권자에게 등기필정보를 작성·통지하지 아니한다.
③ 소유권이전의 가등기를 한 경우에 불과하다면 권리를 취득하지 아니한 것이므로 등기필정보를 작성·통지하지 아니한다.
④ 등기권리자가 원하지 않는 경우 또는 등기필정보를 3월 이내에 수신하지 않는 경우에는 등기완료 후 등기필정보를 작성·통지하지 아니한다.
⑤ 관공서가 등기권리자를 위하여 등기를 촉탁한 경우에는 등기완료 후 등기필정보를 작성·통지한다.

21 부동산등기에 관한 설명으로 옳은 것은?

① 저당권부채권에 대한 질권의 설정등기는 할 수 없다.
② 등기기록 중 다른 구(區)에서 한 등기 상호간에는 등기한 권리의 순위는 순위번호에 따른다.
③ 존재하지 않는 건물에 관해서도 소유권의 등기명의인은 1개월 이내에 멸실등기를 신청하여야 하며, 이를 게을리하면 과태료가 부과된다.
④ 채권자가 채무자를 대위하여 등기신청을 하는 경우, 채무자가 등기신청인이 된다.
⑤ 처분금지가처분등기가 된 후, 가처분채무자를 등기의무자로 하여 소유권이전등기를 신청하는 가처분채권자는 그 가처분등기 후에 마쳐진 소유권이전등기의 말소를 단독으로 신청할 수 있다.

22 근저당권등기에 관한 설명으로 옳지 않은 것은?
① 근저당권이전의 부기등기는 주등기인 근저당권설정등기가 말소되면 등기관이 직권으로 말소한다.
② 일정한 금액을 목적으로 하지 아니하는 채권을 담보하기 위한 저당권설정의 등기는 할 수 있다.
③ 근저당권설정등기에서 채권최고액은 반드시 단일하게 기록하여야 한다.
④ 근저당권이전등기를 신청할 경우, 근저당권설정자가 물상보증인이면 그의 승낙을 증명하는 정보를 등기소에 제공할 필요가 없다.
⑤ 근저당권설정등기에서 존속기간, 변제기, 약정, 이자는 임의적 신청정보에 해당한다.

23 신탁등기에 관한 설명으로 틀린 것은?
① 신탁의 일부가 종료되어 권리이전등기와 함께 신탁등기의 변경등기를 할 때에는 다른 순위번호를 사용한다.
② 신탁재산에 속하는 부동산의 신탁등기는 수탁자가 단독으로 신청한다.
③ 신탁재산이 수탁자의 고유재산이 되었을 때에는 그 뜻의 등기를 주등기로 하여야 한다.
④ 신탁등기시 수탁자가 甲과 乙인 경우, 등기관은 신탁재산이 甲과 乙의 합유인 뜻을 기록해야 한다.
⑤ 신탁등기의 신청은 해당 신탁으로 인한 권리의 이전 또는 보존이나 설정등기의 신청과 함께 1건의 신청정보로 일괄하여 하여야 한다.

24 가등기에 관련된 설명 중 옳지 않은 것은?
① 가등기가처분명령에 의한 가등기는 가등기가처분의 명령법원이 이를 촉탁한다.
② 가등기를 한 후 본등기의 신청이 있을 때에는 가등기의 순위번호를 사용하여 본등기를 하여야 한다.
③ 가등기에 기한 소유권이전의 본등기를 한 경우에 가등기 후에 경료된 해당 가등기에 대한 가압류 등기는 직권말소되지 않는다.
④ 소유권에 관한 가등기명의인이 가등기말소등기를 신청하는 경우 가등기명의인의 인감증명을 첨부하여야 한다.
⑤ 가등기로 보전하려는 등기청구권이 해제조건부인 경우에는 가등기를 할 수 없다.

부동산세법

25 납세의무 성립시기에 관한 설명으로 옳은 것은?
① 취득세 납세의무 성립시기는 과세물건을 취득하는 날부터 60일 이내 신고하는 때이다.
② 지방교육세의 납세의무 성립시기는 그 과세표준이 되는 세목의 납세의무가 성립하는 때이다.
③ 개인분 주민세의 경우 과세기준일(매년 6월 1일)에 납세의무가 성립한다.
④ 중간예납하는 소득세는 과세기간이 끝나는 때(12월 31일) 납세의무가 성립한다.
⑤ 소득세는 소득을 지급하는 때 납세의무가 성립한다.

26 「지방세기본법」상 이의신청 또는 심판청구에 관한 설명이다. 틀린 것은?
① 이의신청에 따른 결정기간 내에 이의신청에 대한 결정 통지를 받지 못한 경우에는 결정 통지를 받기 전이라도 그 결정기간이 지날 날부터 90일 이내에 심판청구를 할 수 있다.
② 이의신청은 처분이 있은 것을 안 날(처분의 통지를 받았을 때에는 그 통지를 받은 날)부터 90일 이내에 하여야 한다.
③ 이의신청을 거친 후에 심판청구를 할 때에는 이의신청에 대한 결정통지를 받은 날부터 90일 이내에 심판청구를 하여야 한다.
④ 이의신청인이 재해 등을 입어 이의신청기간 내에 이의신청을 할 수 없을 때에는 그 사유가 소멸된 날부터 14일 이내에 이의신청을 할 수 있다.
⑤ 이의신청, 심판청구는 그 처분의 집행에 효력을 미치지 아니한다. 다만, 압류한 재산에 대하여는 이의신청, 심판청구의 결정처분이 있는 날부터 60일까지 공매 처분을 보류할 수 있다.

27 취득세 취득시기에 대한 설명이다. 옳지 않은 것은?
① 유상승계 취득의 경우 신고인이 제출한 자료로 사실상 잔금지급일이 확인되는 경우에는 사실상 잔금지급일을 취득일로 한다. 다만, 사실상 잔금지급일을 확인할 수 없는 경우에는 그 계약상 잔금지급일을 취득일로 한다.
② 「도시 및 주거환경정비법」 제16조 제2항에 따른 주택재건축조합이 주택재건축사업을 하면서 조합원으로부터 취득하는 토지 중 조합원에게 귀속되지 아니하는 토지를 취득하는 경우에는 「도시 및 주거환경정비법」 제54조 제2항에 따른 소유권이전고시일에 그 토지를 취득한 것으로 본다.
③ 토지의 지목변경에 따른 토지의 취득은 토지의 지목이 사실상 변경된 날과 공부상 변경된 날 중 빠른 날을 취득일로 본다. 다만, 토지의 지목변경일 이전에 사용하는 부분에 대해서는 그 사실상 사용일을 취득일로 본다.
④ 건축허가를 받지 아니하고 건축하는 건축물의 경우 사실상 사용일을 취득일로 본다.
⑤ 「도시개발법」에 의한 도시개발사업으로 건축한 주택을 환지처분으로 취득하는 경우에는 준공검사증명서를 내주는 날과 사실상 사용일 중 빠른 날을 취득일로 본다.

28 취득세 부과·징수에 대한 설명으로 옳은 것은?
① 부담부증여로 부동산을 취득한 경우 채무액에 해당하는 부분은 취득일로부터 60일 이내 채무액을 제외한 나머지 부분은 취득일이 속한 달의 말일부터 3개월 이내 신고하고 납부하여야 한다.
② 일반 과세대상에서 중과세대상이 된 경우에는 당해 중과세대상이 된 날로부터 60일 이내에 중과세율을 적용하여 산출한 세액에서 이미 납부한 세액(가산세는 포함)을 공제한 금액을 세액으로 하여 신고납부 방법으로 징수한다.
③ 취득세를 신고기한 내 신고를 하지 아니하였지만 납부를 한 경우에는 신고하고 납부한 것으로 보아 신고불성실 가산세를 부과하지 아니한다.
④ 신고납부기한 내 재산권과 그 밖의 권리의 취득 이전에 관한 사항을 공부에 등기하거나 등록하려는 경우에는 취득일로부터 60일 이내 신고납부하여야 한다.
⑤ 등기·등록관서의 장은 등기 또는 등록 후에 취득세가 납부되지 아니하였거나 납부부족액을 발견하였을 때에는 다음 달 10일까지 납세지를 관할하는 시장·군수·구청장에게 통보하여야 한다.

29 「지방세법」상 취득세에 관한 설명으로 틀린 것은?
① 공매를 통하여 배우자의 부동산을 취득한 경우 유상취득으로 본다.
② 같은 취득물건에 대하여 둘 이상의 세율이 해당되는 경우에는 그중 높은 세율을 적용한다.
③ (비상장)법인 설립시 발행하는 주식을 취득함으로써 「지방세기본법」에 따른 과점주주가 되었을 때는 그 과점주주가 해당 법인의 부동산 등을 취득한 것으로 본다.
④ 지방자치단체의 장은 조례로 정하는 바에 따라 취득세 표준세율의 100분의 50의 범위에서 가감할 수 있다.
⑤ 국가가 취득세 과세물건을 매각하면 매각일로부터 30일 이내에 지방자치단체에게 통보하거나 신고하여야 한다.

30 다음은 등록면허세 과세표준에 대한 설명이다. 틀린 것은?
① 임차권 설정등기 – 월 임대차금액
② 지역권 설정등기 – 요역지가액
③ 지상권 설정등기 – 채권금액
④ 전세권 말소등기 – 건수
⑤ 가등기 – 부동산 가액 또는 채권금액

31 「지방세법」상 재산세에 비과세에 대한 설명으로 틀린 것은?
① 「산림자원의 조성 및 관리에 관한 법률」에 따라 지정된 채종림, 시험림은 비과세한다.
② 지방자치단체가 1년 이상 공용 또는 공공용으로 사용하는 재산으로 유료로 사용하는 경우 재산세를 비과세한다.
③ 임시로 사용하기 위하여 건축된 건축물로서 재산세 과세기준일 현재 1년 미만인 경우 비과세한다.
④ 「도로법」에 따른 도로(「도로법」 제2조 제2호에 따른 도로의 부속물 중 도로관리시설, 휴게시설, 주유소, 충전소 교통관광안내소 및 도로에 연접하여 설치한 연구시설은 제외한다)와 그 밖에 일반인의 자유로운 통행을 위하여 제공할 목적으로 개설한 사설도로(「건축법 시행령」 제80조의2에 따른 대지 안의 공지는 제외)는 비과세한다.
⑤ 「군사기지 및 군사시설보호법」에 따른 군사기지 및 군사시설 보호구역 중 통제보호구역 내 있는 토지(전, 답, 과수원, 대지는 제외)는 재산세를 비과세한다.

32 다음 중 재산세 납세의무자에 대한 설명으로 잘못된 것은?
① 국가·지방자치단체·지방자치단체조합과 재산세 과세대상을 연부로 매매계약을 체결하고 그 재산을 유상으로 사용하는 경우 매수계약자를 납세의무자로 본다.
② 「도시개발법」에 따라 시행하는 환지방식에 의한 도시개발사업 및 「도시 및 주거환경정비법」에 따른 정비사업(주택재개발사업 및 도시환경정비사업만 해당한다)의 시행에 따른 환지계획에서 일정한 토지를 환지로 정하지 아니하고 체비지 또는 보류지로 정한 경우에는 사업시행자를 납세의무자로 본다.
③ 국가가 선수금을 받아 조성하는 매매용 토지로서 사실상 조성이 완료된 토지의 사용권을 무상으로 받은 자는 재산세를 납부할 의무가 있다.
④ 개인 명의로 등재된 사실상의 종중소유의 토지를 종중소유임을 신고한 경우 납세의무자는 종중이다.
⑤ 재산세 납세의무자의 해당 여부를 판단하는 기준시점은 재산세 과세기준일 현재로 한다.

33 「지방세법」상 재산세의 과세표준과 세율에 대한 설명으로 틀린 것은?
① 주택의 경우 고급주택은 1천분의 40의 세율을 적용하고 그 밖의 주택은 초과누진세율(1천분의 1~1천분의 4)을 적용한다.
② 법령에 따른 고급주택(1세대 1주택이 아님)의 재산세 과세표준은 시가표준액에 공정시장가액비율(100분의 60)을 곱하여 산정한 가액으로 한다.
③ 토지에 대한 과세표준은 법인장부 등으로 사실상 취득가격이 증명되는 때에도 시가표준액에 공정시장가액 비율을 곱하여 산정한 가액으로 한다.
④ 주택의 경우 토지와 건축물의 가액을 합한 금액에 초과누진세율(1천분의 1~1천분의 4)을 적용하여 세액을 산출한다.
⑤ 지방자치단체의 장은 특별한 재정수요나 재해 등의 발생으로 재산세의 세율 조정이 불가피하다고 인정되는 경우 조례로 정하는 바에 따라 표준세율의 100분의 50의 범위에서 가감할 수 있다. 다만, 가감한 세율은 해당 연도에만 적용한다.

34 다음 종합부동산세에 관한 설명 중 틀린 것은?
① 종합부동산세는 부과·징수가 원칙이며 납세의무자의 선택에 의하여 신고납부도 가능하다.
② 종합부동산세는 재산세 과세대상 토지 중 종합합산과세대상 토지 및 별도합산과세대상 토지만 종합부동산세 과세대상에 해당되고 분리과세대상 토지는 제외된다.
③ 종합부동산세는 분납은 허용하지만 물납은 허용하지 아니한다.
④ 관할세무서장은 종합부동산세로 납부하여야 할 세액이 250만원을 초과하는 경우에는 대통령령으로 정하는 바에 따라 그 세액의 일부를 납부기한이 지난 날로부터 6개월 이내에 분납하게 할 수 있다.
⑤ 주택분 종합부동산세액을 계산할 때 1주택을 여러사람이 공동으로 매수하여 소유한 경우 지분이 가장 큰 자가 소유한 것으로 본다.

35 다음 중 양도소득세가 과세되는 양도에 대한 설명으로 틀린 것은?
① 위탁자와 수탁자 간 신임관계에 기하여 위탁자의 자산에 신탁이 설정되고 그 신탁재산의 소유권이 수탁자에게 이전된 경우로서 위탁자가 신탁설정을 해지하거나 신탁의 수익자를 변경할 수 있는 등 신탁재산을 실질적으로 지배하고 소유하는 것으로 보는 경우는 양도로 보지 아니한다.
② 「도시개발법」이나 그 밖의 법률에 따른 환지처분으로 지목 또는 지번이 변경되거나 보류지로 충당되는 경우 양도로 보지 아니한다.
③ 공동소유 토지를 공유자 지분변경 없이 2개 이상의 공유 토지로 분할한 경우 양도로 보지 아니한다.
④ 법정요건을 갖춘 양도담보계약에 의하여 소유권을 이전한 후 채무불이행으로 변제에 충당한 경우 양도로 보지 아니한다.
⑤ 부동산의 부담부증여(배우자 직계존비속의 경우는 제외)에 있어서 수증자가 인수하는 채무액 상당액은 양도로 본다.

36 양도소득 과세표준 계산 순서로 옳은 것은?
① 양도소득 과세표준 = 양도가액 − 필요경비
② 양도소득금액 = 양도가액 − 필요경비
③ 필요경비 = 취득가액
④ 양도소득 과세표준 = 양도가액 − 필요경비 − 장기보유특별공제 − 양도소득 기본공제
⑤ 양도소득금액 = 양도차익 − 양도소득 기본공제

37 2020년 취득 후 등기한 토지를 2025년 8월 15일에 양도한 경우 「소득세법」상 토지의 양도차익계산에 관한 설명으로 틀린 것은?

① 양도와 취득시의 실지거래가액을 확인할 수 있는 경우에는 양도가액과 취득가액을 실지거래가액으로 산정한다.
② 취득 당시 실지거래가액을 확인할 수 없는 경우에는 매매사례가액, 감정가액, 환산취득가액, 기준시가를 순차로 적용하여 산정한 가액을 취득가액으로 한다.
③ 매매사례가액은 양도일 또는 취득일 전·후 각 3개월 이내에 해당 자산과 동일성 또는 유사성이 있는 자산의 매매사례가 있는 경우 그 가액을 말한다.
④ 취득가액을 감정가액으로 계산하는 경우 취득 당시 개별공시지가에 100분의 3을 곱한 금액이 필요경비에 포함된다.
⑤ 환산취득가액은 양도가액을 추계할 경우에는 적용되지만 취득가액을 추계할 경우에는 적용되지 아니한다.

38 다음은 「소득세법」상 양도소득세의 장기보유특별공제와 양도소득 기본공제에 관한 설명이다. 틀린 것은?

① 장기보유특별공제는 토지, 건물로서 보유기간이 3년 이상인 것 및 조합원입주권(조합원으로부터 취득한 것을 포함)에 대하여 적용한다.
② 국외 자산을 양도한 경우에는 보유기간과 관계없이 장기보유특별공제를 적용하지 아니한다.
③ 거주자와 비거주자의 경우 장기보유특별공제와 양도소득 기본공제 모두 적용한다.
④ 2년 6개월 보유한 등기된 토지를 양도한 경우 장기보유특별공제는 적용되지 않지만 양도소득 기본공제는 적용된다.
⑤ 미등기 양도자산(법령이 정하는 자산은 제외)에 대하여는 양도소득 기본공제의 적용이 배제된다.

39 「소득세법」상 거주자의 양도소득 과세표준에 적용되는 세율에 관한 내용으로 옳은 것은?

① 보유기간이 6개월인 등기된 상가건물: 100분의 40
② 보유기간이 10개월인 「소득세법」에 따른 분양권: 100분의 70
③ 보유기간이 1년 6개월인 등기된 상가건물: 100분의 30
④ 보유기간이 1년 10개월인 「소득세법」에 따른 조합원 입주권: 100분의 70
⑤ 보유기간이 2년 6개월인 「소득세법」에 따른 분양권: 100분의 50

40 양도소득세의 예정신고와 확정신고에 대하여 설명한 것으로 틀린 것은?

① 거주자가 아파트 당첨권을 양도하고 양도소득 과세표준 예정신고납부를 하는 경우 그 양도일이 속한 달의 말일부터 2개월 이내에 신고하여야 한다.
② 확정신고의 경우 해당 과세기간의 양도소득금액이 있는 거주자는 그 양도소득 과세표준을 그 과세기간의 다음 연도 5월 1일부터 5월 31일까지 납세지 관할 세무서장에게 신고하여야 한다.
③ 해당 소득에 대하여 예정신고를 한 자는 해당 소득에 대한 확정신고를 하지 아니할 수 있다.
④ 해당 과세기간에 누진세율의 적용대상 자산에 대한 예정신고를 2회 이상 한 자가 이미 신고한 양도소득금액과 합산하여 신고하지 않은 경우 합산하여 확정신고를 하여야 한다.
⑤ 해당 과세기간의 과세표준이 없거나 결손금액이 있는 경우에는 확정신고를 하지 아니한다.

Test 03 실전모의고사

정답 및 해설 ▶ P.195

1교시

⏱ 제한시간 100분

공인중개사법 · 중개실무

01 공인중개사법(제2조)상의 용어의 정의로 옳은 것은?

① "개업공인중개사"라 함은 공인중개사 자격을 가지고 중개를 업으로 하는 자를 말한다.
② "소속공인중개사"라 함은 개업공인중개사에 소속된 공인중개사(개업공인중개사인 법인의 사원 또는 임원으로서 공인중개사인 자 포함)로서 중개업무를 수행하거나 개업공인중개사의 중개업무를 보조하는 자를 말한다.
③ "중개업"이라 함은 다른 사람의 의뢰에 의하여 중개를 계속적·반복적으로 행하는 것을 말한다.
④ "공인중개사"라 함은 공인중개사 자격을 취득하여 중개업에 종사하는 자를 말한다.
⑤ "중개"라 함은 법정 중개대상물에 대하여 거래당사자 간의 매매·교환·임대차와 관련된 개업공인중개사가 행하는 일체의 행위를 말한다.

02 공인중개사법령상 중개대상물에 해당하는 것을 고르면 모두 몇 개인가? (다툼이 있으면 판례에 따름)

㉠ 특정 동·호수에 대하여 수분양자가 선정된 장차 건축될 아파트
㉡ 「입목에 관한 법률」의 적용을 받지 않으나, 명인방법을 갖춘 수목의 집단
㉢ 콘크리트 지반 위에 볼트조립방식으로 철제파이프 기둥을 세우고 3면에 천막을 설치하여 주벽이라고 할 만한 것이 없는 세차장 구조물
㉣ 토지거래허가구역 내의 토지
㉤ 영업용 건물의 영업시설·비품 등 유형물이나 거래처·신용 등의 무형의 재산적 가치

① 1개 ② 2개
③ 3개 ④ 4개
⑤ 5개

03 공인중개사법령상 개업공인중개사 등의 교육에 관한 설명으로 옳은 것을 모두 고른 것은? (단, 다른 법률의 규정은 고려하지 않음)

㉠ 실무교육과 연수교육은 국토교통부장관이 시행한다.
㉡ 개업공인중개사로서 폐업신고를 한 후 1년 이내에 소속공인중개사로 고용신고를 하려는 자는 실무교육이 면제된다.
㉢ 실무교육의 교육시간은 28시간 이상 30시간 이하이다.
㉣ 연수교육을 정당한 사유 없이 받지 않으면 100만원 이하의 과태료를 부과한다.

① ㉠   ② ㉡
③ ㉠, ㉡ ④ ㉡, ㉣
⑤ ㉡, ㉢, ㉣

04 공인중개사법령상 중개사무소 개설등록에 관한 설명으로 틀린 것은? (단, 다른 법률의 규정은 고려하지 않음)

① 소속공인중개사는 중개사무소 개설등록을 신청할 수 없다.
② 대표자가 공인중개사가 아닌 법인은 중개사무소 개설등록을 할 수 없다.
③ 법인은 주된 중개사무소를 두려는 지역을 관할하는 등록관청에 중개사무소 개설등록을 해야 한다.
④ 준공검사나 사용승인이 난 건물이더라도 건축물대장이 없으면 등록을 할 수 없다.
⑤ 등록관청은 개설등록을 하고 등록신청을 받은 날부터 7일 이내에 등록신청인에게 서면으로 통지해야 한다.

05 공인중개사법령상 등록관청이 공인중개사협회에 통보해야 하는 경우로 틀린 것은?

① 소속공인중개사에 대한 고용신고를 받은 때
② 업무보증설정신고를 받은 때
③ 휴업신고를 받은 때
④ 중개사무소 등록증을 교부한 때
⑤ 등록취소 처분을 한 때

06 공인중개사법령상 중개사무소 개설등록의 결격사유에 해당하는 자를 모두 고른 것은?

> ㉠ 피특정후견인
> ㉡ 형의 선고유예를 받고 3년이 경과되지 아니한 자
> ㉢ 금고 이상의 형의 집행유예를 받고 그 유예기간 중에 있는 자
> ㉣ 「공인중개사법」을 위반하여 벌금형의 선고를 200만원 받고 3년이 경과되지 아니한 자

① ㉠
② ㉢
③ ㉠, ㉡
④ ㉡, ㉣
⑤ ㉡, ㉢, ㉣

07 공인중개사법령상 법인인 개업공인중개사가 적법하게 겸업할 수 있는 업무를 모두 몇 개인가? (단, 다른 법률의 규정은 고려하지 않음)

> ㉠ 부동산의 임대업
> ㉡ 부동산의 이용·개발에 관한 상담
> ㉢ 중개의뢰인의 의뢰에 따른 주거이전에 부수되는 용역의 제공
> ㉣ 택지의 분양대행
> ㉤ 공인중개사를 대상으로 한 창업기법 및 창업정보의 제공

① 1개
② 2개
③ 3개
④ 4개
⑤ 5개

08 공인중개사법령상 중개사무소 명칭 및 표시·광고에 관한 설명으로 옳은 것은?

① 개업공인중개사가 중개대상물에 대한 광고를 할 때, 가격 등 내용을 사실과 다르게 거짓으로 표시·광고를 한 경우에는 100만원 이하의 과태료 처분의 대상이 된다.
② 공인중개사인 개업공인중개사가 법령에 따른 옥외광고물을 설치하는 경우 중개사무소 등록증에 표기된 개업공인중개사의 성명을 표기할 필요가 없다.
③ 법인인 개업공인중개사가 의뢰받은 중개대상물에 대하여 법령에 따른 표시·광고를 하는 경우 대표자의 성명을 명시할 필요는 없다.
④ 등록관청은 규정을 위반한 사무소 간판의 철거를 명할 수 있으나, 법령에 의한 대집행은 할 수 없다.
⑤ 법 제7638호 부칙 제6조 제2항에 규정된 개업공인중개사는 사무소의 명칭에 "공인중개사사무소"라는 문자를 사용해서는 안 된다.

09 공인중개사법령상 법인인 개업공인중개사가 중개사무소를 등록관청의 관할지역 외의 지역으로 이전하는 경우에 관한 설명으로 옳은 것은?

① 이전신고 전에 발생한 사유로 인한 행정처분은 이전 전의 등록관청이 이를 행한다.
② 이전신고는 이전한 날부터 7일 이내에 해야 한다.
③ 주된 사무소의 이전신고는 이전 전의 등록관청에 해야 한다.
④ 주된 사무소의 이전신고서에는 중개사무소등록증과 중개사무소를 확보를 증명하는 서류가 첨부되어야 한다.
⑤ 분사무소 이전신고를 받은 주된 사무소 등록관청은 이전 전 또는 이전 후의 분사무소 소재지 관할 시장·군수 또는 구청장에게 이를 지체 없이 통보해야 한다.

10 공인중개사법령상 인장의 등록 등에 관한 설명으로 틀린 것은?

① 법인인 개업공인중개사의 인장등록은 「상업등기규칙」에 따른 인감증명서의 제출로 갈음한다.
② 개업공인중개사가 등록한 인장을 변경한 경우 변경일부터 7일 이내에 그 변경된 인장을 등록관청에 등록해야 한다.
③ 법인의 분사무소에서 사용하는 인장은 분사무소 책임자가 분사무소 소재지 등록관청에 등록해야 한다.
④ 분사무소에서 사용할 인장의 경우에는 「상업등기규칙」에 따라 법인의 대표자가 보증하는 인장을 등록할 수 있다.
⑤ 소속공인중개사는 업무개시 전에 중개행위에 사용할 인장을 등록관청에 등록해야 한다.

11 공인중개사법령상 개업공인중개사의 휴업과 폐업에 관한 설명으로 옳은 것을 모두 고른 것은?

> ㉠ 중개사무소 휴업신고를 한 후에 다시 업무를 재개하고자 할 때에는 중개사무소 개설등록을 다시 하여야 한다.
> ㉡ 법령에 정한 사유를 제외하고 휴업은 3개월을 초과할 수 없다.
> ㉢ 분사무소는 휴업신고시에 분사무소설치신고확인서를 첨부하여 주된 사무소 소재지 등록관청에 신고하여야 한다.
> ㉣ 개업공인중개사는 3개월을 초과하는 휴업을 한 때에는 지체 없이 휴업신고를 하여야 한다.
> ㉤ 휴업기간 변경신고는 전자문서에 의해서는 할 수 없다.

① ㉢
② ㉢, ㉣
③ ㉠, ㉡, ㉣
④ ㉠, ㉢, ㉤
⑤ ㉠, ㉡, ㉣

12 공인중개사법령상 중개계약에 관한 설명으로 틀린 것은? (다툼이 있으면 판례에 따름)

① 매매에 대한 전속중개계약을 체결한 개업공인중개사는 의뢰인의 비공개 요청이 없는 한, 중개대상물의 공시지가를 공개해야 한다.
② 중개의뢰인은 일반중개계약을 체결할 때 일반중개계약서의 작성을 요청할 수 있다.
③ 전속중개계약은 법령이 정하는 계약서에 의하여야 하며, 중개의뢰인과 개업공인중개사가 서명 또는 날인을 한다.
④ 개업공인중개사는 전속중개계약 체결 후 중개의뢰인에게 2주일에 1회 이상 중개업무 처리상황을 문서로 통지해야 한다.
⑤ 부동산중개계약은 「민법」상 위임계약과 유사하므로 자기 재산과 동일한 주의의무를 부담한다.

13 공인중개사법령상 개업공인중개사 甲의 중개대상물 확인·설명에 관한 내용으로 "틀린" 것은? (다툼이 있으면 판례에 따름)

① 甲은 중개가 완성되어 거래계약서를 작성하는 때에는 중개대상물 확인·설명서를 작성해야 한다.
② 甲은 작성된 중개대상물 확인·설명서를 거래당사자 모두에게 교부해야 한다.
③ 甲은 중개보수 및 실비의 금액과 그 산출내역을 확인·설명해야 한다.
④ 甲은 다가구주택의 일부에 대한 임대차계약을 중개할 경우, 후순위 임차인에게 선순위의 다른 임차인의 임대차 내역까지를 설명할 필요는 없다.
⑤ 甲은 상가건물의 임차권 양도계약을 중개할 경우, 양수의뢰인이 「상가건물 임대차보호법」에서 정한 대항력, 우선변제권 등의 보호를 받을 수 있는지를 확인·설명할 의무가 있다.

14 공인중개사법령상 "중개대상물 확인·설명서[Ⅲ](토지용 확인·설명서)"에서 개업공인중개사의 확인사항으로 옳은 것을 모두 고른 것은?

㉠ "단독경보형감지기" 설치 여부는 기본 확인사항이다.
㉡ "내진설계 적용 여부"는 세부 확인사항이다.
㉢ "실제 권리관계 또는 공시되지 않은 물건의 권리사항"은 세부 확인사항이다.
㉣ "환경조건(일조량·소음·진동)"은 세부 확인사항이다.
㉤ "벽면·바닥면·도배 상태"는 세부 확인사항이다.

① ㉢
② ㉠, ㉢
③ ㉡, ㉣
④ ㉢, ㉣
⑤ ㉢, ㉣, ㉤

15 공인중개사법령상 개업공인중개사의 거래계약서 작성 등에 관한 설명으로 옳은 것은?

① 「공인중개사법 시행규칙」에 개업공인중개사가 작성하는 거래계약서의 표준이 되는 서식이 정해져 있다.
② 거래계약서에는 중개보수의 금액 및 산출내역을 기재해야 한다.
③ 거래계약서는 중개대상물 확인·설명서 교부일자를 기재해야 한다.
④ 소속공인중개사가 중개행위를 한 경우 그 거래계약서에는 소속공인중개사와 개업공인중개사가 함께 서명 또는 날인해야 한다.
⑤ 공동중개의 경우 참여한 개업공인중개사 모두 서명 또는 날인해야 한다.

16 「공인중개사법」 제33조의 금지행위에 관한 설명으로 틀린 것은? (다툼이 있으면 판례에 따름)

① 주택에 대한 매매를 업으로 하는 행위는 금지행위에 해당한다.
② 아파트의 특정 동·호수에 대한 분양계약이 체결된 후 그 분양권의 매매를 중개한 것은 금지행위에 해당하지 않는다.
③ 상가 전부의 매도시에 사용하려고 매각조건 등을 기재하여 인쇄해 놓은 양식에 매매대금과 지급기일 등 해당 사항을 기재한 분양계약서는 양도·알선 등이 금지된 부동산의 분양 등과 관련 있는 증서에 해당하지 않는다.
④ 개업공인중개사가 초과중개보수로 처벌되려면 중개의뢰인에게 현실적으로 그 한도 초과액 상당의 재산상 손해가 발생함을 처벌의 요건으로 한다.
⑤ 탈세 등 관계 법령을 위반할 목적으로 미등기 부동산의 매매를 중개하여 부동산투기를 조장하는 행위는 금지행위에 해당한다.

17 개업공인중개사 甲은 중개업무를 하면서 법정한도를 초과하는 중개보수를 요구하여 수령하였다. 공인중개사법령상 甲의 행위에 관한 설명으로 옳은 것은? (다툼이 있으면 판례에 따름)

① 등록관청은 甲에게 등록취소처분을 할 수는 있어도 업무정지 처분을 할 수는 없다.
② 법정 한도를 초과하는 중개보수를 현금이 아니라, 유효한 액면가의 당좌수표로 받은 경우에는 처벌할 수 없다.
③ 3년 이하의 징역 또는 3천만원 이하의 벌금사유에 해당한다.
④ 개업공인중개사와 중개의뢰인 사이의 법정한도를 초과하는 중개보수 약정은 그 전부가 무효이다.
⑤ 甲이 법정한도를 초과하는 금액을 중개의뢰인에게 그대로 반환하였더라도 금지행위에 해당된다.

18 개업공인중개사 甲의 소속공인중개사 乙이 중개업무를 하면서 중개대상물의 거래상 중요사항에 관하여 거짓된 언행으로 중개의뢰인 丙의 판단을 그르치게 하여 재산상 손해를 입혔다. 공인중개사법령에 관한 설명으로 옳은 것은?

① 乙의 행위는 공인중개사 자격취소 사유에 해당한다.
② 乙은 3년 이하의 징역 또는 3천만원 이하의 벌금에 처한다.
③ 등록관청은 甲의 중개사무소 개설등록을 취소하여야 한다.
④ 乙이 징역 또는 벌금형을 선고받은 경우 甲은 乙의 위반행위 방지를 위한 상당한 주의·감독을 게을리 하지 않았다면 벌금형을 받지 아니한다.
⑤ 丙은 乙에게 손해배상을 청구하여야 하며, 甲에게 손해배상을 청구할 수는 없다.

19 공인중개사법령상 개업공인중개사의 손해배상책임의 보장에 관한 설명으로 틀린 것은? (다툼이 있으면 판례에 따름)

① 개업공인중개사가 자기의 중개사무소를 다른 사람의 중개행위 장소로 제공함으로써 거래당사자에게 재산상 손해가 발생한 경우 그 손해를 배상할 책임이 있다.
② 부동산 매매계약을 중개하고 계약금 및 중도금 지급에도 관여한 개업공인중개사가 잔금 중 일부를 횡령한 경우 이 법에 따른 손해배상책임이 있다.
③ 개업공인중개사는 업무를 개시하기 전에 손해배상책임을 보장하기 위하여 법령이 정한 조치를 하여야 한다.
④ 손해배상책임의 보장을 위한 공탁금은 개업공인중개사가 폐업 또는 사망한 날부터 3년 이내에는 회수할 수 없다.
⑤ 개업공인중개사가 실제 당사자가 아닌 자의 요구에 따라 대필하여 작성·교부해 준 전세계약서를 담보로 금전을 대여한 대부업자가 대여금을 회수하지 못한 경우라도 단순히 대필에 그친 개업공인중개사에게 손해배상책임을 물릴 수는 없다.

20 공인중개사법령상 개업공인중개사의 중개보수와 실비에 관한 설명으로 틀린 것은?

① 중개대상물의 권리관계 등의 확인에 소요되는 실비는 권리를 이전하고자 하는 자에게 받을 수 있다.
② 개업공인중개사의 고의 또는 과실로 중개의뢰인 간의 거래행위가 해제된 경우 중개보수를 받을 수 없다.
③ 다른 약정이 없는 경우 중개보수의 지급시기는 중개대상물의 거래대금 지급이 완료된 날로 한다.
④ 주택 외의 중개대상물에 대한 중개보수는 국토교통부령으로 정하고, 중개의뢰인 쌍방에게 각각 받는다.
⑤ 중개대상물인 주택 소재지와 중개사무소 소재지가 다른 경우 주택 소재지를 관할하는 시·도 조례에서 정한 기준에 따라 중개보수를 받아야 한다.

21 공인중개사법령상 일방으로부터 받을 수 있는 중개보수의 한도 및 거래금액의 계산 등에 관한 설명으로 틀린 것은? (다툼이 있으면 판례에 따름)

① 전용면적이 85m² 이하이고, 상·하수도 시설이 갖추어진 전용입식 부엌, 전용수세식 화장실 및 목욕시설을 갖춘 오피스텔의 임대차에 대한 중개보수의 상한 요율은 거래금액의 1천분의 4이다.
② 아파트 분양권의 매매를 중개한 경우 당사자가 거래 당시 수수하게 되는 총 대금(통상적으로 계약금, 기 납부한 중도금, 프리미엄을 합한 금액)을 거래가액으로 보아야 한다.
③ 교환계약의 경우 거래금액은 교환대상 중개대상물 중 거래금액이 큰 중개대상물의 가액으로 한다.
④ 중개대상물인 건축물 중 주택의 면적이 2분의 1이상인 건축물은 주택의 중개보수 규정을 적용한다.
⑤ 15억원 이상의 주택의 매매에 대한 중개보수는 거래금액의 1천분의 9 이내의 한도에서 시·도 조례로 정한다.

22 공인중개사법령상 국토교통부장관이 공인중개사협회의 공제사업 운영개선을 위하여 명할 수 있는 조치를 모두 고른 것은?

㉠ 업무집행방법의 변경
㉡ 자산예탁기관의 변경
㉢ 자산의 장부가격의 변경
㉣ 공제사업의 정지명령
㉤ 공제사업의 양도명령

① ㉣, ㉤
② ㉠, ㉡, ㉢
③ ㉡, ㉢, ㉣
④ ㉡, ㉢, ㉣, ㉤
⑤ ㉠, ㉡, ㉢, ㉣

23 공인중개사법령상 공인중개사의 자격취소에 관한 설명으로 옳은 것은?

① 처분권자가 자격을 정지하려면 청문을 실시해야 한다.
② 자격취소처분은 그 자격증을 교부한 시·도지사가 행한다.
③ 자격취소처분을 받아 그 자격증을 반납하고자 하는 자는 그 처분을 받은 날부터 10일 이내에 반납해야 한다.
④ 처분권자가 자격취소처분을 한 때에는 7일 이내에 이를 국토교통부장관과 다른 시·도지사에게 통보해야 한다.
⑤ 자격증을 교부한 시·도지사와 중개사무소의 소재지를 관할하는 시·도지사가 서로 다른 경우에는 자격증을 교부한 시·도지사가 자격취소처분에 필요한 절차를 이행해야 한다.

24 공인중개사법령상 중개업무를 수행하는 소속공인중개사의 자격정지 사유에 해당하지 않는 것은?

① 하나의 거래에 대하여 서로 다른 2 이상의 거래계약서를 작성한 경우
② 「공인중개사법」 위반으로 징역형의 선고를 받은 경우
③ 성실·정확하게 중개대상물의 확인·설명을 하지 않은 경우
④ 거래계약서에 거래금액 등 거래내용을 거짓으로 기재한 경우
⑤ 2 이상의 중개사무소에 소속공인중개사로 소속된 경우

25 공인중개사법령상 등록관청이 인지하였다면 공인중개사인 개업공인중개사 甲의 중개사무소 개설등록을 취소하여야 하는 경우에 해당하는 것은?

① 甲이 중개보조원의 채용숫자의 제한규정을 위반하여 초과 고용을 한 경우
② 공인중개사법령을 위반한 甲에게 2025년 4월 4일에 200만원 벌금형이 선고되어 확정된 경우
③ 甲이 2025년 4월 4일에 배임죄로 징역 8개월에 대한 선고유예를 받은 경우
④ 甲이 최근 1년 이내에 공인중개사법령을 위반하여 1회 업무정지처분, 2회 과태료처분을 받고 다시 업무정지처분에 해당하는 행위를 한 경우
⑤ 甲이 2025년 4월 4일에 부당한 이익을 얻을 목적으로 거짓으로 거래가 완료된 것처럼 꾸며 중개대상물의 시세에 부당한 영향을 주는 금지행위를 한 경우

26 공인중개사법령상 개업공인중개사의 업무정지사유이면서, 중개행위를 한 소속공인중개사의 자격정지사유에 해당하는 것을 모두 고른 것은?

㉠ 거래상의 중요사항에 대하여 거짓된 언행 그 밖의 방법으로 의뢰인의 판단을 그르치게 하는 행위를 한 경우
㉡ 중개대상물 확인·설명서에 서명 및 날인을 하지 아니한 경우
㉢ 거래계약서에 서명 및 날인을 하지 아니한 경우
㉣ 2 이상의 중개사무소에 소속된 경우

① ㉠, ㉡
② ㉡, ㉢
③ ㉠, ㉡, ㉢
④ ㉡, ㉢, ㉣
⑤ ㉠, ㉡, ㉢, ㉣

27 공인중개사법령상 행정제재처분효과의 승계 등에 관한 설명으로 틀린 것은?

① 폐업기간이 15개월인 재등록 개업공인중개사에게 폐업신고 전의 업무정지사유에 해당하는 위반행위에 대하여 업무정지처분을 할 수 있다.
② 폐업기간이 4년인 재등록 개업공인중개사에게 폐업신고 전의 중개사무소 개설등록 취소사유에 해당하는 위반행위를 이유로 개설등록취소처분을 할 수 없다.
③ 폐업신고 전에 개업공인중개사에게 한 과태료부과처분의 효과는 그 처분일부터 9개월이 된 때에 재등록을 한 개업공인중개사에게 승계된다.
④ 폐업신고 전에 개업공인중개사에게 한 업무정지처분의 효과는 그 처분일부터 1년간 재등록 개업공인중개사에게 승계된다.
⑤ 재등록 개업공인중개사에 대하여 폐업신고 전의 개설등록 취소에 해당하는 위반행위를 이유로 행정처분을 할 때 폐업의 기간과 사유를 고려하여야 한다.

28 공인중개사법령상 과태료 부과대상자와 부과기관의 연결이 옳은 것은?

① 성실·정확하게 중개대상물의 확인·설명을 하지 아니한 개업공인중개사 - 시·도지사
② 공인중개사협회의 임원에 대한 징계·해임의 요구를 이행하지 아니한 협회 - 등록관청
③ 연수교육을 정당한 사유 없이 받지 아니한 자 - 등록관청
④ 휴업기간의 변경 신고를 하지 아니한 개업공인중개사 - 시·도지사
⑤ 중개대상물 표시·광고와 관련하여 자료제출요구에 불응한 정보통신서비스 제공자 - 국토교통부장관

29 공인중개사법령상 1년 이하의 징역 또는 1천만원 이하의 벌금에 해당하지 않는 자는?

① 다른 사람에게 자기의 상호를 사용하여 중개업무를 하게 한 개업공인중개사
② 개업공인중개사가 아닌 자로서 중개업을 하기 위하여 중개대상물에 대한 표시·광고를 한 자
③ 개업공인중개사가 아닌 자로서 "공인중개사사무소", "부동산중개" 또는 이와 유사한 명칭을 사용한 자
④ 안내문, 온라인 커뮤니티 등을 이용하여 특정 개업공인중개사 등에 대한 중개의뢰를 제한하거나 제한을 유도하는 행위를 한 자
⑤ 공인중개사가 아닌 자로서 공인중개사 또는 이와 유사한 명칭을 사용한 자

30 공인중개사법령상 ( )에 들어갈 내용으로 옳은 것은?

- 국토교통부장관의 거래정보사업자 지정은 지정신청을 받은 날로부터 (㉠) 이내로 한다.
- 거래정보사업자는 그 지정받은 날부터 (㉡) 이내에 운영규정을 정하여 국토교통부장관의 승인을 얻어야 한다.
- 개업공인중개사는 보증보험금·공제금 또는 공탁금으로 손해배상을 한 때에는 (㉢) 이내에 보증보험 또는 공제에 다시 가입하거나 공탁금 중 부족하게 된 금액을 보전하여야 한다.
- 시·도지사는 자격정지 기간의 (㉣)의 범위 안에서 가중 또는 감경할 수 있으며, 가중하여 처분하는 경우에도 자격정지 기간은 (㉤)을 초과할 수 없다.

① ㉠: 30일, ㉡: 3개월, ㉢: 15일, ㉣: 2분의 1, ㉤: 6개월
② ㉠: 30일, ㉡: 3개월, ㉢: 15일, ㉣: 3분의 1, ㉤: 9개월
③ ㉠: 30일, ㉡: 3개월, ㉢: 지체 없이, ㉣: 2분의 1, ㉤: 6개월
④ ㉠: 3개월, ㉡: 30일, ㉢: 15일, ㉣: 2분의 1, ㉤: 6개월
⑤ ㉠: 3개월, ㉡: 6개월, ㉢: 1개월, ㉣: 2분의 1, ㉤: 9개월

31 부동산 거래신고 등에 관한 법령상 부동산거래신고에 관한 설명으로 옳은 것은?

① 「주택법」상의 투기과열지구에 소재하는 주택은 자금조달·입주계획을 신고하여야 하며, 주택가액이 6억 초과시만 객관적인 증명자료도 함께 제출하여야 한다.
② 「주택법」상의 비규제지역에 소재하는 주택의 경우에는 1억 이상의 주택일 때에는 자금조달·입주계획을 신고하여야 한다.
③ 매수인은 신고인이 거래신고를 하고 신고필증을 발급받은 때에도 매매계약의 경우에는 「부동산등기 특별조치법」에 따른 검인을 받아야 소유권이전등기를 신청할 수 있다.
④ 「공공주택 특별법」에 따른 공급계약에 의해 부동산을 공급받는 자로 선정된 지위를 매매하는 계약은 부동산 거래신고의 대상이다.
⑤ 매매계약에 조건이나 기한이 있는 경우 그 조건은 신고를 해야 하나, 기한은 신고할 필요가 없다.

32 부동산 거래신고 등에 관한 법령상 부동산거래계약신고서 작성방법으로 틀린 것은?

① 계약대상 면적에는 실제 거래면적을 계산하여 적되, 건축물 면적은 집합건축물의 경우 전용면적을 적는다.
② 거래당사자 간 직접거래의 경우 공동으로 신고서에 서명 또는 날인을 하여 공동으로 신고서를 제출해야 한다.
③ 종전 부동산란은 입주권매매의 경우에만 작성한다.
④ 거래당사자가 다수인 경우, 매도인 또는 매수인의 주소란에는 거래대상별 거래지분을 기준으로 각자의 거래지분 비율을 표시하여야 한다.
⑤ 거래당사자가 외국인인 경우 거래당사자의 국적을 반드시 기재해야 한다.

33 부동산 거래신고 등에 관한 법령상 토지거래계약 허가구역의 지정에 관한 설명으로 틀린 것은?

① 허가구역이 둘 이상의 (특·광)시·도의 관할 구역에 걸쳐 있는 경우, 국토교통부장관이 지정할 수 있다.
② 시·도지사는 지정기간이 끝나는 허가구역을 계속하여 다시 허가구역으로 지정하려면, 시·도 도시계획위원회의 심의 전에 미리 시장·군수 또는 구청장의 의견을 들어야 한다.
③ 허가구역 지정·공고 내용의 통지를 받은 시장·군수 또는 구청장은 지체 없이 그 공고내용을 그 허가구역을 관할하는 등기소의 장에게 통지하여야 한다.
④ 허가구역의 지정은 허가구역의 지정을 공고한 날부터 지체 없이 그 효력이 발생한다.
⑤ 국토교통부장관은 허가구역의 지정사유가 없어졌다고 인정되면 중앙도시계획위원회의 심의를 거쳐서 허가구역의 지정을 해제하여야 한다.

34 부동산 거래신고 등에 관한 법령상 외국인 등의 국내 부동산의 취득·보유 등에 관한 설명으로 틀린 것은? (단, 「헌법」과 법률에 따라 체결된 조약의 이행에 필요한 경우는 고려하지 않음)

① 대한민국 국적을 보유하고 있지 아니한 자가 토지를 증여받은 경우 계약체결일부터 60일 이내에 취득신고를 해야 한다.
② 외국의 법령에 의하여 설립된 법인이 합병을 통하여 부동산을 취득한 경우에는 취득한 날부터 6개월 이내에 취득신고를 해야 한다.
③ 부동산을 소유한 대한민국 국민이 대한민국 국적을 상실한 경우 부동산을 계속 보유하려면 국적을 상실한 때부터 1개월 이내에 계속보유신고를 해야 한다.
④ 외국정부가 「군사기지 및 군사시설 보호법」에 따른 군사시설 보호지역 내 토지를 취득하려는 경우 계약체결 전에 시장·군수 또는 구청장에게 취득허가를 받아야 한다.
⑤ 국제연합의 산하기구가 허가 없이 「자연환경보전법」상 생태·경관보전지역의 토지를 취득하는 계약을 체결한 경우 그 효력은 발생하지 않는다.

35 개업공인중개사가 분묘가 있는 토지에 관하여 중개의뢰인에게 설명한 내용으로 틀린 것은? (다툼이 있으면 판례에 따름)

① 「장사 등에 관한 법률」에 따르면 1기의 분묘 또는 해당 분묘에 매장된 자와 배우자관계였던 자의 분묘를 같은 구역 안에 설치하는 묘지를 가족묘지라고 한다.
② 「장사 등에 관한 법률」에 따르면 개인자연장지를 조성한 자는 자연장지의 조성을 마친 후 30일 이내에 관할 시장 등에게 신고하여야 한다.
③ 분묘기지권이 성립하기 위해서는 그 내부에 시신이 안장되어 있고, 봉분 등 외부에서 분묘의 존재를 인식할 수 있는 형태를 갖추고 있어야 한다.
④ 분묘기지권은 분묘의 기지 자체뿐만 아니라 분묘의 설치목적인 분묘의 수호와 제사에 필요한 범위 내에서 분묘기지 주위의 공지를 포함한 지역까지 미친다.
⑤ 분묘기지권은 권리자가 의무자에 대하여 그 권리를 포기하는 의사표시를 하는 외에 점유까지도 포기해야만 그 권리가 소멸하는 것은 아니다.

36 개업공인중개사가 「농지법」에 대하여 중개의뢰인에게 설명한 내용으로 틀린 것은? (다툼이 있으면 판례에 따름)

① 농지전용협의를 마친 농지를 취득하려는 자는 농지취득자격증명을 발급받을 필요가 없다.
② 8년 이상 농업경영을 한 후 이농한 자는 이농 당시의 소유 농지 중에서 1만m^2 이내의 것에 한하여 이를 소유할 수 있다.
③ 법원경매로 농지를 매수하려면 매수신청시에 농지자격취득증명서를 제출해야 한다.
④ 농지취득자격증명은 농지의 소유권이전등기 신청시 첨부해야 할 서류에 해당되며, 농지취득의 원인이 되는 거래계약의 효력발생요건은 아니다.
⑤ 주말·체험영농을 목적으로 농지를 소유하려면 세대원 전부가 소유하는 총 면적이 1천m^2 미만이어야 한다.

37 개업공인중개사가 중개의뢰인에게 「주택임대차보호법」을 설명한 내용으로 틀린 것은?

① 임차인이 임차주택에 대하여 보증금반환청구소송의 확정판결에 따라 경매를 신청하는 경우 반대의무의 이행이나 이행의 제공을 집행개시의 요건으로 한다.
② 임차권등기명령의 집행에 따른 임차권등기가 끝난 주택을 그 이후에 임차한 임차인은 보증금 중 일정액을 다른 담보물권자보다 우선하여 변제받을 권리가 없다.
③ 임대차계약을 체결하려는 자는 임대인의 동의를 받아 확정일자부여기관에 해당 주택의 확정일자 부여일 정보의 제공을 요청할 수 있다.
④ 임차인이 상속인 없이 사망한 경우 그 주택에서 가정공동생활을 하던 사실상의 혼인 관계에 있는 자가 임차인의 권리와 의무를 승계한다.
⑤ 주택의 등기를 하지 아니한 전세계약에 관하여는 「주택임대차보호법」을 준용한다.

38 개업공인중개사가 중개의뢰인에게 상가건물 임대차계약에 관하여 설명한 내용으로 틀린 것은?

① 차임의 경제사정의 침체로 상당하지 않게 된 경우 당사자는 장래의 차임 감액을 청구할 수 있다.
② 임대차계약의 당사자가 아닌 이해관계인은 관할 세무서장에게 임대인·임차인의 인적사항이 기재된 서면의 열람을 요청할 수 없다.
③ 임대인의 동의를 받고 전대차계약을 체결한 전차인은 임차인의 계약갱신요구권 행사기간 이내에 임차인을 대위하여 임대인에게 계약갱신요구권을 행사할 수 있다.
④ 임대차는 그 등기가 없는 경우에도 임차인이 건물의 인도와 법령에 따른 사업자등록을 신청하면 그 다음 날부터 제3자에 대하여 효력이 생긴다.
⑤ 임차인은 임차권등기명령의 신청비용은 임대인에게 청구할 수 있으나, 그에 따른 임차권등기와 관련된 비용은 청구할 수 없다.

39 개업공인중개사가 중개의뢰인에게 「민사집행법」에 따른 부동산경매에 관하여 설명한 내용으로 틀린 것을 모두 고르면?

> ㉠ 압류의 효력은 경매개시결정등기와 채무자 등에게 경매개시의 송달을 모두 갖추었을 때에 비로소 발생된다.
> ㉡ 압류의 효력이 발생된 이후에 대항요건을 갖춘 임차인은 소액보증금의 일정액을 최우선변제권으로 주장할 수 있다.
> ㉢ 차순위매수신고는 그 신고액이 최고가매수신고액에서 그 보증액을 뺀 금액을 넘는 때에만 할 수 있다.
> ㉣ 매수인은 매각대금을 다 낸 후 소유권이전등기를 촉탁한 때 매각의 목적인 권리를 취득한다.
> ㉤ 매각부동산의 후순위 저당권자가 경매신청을 하여 매각되어도 선순위 저당권은 매각으로 소멸된다.

① 1개 ② 2개
③ 3개 ④ 4개
⑤ 5개

40 「공인중개사의 매수신청대리인 등록 등에 관한 규칙」에 따라 매수신청대리인으로 등록한 甲에 관한 설명으로 틀린 것은?

① 甲은 매수신청대리권의 범위에 해당하는 대리행위를 할 때 매각장소 또는 집행법원에 직접 출석해야 한다.
② 매수신청대리의 위임을 받은 甲은 「민사집행법」에 따른 공유자의 우선매수신고를 할 수 있다.
③ 甲의 중개사무소 개설등록이 취소되면, 지방법원장은 매수신청대리업의 업무정지 처분을 하여야 한다.
④ 甲의 공인중개사 자격이 취소된 경우 지방법원장은 매수신청대리인 등록을 취소해야 한다.
⑤ 甲은 「공인중개사법」 부칙상의 개업공인중개사이어서는 아니 된다.

부동산공법

41 국토의 계획 및 이용에 관한 법령상 기반시설인 자동차정류장을 세분할 경우 이에 해당하지 않는 것은?

① 화물터미널
② 공영차고지
③ 복합환승센터
④ 화물자동차 휴게소
⑤ 교통광장

42 국토의 계획 및 이용에 관한 법령상 주민 또는 이해관계자가 도시·군관리계획의 입안을 제안할 수 있는 사항만으로 옳게 묶은 것은?

> ㉠ 지구단위계획의 수립에 관한 사항
> ㉡ 개발제한구역의 변경에 관한 사항
> ㉢ 도시·군계획시설입체복합구역의 지정에 관한 사항
> ㉣ 주거기능을 집중적으로 개발·정비하기 위한 개발진흥지구의 지정에 관한 사항

① ㉠, ㉡ ② ㉠, ㉢
③ ㉡, ㉢ ④ ㉡, ㉣
⑤ ㉢, ㉣

43 A도의 B시장은 새로 도시지역으로 편입된 지역의 계획적인 개발을 위하여 지정된 지구단위계획구역에 대해서 지구단위계획을 수립하려고 한다. 국토의 계획 및 이용에 관한 법령상 관련된 설명으로 옳은 것은?

① B시장이 지구단위계획을 입안할 때에는 공청회를 개최하여 주민과 전문가의 의견을 들어야 한다.
② B시장이 지구단위계획을 입안하려면 B시의 의회의 의견을 들어야 한다.
③ B시장은 지구단위계획을 수립한 경우 A도지사에게 결정을 신청하여야 한다.
④ B시장이 지구단위계획을 결정하려면 B시에 두는 건축위원회와 도시계획위원회가 공동으로 하는 심의를 거쳐야 한다.
⑤ B시장이 지구단위계획에 관한 지형도면을 작성한 경우 A도지사의 승인을 받아야 한다.

44 국토의 계획 및 이용에 관한 법령상 도시지역으로 결정·고시된 것으로 의제되는 경우로 옳은 것은?

① 「항만법」에 의한 항만구역으로서 계획관리지역에 연접한 공유수면
② 「어촌·어항법」에 의한 어항구역으로서 농림지역에 연접한 공유수면
③ 「산업입지 및 개발에 관한 법률」에 의한 농공단지
④ 「택지개발촉진법」에 의한 택지개발지구
⑤ 「전원개발촉진법」에 의한 수력발전소만을 설치하기 위한 전원개발사업구역

45 국토의 계획 및 이용에 관한 법령상 건폐율의 특례에 관한 연결이 틀린 것은?

① 취락지구 – 60% 이하
② 자연녹지지역에 지정된 개발진흥지구 – 40% 이하
③ 수산자원보호구역 – 40% 이하
④ 자연공원법에 따른 자연공원 – 60% 이하
⑤ 농공단지 – 70% 이하

46 국토의 계획 및 이용에 관한 법령상 무엇에 관한 설명인가?

> 주거 및 교육 환경 보호나 청소년 보호 등의 목적으로 오염물질 배출시설, 청소년 유해시설 등 특정시설의 입지를 제한할 필요가 있는 지구

① 방재지구
② 방화지구
③ 복합용도지구
④ 개발진흥지구
⑤ 특정용도제한지구

47 국토의 계획 및 이용에 관한 법령상 용도구역에 관한 설명이다. 다음 ( ) 안에 알맞은 것은?

> 시·도지사 또는 대도시 시장은 도시의 자연환경 및 경관을 보호하고 도시민에게 건전한 여가·휴식공간을 제공하기 위하여 도시지역 안에서 식생이 양호한 산지(山地)의 개발을 제한할 필요가 있다고 인정하면 (   )의 지정 또는 변경을 도시·군관리계획으로 결정할 수 있다.

① 시가화조정구역
② 개발제한구역
③ 수산자원보호구역
④ 도시혁신구역
⑤ 도시자연공원구역

48 국토의 계획 및 이용에 관한 법령상 도시·군계획시설사업에 관한 설명으로 옳은 것은?

① 한국토지주택공사가 도시·군계획시설사업의 시행자로 지정받으려면 사업 대상 토지 면적의 3분의 2 이상의 토지소유자의 동의를 얻어야 한다.
② 실시계획을 인가하려면 관계 서류의 사본을 14일 이상 일반이 열람할 수 있도록 하여야 한다.
③ 도시·군관리계획의 결정·고시가 있는 때에는 「공익사업을 위한 토지 등의 취득 및 보상에 관한 법률」의 규정에 의한 사업인정 및 고시가 있은 것으로 본다.
④ 재결신청은 실시계획의 고시일부터 1년 이내에 하여야 한다.
⑤ 도시·군계획시설사업을 완료한 경우에는 국토교통부장관에게 준공검사를 받아야 한다.

49 국토의 계획 및 이용에 관한 법령상 도시·군계획시설 사업이 시행되지 아니한 도시·군계획시설에 관한 설명 중 옳은 것은?

① 건축물·정착물이 있는 토지의 지목이 대(垈)가 아니라 하더라도 법령에서 정한 기한 내에 도시·군계획시설사업이 시행되지 아니한 경우 매수청구를 할 수 있다.
② 도시·군계획시설부지의 매수의무자는 매수결정을 통지한 날부터 2년 이내에 토지를 매수하여야 한다.
③ 도시·군계획시설부지의 매수의무자가 채권으로 매수대금을 지급하는 경우에는 그 상환기간은 20년 이내로 한다.
④ 매수의무자가 매수하지 아니하기로 결정한 경우에는 허가 없이 건축물을 건축할 수 있다.
⑤ 도시·군계획시설의 결정·고시일부터 10년이 지날 때까지 그 사업이 시행되지 아니한 경우 그 고시일부터 10년이 되는 날의 다음 날에 도시·군계획시설결정의 효력을 상실한다.

50 국토의 계획 및 이용에 관한 법령상 개발행위허가에 관한 설명으로 옳은 것은?

① 환경오염 방지 등을 위하여 필요한 경우 지방자치단체가 시행하는 개발행위에 대하여 이행보증금을 예치하게 할 수 있다.
② 개발행위허가를 받은 부지면적을 3% 확대하는 경우에는 별도의 변경허가를 받지 않아도 된다.
③ 허가권자가 개발행위허가에 조건을 붙이려는 때에는 미리 개발행위허가를 신청한 자의 의견을 들어야 한다.
④ 지구단위계획이 수립된 지역에서 개발행위허가를 하려면 도시계획위원회의 심의를 거쳐야 한다.
⑤ 경작을 위한 경우라도 전·답 사이의 지목변경을 수반하는 토지의 형질변경은 허가를 받아야 한다.

51 국토의 계획 및 이용에 관한 법령에 따라 지구단위계획구역으로 지정된 지역에 대해서 개발행위허가를 제한하려는 경우에 관한 설명으로 옳은 것은?

① 개발행위허가를 제한하고자 하는 자가 시·도지사인 경우에는 시·도도시계획위원회의 심의를 거친 후에 관할 시장·군수의 의견을 들어야 한다.
② 한 차례만 2년 이내의 기간 동안 개발행위허가를 제한할 수 있음이 원칙이다.
③ 한 차례만 1년 이내의 기간 동안 개발행위허가의 제한을 연장할 수 있다.
④ 개발행위허가의 제한을 연장하는 경우 도시계획위원회의 심의를 거쳐야 한다.
⑤ 개발행위허가 제한지역 등을 고시한 국토교통부장관, 시·도지사, 시장 또는 군수는 해당 지역에서 개발행위를 제한할 사유가 없어진 경우에는 그 제한기간이 끝나기 전이라도 지체 없이 개발행위허가의 제한을 해제하여야 한다.

52 국토의 계획 및 이용에 관한 법령상 기반시설부담구역의 지정대상이 될 수 없는 지역은?

① 주거지역에서 자연환경보전지역으로 변경되는 지역
② 전전년도 개발행위허가 건수가 100건이었으나, 전년도 개발행위허가 건수가 130건으로 증가한 지역
③ 개발제한구역에서 해제되는 지역
④ 계획관리지역에서 준주거지역으로 변경되는 지역
⑤ 전년도 인구증가율이 5%인 시에 속해 있는 지역으로서 전년도 인구증가율이 30%인 지역

53 A도의 인구가 60만명인 B시의 계획관리지역에서 면적 20만m²의 규모로 도시개발구역을 지정하고 구역의 전부를 환지방식의 도시개발사업을 하려고 한다. 도시개발법령상 관련된 설명으로 옳은 것은?

① B시장은 A도지사에게 도시개발구역을 지정을 요청할 수 있다.
② 도시개발구역을 지정하려면 공청회를 개최하여야 한다.
③ 조합은 대상구역 토지면적 2/3 이상의 토지소유자 동의를 얻어 A도지사에게 도시개발구역 지정을 제안할 수 있다.
④ 도시개발구역을 지정한 후에 개발계획을 수립할 수 있다.
⑤ B시장이 도시개발사업을 시행하는 것이 원칙이다.

54 도시개발법령상 조합에 관한 설명으로 옳은 것은?

① 조합을 설립하려면 도시개발구역의 토지 소유자 7명 이상이 정관을 작성하여 특별자치도지사, 시장·군수·구청장에게 조합설립의 인가를 받아야 한다.
② 조합설립의 인가 후 주된 사무소의 소재지를 변경하려는 경우에는 인가를 받아야 한다.
③ 조합설립의 인가를 신청하려면 해당 도시개발구역의 토지면적의 4분의 3 이상에 해당하는 토지 소유자와 그 구역의 토지 소유자 총수의 2분의 1 이상의 동의를 받아야 한다.
④ 토지 소유자는 조합 설립인가의 신청 전에 동의를 철회할 수 있다.
⑤ 공유 토지는 공유자의 동의를 받은 대표공유자 1명만 의결권이 있으며, 「집합건물의 소유 및 관리에 관한 법률」에 따른 구분소유자는 대표소유자 1명만 의결권이 있다.

55 도시개발법령상 조성토지 등을 추첨의 방법으로 분양할 수 있는 경우로 옳은 것은?

① 330m² 이하의 단독주택용지를 공급하는 경우
② 학교용지를 공급하는 경우
③ 토지상환채권에 의하여 토지를 상환하는 경우
④ 공공청사용지를 공급하는 경우
⑤ 실시계획에 따라 존치하는 시설물의 유지관리에 필요한 최소한의 토지를 공급하는 경우

56 도시개발법령상 토지상환채권의 발행에 관한 설명으로 옳은 것은?

① 토지상환채권을 상환하는 경우 사업 시행으로 조성된 건축물로 상환할 수 없다.
② 토지상환채권의 이율은 발행당시의 은행의 예금금리 및 부동산 수급상황을 고려하여 지정권자가 정한다.
③ 시행자는 토지상환채권을 발행하려면 미리 행정안전부장관의 승인을 받아야 한다.
④ 토지상환채권을 질권의 목적으로 하는 경우에는 질권자의 성명과 주소가 토지상환채권원부에 기재되지 아니하면 질권자는 발행자 및 그 밖의 제3자에게 대항하지 못한다.
⑤ 한국토지주택공사는 대통령령으로 정하는 금융기관 등으로부터 지급보증을 받은 경우에만 토지상환채권을 발행할 수 있다.

57 도시개발법령상 환지방식에 의한 사업시행에 관한 설명으로 옳은 것은?

① 환지계획에서 정하여진 환지는 그 환지처분이 공고된 날부터 종전의 토지로 본다.
② 체비지는 환지계획에서 정한 자가 환지처분이 공고된 날에 소유권을 취득한다.
③ 과소토지여서 환지대상에서 제외한 토지에 대하여는 청산금을 교부하는 때에 청산금을 결정할 수 있다.
④ 도시개발사업의 시행으로 행사할 이익이 없어진 지역권은 환지처분이 공고된 날의 다음 날이 끝나는 때에 소멸한다.
⑤ 환지처분은 행정상 처분으로서 종전의 토지에 전속(專屬)하는 것에 관하여 영향을 미친다.

58 도시개발법령상 도시개발채권에 관한 설명으로 옳은 것은?

① 시행자는 도시개발사업에 필요한 자금을 조달하기 위하여 도시개발채권을 발행할 수 있다.
② 도시개발채권을 발행하려는 경우에는 채권의 발행총액 및 발행방법에 대하여 국토교통부장관의 승인을 받아야 한다.
③ 도시개발채권의 소멸시효는 상환일부터 기산(起算)하여 원금은 5년, 이자는 2년으로 한다.
④ 도시개발채권은 무기명으로 발행할 수 없다.
⑤ 도시개발채권의 상환은 3년부터 10년까지의 범위에서 지정권자가 정한다.

59 도시 및 주거환경정비법령상 정비구역을 지정할 수 있는 자가 아닌 것은?

① 특별시장
② 광역시장
③ 시장
④ 군수
⑤ 구청장

60 도시 및 주거환경정비법상 정비사업의 시행방법에 관한 설명으로 옳은 것을 모두 고른 것은?

㉠ 주거환경개선사업의 경우 관리처분계획에 따라 주택을 건설하여 공급하는 방법은 허용되지 않는다.
㉡ 재개발사업은 정비구역에서 인가받은 관리처분계획에 따라 건축물을 건설하여 공급하거나, 환지로 공급하는 방법으로 한다.
㉢ 재건축사업은 시행자가 정비구역의 전부를 수용하여 주택을 건설한 후 토지등소유자에게 공급하는 방법으로 시행할 수 있다.

① ㉠
② ㉡
③ ㉠, ㉡
④ ㉠, ㉢
⑤ ㉡, ㉢

61 도시 및 주거환경정비법령상 시공자의 선정 등에 관한 내용으로 옳은 것은?

① 추진위원회 승인을 받은 후 시공자를 선정하는 것이 원칙이다.
② 조합원이 200명 이하의 경우에는 정관으로 정하는 바에 따라 선정할 수 있다.
③ 재개발사업을 토지등소유자가 시행하는 경우 사업시행계획인가를 받은 후 경쟁입찰의 방법으로 시공자를 선정하여야 한다.
④ 시장·군수등이 정비사업을 시행하는 경우 사업시행계획인가를 받은 후 시공자를 선정하여야 한다.
⑤ 사업시행자는 선정된 시공자와 공사에 관한 계약을 체결할 때에는 기존 건축물의 철거 공사에 관한 사항을 포함하여야 한다.

62 도시 및 주거환경정비법령상 조합임원에 관한 설명으로 옳은 것은?

① 토지등소유자의 수가 100명 미만인 조합에는 감사를 두지 않을 수 있다.
② 조합임원이 결격사유에 해당되어 퇴임되더라도 퇴임 전에 관여한 행위는 그 효력을 잃지 않는다.
③ 조합장의 자기를 위한 조합과의 소송에 관하여는 이사가 조합을 대표한다.
④ 조합임원은 같은 목적의 정비사업을 하는 다른 조합의 임원을 겸할 수 있다.
⑤ 조합장을 포함하여 조합임원은 조합의 대의원이 될 수 없다.

63 도시 및 주거환경정비법령상 관리처분계획에 관한 설명으로 옳은 것은?

① 사업시행자는 관리처분계획의 인가를 신청하기 전에 관계 서류의 사본을 30일 이상 토지등소유자에게 공람하게 하고 의견을 들어야 한다.
② 관리처분계획에는 건축물의 높이 및 용적률 등에 관한 건축계획이 포함된다.
③ 정비구역지정 후 분할된 토지를 취득한 자에 대하여 현금으로 청산할 수 없다.
④ 분양설계에 관한 계획은 사업시행계획인가의 고시일을 기준으로 하여 수립한다.
⑤ 과밀억제권역에 위치한 재건축사업의 경우에는 소유한 주택수만큼 공급할 수 있다.

64 도시 및 주거환경정비법령상의 공공재개발사업의 용적률 완화에 관한 다음 내용 중 (   )에 들어갈 내용으로 옳은 것은?

> 공공재개발사업 시행자는 공공재개발사업(「도시재정비촉진을 위한 특별법」 제2조 제1호에 따른 재정비촉진지구에서 시행되는 공공재개발사업을 포함한다)을 시행하는 경우 「국토의 계획 및 이용에 관한 법률」 제78조 및 조례에도 불구하고 지방도시계획위원회 및 도시재정비위원회의 심의를 거쳐 법적상한용적률의 (   )까지 건축할 수 있다.

① 100분의 110
② 100분의 120
③ 100분의 130
④ 100분의 140
⑤ 100분의 150

65 건축법령상 다중이용 건축물에 해당하는 것은? (단, 불특정한 다수의 사람들이 이용하는 건축물을 전제로 함)

① 종교시설로 사용하는 바닥면적의 합계가 4천제곱미터인 5층의 성당
② 수련시설로 사용하는 바닥면적의 합계가 5천제곱미터인 3층의 청소년회관
③ 숙박시설로 사용하는 바닥면적의 합계가 4천제곱미터인 16층의 관광호텔
④ 교육연구시설로 사용하는 바닥면적의 합계가 5천제곱미터인 15층의 연구소
⑤ 문화 및 집회시설로 사용하는 바닥면적의 합계가 5천제곱미터인 2층의 동물원

66 건축법령상 건축물과 관련된 설명으로 옳은 것을 모두 고른 것은?

> ㉠ 도시지역 및 지구단위계획구역 외의 지역으로서 동이나 읍이 아닌 지역은 대지분할제한에 관한 규정을 적용하지 아니한다.
> ㉡ 주요구조부란 내력벽, 기둥, 바닥, 보, 차양 및 주계단을 말한다.
> ㉢ 특별피난계단을 수선하는 것은 대수선에 해당된다.
> ㉣ 고속도로 휴게소는 건축법을 적용하지 아니한다.

① ㉠, ㉡
② ㉠, ㉢
③ ㉡, ㉢
④ ㉡, ㉣
⑤ ㉢, ㉣

67 건축법령상 시장·군수가 건축허가를 하기 위해 도지사의 사전승인을 받아야 하는 건축물은?

① 연면적의 10분의 2를 증축하여 층수가 21층이 되는 공장
② 연면적의 합계가 100,000m²인 창고
③ 자연환경을 보호하기 위하여 도지사가 지정·공고한 구역에 건축하는 연면적의 합계가 900m²인 2층의 위락시설
④ 주거환경 등 주변환경을 보호하기 위하여 도지사가 지정·공고한 구역에 건축하는 숙박시설
⑤ 수질을 보호하기 위하여 도지사가 지정 공고한 구역에 건축하는 연면적의 합계가 900m²인 2층의 숙박시설

68 건축법령상 건축허가 전에 건축물 안전영향평가를 받아야 하는 주요 건축물에 해당하지 않는 것은? (단, 하나의 대지 위에 하나의 건축물이 있는 경우를 전제로 함)

① 층수가 70층인 건축물
② 높이가 250미터인 건축물
③ 연면적 10만제곱미터인 20층의 건축물
④ 연면적 20만제곱미터인 30층의 건축물
⑤ 층수가 15층이고 높이가 150미터인 연면적 10만제곱미터의 건축물

69 건축법상 공개공지에 대한 설명 중 옳은 것은?
① 바닥면적 합계 5천m² 이상인 위락시설은 공개공지 설치 대상인 건축물이다.
② 공개공지를 설치하는 경우에는 당해지역에 적용되는 건폐율의 1.2배 이하의 범위 안에서 이를 완화하여 적용할 수 있다.
③ 대지 안의 조경면적을 공개공지 등의 면적으로 할 수 있다.
④ 공개공지 등에는 연간 30일 이내의 기간 동안 건축조례로 정하는 바에 따라 주민들을 위한 문화행사를 열거나 판촉활동을 할 수 있다.
⑤ 공개공지 등의 면적은 건축면적의 100분의 10 이하로 한다.

70 건축법령상 지역 및 지구 안에서의 건축제한 등에 관한 설명으로 옳은 것은?
① 하나의 건축물이 방화지구와 그 밖의 구역에 걸치는 경우에는 원칙적으로 그 전부에 대하여 방화지구 안의 건축물에 관한 규정을 적용한다.
② 특별시장이나 광역시장은 가로구역별 건축물의 높이를 특별시나 광역시의 조례로 정할 수 없다.
③ 일조(日照) 등의 확보를 위하여 건축물의 높이를 제한하는 지역은 모든 주거지역이다.
④ 일반상업지역에 건축하는 공동주택으로서 하나의 대지에 두 동(棟) 이상을 건축하는 경우에는 채광(採光) 등의 확보를 위한 높이 제한을 적용한다.
⑤ 녹지지역에서 건축물이 있는 대지는 100m² 이상의 범위에서 조례가 정하는 면적에 못 미치게 분할할 수 없다.

71 건축면적이 1,000m²이고 높이는 30m이며 1층의 전부가 4m 높이의 필로티 구조로 된 건축물의 옥상에 수평투영면적이 100m²이고, 높이가 15m인 장식탑을 설치하였을 경우, 이 건축물의 건축법령상 높이는?
① 26m　② 29m
③ 30m　④ 41m
⑤ 45m

72 주택법령상 주택에 관한 설명으로 옳은 것은?
① 공동주택은 아파트, 연립주택, 다가구주택으로 구분된다.
② 세대구분형 공동주택이란 공동주택의 주택 내부 공간의 일부를 세대별로 구분하여 생활이 가능한 구조로, 구분된 공간의 일부를 구분소유 할 수 있는 주택을 말한다.
③ 세대구분형 공동주택의 세대수는 해당 주택단지 안의 공동주택 전체 세대수의 2분의 1을 넘을 수 없다.
④ 민영주택이란 국민주택을 제외한 주택을 말한다.
⑤ 하나의 건축물에는 단지형 연립주택과 아파트형 주택을 함께 건축할 수 있다.

73 주택법령상 주택건설사업 등의 등록과 관련하여 (　) 안에 들어갈 내용으로 옳게 연결된 것은? (단, 사업등록이 필요한 경우를 전제로 함)

> 연간 (㉠)호 이상의 단독주택 건설사업을 시행하려는 자 또는 연간 (㉡)제곱미터 이상의 대지조성사업을 시행하려는 자는 국토교통부장관에게 등록하여야 한다.

① ㉠: 10, ㉡: 10만
② ㉠: 20, ㉡: 1만
③ ㉠: 20, ㉡: 10만
④ ㉠: 30, ㉡: 1만
⑤ ㉠: 30, ㉡: 10만

74 주택법령상 주택조합에 관한 설명으로 옳은 것은?
① 리모델링주택조합은 등록사업자와 공동으로 주택건설사업을 시행할 수 있다.
② 등록사업자와 공동으로 주택건설사업을 하려는 주택조합은 국토교통부장관에게 등록하여야 한다.
③ 지역주택조합의 설립인가를 받으려는 자는 해당 주택건설대지의 80퍼센트 이상에 해당하는 토지의 사용권원 및 15퍼센트 이상에 해당하는 토지의 소유권을 확보하여야 한다.
④ 리모델링주택조합의 설립인가를 신청하려면 해당 주택건설대지의 80퍼센트 이상에 해당하는 토지의 사용권원을 확보하여야 한다.
⑤ 리모델링주택조합은 주택건설예정세대수의 50% 이상의 조합원으로 구성하되, 조합원은 20명 이상이어야 한다.

75 주택법령상 ( ) 안에 알맞은 것은?

> 주택건설사업을 시행하려는 자는 전체 세대수가 ( )세대 이상인 주택단지를 공구별로 분할하여 주택을 건설·공급할 수 있다.

① 200 ② 300
③ 400 ④ 500
⑤ 600

76 주택법령상 주택상환사채에 관한 다음의 설명 중 틀린 것은?
① 주택상환사채는 기명증권으로 한다.
② 등록사업자가 발행할 수 있는 주택상환사채의 규모는 최근 3년간의 연평균 주택건설 호수 이내로 한다.
③ 주택상환사채는 액면 또는 할인의 방법으로 발행한다.
④ 주택상환사채를 발행하려는 자는 주택상환사채발행계획을 수립하여 시·도지사의 승인을 받아야 한다.
⑤ 주택상환사채의 상환기간은 3년을 초과할 수 없다.

77 주택법령상 주택의 공급에 관한 설명으로 옳은 것은?
① 한국토지주택공사가 사업주체로서 입주자를 모집하려는 경우에는 시장·군수·구청장의 승인을 받아야 한다.
② 「도시 및 주거환경정비법」에 따른 공공재개발사업에서 건설·공급하는 주택에 대해서는 분양가상한제를 적용한다.
③ 시·도지사는 공공택지 외의 택지에서 주택가격의 급등이 우려되는 지역에 대해서 분양가상한제 적용 지역으로 지정할 수 있다.
④ 주택의 사용검사 후 주택단지 내 일부 토지의 소유권을 회복한 실소유자에게 주택소유자들이 매도청구를 하려면 해당 토지의 면적이 주택단지 전체 대지면적의 5% 미만이어야 한다.
⑤ 투기과열지구에서 건설·공급되는 주택은 5년간 전매할 수 없다.

78 주택법령상 주택의 전매행위 제한을 받는 주택임에도 불구하고 전매가 허용되는 경우에 해당하는 것은? (단, 전매를 위해 필요한 다른 요건은 충족한 것으로 함)
① 세대주의 생업상의 사정으로 인하여 세대원 일부가 수도권 안에서 이전하는 경우
② 세대원 전원이 1년간 해외에 체류하고자 하는 경우
③ 실직·파산 또는 신용불량으로 경제적 어려움이 발생한 경우
④ 세대원 일부가 해외로 이주하는 경우
⑤ 상속에 의하여 취득한 주택으로 세대원 일부가 이전하는 경우

79 농지법령상 농업에 종사하는 개인으로서 농업인에 해당하지 않는 자는?
① 1년 중 150일을 축산업에 종사하는 자
② 1,200㎡의 농지에서 다년생식물을 재배하면서 1년 중 100일을 농업에 종사하는 자
③ 대가축 3두를 사육하는 자
④ 가금 1,200수를 사육하는 자
⑤ 농업경영을 통한 농산물의 연간판매액이 80만원인 자

80 농지법령상 처분명령과 매수청구에 관한 설명으로 옳은 것은?
① 농지 소유자가 선거에 따른 공직취임으로 휴경하는 경우에는 소유농지를 자기의 농업경영에 이용하지 아니하더라도 농지처분의무가 면제된다.
② 농지 소유 상한을 초과하여 농지를 소유한 것이 판명된 경우에는 소유농지 전부를 처분하여야 한다.
③ 군수는 부정한 방법으로 농지취득자격증명을 발급받아 농지를 소유한 농지소유자에게 1년 이내에 그 농지를 처분할 것을 명할 수 있다.
④ 농지 소유자가 시장·군수 또는 구청장으로부터 농지의 처분명령을 받은 경우 시장·군수 또는 구청장에 그 농지의 매수를 청구할 수 있다.
⑤ 위 ④에 따라 매수할 때의 가격은 감정가격을 기준으로 한다.

부동산공시법령

01 지상경계점등록부의 등록사항에 해당하는 것을 모두 고른 것은 몇 개인가?

> ㉠ 공부상 지목과 실제토지이용 지목
> ㉡ 경계점표지의 종류 및 경계점의 위치
> ㉢ 토지소유자와 인접토지소유자의 서명, 날인
> ㉣ 경계점의 좌표(경계점좌표등록부시행지역에 한함)
> ㉤ 경계점의 사진파일
> ㉥ 토지의 고유번호

① 2개　② 3개　③ 4개
④ 5개　⑤ 6개

02 토지이동에 관련된 설명으로 옳지 않은 것은?

① 상속으로 인하여 소유권이 변경된 경우는 토지이동사유에 포함되지 않는다.
② 분할에 따른 지상경계는 지상건축물이 걸리게 결정하여서는 아니된다. 다만 법원의 확정판결이 있는 경우에는 그러하지 아니하다.
③ 토지의 표시에 관한 변경등기가 필요하지 아니한 지적정리 등의 통지는 지적소관청이 지적공부에 등록한 날로부터 7일 이내에 해당 토지소유자에게 하여야 한다.
④ 임야소유자가 산지관리법이나 건축물의 사용승인을 받은 후 지목의 변경을 수반하는 등록전환을 실시하기 위해서는 반드시 지적측량을 의뢰하여야 한다.
⑤ 지적도 또는 임야도에 등록된 토지가 면적의 증감 없이 경계의 위치만 잘못 등록된 경우 지적소관청이 직권으로 조사, 측량하여 정정할 수 없다.

03 공간정보의 구축 및 관리 등에 관한 법령상 지목을 잡종지(= 기타토지)로 정할 수 있는 것을 모두 고른 것은? (단, 원상회복을 조건으로 돌을 캐내는 곳 또는 흙을 파내는 곳으로 허가된 토지는 제외함)

> ㉠ 영구적 건축물 중 변전소, 송신소, 수신소
> ㉡ 쓰레기 및 오물처리장 등의 부지
> ㉢ 야영장
> ㉣ 황무지, 습지
> ㉤ 갈대밭
> ㉥ 국가유산으로 지정된 역사적인 유적·고적 등을 보존하기 위하여 구획된 토지

① ㉠, ㉡
② ㉠, ㉡, ㉤
③ ㉠, ㉢, ㉣, ㉤
④ ㉢, ㉣, ㉤
⑤ ㉠, ㉡, ㉢, ㉣, ㉤, ㉥

04 등록전환에 관한 내용으로 틀린 것은?

① 임야대장의 면적과 등록전환될 면적의 차이가 허용범위를 초과하는 경우에는 임야대장의 면적 또는 임야도의 경계를 토지소유자의 신청에 의하여 정정하여야 한다.
② 임야대장 및 임야도에 등록된 토지로서 도시·군관리계획선에 따라 토지를 분할하는 경우에는 등록전환의 대상 토지이다.
③ 임야도에 등록된 토지가 사실상 형질변경되었으나 지목변경을 할 수 없는 경우에는 등록전환을 신청할 수 있다.
④ 임야대장 및 임야도에 등록된 토지로서 대부분의 토지가 등록전환되어 나머지 토지를 임야도에 계속 존치하는 것이 불합리한 경우에는 등록전환을 신청할 수 있다.
⑤ 임야대장 및 임야도에 등록된 토지로서 「산지관리법」에 따른 산지전용허가·신고, 산지일시사용허가·신고, 「건축법」에 따른 건축허가·신고 또는 그 밖의 관계 법령에 따른 개발행위 허가 등을 받은 경우에는 등록전환을 신청할 수 있다.

05 축척이 600분의 1인 지적도에서 1필지의 면적을 산출한 결과 0.045m²이다. 토지대장에 등록하는 면적은?

① 0.1m²　② 0.45m²
③ 0.4m²　④ 1m²
⑤ 0.5m²

06 지목변경에 관한 내용으로 틀린 것은?
① 「국토의 계획 및 이용에 관한 법률」 등 관계법령에 따른 토지의 형질변경 등의 공사가 준공된 경우에는 지목변경의 대상이다.
② 토지나 건축물의 용도가 변경된 경우에는 지목변경을 신청할 수 있다.
③ 도시개발사업 등의 원활한 사업추진을 위하여 사업시행자가 공사 준공 전에 토지의 분할을 신청하는 경우에는 지목변경을 신청할 수 있다.
④ 토지소유자는 지목변경을 신청할 때에는 지목변경 사유를 적은 신청서에 지목변경 사유를 증명하는 서류를 첨부해서 그 사유가 발생한 날부터 60일 이내에 지적소관청에 신청하여야 한다.
⑤ 개발행위허가·농지전용허가·보전산지전용허가 등 지목변경과 관련된 규제를 받지 아니하는 토지의 지목변경이나 전·답·과수원 상호간의 지목변경인 경우에는 지목변경사유를 증명하는 서류의 첨부를 생략할 수 있다.

07 공간정보의 구축 및 관리 등에 관한 법령상 공유지연명부와 대지권등록부의 공통된 등록사항을 모두 고른 것은?

㉠ 토지의 소재 및 지번
㉡ 토지소유자가 변경된 날과 그 원인
㉢ 전유부분의 건물표시
㉣ 소유권 지분
㉤ 토지의 고유번호

① ㉠, ㉢, ㉣
② ㉠, ㉢, ㉤
③ ㉡, ㉢, ㉣
④ ㉠, ㉡, ㉣, ㉤
⑤ ㉡, ㉢, ㉣, ㉤

08 공간정보의 구축 및 관리 등에 관한 법령상 결번이 발생하지 않는 경우는?

㉠ 분할 ㉡ 신규등록 ㉢ 축척변경
㉣ 합병 ㉤ 등록전환 ㉥ 도시개발사업의 시행

① ㉠
② ㉠, ㉡
③ ㉠, ㉡, ㉢
④ ㉡, ㉣
⑤ ㉢, ㉤

09 축척변경위원회에 관한 설명 중 옳은 것은?
① 축척변경위원회는 5명 이상 10명 이하의 위원으로 구성하되, 위원의 3분의 2 이상을 토지소유자로 하여야 한다.
② 축척변경시행지역 안의 토지소유자가 10명 이하인 때에는 토지소유자 전원을 위원으로 위촉하여야 한다.
③ 위원장은 위원 중에서 국토교통부장관이 지명한다.
④ 위원장은 축척변경위원회의 회의를 소집하는 때에는 회의일시·장소 및 심의안건을 회의 개최 7일 전까지 각 위원에게 서면으로 통지하여야 한다.
⑤ 축척변경위원회 위원에게는 예산의 범위 안에서 출석수당과 여비, 그 밖의 실비를 지급할 수 있다. 공무원인 위원이 그 소관 업무와 직접적으로 관련되어 출석하는 경우에는 그러하지 아니하다.

10 공간정보의 구축 및 관리 등에 관한 법령상 전국 단위의 지적전산자료를 이용하고자 하는 자는 누구에게 신청하여야 하는가?
① 국토교통부장관, 시·도지사 또는 지적소관청
② 국토교통부장관 또는 지적소관청
③ 시·도지사 또는 지적소관청
④ 지적소관청
⑤ 중앙지적위원회

11 토지의 이동 및 지적정리 등에 관한 설명으로 틀린 것은?
① 지적소관청은 토지표시변경등기가 필요한 경우 지적정리의 통지는 등기완료통지서를 접수한 날부터 15일 이내에 토지소유자에게 하여야 한다.
② 지적소관청은 토지의 표시변경에 관한 등기를 할 필요가 있는 경우 지적공부를 정리한 날로부터 10일 이내에 관할 등기관서에 그 등기를 촉탁하여야 한다.
③ 지적소관청은 토지표시변경등기가 필요하지 아니한 경우 지적정리의 통지는 지적공부에 등록한 날부터 7일 이내에 토지소유자에게 하여야 한다.
④ 지적소관청은 지적공부를 복구하였으나 지적공부 정리 내용을 통지받을 자의 주소나 거소를 알 수 없는 경우에는 일간신문, 해당 시·군, 구의 공보 또는 인터넷 홈페이지에 공고하여야 한다.
⑤ 지적소관청은 지적공부 정리를 하여야 할 토지의 이동이 있는 경우에는 토지이동정리결의서를 작성하여야 한다.

12 공간정보의 구축 및 관리에 관한 법령상 면적에 관한 설명 중 옳은 것은?
① 신규등록과 지목변경 토지는 새로이 측량하여 면적을 결정한다.
② 지적도 축척이 1200분의 1인 지역의 토지면적은 0.1제곱미터 미만의 끝수가 있는 경우 0.05제곱미터 미만일 때에는 버리고 0.05제곱미터를 초과하는 때에는 올리며, 0.05제곱미터일 때에는 구하려는 끝자리의 숫자가 0 또는 짝수이면 버리고 홀수이면 올린다.
③ 경계복원측량과 지적현황측량은 원칙적으로 면적측정 하지 않는다.
④ 축척이 1/600인 지적도에서 1필지의 산출면적이 123.45m²인 경우 대장에 등록할 면적은 123.5m²이다.
⑤ 토지를 분할하는 경우 분할 전후 면적의 차이가 허용범위를 초과하는 경우에는 그 오차를 분할 후의 각 필지의 면적에 따라 나눈다.

13 부동산등기법 제29조 2호의 "사건이 등기할 것이 아닌 때"에 해당하지 않는 것을 고르면?

㉠ 전세권양도금지 특약의 등기를 신청한 경우
㉡ 농지를 전세권설정의 목적으로 하는 등기를 신청한 경우
㉢ 위조된 甲의 인감증명에 의한 甲으로부터 乙로의 소유권이전등기
㉣ 상속인이 수인인 경우 자기지분만에 대한 상속등기
㉤ 채권자 乙의 등기신청에 의한 甲소유 토지에 대한 가압류등기
㉥ 일부지분에 대한 소유권보존등기를 신청한 경우

① ㉠, ㉥   ② ㉠, ㉡   ③ ㉠, ㉡, ㉢
④ ㉠, ㉢   ⑤ ㉢, ㉣, ㉤

14 다음 중 틀린 것은?
① "등기부"란 전산정보처리조직에 의하여 입력·처리된 등기정보자료를 대법원규칙으로 정하는 바에 따라 편성한 것을 말한다.
② "등기부부본자료"란 등기부와 동일한 내용으로 보조기억장치에 기록된 자료를 말한다. 등기관이 등기를 마쳤을 때에는 등기부부본자료를 작성하여야 한다.
③ "등기기록"이란 1필의 토지 또는 1개의 건물에 관한 등기정보자료를 말한다.
④ 등기기록에는 부동산의 표시에 관한 사항을 기록하는 표제부와 소유권에 관한 사항을 기록하는 갑구 및 소유권 외의 권리에 관한 사항을 기록하는 을구를 둔다.
⑤ "등기필정보"란 등기부에 새로운 권리자가 기록되는 경우에 그 권리자를 확인하기 위하여 등기권리자가 작성한 정보를 말한다.

15 소유권이전등기에 관한 다음 설명 중 옳지 않은 것은?
① 등기관이 소유권이전등기를 하였을 때 토지의 경우에는 지체 없이 그 사실을 지적소관청에 알려야 한다.
② 소유권에 관한 가등기명의인이 가등기를 말소하는 경우에는 가등기명의인의 인감증명정보를 제공하여야 한다.
③ 등기관이 수용으로 인한 소유권이전등기를 하는 경우 그 부동산의 등기기록 중 소유권, 그 부동산을 위한 지역권, 그 밖의 처분제한에 관한 등기가 있으면 그 등기를 직권으로 말소하여야 한다.
④ 승소한 등기의무자가 소유권이전등기를 신청하는 경우에는 등기필정보를 제공하여야 한다.
⑤ 소유권이전등기신청과 환매특약등기의 신청은 동시에 하여야 한다.

16 부동산등기용등록번호에 관한 설명으로 옳지 않은 것은?
① 국가, 지방자치단체, 국제기관 및 외국정부의 등록번호는 행정안전부장관이 지정·고시한다.
② 법인의 등록번호는 주된 사무소 소재지를 관할하는 등기관이 부여한다.
③ 법인 아닌 사단의 등록번호는 시장, 군수, 구청장이 부여한다.
④ 주민등록번호가 없는 재외국민의 등록번호는 대법원 소재지 관할 등기소의 등기관이 부여한다.
⑤ 외국인의 등록번호는 체류지를 관할하는 지방출입국, 외국인관서의 장이 부여한다.

17 다음은 등기신청방법에 대한 설명이다. 옳은 것은?
① 포괄유증으로 인한 소유권이전등기 신청은 단독신청이나 특정유증은 공동으로 신청한다.
② 신청서가 여러 장일 때에는 신청인 또는 그 대리인이 간인을 하여야 하고, 등기권리자 또는 등기의무자가 여러 명일 때에는 그 중 1명이 간인하는 방법으로 한다.
③ 토지수용의 재결의 실효를 원인으로 하는 토지수용으로 인한 소유권이전등기의 말소신청은 기업자가 단독으로 할 수 있다.
④ 등기명의인인 사람의 사망으로 권리가 소멸한다는 약정이 등기되어 있는 경우에 사람의 사망으로 그 권리가 소멸한 경우의 말소등기는 등기관이 직권으로 한다.
⑤ 소유권이전등기의 이행판결에 가집행이 붙은 경우, 판결이 확정되지 아니하여도 가집행 선고에 의한 소유권이전등기를 할 수 있다.

18 등기권리자와 등기의무자에 관한 설명으로 틀린 것은?
① 전세권목적의 저당권설정등기에 있어서 등기의무자는 전세권자이다.
② 실체법상 등기권리자는 실체법상 등기의무자에 대해 등기신청에 협력할 것을 요구할 권리를 가진 자이다.
③ 실체법상 등기권리자와 절차법상 등기권리자는 일치하지 않는 경우도 있다.
④ 부동산이 甲 ⇨ 乙 ⇨ 丙으로 매도되었으나 등기명의가 甲에게 남아 있어 丙이 乙을 대위하여 소유권이전등기를 신청하는 경우, 丙은 절차법상 등기권리자에 해당한다.
⑤ 甲명의의 저당권설정등기를 乙명의로 저당권이전등기를 하는 경우, 乙이 절차법상 등기권리자에 해당한다.

19 다음 중 원칙적으로 부기등기로 실행하지만 등기상 이해관계 있는 제3자의 승낙이 없는 경우에는 주등기로 실행하는 등기는?
① 저당권이전등기
② 등기명의인표시변경등기
③ 소유권이전등기
④ 전세금 증액의 변경등기
⑤ 소유권에 대한 가압류등기

20 진정명의회복을 원인으로 하는 소유권이전등기절차의 이행을 명하는 판결을 받아 등기권리자가 소유권이전등기를 신청할 경우, 그 등기신청정보 및 첨부정보에 관한 설명으로 틀린 것은?
① 등기의무자의 권리에 관한 등기필정보를 제공하지 아니한다.
② 등기신청정보에 등기원인일자를 기록하지 아니한다.
③ 토지거래허가대상인 토지라도 토지거래허가서를 제공하지 아니한다.
④ 등기원인증명정보를 제공하지 아니한다.
⑤ 농지라도 농지취득자격증명을 제공하지 아니한다.

21 가등기에 기한 본등기에 관한 설명으로 옳은 것은?
① 가등기에 기한 본등기를 금지하는 가처분등기도 허용된다.
② 하나의 가등기에 관하여 여러 사람의 가등기권리자가 있는 경우에 그 중 일부의 가등기권리자가 공유물보존행위에 의하여 가등기 전부에 대해 본등기를 신청할 수 있다.
③ 가등기를 마친 후에 가등기의무자가 사망한 경우, 가등기의무자의 상속인은 상속등기를 할 필요 없이 가등기권리자와 공동으로 본등기를 신청할 수 있다.
④ 가등기권리자가 수인인 경우 자기지분만의 본등기는 신청할 수 없다.
⑤ 장래에 확정될 청구권을 보전하기 위한 가등기는 할 수 없다.

22 등기관의 결정 또는 처분에 이의가 있는 자의 이의신청에 관한 설명으로 옳은 것은?
① 등기관의 결정 또는 처분에 이의가 있는 자는 관할 등기소에 이의신청을 할 수 있다.
② 이의의 신청은 관할 지방법원에 이의신청서를 제출하는 방법으로 한다.
③ 새로운 사실이나 새로운 증거방법을 근거로 이의신청을 할 수는 있다.
④ 등기관은 이의가 이유 없다고 인정하면 이의신청일부터 3일 이내에 의견을 붙여 이의신청서를 관할 지방법원에 보내야 한다.
⑤ 이의에는 집행정지(執行停止)의 효력이 있다.

23 乙 소유의 건물에 대하여 소유권이전등기청구권을 보전하기 위한 甲의 가처분이 2020년 2월 1일 등기되었다. 甲이 乙을 등기의무자로 하여 소유권이전등기를 신청하는 경우, 그 건물에 있던 다음의 제3자 명의의 등기 중 단독으로 등기의 말소를 신청할 수 있는 것은?
① 2020년 1월 7일 체결된 매매계약에 의하여 2020년 3월 7일에 한 소유권이전등기
② 2020년 1월 8일 등기된 근저당권에 의하여 2020년 9월 1일에 한 임의경매개시결정등기
③ 임차권등기명령에 의해 2020년 2월 20일에 한 甲에게 대항할 수 있는 주택임차권등기
④ 2020년 1월 9일 등기된 가압류에 의하여 2020년 8월 1일에 한 강제경매개시결정등기
⑤ 2020년 1월 9일 등기된 가등기담보권에 의하여 2020년 8월 1일에 한 임의경매개시결정등기

24 용익물권에 대한 설명이다. 옳은 것은?
① 구분지상권에 있어 지하나 공간의 상하의 범위는 평균 해면 또는 지상권을 설정하는 토지의 특정지점을 포함한 수평면을 기준으로 하여 이를 명백히 하여야 하므로 도면을 제공하여야 한다.
② 분필등기를 하지 아니하고도 1필지 일부에 대한 지상권설정등기는 할 수 있으나, 공유지분위에는 설정할 수 없다.
③ 등기관이 전세권설정이나 전전세(轉傳貰)의 등기를 할 때에는 전세금 또는 전전세금, 범위, 존속기간, 위약금 또는 배당금의 사항을 기록하되 전세금과 범위는 등기원인에 그 약정이 있는 경우에만 기록한다.
④ 지역권 설정의 등기를 하는 경우에는 신청정보에 요역지의 표시, 지역권 설정의 목적과 범위를 적고 지역권 설정의 범위가 요역지의 일부일 때에는 그 범위를 표시한 도면을 첨부하여야 한다.
⑤ 상가건물임대차 보호법상 등기명령에 의한 임차권등기에 기초하여 임차권이전등기를 할 수 있다.

부동산세법

25 「소득세법」상 양도차익을 계산함에 있어서 양도 또는 취득시기에 대한 설명으로 틀린 것은?
① 장기할부조건의 경우 – 소유권이전등기접수일 인도일 또는 사용수익일 중 빠른 날
② 대금을 청산한 날까지 목적물이 완성 또는 확정되지 아니한 경우 – 대금을 청산한 날
③ 자가건설 건축물로 허가를 받은 경우 – 사용승인서 교부일
④ 「민법」상 점유로 인하여 시효취득한 부동산 – 점유를 개시한 날
⑤ 증여로 취득한 자산 – 증여를 받은 날

26 「소득세법」상 양도소득에 해당하지 않는 것은?
① 지상권, 전세권 및 등기된 부동산 임차권의 양도로 인하여 발생하는 소득
② 부동산을 취득할 수 있는 권리의 양도로 인하여 발생하는 소득
③ 사업에 사용하는 토지, 건물, 부동산에 관한 권리와 함께 양도하는 영업권 양도로 인하여 발생하는 소득
④ 토지 및 건물과 함께 양도하는 개발제한구역의 지정 및 관리에 관한 특별조치법에 따른 이축권(해당 이축권의 가액을 대통령령으로 정하는 방법에 따라 별도로 평가하여 신고함)의 양도로 인한 소득
⑤ 시설물을 배타적으로 이용하거나 일반 이용자에 비하여 유리한 조건으로 시설물을 이용할 수 있는 권리가 부여된 주식의 양도로 인하여 발생하는 소득

27 거주자 甲은 2019년 10월 25일 취득한 토지(취득가액 3억원)를 동생인 거주자 乙에게 2022년 7월 25일에 증여(시가 6억원)하였다. 乙은 해당 토지를 2025년 10월 25일에 특수관계없는 丙에게 양도(양도가액 10억원)하였다(양도소득은 乙에게 실질적으로 귀속되지 아니하고 乙의 증여세와 양도소득세를 합한 세액이 甲이 직접 양도하는 경우로 보아 계산한 양도소득세보다 적은 경우에 해당한다). 「소득세법」상 양도소득세 납세의무에 관한 설명으로 틀린 것은?
① 乙이 납부한 증여세는 양도차익 계산시 필요경비에 산입한다.
② 양도차익 계산시 취득가액은 甲의 취득 당시를 기준으로 한다.
③ 양도소득세에 대하여 甲과 乙이 연대하여 납세의무를 진다.
④ 甲은 양도소득세 납세의무자이다.
⑤ 양도소득세 계산시 보유기간은 甲의 취득일로부터 乙의 양도일까지의 기간으로 한다.

28 다음은 양도소득 과세표준의 예정신고와 자진납부의 내용이다. 틀린 것은?
① 예정신고는 조세수입을 적시에 확보하고 조세부담을 분산하기 위하여 확정신고기간 전에 양도소득세를 미리 신고납부하도록 하는 제도이다.
② 양도소득세를 예정신고기한 내 예정신고를 이행하지 아니한 경우에도 가산세는 부과되지 아니한다.
③ 부담부 증여시 채무액에 해당하는 부분으로 양도로 보는 경우 양도일이 속한 달의 말일부터 3개월 이내 예정신고를 하여야 한다.
④ 토지거래계약허가를 받기 전에 대금을 청산하는 경우에 토지를 양도한 거주자는 그 허가일(허가 전에 구역지정이 해제된 경우에는 해제일)이 속하는 달의 말일부터 2개월 이내에 납세지 관할세무서장에게 예정신고하여야 한다.
⑤ 예정신고납부세액이 1천만원을 초과하는 거주자는 그 납부할 세액의 일부를 납부기한 경과 후 2개월 이내에 분납할 수 있다.

29 양도소득세 1세대 1주택 비과세 특례규정에 대하여 설명한 것이다. 다음 (   ) 안에 들어갈 내용으로 옳은 것은?

> 국내에 1주택을 소유한 1세대가 그 주택을 양도하기 전에 다른 주택을 취득함으로써 일시적으로 (㉠)이 된 경우 종전의 주택을 취득한 날부터 (㉡) 이상이 지난 후 다른 주택을 취득하고 그 다른 주택을 취득한 날부터 (㉢) 이내에 종전의 주택을 [(㉣) 이상 보유(조정대상지역이 아님)]하고 양도하는 경우 1세대 1주택으로 보아 비과세한다.

	㉠	㉡	㉢	㉣
①	2주택	1년	1년	2년
②	1주택	2년	2년	3년
③	2주택	3년	3년	2년
④	1주택	2년	2년	1년
⑤	2주택	1년	3년	2년

30 다음은 양도소득세가 비과세되는 1주택에 대한 설명이다. 틀린 것은?

① 소유하고 있던 공부상 주택인 1세대 1주택을 거주용이 아닌 영업용 건물로 사용하다가 양도하는 때에는 1세대 1주택으로 보지 아니한다.
② 1주택을 여러 사람이 공동으로 소유한 경우 주택 수를 계산할 때 공동 소유자 각자가 그 주택을 소유한 것으로 본다.
③ 하나의 건물이 주택과 주택 외의 부분으로 복합되어 있는 경우로서 주택 부분의 면적이 주택 외의 부분의 면적보다 큰 경우에는 그 전부를 주택으로 본다(단, 고가주택의 경우는 주택 부분만 주택으로 본다).
④ 취득 당시 조정대상지역에 소재한 주택을 취득하고 양도하는 1주택자의 경우 2년 이상 보유하고 보유기간 중 2년 이상 거주요건을 충족한 경우 비과세한다.
⑤ 1세대 1주택 비과세의 경우 부수토지의 경우 주택 정착면적의 도시지역은 5배(도시지역 밖은 10배)까지를 부속토지로 보며 주택 정착면적 계산시 무허가 정착면적은 포함하지 아니한다.

31 「지방세법」상 취득세에 관한 설명 중 틀린 것은?

① 토지(농지 아님)를 매매로 취득하는 경우 취득세 표준세율은 1천분의 40이며, 취득가액이 50만원 이하인 경우에는 취득세를 부과하지 아니한다.
② 차량·기계장비·항공기 및 주문에 의하여 건조하는 선박은 원시취득에 한하여 납세의무가 있다.
③ 조정대상지역 내 2주택을 취득하는 경우 「지방세법」 제11조 제1항 제7호 나목을 해당 표준세율으로 하여 중과기준세율의 100분의 200을 합한 세율을 적용한다.
④ 재산권과 그 밖의 권리의 취득·이전에 관한 사항을 공부에 등기하거나 등록하려는 경우에는 등기 또는 등록신청서를 등기·등록관서에 접수하는 날까지 취득세를 신고납부하여야 한다.
⑤ 취득세 과세물건을 취득한 후 중과세 세율 적용대상이 된 경우에는 중과세 대상이 된 날로부터 60일 이내에 산출세액에서 이미 납부한 세액(가산세는 제외)을 공제한 금액을 신고납부하여야 한다.

32 다음은 「지방세법」상 취득세의 납세의무자와 과세대상 등에 대한 설명이다. 틀린 것은?

① 「신탁법」에 의한 신탁으로서 신탁등기가 병행된 것으로 위탁자로부터 수탁자에게 이전하는 경우의 재산권 취득의 등기는 취득세를 비과세한다.
② 토지의 지목을 변경함으로써 그 가액이 증가된 경우에는 지목변경 시점의 소유자가 납세의무자가 된다.
③ 비상장법인 설립시에 발행하는 주식을 취득함으로써 과점주주가 된 때에는 해당 법인의 부동산 등을 취득한 것으로 본다.
④ 형제자매인 증여자의 채무를 인수하는 부동산의 부담부증여의 경우에는 그 채무액에 상당하는 부분은 유상으로 취득하는 것으로 본다.
⑤ 「도시개발법」에 따른 환지방식에 의한 도시개발사업의 시행으로 토지의 지목이 사실상 변경됨으로써 그 가액이 증가한 경우에는 그 환지계획에 따라 공급되는 환지는 조합원이, 체비지 또는 보류지는 사업시행자가 각각 취득한 것으로 본다.

33 2025년 1월 10일 비상장법인의 설립시 45%의 주식을 취득하여 소유하고 있는 甲은 2025년 7월 1일 증자로 인하여 주식 5%를 취득하였다. 甲의 취득세 납세의무가 있는 지분비율로 옳은 것은?

① 5% ② 10%
③ 45% ④ 55%
⑤ 납세의무가 없다.

34 다음 중 등록면허세에 대한 설명으로 틀린 것은?

① 「한국은행법」 및 「한국수출입은행법」에 따른 은행업을 영위하기 위하여 대도시에서 법인을 설립함에 따른 등기를 한 법인이 그 등기일로부터 2년 이내에 업종 변경이나 업종 추가가 없는 때에는 등록면허세 세율을 중과하지 아니한다.
② 등기·등록이 된 이후 법원의 판결 등에 의해 그 등기 또는 등록이 무효 또는 취소가 되어 등기 등록이 말소된다 하더라도 이미 납부한 등록면허세는 과오납으로 환급할 수 없다.
③ 부동산등기를 하고자 하는 자는 과세표준에 세율을 등기를 하기 전까지 납세지를 관할하는 지방자치단체의 장에게 신고납부하여야 한다.
④ 전세권 설정등기에 대한 등록면허세 산출세액이 건당 6천원보다 적을 때에는 등록면허세를 징수하지 아니한다.
⑤ 취득세 부과 제척기간이 경과한 물건의 등기 또는 등록의 경우 과세표준은 등록당시가액과 취득당시가액 중 높은 가액으로 한다.

TEST 03

35 다음은 재산세 납세의무자에 대한 설명이다. 옳은 것은?
① 재산세 과세기준일 현재 공부상 소유자로 등재되어 있는 자가 원칙적인 납세의무자이다.
② 주택의 건물과 부속토지의 소유자가 다른 경우 그 주택에 대한 산출세액을 그 건축물과 그 부속토지의 면적비율로 나누어 그 소유자를 재산세 납세의무자로 본다.
③ 과세기준일 현재 재산세 과세대상 재산이 양도·양수된 때에는 양수인을 해당 연도의 납세의무자로 본다.
④ 재산세 과세기준일 현재 소유권의 귀속이 분명하지 아니하여 사실상의 소유자를 확인할 수 없는 경우에는 공부상 소유자를 납세의무자로 한다.
⑤ 「신탁법」에 따라 수탁자 명의로 등기·등록된 신탁재산의 경우로서 위탁자별로 구분된 재산에 대해서는 그 수탁자가 재산세를 납부할 의무가 있다.

36 다음은 재산세 과세대상 토지에 대한 설명이다. 틀린 것은?
① 과세기준일 현재 도시지역 안의 녹지지역에서 실제 영농에 사용되고 있는 개인 소유농지는 분리과세대상이다.
② 시 이상의 주거지역 내 공장 건축물 부속토지로서 공장입지기준면적 범위 안의 토지는 종합합산 과세대상이다.
③ 도시지역 안의 개발제한구역 내 기준면적 이내 목장용지는 분리과세대상이다.
④ 고급오락장용 건축물 부속토지는 분리과세대상이다.
⑤ 지역에 관계없이 공장 건축물 부속토지는 기준면적을 초과하는 부분은 종합합산 과세대상이다.

37 다음은 「지방세법」상 가산세에 대한 설명이다. 틀린 것은?
① 지방세의 가산세는 해당 의무가 규정된 해당 지방세의 세목으로 하며 해당 지방세를 감면하는 경우 가산세는 그 감면대상에 포함시키지 아니하는 것으로 한다.
② 지방세를 납부기한까지 납부하지 아니하였을 때는 그 납부기한이 지날 날부터 체납된 지방세의 100분의 3에 상당하는 납부지연가산세를 징수한다.
③ 체납된 지방세를 납부하지 아니하였을 때에는 납부기한 지난날로부터 매 1개월이 경과할 때마다 체납된 지방세의 1만분의 75에 상당하는 납부지연가산세를 가산하여 징수한다.
④ 가산세는 납부할 세액에 가산하거나 환급받을 세액에서 공제한다.
⑤ 지방자치단체의 장은 지방세기본법 또는 지방세관계법에 따른 의무를 위반한 자에게 지방세기본법 또는 지방세관계법에서 정하는 바에 따라 가산세를 부과할 수 있다.

38 거주자인 개인 甲은 국내에 주택 2채(다가구주택 아님) 및 상가건물 1채를 각각 보유하고 있다. 甲의 2025년 귀속 재산세 및 종합부동산세에 관한 설명으로 틀린 것은? (단, 甲의 주택은 「종합부동산세법」상 합산배제주택에 해당하지 아니하며 지방세관계법상 재산세 특례 및 감면은 없음)
① 甲의 주택에 대한 재산세는 주택별로 표준세율을 적용한다.
② 甲의 상가 건물에 대한 재산세는 시가표준액에 법령이 정하는 공정시장가액비율(100분의 70)을 곱하여 산정한 가액을 과세표준으로 하여 비례세율로 과세한다.
③ 종합부동산세의 경우 주택분 종합부동산세 산출세액에서 소유자의 연령과 주택 보유기간에 따른 공제율 합계 100분의 80의 범위에서 중복하여 공제한다.
④ 甲의 상가 건축물분에 대해서는 종합부동산세를 과세하지 아니한다.
⑤ 甲의 주택에 대한 종합부동산세는 甲이 보유한 주택의 공시가격을 합산한 금액에서 9억원을 공제한 금액에 공정시장가액비율을 곱한 금액을 과세표준으로 하여 초과누진세율로 과세한다.

39 다음은 제척기간과 소멸시효에 대한 설명이다. 틀린 것은?
① 지방세의 경우 소멸시효는 금액과 무관하게 그 권리를 행사할 수 있는 날로부터 5년이다.
② 국세의 경우 징수세액이 5억원(가산세는 제외한 금액) 이상인 경우 국세 징수권의 소멸시효는 10년이다.
③ 납세자가 법정신고기한까지 과세표준 신고서를 제출하지 아니한 경우 지방세 부과 제척기간은 7년이다.
④ 상속이나 증여(부담부증여로 인한 취득 포함)를 원인으로 취득하는 경우 취득세 부과 제척기간은 10년이다.
⑤ 납세자가 사기나 그 밖의 부정한 행위로 지방세를 포탈하거나 환급 공제 또는 경감받은 경우 제척기간은 10년이다.

40 「지방세기본법」상 공시송달할 수 있는 경우가 아닌 것은?
① 송달을 받아야 할 자의 주소 또는 영업소가 국외에 있고 그 송달이 곤란한 경우
② 송달을 받아야 할 자의 주소 또는 영업소가 분명하지 아니한 경우
③ 서류를 우편으로 송달하였으나 받을 사람이 없는 것으로 확인되어 반송됨으로써 납부기한 내에 송달하기 곤란하다고 인정되는 경우
④ 서류를 송달한 장소에서 송달을 받을 자가 정당한 사유 없이 그 수령을 거부한 경우
⑤ 세무공무원이 2회 이상 납세자를 방문하여 서류를 교부하려고 하였으나 받을 사람이 없는 것으로 확인되어 납부기한 내에 송달하기 곤란하다고 인정되는 경우

Test 04 실전모의고사

정답 및 해설 ▶ P. 208

1교시

제한시간 100분

공인중개사법·중개실무

01 다음은 「공인중개사법」상의 "중개"와 "중개업"에 대한 내용이다. 틀린 것은? (다툼이 있으면 판례에 따름)
① 중개사무소 개설등록을 하지 않은 자가 다른 사람의 의뢰에 의하여 일정한 보수를 받고 중개를 업으로 한 것은 중개업으로 볼 수 없다.
② 개업공인중개사가 상업용 건축물 및 주택의 분양을 대행한 것은 중개업으로 볼 수는 없다.
③ 금전소비대차의 알선에 부수하여 이루어진 저당권설정계약이라도 중개대상에 해당된다.
④ 무등록인 자가 우연히 1회 건물의 전세계약을 중개 한 경우, 중개보수지급 약정은 유효하다.
⑤ 무등록인 자가 단지 중개보수를 받을 것을 약속하거나 거래당사자들에게 중개보수를 요구하는 데 그친 경우에는 중개업에 해당한다고 할 수 없다.

02 다음 중 공인중개사법령상의 중개대상으로 할 수 없는 것은 모두 몇 개인가?

> ㉠ 콘크리트 지반위에 볼트조립방식으로 철골기둥과 지붕을 설치하고, 삼면에 천막을 설치한 세차장구조물
> ㉡ 영업용 건물의 영업시설·비품 등의 유형물이나 영업상의 노하우 등 무형의 재산적 가치
> ㉢ 명인방법을 갖춘 수목의 집단
> ㉣ 소유권보존등기를 한 수목의 집단
> ㉤ 분양계약체결 후의 장래에 건축될 건물
> ㉥ 택지개발지구내의 이주자 택지를 공급받을 수 있는 지위에 해당하는 대토권

① 1개 ② 2개
③ 3개 ④ 4개
⑤ 5개

03 공인중개사 시험제도 및 자격증과 관련된 내용이다. 옳은 것은? (다툼이 있으면 판례에 따름)
① 금고 이상의 형에 대한 집행유예기간 중인 자는 공인중개사가 될 수가 없다.
② 공인중개사 자격이 취소되고 5년이 경과되지 아니한 자는 공인중개사가 될 수 없다.
③ 자격증을 교부한 시·도지사와 중개사무소 관할 시·도지사가 다른 경우에는 중개사무소 관할 시·도지사가 자격취소처분을 한다.
④ 공인중개사가 아닌 자라도 "부동산뉴스 대표"라는 명칭은 사용할 수 있다.
⑤ 공인중개사 자격증의 대여란 다른 사람이 그 자격증을 이용하여 공인중개사로 행세하면서 공인중개사의 업무를 행하려는 것을 알면서도 그에게 자격증 자체를 빌려주는 것을 말한다.

04 다음은 공인중개사 정책심의위원회에 대한 내용이다. 틀린 것은?
① 손해배상책임에 관한 사항, 자격취득에 관한 사항, 중개보수변경에 관한 사항, 부동산거래신고에 관한 사항을 심의하고 의결한다.
② 위원이 안건당사자와 친족관계이거나 친족관계이었던 경우에는 당해 안건 의결에서 제척된다.
③ 정책심의위원회는 위원장은 국토교통부 제1차관이며, 위원장 1명을 포함한 7명 이상 11명 이하의 위원으로 구성한다.
④ 정책심의위원회의 회의는 재적위원 과반수의 출석으로 개의하고, 출석위원 과반수의 찬성으로 의결한다.
⑤ 공인중개사정책심의위원회에서 공인중개사자격시험에 관한 사항을 결정하는 경우 시·도지사는 이에 따라야 한다.

05 공인중개사법령상 개업공인중개사 등의 교육에 관한 설명으로 틀린 것은?

① 공인중개사가 중개사무소의 개설등록을 신청하려는 경우, 등록신청일 전 1년 이내에 국토교통부장관이 실시하는 실무교육을 받아야 한다.
② 실무교육시간은 28시간 이상 32시간 이하로 하며, 연수교육은 12시간 이상 16시간 이하로 한다.
③ 중개보조원이 고용관계가 종료된 후 1년 이내에 소속공인중개사로 고용신고 되려는 자는 실무교육을 받아야 한다.
④ 시·도지사는 실무교육 또는 연수교육을 받은 후 2년이 되기 2개월 전까지 연수교육의 일시·장소·내용 등을 대상자에게 통지하여야 한다.
⑤ 연수교육을 정당한 사유 없이 받지 아니한 자에 대해서는 500만원 이하의 과태료를 시·도지사가 부과한다.

06 다음은 공인중개사법령상의 법인인 개업공인중개사의 등록기준에 관한 설명이다. 틀린 것은?

① 중개업과 부동산의 임대관리 등 관리대행을 목적으로 설립된 법인은 중개업 등록이 가능하다.
② 대표자를 포함한 임원(무한책임사원) 전원이 실무교육을 받아야 한다.
③ 대표자를 제외한 임원(무한책임사원)의 1/3 이상이 공인중개사이어야 한다.
④ 「협동조합 기본법」상의 협동조합(사회적 협동조합은 제외)으로서 중개업을 하기 위해서는 「공인중개사법」에 따라 자본금은 4억원 이상이어야 한다.
⑤ 건축물대장(가설건축물대장 제외)에 기재된 사무소(준공검사 사용승인 등을 포함)를 확보하여야 한다.

07 개업공인중개사 등의 결격사유에 대한 설명이다. 틀린 것은?

① 개업공인중개사가 「공인중개사법」을 위반하여 징역 6개월에 대한 선고유예를 받은 경우에는 계속 중개업에 종사할 수 있다.
② 「도로교통법」을 위반하여 금고 이상의 실형을 선고받고 그 집행이 종료된 날부터 3년이 경과되지 않은 경우에는 중개업에 종사할 수 없다.
③ 법인인 개업공인중개사의 업무정지 처분 당시의 임원(무한책임사원)은 당해 법인의 업무정지 기간 동안 결격에 해당된다.
④ 1년을 폐업한 자가 2025년 9월 12일 재등록하였으나 폐업 전의 사유로 2025년 10월 10일에 등록이 취소된 경우에는 2년 후부터는 결격에서 벗어난다.
⑤ 「형법」상 사기죄로 징역 2년에 집행유예 3년을 선고받은 경우, 그 유예기간이 종료된 시점에서는 바로 중개사무소의 개설등록을 할 수는 없다.

08 공인중개사법령상 법인인 개업공인중개사가 공인중개사법령에 따라 적법하게 할 수 있는 업무는 모두 몇 개인가?

㉠ 주택의 분양대행
㉡ 공장건물에 대한 분양대행
㉢ 부동산의 이용·개발·거래에 관한 상담
㉣ 부동산 임대업
㉤ 부동산거래정보망

① 1개 ② 2개
③ 3개 ④ 4개
⑤ 5개

09 다음은 고용인 및 개업공인중개사의 고용신고와 관련된 내용이다. 옳은 것은?

① 개업공인중개사는 고용인을 고용한 경우에는 고용일로부터 10일 이내에 신고하여야 한다.
② 소속공인중개사에 대한 고용신고는 전자문서에 의하여는 할 수 없다.
③ 소속공인중개사에 대한 고용신고시에는 공인중개사 자격증 사본을 첨부하여야 한다.
④ 외국인을 고용한 개업공인중개사는 외국인의 결격사유 없음을 증명할 수 있는 서류를 첨부하여 고용신고를 하여야 한다.
⑤ 고용인의 모든 행위는 그를 고용한 개업공인중개사의 행위로 본다.

10 공인중개사법령상 개업공인중개사가 설치된 사무소의 간판을 철거해야 하는 경우로 명시된 것을 모두 고른 것은?

㉠ 등록관청에 6개월을 초과하는 휴업신고를 한 경우
㉡ 등록관청으로부터 6개월의 업무정지처분을 받은 경우
㉢ 등록관청으로부터 중개사무소의 개설등록 취소처분을 받은 경우
㉣ 등록관청에 중개사무소의 이전사실을 신고한 경우

① ㉠, ㉡ ② ㉢, ㉣
③ ㉠, ㉡, ㉣ ④ ㉠, ㉢, ㉣
⑤ ㉡, ㉢, ㉣

11 공인중개사인 개업공인중개사 甲은 중개사무소를 이전하였다. 다음 중 옳은 것은?

〈甲의 행정처분 기록〉
- 2024년 10월 10일 업무정지 1개월 받음.
- 2024년 12월 12일 업무정지 3개월 받음.
- 2025년 9월 9일 매수인에게 확인·설명서를 교부하지 않은 것이 적발됨.
- 2025년 9월 12일 강남구에서 강북구로 중개사무소를 이전함.

① 甲은 2025년 9월 12일부터 7일 이내에 중개사무소 이전신고를 하여야 한다.
② 이전신고를 받은 등록관청은 신고내용이 적합한 경우, 등록증에 변경사항을 기재하여 이를 교부할 수 있다.
③ 강남구청장은 甲에게 처분했던 2건의 업무정지 처분기록을 강북구청장에게 송부하여야 하나, 행정처분이 진행 중인 서류는 송부할 필요가 없다.
④ 중개사무소 이전신고는 강남구청장에게 하여야 한다.
⑤ 확인·설명서를 교부하지 않은 것에 대한 행정처분으로, 강북구청장은 등록을 취소하여야 한다.

12 서울특별시 강남구에 주사무소를 둔 법인인 개업공인중개사가 경기도 성남시 분당구에 분사무소를 두고자 한다. 다음 설명 중 틀린 것은? (단, 다른 법률에 따라 중개업을 하는 법인은 제외한다)

① 분사무소 책임자는 반드시 공인중개사이어야 한다.
② 분당구 관할구역 안에서는 분사무소를 2개를 설치한 경우에는 등록이 취소될 수 있다.
③ 분사무소 설치신고를 하기 전에 2억원 이상의 업무보증을 추가로 설정하여야 한다.
④ 분당구에 분사무소를 설치한 경우, 분당구청장에게 분사무소 설치신고를 하여야 한다.
⑤ 분사무소를 분당구에서 화성시로 이전한 경우에는 강남구청장에게 이전신고를 하여야 한다.

13 다음은 공인중개사법령상 인장등록에 관한 설명이다. 옳은 것은?

① 인장등록과 인장변경등록은 전자문서로도 할 수 있다.
② 법인인 개업공인중개사의 주된 사무소에서 사용할 인장은 「상업등기규칙」에 따라 법인의 대표자가 보증하는 인장이어야 한다.
③ 개업공인중개사가 인장을 변경한 경우에는 10일 이내에 변경등록 하여야 한다.
④ 중개사무소를 공동으로 활용하는 경우에는 공동사무소 대표자의 인장을 등록하여야 한다.
⑤ 중개행위에 사용할 인장은 중개사무소 개설등록을 신청할 때에 등록하여야 한다.

14 중개업의 휴·폐업 등과 관련된 내용으로 옳은 것은?

① 개업공인중개사가 3개월을 초과하는 휴업을 한 때에는 지체 없이 등록관청에 그 사실을 신고해야 한다.
② 휴업신고를 한 후에 다시 업무를 재개하고자 할 때에는 지체 없이 등록증을 첨부하여 재개신고를 하여야 한다.
③ 부득이한 사유 없이 6개월을 초과하는 무단휴업을 한 경우에는 등록이 취소될 수 있다.
④ 폐업신고는 전자문서에 의한 신고도 가능하다.
⑤ 법인인 개업공인중개사의 분사무소는 분사무소 소재지 관할 시·군·구청장에게 휴업신고를 하여야 한다.

15 다음은 일반중개계약과 전속중개계약에 관한 설명이다. 옳은 것은?

① 일반중개계약서는 국토교통부장관이 정한 표준이 되는 서식을 사용해야 한다.
② 중개의뢰인이 일반중개계약서의 작성을 요청한 경우, 개업공인중개사는 이를 작성하여 교부하여야 한다.
③ 중개의뢰인이 전속중개계약의 유효기간 내에 다른 개업공인중개사에게 의뢰하여 거래를 성사한 경우에는 중개보수의 50% 범위 내에서 개업공인중개사가 소요한 비용을 지급하여야 한다.
④ 전속중개계약서 서식에는 개업공인중개사가 중개대상물의 확인·설명의무를 이행하는 데 중개의뢰인이 협조해야 함을 명시하고 있다.
⑤ 매도의뢰를 전속중개계약으로 체결한 경우 공시지가를 공개하지 아니할 수 있다.

16 다음은 주거용 건축물 확인·설명서[I]의 작성방법 등에 관한 내용이다. 옳은 것은?

① 건축물의 내진설계 적용 여부와 내진능력은 개업공인중개사 세부 확인사항이다.
② 아파트를 제외한 주택의 경우, 단독경보형감지기 설치 여부는 개업공인중개사 기본 확인사항이다.
③ 건폐율 상한 및 용적률 상한은 개업공인중개사가 매도의뢰인에게 자료를 요구하여 확인한 사항을 기재한다.
④ 관리비에 관한 사항은 개업공인중개사 기본 확인사항이다.
⑤ 거래예정금액은 중개 완성 후의 거래예정금액을 기재한다.

17 공인중개사법령상, 거래계약서 작성의무 등에 관한 설명 중 옳은 것은? (다툼이 있으면 판례에 따름)

① 개업공인중개사가 서로 다른 2 이상의 거래계약서를 작성한 경우에는 등록이 취소될 수 있으며, 1년 이하의 징역 또는 1천만원 이하의 벌금에 처한다.
② 개업공인중개사가 서로 다른 2 이상의 거래계약서를 작성한 경우에는 거래계약은 반사회적 법률행위로서 무효가 된다.
③ 소속공인중개사가 중개업무를 수행하면서 거래계약서에 거래금액을 거짓으로 기재한 경우에는 과태료처분의 대상이 된다.
④ 법인인 개업공인중개사의 분사무소 소속공인중개사가 중개업무를 수행한 경우에는 법인의 대표자와 담당 소속공인중개사가 함께 서명 및 날인을 하여야 한다.
⑤ 부동산 매매에 관한 거래계약서는 권리이전의 내용을 반드시 기재하여야 한다.

18 공인중개사법령상 계약금 등의 반환채무이행의 보장에 관한 설명으로 틀린 것은?

① 개업공인중개사가 거래당사자에게 계약금 등을 예치하도록 권고할 법률상 의무는 없다.
② 계약금 등 예치하는 경우 「우체국예금·보험에 관한 법률」에 따른 체신관서 명의로 공제사업을 하는 공인중개사협회에 예치할 수도 있다.
③ 계약금 등을 예치하는 경우 「보험업법」에 따른 보험회사 명의로 금융기관에 예치할 수 있다.
④ 계약금 등을 예치하는 경우 법원 명의로 금융기관에 예치할 수 있다.
⑤ 계약금 등의 예치는 거래계약의 이행이 완료될 때까지로 한다.

19 개업공인중개사 등의 금지행위(법 제33조 제1항)에 관한 설명으로 틀린 것은?

① 중개보수 초과수수 금지의무를 위반하여 초과수수 된 초과분은 반환하여야 한다.
② 초과보수의 본질은 법정의 한도를 초과하는 금품을 취득함에 있는 것이지, 현실적으로 중개의뢰인에게 그 한도 초과액 상당의 손해가 발생함을 처벌의 요건으로 하지 않는다.
③ 중개의뢰인 쌍방으로부터 중개의뢰를 받는 것은 금지행위에 해당된다.
④ 토지의 매매를 업으로 한 경우에는 1년 이하의 징역 또는 1천만원 이하의 벌금형의 대상이 된다.
⑤ 개업공인중개사가 소유자로부터 거래에 관한 대리권을 수여받은 대리인과 직접 거래한 행위는 금지행위에 해당된다.

20 개업공인중개사는 "중개행위"를 함에 있어서 고의 또는 과실로서 거래당사자에게 재산상의 손해를 발생하게 한때에는 그 손해를 배상할 책임 있다(법 제30조). 이에 대한 설명으로 틀린 것은? (다툼이 있으면 판례에 따름)

① 법원경매 대상 부동산에 대한 권리분석 및 취득의 알선 행위도 중개행위에 해당된다.
② 어떠한 행위가 중개행위에 해당하는지 여부는 개업공인중개사의 주관적 의사에 의하여 결정할 것이 아니라, 객관적으로 보아 사회통념상 결정하여야 한다.
③ 오피스텔을 임차하기 위하여 방문한 임차의뢰인에게 자신이 직접 거래당사자로서 임대차계약을 체결한 경우에도 이는 중개행위에 해당된다.
④ 개업공인중개사가 자기의 중개사무소를 다른 사람의 중개행위 장소로 제공함으로써 거래당사자에게 재산상 손해가 발생한 경우 그 손해를 배상할 책임이 있다.
⑤ 개업공인중개사가 중도금 일부를 횡령한 경우에도 중개행위를 함에 있어서 거래당사자에게 재산상 손해를 발생케 한 경우에 해당한다.

21 다음의 사례에서 개업공인중개사가 매매대금 5억원에 매매계약을 중개하고 매도인에게 받을 수 있는 중개보수 최고한도액은 얼마인가?

1. 「건축법 시행령」상의 오피스텔로서 주거전용면적이 80m² 이며, 상·하수도 시설이 갖추어진 전용입식 부엌, 전용 수세식 화장실 및 목욕시설을 갖추어 주거용으로 사용 중에 있다.
2. 매도의뢰인과 협의한 금액은 300만원이다.
3. 중개사무소 소재지 ○○시 조례

거래	거래금액	상한요율	한도액
매매·교환	5천만원 이상 ~ 2억원 미만	1천분의 5	80만원
	2억원 이상 ~ 9억원 미만	1천분의 4	
	9억원 이상 ~ 12억원 미만	1천분의 5	
	12억원 이상 ~ 15억원 미만	1천분의 6	
	15억원 이상	1천분의 7	

① 200만원 ② 250만원
③ 300만원 ④ 400만원
⑤ 500만원

22 다음은 부동산 거래정보사업자에 대한 내용이다. 옳은 것은?
① 가입자가 이용하는 데 지장이 없는 정도로서 등록관청이 정하는 용량 및 성능을 갖춘 컴퓨터 설비를 확보하여야 한다.
② 거래정보사업자가 되려면 전국 500명 이상의 개업공인중개사가 가입·이용을 신청하여야 하며, 2개 이상의 시·도에서 각각 20명 이상의 개업공인중개사가 가입·이용신청을 하여야 한다.
③ 전국 500명 이상의 개업공인중개사의 부동산거래정보망 가입·이용신청서 및 당해 개업공인중개사의 등록증 사본이 지정신청서류로 구비되어야 한다.
④ 국토교통부장관은 거래정보사업자 지정신청을 받은 날로부터 14일 이내에 이를 검토하여 그 지정 여부를 결정해야 한다.
⑤ 거래정보사업자로 지정받은 법인이 해산하여 부동산거래 정보망사업의 계속적인 운영이 불가능한 경우, 국토교통부장관은 청문을 거쳐 사업자 지정을 취소하여야 한다.

23 공인중개사협회에 관한 설명으로 옳은 것은?
① 공인중개사인 개업공인중개사는 중개업에 관한 제도의 개선 및 운영에 관한 업무를 효율적으로 수행하기 위하여 공인중개사협회를 설립하여야 한다.
② 협회는 600인 이상의 개업공인중개사가 모인 창립총회의 의결을 거친 후, 국토교통부장관의 인가를 받으면 성립한다.
③ 협회는 특별시·광역시·도에 지부를 두어야 한다.
④ 협회의 지부에 대하여는 특별시장·광역시장·도지사가 지도·감독을 한다.
⑤ 협회는 총회의 의결내용을 지체 없이 국토교통부장관에게 보고해야 한다.

24 다음 중 공인중개사법령에 근거하여, 지방자치단체조례에 따른 행정수수료를 납부해야 하는 것은?
① 공인중개사 자격시험에 합격하여 공인중개사 자격증을 처음으로 교부받는 경우
② 중개사무소의 휴업을 신고하는 경우
③ 거래정보사업자 지정을 신청하는 경우
④ 거래정보사업자 지정서를 재교부 신청하는 경우
⑤ 개업공인중개사가 등록관청 관할 구역 밖으로 중개사무소를 이전신고를 하여, 등록증이 재교부 되는 경우

25 공인중개사법령상 甲이 받을 수 있는 포상금의 최대금액은?

> ㉠ 甲은 중개사무소 개설등록을 이중으로 한 A를 고발하였고, 검사는 A를 공소제기 되었다.
> ㉡ 甲은 중개보수한도를 초과하여 초과수한 개업공인중개사 B를 신고하고, 검사가 B를 기소유예 처분을 하였다.
> ㉢ 甲과 乙은 포상금배분에 관한 합의를 7:3으로 하였고, 공동으로 공인중개사 자격증을 다른 사람에게 대여한 C를 신고하였는데, 검사가 공소제기 하였지만, 판사는 무죄선고를 하였다.
> ㉣ A, B, C 는 甲 또는 乙의 위 신고·고발 전에 행정기관에 의해 발각되지 않았다.

① 35만원　　② 50만원
③ 85만원　　④ 100만원
⑤ 135만원

26 공인중개사법령상 공인중개사에 대한 자격취소와 자격정지 처분에 대한 내용이다. 옳은 것은?
① 시·도지사는 공인중개사 자격증을 대여한 자의 자격을 취소할 수 있다.
② 소속공인중개사가 자격정지 처분을 받은 기간 중에 다른 법인인 개업공인중개사의 사원이 된 경우는 자격취소 사유에 해당한다.
③ 공인중개사 자격이 취소된 자는 그 취소처분을 받은 날부터 지체 없이 자격증을 반납해야 한다.
④ 자격정지 처분을 한 시·도지사는 5일 이내에 국토교통부장관과 다른 시·도지사에게 통지하여야 한다.
⑤ 자격정지는 부과기준에 3분의 1의 범위 내에서 가중하여 처벌할 수 있으며, 가중하여 처벌하는 경우라도 6개월을 초과할 수 없다.

27 다음 중에서 등록관청이 중개사무소의 개설등록을 반드시 취소하여야 하는 것은 모두 몇 개인가?

> ㉠ 개업공인중개사가 단체를 구성하여 특정 중개대상물에 대하여 중개를 제한하거나, 단체 구성원 이외의 자와 공동중개를 제한하는 거래질서 교란행위를 한 경우
> ㉡ 개업공인중개사가 거래상의 중요사항에 대하여 거짓된 언행을 하여 거래당사자의 판단을 그르치게 한 경우
> ㉢ 개업공인중개사가 천막 등 이동이 용이한 임시중개시설물을 설치한 경우
> ㉣ 특별한 사유 없이 계속하여 6개월을 초과하여 휴업한 경우
> ㉤ 업무정지 기간 중에 중개업무를 한 경우

① 1개　　② 2개
③ 3개　　④ 4개
⑤ 5개

28
다음은 공인중개사법령과 부동산거래신고법령의 과태료 부과사유 및 부과정도(부과금액)와 부과권자에 관한 내용이다. 옳게 연결된 것은 모두 몇 개인가?

> ㉠ 중개대상물의 가격 등 내용을 사실과 다르게 거짓으로 표시·광고하거나 사실을 과장되게 하는 표시·광고를 한 개업공인중개사 − 500만원 이하의 과태료 − 등록관청
> ㉡ 소속공인중개사의 자격증을 게시하지 않은 개업공인중개사 − 100만원 이하의 과태료 − 시·도지사
> ㉢ 부동산거래신고를 하지 않은 개업공인중개사 − 취득가액의 10% 이하 과태료 − 신고관청
> ㉣ 운영규정을 제정·승인받지 않고 운영한 거래정보사업자 − 500만원 이하의 과태료 − 시·도지사
> ㉤ 신고관청이 요구한 거래대금지급증명자료를 제출하지 않은 거래당사자 − 500만원 이하의 과태료 − 신고관청

① 1개 ② 2개
③ 3개 ④ 4개
⑤ 5개

29
공인중개사법령상 법정형이 1년 이하의 징역 또는 1천만원 이하의 벌금에 해당하는 자를 모두 고른 것은?

> ㉠ 공인중개사가 아닌 자로서 공인중개사 명칭을 사용한 자
> ㉡ 이중으로 중개사무소의 개설등록을 하여 중개업을 한 개업공인중개사
> ㉢ 개업공인중개사로부터 공개를 의뢰받지 아니한 중개대상물의 정보를 부동산거래정보망에 공개한 거래정보사업자
> ㉣ 중개의뢰인과 직접 거래를 한 개업공인중개사

① ㉠, ㉣ ② ㉡, ㉢
③ ㉠, ㉡, ㉢ ④ ㉡, ㉢, ㉣
⑤ ㉠, ㉡, ㉢, ㉣

30
부동산 거래신고 등에 관한 법령상의 부동산거래신고 등에 관한 내용이다. 옳은 것은?

① 부동산거래계약시스템을 통하여 부동산거래계약을 체결한 경우에는 부동산거래계약이 체결된 때에 부동산거래계약신고서를 제출한 것으로 본다.
② 거래당사자 중 일방이 국가나 지방자치단체인 경우에는 그 거래의 상대방인 일반인이 신고를 하여야 한다.
③ 「건축물의 분양에 관한 법률」에 따른 부동산에 대한 공급계약을 체결한 경우에는 부동산거래신고를 할 필요는 없다.
④ 토지거래허가를 받은 경우에는 부동산거래신고를 한 것으로 본다.
⑤ 공동매수인이 변경된 경우, 일부가 제외되는 경우뿐만 아니라 일부가 교체나 추가된 경우에도 변경신고의 대상이 된다.

31
부동산 거래신고 등에 관한 법령상의 부동산 거래계약 신고서의 작성과 제출에 관한 설명으로 틀린 것은?

① 계약대상 "면적"에는 실제 거래면적을 계산하여 적되, 건축물 면적은 집합건축물의 경우 전용면적을 기재한다.
② 거래대상의 종류가 공급계약(분양) 또는 전매계약(분양권, 입주권)인 경우, "물건별 거래가격" 및 "총 실제거래가격"에 부가가치세를 제외한 금액을 적는다.
③ "물건별 거래금액"란에는 2 이상의 부동산을 함께 거래하는 경우, 각각의 부동산별 거래금액을 적는다.
④ "종전 부동산"란은 입주권 매매의 경우에만 종전 부동산에 대해 작성한다.
⑤ 거래당사자가 외국인인 경우, 매수용도 및 국적을 기재하여야 한다.

32
부동산 거래신고 등에 관한 법령상의 토지거래계약 허가구역의 지정에 관한 설명으로 틀린 것은?

① 허가구역이 둘 이상의 시·도의 관할 구역에 걸쳐 있는 경우, 국토교통부장관이 지정할 수 있다.
② 허가구역 지정·공고 내용의 통지를 받은 시장·군수 또는 구청장은 지체 없이 그 공고내용을 그 허가구역을 관할하는 등기소의 장에게 통지하여야 한다.
③ 허가구역의 지정은 허가구역의 지정을 공고한 날부터 5일 후에 그 효력이 발생한다.
④ 특별한 공고가 없는 경우, 주거지역에서 70m²의 토지를 매매하는 계약은 허가를 받아야 한다.
⑤ 특별한 공고가 없는 경우, 상업지역에서 100m²의 토지를 매매하는 계약은 허가를 받아야 한다.

33
부동산 거래신고 등에 관한 법령상의 포상금 지급 대상을 신고한 甲이 받을 수 있는 포상금의 총 합계액은?

> ㉠ 甲은 부동산거래신고를 거짓으로 신고한 A를 신고하였고, 신고관청은 A에 대하여 과태료를 2천만원을 부과하였다.
> ㉡ 甲은 부동산거래신고를 거짓으로 신고한 B를 신고하였고, 신고관청은 B에 대하여 과태료를 1억원을 부과하였다.
> ㉢ 甲은 토지거래허가대상임에도 불구하고 토지거래허가를 받지 아니하고 거래계약을 체결한 C를 신고하였고, 검사는 공소제기를 하였고 판사는 무죄판결을 하였다.
> ㉣ 甲은 행정기관에 의하여 발각되기 전에 모두 신고하였다.

① 100만원 ② 150만원
③ 1,400만원 ④ 1,450만원
⑤ 2,450만원

34 다음은 부동산 거래신고 등에 관한 법령상의 외국인 특례에 대한 내용이다. 틀린 것은? (단, 건물과 토지 등은 대한민국 내에 소재하는 것을 말한다)

① 외국인이 교환계약으로 건물의 소유권을 취득하는 경우에는 교환계약 체결일로부터 60일 이내에 신고하여야 하며, 위반시에는 300만원 이하의 과태료 처분의 대상이 된다.
② 한국인이 외국인으로 국적이 변경된 경우에도 건물의 소유권을 계속 보유하려면, 국적이 변경된 날로부터 60일 이내에 계속보유 신고를 하여야 한다.
③ 외국인이 계약 이외의 원인으로 건물의 소유권을 취득한 경우에는 소유권을 취득한 날로부터 6개월 이내에 신고하여야 한다.
④ 외국인이 법원 경매로 건물의 소유권을 취득하는 경우에는 대금완납일로부터 6개월 이내에 신고하여야 한다.
⑤ 신고는 방문신고의 방법과 전자문서에 의한 신고의 방법이 있으며, 전자문서에 의한 신고는 대리인이 대행할 수가 없다.

35 개업공인중개사가 묘지가 있는 토지를 매수하려는 중개의뢰인에게 설명한 내용 중 틀린 것은? (다툼이 있으면 판례에 따름)

① 분묘기지권의 효력이 미치는 범위 내에서 기존의 분묘에 단분(單墳)형태로 합장(合葬)하여 새로운 분묘를 설치하는 것은 허용되지 않는다.
② 평장 또는 암장되어 객관적으로 분묘의 존재를 인식할 수 있는 외형을 갖추지 않으면, 분묘기지권이 인정되지 않는다.
③ 분묘기지권 포기는 그 권리자가 의무자에 대하여 그 권리를 포기하는 의사표시뿐만 아니라, 그 점유까지도 포기하여야 소멸하는 것이다.
④ 「장사 등에 관한 법률」에 따르면, 남편의 분묘구역 내에 처의 분묘를 추가로 설치한 경우, 추가설치 후 30일 이내에 해당 묘지의 관할 시장 등에게 신고해야 한다.
⑤ 「장사 등에 관한 법률」에 따르면, 토지소유자의 승낙없이 분묘를 설치한 자는 토지소유자에게 분묘에 관한 권리를 주장할 수 없다.

36 다음은 개업공인중개사가 농지를 중개하는 경우에 「농지법」상의 농지취득자격증명 등과 관련된 내용이다. 틀린 것은?

① 도시민이 주말·체험영농을 하고자 하는 경우에는 주말·체험영농계획서를 작성·제출하여 농지취득자격증명을 발급받을 수 있다.
② 도시민이 주말·체험영농을 하고자 하는 자는 세대원 총면적이 1,000㎡ 이하의 농지에 한하여 이를 소유할 수 있다.
③ 농지임대차는 예외적으로 허용되어 농업경영을 하려는 자에게 임대하는 경우 그 임대차계약은 서면계약을 원칙으로 한다.
④ 농지전용협의를 마친 농지를 취득하려는 자는 농지취득자격증명을 발급받을 필요가 없다.
⑤ 농업법인이 공유농지를 분할할 때에는 농지취득자격증명이 요구되지 아니한다.

37 다음은 중개실무와 관련하여 부동산거래계약전자시스템에 관한 내용이다. 틀린 것은?

① 부동산거래전자시스템을 활용하려면 개업공인중개사는 미리 사전준비로서 회원가입과 공인인증서발급이 요구된다.
② 개업공인중개사가 부동산거래전자시스템을 통하여 전자거래계약서를 작성한 경우 거래의뢰인도 전자서명을 하여야 한다.
③ 전자시스템을 통하여 전자거래계약서를 작성한 경우, 매매계약의 경우 자동으로 부동산거래신고가 완료된다.
④ 전자시스템을 통하여 전자거래계약서를 작성한 경우, 임대차계약의 경우 확정일자가 부여된다.
⑤ 부동산거래계약전자시스템을 통하여 전자계약을 하는 경우, 무등록 불법중개행위를 차단하는 데 효율적이지는 못하다.

38 「주택임대차보호법」에 관한 설명으로 틀린 것은? (다툼이 있으면 판례에 따름)

① 일시 사용을 위한 임대차임이 명백한 경우에는 이 법이 적용되지 아니한다.
② 다가구용 단독주택의 임차인으로서 대항요건을 갖춘 경우, 이 주택이 다세대 주택으로 변경되었다면 종전의 대항력은 상실된다.
③ 임차주택을 간접점유하는 임차인이 주민등록을 마쳤다 하더라도, 임차주택의 직접 점유자인 전차인이 주민등록을 마치지 않았다면, 임차인은 대항력을 주장할 수 없다.
④ 임차인이 주택의 인도를 받고 주민등록을 마친 날과 제3자의 저당권설정 등기일이 같은 날이면 임차인은 저당권의 실행으로 그 주택을 취득한 매수인에게 대항하지 못한다.
⑤ 임대차 기간에 관한 분쟁이 발생한 경우, 임대인은 주택임대차분쟁조정위원회에 조정을 신청할 수 있다.

39 다음은 「상가건물 임대차보호법」상의 권리금 보호 등에 관한 내용이다. "옳은" 것은?

① 임대인의 권리금 지급 방해행위 금지 기간은 임대차 종료 3개월 전부터 임대차 종료시까지이다.
② 임대차 목적물인 상가건물을 1년 이상 영리목적으로 사용하지 아니한 경우에는 임대인은 임차인이 주선한 신규임차인과의 임대차계약 체결을 거절할 수 있다.
③ 「전통시장 및 상점가 육성을 위한 특별법」 제2조 제1호에 의한 전통시장은 권리금 보호의 대상이 되지 아니한다.
④ 법무부장관은 권리금 계약을 체결하기 위한 표준권리금계약서를 정하여 그 사용을 권장할 수 있다.
⑤ 임대인이 권리금행사를 방해하여 임차인에게 손해를 발생하게 한 때에, 그 손해배상액은 신규임차인이 임차인에게 지급하기로 한 권리금과 임대차 종료 당시의 권리금 중 낮은 금액을 넘지 못한다.

40 다음은 법원경매 및 매수신청대리업에 대한 설명이다. 틀린 것은?

① 개업공인중개사가 대리행위를 함에 있어서는 매각장소 또는 집행법원에 직접 출석하여야 한다.
② 부동산의 매각은 호가경매(呼價競賣), 기일입찰 또는 기간입찰의 세 가지 방법 중 집행법원이 정한 방법에 따른다.
③ 기일입찰에서 매수신청의 보증금액은 최저매각가격의 10분의 1로 한다.
④ 매각허가결정에 대하여 항고하고자 하는 사람은 보증으로 최저매각가격의 10분의 1에 해당하는 금전을 공탁해야 한다.
⑤ 미등기 임차인이 배당요구를 하지 아니하여 배당을 받지 못한 경우, 후 순위자를 대상으로 부당이득반환을 청구할 수 없다.

부동산공법

41 국토의 계획 및 이용에 관한 법령상의 용어에 관한 설명으로 옳은 것은?

① 광역도시계획은 광역시의 관할구역에 대해 수립하는 계획이다.
② 성장관리계획이란 난개발을 방지하고 계획적인 개발을 유도하기 위하여 수립하는 도시·군관리계획을 말한다.
③ 대지조성사업은 도시·군계획사업에 포함된다.
④ 도시·군계획시설사업이란 기반시설을 설치·정비 또는 개량하는 사업을 말한다.
⑤ 공간재구조화계획이란 토지의 이용 및 건축물이나 그 밖의 시설의 용도·건폐율·용적률·높이 등을 완화하는 용도구역의 효율적이고 계획적인 관리를 위하여 수립하는 계획을 말한다.

42 국토의 계획 및 이용에 관한 법령상 광역도시계획 등에 관한 설명으로 틀린 것은?

① 국토교통부장관은 광역계획권을 지정하려면 관계 시·도지사, 시장 또는 군수의 의견을 들은 후 중앙도시계획위원회의 심의를 거쳐야 한다.
② 광역계획권이 둘 이상의 시·도의 관할 구역에 걸쳐있는 경우에는 관할 시·도지사가 공동으로 광역계획권을 지정하여야 한다.
③ 국가계획과 관련된 광역도시계획의 수립이 필요한 경우 광역도시계획의 수립권자는 국토교통부장관이다.
④ 시장 또는 군수는 광역도시계획을 수립하려면 도지사의 승인을 받아야 한다.
⑤ 국토교통부장관, 시·도지사, 시장 또는 군수는 광역도시계획을 수립하거나 변경하려면 미리 공청회를 열어 주민과 관계 전문가 등으로부터 의견을 들어야 한다.

43 국토의 계획 및 이용에 관한 법령상 산업·유통개발진흥지구의 지정에 대한 도시·군관리계획 입안을 제안할 수 있는 대상지역은 다음의 요건을 모두 갖춘 지역으로 한다. 괄호 안의 내용으로 옳은 것은?

> - 지정대상 지역의 면적은 (㉠) 이상 (㉡) 미만일 것
> - 지정대상 지역이 자연녹지지역·계획관리지역 또는 (㉢)일 것
> - 지정대상 지역의 전체 면적에서 계획관리지역의 면적이 차지하는 비율이 (㉣) 이상일 것
> - 지정대상 지역의 토지특성이 과도한 개발행위의 방지를 위하여 (㉤)이 정하여 고시하는 기준에 적합할 것

① ㉠ - 3만제곱미터
② ㉡ - 5만제곱미터
③ ㉢ - 생산녹지지역
④ ㉣ - 100분의 30
⑤ ㉤ - 국토교통부장관

44 국토의 계획 및 이용에 관한 법령상 시·도지사 또는 대도시 시장은 해당 시·도 또는 대도시의 도시·군계획조례로 정하는 바에 따라 도시·군관리계획결정으로 추가적으로 세분하여 지정할 수 있는 용도지역이 아닌 것은?

① 주거지역
② 상업지역
③ 공업지역
④ 녹지지역
⑤ 관리지역

45 국토의 계획 및 이용에 관한 법령상 용도지구별 건축제한에 관한 설명으로 옳은 것을 모두 고른 것은? (단, 건축물은 도시·군계획시설이 아님)

> ㉠ 경관지구 안에서는 그 지구의 경관의 보호·형성에 장애가 된다고 인정하여 도시·군계획조례가 정하는 건축물을 건축할 수 없다.
> ㉡ 집단취락지구 안에서는 그 지구의 지정 및 관리에 장애가 된다고 인정하여 도시·군계획조례가 정하는 건축물을 건축할 수 없다.
> ㉢ 고도지구 안에서는 도시·군계획조례로 정하는 높이를 초과하는 건축물을 건축할 수 없다.
> ㉣ 방재지구 안에서는 풍수해·산사태·지반붕괴·지진 그 밖에 재해예방에 장애가 된다고 인정하여 도시·군계획조례가 정하는 건축물을 건축할 수 없다.

① ㉠, ㉡
② ㉠, ㉢
③ ㉠, ㉣
④ ㉡, ㉢
⑤ ㉢, ㉣

46 국토의 계획 및 이용에 관한 법령상 복합용도구역 등에 관한 내용으로 틀린 것은?

① 공간재구조화계획 결정권자는 노후 건축물 등이 밀집하여 단계적 정비가 필요한 지역을 복합용도구역으로 지정할 수 있다.
② 복합용도구역의 지정 및 변경과 복합용도계획은 공간재구조화계획으로 결정한다.
③ 복합용도구역으로 지정된 지역은 「건축법」에 따른 특별건축구역으로 지정된 것으로 본다.
④ 복합용도구역에서의 건축물이나 그 밖의 시설의 용도·종류 및 규모 등의 제한에 관한 사항은 따로 법률로 정한다.
⑤ 복합용도구역의 지정 및 변경과 복합용도계획의 수립 및 변경에 관한 세부적인 사항은 국토교통부장관이 정하여 고시한다.

47 A시에 소재하고 있는 면적이 1,000㎡인 甲의 대지는 700㎡가 제1종 전용주거지역에, 나머지 300㎡는 준주거지역에 걸쳐있다. 甲의 대지에 건축할 수 있는 최대 연면적이 1,900㎡인 경우, A시의 도시·군계획조례가 정하는 준주거지역의 용적률은? (단, A시의 도시·군계획조례는 제1종 전용주거지역의 용적률은 100%로 정하고 있다)

① 300%
② 350%
③ 400%
④ 450%
⑤ 500%

48 국토의 계획 및 이용에 관한 법령상 지구단위계획에 관한 설명이다. ( )에 들어갈 내용으로 각각 옳은 것은?

> 주민의 입안제안에 따른 지구단위계획에 관한 (㉠) 결정의 고시일부터 (㉡) 이내에 이 법 또는 다른 법률에 따라 허가·인가·승인 등을 받아 사업이나 공사에 착수하지 아니하면 그 (㉡)이 된 날의 다음 날에 그 지구단위계획에 관한 (㉠) 결정은 효력을 잃는다.

① ㉠: 도시·군기본계획, ㉡: 3년
② ㉠: 도시·군기본계획, ㉡: 5년
③ ㉠: 도시·군관리계획, ㉡: 1년
④ ㉠: 도시·군관리계획, ㉡: 3년
⑤ ㉠: 도시·군관리계획, ㉡: 5년

49 국토의 계획 및 이용에 관한 법령상 개발행위의 허가에 관한 설명으로 틀린 것은? (단, 조례는 고려하지 않음)

① 개발행위허가를 제한하려는 자가 시·도지사인 경우에는 그 시·도에 설치된 지방도시계획위원회의 심의를 거쳐야 한다.
② 「사도법」에 의한 사도개설허가를 받은 토지의 분할은 개발행위허가를 받지 아니하고 할 수 있다.
③ 시장 또는 군수는 개발행위허가에 조건을 붙이려는 때에는 미리 개발행위허가를 신청한 자의 의견을 들어야 한다.
④ 「사방사업법」에 따른 사방사업을 위한 개발행위는 중앙도시계획위원회와 지방도시계획위원회의 심의를 거치지 아니한다.
⑤ 개발행위허가를 받은 부지면적을 5퍼센트 확장하는 경우에는 별도의 변경허가를 받지 않아도 된다.

50 국토의 계획 및 이용에 관한 법령상 기반시설부담구역에 관한 내용이다. (   )에 들어갈 숫자로 옳은 것은?

> 기반시설부담구역에서 기반시설설치비용의 부과대상인 건축행위는 「국토의 계획 및 이용에 관한 법률」 제2조 제20호에 따른 시설로서 (   )제곱미터(기존 건축물의 연면적 포함)를 초과하는 건축물의 신축·증축 행위로 한다.

① 100
② 200
③ 300
④ 400
⑤ 500

51 국토의 계획 및 이용에 관한 법령상 도시·군계획시설사업의 시행에 관한 설명으로 틀린 것은?

① 국토의 계획 및 이용에 관한 법률 또는 다른 법률에 특별한 규정이 있는 경우 외에는 특별시장·광역시장·특별자치시장·특별자치도지사·시장 또는 군수가 관할 구역의 도시·군계획시설사업을 시행한다.
② 시행자는 사업시행을 위하여 특히 필요하다고 인정되면 도시·군계획시설에 인접한 건축물을 일시 사용할 수 있다.
③ 국토교통부장관이 지정한 시행자는 도시·군계획시설사업 실시계획에 대해 국토교통부장관의 인가를 받아야 한다.
④ 사업의 준공예정일을 변경하는 실시계획 변경인가를 하는 경우에는 공고 및 열람을 하지 아니할 수 있다.
⑤ 사업구역경계의 변경이 있더라도 건축물의 연면적 10% 미만을 변경하는 경우에는 실시계획 변경인가를 받을 필요가 없다.

52 국토의 계획 및 이용에 관한 법령상 그 처분을 하기 전에 청문을 실시하여야 하는 경우만으로 옳게 묶은 것은?

> ㉠ 도시·군기본계획 승인의 취소
> ㉡ 도시·군계획시설사업의 시행자 지정의 취소
> ㉢ 실시계획인가의 취소
> ㉣ 시가화조정구역에서의 행위 제한을 위반한 자에 대한 공사중지명령
> ㉤ 개발행위허가의 취소

① ㉠, ㉡, ㉢
② ㉠, ㉡, ㉤
③ ㉡, ㉢, ㉣
④ ㉡, ㉢, ㉤
⑤ ㉢, ㉣, ㉤

53 도시개발법령상 도시개발구역의 지정을 제안할 수 있는 자가 아닌 것은?

① 도시개발조합
② 한국수자원공사
③ 「지방공기업법」에 따라 설립된 지방공사
④ 한국관광공사
⑤ 한국농어촌공사

54 다음은 도시개발법령상 도시개발구역 지정의 해제에 관한 설명이다. 옳은 것은?

① 도시개발사업의 공사완료(환지방식에 따른 사업인 경우에는 그 환지처분)의 공고일의 다음 날에 도시개발구역의 지정은 해제된 것으로 본다.
② 면적 330만㎡ 미만의 도시개발구역이 지정·고시된 날부터 3년이 되는 날까지 개발계획을 수립·고시하지 아니하는 경우에는 그 3년이 되는 날의 다음 날에 도시개발구역의 지정은 해제된 것으로 본다.
③ 면적 330만㎡ 이상의 사업에서 개발계획을 수립·고시한 날부터 3년이 되는 날까지 실시계획 인가를 신청하지 아니하는 경우에는 그 3년이 되는 날의 다음 날에 도시개발구역의 지정은 해제된 것으로 본다.
④ 도시개발구역이 지정·고시된 날부터 3년이 되는 날까지 실시계획의 인가를 신청하지 아니하는 경우에는 그 3년이 되는 날에 도시개발구역의 지정은 해제된 것으로 본다.
⑤ 도시개발사업의 공사완료로 도시개발구역의 지정이 해제된 것으로 보는 경우에는 도시개발구역의 용도지역은 도시개발구역 지정 전의 용도지역으로 환원된 것으로 본다.

55 도시개발법령상 대의원회에 관한 다음의 내용 중 (   )에 들어 갈 숫자를 옳게 묶은 것은?

> - 의결권을 가진 조합원의 수가 (㉠)인 이상인 조합은 총회의 권한을 대행하게 하기 위하여 대의원회를 둘 수 있다.
> - 대의원회에 두는 대의원의 수는 의결권을 가진 조합원 총수의 (㉡) 이상으로 하고, 대의원은 의결권을 가진 조합원 중에서 정관에서 정하는 바에 따라 선출한다.

① ㉠ : 50, ㉡ : 100분의 5
② ㉠ : 50, ㉡ : 100분의 10
③ ㉠ : 100, ㉡ : 100분의 5
④ ㉠ : 100, ㉡ : 100분의 10
⑤ ㉠ : 100, ㉡ : 100분의 20

56 도시개발법령상 토지상환채권에 관한 설명 중 틀린 것은?
① 토지상환채권이란 토지 소유자가 원하는 경우 토지 등의 매수대금의 일부를 지급하기 위하여 도시개발사업시행으로 조성된 토지·건축물로 상환하는 채권을 말한다.
② 토지상환채권의 발행규모는 그 토지상환채권으로 상환할 토지·건축물이 당해 도시개발사업으로 조성되는 분양토지 또는 분양건축물의 2분의 1을 초과하지 아니하여야 한다.
③ 토지상환채권은 기명식 증권으로 한다.
④ 토지상환채권의 이율은 발행당시 금융기관의 예금금리 및 부동산 수급상황을 고려하여 발행자가 정한다.
⑤ 지방공사는 대통령령으로 정하는 금융기관 등으로부터 지급보증을 받은 경우에만 이를 발행할 수 있다.

57 도시개발법령상 도시개발사업의 시행으로 인하여 조성된 토지 등의 공급방법이다. 틀린 것은?
① 지정권자가 아닌 시행자는 작성한 조성토지 등의 공급계획에 대하여 지정권자의 승인을 받아야 한다.
② 조성토지 등의 공급은 경쟁입찰의 방법에 따른다.
③ 시행자가 지방자치단체에게 임대주택 건설용지를 공급하는 경우에는 해당 토지의 가격을 감정평가한 가격 이하로 정하여야 한다.
④ 330m² 이하의 단독주택용지는 경쟁입찰 방법으로 공급하여야 한다.
⑤ 토지상환채권에 의하여 토지를 상환하는 경우 수의계약의 방법으로 조성토지 등을 공급할 수 있다.

58 도시개발법령상 환지계획 및 청산금에 관한 설명으로 옳은 것은?
① 환지계획 작성에 따른 환지계획의 기준 등에 관하여 필요한 사항은 시행자가 정한다.
② 시행자는 사업 대상 토지의 소유자가 신청하거나 동의하면 해당 토지에 관한 임차권자의 동의가 없어도 그 토지의 전부 또는 일부에 대하여 환지를 정하지 않을 수 있다.
③ 환지계획에서 정하여진 환지는 그 환지처분이 공고된 날부터 종전의 토지로 본다.
④ 환지를 정한 경우 그 과부족분에 대한 청산금은 환지처분을 하는 때에 결정하여야 하고, 환지처분이 공고된 날의 다음 날에 확정된다.
⑤ 청산금은 이자를 붙여 분할징수하거나 분할교부할 수 없다.

59 도시 및 주거환경정비법령상 용어의 정의에 관한 설명으로 옳은 것은?
① 대지란 정비구역 안의 지목이 대인 토지를 말한다.
② 주거환경개선사업이란 정비기반시설은 양호하나 노후·불량건축물이 밀집한 지역에서 주거환경을 개선하기 위하여 시행하는 사업을 말한다.
③ 도로, 상하수도, 공원, 공용주차장은 공동이용시설에 해당한다.
④ 재건축사업의 정비구역 안에 소재한 토지의 지상권자는 토지등소유자에 해당한다.
⑤ 「건축법」에 따라 건축허가를 받아 아파트 또는 연립주택을 건설한 일단의 토지는 주택단지에 해당한다.

60 도시 및 주거환경정비법령상 정비구역 안에서 시장·군수 등의 허가를 받아야 하는 행위로 옳은 것만을 모두 고른 것은? (단, 재해복구 또는 재난수습에 필요한 응급조치를 위하여 하는 행위는 고려하지 않으며, 정비구역의 지정 및 고시 당시 이미 행위허가를 받았거나 받을 필요가 없는 행위는 제외함)

> ㉠ 건축물의 대수선
> ㉡ 죽목의 벌채
> ㉢ 토지분할
> ㉣ 이동이 용이하지 아니한 물건을 3주일 동안 쌓아놓는 행위

① ㉠, ㉣
② ㉢, ㉣
③ ㉡, ㉢
④ ㉠, ㉢, ㉣
⑤ ㉠, ㉡, ㉢, ㉣

61 도시 및 주거환경정비법령상 정비사업의 시행방법에 대한 다음의 내용 중 ( )에 들어갈 내용만으로 옳게 묶은 것은?

> 제23조【정비사업의 시행방법】① <생략>
> ② <생략>
> ③ 재건축사업은 정비구역에서 제74조에 따라 인가받은 관리처분계획에 따라 건축물을 건설하여 공급하는 방법으로 한다. 다만, 주택단지에 있지 아니하는 건축물의 경우에는 지형여건·주변의 환경으로 보아 사업 시행상 불가피한 경우로서 정비구역으로 보는 사업에 한정한다.
> ④ 제3항에 따라 건축물을 건설하여 공급하는 경우 주택, 부대시설 및 복리시설을 제외한 건축물(이하 이 항에서 "공동주택 외 건축물"이라 한다)은 「국토의 계획 및 이용에 관한 법률」에 따른 (㉠)에서만 건설할 수 있다. 이 경우 공동주택 외 건축물의 연면적은 전체 건축물 연면적의 (㉡) 이하이어야 한다.

① ㉠ 준주거지역 및 상업지역, ㉡ 100분의 10
② ㉠ 준주거지역 및 상업지역, ㉡ 100분의 20
③ ㉠ 준주거지역 및 상업지역, ㉡ 100분의 30
④ ㉠ 상업지역, ㉡ 100분의 20
⑤ ㉠ 상업지역, ㉡ 100분의 30

62 도시 및 주거환경정비법령상 재개발사업의 조합에 관한 설명으로 옳은 것은?

① 조합원은 토지등소유자로서 재개발사업에 동의한 자에 한한다.
② 조합장의 자기를 위한 조합과의 계약이나 소송에 관하여는 이사가 조합을 대표한다.
③ 조합임원의 임기는 5년 이하의 범위에서 정관으로 정하되, 연임할 수 없다.
④ 투기과열지구에서 재개발사업을 시행하는 경우 조합설립인가 후 해당 정비사업의 건축물 또는 토지를 양수한 자는 조합원이 될 수 없다.
⑤ 대의원회는 조합원의 10분의 1 이상으로 하되 조합원의 10분의 1이 100명을 넘는 경우에는 조합원의 10분의 1 범위 안에서 100명 이상으로 구성할 수 있다.

63 도시 및 주거환경정비법령상 정비사업의 사업시행계획인가에 관한 설명으로 틀린 것은?

① 사업시행자(사업시행자가 시장·군수등인 경우는 제외)는 정비사업을 시행하려는 경우에는 사업시행계획서에 정관 등의 서류를 첨부하여 시장·군수등에게 제출하고 사업시행계획인가를 받아야 한다.
② 사업시행계획인가를 받은 내용을 변경하거나 중지 또는 폐지하는 경우에도 인가를 받아야 한다.
③ 토지등소유자가 재개발사업을 시행하려는 경우에는 사업시행계획인가를 신청하기 전에 사업시행계획서에 대하여 토지등소유자의 4분의 3 이상 및 토지면적의 2분의 1 이상의 토지소유자의 동의를 받아야 한다.
④ 재건축사업의 시행자가 지정개발자인 경우 정비사업비의 100분의 20에 해당하는 금액을 예치하여야 한다.
⑤ 예치금은 청산금의 지급이 완료된 때에 이를 반환한다.

64 도시 및 주거환경정비법령상 관리처분계획에 관한 설명으로 옳은 것은?

① 투기과열지구의 정비사업에서 조합원 분양분의 분양대상자는 최초 관리처분계획 인가일부터 10년 이내에는 투기과열지구에서 분양신청을 할 수 없다.
② 분양설계에 관한 계획은 분양신청기간이 만료하는 날을 기준으로 하여 수립한다.
③ 사업시행자는 관리처분계획을 수립하여 시장·군수등의 인가를 받아야 하며, 관리처분계획을 변경·중지 또는 폐지하려는 경우에는 신고하여야 한다.
④ 과밀억제권역에 위치한 재건축사업의 토지등소유자에게는 소유한 주택 수만큼 공급할 수 있다.
⑤ 재개발사업의 경우 관리처분은 조합이 조합원 전원의 동의를 받아 그 기준을 따로 정하는 경우에는 그에 따른다.

65 건축법령상 용어의 정의로서 틀린 것은?
① 고층건축물이란 층수가 30층 이상이거나 높이가 120m 이상인 건축물을 말한다.
② 문화 및 집회시설 중 동물원의 용도로 쓰는 바닥면적의 합계가 5천m² 이상인 건축물은 다중이용 건축물에 해당한다.
③ 건축물이란 토지에 정착하는 공작물 중 지붕과 기둥 또는 벽이 있는 것과 이에 딸린 시설물, 지하나 고가의 공작물에 설치하는 사무소·공연장·점포·차고·창고 등을 말한다.
④ 대지란 「공간정보의 구축 및 관리 등에 관한 법률」에 따라 각 필지로 나눈 토지를 말한다.
⑤ 주요구조부란 내력벽(耐力壁), 기둥, 바닥, 보, 지붕틀 및 주계단(主階段)을 말한다.

66 건축법령상 대수선에 해당하는 행위를 모두 고른 것은?

㉠ 내력벽의 벽면적을 30m² 이상 수선하는 것
㉡ 기둥을 세 개 이상 변경하는 것
㉢ 방화벽을 수선하는 것
㉣ 건축물의 외벽에 사용하는 마감재료를 해체하는 것

① ㉠
② ㉠, ㉡
③ ㉠, ㉢, ㉣
④ ㉡, ㉢, ㉣
⑤ ㉠, ㉡, ㉢, ㉣

67 건축법령상 건축허가 및 건축신고에 관한 설명으로 옳은 것은?
① 연면적의 합계가 100제곱미터 이하인 건축물을 건축하는 경우 건축신고를 하면 건축허가를 받은 것으로 본다.
② 연면적의 합계가 10만 제곱미터 이상인 공장을 광역시에 건축하려면 광역시장의 허가를 받아야 한다.
③ 고속도로 통행료 징수시설을 대수선하려는 자는 시장·군수·구청장의 허가를 받아야 한다.
④ 건축신고를 한 자가 신고일부터 6개월 이내에 공사에 착수하지 아니하면 그 신고의 효력은 없어진다.
⑤ 건축위원회의 심의를 받은 자가 심의 결과를 통지 받은 날부터 1년 이내에 건축허가를 신청하지 아니하면 건축위원회 심의의 효력이 상실된다.

68 건축법령상 가설건축물의 건축에 관한 설명으로 옳은 것은?
① 도시·군계획시설 또는 도시·군계획시설예정지에서 가설건축물을 건축하려면 시장·군수·구청장에게 신고하여야 한다.
② 신고하여야 하는 가설건축물의 존치기간은 2년 이내로 한다.
③ 신고대상인 가설건축물의 존치기간을 연장하려면 존치기간 만료일 14일 전까지 신고를 해야 한다.
④ 공장에 설치한 가설건축물의 존치기간을 연장하려면 기간 만료 7일 전에 연장신고를 해야 한다.
⑤ 특별자치시장·특별자치도지사 또는 시장·군수·구청장은 가설건축물의 존치기간 만료일 30일 전까지 가설건축물의 건축주에게 존치기간 만료일 등을 알려야 한다.

69 건축법령상의 도로에 관한 설명 중 옳은 것은?
① 「도로법」 등 관계법령에 의하여 신설·변경에 관한 고시가 있어야만 건축법령상의 도로에 포함될 수 있다.
② 실제로 개설되어 있지 아니한 도시·군계획상의 예정도로는 포함되지 아니한다.
③ 시장·군수·구청장이 건축허가와 관련하여 도로를 지정·공고하려면 이해관계인의 동의를 반드시 받아야 한다.
④ 건축법령상의 도로는 원칙적으로 보행 및 자동차의 통행이 가능한 구조이어야 한다.
⑤ 통과도로의 너비는 원칙적으로 6m 이상이어야 한다.

70 건축법령상 건축물의 면적, 층수 등의 산정방법에 관한 설명으로 틀린 것은?
① 외벽이 없는 경우에는 외곽 부분의 기둥의 중심선으로 둘러싸인 부분의 수평투영면적을 건축면적으로 한다.
② 지하주차장의 경사로는 건축면적에 산입하지 아니한다.
③ 용적률을 산정할 때에는 지하층의 면적은 연면적에 포함시키지 아니한다.
④ 건축물이 부분에 따라 그 층수가 다른 경우에는 그중 가장 많은 층수를 그 건축물의 층수로 본다.
⑤ 주택의 발코니의 바닥은 발코니의 면적에서 발코니가 접한 가장 긴 외벽에 접한 길이에 1미터를 곱한 값을 뺀 면적을 바닥면적에 산입한다.

71 건축법령상 특별건축구역에 관한 설명으로 옳은 것은?
① 시장·군수·구청장은 특별건축구역의 지정을 신청할 수 없다.
② 「군사기지 및 군사시설 보호법」에 따른 군사기지 및 군사시설 보호구역은 특례 적용이 필요하다고 인정하는 경우에도 특별건축구역으로 지정될 수 없다.
③ 시·도지사는 「도시개발법」에 따른 도시개발구역에 대하여 특별건축구역을 지정할 수 있다.
④ 지방자치단체가 건축하는 건축물은 특별건축구역에서 특례사항을 적용하여 건축할 수 있는 건축물에 해당하지 않는다.
⑤ 시·도지사는 특별건축구역으로 지정하고자 하는 지역이 「도로법」에 따른 접도구역에 해당하는 경우에는 국토교통부장관과 사전에 협의하여야 한다.

72 주택법령상 용어의 정의에 따를 때 복리시설에 해당하는 것을 모두 고른 것은?

㉠ 경비실
㉡ 어린이놀이터
㉢ 조경시설
㉣ 유치원
㉤ 주민운동시설

① ㉠, ㉡, ㉢
② ㉠, ㉣, ㉤
③ ㉡, ㉢, ㉣
④ ㉡, ㉣, ㉤
⑤ ㉢, ㉣, ㉤

73 주택법령상 사업계획의 승인을 받아 건설하는 공동주택에 설치하는 세대구분형 공동주택에 대한 설명으로 옳은 것은?
① 세대구분형 공동주택은 공동주택의 주택 내부 공간의 일부를 세대별로 구분하여 생활이 가능한 구조로서 그 구분된 공간의 일부를 구분소유 할 수 있는 주택이다.
② 세대구분형 공동주택의 세대별로 구분된 각각의 공간마다 별도의 욕실, 부엌과 현관을 설치하여야 한다.
③ 세대 간에 연결문을 설치하거나 경량구조의 경계벽을 설치하여서는 아니 된다.
④ 세대구분형 공동주택이 주택단지 공동주택 전체 호수의 10분의 1을 넘지 않아야 한다.
⑤ 세대구분형 공동주택의 세대별로 구분된 각각의 공간의 주거전용면적 합계가 주택단지 전체 주거전용면적 합계의 5분의 1을 넘지 않아야 한다.

74 주택법령상 주택조합에 관한 설명으로 옳은 것은?
① 지역주택조합의 경우 설립인가를 받은 날부터 1년 이내에 사업계획승인을 신청하여야 한다.
② 등록사업자와 공동으로 주택건설사업을 하려는 주택조합은 국토교통부장관에게 등록하여야 한다.
③ 직장주택조합의 설립인가를 받기 위하여 조합원을 모집하려는 자는 관할 시장·군수·구청장에게 신고하고, 공개모집의 방법으로 조합원을 모집하여야 한다.
④ 국민주택을 공급받기 위하여 직장주택조합을 설립하려는 자는 관할 시장·군수·구청장의 인가를 받아야 한다.
⑤ 리모델링주택조합은 주택건설예정세대수의 50퍼센트 이상의 조합원으로 구성하되, 조합원은 20명 이상이어야 한다.

75 주택법령상 주택건설용지의 확보 및 매도청구에 관한 설명으로 옳은 것은?
① 국민주택규모의 주택 비율을 40%로 하는 주택의 건설을 위해 국·공유지의 매수를 원하는 자에게 국가 또는 지방자체단체는 해당 토지를 우선 매각할 수 있다.
② 조합주택의 건설을 위해 국·공유지의 임차를 원하는 자에게 국가 또는 지방자치단체는 해당 토지를 우선 임대할 수 있다.
③ 국·공유지를 임차한 자가 임차일부터 1년 이내에 국민주택규모의 주택을 건설하기 위한 대지조성사업을 시행하지 아니한 경우 국가 또는 지방단체는 임대계약을 취소하여야 한다.
④ 사업주체가 국민주택용지로 사용하기 위하여 도시개발사업시행자에게 체비지의 매각을 요구한 경우 그 양도가격은 조성원가로 하여야 한다.
⑤ 인가를 받아 설립된 리모델링주택조합은 그 리모델링 결의에 찬성하지 아니하는 자의 주택 및 토지에 대하여 매도를 청구할 수 없다.

76 주택법령상 사용검사에 관한 설명으로 옳은 것은?
① 시·도지사가 사용검사를 하는 것이 원칙이다.
② 한국토지주택공사는 사용검사를 받지 아니하고 주택 또는 대지를 사용할 수 있다.
③ 사용검사는 그 신청일부터 30일 이내에 하여야 한다.
④ 사업주체가 파산 등으로 주택건설사업을 계속할 수 없는 경우에는 당해 주택의 시공보증자가 잔여공사를 시공하고 사용검사를 받아야 한다.
⑤ 주택건설사업의 경우 공동주택에 대한 세대별 임시사용승인은 허용되지 않는다.

77 주택법령상 분양가상한제 적용 지역에 대한 설명으로 틀린 것은?
① 국토교통부장관이 분양가상한제 적용 지역을 지정하는 경우에는 미리 시·도지사의 의견을 들어야 한다.
② 시장·군수·구청장은 사업주체로 하여금 입주자 모집 공고시 해당 지역에서 공급하는 주택이 분양가상한제 적용주택이라는 사실을 공고하게 하여야 한다.
③ 분양가상한제적용직전월부터 소급하여 12개월간의 아파트 분양가격상승률이 물가상승률의 2배를 초과한 지역에 분양가상한제 적용 지역을 지정할 수 있다.
④ 분양가상한제적용직전월부터 소급하여 3개월간의 주택매매거래량이 전년동기대비 20퍼센트 이상 증가한 지역에 분양가상한제 적용 지역을 지정할 수 있다.
⑤ 분양가상한제적용직전월부터 소급하여 주택공급이 있었던 연속 2개월간 해당 지역에서 공급되는 국민주택규모 주택의 월평균 청약경쟁률이 모두 5대 1을 초과한 지역에 분양가상한제 적용 지역을 지정할 수 있다.

78 주택법령에 의하여 건설·공급되는 주택을 공급받기 위한 증서 또는 지위는 양도·양수하거나 이를 알선할 수 없다. 이에 해당하지 않는 것은?
① 주택상환사채
② 리모델링주택조합의 조합원으로서 조합주택을 공급받을 수 있는 지위
③ 지역주택조합의 조합원으로서 조합주택을 공급받을 수 있는 지위
④ 입주자저축증서
⑤ 시장·군수·구청장이 발행한 무허가건물확인서 또는 건물철거확인서

79 농지법령상 농지에 해당하지 않는 것은?
① 「초지법」에 따라 조성된 초지
② 농작물 경작지로 이용되지 않는 지목이 전(田)인 토지
③ 4년간 농작물 경작지로 이용되고 있는 지목이 목장용지인 토지
④ 유실수 재배지로 이용된 기간이 1년인 지목이 과수원인 토지
⑤ 5년간 인삼 재배지로 이용되고 있는 토지

80 농지법령상 이행강제금에 대한 설명으로 옳은 것은?
① 농지전용허가를 받지 아니하고 전용한 자에게 이행강제금을 부과한다.
② 해당 농지의 토지가액의 100분의 20에 해당하는 이행강제금을 부과한다.
③ 이행강제금을 매년 2회 이내에서 반복하여 부과·징수될 수 있다.
④ 시장·군수 또는 구청장은 처분명령을 받은 자가 처분명령을 이행하면 이미 부과된 이행강제금을 징수하지 아니한다.
⑤ 시장·군수 또는 구청장은 이행강제금을 부과하기 전에 이행강제금을 부과·징수한다는 뜻을 미리 문서로 알려야 한다.

부동산공시법령

01 공간정보의 구축 및 관리 등에 관한 법령상 지적소관청은 축척변경 확정공고를 하였을 때에는 지체 없이 축척변경에 따라 확정된 사항을 지적공부에 등록하여야 한다. 이 경우 지적도에 등록하는 기준으로 옳은 것은?

① 축척변경 확정측량 결과도 또는 경계점좌표에 따른다.
② 청산금납부고지서에 따른다.
③ 토지이동현황 조사계획서에 따른다.
④ 확정공고된 축척변경 지번별 조서에 따른다.
⑤ 축척변경 시행계획에 따른다.

02 공간정보의 구축 및 관리 등에 관한 법령상 지적공부 등에 관한 설명으로 옳은 것은?

① 토지대장과 임야대장에는 토지의 지목과 면적, 건축물 및 구조물 등의 위치를 등록하여야 한다.
② 공유지연명부에는 소유권 지분과 소유자의 성명 또는 명칭, 주소 및 주민등록번호와 대지권등록부의 장번호를 등록하여야 한다.
③ 국토교통부장관은 토지의 이동에 따라 지상경계를 새로 정한 경우에는 지상경계점등록부를 작성·관리하여야 한다.
④ 합병에 따른 경계·좌표 또는 면적은 지적측량을 하여 결정한다.
⑤ 지적공부를 정보처리시스템을 통하여 기록·저장한 경우 관할 시·도지사, 시장·군수 또는 구청장은 그 지적공부를 지적정보관리체계에 영구히 보존하여야 한다.

03 다음은 토지이동 등에 관한 설명이다. 옳은 것은?

① 「국토의 계획 및 이용에 관한 법률」등 관계법령에 따른 토지의 형질변경 등의 공사가 준공된 경우, 토지 소유자는 60일 이내에 등록전환을 신청하여야 한다.
② 산지관리법에 의한 산지전용허가, 건축법에 의한 건축허가 등 개발행위허가 등을 받은 경우에는 지목변경을 신청할 수 있다.
③ 신규등록 신청시 토지소유자는 그 소유권을 증명하는 서면으로 토지 등기사항증명서를 첨부하여야 한다.
④ 도시개발법에 따른 도시개발사업의 원활한 추진을 위하여 사업시행자가 공사 준공 전에 합병을 신청하는 경우에는 지목변경을 신청할 수 있다.
⑤ 등록전환에 따른 면적을 정할 때 임야대장의 면적과 등록전환 될 면적의 차이가 오차의 허용범위 이내인 경우, 임야대장의 면적을 등록전환 면적으로 결정한다.

04 공간정보의 구축 및 관리 등에 관한 법령상 중앙지적위원회의 구성 및 회의 등에 관한 설명으로 옳은 것을 모두 고른 것은?

㉠ 위원장 및 부위원장을 제외한 위원의 임기는 2년으로 한다.
㉡ 중앙지적위원회의 위원에게는 예산의 범위에서 출석수당과 여비, 그 밖의 실비를 지급할 수 있다. 다만, 공무원인 위원이 그 소관 업무와 직접적으로 관련되어 출석하는 경우에는 그러하지 아니하다.
㉢ 해당 안건의 당사자는 위원에게 공정한 심의·의결을 기대하기 어려운 사정이 있는 경우에는 중앙지적위원회에 기피 신청을 할 수 있고, 중앙지적위원회는 의결로 이를 결정한다.
㉣ 위원이 제척 사유에 해당하는 경우에도 해당 안건의 당사자가 기피신청을 하지 않는다면 스스로 해당 안건의 심의·의결에서 회피(回避)할 필요는 없다.

① ㉠, ㉡   ② ㉡, ㉢   ③ ㉠, ㉡, ㉢
④ ㉠, ㉢, ㉣   ⑤ ㉡, ㉢, ㉣

05 공간정보의 구축 및 관리 등에 관한 법령상 지적소관청이 토지소유자에게 지적정리 등을 통지하여야 하는 시기에 대한 설명이다. ( )에 들어갈 내용으로 옳은 것은?

- 토지의 표시에 관한 변경등기가 필요한 경우: 그 (㉠)를 접수한 날부터 (㉡) 이내
- 토지의 표시에 관한 변경등기가 필요하지 아니한 경우: (㉢)에 등록한 날부터 (㉣) 이내

① ㉠: 등기완료의 통지서, ㉡: 15일, ㉢: 지적공부, ㉣: 7일
② ㉠: 등기완료의 통지서, ㉡: 7일, ㉢: 지적공부, ㉣: 15일
③ ㉠: 지적공부, ㉡: 7일, ㉢: 등기완료의 통지서, ㉣: 15일
④ ㉠: 지적공부, ㉡: 10일, ㉢: 등기완료의 통지서, ㉣: 15일
⑤ ㉠: 지적공부, ㉡: 15일, ㉢: 등기완료의 통지서, ㉣: 7일

06 경계점좌표등록부 시행 지역에서 1필지의 면적을 측정한 결과 1024.35m²이었다면 토지대장에 등록할 면적은?

① 1024m²
② 1024.5m²
③ 1024.45m²
④ 1024.4m²
⑤ 1025m²

07 공간정보의 구축 및 관리 등에 관한 법령에 규정된 경계와 관련된 설명으로 옳은 것은?

① 토지가 해면 또는 수면에 접하는 경우에는 평균해수면 또는 평균수면이 되는 선을 기준으로 지적공부에 등록한다.
② 연접되는 토지 간에 높낮이의 차이가 없는 경우로서 지상 경계의 구획을 형성하는 구조물 등의 소유자가 다른 경우에는 그 소유권에 따라 경계를 결정한다.
③ 도시개발사업 등의 사업시행자가 사업지구의 경계를 결정하기 위하여 분할하고자 하는 경우 지상경계는 지상건축물을 걸리게 결정하여서는 아니 된다.
④ 연접되는 토지 간에 높낮이의 차이가 있는 경우로서 지상 경계의 구획을 형성하는 구조물 등의 소유자가 다른 경우에는 그 구조물 등의 하단부를 경계로 한다.
⑤ 지적공부상 경계가 기술적인 착오로 진실한 경계선과 다르게 등록된 것과 같은 특별한 사정이 있는 경우에 경계확정은 지적공부상의 경계로 한다.

08 다음 ( )에 들어갈 내용으로 옳은 것은?

- 지적위원회의 위원장 및 부위원장을 제외한 위원의 임기는 (㉠)년으로 한다.
- 시 · 도지사는 지방지적위원회의 의결서를 받은 날부터 (㉡)일 이내에 지적측량 적부심사 청구인 및 이해관계인에게 그 의결서를 통지하여야 한다.
- 지적위원회의 위원장이 회의를 소집할 때에는 회의 일시 · 장소 및 심의 안건을 회의 (㉢)일 전까지 각 위원에게 서면으로 통지하여야 한다.

① ㉠: 2, ㉡: 5, ㉢: 7
② ㉠: 2, ㉡: 7, ㉢: 5
③ ㉠: 3, ㉡: 5, ㉢: 7
④ ㉠: 5, ㉡: 5, ㉢: 7
⑤ ㉠: 7, ㉡: 5, ㉢: 3

09 공간정보의 구축 및 관리 등에 관한 법령상 지목을 '주유소용지'로 할 수 없는 것은?

① 자동차 · 선박 · 기차 등의 제작 또는 정비공장 안에 설치된 급유 · 송유시설 등의 부지
② 석유 · 석유제품, 액화석유가스의 판매를 위하여 일정한 설비를 갖춘 시설물의 부지
③ 전기 또는 수소 등의 판매를 위하여 일정한 설비를 갖춘 시설물의 부지
④ 저유소(貯油所)
⑤ 원유저장소

10 공간정보의 구축 및 관리 등에 관한 법령상 지적서고의 설치기준 등에 관한 설명으로 옳은 것은?

① 지적공부 보관상자는 벽으로부터 10센티미터 이상을 띄워야 하며, 높이 15센티미터 이상의 깔판 위에 올려놓아야 한다.
② 바닥과 벽은 2중으로 하고 영구적인 방수설비를 하여야 한다.
③ 창문과 출입문은 2중으로 하되, 안쪽 문은 반드시 철제로 하고 바깥쪽 문은 곤충 · 쥐 등의 침입을 막을 수 있도록 철망 등을 설치하여야 한다.
④ 온도 및 습도 자동조절장치를 설치하고, 연중 평균온도는 섭씨 25±5도를, 연중평균습도는 60±5퍼센트를 유지하여야 한다.
⑤ 카드로 된 토지대장 · 임야대장 · 공유지연명부 · 대지권등록부 및 경계점좌표등록부는 200장 단위로 바인더(binder)에 넣어 보관하여야 한다.

11 지적측량의 의뢰 및 측량성과의 결정과 검사에 관한 설명으로 틀린 것은?

① 토지소유자 등 이해관계인은 지적측량을 지적측량수행자에게 의뢰하고, 지적측량수행자는 지적측량수행계획서를 그 다음 날까지 시·도지사에게 제출하여야 한다.
② 측량기간은 5일로, 측량검사기간은 4일로 한다.
③ 경위의측량방법으로 실시한 지적확정측량성과인 경우 국토교통부장관이 정하여 고시하는 면적 규모 이상의 경우에는 시·도지사나 대도시 시장의 검사를 받아야 한다.
④ 지적공부를 정리하지 아니하는 측량인 경계복원측량 및 지적현황측량의 경우에는 검사를 받지 아니한다.
⑤ 지적소관청은 측량성과가 정확하다고 인정하면 지적측량성과도를 지적측량수행자에게 발급하여야 한다.

12 1162010100-20058-0001이라는 토지의 고유번호에 관한 설명으로 틀린 것은?

① 앞 10자리의 숫자는 행정구역을 나타낸다.
② 고유번호가 모든 지적공부에 등록되는 것은 아니다.
③ 이 토지는 임야대장에 등록되어 있다.
④ 이 토지의 지번은 58-1이다.
⑤ 지목을 나타내는 숫자는 고유번호에 없다.

13 등기신청에 관한 설명으로 틀린 것은?

① 유증으로 인한 소유권이전등기신청이 상속인의 유류분을 침해하는 내용이라 하더라도 이를 수리하여야 한다.
② 지방자치단체도 등기신청의 당사자능력이 인정되므로 읍·면도 등기신청적격이 인정된다.
③ 법무사는 매매계약에 따른 소유권이전등기를 매도인과 매수인 쌍방을 대리하여 신청할 수 있다.
④ 법인 아닌 사단인 종중이 건물을 매수한 경우, 종중의 대표자는 종중 명의로 소유권이전등기를 신청할 수 있다.
⑤ 채권자 대위등기를 신청할 때 대위원인을 증명하는 정보를 첨부하여야 한다.

14 판결에 의한 등기신청(「부동산등기법」 제23조 제4항, 등기예규 제1692호)에 관한 설명으로 틀린 것은?

① 「부동산등기법」 제23조 제4항의 판결은 확정된 확인판결이어야 한다.
② 판결확정 후 10년이 경과하였다 하더라도 그 판결에 의한 등기신청을 할 수 있다.
③ 등기절차의 이행 또는 인수를 명하는 판결에 의한 등기는 승소한 등기권리자 또는 승소한 등기의무자가 단독으로 신청한다.
④ 판결에 의하여 소유권이전등기를 신청하는 경우, 그 판결주문에 등기원인의 기록이 없으면 "확정판결"을 등기원인으로, 등기원인 연월일의 기록이 없으면 "판결선고일"을 등기원인 연월일로 기록하여야 한다.
⑤ 공유물분할판결의 경우에도 단독으로 신청할 수 있다.

15 관공서의 촉탁에 의한 등기에 관한 설명으로 틀린 것은?

① 관공서가 부동산에 관한 권리를 취득하여 그 등기를 촉탁하는 경우에는 등기의무자의 권리에 관한 등기필정보를 등기소에 제공할 필요는 없다.
② 관공서가 촉탁에 의하지 아니하고 공동으로 신청하는 경우에는 이를 수리하여야 한다.
③ 등기실무상 관공서가 등기를 촉탁하는 경우에는 출석의무가 면제된다.
④ 미등기부동산의 소유권보존등기를 촉탁하는 경우에는 부동산의 표시를 증명하는 서면을 첨부정보로 등기소에 제공할 의무가 면제된다.
⑤ 관공서가 등기의무자인 경우 인감증명을 첨부정보로 등기소에 제공할 의무가 면제된다.

16 등기신청을 위한 첨부정보에 관한 설명으로 옳은 것을 모두 고른 것은?

㉠ 소유권이전등기를 신청하는 경우에는 토지대장·임야대장·건축물대장 정보나 그 밖에 부동산의 표시를 증명하는 정보를 제공하여야 한다.
㉡ 매매를 원인으로 소유권이전등기를 신청하는 경우, 등기의무자의 주소를 증명하는 정보는 제공할 필요가 없다.
㉢ 상속등기를 신청하면서 등기원인을 증명하는 정보로서 상속인 전원이 참여한 공정증서에 의한 상속재산분할협의서를 제공하는 경우, 상속인들의 인감증명을 제출할 필요가 없다.
㉣ 토지에 대한 표시변경등기를 신청하는 경우, 등기원인을 증명하는 정보로서 토지대장정보를 제공하면 된다.

① ㉠, ㉡ ② ㉢, ㉣ ③ ㉠, ㉡, ㉢
④ ㉠, ㉢, ㉣ ⑤ ㉡, ㉢, ㉣

17 등기한 권리의 순위에 관한 설명으로 틀린 것은? (다툼이 있으면 판례에 따름)
① 소유권이전청구권보전 가등기와 전세권설정등기 상호간의 순위는 접수번호에 따른다.
② 2번 저당권이 설정된 후 1번 저당권 일부이전의 부기등기가 이루어진 경우, 배당에 있어서 그 부기등기는 2번 저당권에 후순위가 된다.
③ 위조된 근저당권해지증서에 의해 1번 근저당권등기가 말소된 후 2번 근저당권이 설정된 경우, 말소된 1번 근저당권등기가 회복되면 1번 근저당권이 우선한다.
④ 가등기 후에 제3자 명의의 소유권이전등기가 이루어진 경우, 가등기에 기한 본등기가 이루어지면 본등기는 제3자 명의 등기에 우선한다.
⑤ '대지권에 대한 등기로서 효력이 있는 등기'와 '대지권의 목적인 토지의 등기기록 중 해당 구에 한 등기'의 순서는 접수번호에 따른다.

18 구분건물의 등기에 관한 설명으로 틀린 것은?
① 대지권의 표시에 관한 사항은 전유부분의 등기기록 표제부에 기록하여야 한다.
② 토지소유권이 대지권인 경우에 대지권이라는 뜻의 등기가 되어 있는 토지의 등기기록에는 특별한 사정이 없는 한 저당권설정등기를 할 수 없다.
③ 대지권의 변경이 있는 경우, 구분건물의 소유권의 등기명의인은 1동의 건물에 속하는 다른 구분건물의 소유권의 등기명의인을 대위하여 대지권변경등기를 신청할 수 있다.
④ 1동의 건물에 속하는 구분건물 중 일부만에 관하여 소유권보존등기를 신청하는 경우에는 나머지 구분건물의 표시에 관한 등기를 동시에 신청하여야 한다.
⑤ 집합건물의 규약상 공용부분이라는 뜻을 정한 규약을 폐지한 경우, 그 공용부분의 취득자는 소유권이전등기를 신청하여야 한다.

19 다음 중 등기할 수 없는 경우에 해당하는 것은?
① 전세권의 존속기간이 만료된 후 전세금반환채권의 일부 양도에 따른 전세권 일부이전등기를 신청한 경우
② 법원의 가처분명령에 따라 甲이 乙 소유건물에 가등기를 단독신청한 경우
③ 채권담보권의 등기를 신청한 경우
④ 여러 명의 가등기권리자 중 1인이 전원명의의 본등기를 신청한 경우
⑤ 부동산의 일부에 대한 지상권설정등기를 신청한 경우

20 말소회복등기에 관하여 틀린 것은?
① 말소회복등기는 부적법한 말소로 인하여 등기의 전부 또는 일부가 소멸된 경우에 이를 회복하기 위하여 하는 등기를 말한다.
② 전부회복하는 말소회복등기는 부기등기로 실행하고, 일부회복하는 말소회복등기는 주등기로 한다.
③ 본등기시 직권으로 말소되었던 중간처분등기를 판결에 의한 본등기말소를 통해 회복하는 경우 그 말소회복등기는 직권으로 회복등기를 한다.
④ 이해관계인이 있으면 그이 승낙서를 필요로 한다.
⑤ 법원의 촉탁에 의하여 말소된 경우에는 법원의 촉탁으로 회복하여야 한다.

21 말소등기에 관한 설명으로 옳은 것은?
① 말소되는 등기의 종류에는 제한이 없으며, 말소등기의 말소등기도 허용된다.
② 말소등기는 기존의 등기가 원시적 또는 후발적인 원인에 의하여 등기사항 전부 또는 일부가 부적법할 것을 요건으로 한다.
③ 농지를 목적으로 하는 전세권설정등기가 실행된 경우, 등기관은 이를 직권으로 말소할 수 없다.
④ 등기의 말소를 신청하는 경우에 그 말소에 대하여 등기상 이해관계 있는 제3자가 있을 때에는 제3자의 승낙이 있어야 한다.
⑤ ④에 따라 등기를 말소할 때에는 등기상 이해관계 있는 제3자 명의의 등기는 단독신청으로 말소한다.

22 단독으로 신청할 수 있는 등기를 모두 고른 것은?

> ㉠ 의사진술을 명하는 이행판결에 의한 소유권이전등기를 신청하는 경우
> ㉡ 저당권자가 소유권을 취득하여 전세권의 말소등기를 신청하는 경우
> ㉢ 채권액 증액에 따른 저당권변경등기를 신청하는 경우
> ㉣ 법원의 가처분명령에 따른 가등기를 신청하는 경우
> ㉤ 토지수용의 재결의 실효를 원인으로 하는 토지수용으로 인한 소유권이전등기의 말소신청을 하는 경우

① ㉠   ② ㉠, ㉡   ③ ㉠, ㉡, ㉢
④ ㉠, ㉡, ㉣   ⑤ ㉠, ㉡, ㉤

23 등기명의인표시변경등기에 관한 설명으로 틀린 것은?

① 등기관이 토지소유권의 등기명의인 표시변경등기를 하였을 때에는 지체 없이 그 사실을 지적소관청에 알려야 한다.
② 행정구역 명칭의 변경이 있을 때 등기명의인의 표시변경등기는 등기관이 직권에 의하여 변경된 사항을 등기하여야 한다.
③ 소유권에 관한 등기명의인표시변경등기는 부기등기로 실행한다.
④ 등기의무자가 없으므로 해당 권리 등기명의인의 단독신청에 의한다.
⑤ 소유권이전청구권보전을 위한 가등기신청을 한 경우 등기관은 그 첨부된 정보에 의하여 직권으로 등기명의인의 표시변경등기(주소변경등기)를 할 수 있다.

24 소유권등기에 관한 설명으로 틀린 것은? (다툼이 있으면 판례에 따름)

① 미등기 건물의 건축물대장상 소유자로부터 포괄유증을 받은 자는 자기명의로 소유권보존등기를 신청할 수 있다.
② 미등기 부동산이 전전양도된 경우, 최후의 양수인이 소유권보존등기를 한 때에도 그 등기가 결과적으로 실질적 법률관계에 부합된다면, 특별한 사정이 없는 한 그 등기는 무효라고 볼 수 없다.
③ 미등기 토지에 대한 소유권을 군수의 확인에 의해 증명한 자는 그 토지에 대한 소유권보존등기를 신청할 수 있다.
④ 특정유증을 받은 자로서 아직 소유권등기를 이전받지 않은 자는 직접 진정명의회복을 원인으로 한 소유권이전등기를 청구할 수 없다.
⑤ 부동산 공유자의 공유지분 포기에 따른 등기는 해당지분에 관하여 다른 공유자 앞으로 소유권이전등기를 하는 형태가 되어야 한다.

부동산세법

25 「지방세기본법」상 지방자치단체의 징수금을 납부할 의무가 소멸되는 것은 모두 몇 개인가?

㉠ 납부·충당되었을 때
㉡ 법인이 합병할 때
㉢ 지방세징수권의 소멸시효가 완성되었을 때
㉣ 지방세 부과권의 제척기간이 만료되었을 때
㉤ 납세자의 사망

① 1개　　　　② 2개
③ 3개　　　　④ 4개
⑤ 5개

26 「지방세기본법」상 이의신청·심판청구에 관한 설명으로 틀린 것은?

① 「지방세기본법」에 따른 과태료 부과처분을 받은 자는 이의신청 또는 심판청구를 할 수 없다.
② 보정기간은 결정기간에 포함하지 아니한다.
③ 지방세에 관한 불복시 불복청구인은 심판청구를 거치지 않고 행정소송을 제기할 수 없다.
④ 이의신청인은 신청금액이 1천만원 미만인 경우에는 그의 배우자, 4촌 이내의 혈족 또는 그의 배우자의 4촌 이내 혈족을 대리인으로 선임할 수 있다.
⑤ 통고처분은 이의신청 심판청구를 할 수 없다.

27 다음 중 취득세 비과세 대상이 아닌 것은?

① 국가 지방자치단체 지방자치단체조합의 취득
② 「신탁법」에 따른 신탁으로서 신탁등기가 병행되는 신탁재산의 취득
③ 파산선고로 인하여 처분되는 부동산을 취득한 경우
④ 공사현장 사무소 등 임시건축물(사치성 재산은 제외)로서 존속기간이 1년을 초과하지 아니한 경우
⑤ 「주택법」 제2조 제3호에 따른 공동주택의 개수(「건축법」상 대수선은 제외)로 인한 취득당시 법 제4조에 따른 주택의 시가표준액이 9억원 이하인 주택과 관련된 개수로 인한 취득

28 취득세 과세표준에 대한 설명으로 바르지 않은 것은?

① 부동산의 건설자금에 충당한 차입금의 이자는 법인의 경우에만 취득과 관련된 비용으로 취득가격에 포함한다.
② 취득세 과세표준은 취득 당시가액으로 한다. 다만, 연부로 취득하는 경우 매회 사실상 지급되는 금액을 과세표준으로 한다.
③ 매매계약서상의 약정금액을 일시급 등의 조건으로 할인받은 경우에는 할인받은 금액을 과세표준으로 한다.
④ 부동산을 증여로 취득한 경우 시가인정액을 과세표준으로 한다.
⑤ 상속으로 인한 취득의 경우 시가표준액을 취득세 과세표준으로 한다.

29 「지방세법」 및 「지방세기본법」상 취득세의 부과·징수에 관한 설명으로 틀린 것은?

① 신고납부기한 이내에 재산권을 공부에 등기하려는 경우에는 등기·등록관서에 신청서를 접수하는 날까지 취득세를 신고하고 납부하여야 한다.
② 취득세 납세의무자가 신고 또는 납부의무를 다하지 아니하면 산출세액 또는 그 부족세액에 「지방세기본법」의 규정에 따라 산출한 가산세를 합한 금액을 세액으로 하여 보통징수의 방법으로 징수한다.
③ 지방자치단체의 장은 취득세 납세의무가 있는 법인의 장부 등의 작성과 보존의무를 이행하지 아니한 경우에는 산출된 세액 또는 부족세액의 100분의 10에 상당하는 금액을 징수하여야 할 세액에 가산한다.
④ 납세의무자가 취득세 과세물건을 사실상 취득한 후 취득세 신고를 하지 아니하고 매각하는 경우에는 산출세액에 100분의 50을 가산한 금액을 세액으로 하여 보통징수의 방법으로 징수한다.
⑤ 법정신고기한까지 과세표준신고서를 제출하지 아니한 자는 지방자치단체의 장이 「지방세법」에 따라 그 지방세의 과세표준과 세액(가산세를 포함)을 결정하여 통지하기 전에는 과세표준신고서를 제출할 수 있다.

30 「지방세법」상 등록면허세에 관한 설명으로 틀린 것은?

① 같은 등록에 관계되는 재산이 둘 이상의 지방자치단체에 걸쳐있어 등록면허세를 지방자치단체별로 부과할 수 없을 때에는 등록관청 소재지를 납세지로 한다.
② 같은 채권의 담보를 위하여 설정하는 2 이상의 저당권 등록에 있어서는 이를 하나의 등록으로 보아 그 등기 등록에 관계되는 재산을 처음 등록하는 등록관청 소재지에서 부과한다.
③ 등록을 하려는 자가 신고의무를 다하지 않은 경우 등록면허세 산출세액을 등록하기 전까지 납부하였을 때에는 신고·납부한 것으로 보지만 무신고가산세가 부과된다.
④ 채권금액을 과세표준으로 하는 경우에 일정한 채권금액이 없을 때에는 채권의 목적이 된 것 또는 처분의 제한의 목적이 된 금액을 채권금액으로 본다.
⑤ 등기·등록관서의 장은 등기 또는 등록 후에 등록면허세가 납부되지 아니하였거나 납부부족액을 발견한 경우에는 다음 달 10일까지 납세지를 관할하는 시장·군수·구청장에게 통보하여야 한다.

31 개인 甲의 부동산을 아래와 같이 개인 乙에게 양도하였을 경우 재산세 납세의무자로 바르게 열거한 것은?

> ㉠ 계약일 : 2025년 5월 5일
> ㉡ 중도금 지급일 : 2025년 5월 20일
> ㉢ 계약서상 잔금지급일 : 2025년 5월 25일
> ㉣ 사실상 잔금지급일 : 2025년 6월 1일
> ㉤ 등기일 : 2025년 6월 5일

① 甲이 납세의무자이다.
② 乙이 납세의무자이다.
③ 과세주체가 판단하여 과세한다.
④ 甲과 乙이 보유한 기간에 따라 안분한 금액으로 한다.
⑤ 甲과 乙이 합의하여 결정한다.

32 「지방세법」상 재산세 세율에 관한 내용이다. 틀린 것은?

① 회원제 골프장 및 고급오락장용 건축물은 1천분의 40의 세율을 적용한다.
② 별도합산대상 토지의 경우 시·군 내 소재하는 토지가액을 소유자별로 합산한 금액을 과세표준으로 하여 초과누진세율(1천분의 2 ~ 1천분의 4)을 적용한다.
③ 토지와 건물의 소유자가 다를 경우 당해 주택에 대한 세율을 적용함에 있어서는 당해 주택의 토지와 건물의 가액을 합산한 과세표준액에 주택의 세율(1천분의 1 ~ 1천분의 4)을 적용한다.
④ 특별시·광역시(군 지역 제외)·시(읍·면지역 제외)의 주거지역 및 해당 지방자치단체의 조례로 정하는 지역(상업지역과 녹지지역을 말한다)의 공장용 건축물은 과세표준에 1천분의 5의 세율을 적용한다.
⑤ 주택에 대한 재산세 세율은 주택별로 초과누진세율을 적용하며 사치성 재산인 고급주택의 경우 1천분의 40의 세율을 적용한다.

33 다음은 재산세에 부과·징수에 관한 설명이다. 틀린 것은?
① 재산의 소유권의 변동 또는 과세대상 재산의 변동 사유가 발생하였으나 과세기준일까지 등기가 되지 아니한 재산의 공부상소유자는 과세기준일로부터 15일 이내에 그 소재지를 관할하는 지방자치단체의 장에게 그 사실을 알 수 있는 증거자료를 갖추어 신고하여야 한다.
② 소방분 지역자원시설세의 경우 재산세에 나란히 적어 고지되는 경우 물납은 적용하지 않지만 분할납부는 할 수 있다.
③ 재산세를 징수하고자 하는 때에는 토지·건축물·주택·선박·항공기로 구분한 납세고지서에 과세표준액과 세액을 기재하여 늦어도 납기개시 5일 전까지 발부하여야 한다.
④ 주택에 대한 과세표준은 과세기준일 현재 시가표준액에 공정시장가액 비율을 곱하여 산정한 주택의 과세표준이 과세표준 상한액[직전연도 해당주택의 과세표준 상당액+(과세기준일 당시 시가표준액으로 산정한 과세표준×과세표준 상한율)]보다 큰 경우에는 해당 주택의 과세표준은 과세표준 상한액으로 한다.
⑤ 토지분 재산세로 해당 연도에 부과할 세액이 20만원 이하인 경우 7월 16일부터 7월 31일까지 한꺼번에 부과·징수할 수 있다.

34 다음 중 종합부동산세의 설명으로 틀린 것은?
① 거주자 甲이 2024년부터 보유한 3주택(주택 수 계산에서 제외되는 주택은 없음) 중 2주택을 2025.6.17.에 양도하고 동시에 소유권이전등기를 한 경우, 甲의 2025년도 주택분 종합부동산세액은 3주택 이상을 소유한 경우의 세율을 적용하여 계산한다.
② 1세대가 일반주택과 합산배제 신고한 임대주택을 각각 1채씩 소유한 경우 해당 일반주택에 그 주택 소유자가 실제 거주하고 주민등록이 되어 있는 경우 1세대 1주택자에 해당한다.
③ 상가를 소유한 경우 건축물과 부속토지에 대하여 각각 재산세와 종합부동산세가 부과된다.
④ 주택에 대한 종합부동산세 과세표준은 납세의무자 별로 주택의 공시가격을 합한 금액에서 9억원(1세대 1주택 단독명의자의 경우 12억원)을 공제한 금액에 공정시장가액비율을 곱한 금액으로 한다.
⑤ 종합부동산세는 주택에 대한 종합부동산세와 토지에 대한 종합부동산세의 세액을 합한 금액을 그 세액으로 한다.

35 다음 양도소득세 양도에 대한 설명으로 옳은 것은?
① 배우자 직계존비속 간의 부담부증여에 있어서 수증자가 인수한 증여자의 채무액은 수증자에게 인수되지 아니한 것으로 추정하여 증여세가 과세되므로, 항상 양도로 보지 아니한다.
② 적법하게 소유권 이전된 매매계약이 해제를 원인으로 당초 소유자의 명의로 소유권이 환원된 경우에는 또 다른 양도로 본다.
③ 이혼위자료로 부동산을 양도한 경우에는 양도로 보지 아니하나, 「민법」 제839조의2에 따라 재산분할하는 경우에는 양도에 해당한다.
④ 공동소유 토지를 소유지분별로 단순히 분할하는 경우 양도로 보지 아니하지만 2개 이상의 공유토지로 분할하였다가 단순히 재분할하는 경우에는 양도로 본다.
⑤ 법원의 판결에 의하여 매매사실이 원인무효로 확정되어 소유권이 환원된 경우에는 양도에 해당한다.

36 거주자인 개인 甲이 乙로부터 부동산을 취득하여 보유하고 있다가 丙에게 양도하였다. 甲의 부동산 관련 조세의 납세의무에 관한 설명으로 틀린 것은? (단, 주어진 조건 외에는 고려하지 않음)
① 甲이 乙로부터 증여받은 것이라면 그 취득일이 속한 달의 말일부터 3개월 이내에 취득세를 신고하고 납부하여야 한다.
② 甲이 乙로부터 부동산을 취득 후 재산세 과세기준일까지 등기하지 않았다면 재산세와 관련하여 乙은 부동산 소재지 관할 지방자치단체의 장에게 과세기준일로부터 15일 이내 소유권 변동사실을 신고할 의무가 있다.
③ 甲이 종합부동산세를 신고납부 방식으로 납부하고자 하는 경우 과세표준과 세액을 해당 연도 12월 1일부터 12월 15일까지 관할 세무서장에게 신고하는 때에 종합부동산세 납세의무가 확정된다.
④ 甲이 乙로부터 부동산을 40만원에 취득한 경우 등록면허세 납세의무가 있다.
⑤ 양도소득세의 예정신고만으로 甲의 양도소득세 납세의무가 확정되지 아니한다.

37 다음 중 양도소득세에 대한 설명으로 바르지 않은 것은?

① 예정신고 납부할 세액이 1천5백만원인 자는 1,000만원 초과금액을 납부기한이 지난 후 2개월 이내 분할납부할 수 있다.
② 국내 거주자가 토지와 주식을 양도하는 경우 각각 발생한 결손금은 양도소득금액 계산시 이를 통산하지 않는다.
③ 예정신고납부를 할 때 납부할 세액은 양도차익에서 장기보유특별공제와 양도소득 기본공제를 한 금액에 해당 양도소득세 세율을 적용하여 계산한 금액을 그 산출세액으로 한다.
④ 양도소득세는 종합소득 및 퇴직소득과 합산하여 과세하는 조세이다.
⑤ 「소득세법」에 따른 예정신고납부와 관련하여 가산세가 부과되는 경우에는 확정신고납부와 관련한 가산세를 부과하지 아니한다.

38 다음은 거주자가 국내소재 1세대 1주택을 양도한 내용이다. 양도차익은 얼마인가?

1. 취득 및 양도 내역(등기됨)			
구 분	가 액		거래일자
	실지거래가액	기준시가	
양 도	15억원	6억원	2025.3.2
취 득	확인 불가능	3억원	2023.2.4

2. 자본적 지출 및 양도비용은 1천7백만원이다.
3. 주어진 자료 외는 고려하지 않았다.

① 741,000,000원
② 74,100,000원
③ 148,200,000원
④ 14,800,000원
⑤ 289,500,000원

39 거주자 甲이 국외에 있는 양도소득세 과세대상인 토지를 양도함으로써 소득이 발생하였다. 다음 중 틀린 것은? (단, 해당과세기간에 다른 자산의 양도는 없음)

① 甲이 토지의 양도일까지 계속 5년 이상 국내에 주소 또는 거소를 둔 경우에만 해당 양도소득에 대한 납세의무가 있다.
② 甲이 국외에서 외화를 차입하여 토지를 취득한 경우 환율변동으로 인하여 외화차입금으로부터 발생한 환차익은 양도소득 범위에서 제외한다.
③ 甲의 토지 양도에 대한 양도소득세 납세지는 양도물건의 소재지를 납세지로 한다.
④ 甲이 해당 토지를 3년 이상 보유한 경우에도 장기보유특별공제는 적용하지 아니한다.
⑤ 양도차익 계산시 필요경비의 외화환산은 지출일 현재 외국환거래법에 의한 기준환율 또는 재정환율에 의한다.

40 다음은 보유기간에 관계없이 1세대 1주택으로 보아 비과세하는 대상을 열거한 것이다. 틀린 것은?

① 1년 이상의 치료나 요양을 필요로 하는 부득이한 사유로 1년 이상 거주한 주택을 양도하고 세대전원이 다른 시·군으로 거주를 이전한 경우
② 1년 이상 계속하여 국외거주를 필요로 하는 취학 또는 근무상의 형편으로 세대 전원이 출국하는 경우로서 출국일로부터 2년 이내에 양도하는 경우
③ 1년 이상 보유하던 주택을 취학 등의 사유로 세대 전원이 타 시·군으로 이전하기 위하여 양도하는 경우
④ 「해외이주법」에 의한 해외이주로 세대 전원이 출국함에 따라 양도하는 경우로서 출국일로부터 2년 이내에 양도하는 경우
⑤ 「임대주택법」에 의한 건설임대주택을 취득하여 양도하는 경우로서 당해 건설임대주택의 임차일로부터 당해 주택의 양도일까지의 거주기간이 5년 이상인 경우

Test 05 실전모의고사

정답 및 해설 ▶ P. 221

1교시

제한시간 100분

공인중개사법·중개실무

01 다음은 공인중개사법령상 중개와 중개대상물에 대한 설명이다. 틀린 것은?
① 거래당사자 사이에 중개대상물에 관한 교환계약이 성립하도록 알선하는 행위도 "중개"에 해당한다.
② 법정지상권을 양도하는 행위를 알선하는 것은 "중개"에 해당한다.
③ 입목의 경매 기타 사유로 인하여 토지와 그 입목이 각각 다른 소유자에게 속하게 되는 경우에는 토지소유자는 입목소유자에 대하여 지상권을 설정한 것으로 본다.
④ 입목 저당의 효력은 그 지반인 토지에는 영향을 미치지 않는다.
⑤ 입목을 목적으로 하는 저당권의 효력은 입목을 벌채한 경우, 그 토지로부터 분리된 수목에 대하여 미치지 않는다.

02 다음은 공인중개사 정책심의위원회에 관한 설명이다. 틀린 것은?
① 시험시행기관장은 시험을 시행하기 어려운 부득이한 사정이 있는 경우에는 공인중개사정책심의위원회의 의결을 거쳐 당해 연도의 시험을 시행하지 않을 수 있다.
② 위원이 해당 안건에 대하여 연구, 용역 또는 감정을 한 경우에는 심의·의결에서 제척된다.
③ 위원장은 국토교통부 제1차관이 된다.
④ 위원장이 부득이한 사유로 직무를 수행할 수 없을 때에는 부위원장이 그 직무를 대행한다.
⑤ 위원 본인이 제척사유에 해당하는 경우에는 스스로 해당 안건의 심의·의결에서 회피하여야 하며, 안건당사자는 기피를 신청할 수 있다.

03 공인중개사법령상의 교육제도에 관한 내용이다. 틀린 것은?
① 실무교육은 그에 관한 업무의 위탁이 없는 경우 시·도지사가 실시한다.
② 연수교육을 실시하려는 경우 그 교육의 일시·장소를 관보에 공고한 후 대상자에게 통지해야 한다.
③ 연수교육의 시간은 12시간 이상 16시간 이하로 한다.
④ 직무교육은 3시간 이상 4시간 이하로 한다.
⑤ 직무교육은 시·도지사 또는 등록관청이 시행한다.

04 다음은 중개사무소 개설등록과 관련된 내용이다. 틀린 것은?
① 공인중개사(소속공인중개사를 제외) 또는 법인이 아닌 자는 중개사무소 개설등록을 신청할 수 없다.
② 법인은 주된 중개사무소를 두려는 지역을 관할하는 등록관청에 중개사무소 개설등록을 해야 한다.
③ 등록을 신청할 때, 외국인의 경우에는 스스로 결격사유 없음을 증명하는 서류를 첨부하여야 한다.
④ 등록을 신청할 때, 실무교육수료증 사본을 제출하여야 하며, 여권용 사진은 제출할 필요가 없다.
⑤ 사회적 협동조합은 자본금이 5천만원 이상 되더라도, 법인인 개업공인중개사로 등록을 할 수 없다.

05 다음은 등록에 관한 내용이다. 틀린 것은 모두 몇 개인가?

㉠ 중개사무소 개설등록을 하기 위해서는 반드시 건축물대장에 기재된 적법한 건물이어야 한다.
㉡ A군에서 중개사무소 개설등록을 하여 중개업을 하고 있는 자가 다시 A군에서 개설등록을 한 경우, 이중등록에 해당한다.
㉢ 등록관청이 중개사무소등록증을 교부한 때에는 이 사실을 다음 달 10일까지 국토교통부장관에게 통보해야 한다.
㉣ 등록의 통지를 받았으나, 등록증을 받지 아니하고 중개업을 수행한 경우에는 무등록 중개업으로 처벌된다.
㉤ 업무정지 기간 중인 상태에서 중개업을 계속한 경우에는 무등록중개업으로 처벌된다.

① 1개 ② 2개
③ 3개 ④ 4개
⑤ 5개

06 공인중개사법령상 중개업등록의 결격사유에 관한 설명으로 틀린 것을 모두 고르면?

> ㉠ 개업공인중개사가 파산선고를 받아서, 중개업의 등록이 취소된 경우에는 등록이 취소된 후부터 3년이 경과되어야 중개업에 종사할 수 있다.
> ㉡ 법인인 개업공인중개사가 6개월의 업무정지처분을 받은 경우, 업무정지 처분 당시의 임원들은 결격사유에 해당된다.
> ㉢ 징역 6개월에 대한 선고유예를 받은 경우에는 선고유예를 받은 날로부터 3년이 경과되어야 중개업에 종사할 수 있다.
> ㉣ 법정대리인의 동의를 얻은 피성년후견인은 결격사유에 해당하지 아니한다.
> ㉤ 개인회생을 신청한 후 법원의 인가 여부가 결정된 공인중개사는 결격사유에 해당한다.

① ㉡, ㉢
② ㉢, ㉣
③ ㉠, ㉢, ㉣
④ ㉢, ㉣, ㉤
⑤ ㉠, ㉡, ㉢, ㉣, ㉤

07 다음은 중개실무상의 중개대상물에 대한 조사·확인과 관련된 사항이다. 틀린 것은?

① 지적도상의 지목부호로서, "유"는 유지를 말한다.
② 지적도상의 지목부호로서, "주"는 주차장을 말한다.
③ 지목은 28가지가 있으며, 1필지는 반드시 지목이 하나이다.
④ 근저당이 설정된 부동산은 채권최고액만 설명하면 족하고, 현재의 채무액까지 조사하여 설명해야 할 의무는 없다.
⑤ 건물이 없는 토지에 대하여 저당권이 설정된 후, 경매로 인하여 토지와 지상건물이 소유자를 달리한 경우, 법정지상권이 인정되지 않는다.

08 다음은 개업공인중개사와 고용인에 관한 내용이다. 옳은 것은?

① 개업공인중개사는 고용일로부터 10일 이내에 고용신고하여야 한다.
② 소속공인중개사에 대한 고용신고는 전자문서에 의하여는 할 수 없다.
③ 중개보조원은 현장안내시 자신의 신분을 의뢰인에게 고지하여야 하며 위반시 100만원 이하의 과태료에 처한다.
④ 중개보조원이 신분을 고지하지 아니한 경우, 개업공인중개사도 과태료 처분의 대상이 된다.
⑤ 외국인을 소속공인중개사로 고용신고 하는 경우에는 그의 결격사유 없음을 증명하는 서류를 제출할 필요는 없다.

09 다음은 중개사무소에 관한 내용이다. 옳은 것은?

① 공인중개사는 개설등록을 하지 않아도 그 사무소에 "부동산중개"라는 명칭을 사용할 수 있다.
② 중개사무소의 등록취소 처분을 받은 경우에는 7일 이내에 사무소의 간판을 철거하여야 한다.
③ 중개업의 업무정지처분을 받은 경우에는 그 기간 동안 출입문에 그 사실을 표시하여야 한다.
④ 등록관청은 위법한 중개사무소의 간판 등에 대하여 철거를 명할 수 있으며, 철거명령에 따르지 않는 경우 "행정대집행법"에 의하여 대집행을 할 수 있다.
⑤ 개업공인중개사가 중개대상물에 대하여 표시·광고를 하는 경우에는 중개사무소의 명칭, 소재지 및 연락처, 개업공인중개사의 성명과 소속공인중개사의 성명을 기재하여야 한다.

10 다음은 중개사무소의 공동 활용 등에 대한 내용이다. 틀린 것은?

① 법인인 개업공인중개사와 공인중개사인 개업공인중개사는 종별이 서로 달라도 중개사무소를 공동으로 활용할 수 있다.
② 중개사무소를 공동으로 사용하는 경우, 그 중개사무소에 대한 휴업신고를 대표자가 일괄하여 할 수 있다.
③ 업무정지 기간 중인 개업공인중개사가 다른 개업공인중개사에게 중개사무소의 공동사용을 위하여 승낙서를 주는 방법으로는 중개사무소 공동 활용을 할 수 없다.
④ 중개사무소를 공동으로 활용하더라도, 업무보증의 설정은 개업공인중개사가 각자 설정하여야 한다.
⑤ 부칙상의 개업공인중개사(이른바, 중개인)는 법인인 개업공인중개사와 중개사무소를 공동으로 활용하는 경우에도 여전히 업무지역의 제한을 받는다.

11 공인중개사법령상 개업공인중개사의 휴업에 관한 설명으로 틀린 것을 모두 고른 것은?

> ㉠ 휴업신고를 한 후 다시 중개업무를 수행하고자 할 때에는 등록을 다시 할 필요는 없다.
> ㉡ 법령에 정한 사유를 제외하고 휴업은 6개월을 초과할 수 없다.
> ㉢ 분사무소는 주된 사무소와 별도로 휴업할 수 없다.
> ㉣ 3개월을 초과한 휴업을 한 때에는 지체 없이 휴업신고를 하여야 한다.
> ㉤ 휴업기간 변경신고서에는 중개사무소등록증을 첨부해야 한다.

① ㉠, ㉡
② ㉢, ㉤
③ ㉠, ㉡, ㉣
④ ㉡, ㉢, ㉤
⑤ ㉢, ㉣, ㉤

12 다음은 전속중개계약에 관련된 내용이다. 옳은 것은?

> 중개의뢰인 A가 자신 소유의 토지에 대하여 매도의뢰를 하면서 전속중개계약 체결을 요청하자, 개업공인중개사 B가 이에 응하여 2025년 10월 10일 날 전속중개계약을 체결하였고, 전속중개계약의 유효기간은 2개월로 약정하였다.

① 유효기간은 2개월로 약정하더라도, 법률의 규정에 따라 유효기간은 3개월로 본다.
② 개업공인중개사 B는 2025년 10월 17일까지 업무처리 상황을 문서로 통보하여야 한다.
③ 개업공인중개사 B는 2025년 10월 20일까지 중개대상물에 관한 정보를 일간신문 또는 거래정보망에 공개하여야 한다.
④ 중개의뢰인 A가 유효기간 내에 스스로 발견한 상대방과 직거래를 한 경우에는 약정한 중개보수의 50%를 위약금으로 지불하여야 한다.
⑤ 개업공인중개사 B가 전속중개계약서를 작성하여 교부하지 아니한 경우에는 업무정지처분의 대상이 된다.

13 다음은 개업공인중개사의 중개대상물 확인·설명의무에 대한 내용이다. 틀린 것은? (다툼이 있으면 판례에 따름)

① 시장 학교와의 근접성 등 중개대상물의 입지조건은 개업공인중개사가 확인·설명해야 하는 사항에 해당한다.
② 중개대상 물건에 근저당이 설정된 경우에는 개업공인중개사는 채권최고액을 확인하여 설명하면 족하고, 실제의 현재 채무액까지도 설명해 주어야 할 의무는 없다.
③ 개업공인중개사가 성실·정확하게 중개대상물의 확인·설명을 하지 아니하면 업무정지사유에 해당한다.
④ 중개계약에 따른 개업공인중개사의 확인·설명의무와 이에 위반한 경우의 손해배상의무는 중개의뢰인이 개업공인중개사에게 소정의 중개보수를 지급하지 아니하였다고 해서 당연히 소멸되는 것이 아니다.
⑤ 개업공인중개사가 다가구주택의 일부에 대한 임대차계약을 중개할 때에는 임차의뢰인이 임대차계약이 종료된 후에 임대차보증금을 제대로 반환받을 수 있는지 판단하는 데 필요한 자료를 제공하여야 한다.

14 다음은 공인중개사법령상의 확인·설명서에 관한 내용이다. 틀린 것은?

① 주거용 오피스텔은 주거용 건축물 확인·설명서[Ⅰ] 서식을 사용하여야 한다.
② 주거용 건축물 설명서[Ⅰ]와 비주거용 건축물 설명서[Ⅱ]에는 민간임대등록 여부를 확인하여 기본 확인사항으로 기재하여야 한다.
③ 비주거용 건축물 설명서[Ⅱ]에서 '내·외부시설물의 상태란'의 "그 밖의 시설물"에는 "상업용"은 전기용량과 오수·정화시설용량, 용수시설 내용을 기본 확인사항으로 기재한다.
④ 주거용 건축물 설명서[Ⅰ]에서 "소방"란에는 단독경보형감지기 설치 여부(아파트는 제외)를 확인하여 세부 확인사항으로 기재하여야 한다.
⑤ 토지에 대한 확인·설명서[Ⅲ]에는 입지조건란에 "주차장" "교육시설"을 기재하는 란은 없다.

15 다음은 개업공인중개사가 작성하는 거래계약서에 관한 설명이다. 틀린 것은?

① 개업공인중개사가 거래계약서를 작성한 경우, 거래당사자 쌍방에게 교부하고, 반드시 사본으로 5년간 보존하여야 한다.
② 개업공인중개사가 거래금액을 거짓으로 기재하면 중개사무소 등록이 취소될 수 있다.
③ 국토교통부장관은 개업공인중개사가 작성하는 거래계약서의 표준이 되는 서식을 정하여 그 사용을 권장할 수 있으나, 공인중개사법령에는 별지서식이 정해져 있지 않다.
④ 중개보수의 금액 및 산출내역은 거래계약서에 기재하지 않아도 된다.
⑤ 보증증서 사본 교부일자를 거래계약서에 기재하지 않아도 된다.

16 다음은 공인중개사법령상의 기속행위와 재량행위에 대한 내용이다. 옳은 것은?

① 개업공인중개사는 거래당사자에게 계약금 등을 예치하도록 권고하여야 한다.
② 국토교통부장관은 일반중개계약서의 표준이 되는 서식을 정하여 이의 사용을 권장하여야 한다.
③ 법인인 개업공인중개사의 분사무소는 「상업등기규칙」에 따라 법인의 대표자가 보증한 인장을 등록하여야 한다.
④ 시·도지사는 「공인중개사법」을 위반하여 징역형을 선고받은 공인중개사의 자격을 취소하여야 한다.
⑤ 개업공인중개사는 업무의 효율적 수행을 위하여 중개사무소를 공동으로 활용하여야 한다.

17 공인중개사법령상 개업공인중개사의 금지행위(법 제33조)에 해당하지 않은 것은? (다툼이 있으면 판례에 따름)

① 개업공인중개사가 미등기전매를 알선하였으나 중개의뢰인이 이로 인하여 전매차익을 얻지 못한 경우
② 중개보수 명목으로 소정의 한도를 초과하는 액면금액의 당좌수표를 교부받았으나, 차후에 부도 처리된 경우
③ 상가용 건축물의 분양을 대행하고 법정의 중개보수 한도를 초과하여 금품을 받은 경우
④ 주택임대차계약에서 임대의뢰인과 임차의뢰인, 쌍방을 대리해 계약을 체결한 경우
⑤ 중개의뢰인과 체결한 순가중개계약의 내용을 준수하였으나, 법정중개보수를 초과하여 금품을 받은 경우

18 다음은 법 제30조 규정상의 업무보증에 대한 설명이다. 틀린 것을 모두 고르면?

> ㉠ 개업공인중개사는 중개사무소 개설등록을 하기 전에 미리 업무보증을 설정하여야 한다.
> ㉡ 중개업을 하려는 지역농업협동조합도 2억원 이상의 업무보증을 설정하여야 한다.
> ㉢ 보증기간의 만료로 다시 보증을 설정하고자 하는 자는 당해 보증기간이 만료된 후, 지체 없이 다시 보증을 설정하여야 한다.
> ㉣ 개업공인중개사는 보증보험금 또는 공제금으로 손해배상을 한 때에는 지체 없이 다시 가입하여야 한다.

① ㉡
② ㉡, ㉢
③ ㉡, ㉣
④ ㉠, ㉡, ㉢
⑤ ㉠, ㉡, ㉢, ㉣

19 다음은 부동산중개보수에 관한 내용이다. 틀린 것은?

① 주택의 소재지와 중개사무소의 소재지가 다른 경우에는 중개보수는 주택의 소재지를 관할하는 시·도의 조례에서 정한 기준에 따른다.
② 동일한 중개대상물에 대하여 동일 당사자 간에 매매를 포함한 둘 이상의 거래가 동일 기회에 이루어진 경우에는 매매계약에 관한 거래금액만을 적용한다.
③ 중개대상물인 건축물 중 복합용도의 경우, 주택의 면적이 2분의 1인 경우는 주택의 중개에 대한 보수 규정을 적용한다.
④ 중개보수는 중개대상에 따라 주택과 주택 이외로 구분하여 다른 기준을 적용한다.
⑤ 주택의 경우 중개보수는 중개내용에 따라 매매·교환과 임대차 등으로 구분하여 다른 기준을 적용한다.

20 개업공인중개사가 X시에 소재하는 주택의 면적이 3분의 1인 주상 복합용도의 건축물 전체에 대하여 매매와 임대차계약을 동시에 중개하였다. 개업공인중개사가 甲으로부터 받을 수 있는 중개보수의 최고한도액은?

> 〈계약 조건〉
> 1. 계약당사자 : 甲(매도인, 임차인)과 乙(매수인, 임대인)
> 2. 매매계약 : ㉠ 매매대금 : 1억원, ㉡ 상가 매매계약에 대하여 중개사무소에 게시된 요율 : 0.8%
> 3. 임대차계약 : ㉠ 임대보증금 : 3천만원, ㉡ 월차임 : 20만원, ㉢ 임대기간 : 2년, ㉣ 상가 임대차계약에 대하여 중개사무소에 게시된 요율 : 0.7%
>
> 〈주택에 대한 X시 중개보수 조례〉
> 1. 매매대금 5천만원 이상 ~ 2억원 미만 : 상한요율 0.5% (한도액 80만원)
> 2. 보증금액 5천만원 이상 ~ 1억원 미만 : 상한요율 0.4% (한도액 30만원)

① 50만원
② 70만원
③ 80만원
④ 90만원
⑤ 115만원

21 공인중개사법령상 부동산거래정보망에 관한 설명으로 옳은 것은?

① 거래정보사업 지정권자는 거래정보사업자 지정신청을 받은 날로부터 3개월 이내에 지정 여부를 결정하고 지정서를 교부하여야 한다.
② 거래정보사업자가 승인 받아야 하는 부동산거래정보망의 이용 및 정보제공방법 등에 관한 운영규정에는 가입자에 대한 회비 및 그 징수에 관한 사항을 정하여야 한다.
③ 거래정보사업자로 지정을 받은 후, 1년 이내에 설치·운영을 하지 아니하면, 지정권자는 그 지정을 취소하여야 한다.
④ 법인이 해산하여 부동산거래정보사업의 계속적인 운영이 불가능한 경우, 지정권자는 청문을 거쳐서 사업자 지정을 취소할 수 있다.
⑤ 거래정보사업자는 개업공인중개사로부터 의뢰받은 중개대상물의 정보뿐만 아니라, 의뢰인의 이익을 위해 직접 조사한 중개대상물의 정보도 부동산거래정보망에 공개할 수 있다.

22 공인중개사법령상 공인중개사협회와 공제사업에 관한 설명으로 옳은 것은 모두 몇 개인가?

> ㉠ 협회 공제운영위원회의 위원장은 국토교통부 제1차관이다.
> ㉡ 협회에 관하여 공인중개사법령에 규정된 것 외에는 「민법」 중 조합에 관한 규정을 적용한다.
> ㉢ 협회는 정관으로 정하는 바에 따라 특별시에 지부를 둘 수 있다.
> ㉣ 협회는 책임준비금을 다른 용도로 사용하고자 하는 경우에는 금융감독원장의 승인을 얻어야 한다.
> ㉤ 책임준비금의 적립비율은 협회 총수입액의 100분의 10 이상으로 정해야 한다.

① 1개　　② 2개
③ 3개　　④ 4개
⑤ 5개

23 공인중개사법령상 포상금제도에 관한 설명으로 옳은 것은?
① 부정한 방법으로 중개사무소의 개설등록을 한 개업공인중개사를 신고하더라도 포상금의 지급대상이 아니다.
② 포상금은 해당 신고 사건에 관하여 검사가 불기소처분을 한 경우에도 지급한다.
③ 하나의 사건에 대하여 2인 이상이 공동으로 신고한 경우 포상금은 1인당 50만원이다.
④ 하나의 사건에 대하여 2건 이상의 신고가 접수된 경우 포상금은 균분하여 지급한다.
⑤ 등록관청은 포상금의 지급 결정일부터 1개월 이내에 포상금을 지급해야 한다.

24 공인중개사법령상 공인중개사의 위반행위에 대한 자격정지 기준이 3개월인 경우는?
① 당해 중개대상물의 거래상 중요사항에 관하여 거짓된 언행으로 중개의뢰인의 판단을 그르치게 한 경우
② 하나의 거래가 완성된 때, 서로 다른 이중의 거래계약서를 작성한 경우
③ 소속공인중개사가 동시에 다른 개업공인중개사의 소속공인중개사로 된 경우
④ 미등기전매 등의 탈세 목적의 미등기전매행위를 조장하는 등 부동산투기를 조장한 경우
⑤ 중개대상물의 확인·설명의 근거자료를 제시하지 않은 경우

25 「공인중개사법」상 중개업의 업무정지처분에 대한 설명이다. 옳은 것은?
① 업무정지처분은 그 사유발생일로부터 3년이 경과한 때에는 등록관청은 업무정지처분을 할 수 없다.
② 등록관청이 업무정지처분을 한 경우에는 5일 이내에 국토교통부장관과 다른 등록관청에 통보하여야 한다.
③ 업무정지 기간을 가중 처분하는 경우, 그 기간은 9개월을 한도로 한다.
④ 업무정지 기간이 경과되면, 개업공인중개사는 재개신고를 하여 등록증을 반환받아야 업무를 재개할 수 있다.
⑤ 업무정지처분 받은 개업공인중개사는 등록증을 7일 이내에 반납하여야 한다.

26 다음은 공인중개사법령상의 벌칙 규정 내용이다. 올바르게 연결된 것으로만 짝지어진 것은 모두 몇 개인가?

> ㉠ 업무보증증서 사본(전자문서포함)을 거래당사자에게 교부하지 아니한 개업공인중개사 - 100만원 이하의 과태료
> ㉡ 확인·설명서나 거래계약서를 교부하지 아니한 개업공인중개사 - 업무정지
> ㉢ 불법으로 단체를 구성하여 특정 중개대상물에 대한 중개를 제한한 개업공인중개사 - 1년 이하의 징역 또는 1천만원 이하의 벌금
> ㉣ 거짓 그 밖의 부정한 방법으로 중개사무소의 개설등록을 한 자 - 3년 이하의 징역 또는 3천만원 이하의 벌금
> ㉤ 안내문, 온라인 커뮤니티 등을 이용하여 특정 개업공인중개사에 대한 중개의뢰를 제한하거나 제한을 유도하는 행위로서 거래질서 교란행위를 한 자 - 1년 이하의 징역 또는 1천만원 이하의 벌금

① 1개　　② 2개
③ 3개　　④ 4개
⑤ 5개

27 다음은 공인중개사법령과 부동산거래신고법령상의 과태료 처분권자에 대한 내용이다. 다음의 (   ) 안에 내용을 ㉠ – ㉡ – ㉢ – ㉣의 순서대로 옳게 나열한 것은?

> 공인중개사 협회가 공제사업의 운용실적을 공시하지 아니한 경우에는 (㉠)이(가), 연수교육을 정당한 사유 없이 받지 아니한 경우에는 (㉡)이(가), 휴업기간의 변경신고를 하지 아니한 개업공인중개사에 대하여는 (㉢)이(가), 부동산거래신고의무를 위반자에 대한 과태료는 (㉣)이(가), 각각 부과·징수한다.

① 국토교통부장관 – (특·광) 시·도지사 – 등록관청 – 신고관청
② 국토교통부장관 – (특·광) 시·도지사 – (특·광) 시·도지사 – 등록관청
③ 국토교통부장관 – 등록관청 – 등록관청 – 등록관청
④ (특·광) 시·도지사 – 등록관청 – 등록관청 – 신고관청
⑤ (특·광) 시·도지사 – (특·광) 시·도지사 – (특·광) 시·도지사 – 등록관청

28 다음은 부동산거래신고 등에 관한 법령상의 부동산거래신고제도에 대한 설명이다. 옳은 것은?

① 개업공인중개사는 부동산거래신고를 매매계약 체결일로부터 30일 이내에 중개사무소가 소재하는 등록관청에 신고하여야 한다.
② 부동산거래신고에 대하여 거짓신고를 조장하거나 방조한 자는 취득가액의 10% 이하의 과태료처분대상이 된다.
③ 전자문서에 의한 부동산거래신고의 경우에는 거래당사자 중 1인의 위임을 받은 자가 대행하여 신고할 수 있다.
④ 중개보수는 부동산거래신고사항이 아니다.
⑤ 신고관청은 거래대금 지급을 증명할 수 있는 자료를 제출하지 아니한 사실을 자진 신고한 자에 대하여 과태료를 감경 또는 면제할 수 있다.

29 다음은 부동산거래신고에 관한 법령상의 부동산거래의 신고와 거래신고서 작성 등에 관한 설명이다. 틀린 것은?

① 거래대상 부동산의 종류가 건축물인 경우에는 「건축법 시행령」에 따른 용도별 건축물의 종류를 적는다.
② 신고의무자가 신고필증을 교부 받은 때에는 매수인은 「부동산등기 특별조치법」에 따른 검인을 받은 것으로 본다.
③ 토지거래허가를 받은 경우에는 부동산거래신고를 한 것으로 본다.
④ 권리 이전의 내용은 부동산 거래계약 신고서의 기재사항이 아니다.
⑤ 부동산거래신고서 작성시, "종전 부동산"란은 입주권 매매의 경우에만 종전 부동산에 대해 작성한다.

30 다음은 「부동산 거래신고 등에 관한 법률」상의 토지거래허가제와 관련된 내용이다. 틀린 것은?

① 토지거래허가를 받아 취득한 토지에 대하여 허가받은 목적대로 이용하지 아니한 자를 신고·고발한 자는 포상금 지급의 대상이 된다.
② 선매자가 토지를 매수할 때의 가격은 토지거래계약허가 신청서에 적힌 가격으로 한다.
③ 토지거래 허가받은 목적대로 이용하지 아니하고, 무단으로 임대한 경우에는 토지취득가액의 7%를 이행강제금으로 부과할 수 있다.
④ 토지거래 허가받은 목적대로 이용하지 아니하고, 그대로 방치한 경우에는 토지취득가액의 10%를 이행강제금으로 부과할 수 있다.
⑤ 허가구역에서 농업을 경영하기 위해 토지를 무상 증여계약을 통하여 취득하는 경우에는 토지거래허가를 받을 필요가 없다.

31 공인중개사법령상 중개대상물에 대한 허위광고 등을 방지하기 위한 기본모니터링 제도에 대한 내용이다. (   )의 내용이 옳게 연결된 것은?

> • 기본 모니터링 업무는 모니터링 "기본계획서"에 따라 (㉠)별로 실시하는 모니터링을 말한다.
> • 기본 모니터링 업무 수탁기관 "모니터링 기관"은 모니터링 대상, 모니터링 체계 등을 포함한 다음 연도의 모니터링 기본계획서를 매년 (㉡)까지, (㉢)에게 제출해야 한다.
> • 기본 모니터링 기관은 모니터링 업무를 수행한 경우 해당 업무에 따른 "결과보고서"를 매 분기의 마지막 날부터 (㉣)일 이내에 (㉢)에게 제출하여야 한다.

① ㉠ 분기별, ㉡ 12월 31일, ㉢ 국토교통부장관, ㉣ 30일
② ㉠ 분기별, ㉡ 12월 31일, ㉢ 시·도지사, ㉣ 30일
③ ㉠ 분기별, ㉡ 1월 1일, ㉢ 시·도지사, ㉣ 30일
④ ㉠ 매월, ㉡ 1월 1일, ㉢ 국토교통부장관, ㉣ 15일
⑤ ㉠ 매월, ㉡ 12월 31일, ㉢ 국토교통부장관, ㉣ 15일

32 다음은 부동산 거래신고 등에 관한 법률상의 외국인 등의 부동산 취득의 특례에 대한 내용이다. 연결이 틀린 것은?
① 증여계약으로 취득 – 60일 이내 신고 – 위반시 500만원 이하의 과태료
② 확정 판결로 취득 – 6개월 이내 신고 – 위반시 100만원 이하의 과태료
③ 법원경매로 취득 – 6개월 이내 신고 – 위반시 100만원 이하의 과태료
④ 상속이나 합병으로 취득 – 6개월 이내 신고 – 위반시 100만원 이하의 과태료
⑤ 국적 변경시에도 계속 보유 – 6개월 이내 신고 – 위반시 100만원 이하의 과태료

33 다음은 「부동산 거래신고 등에 관한 법률」상의 포상금 제도에 대한 내용이다. 틀린 것은?
① 부동산의 실제거래가격을 거짓으로 신고한 자를 신고·고발한 자는 포상금 지급의 대상이 된다.
② 토지거래허가를 받지 아니하고 토지거래계약을 체결한 자를 신고·고발한 자는 포상금 지급의 대상이 된다.
③ 본명뿐만 아니라, 익명이나 가명으로 신고 또는 고발한 자에게도 포상금을 지급하여야 한다.
④ 공무원이 직무와 관련하여 발견한 사실을 신고·고발한 경우에는 포상금을 지급하지 아니할 수 있다.
⑤ 신고관청 또는 허가관청은 포상금지급신청서가 접수된 날로부터 2개월 이내에 포상금을 지급하여야 한다.

34 개업공인중개사가 묘지가 있는 토지를 매수하려는 중개의뢰인에게 「장사 등에 관한 법률」에 대하여 설명한 내용 중 틀린 것은?
① 개인자연장지를 조성한 자는 자연장지의 조성을 마친 후 30일 이내에 관할 시장 등에게 신고하여야 한다.
② 가족자연장지 또는 종중·문중자연장지를 조성하려는 자는 보건복지부령으로 정하는 바에 따라 관할 시장 등에게 허가를 받아야 한다.
③ 법인 등 자연장지를 조성하려는 자는 대통령령으로 정하는 바에 따라 시장 등의 허가를 받아야 한다.
④ 개인자연장지는 30m² 미만이어야 한다.
⑤ 설치기간이 끝난 분묘의 연고자는 설치기간이 끝난 날부터 1년 이내에 해당 분묘에 설치된 시설물을 철거하고 매장된 유골을 화장하거나 봉안해야 한다.

35 공인중개사가 중개행위를 하면서 부동산 실권리자명의 등기에 관한 법령에 대하여 설명한 내용으로 옳은 것은?
① 종교단체의 명의로 그 산하조직이 보유한 부동산에 관한 물권을 등기한 경우, 그 등기는 언제나 무효이다.
② 위법한 명의신탁의 신탁자라도 이미 실명등기를 하였을 경우에는 과징금을 부과하지 않는다.
③ 무효인 명의신탁약정에 따라 수탁자명의로 등기한 명의신탁자에게 해당 부동산 가액의 100분의 30에 해당하는 확정금액의 과징금을 부과한다.
④ 명의신탁을 이유르 과징금을 부과 받은 자에게 과징금 부과일부터 부동산평가액의 100분의 20에 해당하는 금액을 매년 이행강제금으로 부과한다.
⑤ 위법한 명의신탁약정에 따라 수탁자명의로 등기한 명의신탁자는 5년 이하의 징역 또는 2억원 이하의 벌금에 처한다.

36 주택임대차에 관한 개업공인중개사의 설명으로 옳은 것은? (다툼이 있으면 판례에 따름)
① 일시 사용을 위한 임대차의 경우에도 임차인은 「주택임대차보호법」의 보호를 받는다.
② 자연인인 임차인에 한하여 「주택임대차보호법」에 의한 보호를 받는다.
③ 차임 등의 증액청구에 대한 제한규정은 임대차계약이 종료된 후 재계약을 하는 경우에도 임차인을 위하여 적용된다.
④ 임차권등기명령에 의한 임차권등기가 첫 경매개시결정등기 전에 이루어진 경우, 임차인은 별도의 배당요구를 하지 않아도 당연히 배당 받을 채권자에 속한다.
⑤ 임대인이 계약해제로 인하여 주택의 소유권을 상실하게 되었다면, 임차인이 그 계약이 해제되기 전에 대항력을 갖춘 경우에도 새로운 소유자에게 대항할 수 없다.

37 개업공인중개사가 주택을 임차하려는 임차의뢰인에게 「주택임대차보호법」 관련 내용을 설명한 것으로 틀린 것은 모두 몇 개인가? (다툼이 있으면 판례에 따름)

> ㉠ 이행지체에 빠진 임대인의 보증금반환의무는 임차권등기명령에 의하여 등기된 임차권등기의 말소의무와 동시이행 관계에 있다.
> ㉡ 대항력을 유지하기 위한 요건으로서의 주민등록은 임차인 본인뿐만 아니라 그 자녀의 주민등록으로도 유효하다.
> ㉢ 계약기간을 1년으로 정한 경우 임차인이 2년을 주장하더라도 임대인은 1년으로 항변할 수 있다.
> ㉣ 임차인은 선순위의 저당권자에 의하여 경매가 이루어진 경우, 보증금을 모두 변제받을 때까지 임차권의 존속을 주장할 수 있다.
> ㉤ 임차인이 상속권자 없이 사망한 경우, 그 주택에서 가정공동생활을 하던 사실상의 혼인관계에 있는 자는 임차인이 사망한 후 1개월 이내에 임대인에 대하여 반대의사를 표시하지 않는 한 임차인의 권리와 의무를 승계한다.

① 1개 ② 2개
③ 3개 ④ 4개
⑤ 5개

38 다음은 「상가건물 임대차보호법」에 대한 개업공인중개사의 설명으로 틀린 것은?

① 임차인의 사망시에, 사실혼 배우자의 임차권 승계제도는 인정되지 않는다.
② 상가건물의 임차인의 권리금행사의 보호는 「유통산업발전법」에 따른 대규모 점포·준대규모 점포의 일부 임대차에도 인정된다.
③ 임차인이 고의나 중과실로 임차건물을 파손한 경우에는 계약갱신요구에 임대인이 거절할 수 있다.
④ 서울특별시에서 환산보증금이 9억을 초과하는 경우에도 최초의 기간을 포함하여 10년 범위 내에서 임차인의 계약갱신요구권은 인정된다.
⑤ 임대인이 임차인의 권리금 행사를 방해하여 임차인에게 손해를 발생하게 한 때에는 그 손해배상액은 신규임차인이 임차인에게 지급하기로 한 권리금과 임대차 종료 당시의 권리금 중 낮은 금액을 넘지 못한다.

39 다음은 개업공인중개사가 법원입찰부동산을 권리분석한 후 입찰에 참가하려는 경우이다. 경매시 낙찰받은 매수인에게 인수되어, 실제상 위험성이 가장 큰 것은?

① 등기부에 최선순위로 담보가등기가 있고, 그 후순위에 소유권이전청구권 보전가등기가 있는 경우
② 등기부에 경매를 신청한 후순위 근저당에 앞서 대항요건을 갖춘 임차인이 있으나, 그 임차인이 선순위 저당권을 대위변제한 경우
③ 등기부에 경매를 신청한 최선순위 저당권자에 앞서 대항력을 갖춘 확정일자 임차인이 다수 있으나, 모두 배당요구를 한 경우
④ 등기부에 경매를 신청한 최선순위 저당권에 앞서 전세권자가 있으나, 배당을 요구한 경우
⑤ 등기부에 경매를 신청한 2순위 근저당에 앞서 가압류등기가 되어 있는 경우

40 「공인중개사의 매수신청대리인 등록 등에 관한 규칙」의 내용으로 틀린 것은?

① 매수신청대리업의 실무교육은 28시간 이상 32시간 이내로 한다.
② 위임계약을 체결한 경우에는 확인·설명서를 작성하여 교부하고 그 사본을 사건카드에 철을 하여 5년간 보존하여야 한다.
③ 개업공인중개사는 매수신청대리에 관한 보수표와 보수에 대하여 위임인에게 위임계약 전에 설명해야 한다.
④ 개업공인중개사는 매수신청대리행위를 함에 있어서 매각장소 또는 집행법원에 직접 출석해야 한다.
⑤ 개업공인중개사가 매수신청대리 업무정지처분을 받은 때에는 업무정지사실을 당해 중개사무소의 출입문에 표시해야 한다.

부동산공법

41 국토의 계획 및 이용에 관한 법령상 기반시설의 종류와 그 해당 시설의 연결이 틀린 것은?

① 주차장 : 교통시설
② 공원 : 공공·문화체육시설
③ 공동구 : 유통·공급시설
④ 하천 : 방재시설
⑤ 하수도 : 환경기초시설

42 국토의 계획 및 이용에 관한 법령상 광역도시계획에 관한 설명으로 틀린 것은?

① 시·도지사는 광역도시계획을 수립하거나 변경하려면 국토교통부장관의 승인을 받아야 한다.
② 광역도시계획의 수립기준 등은 대통령령으로 정하는 바에 따라 국토교통부장관이 정한다.
③ 국가계획과 관련된 광역도시계획의 수립이 필요한 경우 국토교통부장관이 광역도시계획을 수립한다.
④ 광역계획권이 둘 이상의 시·도의 관할 구역에 걸쳐 있는 경우에는 관할 시·도지사가 공동으로 광역계획권을 지정하여야 한다.
⑤ 국토교통부장관, 시·도지사, 시장 또는 군수는 광역도시계획을 수립하려면 미리 공청회를 열어 주민과 관계 전문가 등으로부터 의견을 들어야 한다.

43 국토의 계획 및 이용에 관한 법령상 도시·군관리계획 수립 등에 관한 설명으로 옳은 것은?

① 시가화조정구역의 지정에 관한 도시·군관리계획 결정 당시 승인받은 사업이나 공사에 이미 착수한 자는 신고 없이 그 사업이나 공사를 계속할 수 있다.
② 국가계획과 연계하여 시가화조정구역의 지정이 필요한 경우 국토교통부장관이 직접 그 지정을 도시·군관리계획으로 결정할 수 있다.
③ 도시·군관리계획의 입안을 제안한 경우 도시·군관리계획의 입안 및 결정에 필요한 비용은 제안자가 부담하여야 한다.
④ 수산자원보호구역의 지정에 관한 도시·군관리계획은 국토교통부장관이 결정한다.
⑤ 도시·군관리계획 결정의 효력은 지형도면을 고시한 날의 다음 날부터 발생한다.

44 국토의 계획 및 이용에 관한 법령상 용도지역에 관한 설명으로 틀린 것은?

① 도시지역의 축소에 따른 용도지역의 변경을 도시·군관리계획으로 입안하는 경우에는 주민 및 지방의회의 의견청취 절차를 생략할 수 있다.
② 「택지개발촉진법」에 따른 택지개발지구로 지정·고시되었다가 택지개발사업의 완료로 지구 지정이 해제되면 그 지역은 지구 지정 이전의 용도지역으로 환원된 것으로 본다.
③ 관리지역에서 「농지법」에 따른 농업진흥지역으로 지정·고시된 지역은 「국토의 계획 및 이용에 관한 법률」에 따른 농림지역으로 결정·고시된 것으로 본다.
④ 용도지역을 다시 세부 용도지역으로 나누어 지정하려면 도시·군관리계획으로 결정하여야 한다.
⑤ 도시지역이 세부 용도지역으로 지정되지 아니한 경우에는 용도지역의 용적률 규정을 적용할 때에 보전녹지지역에 관한 규정을 적용한다.

45 국토의 계획 및 이용에 관한 법령상 개발진흥지구에 대한 설명으로 틀린 것은?

① 주민이 산업·유통개발진흥지구의 지정을 제안하는 경우 대상지역의 면적은 1만㎡ 이상 3만㎡ 미만이어야 한다.
② 농림지역에 위치한 특정개발진흥지구에 지구단위계획구역을 지정할 수 있다.
③ 자연환경보전지역에 위치한 관광·휴양개발진흥지구에 지구단위계획구역을 지정할 수 있다.
④ 도시지역 외의 지역에 지정된 개발진흥지구에서의 건폐율은 40퍼센트 이하의 범위에서 특별시·광역시·특별자치시·특별자치도·시 또는 군의 도시·군계획조례로 정하는 비율을 초과하여서는 아니 된다.
⑤ 자연녹지지역에 지정된 개발진흥지구에서의 건폐율은 30퍼센트 이하의 범위에서 특별시·광역시·특별자치시·특별자치도·시 또는 군의 도시·군계획조례로 정하는 비율을 초과하여서는 아니 된다.

46 국토의 계획 및 이용에 관한 법령상 도시혁신구역에 대하여는 다음의 법률 규정에도 불구하고 도시혁신계획으로 따로 정할 수 있다. 이에 해당하지 않는 것은?

① 「주택법」에 따른 주택의 배치, 부대시설·복리시설의 설치기준 및 대지조성기준
② 「문화예술진흥법」에 따른 건축물에 대한 미술작품의 설치
③ 「도시공원 및 녹지 등에 관한 법률」에 따른 도시공원 또는 녹지 확보기준
④ 「주차장법」에 따른 부설주차장의 설치
⑤ 「건축법」에 따른 대지의 분할제한

47 국토의 계획 및 이용에 관한 법령상 공동구협의회의 심의를 거쳐야 공동구에 수용할 수 있는 시설은?

① 가스관
② 통신선로
③ 열수송관
④ 중수도관
⑤ 쓰레기수송관

48 국토의 계획 및 이용에 관한 법령상 개발행위에 따른 공공시설 등의 귀속에 관한 설명으로 옳은 것은?

① 개발행위허가를 받은 행정청이 기존의 공공시설에 대체되는 공공시설을 설치한 경우에는 종래 공공시설은 그 행정청에 무상으로 양도할 수 있다.
② 개발행위허가를 받은 자가 행정청인 경우 공공시설은 준공검사를 받음으로써 그 시설을 관리할 관리청과 개발행위허가를 받은 자에게 각각 귀속되거나 양도된 것으로 본다.
③ 개발행위허가를 받은 자가 행정청이 아닌 경우 개발행위허가를 받은 자가 새로 설치한 공공시설은 그 시설을 관리할 관리청에 무상으로 귀속된다.
④ 개발행위허가를 받은 자가 행정청이 아닌 경우 개발행위로 용도가 폐지되는 공공시설은 개발행위허가를 받은 자에게 무상으로 귀속된다.
⑤ 개발행위허가를 받은 자가 행정청이 아닌 경우 개발행위허가를 받은 자는 개발행위가 끝나 준공검사를 마친 때에는 해당 시설의 관리청에 공공시설의 종류와 토지의 세목을 통지하여야 한다.

49 국토의 계획 및 이용에 관한 법률상 성장관리계획에 관한 조문의 일부이다. ( )에 들어갈 숫자로 옳은 것은?

성장관리계획구역에서는 다음 각 호의 구분에 따른 범위에서 성장관리계획으로 정하는 바에 따라 특별시·광역시·특별자치시·특별자치도·시 또는 군의 조례로 정하는 비율까지 건폐율을 완화하여 적용할 수 있다.
1. 계획관리지역: (㉠)퍼센트 이하
2. 생산관리지역·농림지역 및 대통령령으로 정하는 녹지지역: (㉡)퍼센트 이하

① ㉠: 30, ㉡: 20
② ㉠: 30, ㉡: 30
③ ㉠: 50, ㉡: 30
④ ㉠: 50, ㉡: 50
⑤ ㉠: 60, ㉡: 50

50 국토의 계획 및 이용에 관한 법령상 개발행위허가의 규모로서 틀린 것은?

① 주거지역 − 1만m² 미만
② 상업지역 − 1만m² 미만
③ 공업지역 − 1만m² 미만
④ 자연녹지지역 − 1만m² 미만
⑤ 보전녹지지역 − 5천m² 미만

51 국토의 계획 및 이용에 관한 법령상 기반시설부담구역에 설치가 필요한 기반시설에 해당하지 않는 것은?

① 공원
② 녹지
③ 폐기물처리 및 재활용시설
④ 대학
⑤ 인근의 하수도로부터 기반시설부담구역까지 연결하는 하수도

52 국토의 계획 및 이용에 관한 법령상 주민의 의견을 들어야 하는 경우만으로 옳게 묶은 것은?

㉠ 성장관리계획을 수립하는 경우
㉡ 기반시설부담구역을 지정하는 경우
㉢ 단계별 집행계획을 수립하는 경우
㉣ 개발밀도관리구역을 지정하는 경우

① ㉠, ㉡
② ㉠, ㉢
③ ㉠, ㉣
④ ㉡, ㉢
⑤ ㉡, ㉣

53 도시개발법령상 도시개발구역을 지정한 후에 개발계획에 포함시킬 수 있는 사항은?

① 도시개발사업의 시행방식
② 인구수용계획
③ 임대주택건설계획 등 세입자 등의 주거 및 생활안정대책
④ 보건의료시설 및 복지시설의 설치계획
⑤ 원형지로 공급될 대상 토지 및 개발 방향

54 도시개발구역으로 지정할 수 있는 규모로 옳은 것은?

① 도시지역 안의 주거지역: 10,000m² 이상
② 도시지역 안의 상업지역: 5,000m² 이상
③ 도시지역 안의 공업지역: 20,000m² 이상
④ 도시지역 안의 자연녹지지역: 5,000m² 이상
⑤ 도시지역 외의 지역: 200,000m² 이상

55 도시개발법령상 도시개발사업의 시행자에 관한 설명으로 틀린 것은?
① 도시개발사업의 시행자는 도시개발구역의 지정권자가 지정한다.
② 지방공사인 도시개발사업의 시행자는 설계·분양 등 도시개발사업의 일부를 「주택법」에 따른 주택건설사업자 등으로 하여금 대행하게 할 수 있다.
③ 도시개발조합은 도시개발사업의 전부를 환지방식으로 시행하는 경우에만 시행자가 될 수 있다.
④ 도시개발구역의 국공유지를 제외한 토지면적의 2분의 1 이상에 해당하는 토지 소유자 및 토지 소유자 총수의 2분의 1 이상이 동의하면 도시개발구역의 전부를 환지방식으로 시행하는 경우에도 지방자치단체 등을 시행자로 지정할 수 있다.
⑤ 지방자치단체의 장이 집행하는 공공시설에 관한 사업과 병행하여 시행할 필요가 있는 경우 지정권자는 시행자를 변경할 수 있다.

56 도시개발법령상 도시개발조합의 임원에 관한 설명으로 옳은 것은?
① 조합장의 자기를 위한 조합과의 계약에 관하여는 이사가 조합을 대표한다.
② 조합의 임원은 대의원회에서 선임한다.
③ 조합의 임원은 그 조합의 다른 임원 또는 직원을 겸할 수 없다.
④ 금고 이상의 형의 선고를 받고 그 형이 종료되거나 집행을 받지 아니하기로 확정된 후 1년이 지난 자는 임원이 될 수 있다.
⑤ 임원으로 선임된 자가 파산선고를 받은 경우에는 그 즉시 임원의 자격을 상실한다.

57 도시개발법령상 토지상환채권에 관한 설명으로 옳은 것은?
① 토지상환채권은 타인에게 이전하지 못한다.
② 토지상환채권은 기명식 또는 무기명식 증권으로 한다.
③ 토지상환채권의 이율은 발행 당시의 금융기관의 예금금리 및 부동산수급상황을 고려해서 기획재정부장관이 정한다.
④ 도시개발구역의 토지소유자인 시행자가 토지상환채권을 발행하는 때에는 대통령령으로 정하는 금융기관 등으로부터 지급보증을 받아야 한다.
⑤ 토지상환채권의 발행규모는 그 토지상환채권으로 상환할 토지 및 건축물이 해당 도시개발사업으로 조성되는 분양토지 또는 건축물의 3분의 2를 넘지 않아야 한다.

58 도시개발법령상 체비지에 관한 설명으로 틀린 것은?
① 시행자는 도시개발사업에 드는 비용을 충당하기 위해 체비지 용도로 지정된 환지예정지를 사용·수익하게 하거나 처분할 수 있다.
② 체비지의 매각 대금을 해당 도시개발사업의 목적이 아닌 다른 목적으로 사용할 수 없다.
③ 이미 처분된 체비지는 그 체비지를 매입한 자가 소유권 이전등기를 마친 때에 소유권을 취득한다.
④ 시행자는 지정권자의 사용허가를 받지 아니하고는 준공검사 전에 조성토지인 체비지를 사용할 수 없다.
⑤ 특별자치도지사·시장·군수 또는 구청장은 「주택법」에 따른 공동주택의 건설을 촉진하기 위하여 필요하다고 인정하면 체비지 중 일부를 같은 지역에 집단으로 정하게 할 수 있다.

59 도시 및 주거환경정비법령상 도시·주거환경정비기본계획(이하 '기본계획'이라 한다)에 대한 설명으로 옳은 것은?
① 기본계획은 특별시장·광역시장·시장 또는 군수가 수립한다.
② 특별시장이 기본계획을 수립한 때에는 국토교통부장관의 승인을 받아야 한다.
③ 기본계획에 대하여는 3년마다 그 타당성 여부를 검토하여 그 결과를 기본계획에 반영하여야 한다.
④ 기본계획을 수립 또는 변경하고자 하는 때에는 14일 이상 주민에게 공람하여야 한다.
⑤ 기본계획을 수립하고자 하는 때에는 지방의회의 의견을 들어야 하며, 지방의회는 기본계획이 통지된 날부터 30일 이내에 의견을 제시하여야 한다.

60 도시 및 주거환경정비법령상 정비사업의 시행방법 및 시행자에 관한 설명으로 옳은 것은?
① 주거환경개선사업은 사업시행자가 정비구역에서 인가받은 관리처분계획에 따라 주택 및 부대시설·복리시설을 건설하여 공급하는 방법으로도 시행할 수 있다.
② 주거환경개선사업은 조합이 시행하는 것이 원칙이다.
③ 재건축사업을 조합이 시장·군수등과 공동으로 시행하려면 조합원의 3분의 2 이상의 동의를 받아야 한다.
④ 재건축사업의 토지등소유자가 30명 미만인 경우 조합을 구성하지 아니하고 토지등소유자가 시행할 수 있다.
⑤ 준공업지역에서 재건축사업을 시행하는 경우 관리처분계획에 따라 공동주택 외 건축물을 건설하여 공급할 수 있다.

61 도시 및 주거환경정비법령상 재개발사업 조합의 설립을 위한 동의자 수 산정시, 다음에서 산정되는 토지등소유자의 수는? (단, 권리관계는 제시된 것만 고려하며, 토지는 정비구역 안에 소재함)

- A, B, C 3인이 공유한 1필지 토지에 하나의 주택을 단독 소유한 D
- 3필지의 나대지를 단독 소유한 E
- 1필지의 나대지를 단독 소유한 F와 그 나대지에 대한 지상권자 G

① 3명 ② 4명
③ 5명 ④ 7명
⑤ 9명

62 도시 및 주거환경정비법령상 정비사업에 관한 설명으로 틀린 것은?

① 사업시행자는 재건축사업을 시행할 때 건축물 또는 토지만 소유한 자의 토지 또는 건축물에 대하여 매도청구할 수 있다.
② 사업시행자는 재건축사업의 시행으로 철거되는 주택의 소유자 또는 세입자에 대하여 주택자금의 융자알선 등 임시거주에 상응하는 조치를 하여야 한다.
③ 재개발사업의 사업시행자는 사업시행으로 이주하는 상가세입자가 사용할 수 있도록 정비구역 또는 정비구역의 인근에 임시상가를 설치할 수 있다.
④ 재건축사업을 시행하는 경우 조합설립인가일 현재 조합원 전체의 공동소유인 토지 또는 건축물은 조합 소유의 토지 또는 건축물로 본다.
⑤ 정비사업의 시행으로 인하여 지상권·전세권 또는 임차권의 설정목적을 달성할 수 없는 때에는 그 권리자는 계약을 해지할 수 있다.

63 도시 및 주거환경정비법령상 관리처분계획에 따라 주택을 공급하는 경우 다음에 해당하는 토지등소유자에게는 소유한 주택 수만큼 공급할 수 있다. 틀린 것은?

① 지방자치단체인 토지등소유자
② 근로자 숙소로 주택을 소유하고 있는 토지등소유자
③ 토지주택공사 등인 토지등소유자
④ 과밀억제권역에 위치하지 아니한 재개발사업의 토지등소유자
⑤ 기숙사 용도로 주택을 소유하고 있는 토지등소유자

64 도시 및 주거환경정비법령상 청산금에 대한 설명으로 틀린 것은?

① 청산금은 소유권 이전의 고시가 있은 후에 징수하거나 지급하는 것이 원칙이다.
② 청산금은 종전에 소유하고 있던 토지 또는 건축물의 가격과 분양받은 대지 또는 건축물의 가격은 그 토지 또는 건축물의 규모·위치·용도·이용상황·정비사업비 등을 참작하여 평가하여야 한다.
③ 청산금을 납부할 자가 이를 납부하지 아니하는 경우에는 시장·군수등이 아닌 사업시행자는 지방세 체납처분의 예에 의하여 이를 강제징수할 수 있다.
④ 청산금을 지급받을 자가 이를 받을 수 없거나 거부한 때에는 사업시행자는 그 청산금을 공탁할 수 있다.
⑤ 청산금을 지급받을 권리 또는 이를 징수할 권리는 소유권이전의 고시일 다음 날부터 5년간 이를 행사하지 아니하면 소멸한다.

65 건축법령상 다음의 건축법 적용에 관한 내용 중 틀린 것은?

① 고속도로 통행료 징수시설에 대해서는 「건축법」이 적용되지 않는다.
② 지구단위계획구역이 아닌 관리지역으로 동·읍에 속하지 아니한 지역에서는 건축선에 의한 건축제한을 적용받지 아니한다.
③ 「하천법」에 따른 하천구역 내의 수문조작실에 대해서는 「건축법」이 적용되지 않는다.
④ 「자연유산의 보존 및 활용에 관한 법률」에 따른 임시지정명승에 대해서는 「건축법」이 적용되지 않는다.
⑤ 자연녹지지역에서는 대지와 도로의 관계에 관한 「건축법」의 규정이 적용되지 않는다.

66 건축법령상 특별시에서 기존 건축물의 용도를 변경하고자 하는 경우에 관한 설명으로 옳은 것은?

① 운수시설을 창고시설로 용도변경하는 경우 관할 구청장에게 허가를 받아야 한다.
② 발전시설을 공장으로 용도변경하는 경우 특별시장의 허가를 받아야 한다.
③ 운동시설을 수련시설로 용도변경하는 경우 관할 구청장에게 신고하여야 한다.
④ 숙박시설을 종교시설로 용도변경하는 경우 특별시장에게 신고하여야 한다.
⑤ 업무시설을 교육연구시설로 용도변경하는 경우 특별시장에게 건축물대장 기재내용의 변경을 신청하여야 한다.

67 건축법령상 건축허가의 제한에 대한 설명으로 옳은 것은?
① 이미 허가받은 건축물에 대하여 그 착공을 제한할 수는 없다.
② 특별시장이 구청장의 건축허가를 제한하려면 국토교통부장관의 승인을 받아야 한다.
③ 건축허가를 제한하는 경우 주민의견을 청취한 후 건축위원회의 심의를 거쳐야 한다.
④ 건축허가를 제한하는 경우 제한기간은 3년 이내로 하되, 1회에 한하여 2년 이내의 범위에서 제한기간을 연장할 수 있다.
⑤ 국토교통부장관이나 시·도지사는 건축허가를 제한하는 경우 직접 이를 공고하여야 한다.

68 건축법령상 신고사항을 설명한 것으로 틀린 것은?
① 건축물의 높이를 3m 이하의 범위에서 증축하는 건축물
② 연면적 200m² 미만이고 3층 미만인 건축물의 대수선
③ 바닥면적의 합계가 85m² 이내의 증축·개축 또는 재축
④ 연면적의 합계가 100m² 이하인 건축물
⑤ 산업단지 안에서 건축하는 3층 이하의 건축물로서 바닥면적의 합계가 500m² 이하인 공장

69 건축법령상 건축물의 대지와 도로에 관한 설명으로 틀린 것은? (단, 건축법상 적용제외 규정 및 건축협정에 따른 특례는 고려하지 않음)
① 건축물의 주변에 허가권자가 인정한 유원지가 있는 경우에는 건축물의 대지가 자동차전용도로가 아닌 도로에 2미터 이상 접할 것이 요구되지 아니 한다.
② 연면적의 합계가 3천제곱미터인 작물 재배사의 대지는 너비 6미터 이상의 도로에 4미터 이상 접할 것이 요구되지 아니 한다.
③ 주민이 오랫동안 통행로로 이용하고 있는 사실상의 통로로서 해당 지방자치단체의 조례로 정하는 것인 경우의 「건축법」상 도로는 이해관계인의 동의를 받지 아니하고 건축위원회의 심의를 거쳐 그 도로를 폐지할 수 있다.
④ 면적 5천제곱미터 미만인 대지에 공장을 건축하는 건축주는 대지에 조경 등의 조치를 하지 아니할 수 있다.
⑤ 도로면으로부터 높이 4.5미터 이하에 있는 창문은 열고 닫을 때 건축선의 수직면을 넘지 아니하는 구조로 하여야 한다.

70 건축법령상 연면적이란 하나의 건축물 각 층의 바닥면적의 합계로 하되, 용적률을 산정할 때에는 다음에 해당하는 면적은 제외한다. 해당하지 않는 것은?
① 지하층의 면적
② 지상층의 주차용(해당 건축물의 부속용도인 경우만 해당한다)으로 쓰는 면적
③ 초고층 건축물과 준초고층 건축물에 설치하는 피난안전구역의 면적
④ 건축물의 경사지붕 아래에 설치하는 대피공간의 면적
⑤ 층고가 1.5m를 초과하는 다락의 면적

71 건축법령상 이행강제금에 관한 설명으로 옳은 것은?
① 건축물이 허가를 받지 아니하고 건축된 경우에는 1m²당 시가표준액의 100분의 10에 상당하는 금액에 위반면적을 곱한 금액 이하의 이행강제금을 부과할 수 있다.
② 허가권자는 영리목적을 위한 위반인 경우에 100분의 50의 범위에서 가중하여야 한다.
③ 허가권자는 이행강제금을 부과하기 전에 이행강제금을 부과·징수한다는 뜻을 미리 문서로써 계고하여야 한다.
④ 허가권자는 위반 건축물에 대한 시정명령을 받은 자가 이를 이행하면 이미 부과된 이행강제금의 징수를 즉시 중지하여야 한다.
⑤ 허가권자는 최초의 시정명령이 있었던 날을 기준으로 하여 1년에 5회 이내의 범위에서 그 시정명령이 이행될 때까지 반복하여 이행강제금을 부과·징수할 수 있다.

72 주택법령상 주택단지가 일정한 시설로 분리된 토지는 각각 별개의 주택단지로 본다. 그 시설에 해당하지 않는 것은?
① 고속도로
② 폭 10m의 도시계획예정도로
③ 폭 15m의 일반도로
④ 자동차전용도로
⑤ 보행자 및 자동차의 통행이 가능한 도로로서 「도로법」에 의한 일반국도

73 주택법령상 도시형 생활주택에 관한 설명으로 옳은 것은?
① 단지형 연립주택은 「건축법」에 따른 건축위원회의 심의를 받은 경우에는 주택으로 쓰는 층수를 5개층까지 건축할 수 있다.
② 도시형 생활주택은 세대수가 200세대 미만이어야 한다.
③ 하나의 건축물에 단지형 연립주택과 아파트형 주택을 함께 건축할 수 있다.
④ 「국토의 계획 및 이용에 관한 법률 시행령」에 따른 일반주거지역에서 아파트형 주택과 도시형 생활주택 외의 주택을 함께 건축할 수 있다.
⑤ 도시형 생활주택과 주거전용면적이 85제곱미터를 초과하는 주택 1세대를 함께 건축할 수 없다.

74 주택법령상 공동사업주체에 관한 설명으로 옳은 것은?
① 토지소유자가 주택을 건설하는 경우에는 등록사업자와 공동으로 사업을 시행하여야 한다.
② 주택조합이 그 구성원의 주택을 건설하는 경우에는 등록사업자와 공동으로 사업을 시행하여야 한다.
③ 공동사업주체 간의 구체적인 업무·비용 및 책임의 분담 등에 관하여는 대통령령으로 정하는 범위에서 당사자 간의 협약에 따른다.
④ 고용자가 그 근로자의 주택을 건설하는 경우에는 등록사업자와 공동으로 사업을 시행할 수 있다.
⑤ 고용자가 등록사업자와 공동으로 주택을 건설하려는 경우 사업계획승인을 신청하려면 등록사업자가 주택건설대지의 소유권을 확보하고 있어야 한다.

75 주택법령상 대지면적이 8만m²인 주택건설사업의 사업계획승인권자가 될 수 없는 자는?
① 특별시장
② 광역시장
③ 시장
④ 군수
⑤ 구청장

76 주택법령상 주택건설사업계획의 승인을 받은 사업주체에게 인정되는 매도청구권에 관한 설명으로 틀린 것은?
① 매도청구권은 국민주택규모를 초과하는 주택의 주택건설사업에 대해서도 인정된다.
② 주택건설대지 중 사용권원을 확보하지 못한 대지는 물론 건축물에 대해서도 매도청구권이 인정된다.
③ 주택건설대지면적 중 100분의 95 이상에 대해 사용권원을 확보한 경우에는 사용권원을 확보하지 못한 대지의 모든 소유자에게 매도청구할 수 있다.
④ 사업주체는 매도청구대상 대지의 소유자에게 그 대지를 공시지가로 매도할 것을 청구할 수 있다.
⑤ 매도청구를 하기 위해서는 매도청구대상 대지의 소유자와 3개월 이상 협의를 하여야 한다.

77 주택법령상 주택공급질서 교란행위에 해당하는 것을 모두 고른 것은?

> ㉠ 리모델링주택조합의 조합원의 지위 양도
> ㉡ 주택상환사채의 증여
> ㉢ 입주자저축증서의 저당
> ㉣ 주택을 공급받을 수 있는 증서로서 군수가 발행한 건물철거확인서의 매매

① ㉠, ㉡
② ㉠, ㉢
③ ㉡, ㉢
④ ㉡, ㉣
⑤ ㉢, ㉣

78 주택법령상 등록사업자가 주택상환사채를 발행하기 위한 기준에 관한 다음의 내용 중 ( )에 들어갈 내용을 옳게 묶은 것은?

> • 법인으로서 자본금이 (㉠)억원 이상일 것
> • 최근 (㉡)년간 연평균 주택건설 실적이 (㉢)호 이상일 것

① ㉠ 3, ㉡ 3, ㉢ 300
② ㉠ 3, ㉡ 5, ㉢ 500
③ ㉠ 5, ㉡ 3, ㉢ 300
④ ㉠ 5, ㉡ 5, ㉢ 500
⑤ ㉠ 10, ㉡ 5, ㉢ 500

79 농지법령상 농지취득자격증명을 받아야 하는 경우는?
① 상속에 의하여 농지를 취득하여 소유하는 경우
② 주말·체험영농을 하려고 농업진흥지역 외의 농지를 소유하는 경우
③ 농지전용협의를 완료한 농지를 소유하는 경우
④ 시효의 완성에 의하여 농지를 취득하는 경우
⑤ 농업법인의 합병으로 농지를 취득하는 경우

80 농지법령상 유휴농지에 대한 대리경작자의 지정에 관한 설명으로 틀린 것은?
① 지력의 증진이나 토양의 개량·보전을 위하여 필요한 기간 동안 휴경하는 농지에 대하여 대리경작자를 지정할 수 없다.
② 대리경작자 지정은 유휴농지를 경작하려는 농업인 또는 농업법인의 신청이 있을 때에만 할 수 있고, 직권으로는 할 수 없다.
③ 대리경작자가 경작을 게을리하는 경우에는 대리경작 기간이 끝나기 전이라도 대리경작자 지정을 해지할 수 있다.
④ 대리경작 기간은 따로 정하지 아니하면 3년으로 한다.
⑤ 대리경작 농지의 소유권자가 그 농지를 스스로 경작하려면 대리경작 기간이 끝나기 3개월 전까지, 그 대리경작 기간이 끝난 후에는 대리경작자 지정을 중지할 것을 시장·군수 또는 구청장에게 신청하여야 한다.

부동산공시법령

01 공간정보의 구축 및 관리 등에 관한 법령상 토지의 합병 및 지적공부의 정리 등에 관한 설명으로 틀린 것은?
① 합병에 따른 면적은 따로 지적측량을 하지 않고 합병 전 각 필지의 면적을 합산하여 합병 후 필지의 면적으로 결정한다.
② 토지소유자가 합병 전의 필지에 주거·사무실 등의 건축물이 있어서 그 건축물이 위치한 지번을 합병 후의 지번으로 신청할 때에는 그 지번을 합병 후의 지번으로 부여하여야 한다.
③ 합병에 따른 경계는 따로 지적측량을 하지 않고 합병 전 각 필지의 경계 중 합병으로 필요 없게 된 부분을 말소하여 합병 후 필지의 경계로 결정한다.
④ 지적소관청은 토지소유자의 합병신청에 의하여 토지의 이동이 있는 경우에는 지적공부를 정리하여야 하며, 이 경우에는 소유자정리 결의서를 작성하여야 한다.
⑤ 토지소유자는 주택법상 공동주택부지로서 합병하여야 할 토지가 있으면 그 사유가 발생한 날부터 60일 이내에 지적소관청에 합병을 신청하여야 한다.

02 지번에 관한 내용으로 옳은 것은?
① 지번은 국토교통부장관이 지번부여지역별로 차례대로 부여한다.
② 지번은 본번과 부번으로 구성하되 본번과 부번 사이에 "-" 표시로 연결하고, "-" 표시는 "의"라고 읽는다.
③ 지적소관청은 도시개발사업 등이 준공되기 전에 지번을 부여하는 때에는 지번별조서에 따라 부여하여야 한다.
④ 지번은 북동에서 남서로 순차적으로 부여한다.
⑤ 지적소관청은 지번에 결번이 생긴 때에는 지체 없이 그 사유를 지번대장에 적어 영구히 보존하여야 한다.

03 토지의 분할에 관한 설명으로 틀린 것은?
① 매매 등을 위하여 분할측량을 하고자 하는 경우에는 지상경계점에 경계점 표지를 설치한 후 측량할 수 있다.
② 지적공부에 등록된 1필지의 일부가 관계 법령에 따른 형질변경 등으로 용도가 변경된 경우에는 지적소관청에 토지의 분할을 신청하여야 한다.
③ 토지를 분할하는 경우 주거·사무실 등의 건축물이 있는 필지에 대하여는 분할 전의 지번을 소유자의 신청이 있는 경우에 부여하여야 한다.
④ 토지이용상 불합리한 지상 경계를 시정하기 위한 경우에는 분할을 신청할 수 있다.
⑤ 공공사업으로 도로를 개설하기 위하여 토지를 분할하는 경우에는 지상건축물이 걸리게 지상경계를 결정할 수 있다.

04 공간정보의 구축 및 관리 등에 관한 법령상 도시개발사업 등 시행지역의 토지이동 신청에 관한 특례의 설명으로 틀린 것은?
① 「도시개발법」에 따른 도시개발사업의 착수를 지적소관청에 신고하려는 자는 도시개발사업 등의 착수(시행)·변경·완료 신고서에 사업인가서, 지번별 조서, 사업계획도를 첨부하여야 한다.
② 「농어촌정비법」에 따른 농어촌정비사업의 사업시행자가 지적소관청에 토지의 이동을 신청한 경우 토지의 이동은 토지의 형질변경 등의 공사가 착수(시행)된 때에 이루어진 것으로 본다.
③ 「도시 및 주거환경정비법」에 따른 정비사업의 착수·변경 또는 완료 사실의 신고는 그 사유가 발생한 날부터 15일 이내에 하여야 한다.
④ 「주택법」에 따른 주택건설사업의 시행자가 파산 등의 이유로 토지의 이동 신청을 할 수 없을 때에는 그 주택의 시공을 보증한 자 또는 입주예정자 등이 신청할 수 있다.
⑤ 「택지개발촉진법」에 따른 택지개발사업의 사업시행자가 지적소관청에 토지의 이동을 신청한 경우 신청 대상 지역이 환지(換地)를 수반하는 경우에는 지적소관청에 신고한 사업완료 신고로써 이를 갈음할 수 있다. 이 경우 사업완료신고서에 택지개발 사업시행자가 토지의 이동 신청을 갈음한다는 뜻을 적어야 한다.

05 공간정보의 구축 및 관리 등에 관한 법령상 지적공부의 열람 및 등본 발급, 부동산종합공부의 등록사항 및 열람·증명서 발급 등에 관한 설명으로 틀린 것은?

① 정보처리시스템을 통하여 기록·저장된 지적공부(지적도 및 임야도는 제외한다)를 열람하거나 그 등본을 발급받으려는 경우에는 시장·군수 또는 구청장이나 읍·면·동의 장에게 신청할 수 있다.
② 지적소관청은 부동산종합공부에 「공간정보의 구축 및 관리 등에 관한 법률」에 따른 지적공부의 내용에서 토지의 표시와 소유자에 관한 사항을 등록하여야 한다.
③ 부동산종합공부를 열람하거나 부동산종합공부 기록사항에 관한 증명서를 발급받으려는 자는 부동산종합공부 열람·발급 신청서(전자문서로 된 신청서를 포함한다)를 시, 도지사나 지적소관청 또는 읍·면·동장에게 제출하여야 한다.
④ 지적소관청은 부동산종합공부에 「토지이용규제 기본법」 제10조에 따른 토지이용계획확인서의 내용에서 토지의 이용 및 규제에 관한 사항을 등록하여야 한다.
⑤ 지적소관청은 부동산종합공부에 「건축법」 제38조에 따른 건축물대장의 내용에서 건축물의 표시와 소유자에 관한 사항(토지에 건축물이 있는 경우만 해당한다)을 등록하여야 한다.

06 경계점좌표등록부에 등록하는 사항으로 옳지 않은 것은?
① 부호 및 부호도
② 필지별 경계점좌표등록부의 장번호
③ 토지의 고유번호
④ 좌표에 의하여 계산된 경계점간의 거리
⑤ 지적도면의 번호

07 공간정보의 구축 및 관리 등에 관한 법령상 등록전환을 할 때 임야대장의 면적과 등록전환될 면적의 차이가 오차의 허용범위 이내인 경우 처리방법으로 옳은 것은?
① 지적소관청이 임야대장의 면적 또는 임야도의 경계를 직권으로 정정하여야 한다.
② 지적소관청이 시·도지사의 승인을 받아 허용범위를 초과하는 면적을 등록전환 면적으로 결정하여야 한다.
③ 지적측량수행자가 지적소관청의 승인을 받아 허용범위를 초과하는 면적을 등록전환 면적으로 결정하여야 한다.
④ 지적측량수행자가 토지소유자와 합의한 면적을 등록전환 면적으로 결정하여야 한다.
⑤ 지적소관청은 등록전환될 면적을 등록전환면적으로 결정한다.

08 '산5-1'의 토지를 최종 지번이 100인 인접 지번부여지역에 편입하면서 '등록전환'되는 경우 그 지번은?

1	2	3	4	산5-1
:	:	:	:	
97	98	99	100	

① 산5-1
② 산4-1
③ 산5
④ 101
⑤ 3-1

09 공간정보의 구축 및 관리 등에 관한 법령상 지적소관청이 지적공부의 등록사항에 잘못이 있는지를 직권으로 조사·측량하여 정정할 수 있는 경우를 모두 고른 것은?

㉠ 토지이용계획서의 내용과 다르게 정리된 경우
㉡ 면적의 증감 없이 경계의 위치만 잘못된 경우
㉢ 지적측량이 잘못된 경우
㉣ 지적공부의 등록사항이 잘못 입력된 경우

① ㉢
② ㉣
③ ㉠, ㉣
④ ㉡, ㉣
⑤ ㉠, ㉢, ㉣

10 공간정보의 구축 및 관리 등에 관한 법령상 토지소유자 등 이해관계인이 지적측량수행자에게 지적측량을 의뢰하여야 하는 경우가 아닌 것을 모두 고른 것은? (단, 지적측량을 할 필요가 있는 경우임)

㉠ 지적측량성과를 검사하는 경우
㉡ 토지를 신규등록하는 경우
㉢ 토지를 분할하는 경우
㉣ 「지적재조사에 관한 특별법」에 따른 지적재조사사업에 따라 토지의 이동이 있는 경우

① ㉠, ㉡
② ㉠, ㉡, ㉢
③ ㉢, ㉣
④ ㉡, ㉢, ㉣
⑤ ㉠, ㉣

11
토지소유자가 신규등록을 신청할 때에는 신규등록사유를 적은 신청서에 해당서류를 첨부하여 지적소관청에 제출하여야 한다. 이 경우 첨부해야 할 해당 서류가 아닌 것은?

① 법원의 확정판결서 정본 사본
② 등기사항 증명서
③ 「공유수면매립법」에 의한 준공검사확인증사본
④ 도시계획구역의 토지를 그 지방자치단체의 명의로 등록하는 때에는 기획재정부장관과 협의한 문서의 사본
⑤ 소유권을 증명하는 서류의 사본

12
공간정보의 구축 및 관리 등에 관한 법령상 지적측량기술의 연구·개발 및 보급에 관한 사항과 지적기술자의 업무정지 및 징계에 관한 사항을 심의·의결하기 위하여 설치한 위원회는?

① 축척변경위원회
② 중앙지적위원회
③ 토지수용위원회
④ 경계결정위원회
⑤ 지방지적위원회

13
다음 중 등기관이 직권으로 등기할 수 있는 것으로 옳게 묶은 것은?

㉠ 전세권을 말소하는 경우 그 권리를 목적으로 하는 저당권의 말소등기
㉡ 소유권이전등기시 등기의무자의 주소변경등기
㉢ 대지권이라는 뜻의 등기
㉣ 농지 전세권에 관한 말소등기
㉤ 등기의무자의 소재불명으로 인한 제권판결을 받은 경우의 말소등기
㉥ 임차권등기명령에 의한 등기

① ㉠, ㉡
② ㉠, ㉡, ㉥
③ ㉠, ㉡, ㉢, ㉣
④ ㉠, ㉡, ㉢, ㉣, ㉤
⑤ ㉠, ㉡, ㉢, ㉣, ㉤, ㉥

14
( ) 안에 들어갈 내용으로 올바른 것은?

부동산등기규칙 제52조 【사건이 등기할 것이 아닌 경우】
법 제29조 제2호에서 "사건이 등기할 것이 아닌 경우"란 다음 각 호의 어느 하나에 해당하는 경우를 말한다.
1. 등기능력 없는 물건 또는 권리에 대한 등기를 신청한 경우
2. 법령에 근거가 (㉠) 특약사항의 등기를 신청한 경우
3. 구분건물의 전유부분과 대지사용권의 분리처분 금지에 위반한 등기를 신청한 경우
4. (㉡)를 전세권설정의 목적으로 하는 등기를 신청한 경우
5. 저당권을 피담보채권과 분리하여 양도하거나, 피담보채권과 분리하여 다른 채권의 담보로 하는 등기를 신청한 경우
6. (㉢)에 대한 소유권보존등기를 신청한 경우
7. 공동상속인 중 일부가 자신의 상속지분만에 대한 상속등기를 신청한 경우
8. 관공서 또는 법원의 촉탁으로 실행되어야 할 등기를 신청한 경우
9. 이미 보존등기된 부동산에 대하여 다시 보존등기를 신청한 경우
10. 그 밖에 신청취지 자체에 의하여 법률상 허용될 수 없음이 명백한 등기를 신청한 경우

	㉠	㉡	㉢
①	없는	농지	일부지분
②	있는	임야	일부지분
③	있는	농지	부동산
④	없는	임야	전부지분
⑤	있는	농지	일부지분

15
다음 중 이의신청의 대상이 되지 않는 것은?

① 사건이 그 등기소의 관할에 속하지 아니함에도 등기관이 수리하여 등기한 경우
② 사건이 등기할 것이 아닌 때에 해당하여 등기관이 신청을 각하한 경우
③ 사건이 등기할 것이 아닌 때에 해당함에도 등기관이 신청을 수리하여 등기한 경우
④ 신청서가 방식에 적합하지 아니하였음을 간과하고 등기관이 신청을 수리하여 등기한 경우
⑤ 등기신청의 당사자나 그 대리인이 출석하지 아니하여 등기관이 신청을 각하한 경우

16 등기기록에 관한 설명 중 틀린 것은?
① 무인발급기를 이용하여 발급할 수 있는 등기사항증명서는 '등기사항일부증명서'에 한한다.
② 무인발급기는 등기소 이외의 장소에도 설치할 수 있다.
③ 폐쇄한 등기기록은 영구히 보존해야 한다.
④ 등기사항증명서 발급신청시 매매목록은 그 신청이 있는 경우에만 등기사항증명서에 포함하여 발급한다.
⑤ 법원행정처장은 무인발급기를 이용하여 등기사항증명서의 발급업무를 처리하게 할 수 있다.

17 등기필정보에 관한 설명이다. 틀린 것은?
① 상속등기를 신청하는 경우에는 등기필정보를 제공할 필요가 없다.
② 유증을 원인으로 하는 소유권이전등기를 신청할 경우에도 등기필정보를 제공하여야 한다.
③ 소유권보존등기신청시에는 등기필정보를 제공하지 않는다.
④ 승소한 등기의무자가 등기를 신청하는 경우에는 등기필정보를 제공할 필요가 없다.
⑤ 등기관이 법원의 촉탁에 따라 가압류등기를 하기 위해 직권으로 소유권보존등기를 한 경우, 소유자에게 등기필정보를 통지하지 않는다.

18 대지권등기에 관련된 설명으로 틀린 것은?
① 대지권을 등기한 건물의 등기기록에는 그 건물만에 관한 저당권설정등기를 할 수 없다.
② 대지권에 대한 전세권설정등기는 하지 못한다.
③ 대지권을 등기한 건물의 등기기록에는 그 건물만에 관한 전세권설정등기를 할 수 있다.
④ 건물의 등기기록에 대지권등기를 한 경우, 그 권리의 목적인 토지의 등기기록 중 표제부에 대지권이 있다는 뜻을 등기하여야 한다.
⑤ 대지권의 표시란에는 대지권의 목적인 토지의 일련번호를 기재함으로써 대지권의 목적인 토지의 표시를 갈음할 수 있다.

19 甲이 그 소유의 부동산을 乙에게 매도한 경우에 관한 설명으로 틀린 것은?
① 乙이 부동산에 대한 소유권을 취득하기 위해서는 소유권이전등기를 해야 한다.
② 甲이 乙에게 매도한 후에 사망하여 甲의 상속인 丙이 소유권이전등기를 신청하는 경우에는 등기원인이 상속이므로 단독으로 신청할 수 있다.
③ 乙이 소유권이전등기신청에 협조하지 않는 경우, 甲은 乙에게 등기신청에 협조할 것을 소구(訴求)할 수 있다.
④ 甲이 소유권이전등기신청에 협조하지 않는 경우, 乙은 승소판결을 받아 단독으로 소유권이전등기를 신청할 수 있다.
⑤ 소유권이전등기가 마쳐지면, 乙은 등기신청을 접수한 때 부동산에 대한 소유권을 취득한다.

20 합유등기에 관한 설명으로 틀린 것은?
① 합유등기를 할 때에는 합유자의 지분을 표시하지 않는다.
② 합유등기가 된 후 합유자의 탈퇴 또는 사망으로 잔존합유자 1인이 됨에 따라 그 1인 명의로 등기를 할 때에는 소유권이전등기의 방식으로 하여야 한다.
③ 합유자 지분에 대한 강제경매개시결정등기는 다른 합유자 전원의 동의가 있다 하더라도 할 수 없다.
④ 합유자 중 1인이 다른 합유자 전원의 동의를 얻어 합유지분을 처분하는 경우, 지분이전등기를 신청할 수 없다.
⑤ 공유자 전원이 그 소유관계를 합유로 변경하는 경우, 변경계약을 등기원인으로 변경등기를 신청해야 한다.

21 등기관이 용익권의 등기를 하는 경우에 관한 설명으로 옳은 것은?
① 1필 토지 전부에 지상권설정등기를 하는 경우, 지상권설정의 범위를 기록하지 않는다.
② 지역권의 경우, 승역지의 등기기록에 설정의 목적, 범위 등을 기록할 뿐, 요역지의 등기기록에는 지역권에 관한 등기사항을 기록하지 않는다.
③ 전세권의 존속기간이 만료된 경우, 그 전세권설정등기를 말소하지 않고 동일한 범위를 대상으로 하는 다른 전세권설정등기를 할 수 있다.
④ 2개의 목적물에 하나의 전세권설정계약으로 전세권설정등기를 하는 경우, 공동전세목록을 작성한다.
⑤ 차임이 없이 보증금의 지급만을 내용으로 하는 채권적 전세의 경우, 임차권설정등기기록에 임차보증금을 기록한다.

22 저당권등기에 관한 설명으로 틀린 것은?
① 지상권과 전세권도 저당권의 목적이 될 수 있다.
② 1필 토지의 특정 일부를 객체로 하는 저당권의 설정등기를 신청할 수 있다.
③ 저당권설정등기에는 채권액과 채무자를 반드시 기록하여야 한다.
④ 저당권의 이전등기를 신청하는 경우에는 저당권이 채권과 같이 이전한다는 뜻을 신청정보의 내용으로 등기소에 제공하여야 한다.
⑤ 부동산 소유권의 공유지분에 대하여 저당권을 설정할 수 있다.

23 등기의 경정에 관한 다음 내용 중 틀린 것은?
① 경정등기는 등기의 착오나 빠진 부분이 있을 때 하는 등기이다.
② 등기관이 등기의 착오나 빠진 부분이 등기관의 잘못으로 인한 것임을 발견한 경우에는 지체 없이 그 등기를 직권으로 경정하여야 한다.
③ 등기상 이해관계 있는 제3자가 있는 경우에는 직권경정등기를 할 수 없다.
④ 등기관이 직권으로 경정등기를 하였을 때에는 그 사실을 등기권리자, 등기의무자 또는 등기명의인에게 알려야 한다.
⑤ 등기권리자, 등기의무자 또는 등기명의인이 각 2인 이상인 경우에는 그 중 1인에게 통지하면 된다.

24 수용으로 인한 등기에 관한 설명으로 틀린 것을 모두 고른 것은?

> ㉠ 수용으로 인한 소유권이전등기는 토지수용위원회의 재결서를 등기원인증서로 첨부하여 사업시행자가 단독으로 신청할 수 있다.
> ㉡ 등기권리자의 단독신청에 따라 수용으로 인한 소유권이전등기를 하는 경우, 등기관은 그 부동산을 위해 존재하는 지역권의 등기를 직권으로 말소하여야 한다.
> ㉢ 수용으로 인한 소유권이전등기가 된 후 토지수용위원회의 재결이 실효된 경우, 그 소유권이전등기의 말소등기는 등기관이 직권으로 말소하여야 한다.
> ㉣ 수용으로 인한 소유권이전등기신청서에 등기원인은 토지수용으로, 그 연월일은 수용의 재결일로 기재해야 한다.
> ㉤ 수용으로 인한 등기신청 시 토지거래허가정보를 등기소에 제공할 필요가 없다.

① ㉠, ㉡, ㉢ ② ㉠, ㉢, ㉣
③ ㉠, ㉣, ㉤ ④ ㉡, ㉢, ㉣
⑤ ㉡, ㉣, ㉤

부동산세법

25 「국세기본법」및「지방세기본법」상 조세채권과 일반채권의 관계에 관한 설명으로 틀린 것은?
① 납세담보물 매각시 압류에 관계되는 조세채권은 담보있는 조세채권보다 우선하지 못한다.
② 재산의 매각대금 배분시 당해 재산에 부과된 종합부동산세는 당해 재산에 설정된 전세권에 따라 담보된 채권보다 우선한다.
③ 취득세 신고서를 납세지 관할 지방자치단체장에게 제출한 날 전에 저당권 설정 등기 사실이 증명되는 재산을 매각하여 그 매각대금에서 취득세를 징수하는 경우 저당권에 따라 담보된 채권은 취득세에 우선한다.
④ 재산의 매각대금 배분시 등록면허세에 부가되는 지방교육세는 당해 재산에 설정된 저당권에 따라 담보된 채권보다 우선한다.
⑤ 강제집행으로 부동산을 매각할 때 그 매각금액 중에 국세를 징수하는 경우 강제집행 비용은 국세에 우선한다.

26 부동산을 양도할 경우 양도자의 입장에서 납부하는 조세에 해당될 수 없는 것은?
① 양도소득세 ② 종합소득세
③ 부가가치세 ④ 취득세
⑤ 인지세

27 다음 취득세 납세의무에 대한 설명으로 틀린 것은?

① 증여로 인한 승계취득의 경우 해당 취득물건을 등기·등록을 하지 아니하고 취득일로부터 60일 이내에 공증받은 공정증서에 의하여 계약이 해제된 사실이 입증되는 경우에는 취득한 것으로 보지 아니한다.
② 「민법」 등 관계 법령에 따른 등기를 이행하지 아니한 경우에도 사실상 취득한 경우에는 취득한 것으로 본다.
③ 「도시개발법」에 따른 도시개발사업과 「도시 및 주거환경정비법」에 따른 정비사업의 시행으로 해당 사업의 대상이 되는 부동산의 소유자(상속인을 포함한다)가 환지계획 또는 관리처분계획에 따라 공급받거나 토지상환채권으로 상환받는 건축물은 그 소유자가 원시취득한 것으로 보며 토지의 경우에는 그 소유자가 승계취득한 것으로 본다. 이 경우 토지는 당초 소유한 토지 면적을 초과하는 경우로서 그 초과한 면적에 해당하는 부분에 한정하여 취득한 것으로 본다.
④ 과점주주가 아닌 자가 다른 주주로부터 주식을 취득함으로써 최초로 과점주주가 된 경우에는 지분 모두에 대하여 납세의무가 있다.
⑤ 증여자의 채무를 인수하는 부담부증여(배우자 직계존비속은 제외)의 경우에 그 채무액에 해당하는 부분을 제외한 부분은 부동산 등을 무상으로 취득한 것으로 본다.

28 「지방세법」상 취득세에 대한 설명으로 틀린 것은?

① 취득세 취득가액을 시가인정액으로 신고한 후 지방자치단체의 장이 세액을 경정하기 전에 시가인정액을 수정·신고한 경우 과소신고가산세를 부과하지 아니한다.
② 토지를 취득한 자가 그 취득한 날로부터 1년 이내에 그에 인접한 토지를 취득한 경우에는 그 전후의 취득에 관한 토지의 취득을 1건의 토지 취득으로 보아 면세점을 적용한다.
③ 「부동산등기법」에 따라 대위등기를 하고자 하는 채권자는 취득세 과세물건을 취득한 자를 대위하여 취득세를 신고·납부할 수 있다.
④ 상속으로 인하여 취득세 과세물건을 취득한 자는 상속개시일로부터 6개월(외국에 주소를 둔 경우에는 9개월) 이내에 취득세를 신고하고 납부하여야 한다.
⑤ 증여자의 채무를 인수하는 부담부증여의 경우 유상으로 취득한 것으로 보는 채무액에 상당하는 부분에 대해서는 유상승계취득에서의 과세표준을 적용하고 취득물건의 시가인정액에서 채무부담액을 뺀 잔액에 대해서는 무상취득에서의 과세표준을 적용한다.

29 「지방세법」상 취득세 표준세율에서 중과기준세율을 뺀 세율을 적용하는 것으로 옳지 않은 것은?

① 「민법」 제839조의2에 따른 재산분할로 인한 취득
② 건축물의 이전으로 인한 취득(이전한 건축물의 가액이 종전 건축물의 가액을 초과하지 아니함)
③ 상속으로 인한 취득 중 법령으로 정하는 1가구 1주택 및 그 부속토지의 취득
④ 개수로 인한 취득(개수로 인하여 건축물 면적이 증가하지 아니함)
⑤ 환매등기를 병행하는 부동산의 매매로서 환매기간 내에 매도자가 환매한 경우의 그 매도자와 매수자의 취득

30 甲이 乙로부터 부동산을 취득한 경우 취득세와 등록면허세에 대하여 설명한 내용 중 가장 잘못된 것은?

① 취득세 과세물건이나 등록면허세 과세물건을 취득하거나 등록한 후 중과세율 적용대상이 된 경우에는 대통령령이 정하는 날부터 60일 이내에 중과세율을 적용하여 산출한 세액에서 이미 납부한 세액(가산세는 제외)을 공제한 금액을 세액으로 하여 납세지 관할하는 지방자치단체의 장에게 신고하고 납부하여야 한다.
② 부동산을 취득 후 신고하지 아니하고 매각한 경우 취득세와 등록면허세를 산출세액의 100분의 80을 가산한 금액을 세액으로 하여 보통징수방법으로 징수한다.
③ 등록면허세의 경우 사실상의 권리자라 하더라도 등기·등록(등재를 포함한다)을 받지 않는 자에게는 등록면허세를 부과하지 아니한다.
④ 등록면허세의 경우 부동산 등기의 경우 산출세액이 6,000원 미만인 경우 6,000원을 그 세액으로 한다.
⑤ 취득가액이 50만원인 때에는 취득세를 부과하지 아니한다. 이때 연부취득의 경우 면세점 여부 판단은 연부금 총액을 기준으로 판단한다.

TEST 05

31 다음은 등록면허세에 대한 설명이다. 바르지 않은 것은?
① 대도시 내 법인 설립등기 등에 대한 등록면허세는 표준세율의 100분의 300을 적용한다. 다만, 「의료법」 등에 따른 의료업 등 대도시 중과 제외 업종에 대해서는 그러하지 아니하다.
② 지방자치단체의 장은 채권자대위자의 부동산의 등기에 대한 등록면허세 신고납부가 있는 경우 납세의무자에게 그 사실을 즉시 통보하여야 한다.
③ 등기 또는 등록이 원인행위가 무효 또는 취소가 되어 그 등기 또는 등록이 말소되었다 하더라도 이미 납부한 등록면허세는 과오납으로 환급할 수 없다.
④ 등록면허세를 신고하지 않은 경우에도 등록을 하기 전까지 납부한 때에는 신고를 하고 납부한 것으로 보아 신고불성실 가산세 100분의 50을 경감한다.
⑤ 같은 등록에 관계되는 재산이 둘 이상의 지방자치단체에 걸쳐있어 등록면허세를 지방자치단체별로 부과할 수 없을 때에는 등록관청 소재지를 납세지로 한다.

32 「지방세법」상 재산세 과세대상 토지(비과세 또는 면제대상이 아님) 중 과세표준이 증가함에 따라 재산세 부담이 누진적으로 증가할 수 있는 것은?
① 과세기준일 현재 군지역에서 실제 영농에 사용되고 있는 개인이 소유하는 과수원
② 「체육시설의 설치·이용에 관한 법률 시행령」에 따른 회원제 골프장이 아닌 골프장용 토지 중 원형이 보전되는 임야
③ 1990년 5월 31일 이전부터 종중이 소유하는 농지로서 군지역에 소재하는 경우
④ 회원제 골프장용 토지로서 「체육시설의 설치·이용에 관한 법률」의 규정에 의한 구분등록대상이 되는 토지
⑤ 고급오락장용 토지

33 다음은 재산세에 대한 설명이다. 옳지 않은 것은?
① 주거용으로 사용되는 주택은 일반주택 또는 고급주택을 구분하지 아니하고 건물과 부속토지를 합산한 과세표준에 주택별로 초과누진세율을 적용한다.
② 「건축법 시행령」에 따른 다가구 주택은 전체를 하나의 주택으로 보아 재산세를 부과한다.
③ 관할 지방자치단체의 장은 주택분 재산세의 납부가 유예된 납세의무자가 해당 주택을 타인에게 양도하거나 증여하는 경우에는 그 납부유예 허가를 취소하여야 한다.
④ 사실상 종중재산으로 공부상 개인 명의로 등재되어 있는 재산의 공부상 소유자는 과세기준일로부터 15일 이내에 사실상 소유자를 신고하여야 한다.
⑤ 신탁재산의 위탁자가 재산세 등을 체납한 경우로서 그 위탁자의 다른 재산에 대하여 체납처분을 하여도 징수할 금액에 미치지 못할 때에는 해당 신탁재산의 수탁자는 그 신탁재산으로 위탁자의 재산세 등을 납부할 의무가 있다.

34 다음 중 재산세의 부과와 징수에 관한 설명으로 옳지 않은 것은?
① 지방자치단체장이 분납신청을 받은 때에는 이미 고지한 납세고지서를 납기 내에 납부하여야 할 납세고지서와 분납기간 내 납부하여야 할 납세고지서로 구분하여 수정 고지하여야 한다.
② 지방자치단체의 장은 세율 조정이 불가피하다고 인정되는 경우 조례로 정하는 바에 따라 표준세율의 100분의 50의 범위에서 가감할 수 있으며, 가감한 세율은 해당 연도에만 적용한다.
③ 재산세 과세대상에 변동이 발생한 경우 납세의무자는 사유발생일로부터 15일 이내에 시장·군수에게 신고하여야 한다.
④ 재산세는 납부하여야 할 재산세액(재산세 도시지역분은 제외)의 100분의 20에 해당하는 지방교육세가 부가세로 부과된다.
⑤ 재산세는 물납이 가능하며 지방세 중 물납이 가능한 조세는 재산세이다. 따라서 병기고지 세목인 소방분 지역자원시설세나 부가세인 지방교육세는 분납은 가능하지만 물납은 할 수 없다.

35 주택분 종합부동산세에 대한 설명으로 틀린 것은?
① 주택분 종합부동산세액에서 공제되는 재산세액은 재산세 표준세율의 100분의 50의 범위에서 가감된 세율이 적용된 경우에는 그 세율이 적용되기 전 세액으로 한다.
② 주택에 대한 세부담 상한의 기준이 되는 직전 연도에 해당 주택에 부과된 주택에 대한 총세액상당액은 납세의무자가 해당 연도의 과세표준합산주택을 직전 연도 과세기준일에 실제로 소유하였는지의 여부를 불문하고 직전 연도 과세기준일 현재 소유한 것으로 보아 계산한다.
③ 종합부동산세 납세의무자가 비거주자인 개인으로서 국내사업장이 없고 국내원천소득이 발생하지 아니하는 1주택을 소유한 경우 그 주택 소재지를 납세지로 정한다.
④ 법인이 주택을 소유한 경우 과세표준 계산시 9억원 공제를 적용하지 아니하고 세율은 비례세율(공익법인은 제외)을 적용하며 세부담상한도 적용하지 아니한다.
⑤ 1세대 1주택자가 상속을 원인으로 취득한 주택을 함께 보유하는 경우로서 상속개시일로부터 5년이 경과하지 않은 상속주택은 주택수에서 제외한다.

36 「소득세법」상 미등기 양도자산(미등기 양도 제외 자산이 아님)에 관한 내용으로 옳은 것을 모두 고른 것은?

> ㉠ 장기보유특별공제 적용 배제
> ㉡ 필요경비개산공제 적용 배제
> ㉢ 양도소득세 세율 : 과세표준의 100분의 50
> ㉣ 비과세 및 감면 적용 배제

① ㉠
② ㉡
③ ㉠, ㉣
④ ㉡, ㉣
⑤ ㉠, ㉡, ㉢, ㉣

37 「소득세법」상 실지거래가액에 의한 양도차익 계산시 양도가액에서 공제하는 필요경비로 인정되지 않는 것은?

① 토지·건물을 취득할 경우 법령 등의 규정에 따라 매입한 국민주택채권을 양도하여 발생하는 매각차손(이 경우 금융기관 외의 자에게 양도한 경우에는 동일한 날에 금융기관에 양도하였을 경우 발생하는 매각차손을 한도로 한다)
② 양도소득세 과세표준 신고서 작성비용
③ 양도자산을 취득한 후 쟁송이 있는 경우 그 소유권을 확보하기 위하여 직접 소요된 소송비용, 화해비용 등의 금액으로서 그 지출한 연도의 각 소득금액계산에 있어서 필요경비에 산입된 것을 제외한 금액
④ 자본적 지출액은 그 지출에 관한 증명서류를 수취·보관하거나 실제 지출사실이 금융거래 증명서류에 의하여 확인되는 경우 양도차익 계산시 양도가액에서 공제할 수 있다.
⑤ 취득 후 본래의 용도를 유지하기 위해 소요된 수익적 지출액

38 다음은 「소득세법」상 1세대 1주택의 양도소득세에 대한 설명이다. 틀린 것은?

① 소유하고 있던 공부상 주택인 1세대 1주택을 거주용이 아닌 영업용 건물로 사용하다가 양도하는 때에는 1세대 1주택으로 보지 아니한다.
② 1세대 1주택 비과세 규정을 적용함에 있어서 2개 이상의 주택을 같은 날에 양도하는 경우에는 당해 거주자가 선택하는 순서에 따라 주택을 양도한 것으로 본다.
③ 거주 혹은 보유 중에 소실 등으로 인하여 멸실되어 재건축한 주택은 그 멸실된 주택과 재건축한 주택에 대한 기간을 통산하여 거주 또는 보유기간을 계산한다.
④ 1주택을 여러 사람이 공동으로 소유하는 경우에는 주택수를 계산할 때 공동소유자 각자가 그 주택을 소유하는 것으로 본다.
⑤ 대지와 건물을 동일한 세대 구성원이 아닌 자가 각각 소유하고 있는 경우에도 1세대 1주택으로 본다.

39 1세대 1주택 요건을 충족하는 거주자 甲이 다음과 같은 단층 겸용주택(주택은 국내 상시주거용이며, 수도권 주거지역에 소재)을 7억원에 양도하였을 경우 양도소득세가 과세되는 건물 면적과 토지 면적으로 옳은 것은?

> 1. 건물 : 주택 80㎡, 상가 120㎡
> 2. 토지 : 건물 부수토지 800㎡

	건물 면적	토지 면적
①	120㎡	320㎡
②	120㎡	560㎡
③	80㎡	320㎡
④	200㎡	480㎡
⑤	120㎡	480㎡

40 양도소득세에 대한 설명으로 틀린 것은?

① 장기보유특별공제는 국외자산 양도시에는 공제받을 수 없지만 양도소득기본공제는 국내 국외자산에 대하여 모두 공제 받을 수 있다.
② 양도소득세 납부세액이 1천만원을 초과하는 경우 국내 소재하는 부동산으로 물납이 가능하다.
③ 「지적재조사에 관한 특별법」 제18조에 따른 경계의 확정으로 지적공부상의 면적이 감소되어 같은 법 제20조에 따라 지급받는 조정금은 비과세한다.
④ 다가구 주택도 가구별로 양도하지 아니하고 하나의 매매 단위로 하여 양도하는 경우에는 전체를 하나의 주택으로 본다.
⑤ 1세대 1주택(고가주택의 경우는 주택 부분만 주택으로 본다)에 대한 비과세 규정을 적용함에 있어 하나의 건물이 주택과 주택 외의 부분으로 복합되어 있는 주택의 연면적이 주택 외의 연면적보다 클 때에는 그 전부를 주택으로 본다.

Test 06 실전모의고사

정답 및 해설 ▶ P. 232

1교시

⏱ 제한시간 100분

공인중개사법·중개실무

01 공인중개사 시험제도 및 공인중개사정책심의위원회에 관한 내용이다. 옳은 것은 모두 몇 개인가?

㉠ 자격증 재교부신청은 자격증을 교부한 시·도지사에게 신청하여야 한다.
㉡ 공인중개사 자격취득에 관하여 필요한 사항을 심의하기 위하여 국토교통부에 정책심의위원회를 두어야 한다.
㉢ 공인중개사 정책심의위원회는 위원장 1명을 제외하고, 7명 이상 11명 이하의 위원으로 구성한다.
㉣ 공인중개사 정책심의위원회는 중개보수의 변경에 대한 사항을 심의할 수 없다.
㉤ 국토교통부장관은 공인중개사의 시험수준의 균형유지 등을 위하여 필요한 때에는 공인중개사 정책심의위원회의 의결을 거치지 않고도 직접 시험문제를 출제하거나 시험을 시행할 수 있다.

① 1개 ② 2개
③ 3개 ④ 4개
⑤ 5개

02 다음은 공인중개사법령상의 교육제도에 관한 내용이다. 틀린 것은?

① 폐업신고 후 1년 이내에 중개사무소 개설등록을 다시 신청하는 자는 실무교육이 면제된다.
② 직무교육은 직무수행에 필요한 법률지식과 부동산중개 실무와 경영실무, 직업윤리 등을 그 내용으로 한다.
③ 부동산거래 사고예방교육을 하려는 자는 교육일 10일 전까지 통지하여야 한다.
④ 등록관청은 직무교육과 부동산거래사고예방교육을 시행할 수 있다.
⑤ 공인중개사인 개업공인중개사가 중개업과 관련된 실무교육을 수료하였다 하더라도, 경매물건의 매수신청 대리업자로 등록을 하기 위한 경매실무교육이 면제되는 것은 아니다.

03 공인중개사법령과 관련된 판례의 내용이다. 틀린 것은?

① 무자격자가 자신의 명함에 "부동산뉴스 대표"라는 명칭을 기재하여 사용한 것이 공인중개사와 유사한 명칭을 사용한 것에 해당한다.
② 공인중개사가 자신의 명의로 중개사무소 개설등록이 되어 있으나, 실제로는 공인중개사가 아닌 자가 주도적으로 운영하는 형식으로 동업하여 중개사무소를 운영한 경우에, 자격증 명의자가 일방적으로 폐업신고를 하였다 하여, 「형법」상의 업무방해죄로 처벌되지는 않는다.
③ 부동산 컨설팅업을 하면서 「공인중개사법」에 따라 등록을 받지 아니하고, 부동산컨설팅행위에 수반하여 부동산을 중개한 사실은 무등록중개업에 해당한다.
④ 중개사무소의 개설등록을 하지 않고 부동산중개업을 한 자에게 행정적 제재나 형사적 처벌을 가하는 것만으로는 부족하므로, 중개의뢰인과의 중개보수 약정도 무효이다.
⑤ 공인중개사 자격이 없는 자가 우연한 기회에, 단 1회 타인 간의 거래행위를 중개한 경우, 그에 따른 중개보수 지급약정도 무효이다.

04 다음은 「공인중개사법」 제2조에서 사용하고 있는 용어의 정의에 관한 내용이다. 틀린 것은 모두 몇 개인가?

㉠ "공인중개사"라 함은 이 법에 의한 공인중개사 자격을 취득한 자를 말한다.
㉡ "중개업"이라 함은 다른 사람의 의뢰에 의하여 중개를 계속적으로 행하는 것을 말한다.
㉢ "개업공인중개사"라 함은 이 법에 의하여 중개사무소 개설등록을 한 공인중개사를 말한다.
㉣ "소속공인중개사"라 함은 개업공인중개사에 소속된 공인중개사(법인인 개업공인중개사의 사원 또는 임원으로서 공인중개사인 자를 제외한다)로서 개업공인중개사의 중개업무를 보조하는 자를 말한다.
㉤ "중개보조원"이라 함은 중개업무를 수행하거나, 개업공인중개사의 중개업무를 보조하는 자를 말한다.

① 1개 ② 2개
③ 3개 ④ 4개
⑤ 5개

05 다음은 중개사무소 개설 등록에 관한 설명이다. 옳은 것은?

① 중개업을 영위하고자 하는 자는 현재의 주민등록상의 주소지를 관할 시장·군수·구청장에게 중개사무소의 개설등록을 하여야 한다.
② 등록신청을 받은 등록관청은 지체 없이 개업공인중개사의 종별에 따라 구분하여 등록을 하고, 등록신청인에게 서면으로 통지하여야 한다.
③ 등록관청은 등록증을 교부하는 때에는 손해배상책임을 보장하기 위한 업무보증의 설정 여부를 확인하여야 한다.
④ 업무정지처분을 받은 개업공인중개사는 그 기간 중에 당해 중개업을 폐업한 경우에는 업무정지 기간 중이라 하더라도 다시 중개사무소의 개설등록을 신청할 수 있다.
⑤ 등록관청은 중개사무소 등록사항을 공인중개사협회에 등록증을 교부한 날로부터 10일 이내에 통보하여야 한다.

06 다음의 등록취소 처분을 받은 개업공인중개사 중에서, 등록취소 된 후 3년간의 결격기간이 적용되는 사유에 해당하는 자는?

① 「형법」을 위반하여 징역 1년에 집행유예 2년을 선고받아서, 이를 이유로 중개업 등록이 취소된 개업공인중개사
② 파산선고를 받은 것을 이유로 등록취소처분을 받은 개업공인중개사
③ 공인중개사인 개업공인중개사가 사망하여, 등록취소 처분을 받은 경우
④ 「형법」을 위반하여 징역 10년의 선고를 받아서, 이를 이유로 중개업 등록이 취소된 개업공인중개사
⑤ 서로 다른 2이상의 계약서를 작성하여, 이를 이유로 등록취소 처분을 받은 개업공인중개사

07 부동산경매절차에서 丙소유의 X건물을 취득하려는 甲은 친구 乙과 명의신탁약정을 맺고, 2025. 10. 5. 乙명의로 매각허가결정을 받아, 甲 자신의 비용으로 매각대금을 완납하였다. 그 후 乙명의로 X건물의 소유권이전등기가 마쳐졌다. 다음 설명 중 옳은 것은? (다툼이 있으면 판례에 따름)

① 甲은 乙에 대하여 X건물에 관한 소유권이전등기말소를 청구할 수 있다.
② 甲은 乙에 대하여 부당이득으로 X건물의 소유권반환을 청구할 수 있다.
③ 丙이 甲과 乙 사이의 명의신탁약정이 있다는 사실을 알았더라도 乙은 X건물의 소유권을 취득한다.
④ X건물을 점유하는 甲은 乙로부터 매각대금을 반환받을 때까지 X건물을 유치할 권리가 있다.
⑤ X건물을 점유하는 甲이 丁에게 X건물을 매도하는 계약을 체결한 경우, 그 계약은 무효이다.

08 다음의 사례를 보고 옳은 것을 하나만 고르면?

> 서울특별시 강남구 소재의 공인중개사인 개업공인중개사 甲은 경기도 화성시 소재의 "입목(立木)"에 대하여 매매계약을 중개하였다.

① 입목에 대한 매매계약의 효력은 그 지반인 토지에도 영향을 미치므로, 입목의 매수인은 토지에 대한 소유권이전등기도 청구할 수 있다.
② 입목이 만약 거래대금 10억에 매매가 된 경우에는 개업공인중개사 甲은 중개보수를 매도인에게 900만원까지 받을 수 있다.
③ 매매계약에 해당하므로, 개업공인중개사 甲은 매매계약일로부터 30일 이내에 화성시장에게 부동산거래신고를 하여야 한다.
④ 개업공인중개사 甲은 확인·설명서[Ⅰ], 확인·설명서[Ⅱ], 확인·설명서[Ⅲ], 확인·설명서[Ⅳ] 서식 중에서, 확인·설명서[Ⅱ]를 작성하여, 의뢰인 쌍방에게 교부하여야 한다.
⑤ 매수인이 입목에 대한 소유권이전등기를 신청할 때에는 매매계약서에 「부동산등기 특별조치법」상의 검인을 받아야 한다.

09 다음 중 개업공인중개사의 고용인에 관한 내용으로 옳은 것은? (다툼이 있으면 판례에 따름)

① 소속공인중개사가 자신의 신분을 의뢰인에게 고지하지 아니한 경우 과태료처분의 대상이 된다.
② 고용인의 모든 행위는 그를 고용한 개업공인중개사의 행위로 본다.
③ 개업공인중개사가 고용인의 행위를 방지하기 위하여 상당한 주의나 감독을 게을리 하지 아니한 경우에는 고용인으로 인하여 발생한 손해에 대해서는 배상의무가 없다.
④ 고용인의 업무상 행위의 결과가 징역형 또는 벌금형의 대상인 경우, 그 고용인(행위자)을 처벌하는 외에 개업공인중개사에게도 동일한 금액의 벌금을 과한다.
⑤ 고용인의 업무상 행위로 인하여 개업공인중개사가 벌금형의 선고를 300만원 이상을 받아도 결격사유에는 해당되지 아니한다.

10 다음은 중개사무소 이전 등과 관련된 내용이다. 공인중개사법령에 어울리지 않는 내용은?

① 개업공인중개사 A는 다른 개업공인중개사 B가 사용 중인 중개사무소로 이전하고, 그 개업공인중개사 B(업무정지기간 중이 아님)의 사용승낙서를 첨부하여 중개사무소 이전신고를 하였다.
② 법인인 개업공인중개사의 분사무소 책임자 C는 분사무소를 이전하고, 그 분사무소를 관할하는 구청장에 이전신고를 하였다.
③ 甲군(郡)에 사무소를 둔 개업공인중개사 D가 乙군으로 사무소를 이전한 경우, 甲군에서 발생한 사유로 인한 개업공인중개사에 대한 행정처분은 乙군 군수가 이를 행한다.
④ 개업공인중개사 E는 중개사무소를 자신 소유의 건물로 이전하고, 공인중개사법령에 따라 등록관청에 신고하면서 이전신고서와 중개업 등록증도 같이 제출하였다.
⑤ 개업공인중개사 F는 중개사무소를 丙군에서 丁군으로 이전한 후 법정 기간 내에 이전신고를 하지 않아 30만원의 과태료 처분을 받았다.

11 다음 중 개업공인중개사가 거래계약서에 반드시 기재해야 할 필요적 기재사항에 포함되지 않는 것은?

① 거래당사자의 인적사항
② 물건의 표시 및 물건의 인도일시
③ 확인·설명서 교부일자
④ 거래금액·계약금액 및 그 지급일자
⑤ 중개보수 및 실비의 금액

12 다음은 공인중개사법령상 휴업과 폐업에 관한 설명이다. 틀린 것은?

① 휴업신고는 휴업신고서에 등록증 사본을 첨부하여 등록관청에 제출하여야 한다.
② 휴업신고를 한 경우에는 중개사무소 간판을 철거할 필요가 없으나, 폐업신고를 한 경우에는 지체 없이 철거하여야 한다.
③ 중개사무소 개설 등록한 개업공인중개사가 부득이한 사유 없이, 6개월을 초과하여 업무를 개시하지 않을 경우, 중개업 등록이 취소될 수 있다.
④ 중개사무소의 개설등록 후 3개월을 초과하여 업무를 개시하지 아니할 경우, 미리 휴업신고를 하여야 한다.
⑤ 휴업기간 중이더라도, 중개업의 폐업신고를 할 수 있다.

13 다음은 전속중개계약에 대한 설명이다. 옳은 것은?

① 중개의뢰인은 전속중개계약의 유효기간 내에 스스로 발견한 상대방과 직접 거래한 경우에는 중개보수의 50%를 당해 개업공인중개사의 소요된 비용으로 지불하여야 한다.
② 개업공인중개사는 중개의뢰인에게 문서로서 1주일에 2회 이상 업무처리상황을 보고하여야 한다.
③ 개업공인중개사는 전속계약체결 후 7일 이내에 당해 중개대상물에 관한 정보를 부동산거래정보망과 일간신문에 공개하여야 한다.
④ 권리이전용 전속중개계약서 서식에는 건축물의 경우에는 건축물의 소재지, 면적, 건축연도, 구조, 용도를 기재하여야 한다.
⑤ 개업공인중개사는 정보공개시에 의뢰인의 인적사항은 임대차인 경우에는 공개하지 아니할 수 있다.

14 개업공인중개사는 중개를 의뢰받은 경우에는 중개가 완성되기 전에 다음의 사항을 확인하여 이를 당해 중개대상물에 관한 권리를 취득하고자 하는 중개의뢰인에게 성실·정확하게 설명하여야 한다. 이에 해당되지 않는 것은?

① 중개대상물의 종류·소재지·지번·지목 등 중개대상물에 관한 기본적인 사항
② 소유권·전세권·저당권 등 중개대상물의 권리관계에 관한 사항
③ 당해 물건의 경제적 가치
④ 토지이용계획, 공법상의 거래규제 및 이용제한에 관한 사항
⑤ 수도·전기·가스·소방 등 내·외부 시설물의 상태

15 다음은 공인중개사법령상의 각종 처벌과 관련된 내용이다. 틀린 것은 모두 몇 개인가?

> ㉠ 개업공인중개사가 중개대상물의 가격 등 내용을 사실과 다르게 거짓으로 표시·광고하거나 사실을 과장되게 하는 표시·광고를 한 경우, 100만원 이하의 과태료 처분사유에 해당된다.
> ㉡ 중개완성시 개업공인중개사는 업무보증에 대한 설명도 하여야 하며. 위반시에는 500만원 이하의 과태료 처분 사유에 해당된다.
> ㉢ 개업공인중개사가 중개대상물에 대하여 근거자료의 제시 없이 구두로써만 설명을 한 경우에는 100만원 이하의 과태료 처분 사유에 해당된다.
> ㉣ 법 제50조의 양벌규정은 소속공인중개사가 과태료 부과 대상인 행위를 한 경우에도 적용된다.

① 1개   ② 2개
③ 3개   ④ 4개
⑤ 0개

16 다음은 개업공인중개사의 중개대상물 확인·설명의무에 대한 내용이다. 옳은 것은? (다툼이 있으면 판례에 따름)

① 개업공인중개사는 중개대상물의 확인·설명을 위하여 필요한 경우에는 중개대상물의 매수의뢰인·임차의뢰인 등에게 당해 중개대상물의 상태에 관한 자료를 요구할 수 있다.
② 개업공인중개사는 의뢰인이 중개대상물의 상태에 관한 자료요구에 불응한 경우에는 그 사실을 설명하거나, 확인·설명서에 기재하여야 한다.
③ 개업공인중개사는 다가구주택의 일부에 대한 임대차계약을 중개함에 있어서, 임차의뢰인이 임대차계약이 종료된 후에 임대차보증금을 제대로 반환받을 수 있는지 판단하는 데 필요한 자료를 제공하여야 한다.
④ 개업공인중개사는 다가구주택의 일부에 대한 임차의뢰인에게 부동산 등기부상에 표시된 중개대상물의 권리관계 등을 확인·설명하면 충분하며, 그 다가구주택 내에 이미 거주해서 살고 있는 다른 임차인의 임대차계약내역을 임차의뢰인에게 설명할 필요는 없다.
⑤ 중개보수·실비 금액 및 산출내역은 설명해야 할 사항이기는 하나, 확인·설명서에 기재할 필요는 없다.

17 다음은 중개대상물 확인·설명서[Ⅰ] 작성방법 등에 관한 내용이다. 틀린 것은?

① 건축물의 방향은 주택의 경우에는 주실(主室)의 방향을 기준으로 하고, 기타 건축물은 주된 출입구의 방향을 기준으로 기재한다.
② 건폐율 상한 및 용적률 상한은 시·군의 조례에 따라 기재한다.
③ 중개보수는 거래예정금액을 기준으로 계산하여 기재하며, 지급시기도 기재하여야 한다.
④ 관리비는 개업공인중개사 기본 확인사항에 기재한다.
⑤ 취득조세란에는 취득세, 농어촌특별세, 지방교육세, 증여세를 기재한다.

18 공인중개사인 개업공인중개사 甲이 서울특별시 강동구 소재의 아파트에 대한 "임대차계약"을 중개하였다. 다음 중 틀린 것은?

① 개업공인중개사 甲은 확인·설명서에는 취득시 부담할 조세를 기재하여야 한다.
② 개업공인중개사 甲은 확인·설명서에 공시지가 및 공시가격의 기재를 생략할 수 있다.
③ 개업공인중개사 甲은 확인·설명서에 공법상 이용제한·거래규제에 대한 기재를 생략할 수 있다.
④ 전속중개계약을 한 경우에 개업공인중개사 甲은 공시지가는 공개하지 아니할 수 있다.
⑤ 개업공인중개사 甲은 임차의뢰인에게 해당 아파트가 미분양 아파트인지를 설명하여야 한다.

19 다음은 개업공인중개사의 거래계약서 작성의무 등에 관한 내용이다. 틀린 것은?

① 개업공인중개사가 거래계약서를 작성하는 때에는 국토교통부장관이 정하는 표준서식에 따라야 한다.
② 개업공인중개사가 서로 다른 2 이상의 계약서를 작성하거나 거래내용을 거짓으로 기재한 경우에는 등록이 취소될 수 있다.
③ 소속공인중개사가 서로 다른 2 이상의 계약서를 작성하거나 거래내용을 거짓으로 기재한 경우에는 자격정지의 대상이 된다.
④ 서로 다른 2 이상의 계약서를 작성하거나 거래내용을 거짓으로 기재한 것을 신고·고발하여도 포상금 지급의 대상은 아니다.
⑤ 개업공인중개사는 거래계약서 원본이나 사본 또는 전자문서를 5년간 보존하여야 한다(공인전자문서센터 보존시 제외).

20 다음 "토지"에 대한 "임대차" 사례에서 개업공인중개사가 임대인과 임차인으로부터 받을 수 있는 중개보수 최고한도액의 총액은?

- 임차보증금 : 1천 6백만원
- 월세 : 20만원
- 계약기간 : 1년(12개월)
- 중개사무소 게시(명시)한도 : 0.5%(법정한도는 0.9%)

① 150,000원 ② 180,000원
③ 300,000원 ④ 360,000원
⑤ 540,000원

21 공인중개사법령상 개업공인중개사의 성명과 중개사무소 명칭에 관한 설명으로 옳은 것은?

① 개업공인중개사가 중개대상물에 대한 표시·광고에는 성명을 표기하여야 하며, 위반시 500만원 이하의 과태료에 처한다.
② 개업공인중개사가 아닌 자가 "공인중개사사무소"라는 명칭을 사용한 경우에는 100만원 이하의 과태료에 처한다.
③ 개업공인중개사가 설치한 옥외광고물에 성명을 거짓으로 표기한 경우에는 500만원 이하의 과태료를 부과한다.
④ 법인인 개업공인중개사가 분사무소에 옥외광고물을 설치하는 경우, 법인의 대표자의 성명을 표기할 필요는 없다.
⑤ 등록관청이 위법하게 설치된 사무소 간판의 철거를 명하였음에도 이를 철거하지 않는 경우, 그 철거절차는 「민사집행법」에 따라야 한다.

22. 다음의 사례에서 옳은 것을 찾으면? (다툼이 있으면 판례에 따름)

> 개업공인중개사 甲은 아파트를 매도인 A와 매수인 B가 5억원에 매매계약체결을 하도록 알선함과 동시에, 그 당해 아파트를 매수인 B가 다시 종전 소유자인 매도인 A에게 보증금 5천만원에 월세 50만원으로 임대차계약을 체결하도록 알선하였다.

① 매도인 A가 임차인으로서 「주택임대차보호법」상의 대항력을 갖는 시점은 매수인 B에게 소유권이전등기가 된 그 다음 날부터이다.
② 개업공인중개사 甲은 중개보수에 대하여 매매와 임대차에 대한 중개보수를 각각 모두 받을 수 있다.
③ 개업공인중개사 甲은 매매계약과 임대차계약이 동시에 이루어진 경우이므로, 부동산거래신고는 할 필요가 없다.
④ 개업공인중개사 甲은 매매계약서는 작성·교부할 의무가 있으나, 임대차계약서는 작성·교부할 의무가 없다.
⑤ 개업공인중개사 甲이 만약, 등록이 이미 취소된 상태에서 위의 계약을 의뢰받아 알선한 경우라면, 위의 매매계약과 임대차계약은 무효가 된다.

23. 공인중개사법령상 인장등록에 관한 내용으로 틀린 것은?

① 법인인 개업공인중개사의 인장등록은 「상업등기규칙」에 따른 인감증명서의 제출로 갈음한다.
② 법인의 분사무소에서 사용할 인장은 「상업등기규칙」에 따라 법인의 대표자가 보증하는 인장을 등록할 수 있다.
③ 개업공인중개사가 등록하지 않은 인장을 중개행위에 사용한 것은 업무정지 사유에 해당한다.
④ 인장의 등록은 중개사무소 개설등록신청과 같이 할 수 있다.
⑤ 개업공인중개사가 중개사무소를 공동 활용하는 경우에는 공동사무소의 대표자의 인장을 등록하여야 한다.

24. 다음은 공인중개사법령상의 중개 대상에 관한 내용이다. 틀린 것은? (다툼이 있으면 판례에 따름)

① 영업용 건물의 영업시설·비품 등 유형물이나 거래처, 신용, 영업상의 노하우 등 무형의 재산적 가치도 중개대상물에 해당이 된다.
② 공사대금의 채권의 양도와 함께 이루어지는 유치권의 이전은 중개의 대상이 될 수 있다.
③ 등기된 부동산 환매권의 이전은 중개가 개입될 수 있다.
④ 법정지상권의 이전은 중개의 대상이 된다.
⑤ 중개대상물로서의 '건축물'은 「민법」 제99조상의 부동산에 해당하는 건축물에 한정된다.

25. 다음 중 부동산거래정보망 및 거래정보사업자에 관한 설명으로 옳은 것은?

① 부동산거래정보망이란 개업공인중개사와 중개의뢰인 사이의 중개대상물에 관한 정보를 교환하는 체계를 말한다.
② 등록관청은 부동산거래정보망을 설치·운영할 자를 지정할 수 있다.
③ 부동산거래정보망을 설치·운영할 자로 지정받으려면, 가입한 개업공인중개사가 보유하고 있는 주된 컴퓨터의 용량 및 성능을 확인할 수 있는 서류를 제출하여야 한다.
④ 거래정보사업자로 지정을 받기 위해서는 공인중개사 1인 이상과 정보처리기사 1인 이상을 확보하여야 한다.
⑤ 거래정보사업자 지정을 받기 위해서는 3개월 이내에 운영규정을 정하여 국토교통부장관의 승인을 미리 받아야 한다.

26. 다음은 공인중개사 협회의 공제와 대한 내용이다. 틀린 것은? (다툼이 있으면 판례에 따름)

① 협회는 비영리사업으로서 회원 간의 상호부조를 목적으로 공제사업을 할 수 있다.
② 공제는 보증보험적 성격을 가지므로, 그 공제약관에 공제가입자인 개업공인중개사의 고의로 인한 사고의 경우까지 공제금을 지급하도록 규정되었다고 하여, 공제제도의 본질에 어긋난 것은 아니다.
③ 협회가 공제사업을 하고자 하는 때에는 공제규정을 제정하여, 국토교통부장관의 승인을 얻어야 한다.
④ 협회는 공제사업을 손해배상기금과 복지기금으로 구분하여 각 기금별 세부기준을 정하여야 하며, 책임준비금의 적립비율은 공제료 수입액의 100분의 10 이상으로 정한다.
⑤ 협회는 공제사업 운용실적을 매 회계연도 종료 후 3개월 이내에 일간신문과 협회보에 공시하거나, 협회의 인터넷 홈페이지에 게시하여야 한다.

27. 「공인중개사법」상 업무정지처분에 대한 설명이다. 틀린 것은?

① 업무정지처분은 업무정지처분의 사유가 발생한 날로부터 3년이 경과한 때에는 이를 할 수 없다.
② 등록관청이 업무정지처분을 한 경우에는 5일 이내에 이를 시·도지사에게 보고하고, 다른 등록관청에 통지하여야 한다.
③ 등록이 취소될 수 있는 사유(상대적 등록취소사유)는 모두 업무정지 처분사유이기도 하다.
④ 업무정지처분을 한 등록관청은 다음 달 10일까지 공인중개사협회에 이를 통보하여야 한다.
⑤ 업무정지기간이 경과되면, 별도의 재개신고가 없이도 업무를 재개할 수 있다.

28 공인중개사법령상 개업공인중개사에 대한 제재의 내용으로 틀린 것은?

① 중개보조원은 이 법에 따른 행정처분(취소나 정지처분)의 대상이 되지 아니한다.
② 중개보조원도 이 법에 따라 행정질서벌(과태료처분)을 받을 수 있다.
③ 부동산거래정보사업자도 이 법에 따라 행정형벌을 받을 수 있다.
④ 법인이 아닌 개업공인중개사의 소속공인중개사가 결격사유에 해당하는 경우, 그 사유가 발생한 날부터 2개월 이내에 그 사유를 해소하지 않는 한, 등록관청은 개업공인중개사에게 업무정지를 명할 수 있다.
⑤ 개업공인중개사가 이 법에 대한 1건의 위반행위로 행정처분과 행정형벌을 함께 받을 수는 없다.

29 다음 중 「공인중개사법」상 3년 이하 징역 또는 3천만원 이하의 벌금사유에 해당되는 것을 모두 묶은 것은?

> ㉠ 공인중개사가 아닌 자로서, 공인중개사라는 명칭을 사용한 자
> ㉡ 부동산중개업을 위한 이중사무소, 임시시설물을 설치한 개업공인중개사
> ㉢ 허위(거짓) 기타 부정한 방법으로 중개업 등록을 한 자
> ㉣ 중개의뢰인과 직접거래를 한 개업공인중개사

① ㉠, ㉡ ② ㉡, ㉢
③ ㉢, ㉣ ④ ㉠, ㉣
⑤ ㉡, ㉢, ㉣

30 다음은 「부동산 거래신고 등에 관한 법률」상의 부동산거래신고에 대한 설명이다. 옳은 것은?

① 개업공인중개사는 부동산거래신고를 매매계약 체결일로부터 30일 이내에 중개사무소가 소재하는 등록관청에 신고하여야 한다.
② 부동산거래신고에 대하여 거짓신고를 조장하거나 방조한 자는 500만원 이하의 벌금형의 대상이 된다.
③ 소속공인중개사는 전자문서에 의한 부동산거래신고를 개업공인중개사를 대행하여 할 수 있다.
④ 개업공인중개사가 주택에 대하여 증여계약을 중개한 경우에는 부동산거래신고를 할 필요가 없다.
⑤ 「택지개발촉진법」에 따른 부동산에 대한 공급계약은 부동산 거래신고 대상이 아니다.

31 다음 중 「부동산 거래신고 등에 관한 법률」상의 부동산거래신고시에 부동산거래신고서에 기재해야 할 사항이 아닌 것은?

① 매수인 및 매도인의 인적사항
② 계약일, 중도금 지급일 및 잔금 지급일
③ 중개보수 및 실비의 금액
④ 실제 거래가격
⑤ 조건이나 기한이 있을 때, 그 조건이나 기한

32 다음은 「부동산 거래신고 등에 관한 법률」상의 토지거래허가제와 관련된 내용이다. 틀린 것은?

① 자기의 거주용 주택용지로 이용하기 위하여 허가를 받은 경우의 의무이용기간은 2년이다.
② 토지거래 허가받은 목적대로 이용하지 아니하고, 무단으로 용도를 변경하여 사용한 경우 토지취득가액의 7%를 이행강제금으로 부과할 수 있다.
③ 토지거래 허가받은 목적대로 이용하지 아니하고, 무단으로 임대한 경우에는 토지취득가액의 7%를 이행강제금으로 부과할 수 있다.
④ 토지거래 허가받은 목적대로 이용하지 아니하고, 그대로 방치한 경우에는 토지취득가액의 10%를 이행강제금으로 부과할 수 있다.
⑤ 허가구역을 포함한 지역의 주민을 위한 편익시설의 설치에 이용하려는 목적으로 허가를 받은 경우의 의무이용기간은 2년이다.

33 다음은 「부동산 거래신고 등에 관한 법률」상의 토지거래허가제와 관련된 내용이다. 틀린 것은? (다툼이 있으면 판례에 따름)

① 토지거래허가구역 내의 토지와 지상건물을 일괄하여 매매한 경우에는 매수인이 토지에 관한 허가가 없더라도, 건물만이라도 소유권이전등기를 청구할 수 있음이 원칙이다.
② 허가를 전제로 계약을 체결한 경우, 어느 일방이 허가신청의 협력의무의 이행거절의사를 분명히 하였다 하더라도, 그 상대방은 소(訴)로써 허가신청절차에 협력해 줄 것을 청구할 수 있다.
③ 토지거래계약 허가구역 내의 토지에 관하여 허가를 배제하거나 잠탈하는 내용으로 매매계약이 체결된 경우에는 그 계약은 체결된 때부터 확정적으로 무효이다.
④ 토지를 대가를 주고 취득하고서도, 이에 관하여 증여를 원인으로 소유권이전등기를 경료하였다면, 그 토지에 관한 거래계약은 확정적으로 무효로 된다.
⑤ 유동적 무효인 상태의 매매계약에 있어서도 계약금이 매도인에게 지급되었다면, 당해 매매계약은 매도인이 계약금의 배액을 상환하고 계약을 해제할 수 있다.

34 다음은 「부동산 거래신고 등에 관한 법률」상의 외국인의 부동산 취득 특례에 대한 내용이다. 틀린 것은?

① 외국인이 허가 없이 문화재보호구역 내의 토지를 취득하는 계약을 체결한 경우에는 2년 이하의 징역 또는 토지가액의 30% 상당금액 이하의 벌금형의 대상이 된다.
② 외국인이 토지의 저당권 설정계약을 체결하는 경우에는 이 특례가 적용되지 않는다.
③ 외국인이 증여계약으로 토지소유권을 취득한 경우에는 토지취득신고서에 증여계약서를 첨부하여 신고하여야 한다.
④ 외국정부나 국제기구가 대한민국 내의 부동산을 취득하는 경우에도 이 특례가 적용된다.
⑤ 외국인이 군사시설보호구역 내의 토지를 취득하고자 할 때에는 허가를 받아야 하며, 허가관청은 허가신청일로부터 30일 이내에 허가 여부를 결정하여야 한다(1회에 한하여 연장 가능).

35 다음은 개업공인중개사가 농지매매를 중개할 때 중개의뢰인에게 설명한 내용이다. 옳은 것은?

① 「농지법」에 의한 농업인이 상속으로 농지를 취득하는 경우에는 1만㎡ 이내에 한하여 소유할 수 있다.
② 농지를 법원경매를 통하여 취득하는 경우, 최고가 매수신고인은 매각결정기일까지 농지취득자격증명을 제출하여야 매각허가결정을 받을 수 있다.
③ 주말·체험 영농을 위해 농지를 취득하고자 하는 자는 도시민의 경우 남편이 500㎡, 세대원인 부인이 500㎡ 각각 취득할 수 있다.
④ 도시민이 주말·체험영농을 하고자 하는 경우에는 주말·체험영농계획서를 제출하지 아니하고도 농지취득자격증명을 발급받을 수 있다.
⑤ 농지전용협의를 완료한 농지라도 소유권이전등기를 하기 위해서는 농지취득자격증명을 발급받아야 한다.

36 甲은 2025. 10. 10. 경매절차가 진행 중인 乙 소유의 토지를 취득하기 위하여, 丙에게 매수자금을 지급하면서, 丙명의로 소유권이전등기를 하기로 약정하였다. 丙은 위 약정에 따라 위 토지에 대한 매각허가결정을 받고, 매각대금을 완납한 후 자신의 명의로 소유권이전등기를 마쳤다. 다음 설명 중 옳은 것을 모두 고른 것은? (다툼이 있으면 판례에 따름)

㉠ 甲과 丙의 관계는 계약명의신탁에 해당한다.
㉡ 甲과 丙의 명의신탁약정 사실을 乙이 알았다면 丙은 토지의 소유권을 취득하지 못한다.
㉢ 甲은 丙에 대하여 매수자금 상당의 부당이득반환을 청구할 수 있다.

① ㉠   ② ㉢
③ ㉠, ㉢   ④ ㉡, ㉢
⑤ ㉠, ㉡, ㉢

37 다음은 「주택임대차보호법」과 「상가건물 임대차보호법」을 비교한 내용이다. 틀린 것은?

① 주택임대차는 기간의 정함이 없거나 기간을 2년 미만으로 정한 경우에 그 기간을 2년으로 보나, 상가건물임대차는 기간의 정함이 없거나 1년 미만으로 정한 경우 그 기간을 1년으로 본다.
② 최우선 변제를 받을 보증금 중 일정액의 범위는 주택임대차는 주택가액(대지가액포함)의 1/2 범위 안에서 인정되며, 상가건물임대차는 상가가액의 1/3 범위 안에서 인정된다.
③ 주택임대차의 대항요건은 주택의 인도와 주민등록(전입신고)이나, 상가건물임대차의 대항요건은 건물의 인도와 사업자등록신청이다.
④ 일시 사용을 위한 임대차가 명백한 경우에는 둘 다 적용되지 아니한다.
⑤ 연간 보증금 인상 상한선은 주택임대차와 상가건물임대차 모두 5% 이내로 한다.

38 다음은 「민사집행법」상의 법원경매에 대한 내용이다. 틀린 것은?

- 서울특별시 강남구 소재 ○○아파트에 대하여 경매개시결정등기가 되었다.
- 법원공고는 물건의 3차 입찰공고이며, 최저매각가는 10억이었고, 감정가는 20억이었다.
- 최고가매수인의 매수신청가격은 20억이었다.

① 3차 입찰의 매수신청시 입찰보증금은 1억이다.
② 매각허가결정에 대하여 항고를 할 때의 항고공탁금은 2억이다.
③ 차순위매수신고는 매수신청가격이 19억을 초과한 자가 신청할 수 있다.
④ 매수신청대리인으로 등록을 한 개업공인중개사가 매수신청을 대리하여 최고가매수신고인으로 확정이 된 경우, 보수를 1,500만원까지만 받을 수 있다.
⑤ 경매개시결정등기가 된 이후에 성립된 유치권은 낙찰자에게 대항할 수 없다.

39 공인중개사인 개업공인중개사가 법원경매에 대한 매수신청대리업무도 동시에 수행하고 있다. 이 개업공인중개사가 개별적으로 보관한다고 할 때, 보관해야 할 의무보관연도를 모두 합하면 총 몇 년인가?

- 거래계약서(공인문서센터 보존 제외)
- 전속중개계약서
- 중개업의 확인·설명서(공인문서센터 보존 제외)
- 매수신청대리업의 사건카드
- 매수신청대리업의 확인·설명서

① 15년 ② 17년
③ 19년 ④ 21년
⑤ 23년

40 다음은 중개업과 매수신청대리업을 비교한 내용이다. 틀린 것은?

① 중개업을 영위하기 위해서는 시·군·구청장(등록관청)에게 등록을 하여야 하고, 매수신청대리업을 하기 위해서는 지방법원장에게 등록을 하여야 한다.
② 중개업 및 매수신청대리업은 업무보증을 설정하여야 하는데, 모두 등록을 한 후, 업무개시 전까지 하여야 한다.
③ 법인인 개업공인중개사의 경우, 중개업은 대표자를 포함한 임원 전원이 실무교육을 수료하여야 하나, 매수신청대리업은 대표자만 실무교육을 수료하면 된다.
④ 중개업등록을 신청하기 위해서는 시·도지사가 실시하는 중개실무교육을 이수하여야 하고, 매수신청대리인 등록을 신청하기 위해서는 법원행정처장이 지정하는 교육기관에서 경매실무교육을 이수하여야 한다.
⑤ 법인인 개업공인중개사가 설정해야 할 중개업의 업무보증금은 4억원 이상으로 설정하여야 하며, 매수신청대리업도 마찬가지로 4억원 이상으로 설정하여야 한다.

부동산공법

41 국토의 계획 및 이용에 관한 법률상 용어의 정의에 관한 조문의 일부이다. ( )에 들어갈 내용을 바르게 나열한 것은?

"(㉠)"이란 토지의 이용 및 건축물의 용도·건폐율·용적률·높이 등에 대한 (㉡)의 제한을 강화하거나 완화하여 따로 정함으로써 시가지의 무질서한 확산방지, 계획적이고 단계적인 토지이용의 도모, 토지이용의 종합적 조정·관리 등을 위하여 도시·군관리계획으로 결정하는 지역을 말한다.

① ㉠: 용도지역, ㉡: 용도지구
② ㉠: 용도지구, ㉡: 용도구역
③ ㉠: 용도지구, ㉡: 용도지역 및 용도구역
④ ㉠: 용도구역, ㉡: 용도지구
⑤ ㉠: 용도구역, ㉡: 용도지역 및 용도지구

42 국토의 계획 및 이용에 관한 법령상 도시·군기본계획을 수립하지 않을 수 있는 지방자치단체는? (단, 수도권은 「수도권정비계획법」상의 수도권을 의미함)

① 수도권에 속하는 인구 10만명 이하인 군
② 수도권에서 광역시·특별시와 경계를 같이하는 인구 10만명 이하인 시
③ 수도권 외 지역에서 광역시와 경계를 같이하지 아니하는 인구 10만명 이하인 시
④ 관할구역 일부에 대하여 광역도시계획이 수립되어 있는 시로서 광역도시계획에 도시·군기본계획의 내용이 모두 포함되어 있는 시
⑤ 관할구역 전부에 대하여 광역도시계획이 수립되어 있는 군으로서 광역도시계획에 도시·군기본계획의 내용이 일부 포함되어 있는 군

43 국토의 계획 및 이용에 관한 법령상 주민 또는 이해관계자가 도시·군관리계획의 입안을 제안할 수 있는 사항이 아닌 것은?

① 기반시설의 설치·정비 또는 개량에 관한 사항
② 지구단위계획구역의 지정 및 변경과 지구단위계획의 수립 및 변경에 관한 사항
③ 산업·유통개발진흥지구의 지정 및 변경에 관한 사항
④ 도시자연공원구역의 지정 및 변경에 관한 사항
⑤ 도시·군계획시설입체복합구역의 지정 및 변경에 관한 사항

44 국토의 계획 및 이용에 관한 법령상 도시·군관리계획에 관련된 내용 중 옳은 것은?

① 시장·군수는 인접한 시·군의 전부를 포함하여 도시·군관리계획을 입안할 수는 없다.
② 도시·군관리계획 입안일부터 10년 이내에 재해취약성 분석을 실시한 경우에는 재해취약성 분석을 실시하지 아니할 수 있다.
③ 시장·군수가 지구단위계획구역의 지정에 관한 도시·군관리계획을 입안한 경우 도지사에게 그 도시·군관리계획의 결정을 신청하여야 한다.
④ 기반시설의 설치에 관한 사항에 대하여 도시·군관리계획의 입안을 제안하려는 자는 대상 토지 면적의 3분의 2 이상의 토지소유자의 동의를 받아야 한다.
⑤ 시·도지사는 개발제한구역이 해제되는 지역에 대하여 해제 이후 최초로 결정되는 도시·군관리계획을 결정하려면 미리 국토교통부장관과 협의하여야 한다.

45 국토의 계획 및 이용에 관한 법령상 용도지역 지정의 특례에 관한 내용으로 옳은 것은?

① 공유수면의 매립목적이 그 매립구역과 이웃하고 있는 용도지역의 내용과 같으면 도시·군관리계획의 결정에 따라 지정하여야 한다.
② 「택지개발촉진법」에 따른 택지개발지구로 지정·고시된 지역은 도시지역에 연접한 경우에 한하여 도시지역으로 결정·고시된 것으로 본다.
③ 「산업입지 및 개발에 관한 법률」에 따른 도시첨단산업단지로 지정·고시된 지역은 도시지역으로 결정·고시된 것으로 본다.
④ 자연환경보전지역에서 「농지법」에 따른 농업진흥지역으로 지정·고시된 지역은 농림지역으로 결정·고시된 것으로 본다.
⑤ 관리지역의 산림 중 「산지관리법」에 따라 보전산지로 지정·고시된 지역은 자연환경보전지역으로 결정·고시된 것으로 본다.

46 국토의 계획 및 이용에 관한 법령상 도시지역 중 건폐율의 최대한도가 낮은 지역부터 높은 지역 순으로 옳게 나열한 것은? (단, 조례 등 기타 강화·완화조건은 고려하지 않음)

① 생산녹지지역 − 제3종 일반주거지역 − 유통상업지역
② 보전녹지지역 − 근린상업지역 − 준공업지역
③ 자연녹지지역 − 일반상업지역 − 준주거지역
④ 일반상업지역 − 준공업지역 − 제2종 일반주거지역
⑤ 전용공업지역 − 중심상업지역 − 제1종 전용주거지역

47 국토의 계획 및 이용에 관한 법령상 용도지구에 관한 내용으로 옳은 것은?

① 도시·군계획조례로 용도지구를 신설하는 경우 해당 용도지역 또는 용도구역의 행위제한을 완화할 수 있다.
② 경관지구는 자연경관지구, 시가지경관지구, 역사문화경관지구로 세분된다.
③ 집단취락지구는 녹지지역 안의 취락을 정비하기 위하여 필요한 지구를 말한다.
④ 특정용도제한지구는 주거기능 보호나 청소년 보호 등의 목적으로 청소년 유해시설 등 특정시설의 입지를 제한할 필요가 있는 지구를 말한다.
⑤ 복합용도지구는 용도지역의 지정목적이 크게 저해되지 아니하도록 해당 용도지역 전체 면적의 2분의 1 이하의 범위에서 지정하여야 한다.

48 국토의 계획 및 이용에 관한 법령상 단계별 집행계획에 대한 설명으로 틀린 것은?

① 단계별 집행계획은 특별시장·광역시장·특별자치시장·특별자치도지사·시장 또는 군수가 수립하는 것이 원칙이다.
② 국토교통부장관이나 도지사가 직접 입안한 도시·군관리계획인 경우 국토교통부장관이나 도지사는 단계별 집행계획을 수립할 수 있다.
③ 도시·군계획시설결정의 고시일부터 3개월 이내에 단계별 집행계획을 수립하여야 하는 것이 원칙이다.
④ 2년 이내에 시행하는 도시·군계획시설사업은 제1단계 집행계획에 포함되도록 하여야 한다.
⑤ 단계별 집행계획을 수립하고자 하는 때에는 미리 관계 행정기관의 장과 협의하여야 하며, 해당 지방의회의 의견을 들어야 한다.

49 국토의 계획 및 이용에 관한 법령상 계획관리지역에 지구단위계획구역을 지정하려는 경우 그 요건에 관한 설명이다. 괄호 안에 들어갈 내용으로 옳게 연결한 것은?

> 가. 지정하려는 구역 면적의 (㉠) 이상이 계획관리지역이고, 나머지 용도지역은 (㉡)일 것
> 나. 아파트 또는 연립주택의 건설계획이 포함되는 경우에는 (㉢) 이상일 것

① ㉠ 30%, ㉡ 생산관리지역 또는 보전관리지역, ㉢ 10만㎡
② ㉠ 30%, ㉡ 보전관리지역 또는 농림지역, ㉢ 30만㎡
③ ㉠ 50%, ㉡ 생산관리지역 또는 보전관리지역, ㉢ 30만㎡
④ ㉠ 50%, ㉡ 보전관리지역 또는 농림지역, ㉢ 30만㎡
⑤ ㉠ 50%, ㉡ 생산관리지역 또는 자연환경보전지역, ㉢ 10만㎡

50 국토의 계획 및 이용에 관한 법령상 개발행위허가를 받아야 하는 행위만으로 옳게 묶은 것은?

> ㉠ 전·답사이의 지목변경을 수반하는 경작을 위한 토지의 형질변경
> ㉡ 관리지역 안의 나대지에 물건을 1주일 이상 쌓아놓는 행위
> ㉢ 상업지역에서 건축물이 없는 토지를 면적 100㎡로 분할하는 행위

① ㉠
② ㉠, ㉢
③ ㉢
④ ㉡, ㉢
⑤ ㉠, ㉡, ㉢

51 국토의 계획 및 이용에 관한 법령상 도시·군계획시설 부지의 매수청구에 관한 설명으로 옳은 것은?

① 매수의무자는 매수청구를 받은 날부터 1년 이내에 매수 여부를 결정하여 토지소유자에게 알려야 한다.
② 지방자치단체인 매수의무자는 부재부동산 소유자의 토지 또는 비업무용 토지로서 매수대금이 2천만원을 초과하여 그 초과하는 금액을 지급하는 경우에는 도시·군계획시설채권을 발행하여 지급하여야 한다.
③ 도시·군계획시설채권의 구체적인 상환기간은 20년 이내의 범위에서 지방자치단체의 조례로 정한다.
④ 도시·군계획시설을 설치하거나 관리하여야 할 의무가 있는 자가 서로 다른 경우에는 관리하여야 할 의무가 있는 자에게 매수청구하여야 한다.
⑤ 매수의무자가 매수하기로 결정한 토지는 매수결정을 알린 날부터 2년 이내에 매수하여야 한다.

52 국토의 계획 및 이용에 관한 법령상 기반시설부담구역에 관한 설명으로 옳은 것은?

① 기반시설부담구역은 시·도지사 또는 대도시 시장이 지정한다.
② 기반시설부담구역을 지정 또는 변경하고자 하는 때에는 주민의 의견을 들어야 한다.
③ 개발행위로 인하여 기반시설의 수용능력이 부족할 것이 예상되는 지역 중 기반시설의 설치가 곤란한 지역에 기반시설부담구역을 지정할 수 있다.
④ 기반시설부담구역은 최소 30만㎡ 이상의 규모가 되도록 지정하여야 한다.
⑤ 기반시설부담구역의 지정고시일부터 2년이 되는 날까지 기반시설설치계획을 수립하지 아니하면 그 2년이 되는 날의 다음 날에 기반시설부담구역의 지정은 해제된 것으로 본다.

53 도시개발법령상 도시개발구역 지정에 관한 설명으로 옳은 것은?

① 자연녹지지역에서 도시개발구역을 지정하는 경우 그 규모는 3만제곱미터 이상이어야 한다.
② 지방공사의 장이 30만제곱미터의 규모로 도시개발구역의 지정을 요청하는 경우 국토교통부장관이 도시개발구역을 지정할 수 있다.
③ 도시개발구역의 지정은 환지방식에 의한 사업인 경우 그 환지처분의 공고일의 다음 날에 해제된 것으로 본다.
④ 도시개발구역을 둘 이상의 사업시행지구로 분할하는 경우 분할 후 각 사업시행지구의 면적이 각각 3만제곱미터 이상이어야 한다.
⑤ 공사가 완료되어 도시개발구역의 지정이 해제의제된 경우 용도지역은 도시개발구역의 지정 전의 용도지역으로 환원된 것으로 본다.

54 도시개발법령상 국가·지방자치단체 등이 주택건설사업자 등에게 대행하게 할 수 있는 도시개발사업의 범위에 포함되지 않는 것은?

① 실시설계
② 부지조성공사
③ 기반시설공사
④ 토지 매수 업무
⑤ 조성된 토지의 분양

55 도시개발법령상 대의원회가 총회의 권한을 대행할 수 없는 것은?

① 조합의 수지예산
② 부과금의 금액 또는 징수방법
③ 체비지 등의 처분방법
④ 환지예정지의 지정
⑤ 조합임원의 선임

56 도시개발법령상 도시개발사업의 시행방식과 관련된 설명 중 옳은 것은?

① 개발계획에는 도시개발사업의 시행방식이 포함되어야 한다.
② 도시개발사업을 시행하는 지역의 지가가 인근의 다른 지역에 비하여 현저히 높은 경우에 수용 또는 사용방식으로 시행하는 것이 원칙이다.
③ 수용 또는 사용방식은 대지로서의 효용증진과 공공시설의 정비를 위하여 지목 또는 형질의 변경이나 공공시설의 설치·변경이 필요한 경우에 시행하는 방식이다.
④ 계획적이고 체계적인 도시개발 등 집단적인 조성이 필요한 경우에 환지방식으로 시행하는 것을 원칙으로 한다.
⑤ 도시개발사업을 시행하는 지방자치단체는 도시개발구역지정 이후 그 시행 방식을 혼용방식에서 수용 또는 사용방식으로 변경할 수 있다.

57 도시개발법령상 수용 또는 사용방식에 의한 도시개발사업으로 조성된 토지 등을 수의계약의 방법으로 공급할 수 있는 경우만으로 옳게 묶은 것은?

㉠ 국민주택규모 이하의 주택건설용지
㉡ 토지상환채권에 의하여 토지를 상환하는 경우
㉢ 330m² 이하의 단독주택용지
㉣ 학교용지

① ㉠, ㉡
② ㉠, ㉢
③ ㉡, ㉢
④ ㉡, ㉣
⑤ ㉢, ㉣

58 도시개발법령상 환지처분에 대한 설명으로 옳은 것은?

① 도시개발사업의 시행으로 지역권 또는 임차권 등을 설정한 목적을 달성할 수 없게 되면 당사자는 해당 권리를 포기하거나 계약을 해지할 수 있다.
② 환지계획에서 정하여진 환지는 그 환지처분이 공고된 날부터 종전의 토지로 본다.
③ 환지예정지가 체비지의 용도로 지정된 경우 이미 처분된 체비지는 매입한 자가 환지처분이 공고된 날의 다음 날부터 소유권을 취득한다.
④ 시행자는 지정권자에 의한 준공검사를 받은 경우에는 30일 이내에 환지처분을 하여야 한다.
⑤ 토지소유자는 환지처분의 공고 후 14일 이내에 관할 등기소에 토지와 건축물에 관한 등기를 신청하여야 한다.

59 도시 및 주거환경정비법령상 정비기반시설이 아닌 것은?

① 구거(溝渠)
② 공용주차장
③ 공동작업장
④ 공원
⑤ 광장

60 도시 및 주거환경정비법령상 도시·주거환경정비기본계획(이하 '기본계획'이라 함)의 수립에 관한 설명으로 옳은 것은?

① 기본계획의 수립권자는 천재지변 등의 사유로 건축물이 붕괴할 우려가 있어 긴급히 정비사업을 시행할 필요가 있다고 인정하는 경우에는 용도지역의 변경을 통해 용적률을 완화하여 기본계획을 수립할 수 있다.
② 국토교통부장관은 기본계획에 대하여 5년마다 타당성 여부를 검토하여 그 결과를 기본계획에 반영하여야 한다.
③ 기본계획의 수립권자는 기본계획을 수립하려는 경우 30일 이상 주민에게 공람하여 의견을 들어야 한다.
④ 기본계획에는 건축물배치계획이 포함되어야 한다.
⑤ 대도시의 시장이 아닌 시장은 기본계획의 내용 중 정비사업의 계획기간을 단축하는 경우 도지사의 변경승인을 받아야 한다.

61 도시 및 주거환경정비법령상 재건축사업의 재건축진단에 관한 설명으로 옳은 것은?

① 시장·군수등은 정비예정구역별 정비계획의 수립시기가 도래한 때부터 사업시행계획인가 전까지 재건축진단을 실시하여야 한다.
② 재건축사업을 위한 재건축진단은 주택단지의 공동주택만을 대상으로 한다.
③ 재건축진단의 실시를 요청하는 때에는 토지등소유자의 동의를 요하지 않는다.
④ 재건축진단에 소요되는 비용은 재건축진단의 실시를 요청하는 자가 부담한다.
⑤ 주택의 구조 안전상 사용금지가 필요하다고 시·도지사가 인정하는 건축물은 재건축진단에서 제외한다.

62 도시 및 주거환경정비법령상 정비사업의 시행방식으로 허용되지 않는 것은?

① 사업시행자가 정비구역에서 정비기반시설 및 공동이용시설을 새로 설치하거나 확대하고 토지등소유자가 스스로 주택을 보전·정비하거나 개량하는 방법에 의한 주거환경개선사업
② 정비구역의 일부를 수용하여 주택을 건설한 후 토지등소유자에게 우선 공급하는 방법에 의한 주거환경개선사업
③ 사업시행자가 정비구역에서 인가받은 관리처분계획에 따라 주택 및 부대시설·복리시설을 건설하여 공급하는 방법에 의한 주거환경개선사업
④ 인가받은 관리처분계획에 따라 건축물을 건설하여 공급하는 방법에 의한 재개발사업
⑤ 사업시행자가 환지로 공급하는 방법에 의한 재건축사업

63 도시 및 주거환경정비법령상 「주택법」에 따른 투기과열지구로 지정된 지역에서 정비사업 조합원의 지위 양도에 관한 내용이다. 틀린 것은?

① 재건축사업을 시행하는 경우에는 조합설립인가 후 해당 정비사업의 건축물 또는 토지를 양수한 자는 조합원이 될 수 없다.
② 재개발사업을 시행하는 경우에는 사업시행계획의 인가 후 해당 정비사업의 건축물 또는 토지를 양수한 자는 조합원이 될 수 없다.
③ 상속으로 정비사업의 건축물 또는 토지를 양수한 자는 조합원이 될 수 있다.
④ 세대원이 1년 이상의 질병치료가 필요하여 세대원이 모두 해당 사업구역에 위치하지 아니한 특별시·광역시·특별자치시·특별자치도·시 또는 군으로 이전하는 양도인으로부터 그 건축물 또는 토지를 양수한 자는 조합원이 될 수 있다.
⑤ 1세대 1주택자로서 양도하는 주택을 10년 이상 소유하고 5년 이상 거주한 양도인으로부터 그 주택을 양수한 자는 조합원이 될 수 있다.

64 도시 및 주거환경정비법령상 정비사업의 준공인가 및 이전고시에 관한 설명으로 옳은 것은?

① 정비사업의 시행자가 군수인 경우에는 정비사업에 관한 공사를 완료한 때에 도지사의 준공인가를 받아야 한다.
② 시장·군수등은 준공인가 이전에는 입주예정자에게 완공된 건축물을 사용할 것을 사업시행자에게 허가할 수 없다.
③ 정비구역의 지정은 준공인가의 고시가 있는 날에 해제된 것으로 본다.
④ 준공인가에 따른 정비구역의 해제가 있으면 조합은 해산된 것으로 본다.
⑤ 시장·군수등은 준공인가전 사용허가를 하는 때에는 동별·세대별 또는 구획별로 사용허가를 할 수 있다.

65 건축법령상 용어에 관한 설명으로 옳은 것은?

① 지하의 공작물에 설치하는 점포는 건축물에 해당하지 않는다.
② 지하층은 건축물의 바닥이 지표면 아래에 있는 층으로서 바닥에서 지표면까지 평균높이가 해당 층 높이의 3분의 1 이상인 것을 말한다.
③ 층수가 25층이고, 높이가 100m인 건축물은 고층건축물에 해당한다.
④ 건축물의 노후화를 억제하기 위하여 일부 증축 또는 개축하는 행위는 리모델링이나, 건축물의 기능향상을 위하여 대수선하는 행위는 리모델링이 아니다.
⑤ '주요구조부'란 내력벽(耐力壁), 기둥, 바닥, 보, 지붕틀 및 주계단(主階段)을 말한다.

66 건축법령상 대지를 조성하기 위하여 건축물과 분리하여 공작물을 축조하려는 경우, 특별자치시장·특별자치도지사 또는 시장·군수·구청장에게 신고하여야 하는 공작물에 해당하지 않는 것은? (단, 공용건축물에 대한 특례는 고려하지 않음)

① 주거지역에 설치하는 높이 5미터의 통신용 철탑
② 높이 5미터의 장식탑
③ 높이 5미터의 기념탑
④ 높이 5미터의 첨탑
⑤ 높이 5미터의 광고탑

67 건축법령상 건축물의 용도에 따른 건축허가의 승인에 관한 설명이다. ( )에 해당하는 건축물이 아닌 것은?

> 시장·군수가 자연환경이나 수질을 보호하기 위하여 도지사가 지정·공고한 구역에 건축하는 3층 이상 또는 연면적의 합계가 1천제곱미터 이상인 건축물로서 ( )의 건축을 허가하려면 미리 도지사의 승인을 받아야 한다.

① 공동주택
② 제2종 근린생활시설(일반음식점만 해당한다)
③ 업무시설(일반업무시설은 제외한다)
④ 숙박시설
⑤ 위락시설

68 건축법령상 건축신고를 하면 건축허가를 받은 것으로 보는 경우를 모두 고른 것은?

> ㉠ 연면적이 180m^2이고 2층인 건축물의 대수선
> ㉡ 내력벽의 면적을 40m^2 수선하는 것
> ㉢ 소규모 건축물로서 연면적의 합계가 150m^2인 건축물의 신축
> ㉣ 건축물의 높이를 4m 증축하는 건축물의 증축

① ㉠, ㉡
② ㉠, ㉢
③ ㉠, ㉣
④ ㉡, ㉢
⑤ ㉡, ㉣

69 건축법령상 공개공지 등의 확보에 대한 설명으로 옳은 것만 고른 것은?

> ㉠ 일반공업지역에서 건축하는 종교시설로 쓰는 바닥면적 합계 5천m^2 이상인 건축물의 대지에는 공개공지 또는 공개공간을 확보하여야 한다.
> ㉡ 공개공지를 설치하는 경우에는 건축물의 높이제한을 1.5배 이하의 범위에서 완화하여 적용할 수 있다.
> ㉢ 공개공지는 필로티의 구조로 설치할 수 있다.

① ㉠
② ㉢
③ ㉠, ㉡
④ ㉠, ㉢
⑤ ㉡, ㉢

70 건축법령상 건축물의 면적, 층수 등의 산정방법에 관한 설명으로 옳은 것은?

① 건축물의 1층이 차량의 주차에 전용(專用)되는 필로티인 경우 그 면적은 바닥면적에 산입된다.
② 층고(層高)가 2m인 다락은 바닥면적에 산입되지 아니한다.
③ 용적률을 산정할 때에는 초고층 건축물의 피난안전구역의 면적은 연면적에 포함시키지 아니한다.
④ 층의 구분이 명확하지 않은 건축물은 건축물의 높이 3m마다 하나의 층으로 보고 층수를 산정한다.
⑤ 주택의 발코니의 바닥은 전부 바닥면적에 산입된다.

71 다음 중 건축법령상 일조 등의 확보를 위한 높이제한을 적용하지 않는 경우는?

① 자연녹지지역 안의 단독주택
② 근린상업지역 안의 아파트
③ 준주거지역 안의 다세대주택
④ 일반주거지역 안의 교육연구시설
⑤ 준공업지역 안의 연립주택

72 주택법령상 국민주택 등에 관한 설명으로 옳은 것은?

① 민영주택이라도 주거전용면적이 60m^2 이하로 건축되는 경우 국민주택에 해당한다.
② 한국토지주택공사가 수도권에 건설한 주거전용면적이 1세대당 85m^2인 아파트는 국민주택에 해당한다.
③ 국민주택규모란 주거전용면적이 1호 또는 1세대당 100m^2 이하인 주택을 말한다.
④ 단독주택의 경우 거실로 사용되는 지하실의 면적은 주거전용면적에서 제외한다.
⑤ 복도, 계단, 현관 등 공동주택의 지상층에 있는 공용면적은 주거전용면적에 포함한다.

73 주택법령상 리모델링에 관한 내용으로 틀린 것은?
① 건축물의 노후화 억제 또는 기능 향상 등을 위한 대수선(大修繕)에 해당하는 행위도 리모델링에 해당한다.
② 사용검사일부터 15년이 경과된 공동주택을 각 세대의 주거전용면적의 30% 이내(세대의 주거전용면적이 85제곱미터 미만인 경우에는 40% 이내)에서 증축할 수 있다.
③ 기존 15층 건축물에 수직증축형 리모델링이 허용되는 경우 3개층까지 증축할 수 있다.
④ 리모델링의 경우 공동주택의 기능 향상 등을 위하여 공용부분에 대하여도 별도로 증축할 수 있다.
⑤ 각 세대의 증축 가능 면적을 합산한 면적의 범위에서 기존 세대수의 30% 이내에서 세대수를 증가하여 증축할 수 있다.

74 주택법령상 주택조합에 관한 설명으로 틀린 것은?
① 국민주택을 공급받기 위하여 직장주택조합을 설립하려는 자는 관할 시·도지사의 허가를 받아야 한다.
② 리모델링주택조합이 아닌 주택조합은 주택건설예정세대수의 50퍼센트 이상의 조합원으로 구성하되, 그 수는 20명 이상이어야 한다.
③ 주거전용면적 70m²의 주택 1채를 소유하고 있는 세대주인 자는 국민주택을 공급받기 위하여 설립하는 직장주택조합의 조합원이 될 수 없다.
④ 지역주택조합의 경우 설립인가를 받은 날부터 2년 이내에 사업계획승인을 신청하여야 한다.
⑤ 공개모집 이후 조합원의 사망·자격상실·탈퇴 등으로 인한 결원을 충원하거나 미달된 조합원을 재모집하는 경우에는 신고하지 아니하고 선착순의 방법으로 조합원을 모집할 수 있다.

75 주택법령상 사업계획승인에 관한 설명으로 틀린 것은?
① 「건축법 시행령」에 따른 한옥 50호 이상의 주택건설사업을 시행하려는 자는 사업계획승인을 받아야 한다.
② 준주거지역에서 300세대 미만의 주택과 주택 외의 시설을 동일 건축물로 건축하는 경우로서 해당 건축물의 연면적에서 주택의 연면적이 90% 미만인 경우에는 사업계획승인대상에서 제외한다.
③ 사업계획승인권자는 사업주체가 승인받은 날부터 3년 이내에 공사를 시작하지 아니하는 경우 그 사업계획의 승인을 취소하여야 한다.
④ 사업주체가 주택건설대지를 사용할 수 있는 권원을 확보한 경우에는 그 대지의 소유권을 확보하지 못한 경우에도 사업계획의 승인을 받을 수 있다.
⑤ 주택건설사업을 시행하려는 자는 전체 세대수가 600세대 이상인 주택단지를 공구별로 분할하여 주택을 건설·공급할 수 있다.

76 주택법령상 주택의 공급에 관한 설명으로 옳은 것은?
① 한국토지주택공사가 사업주체로서 복리시설의 입주자를 모집하려는 경우 시장·군수·구청장에게 신고하여야 한다.
② 사업주체가 시장·군수·구청장의 승인을 받으려는 경우에는 견본주택에 사용되는 마감자재 목록표와 견본주택의 각 실의 내부를 촬영한 영상물 등을 제작하여 승인권자에게 제출하여야 한다.
③ 「관광진흥법」에 따라 지정된 관광특구에서 건설·공급하는 층수가 51층이고 높이가 140m인 아파트는 분양가상한제의 적용대상이다.
④ 사업주체는 공공택지에서 공급하는 분양가상한제 적용주택에 대하여 입주자모집승인을 받았을 때에는 분양가격을 공시할 필요가 없다.
⑤ 사업주체는 견본주택의 마감자재 목록표와 영상물 등을 사용검사가 있은 날부터 5년 이상 보관하여야 한다.

77 주택단지 전체 대지에 속하는 일부의 토지에 대해 소유권이 전등기 말소소송에 따라 사용검사를 받은 이후에 해당 토지의 소유권을 회복한 자(이하 '甲'이라 함)와 관련된 주택법령의 내용으로 옳은 것은?

① 주택의 소유자들은 甲에게 해당 토지를 감정가격으로 매도할 것을 청구할 수 있다.
② 대표자를 선정하여 매도청구에 관한 소송을 하는 경우 주택의 소유자 전체의 동의를 받아 선정한다.
③ 대표자를 선정하여 매도청구 소송을 하는 경우 그 판결은 대표자 선정에 동의하지 않은 주택의 소유자에게는 효력이 미치지 않는다.
④ 甲이 소유권을 회복한 토지의 면적이 주택단지 전체 대지 면적의 5%를 넘는 경우에는 매도청구를 할 수 없다.
⑤ 매도청구의 의사표시는 甲이 해당 토지 소유권을 회복한 날부터 1년 이내에 甲에게 송달되어야 한다.

78 주택법령상 주택상환사채에 관한 설명으로 옳은 것은?

① 등록사업자가 주택상환사채를 발행하려면 금융기관 또는 주택도시보증공사의 보증을 받아야 한다.
② 주택상환사채를 발행하려는 자는 주택상환사채발행계획을 작성하여 기획재정부장관의 승인을 얻어야 한다.
③ 주택상환사채는 기명증권으로 하고, 사채권자의 명의변경은 취득자의 성명을 채권에 기재하는 방법으로 한다.
④ 등록사업자의 등록이 말소된 경우 그가 발행한 주택상환사채는 효력을 상실한다.
⑤ 주택상환사채의 상환기간은 5년을 초과할 수 없다.

79 다음 중 농지법의 규정에 따른 농지인 것은?

① 지목이 전(田)인 토지에서 농작물 경작기간이 2년인 토지
② 지목이 임야인 토지로서 산지전용허가를 받지 아니하고, 다년생식물의 재배지로 이용되는 토지
③ 「초지법」에 따라 조성된 초지
④ 지목이 대(垈)인 토지로서 건축물이 있는 토지
⑤ 지목이 목장용지인 토지로서 농작물 경작기간이 1년인 토지

80 농지법령상 대리경작 및 임대차에 관한 내용으로 틀린 것은?

① 자경 농지를 농림축산식품부장관이 정하는 이모작을 위하여 1년 이내로 임대하거나 무상사용하게 할 수 있다.
② 대리경작기간은 따로 정하지 아니하면 3년으로 한다.
③ 대리경작자는 수확량의 100분의 10을 수확일부터 2월 이내에 그 농지의 소유권자나 임차권자에게 토지사용료로 지급하여야 한다.
④ 임대차계약은 그 등기가 없는 경우에도 임차인이 농지 소재지를 관할하는 시·구·읍·면의 장의 확인을 받고, 해당 농지를 인도(引渡)받은 경우에는 그 다음 날부터 제3자에 대하여 효력이 생긴다.
⑤ 농지의 임차인이 농작물의 재배시설로서 비닐하우스를 설치한 농지의 경우 임대차 기간은 5년 이상으로 한다.

2교시

⏱ 제한시간 50분

부동산공시법령

01 공간정보의 구축 및 관리 등에 관한 법령상 지상경계의 구분 및 결정기준 등에 관한 설명으로 틀린 것은?

① 「국토의 계획 및 이용에 관한 법률」에 따른 도시·군관리계획 결정고시와 지형도면 고시가 된 지역의 도시·군관리계획선에 따라 토지를 분할하는 경우에는 지상건축물을 걸리게 결정할 수 있다.
② 지상경계의 구획을 형성하는 구조물의 소유자가 다른 경우에는 그 중앙으로 경계를 결정한다.
③ 도시개발사업 등의 사업시행자가 사업지구의 경계를 결정하기 위하여 토지를 분할하려는 경우에는 지상경계점에 경계점 표지를 설치하여 측량할 수 있다.
④ 분할에 따른 지상 경계는 지상건축물을 걸리게 결정해서는 아니 된다. 다만, 법원의 확정판결이 있는 경우에는 그러하지 아니하다.
⑤ 공유수면매립지의 토지 중 제방 등을 토지에 편입하여 등록하는 경우 지상경계의 결정기준은 바깥쪽 어깨부분으로 한다.

02 본번이 100인 지번에는 100, 100-1, 100-2가 있다. 이 중 100번지를 세 필지로 분할하였을 때 각 필지의 지번은?

① 100-3, 100-4, 100-5
② 100-1, 100-2, 100-3
③ 100-1, 100-3, 100-4
④ 100, 100-3, 100-4
⑤ 100-1, 101, 102

03 지적공부에 관한 다음 설명 중 옳지 않은 것은?

① 지적소관청은 천재지변이나 그 밖에 이에 준하는 재난을 피하기 위하여 필요한 경우에는 지적공부(정보처리시스템을 통하여 기록·저장한 경우는 제외)를 해당 청사 밖으로 반출할 수 있다.
② 국토교통부장관은 정보처리시스템을 통해 보존하여야 하는 지적공부가 멸실되거나 훼손될 경우를 대비하여 지적공부를 복제하여 관리하는 정보관리체계를 구축하여야 한다.
③ 지적소관청은 해당 청사에 지적서고를 설치하고 그 곳에 지적공부(정보처리시스템을 통하여 기록·저장한 경우는 제외)를 영구히 보존하여야 한다.
④ 지적공부를 정보처리시스템을 통하여 기록·저장한 경우 관할 시·도지사, 시장·군수 또는 구청장은 그 지적공부를 지적정보관리체계에 영구히 보존하여야 한다.
⑤ 지적소관청은 관할 국토교통부장관의 승인을 받은 경우에는 지적공부(정보처리시스템을 통하여 기록·저장한 경우는 제외)를 해당 청사 밖으로 반출할 수 있다.

04 공간정보의 구축 및 관리 등에 관한 법령상 지목과 지적도면에 등록하는 부호의 연결이 틀린 것을 모두 고른 것은?

㉠ 공원 - 공	㉡ 유원지 - 유
㉢ 하천 - 하	㉣ 주차장 - 차
㉤ 공장용지 - 공	

① ㉡, ㉢, ㉤
② ㉡, ㉣, ㉤
③ ㉢, ㉣, ㉤
④ ㉠, ㉡, ㉢, ㉣
⑤ ㉠, ㉡, ㉣, ㉤

05 공간정보의 구축 및 관리 등에 관한 법령상 지적도의 축척에 해당하는 것을 모두 고른 것은?

㉠ 1/1000	㉡ 1/1500
㉢ 1/2000	㉣ 1/2400
㉤ 1/3000	㉥ 1/6000

① ㉠, ㉣
② ㉠, ㉡, ㉢
③ ㉠, ㉤, ㉥
④ ㉡, ㉢, ㉤
⑤ ㉠, ㉣, ㉤, ㉥

06 다음 지적도에 대한 설명으로 틀린 것은?

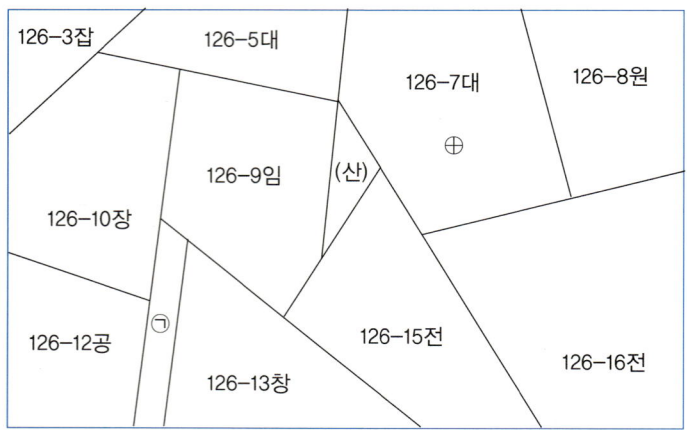

① 지적도의 도면번호는 제15호이다.
② (산)으로 표기된 곳은 지형이 산이라는 뜻이다.
③ 126-7에 제도된 "⊕"은 지적삼각점 위치의 표시이다.
④ 126-10의 지목은 공장용지이다.
⑤ 126-9의 동쪽 경계는 0.1mm 폭으로 제도한다.

07 정보처리시스템을 통하여 기록·저장한 경우의 지적공부를 지적정보관리체계에 영구히 보존하여야 하는 자는?

① 관할 시·도지사 또는 대도시 시장
② 지적소관청
③ 관할 시·도지사, 시장·군수 또는 구청장
④ 국토교통부장관
⑤ 국토지리정보원장

08 각 지적공부별 등록사항에 관한 설명으로 틀린 것은?

① 토지대장, 임야대장, 지적도, 임야도에는 지목과 축척이 등록된다.
② 지적도면(지적도 및 임야도)에는 고유번호, 장번호가 등록되지 아니한다.
③ 공유지연명부, 대지권등록부에는 소유권지분이 등록된다.
④ 공유지연명부, 대지권등록부에는 도면번호가 등록되지 아니한다.
⑤ 경계점좌표등록부에 등록되는 사항에는 소재, 지번, 고유번호, 장번호, 도면번호, 경계, 부호도, 부호, 좌표가 있다.

09 공간정보의 구축 및 관리에 관한 법령상 필지마다 면적을 측정하여야 하는 경우는?

① 경계복원측량을 하는 경우
② 지목변경을 하는 경우
③ 지적현황측량을 하는 경우
④ 지적공부의 복구를 하는 경우
⑤ 토지의 합병을 하는 경우

10 공간정보의 구축 및 관리 등에 관한 법령상 지적공부에 등록하는 토지의 표시사항 등에 관한 설명으로 틀린 것은?

① 경계점좌표등록부에 등록하는 지역의 1필지 면적이 0.1m² 미만일 때에는 0.1m²로 한다.
② 행정구역의 개편에 따라 필지에 새로 지번을 부여할 때에는 그 지번부여지역에서 인접토지의 본번에 부번을 붙여서 지번을 부여하여야 한다.
③ 신규등록 하고자 하는 대상토지가 여러 필지로 되어 있는 경우의 지번부여는 그 지번부여지역의 최종 본번 다음 순번부터 본번으로 하여 순차적으로 지번을 부여할 수 있다.
④ 도로, 구거 등의 토지에 절토(땅깎기)된 부분이 있는 경우에는 그 경사면의 상단부를 경계로 한다.
⑤ 지적소관청은 지적공부에 등록된 지번을 변경할 필요가 있다고 인정하면 시·도지사나 대도시 시장의 승인을 받아 지번부여지역의 지번을 새로 부여할 수 있다.

11 공간정보의 구축 및 관리 등에 관한 법령상 지적측량의 측량기간 및 검사기간에 관한 설명이다. ( ) 안에 들어갈 내용으로 옳은 것은? (단, 합의하여 따로 기간을 정하는 경우는 제외함)

> 지적측량의 측량기간은 (㉠)일로 하며, 측량검사기간은 (㉡)일로 한다. 다만, 지적기준점을 설치하여 측량 또는 측량검사를 하는 경우 지적기준점이 15점 이하인 경우에는 (㉢)을, 15점을 초과하는 경우에는 (㉣)에 15점을 초과하는 (㉤)마다 1일을 가산한다.

① ㉠: 5일, ㉡: 4일, ㉢: 4일, ㉣: 4일, ㉤: 4점
② ㉠: 4일, ㉡: 5일, ㉢: 4일, ㉣: 4일, ㉤: 4점
③ ㉠: 5일, ㉡: 4일, ㉢: 5일, ㉣: 4일, ㉤: 4점
④ ㉠: 5일, ㉡: 4일, ㉢: 4일, ㉣: 4일, ㉤: 1점
⑤ ㉠: 4일, ㉡: 5일, ㉢: 4일, ㉣: 4일, ㉤: 1점

12 중앙지적위원회의 위원이 중앙지적위원회의 심의·의결에서 제척(除斥)되는 경우에 해당하지 않는 것은?

① 위원이 해당 안건의 당사자와 친족이거나 친족이었던 경우
② 위원이 중앙지적위원회에서 해당 안건에 대하여 현지조사 결과를 보고 받거나 관계인의 의견을 들은 경우
③ 위원이 해당 안건에 대하여 증언, 진술 또는 감정을 한 경우
④ 위원 또는 그 배우자나 배우자이었던 사람이 해당 안건의 당사자가 되거나 그 안건의 당사자와 공동권리자 또는 공동의무자인 경우
⑤ 위원이나 위원이 속한 법인·단체 등이 해당 안건의 당사자의 대리인이거나 대리인이었던 경우

13 소유권이전등기에 관한 설명으로 옳은 것을 모두 고른 것은? (다툼이 있으면 판례에 따름)

㉠ 甲의 명의로 등기된 부동산이 乙과 丙에게 전전매매된 경우 최종매수인 丙은 甲으로부터 乙명의로의 등기를 대위신청할 수 있는데, 이때 등기권리자는 丙이다.
㉡ 甲 소유 토지에 대해 사업시행자 乙이 수용보상금을 지급한 뒤 乙 명의로 재결수용에 기한 소유권이전등기를 하는 경우, 수용개시일 이전 경료된 가압류등기는 직권말소된다.
㉢ 유언집행자와 수증자가 유증을 원인으로 하는 소유권이전등기를 신청할 때 유증의 사실을 증명하는 유언서를 신청서에 첨부하여 제출하지 않으면 등기관은 그 신청을 각하한다.
㉣ 甲 소유 토지에 대해 甲과 乙의 가장매매에 의해 乙 앞으로 소유권이전등기가 된 후에 선의의 丙 앞으로 저당권설정등기가 설정된 경우, 乙 앞으로 된 소유권이전등기의 말소등기를 신청할 수 있다.

① ㉠, ㉡ ② ㉠, ㉣ ③ ㉡, ㉢
④ ㉢, ㉣ ⑤ ㉡, ㉢, ㉣

14 등기관이 등기신청을 부동산등기법 제29조 제2호로 각하해야 하는 경우를 모두 고른 것은?

㉠ 일부지분에 대한 소유권보존등기를 신청한 경우
㉡ 저당권을 피담보채권과 분리하여 다른 채권의 담보로 하는 등기를 신청한 경우
㉢ 소유권 외의 권리가 등기되어 있는 일반건물에 대해 멸실등기를 신청한 경우
㉣ 법원의 촉탁으로 실행되어야 할 등기를 신청한 경우
㉤ 구분건물의 전유부분과 대지사용권의 분리처분 금지에 위반한 등기를 신청한 경우

① ㉠, ㉡, ㉤ ② ㉠, ㉢, ㉣
③ ㉡, ㉢, ㉣, ㉤ ④ ㉠, ㉡, ㉣, ㉤
⑤ ㉠, ㉡, ㉢, ㉣, ㉤

15 등기신청의 취하에 관한 설명 중 틀린 것은?

① 등기신청대리인이 등기신청을 취하하는 경우에는 취하에 대한 특별수권이 있어야 한다.
② 등기관이 등기부에 등기사항을 기입하고 등기를 마치기 전까지는 등기신청의 취하가 가능하다.
③ 등기의 공동신청 후 등기권리자 또는 등기의무자는 각각 단독으로 등기신청을 취하할 수 없다.
④ 동일한 신청서로 수개의 부동산에 관한 등기신청을 한 경우 일부 부동산에 대한 등기신청을 취하할 수 없다.
⑤ 전자신청을 취하하려면 전자신청과 동일한 방법으로 사용자인증을 받아야 한다.

16 토지대장에서 甲 토지를 乙 토지에 합필하는 등록을 2018년 8월 1일에 한 후, 토지의 합필등기를 하고자 하는 경우에 관한 설명으로 틀린 것은?

① 합필등기를 신청하는 경우, 乙 토지의 변경 전과 변경 후의 표시에 관한 정보를 신청정보의 내용으로 등기소에 제공하여야 한다.
② 乙 토지의 소유권의 등기명의인은 토지대장상 토지의 합필등록이 있은 날로부터 1개월 이내에 토지합필등기를 신청하여야 한다.
③ 토지합필등기를 신청할 의무있는 자가 그 등기신청을 게을리하였더라도, 「부동산등기법」상 과태료를 부과받지 아니한다.
④ 甲 토지에만 가압류등기가 존재하는 경우에 토지합필등기가 허용된다.
⑤ 등기관이 합필제한 사유가 있음을 이유로 신청을 각하한 경우 지체 없이 그 사유를 지적소관청에 알려야 한다.

17 전산정보처리조직에 의한 등기신청에 관련된 설명으로 틀린 것은?

① 등기신청의 당사자나 대리인이 전자신청을 하려면 미리 사용자등록을 해야 하며, 사용자등록의 유효기간은 3년이다.
② 최초로 사용자등록을 신청하는 당사자 또는 자격자대리인은 등기소에 출석하여야 한다.
③ 전자신청을 위한 사용자등록은 관할을 따지지 않으므로 전국 어느 등기소에서나 신청할 수 있다.
④ 법인 아닌 사단·재단은 전자신청을 할 수 있다.
⑤ 전자신청을 위한 사용자등록 신청서에는 인감증명을 첨부하여야 한다.

18 공동소유에 관한 등기에 대한 설명으로 옳은 것은?
① 공유부동산에 전세권을 설정하는 경우, 그 등기기록에 기록된 공유자 전원이 등기의무자가 되는 것은 아니다.
② 공유자 중 1인의 지분포기로 인한 소유권이전등기는 지분을 포기한 공유자가 단독으로 신청하여야 한다.
③ 등기된 공유물 분할금지기간 약정의 변경등기는 공유자 전원이 공동으로 신청하여야 한다.
④ 부동산의 특정일부에 대한 저당권설정등기는 할 수 있지만, 공유지분에 대한 용익권설정등기는 할 수 없다.
⑤ 합유등기를 하는 경우, 합유자의 이름과 각자의 지분비율이 기록되어야 한다.

19 공동소유에 관한 등기에 대한 설명으로 옳은 것은?
① 등기할 권리가 합유(合有)인 때에는 그 지분 외에 합유라는 뜻도 기록하여야 한다.
② 농지에 대하여 공유물분할을 원인으로 하는 소유권이전등기를 신청하는 경우, 농지취득자격증명을 첨부하여야 한다.
③ 미등기 부동산의 공유자 중 1인은 자기 지분만에 대하여 소유권보존등기를 신청할 수 있다.
④ 갑구 순위번호 2번에 기록된 A의 공유지분 4분의 3 중 절반을 B에게 이전하는 경우, 등기목적란에 "2번 A 지분 4분의 3 중 일부(2분의 1) 이전"으로 기록한다.
⑤ 법인 아닌 사단 A 명의의 부동산에 관해 A와 B의 매매를 원인으로 이전등기를 신청하는 경우, 특별한 사정이 없는 한 A의 사원총회 결의가 있음을 증명하는 정보를 제출하여야 한다.

20 등기상 이해관계 있는 제3자에 해당하는 것을 모두 고른 것은?

⊙ 전세권등기를 말소하는 경우 그 전세권을 목적으로 하는 저당권자
ⓒ 선순위 지상권등기를 회복하는 경우 같은 범위에 설정되어 있는 현재의 전세권자
ⓒ 선순위 소유권등기를 말소하는 경우 후순위 소유권자
ⓔ 토지에 대한 저당권등기를 말소하는 경우 그 토지에 대한 지상권자
ⓜ 소유권보존등기를 말소하는 경우 저당권자

① ⊙, ⓔ   ② ⊙, ⓜ   ③ ⓒ, ⓒ
④ ⓒ, ⓜ   ⑤ ⓒ, ⓔ

21 등기부에 관한 설명으로 틀린 것은?
① 폐쇄한 등기기록에 대해서는 등기사항의 열람은 가능하지만 등기사항증명서의 발급은 청구할 수 없다.
② A토지를 B토지에 합병하여 등기관이 합필등기를 한 때에는 A토지에 관한 등기기록을 폐쇄한다.
③ 등기부부본자료는 등기부와 동일한 내용으로 보존기억장치에 기록된 자료이다.
④ 구분건물등기기록에는 표제부를 1동건물에 두고 전유부분에도 표제부, 갑구, 을구를 둔다.
⑤ 등기사항증명서 발급신청시 매매목록은 그 신청이 있는 경우에만 등기사항증명서에 포함하여 발급한다.

22 甲이 乙에게 자신의 부동산을 매도하고 등기를 하기 이전에 사망하였다. 이 경우 乙명의로 상속인에 의한 소유권이전등기를 신청하는 방법에 관한 설명 중 틀린 것은?
① 신청서와 등기부의 등기의무자의 표시가 부합하지 아니하여 각하한다.
② 甲의 상속인과 乙이 공동으로 등기를 신청한다.
③ 甲의 상속인 앞으로 상속등기를 할 필요가 없다.
④ 등기원인은 매매이다.
⑤ 부동산등기법에 이 상속인에 의한 등기에 관한 특별규정이 있다.

23 등기사무에 관하여 옳은 것을 모두 고른 것은?

⊙ 등기소에 보관 중인 등기신청서는 법관이 발부한 영장에 의해 압수하는 경우에도 등기소 밖으로 옮기지 못한다.
ⓒ 등기신청의 각하결정에 대해 제3자는 이의신청을 할 수 없다.
ⓒ 등기신청은 신청정보가 전산정보처리조직에 저장된 때 접수된 것으로 본다.
ⓔ 대법원장은 어느 등기소의 관할에 속하는 사무를 다른 등기소에 위임하게 할 수 있다.

① ⊙, ⓒ   ② ⓒ, ⓔ   ③ ⊙, ⓒ, ⓒ
④ ⓒ, ⓒ, ⓔ   ⑤ ⊙, ⓒ, ⓒ, ⓔ

24 담보물권에 관한 등기에 대한 설명으로 옳은 것은?
① 사립학교를 채무자로 표시하여 근저당설정등기를 할 수 없다.
② 근저당권의 존속기간은 등기할 수 없다.
③ 근저당권의 채권최고액은 채권자가 여러 명이면 채권자별로 구분하여 기재한다.
④ 근저당권설정등기 신청서에 변제기 및 이자를 기재하여야 한다.
⑤ 민법상 저당권부 채권에 대한 질권을 설정함에 있어서 채권최고액은 등기할 수 없다.

부동산세법

25 다음 중 신탁재산에 관한 내용으로 틀린 것은?
① 「신탁법」에 따른 신탁등기로 위탁자로부터 수탁자로 신탁재산을 이전함에 따른 취득의 경우 취득세를 비과세한다.
② 「신탁법」 제10조에 따라 신탁재산의 위탁자 지위의 이전이 있는 경우에는 새로운 위탁자가 해당 신탁재산을 취득한 것으로 본다. 다만, 위탁자 지위의 이전에도 불구하고 신탁재산에 대한 실질적인 소유권 변동이 있다고 보기 어려운 경우로서 대통령령이 정하는 경우에는 그러하지 아니한다.
③ 명의신탁의 경우 등기 이전의 원인이 매매 교환 등으로 되어 있다 하다라도 유상으로 이전한 것이 아니기 때문에 양도소득세의 경우 양도로 보지 아니한다.
④ 신탁재산의 위탁자가 재산세 등을 체납한 경우로서 그 위탁자의 다른 재산에 대하여 체납처분을 하여도 징수할 금액에 미치지 못할 때에는 해당 신탁재산의 수탁자는 신탁재산으로서 위탁자의 재산세 등을 납부할 의무가 있다.
⑤ 신탁재산의 경우 재산세와 종합부동산세 납세의무자는 수탁자이다.

26 다음 중 납세의무 성립시기와 확정시기가 옳은 것은?
① 등록에 대한 등록면허세는 재산권 그 밖의 권리를 등기 또는 등록을 하는 때 납세의무가 성립하고 납세의무자의 신고가 있더라도 지방자치단체가 과세표준과 세액을 결정하는 때 확정된다.
② 종합부동산세는 과세기간이 끝나는 때 납세의무가 성립하고 납세의무자가 신고하는 때 납세의무가 확정된다.
③ 양도소득세는 과세기간이 끝나는 때 납세의무가 성립되며 납세의무자가 신고하는 때 납세의무가 확정된다.
④ 재산세는 재산을 취득하는 때 납세의무가 성립되며 원칙적으로 납세의무자가 신고하는 때 납세의무가 확정된다.
⑤ 중간예납하는 소득세는 중간예납하는 때 납세의무가 성립하고 신고하는 때 확정된다.

27 다음 중 취득세에 대한 설명으로 옳은 것은?
① 임시흥행장 공장현장 사무소 등(사치성 재산은 제외) 존속기간에 관계없이 임시용 건축물의 취득에 대하여는 취득세를 부과하지 아니한다.
② 유상승계 취득한 취득물건을 취득일에 등기·등록을 하지 아니하고 화해조서, 인낙조서에 의하여 취득일이 속한 달의 말일부터 3개월 이내에 계약이 해제된 사실을 입증하는 경우에는 취득한 것으로 보지 아니한다.
③ 법인 설립시에 발행하는 주식을 취득함으로써 과점주주가 된 때에는 당해 법인의 부동산 등을 취득한 것으로 본다.
④ 「공간정보의 구축 및 관리에 관한 법률」 제67조에 따른 대(垈) 중 「국토의 계획 및 이용에 관한 법률」 등 관계법령에 따라 택지공사가 준공된 토지에 정원 또는 부속시설물 등을 조성·설치하는 경우에는 그 정원 또는 부속시설물 등은 토지에 포함되는 것으로써 토지의 지목을 사실상 변경하는 것으로 보아 토지의 소유자가 취득한 것으로 본다.
⑤ 같은 취득물건이 둘 이상의 시·군에 걸쳐 있는 경우 각 시·군에 납부할 취득세를 산출할 때 그 과세표준은 취득 당시의 가액을 취득 물건의 면적 비율에 따라 나누어 계산한다.

28 취득세 과세표준에 대한 설명으로 옳지 않은 것은?
① 시가표준액 1억원 이하인 부동산을 증여로 취득한 경우 시가인정액과 시가표준액 중 납세자가 정하는 금액을 과세표준으로 할 수 있다.
② 지목변경의 경우 그 변경으로 증가한 가액에 해당하는 사실상 취득가격으로 한다. 다만, 사실상 취득가격을 확인할 수 없는 경우에는 지목변경 후 시가표준액에서 지목변경 전 시가표준액을 뺀 가액으로 한다.
③ 상속으로 인해 부동산을 취득하는 경우 시가인정액을 과세표준으로 한다.
④ 원시취득의 경우 사실상 취득가격을 과세표준으로 한다. 다만, 법인이 아닌 자가 건축물을 건축하여 취득하는 경우로서 사실상 취득가격을 확인할 수 없는 경우에는 취득당시 시가표준액을 과세표준으로 한다.
⑤ 시가인정액이란 취득시기 현재 불특정 다수인 사이에 자유롭게 거래가 이루어지는 경우 통상적으로 성립된다고 인정되는 가액(매매사례가액, 감정가액, 공매가액 등으로 대통령령으로 정하는 바에 따라 시가로 인정되는 가액)을 말한다.

29 다음 중 표준세율에서 중과기준세율을 뺀 세율을 산출세액으로 하는 경우에 해당하지 않은 것은?

① 공유물의 분할로 인한 취득(등기부 등본상 본인지분을 초과하지 아니함)
② 건축물의 이전으로 인한 취득(이전한 건축물의 가액이 종전 건축물의 가액을 초과하지 아니함)
③ 상속으로 인한 취득 중 법령으로 정하는 1가구 1주택 및 그 부속토지의 취득
④ 환매등기를 병행하는 부동산의 매매로서 환매기간 내에 매도자가 환매한 경우의 그 매도자와 매수자의 취득
⑤ 법인의 주식 또는 지분을 취득함으로써 과점주주가 되어 해당 법인의 부동산을 취득한 것으로 보는 경우의 과점주주의 취득

30 다음 등록면허세의 세율과 과세표준에 관한 설명으로 틀린 것은?

① 가등기의 말소등기는 건당 6,000원이다.
② 전세권 설정등기는 전세금액의 1천분의 2이다.
③ 지상권 설정등기는 부동산가액의 1천분의 2이다.
④ 지역권 설정등기는 승역지가액의 1천분의 2이다.
⑤ 저당권 설정등기는 채권금액의 1천분의 2이다.

31 다음은 주택에 대한 재산세의 세율 적용에 대한 내용이다. 옳지 않은 것은?

① 주택(고급주택 포함)에 대한 재산세 세율은 1/1,000 ~ 4/1,000 4단계 초과누진세율을 적용한다.
② 토지와 건물의 소유자가 다른 주택에 대해 세율을 적용할 때 해당 주택의 토지와 건물가액을 소유자별로 구분 계산한 과세표준에 해당 세율을 적용한다.
③ 1주택자로 시가표준액이 9억원 이하인 주택은 0.5/1,000 ~ 3.5/1,000 4단계 초과누진세율을 적용한다.
④ 지방자치단체의 장은 요건을 모두 충족하는 납세의무자가 1세대 1주택(시가표준액 9억원 초과하는 경우도 포함)의 재산세액의 납부유예를 신청한 납세의무자는 그 유예할 주택 재산세에 상당하는 담보를 제공하여야 한다.
⑤ 시 이상 지역의 주거지역 등의 공장 건축물의 경우 1000분의 5의 세율을 적용한다.

32 「지방세법」상 재산세에 관한 설명으로 틀린 것은?

① 재산세 과세대상 물건이 토지대장 또는 건축물 대장 등 공부상에 등재되지 않았거나 공부상 등재 현황과 사실상 현황이 다른 경우 사실상 현황에 따라 부과한다. 단, 공부상 등재 현황과 달리 이용함으로써 재산세 부담이 낮아지는 경우 등 대통령령이 정하는 경우는 공부상 등재 현황에 따라 부과한다.
② 지방자치단체가 유료로 공공용에 사용하는 개인 소유의 토지에는 재산세를 부과한다.
③ 지방자치단체의 장이 조례로 정하는 바에 따라 가감한 세율을 적용한 세액이 1세대 1주택에 대한 주택 세율 특례의 세율을 적용한 세액보다 적은 경우에는 1세대 1주택에 대한 주택 세율 특례를 적용하지 아니한다.
④ 재산세의 과세표준을 시가표준액에 공정시장가액비율을 곱하여 산정할 수 있는 대상은 토지와 주택에 한한다.
⑤ 재산세는 법령이 정하는 바에 따라 세부담의 상한이 적용된다.

33 다음 재산세 부과·징수에 대한 설명으로 바르지 않은 것은?

① 토지에 대한 재산세는 납세의무자별로 한 장의 납세고지서로 발급하여야 한다.
② 재산세를 징수하려면 토지·건축물·주택·선박·항공기로 각각 구분된 납세고지서에 과세표준과 세액을 적어 늦어도 납기개시 5일 전까지 발급하여야 한다.
③ 2025년분 재산세의 경우 2030년 5월 31일까지 부과하지 아니하면 재산세를 부과할 수 없다.
④ 주택에 대한 재산세의 납기는 건축물에 대하여는 매년 7월 16일에서 7월 31일까지, 토지에 대하여는 매년 9월 16일에서 9월 30일까지이다(다만, 해당 연도 부과·징수할 세액이 20만원 이하인 경우에는 납기를 7월 16일부터 7월 31일까지로 하여 일시에 부과·징수할 수 있다).
⑤ 납부세액이 250만원을 초과하는 경우 납부기한 지난날로부터 3개월 이내 분할납부할 수 있으며 지방자치단체장은 분납신청을 받은 경우에는 이미 고지한 납세고지서를 납기 내 납부하여야 할 납세고지서와 분납기간 내 납부할 납세고지서로 구분하여 수정·고지하여야 한다.

34 「종합부동산세법」상 종합부동산세에 대한 설명으로 틀린 것은?

① 관할 세무서장은 종합부동산세로 납부하여야 할 세액이 250만원을 초과하는 경우 법령에 따라 분납하게 할 수 있다.
② 주택분 종합부동산세 납세의무자가 1세대 1주택자에 해당하는 경우의 주택분 종합부동산세액은 주택분 종합부동산세액에서 연령별 공제 또는 보유기간에 따른 1세대 1주택자에 대한 공제액을 공제한 금액으로 한다. 이 경우 연령별 공제와 장기보유 기간별 공제가 중복되는 경우에도 중복하여 공제할 수 없다.
③ 종합부동산세는 원칙적으로 부과·징수를 하지만 납세의무자의 선택에 따라 신고납부할 수 있다.
④ 관할 세무서장은 종합부동산세를 징수하고자 하는 때에는 납세고지서별 주택 및 토지로 구분한 과세표준과 세액을 기재하여 납부기간 개시 5일 전까지 발부하여야 한다.
⑤ 1세대 1주택자(단독명의)는 주택의 공시가격을 합산한 금액에서 12억원을 공제한 금액에 공정시장가액비율을 곱한 금액을 과세표준으로 한다.

35 다음 종합부동산세에 대한 내용 중 틀린 것은?

① 종합부동산세를 신고납부방식으로 납부하고자 하는 자는 과세표준과 세액을 당해 연도 12월 1일부터 12월 15일까지 관할세무서장에게 신고하여야 하며 이 경우 부과주의 규정에 따른 결정은 없었던 것으로 본다.
② 신탁주택의 위탁자가 종합부동산세를 체납한 경우 그 위탁자의 다른 재산에 대하여 강제징수하여도 징수할 금액에 미치지 못할 때에는 해당 주택의 수탁자가 종합부동산세를 납부할 의무가 있다.
③ 주택분 종합부동산세 납세의무자가 과세기준일 현재 1세대 1주택자로 만 70세 이상이고 당해 주택을 3년 보유한 경우 법령에 따라 산출한 세액에서 100분의 40의 연령별 세액공제율을 곱한 금액을 공제한다.
④ 1세대 1주택 공동명의자의 경우에도 9월 16일~9월 30일까지 1주택 단독명의자로 신청할 수 있다.
⑤ 주택분 종합부동산세 계산시 1세대 1주택자가 종전 주택 양도 전 다른 주택을 대체 취득한 경우 신규주택 취득 후 2년 이내에 종전 주택을 양도하는 경우 주택 수에서 제외한다.

36 「소득세법」상 양도차익 계산에 관한 설명으로 틀린 것은?

① 양도가액을 기준시가에 따르면 취득가액도 기준시가에 따른다.
② 아파트를 분양받은 자가 부가가치세법상 일반과세 사업자로서 사업용으로 분양받은 경우에는 그 부가가치세는 필요경비로 산입할 수 없다.
③ 「지적재조사에 관한 특별법」제18조에 따른 경계의 확정으로 지적공부상의 면적이 증가되어 같은 법 제20조에 따라 징수한 조정금은 필요경비에 포함한다.
④ 당초 약정에 의한 거래가액의 지급 지연으로 인하여 추가로 발생하는 이자상당액은 취득가액에 포함되지 아니하며 자산의 취득자금으로 활용된 금융기관 차입금에 대한 지급이자도 필요경비에 산입되지 아니한다.
⑤ 매매사례가액은 양도일 또는 취득일 전후 각 3개월 이내에 해당 자산과 동일성 또는 유사성이 있는 자산의 매매사례가 있는 경우 그 가액을 말한다.

37 「소득세법」상 거주자의 부동산임대업에서 발생하는 소득에 대한 설명으로 틀린 것은?

① 주택수 계산시 본인과 배우자가 각각 주택을 소유하는 경우에는 합산하여 주택수를 계산한다.
② 공익사업과 관련하여 지상권을 대여함으로써 발생하는 소득은 사업소득이다.
③ 주택을 1채만 소유한 거주자가 과세기간 종료일 현재 기준시가 15억원인 해당 주택을 전세금을 받고 임대하여 얻은 소득은 소득세를 과세하지 아니한다.
④ 3주택(법령에 따른 소형주택이 아님)을 소유하는 자가 받은 보증금의 합계액이 4억원인 경우 법령으로 정하는 바에 따라 계산한 간주임대료를 사업소득 총 수입금액에 산입한다.
⑤ 사업소득에 부동산임대업에서 발생한 소득이 포함되어 있는 사업자는 그 소득별로 구분하여 회계 처리하여야 한다.

38 실지거래가액 방식에 의한 양도차익 산정에 있어서 취득가액에 대한 설명 중 틀린 것은?

① 타인으로부터 매입한 자산은 매입가액에 취득세, 등록면허세, 재산세 기타 부대비용을 취득원가에 포함한다.
② 토지 또는 건물을 양도한 경우 신고의무자가 그 신고를 하지 아니한 경우에는 등기부에 기재된 거래가액을 실지거래가액으로 추정하여 결정할 수 있다.
③ 양도가액 또는 취득가액을 추계결정·경정하는 경우 감정가액은 양도일 또는 취득일 전후 각 3개월 이내에 해당 자산에 대하여 둘 이상(기준시가 10억원 이하인 자산의 경우 하나의 감정평가기관의 평가액)의 감정평가업자가 평가한 것으로 그 감정가액의 평균액으로 한다.
④ 양도자산의 보유기간 중에 그 자산의 감가상각비로서 부동산 임대소득금액의 계산시에 필요경비로 산입한 금액은 취득가액에서 공제한다.
⑤ 현재가치할인차금 중 그 양도자산의 보유기간 중에 그 현재가치할인차금의 상각액을 각 연도의 사업소득금액 계산시 필요경비로 산입된 것을 제외한 금액은 취득가액에 포함한다.

39 2주택을 보유한 1세대가 주택을 양도하는 경우에 관련된 설명 중 틀린 것은? (단, 당해 2주택은 등기된 주택이고 조정대상지역이 아님)

① 2주택을 연도를 달리하여 양도하고 다른 양도자산이 없다면 각각에 대하여 연 250만원의 양도소득 기본공제가 적용된다.
② 먼저 양도하는 주택도 장기보유특별공제가 적용된다.
③ 나중에 양도하는 주택은 1세대 1주택 비과세 요건을 충족하면 양도소득세가 비과세된다.
④ 먼저 양도하는 주택의 보유기간이 2년 이상인 경우 양도소득세 세율은 6~45%로 8단계 초과누진세율을 적용한다.
⑤ 먼저 양도하는 주택의 양도차익을 계산함에 있어서 양도 당시의 실지거래가액을 확인할 수 없어 양도가액을 추계결정하는 경우에는 매매사례가액, 감정가액, 환산취득가액, 기준시가를 순차로 적용하여 산정한 가액을 양도가액으로 한다.

40 양도소득 과세표준 예정신고 또는 확정신고납부에 관한 설명으로 옳은 것은?

① 토지거래허가구역 내 토지를 허가를 받은 후 잔금을 지급한 경우에는 허가일이 속하는 달의 말일부터 2월 이내에 양도소득 과세표준 예정신고납부를 하여야 한다.
② 양도소득세 예정신고의 경우에는 분할납부를 할 수 없고 확정신고의 경우에만 분할납부가 가능하다.
③ 예정신고납부와 관련하여 가산세가 부과되는 부분에 대하여 확정신고납부와 관련하여 가산세를 부과하지 아니한다.
④ 건물을 신축하고 그 신축 또는 증축(증축의 경우 바닥면적 합계가 85m²를 초과하는 경우에 한정한다)하고 그 건물의 취득일 또는 증축일로부터 5년 이내에 해당 건물을 양도하는 경우로서 감정가액(증축의 경우 증축한 부분에 한정한다) 또는 환산취득가액(증축의 경우 증축한 부분에 한정한다)을 그 취득가액으로 하는 경우에는 양도소득세 산출세액의 100분의 5에 해당하는 금액을 양도소득 결정세액에 더한다.
⑤ 2024년 토지의 양도에서 발생한 양도차손을 2025년 건물의 양도로 인한 양도소득금액서 이월하여 공제할 수 있다.

Test 07 실전모의고사

정답 및 해설 ▶ P. 245

1교시

⏱ 제한시간 100분

공인중개사법·중개실무

01 공인중개사법령상 시·도지사의 고유업무에 해당하는 것은 모두 몇 개인가?

> ㉠ 공인중개사협회 지도·감독
> ㉡ 부동산거래정보사업자의 지정 및 지정취소
> ㉢ 공인중개사 자격증 교부
> ㉣ 중개사무소 개설등록업무
> ㉤ 실무교육 실시

① 1개 ② 2개
③ 3개 ④ 4개
⑤ 5개

02 다음 ( ) 안에 단 한 번도 들어가지 아니하는 숫자는?

> ㉠ 개업공인중개사가 중개의뢰인에 대한 손해배상을 보증보험금·공제금·공탁금으로 손해배상을 한 때에는 ( )일 이내에 보증보험 또는 공제에 가입하거나 공탁금 중 부족하게 된 금액을 보전하여야 한다.
> ㉡ 업무정지처분은 그 사유가 발생한 날부터 ( )년이 경과한 때에는 이를 할 수 없다.
> ㉢ 공인중개사자격이 취소된 자는 자격취소처분을 받은 날부터 ( )일 이내에 자격증을 반납하여야 한다.
> ㉣ 폐업기간이 ( )년을 초과한 경우에는 폐업 전의 사유로 재등록관청은 업무정지처분을 할 수 없다.

① 3 ② 1
③ 7 ④ 10
⑤ 15

03 다음은 중개법인의 분사무소 설치 등에 대한 내용이다. 옳은 것으로만 묶여진 것은? (단, 다른 법률에 따라 중개업을 할 수 있는 법인은 제외한다)

> ㉠ 분사무소 책임자는 반드시 공인중개사이어야 하고, 실무교육을 수료하여야 하며, 결격사유가 없어야 한다.
> ㉡ 분사무소마다 2억원 이상의 업무보증을 추가로 설정하여야 한다.
> ㉢ 특별시·광역시·도별로 1개를 초과하여 설치할 수 없다.
> ㉣ 주된 사무소 소재지 등록관청 관할 안에도 1개에 한하여 분사무소를 설치할 수 있다.

① ㉠   ② ㉠, ㉡
③ ㉡, ㉢   ④ ㉠, ㉡, ㉢
⑤ ㉡, ㉢, ㉣

04 공인중개사법령상 개업공인중개사 등의 "교육"에 관한 설명으로 옳은 것은?

① 직무수행과 관련된 직업윤리는 실무교육의 내용에는 해당되나, 연수교육의 내용에는 해당되지 않는다.
② 등록관청은 개업공인중개사 등의 부동산거래사고 예방을 위한 교육을 실시할 수 없다.
③ 연수교육을 정당한 사유 없이 받지 않으면 500만원 이하의 과태료를 부과한다.
④ 시·도지사는 연수교육을 실시하려는 경우 실무교육 또는 연수교육을 받은 후 2년이 되기 1개월 전까지 연수교육의 일시·장소·내용 등을 당사자에게 통지해야 한다.
⑤ 중개보조원이 고용관계종료신고가 된 후 1년 이내에 소속공인중개사가 되려는 경우 실무교육을 받지 않아도 된다.

05 공인중개사법령상의 공인중개사정책심의위원회(이하 위원회라 함)에 관한 설명으로 옳은 것은?

① 위원장이 부득이한 사유로 직무를 수행할 수 없을 때에는 부위원장이 그 직무를 대행한다.
② 위원회에 사무를 처리할 간사는 위원장이 국토교통부 소속 공무원 중에서 지명한다.
③ 해당 안건의 당사자는 위원에게 공정한 심의·의결을 기대하기 어려운 사정이 있는 경우에는 위원회에 회피(回避)신청을 할 수 있고, 위원회는 의결로 이를 결정한다.
④ 위원회 위원은 위원장이 임명 또는 위촉한다.
⑤ 위원이 안건당사자와 친족인 경우에는 당해 의결에서 제척되나, 친족이었던 경우에는 제척되지 아니한다.

06 공인중개사법령상 법인이 중개사무소를 개설등록하려는 경우 갖추어야 할 등록기준으로 옳은 것은? (다른 법률에 따라 중개업을 할 수 있는 경우는 제외함)

① 대표자, 임원 또는 사원 전원이 부동산 거래사고 예방교육을 받았을 것
② 건축물대장에 기재된 건물에 100㎡ 이상의 중개사무소를 확보할 것
③ 「상법」상 합명회사인 경우, 자본금이 5천만원 이상일 것
④ 「협동조합 기본법」에 따른 사회적 협동조합으로서, 자본금이 5천만원 이상일 것
⑤ 대표자는 공인중개사이어야 하며, 대표자를 포함한 임원 또는 사원의 3분의 1 이상은 공인중개사일 것

07 전속중개계약의 형태로 의뢰를 받은 개업공인중개사가 부동산거래정보망에 정보 내용을 공개하는 경우에 공개해야 할 사항에 해당되지 않는 것은?

① 일조·소음·진동 등 환경조건
② 도로 및 대중교통수단과의 연계성 등 입지조건
③ 중개보수 및 실비
④ 수도·전기·가스·소방 등의 상태
⑤ 벽면·도배 상태

08 공인중개사법령상 중개사무소의 개설등록 및 등록증 교부에 관한 설명으로 옳은 것은?

① 등록관청은 중개사무소 등록증을 교부하기 전에 개설등록을 한 자가 손해배상책임을 보장하기 위한 조치(보증)을 하였는지 여부를 확인해야 한다.
② 소속공인중개사는 중개사무소의 개설등록을 신청할 수 있다.
③ 한국인과 외국인은 등록을 신청할 때에 스스로 결격사유 없음을 증명할 수 있는 서류를 첨부하여야 한다.
④ 중개사무소의 개설등록신청서에는 신청인의 여권용 사진을 첨부하지 않아도 된다.
⑤ 등록관청은 등록증을 교부한 때에는 지체 없이 공인중개사협회에 통보하여야 한다.

09 개업공인중개사 등의 결격사유 등에 대한 설명으로 틀린 것은? (다툼이 있으면 판례에 따름)

① 법인의 임원이 결격사유에 해당하는 경우 사유발생일로부터 2개월내에 그 사유가 해소되지 않으면 법인의 등록이 취소된다.
② 개업공인중개사가 「공인중개사법」을 위반하여 징역 6개월에 대한 선고유예를 받은 경우에는 계속 중개업에 종사할 수 있다.
③ 2025년 4월 4일 「공인중개사법」 위반으로 300만원의 벌금형의 선고를 받은 개업공인중개사가 이를 이유로 2025년 5월 5일 등록이 취소되었다면, 2028년 5월 5일 이후에야 중개업 종사가 가능하다.
④ 법 제10조(등록의 결격) 제1항 제11호에 규정된 "이 법을 위반하여 벌금형의 선고를 받고 3년이 경과되지 아니한 자"에는 개업공인중개사가 법 제50조의 양벌규정으로 처벌받는 경우는 포함되지 않는다.
⑤ 중개보조원이 결격사유에 해당하는 경우, 사유발생일로부터 2개월내에 해소하지 않으면 개업공인중개사는 업무정지처분사유에 해당된다.

10 공인중개사법령상 개업공인중개사의 확인·설명의무에 관한 내용이다. 틀린 것을 모두 고른 것은?

㉠ 물건에 대한 설명의 경우, 근거자료를 제시하거나 성실·정확하게 설명하여야 한다.
㉡ 물건에 대한 설명은 권리를 취득하고자 하는 의뢰인에게 하여야 하며, 업무보증에 대한 설명은 거래당사자 쌍방에게 설명하여야 한다.
㉢ 물건에 대한 취득시 경제적 가치까지는 설명할 의무는 없다.
㉣ 업무보증에 대한 설명은 보장기간과 보증기간과 보증기관 및 그 소재지까지를 모두 설명하여야 한다.
㉤ 주택임대차물건의 경우에는 전입세대확인서 관련사항과 임대인의 국세·지방세 체납 여부도 확인하여야 한다.

① ㉠
② ㉠, ㉡
③ ㉡, ㉢
④ ㉡, ㉢, ㉣
⑤ ㉢, ㉣, ㉤

11 개업공인중개사의 업무범위에 관한 설명으로 옳은 것은?
① 법인인 개업공인중개사는 공인중개사를 대상으로 한 중개업의 창업정보의 제공을 할 수 있다.
② 모든 개업공인중개사는 법원에 등록을 하고 경매물건의 매수신청 대리업을 할 수 있다.
③ 모든 개업공인중개사는 상가건물에 대하여 분양대행을 할 수 있다.
④ 공인중개사인 개업공인중개사는 중개업에 부수되는 용역업을 수행할 수 없다.
⑤ 법인인 개업공인중개사는 도배나 이사업체 등 주거이전에 부수되는 용역업을 할 수 있다.

12 공인중개사법령상 개업공인중개사의 휴업에 관한 설명으로 옳은 것(○)과 틀린 것(×)을 바르게 표시한 것은?

㉠ 휴업기간 중에 있는 개업공인중개사는 다른 개업공인중개사의 소속공인중개사가 될 수 있다.
㉡ 분사무소의 휴업신고는 주된 사무소 소재지 등록관청에 하여야 한다.
㉢ 휴업기간을 변경하고자 하는 경우 등록증이나 자격증을 첨부할 필요는 없다.
㉣ 임신·출산을 이유로 하는 휴업은 6개월을 초과할 수 있다.
㉤ 휴업한 개업공인중개사가 휴업기간 만료 후 중개업의 재개신고를 하지 않으면 벌금형에 처한다.

① ㉠(○), ㉡(○), ㉢(○), ㉣(○), ㉤(○)
② ㉠(○), ㉡(×), ㉢(○), ㉣(○), ㉤(×)
③ ㉠(×), ㉡(○), ㉢(○), ㉣(○), ㉤(○)
④ ㉠(×), ㉡(○), ㉢(○), ㉣(○), ㉤(×)
⑤ ㉠(×), ㉡(×), ㉢(×), ㉣(×), ㉤(○)

13 다음은 고용인의 업무상 행위에 대한 개업공인중개사의 고용상의 책임 등과 관련된 판례 등이다. 틀린 것은? (다툼이 있으면 판례에 따름)
① '고용인의 업무상 행위'에는 중개대상물의 거래에 관한 알선업무뿐만 아니라, 외형상·객관적으로 중개업무와 관련된 것으로 보이는 행위도 포함된다.
② '고용인의 업무상 행위'는 외형상·객관적으로 고용인의 사업활동 내지 사무집행행위 또는 그와 관련된 것이라고 보일 때에는 행위자의 주관적 사정을 고려하지 않는다.
③ 고용인의 업무상 행위로 인하여 개업공인중개사의 배상책임이 인정되어 피해자에게 손해배상책임을 이행한 공제사업자는 개업공인중개사에게 구상권을 행사할 수 있다.
④ 법 제10조(등록의 결격) 제1항 제11호에 규정된 '이 법을 위반하여 벌금형의 선고를 받고 3년이 경과되지 아니한 자'에는 개업공인중개사가 법 제50조의 양벌규정으로 처벌받는 경우는 포함되지 않는다.
⑤ 개업공인중개사에게 손해배상책임을 묻고 있는 피해자에 과실이 있더라도 과실상계의 법리를 적용해서는 아니 된다.

14 공인중개사법령상 중개계약에 관한 설명으로 옳은 것은?
① 국토교통부장관은 일반중개계약의 표준이 되는 서식을 정하고 있지 않다.
② 일반중개계약을 체결한 개업공인중개사는 2주일에 1회 이상 업무처리상황을 문서로 의뢰인에게 통지하여야 한다.
③ 일반중개계약을 체결한 개업공인중개사는 7일 이내에 중개대상물에 대한 정보를 공개하여야 한다.
④ 일반중개계약을 체결한 개업공인중개사는 정보를 일간신문에 공개한 때에는 지체 없이 그 사실을 문서로써 통지하여야 한다.
⑤ 일반중개계약서나 전속중개계약서에 소속공인중개사는 서명 및 날인의 의무 없다.

15 다음의 사례에서 공인중개사법령상의 내용에 비추어볼 때 옳은 것은?

> 개업공인중개사 甲은 서울특별시 강서구에 소재하는 중개사무소를 서울특별시 강동구로 이전하였다.

① 甲은 이전을 한 날로부터 10일 이내에 강서구청장에게 이전신고를 하여야 한다.
② 甲이 이전신고를 할 때에는 이전신고서와 강동구 소재 중개사무소 확보증명서류와 기존의 등록증을 제출하여야 한다.
③ 이전신고를 받은 등록관청은 등록증의 기재사항을 변경하여 교부하여야 한다.
④ 甲은 강서구 중개사무소의 간판을 철거할 필요는 없다.
⑤ 甲이 강서구에서 했던 위반행위에 대하여는 강서구청장이 행정처분을 하여야 한다.

16 공인중개사법령상 다음 신청서의 구비서류 중 원본을 첨부해야 하는 경우만을 모두 고른 것은?

> ㉠ 거래정보사업자 지정신청서 – 공인중개사 자격증
> ㉡ 부동산 거래정보망 가입·이용신청서 – 중개사무소 등록증
> ㉢ 손해배상책임을 위한 업무보증 설정신고서 – 보증보험증서
> ㉣ 중개사무소 이전신고서 – 중개사무소등록증
> ㉤ 부동산중개업 휴업·폐업신고서 – 중개사무소등록증

① ㉠, ㉡
② ㉠, ㉣
③ ㉣, ㉤
④ ㉡, ㉣, ㉤
⑤ ㉢, ㉣, ㉤

17 다음은 부동산거래정보망과 거래정보사업자에 대한 내용이다. 옳은 것은?

① 거래정보사업자가 개업공인중개사로부터 의뢰받은 정보와 다르게 또는 차별적으로 정보를 공개한 경우에는 지정취소사유이면서 500만원 이하의 과태료사유이기도 하다.
② 거래정보사업자로 지정을 받기 위해서는 운영규정을 정하여 국토교통부장관의 승인을 사전에 받아야 한다.
③ 거래정보사업자가 운영규정의 변경 승인을 얻지 아니하고 변경하여 운영한 때에는 그 지정이 취소된다.
④ 법인인 개업공인중개사(중개법인)는 컴퓨터의 용량과 성능을 갖춘 경우에도 부동산거래정보사업자 지정을 받을 수 없다.
⑤ 거래정보사업자의 사망이나 해산으로 인한 지정취소시에는 청문의 절차를 거쳐야 한다.

18 공인중개사법령상 "중개대상물 확인·설명서[Ⅱ](비주거용 건축물)"에서 개업공인중개사의 확인사항으로 옳은 것을 모두 고른 것은?

> ㉠ "단독경보형감지기" 설치 여부는 세부 확인사항이다.
> ㉡ "도배"는 세부 확인사항이다.
> ㉢ "환경조건(일조량·소음·진동)"은 세부 확인사항이다.
> ㉣ "내진설계 적용 여부"는 기본 확인사항이다.
> ㉤ 실제 권리관계 또는 공시되지 않은 물건의 권리사항"은 세부 확인사항이다.

① ㉠, ㉡
② ㉠, ㉤
③ ㉣, ㉤
④ ㉠, ㉡, ㉢
⑤ ㉢, ㉣, ㉤

19 공인중개사법령상 개업공인중개사의 거래계약서 작성 등에 관한 설명으로 옳은 것은?

① 거래계약서에는 물건의 인도일시와 확인·설명서 교부일자를 기재해야 한다.
② 「공인중개사법 시행규칙」에 개업공인중개사가 작성하는 거래계약서의 표준이 되는 서식이 정해져 있다.
③ 거래계약서에는 중개보수와 실비의 금액 및 산출내역을 기재하여야 한다.
④ 소속공인중개사가 중개행위를 한 경우, 그 거래계약서에는 소속공인중개사와 개업공인중개사가 함께 서명 또는 날인해야 한다.
⑤ 공동중개의 경우 참여한 개업공인중개사 중 1인이 서명 및 날인 하면 된다.

20 다음 중 개업공인중개사 甲의 행위가 금지행위(법 제33조)에 해당하는 것을 모두 묶으면? (다툼이 있으면 판례에 따름)

> ㉠ 甲은 아파트 분양권의 매매를 중개하면서 중개보수 산정에 관한 지방자치단체의 조례를 잘못 해석하여 법에서 허용하는 금액을 초과한 중개보수를 받았다.
> ㉡ 甲은 상가건물의 매매를 업으로 하였다.
> ㉢ 甲이 乙과 丙 간의 매매계약을 중개하면서 乙과 丙이 모두 출장 중인 관계로, 양 당사자의 위임을 받고 매매계약을 체결하였다.
> ㉣ 甲은 의뢰인 乙이 매수 의뢰한 매수대상물의 매매계약을 성사시킨 대가로 법정한도의 중개보수 외에 매매대상물에 관한 공유지분을 받았다.

① ㉠
② ㉡
③ ㉠, ㉡, ㉢
④ ㉡, ㉢, ㉣
⑤ ㉠, ㉡, ㉢, ㉣

21 ○○시에 소재하는 개업공인중개사 甲의 중개로 매도인(A)과 매수인(B) 간에 아파트를 3억원에 매매하는 계약을 체결하고, 동시에 매수인(B)이 임차인(C)에게 동일 아파트를 보증금 2천만원, 월차임 20만원에 임대하는 계약을 체결하였다. 이러한 매매와 임대차 계약을 중개한 개업공인중개사 甲이 모든 중개의뢰인들로부터 받을 수 있는 중개보수의 총액은?

구 분	○○시 중개보수 요율상한 및 한도액		
	거래가액	상한(%)	한도액
매매·교환	5천만원 이상 ~ 2억원 미만	0.5	80만원
	2억원 이상 ~ 6억원 미만	0.4	-
임대차 등	5천만원 미만	0.5	20만원
	5천만원 이상 ~ 1억원 미만	0.4	30만원

① 120만원 ② 137만원
③ 240만원 ④ 257만원
⑤ 274만원

22 A는 분양금액 3억원인 아파트를 분양받아 계약금 3천만원, 1차 중도금 3천만원을 납부하였다. 그런데 이 아파트에 2천만원의 프리미엄이 붙어 A는 B에게 분양권을 전매하였다. 만약 개업공인중개사가 이 분양권매매를 중개하였다면 중개의뢰인들로부터 받을 수 있는 중개보수 총액은 모두 얼마인가? (단, 거래가액 5천만원 이상 2억원 미만인 경우 요율 0.5%, 한도액 80만원이며, 거래가액 2억원 이상 6억원 미만인 경우 요율 0.4%, 한도액은 없는 것으로 간주한다)

① 40만원 ② 80만원
③ 120만원 ④ 240만원
⑤ 정답 없음

23 공인중개사법령상 공인중개사협회와 협회의 공제사업에 관한 설명으로 옳은 것을 모두 고른 것은? (다툼이 있으면 판례에 따름)

> ㉠ 협회에 관하여 공인중개사법령에 규정된 것 외에는 「민법」 중 조합에 관한 규정을 적용한다.
> ㉡ 위촉받아 보궐위원이 된 운영위원의 임기는 전임자 임기의 남은 기간으로 한다.
> ㉢ 운영위원회의 회의는 재적위원 과반수의 찬성으로 심의사항을 의결한다.
> ㉣ 협회와 개업공인중개사간에 체결된 공제계약이 유효하게 성립하려면 공제계약 당시에 공제사고의 발생 여부가 확정되어 있는 것을 대상으로 해야 한다.

① ㉡ ② ㉢
③ ㉡, ㉢ ④ ㉠, ㉡, ㉢
⑤ ㉠, ㉡, ㉢, ㉣

24 다음 중 계약금 등의 반환 채무이행의 보장에 관한 내용으로 옳은 것은?

① 계약금 등을 예치하는 경우 거래당사자 명의로 예치할 수 있다.
② 계약금 등을 예치하는 경우 고용신고 된 중개보조원의 명의로 예치할 수 있다.
③ 계약금 등을 예치한 경우 계약금 등을 수령할 수 있는 권리가 있는 자는 당해 계약을 해제한 때에 계약금 등의 반환을 보장하는 보증서를 예치기관에게 교부하고 계약금 등을 미리 수령할 수 있다.
④ 개업공인중개사는 계약금을 자기 명의로 예치하는 경우에는 기존의 자기 재산과 분리하여 관리할 필요는 없다.
⑤ 개업공인중개사는 자기 명의로 계약금 등을 예치하는 경우에는 그 지급을 보장하기 위하여 보증보험 또는 공제에 가입하거나 공탁을 하여야 한다.

25 공인중개사법령상 등록관청에 신고한 甲과 乙이 받을 수 있는 포상금의 최대 금액은?

> ㉠ 甲은 등록증 양도·대여를 이유로 A를 신고하였고, 검사가 기소유예처분을 하였다.
> ㉡ 甲은 법정중개보수를 초과하여 과다한 중개보수를 받은 이유로 개업공인중개사 B를 신고하였고, 검사가 공소제기 하였다.
> ㉢ 乙은 이중사무소(임시시설물)를 설치하여 투기를 한 이유로 C를 신고하였고, 검사가 공소제기를 하였다.
> ㉣ 乙은 자격증 양도·대여를 이유로 D를 신고하였고, 검사는 무혐의처분을 하였다.
> ㉤ 甲과 乙은 모두 행정기관에 의하여 발각되기 전에 신고하였다.

① 甲: 50만원, 乙: 0원
② 甲: 50만원, 乙: 50만원
③ 甲: 100만원, 乙: 50만원
④ 甲: 50만원, 乙: 100만원
⑤ 甲: 100만원, 乙: 100만원

TEST 07

26 공인중개사에 대한 자격취소와 자격정지 처분에 관한 내용으로서 틀린 것은?

① 자격증을 교부한 시·도지사와 공인중개사 사무소의 소재지를 관할하는 시·도지사가 서로 다른 경우에는 국토교통부장관이 자격취소처분을 한다.
② 공인중개사가 「공인중개사법」 위반으로 징역 1년에 집행유예 2년을 선고받은 경우에 시·도지사는 공인중개사 자격을 취소하여야 한다.
③ 시·도지사는 소속공인중개사에 대하여 자격정지 처분을 한 경우라도 국토교통부장관에게 보고하여야 할 의무는 없다.
④ 중개업무와 관련하여, 「형법」을 위반하여 사문서 위조·변조를 이유로 징역형의 선고를 받은 경우 자격이 취소된다.
⑤ 소속공인중개사가 자격정지 처분을 받은 경우 자격증을 반납할 의무는 없다.

27 「공인중개사법 시행규칙」상 개업공인중개사 업무정지의 부과기준으로 옳은 것은 모두 몇 개인가?

위반행위	부과기준
㉠ 부동산거래정보망에 중개대상물에 관한 정보를 거짓으로 공개한 경우	6개월
㉡ 중개대상물 확인·설명서를 교부하지 않은 경우	3개월
㉢ 중개대상물 확인·설명서에 서명·날인을 하지 않은 경우	3개월
㉣ 거래계약서에 서명·날인을 하지 않은 경우	3개월
㉤ 등록하지 않은 인장을 사용한 경우	3개월

① 1개 ② 2개
③ 3개 ④ 4개
⑤ 5개

28 다음은 공법상의 거래규제와 관련하여 다른 제도와의 관계에 관한 내용이다. 틀린 것은?

① 부동산거래신고를 한 경우에는 「부동산등기 특별조치법」상의 검인은 받은 것으로 본다.
② 토지거래허가를 받은 경우에는 「부동산등기 특별조치법」상의 검인은 받은 것으로 본다.
③ 토지거래허가구역 내의 토지를 법원경매로 취득한 경우에는 토지거래 허가가 면제된다.
④ 외국인이 토지거래허가를 받은 경우에는 외국인 특례상의 취득에 관한 허가를 받은 것으로 본다.
⑤ 매매계약에 대하여 토지거래허가를 받은 경우에는 부동산거래신고를 한 것으로 본다.

29 다음 중 반드시 개업공인중개사의 등록을 취소해야 하는 경우는 모두 몇 개인가?

㉠ 개업공인중개사가 금고 이상의 형의 선고를 받고 형 집행종료 후 3년이 경과되지 아니한 경우
㉡ 거짓 그 밖의 부정한 방법으로 중개사무소를 개설등록한 경우
㉢ 손해배상책임을 위한 업무보증의 설정 없이 중개업무를 개시한 경우
㉣ 등록기준에 미달하게 된 경우
㉤ 동일 건에 대하여 서로 다른 2 이상의 거래계약서를 작성한 경우

① 1개 ② 2개
③ 3개 ④ 4개
⑤ 5개

30 다음은 법원경매와 관련된 내용이다. 틀린 것은?

① 경매신청이 취하되면 경매부동산에 대한 압류의 효력은 소멸된다.
② 재매각절차에서 종전 매수인도 매수신청을 할 수 있다.
③ 전세권은 압류채권, 가압류채권에 대항할 수 없는 경우에는 매각으로 소멸된다.
④ 압류채권자에 우선하는 권리라도 저당권 등 매각으로 소멸하는 권리에 대항하지 못하면 매각으로 소멸된다.
⑤ 공유지분에 대하여 공유자가 우선매수신고를 한 경우에는 최고가매수신고인을 차순위매수신고인으로 본다.

31 부동산 거래신고 등에 관한 법령상의 토지거래계약의 허가 등에 관한 설명으로 틀린 것은?

① 시장·군수 또는 구청장은 허가받은 목적대로 토지를 이용하지 아니한 자에 대하여 최초의 이행명령이 있었던 날을 기준으로 하여, 1년에 한 번씩 그 이행명령이 이행될 때까지 반복하여 이행강제금을 부과·징수할 수 있다.
② 민원사무에 관한 법률에 따른 처리기간에 허가증의 발급 또는 불허가처분 사유의 통지가 없거나, 선매 협의 사실의 통지가 없는 경우에는 그 기간이 끝난 날의 다음 날에 토지거래계약의 불허가가 있는 것으로 본다.
③ 토지거래계약의 불허가처분에 이의가 있는 자는 그 처분을 받은 날부터 1개월 이내에 시장·군수 또는 구청장에게 이의를 신청할 수 있다.
④ 토지거래계약의 불허가처분에 이의가 있는 자는 그 통지를 받은 날부터 1개월 이내에 시장·군수 또는 구청장에게 불허가 처분된 토지에 대하여 매수청구를 할 수 있다.
⑤ 토지거래계약의 허가를 받으려는 자는 그 허가신청서에 계약내용과 그 토지의 이용계획, 취득자금 조달계획 등을 적어 시장·군수 또는 구청장에게 제출하여야 한다.

32 부동산 거래신고 등에 관한 법령상 "부동산 거래신고의 대상"이 되는 계약을 모두 고른 것은?

> ㉠ 「건축물의 분양에 관한 법률」에 따른 부동산에 대한 공급계약
> ㉡ 「도시개발법」에 따른 부동산에 대한 공급계약
> ㉢ 「주택법」에 따른 부동산에 대한 공급계약을 통하여 부동산을 공급받는 자로 선정된 지위의 매매계약
> ㉣ 「도시 및 주거환경정비법」에 따른 관리처분계획의 인가로 취득한 입주자로 선정된 지위의 매매계약
> ㉤ 「입목에 관한 법률」에 따른 입목에 대한 매매계약

① ㉠, ㉡
② ㉢, ㉣
③ ㉡, ㉢, ㉤
④ ㉠, ㉡, ㉢, ㉣
⑤ ㉠, ㉡, ㉢, ㉣, ㉤

33 다음은 부동산거래신고 제도에 대한 내용이다. 옳은 것을 모두 나열한 것은?

> ㉠ 상가건물에 대한 전세권설정계약의 경우, 그 계약일로부터 30일 이내에 신고하여야 한다.
> ㉡ 개업공인중개사가 공동으로 중개를 한 경우에는 개업공인중개사 공동명의로 신고하여야 한다.
> ㉢ 국토교통부장관은 신고가격의 적정성을 검토하여, 그 검증결과를 관할 세무관서의 장에게 통보하여야 한다.
> ㉣ 국토교통부장관은 부동산거래가격 검증체계를 구축·운영하여야 하며, 한국부동산원에 위탁한다.
> ㉤ 국토교통부장관은 신고받은 내용의 확인을 위하여 신고내용조사를 직접 할 수는 없으나, 신고관청과 공동으로 할 수는 있다.

① ㉠, ㉡
② ㉠, ㉣
③ ㉡, ㉢
④ ㉡, ㉣
⑤ ㉠, ㉢, ㉤

34 다음은 「부동산 거래신고 등에 관한 법률」상의 외국인의 부동산취득에 관한 특례 내용이다. 틀린 것은?

① 외국인이 상속으로 국내 토지를 취득하는 경우에는 피상속인이 사망한 날로부터 60일 이내에 신고해야 한다.
② 신고를 하지 아니하거나 거짓으로 신고를 한 자가 위반사실을 자진해서 신고한 자에 대하여 과태료를 감경하거나 면제할 수 있다.
③ 외국인이 「자연환경보전법」에 의한 생태·경관보전지역의 토지를 취득하고자 하는 경우에는 미리 허가를 받아야 한다.
④ 시장·군수 또는 구청장은 신고를 받고 신고확인증을 발급하거나 허가를 하고 허가증을 발급한 때에는 그 내용을 관리대장에 기록하여 관리하여야 한다.
⑤ 시장·군수 또는 구청장은 관리대장의 내용을 매 분기 종료일부터 1개월 이내에 특별시장·광역시장·도지사 또는 특별자치도지사에게 통보하여야 한다.

35 다음 중 "부동산 거래신고에 관한 법령"상 신고고발자에게 포상금이 지급될 수 있는 대상자에 해당하는 것은 모두 몇 개인가?

> ㉠ 부동산투기를 조장한 자
> ㉡ 토지거래허가를 받지 아니하고 토지거래계약을 체결한 자
> ㉢ 부정한 방법으로 토지거래허가를 받은 자
> ㉣ 토지거래허가를 받아 취득한 토지에 대하여 허가받은 목적대로 이용하지 아니한 자
> ㉤ 부동산거래신고를 하지 아니한 자
> ㉥ 부동산 등의 실제거래가격을 거짓으로 신고한 자

① 1개
② 2개
③ 3개
④ 4개
⑤ 5개

36 공인중개사법령상 개업공인중개사의 중개대상물 확인·설명으로 틀린 것은? (다툼이 있으면 판례에 따름)

① 지적공부와 등기부상 토지의 지목이 다른 경우 지적공부를 기준으로 확인·설명해야 한다.
② 건물의 소유자는 건물과 법정지상권 중 건물만을 처분하는 것은 가능하다.
③ 건물소유를 목적으로 한 토지임차인이 그 지상건물에 대해 소유권보존등기를 하면 제3자에 대하여 임대차의 효력이 생긴다.
④ 대지와 건물이 동일소유자에게 속한 경우, 건물에 전세권을 설정한 때에는 그 대지소유권의 특별승계인은 전세권설정자에 대하여 지상권을 설정한 것으로 본다.
⑤ 토지에 저당권이 설정된 후 토지소유자가 그 위에 건물을 건축하였다가 경매로 인하여 그 토지와 지상 건물의 소유가 달라진 경우 토지소유자는 관습상의 법정지상권을 취득한다.

37 개업공인중개사가 「장사 등에 관한 법률」에 관하여 설명하였다. 틀린 것은?

① 가족묘지는 설치하기 전에 미리 시장 등의 허가를 받아야 하며, 개인자연장지는 자연장지를 조성한 후 시장 등에게 신고하여야 한다.
② 법인묘지는 설치하기 전에 미리 시장 등의 허가를 받아야 하며, 법인 등 자연장지를 조성하려는 자도 마찬가지로 시장 등의 허가를 받아야 한다.
③ 종중·문중묘지는 설치하기 전에 미리 시장 등의 허가를 받아야 하며, 종중·문중 자연장지를 조성하려는 자도 마찬가지로 시장 등의 허가를 받아야 한다.
④ 가족묘지는 가족당 1개소에 한 하며, 전체면적은 100m²를 초과할 수 없다.
⑤ 법인묘지는 10만m² 이상이어야 하고, 1기당 면적은 10m²를 초과할 수 없으며, 합장시에는 15m²를 초과할 수 없다.

38 개업공인중개사가 「상가건물 임대차보호법」의 적용을 받는 상가건물의 임대차를 중개하면서, 임차인의 계약갱신요구권에 관하여 설명한 내용으로 틀린 것을 모두 고른 것은?

> ㉠ 임차인의 계약갱신요구권은 최초의 임대차기간을 포함한 전체 임대차기간이 5년을 초과하지 않는 범위에서만 행사할 수 있다.
> ㉡ 임대인의 동의를 받고 전대차계약을 체결한 전차인은 임차인의 계약갱신요구권 행사기간 이내에 임차인을 대위하여 임대인에게 계약갱신요구권을 행사할 수 있다.
> ㉢ 임차인이 임대인의 동의 없이 목적 건물의 전부 또는 일부를 전대한 경우에는 임대인은 임차인의 계약갱신요구를 거절할 수 있다.
> ㉣ 갱신되는 임대차는 전(前) 임대차와 동일한 조건으로 다시 계약된 것으로 보므로, 차임과 보증금은 변경할 수 없다.

① ㉠
② ㉡, ㉢
③ ㉢, ㉣
④ ㉠, ㉣
⑤ ㉠, ㉢, ㉣

39 甲은 乙과 乙 소유의 X부동산의 매매계약을 체결하고, 친구 丙과의 명의신탁약정에 따라 乙로부터 바로 丙 명의로 소유권이전등기를 하였다. 이와 관련하여 개업공인중개사가 甲과 丙에게 설명한 내용으로 틀린 것을 모두 고른 것은? (다툼이 있으면 판례에 따름)

> ㉠ 사례는 계약명의신탁에 해당한다.
> ㉡ 丙이 X부동산을 제3자에게 처분한 경우, 丙은 甲과의 관계에서 횡령죄가 성립하지 않는다.
> ㉢ 甲과 乙 사이의 매매계약은 무효이므로, 甲은 乙을 상대로 소유권이전등기를 청구할 수 없다.
> ㉣ 丙이 소유권을 취득하고 甲은 丙에게 대금 상당의 부당이득반환청구권을 행사할 수 있다.

① ㉠, ㉢
② ㉠, ㉣
③ ㉡, ㉢
④ ㉠, ㉢, ㉣
⑤ ㉡, ㉢, ㉣

40 집합건물의 소유 및 관리에 관한 법률에 관한 설명으로 틀린 것은? (다툼이 있으면 판례에 따름)

① 집합건물의 임차인은 관리인이 될 수 없다.
② 서면결의의 방법에 의한 재건축결의가 가능하다.
③ 전유부분에 설정된 저당권의 효력은 특별한 사정이 없는 한 대지사용권에 미친다.
④ 관리단집회는 구분소유자 전원이 동의하면 소집절차를 거치지 않고 소집할 수 있다.
⑤ 공용부분 관리비에 대한 연체료는 특별승계인에게 승계되는 공용부분 관리비에 포함되지 않는다.

부동산공법

41 국토의 계획 및 이용에 관한 법령상 다음의 시 또는 군은 도시·군기본계획을 수립하지 아니할 수 있다. (   )에 들어갈 내용을 옳게 연결한 것은?

> 「수도권정비계획법」에 의한 수도권에 (㉠) 광역시와 경계를 같이하지 아니한 시 또는 군으로서 인구 (㉡) 이하인 시 또는 군

① ㉠: 속하고, ㉡ 5만명
② ㉠: 속하고, ㉡ 10만명
③ ㉠: 속하지 아니하고, ㉡ 5만명
④ ㉠: 속하지 아니하고, ㉡ 10만명
⑤ ㉠: 속하지 아니하고, ㉡ 20만명

42 국토의 계획 및 이용에 관한 법령상 광역계획권 및 광역도시계획에 관한 설명으로 옳은 것은?

① 광역도시계획은 10년 단위로 수립하여야 한다.
② 광역계획권이 2 이상의 시·도의 관할 구역에 걸쳐 있는 경우에는 관할 시·도지사가 공동으로 광역계획권을 지정할 수 있다.
③ 광역도시계획을 시·도지사가 공동으로 수립하는 경우 그 내용에 관해 서로 협의가 이루어지지 아니하는 때에는 공동 또는 단독으로 국토교통부장관에게 조정을 신청할 수 있다.
④ 시장 또는 군수의 요청으로 도지사가 광역도시계획을 수립하려면 국토교통부장관의 승인을 받아야 한다.
⑤ 광역도시계획에 관한 기초조사로 인하여 손실을 받은 자가 있는 때에는 그 행위자가 그 손실을 보상하여야 한다.

43 국토의 계획 및 이용에 관한 법령상 주민이 도시·군관리계획의 입안을 제안하려는 경우 요구되는 제안 사항별 토지소유자의 동의 요건으로 틀린 것은? (단, 동의 대상 토지 면적에서 국·공유지는 제외함)

① 기반시설의 설치에 관한 사항 : 대상 토지 면적의 5분의 4 이상
② 기반시설의 정비에 관한 사항 : 대상 토지 면적의 5분의 4 이상
③ 지구단위계획의 수립에 관한 사항 : 대상 토지 면적의 3분의 2 이상
④ 지구단위계획구역의 지정에 관한 사항 : 대상 토지 면적의 3분의 2 이상
⑤ 산업·유통개발진흥지구의 지정에 관한 사항 : 대상 토지 면적의 5분의 4 이상

44 국토의 계획 및 이용에 관한 법령상 국토교통부장관의 권한이 아닌 것은?
① 개발제한구역의 지정에 관한 도시·군관리계획의 결정
② 광역시장이 수립한 도시·군기본계획의 승인
③ 국가계획과 연계된 시가화조정구역의 지정에 관한 도시·군관리계획의 결정
④ 2 이상 시·도의 관할구역에 걸치는 광역계획권의 지정
⑤ 시·도지사가 공동으로 수립하는 광역도시계획의 승인

45 국토의 계획 및 이용에 관한 법령상 용도지역의 지정목적으로 옳은 것은?
① 제1종 일반주거지역 – 단독주택 중심의 양호한 주거환경을 보호하기 위하여 필요한 지역
② 일반상업지역 – 근린지역에서의 일용품 및 서비스의 공급을 위하여 필요한 지역
③ 준공업지역 – 환경을 저해하지 아니하는 공업의 배치를 위하여 필요한 지역
④ 자연녹지지역 – 도시의 자연환경·경관·산림 및 녹지공간을 보전할 필요가 있는 지역
⑤ 생산녹지지역 – 주로 농업적 생산을 위하여 개발을 유보할 필요가 있는 지역

46 국토의 계획 및 이용에 관한 법령상 도시지역으로 결정·고시된 것으로 볼 수 있는 사항으로 틀린 것은?
① 「항만법」에 따른 항만구역으로서 도시지역에 연접한 공유수면
② 「어촌·어항법」에 따른 어항구역으로서 도시지역에 연접한 공유수면
③ 「산업입지 및 개발에 관한 법률」에 따른 도시첨단산업단지
④ 「택지개발촉진법」에 따른 택지개발지구
⑤ 「전원개발촉진법」에 따른 수력발전소만을 설치하기 위한 전원개발사업구역

47 국토의 계획 및 이용에 관한 법령상 개발진흥지구에 대한 설명으로 옳은 것은?
① 주민이 산업·유통개발진흥지구의 지정을 제안할 수 있는 대상지역은 자연녹지지역·생산녹지지역·계획관리지역이어야 한다.
② 주민이 산업·유통개발진흥지구의 지정을 제안하는 경우 지정 대상 지역의 전체 면적에서 자연녹지지역의 면적이 차지하는 비율이 100분의 50 이상이어야 한다.
③ 생산관리지역에 위치한 주거개발진흥지구에 지구단위계획구역을 지정할 수 있다.
④ 도시지역 외의 지역에 지정된 개발진흥지구에서의 건폐율은 30퍼센트 이하의 범위에서 특별시·광역시·특별자치시·특별자치도·시 또는 군의 도시·군계획조례로 정하는 비율을 초과하여서는 아니 된다.
⑤ 지구단위계획 또는 관계 법률에 따른 개발계획을 수립하는 개발진흥지구에서는 지구단위계획 또는 관계 법률에 따른 개발계획에 위반하여 건축물을 건축할 수 없다.

48 국토의 계획 및 이용에 관한 법령상 도시·군계획시설이 결정된 토지의 전부 또는 일부를 도시·군계획시설입체복합구역으로 지정할 수 있는 경우로서 옳은 것을 모두 고른 것은?

> ㉠ 도시·군계획시설 준공 후 5년이 경과한 경우로서 해당 시설의 개량 또는 정비가 필요한 경우
> ㉡ 주변지역 정비 또는 지역경제 활성화를 위하여 기반시설의 복합적 이용이 필요한 경우
> ㉢ 첨단기술을 적용한 새로운 형태의 기반시설 구축 등이 필요한 경우

① ㉠
② ㉠, ㉡
③ ㉠, ㉢
④ ㉡, ㉢
⑤ ㉠, ㉡, ㉢

49 국토의 계획 및 이용에 관한 법령상 계획관리지역에 지구단위계획구역을 지정하려는 경우 그 요건에 관한 설명이다. 틀린 것은?
① 지정하려는 구역의 면적의 50% 이상이 계획관리지역에 해당하여야 하며, 나머지 용도지역은 생산관리지역 또는 보전관리지역일 것
② 전체 지구단위계획구역의 면적이 10만m² 이하인 경우에는 보전관리지역의 면적은 전체 20% 이내일 것
③ 지구단위계획구역으로 지정하고자 하는 토지의 면적이 공동주택 중 아파트 연립주택의 건설계획이 포함되는 경우에는 10만m² 이상일 것
④ 당해 지역에 도로, 수도공급설비, 하수도 등 기반시설을 공급할 수 있을 것
⑤ 자연환경, 경관, 미관 등을 해치지 아니하고, 국가유산의 훼손우려가 없을 것

50
국토의 계획 및 이용에 관한 법령상 국가·지방자치단체·공공기관 그 밖에 대통령령이 정하는 자 외의 자가 도시·군계획시설사업의 시행자로 지정되려면 다음의 동의를 받아야 한다. ( )의 내용으로 옳은 것은?

> 도시·군계획시설사업대상 토지(국공유지를 제외)면적의 (㉠) 이상에 해당하는 토지를 소유하고, 토지소유자 총수의 (㉡) 이상에 해당하는 자의 동의를 얻어야 한다.

① ㉠ - 3분의 2, ㉡ - 3분의 2
② ㉠ - 3분의 2, ㉡ - 2분의 1
③ ㉠ - 2분의 1, ㉡ - 3분의 2
④ ㉠ - 2분의 1, ㉡ - 2분의 1
⑤ ㉠ - 3분의 2, ㉡ - 5분의 4

51
국토의 계획 및 이용에 관한 법령상 도시·군계획시설부지의 매수청구에 관한 다음의 설명 중 ( ) 안에 들어갈 내용으로 옳은 것은?

> 매수의무자는 매수청구를 받은 토지를 매수할 때에는 현금으로 그 대금을 지급한다. 다만, 다음 각 호의 어느 하나에 해당하는 경우로서 매수의무자가 (㉠)인 경우에는 도시·군계획시설채권을 발행하여 지급할 수 있다.
> 1. 토지 소유자가 원하는 경우
> 2. 대통령령으로 정하는 부재부동산 소유자의 토지 또는 비업무용 토지로서 매수대금이 (㉡)을 초과하여 그 초과하는 금액을 지급하는 경우

① ㉠ - 국가, ㉡ - 1천만원
② ㉠ - 지방자치단체, ㉡ - 2천만원
③ ㉠ - 지방자치단체, ㉡ - 3천만원
④ ㉠ - 지방자치단체, ㉡ - 5천만원
⑤ ㉠ - 한국토지주택공사, ㉡ - 3천만원

52
국토의 계획 및 이용에 관한 법령에 따라 녹지지역이나 계획관리지역으로서 수목이 집단적으로 자라고 있는 지역에 대해서 개발행위허가를 제한하려는 경우에 관한 설명으로 틀린 것은?

① 개발행위허가를 제한하고자 하는 자가 국토교통부장관인 경우에는 중앙도시계획위원회의 심의를 거쳐야 한다.
② 한 차례만 3년 이내의 기간 동안 개발행위허가를 제한할 수 있다.
③ 한 차례만 2년 이내의 기간 동안 개발행위허가의 제한을 연장할 수 있다.
④ 국토교통부장관, 시·도지사, 시장 또는 군수는 개발행위허가를 제한하려면 대통령령으로 정하는 바에 따라 제한지역·제한사유·제한대상행위 및 제한기간을 미리 고시하여야 한다.
⑤ 개발행위허가 제한지역 등을 고시한 국토교통부장관, 시·도지사, 시장 또는 군수는 해당 지역에서 개발행위를 제한할 사유가 없어진 경우에는 그 제한기간이 끝나기 전이라도 지체 없이 개발행위허가의 제한을 해제하여야 한다.

53
도시개발법령상 도시개발구역을 국토교통부장관이 지정할 수 있는 경우 아닌 것은?

① 중앙행정기관의 장이 요청하는 경우
② 지방공사의 장이 10만m² 이상의 규모로 제안하는 경우
③ 도시개발사업이 필요하다고 인정되는 지역이 둘 이상의 시·도 또는 대도시의 행정구역에 걸치는 경우로서 관계 시·도지사 또는 대도시 시장 간에 협의가 성립되지 아니한 경우
④ 국가가 도시개발사업을 실시할 필요가 있는 경우
⑤ 천재지변의 사유로 긴급한 도시개발사업이 필요한 경우

54
도시개발법령상 지정권자가 시행자를 변경할 수 있는 사유가 아닌 것은?

① 도시개발사업에 관한 실시계획의 인가를 받은 후 1년 이내에 사업을 착수하지 아니하는 경우
② 행정처분으로 시행자의 지정이 취소된 경우
③ 행정처분으로 실시계획의 인가가 취소된 경우
④ 시행자의 부도·파산, 그 밖에 이와 유사한 사유로 도시개발사업의 목적을 달성하기 어렵다고 인정되는 경우
⑤ 도시개발사업의 전부를 환지방식으로 시행하는 경우 시행자로 지정된 토지소유자 또는 조합이 도시개발구역 지정의 고시일부터 1년 이내에 도시개발사업에 관한 실시계획의 인가를 신청하지 아니하는 경우

55 도시개발법령상 도시개발조합에 대한 설명 중 옳은 것은?
① 조합원은 도시개발구역 안에 소재한 토지 또는 건축물의 소유자로 한다.
② 조합원의 수가 100인 이상인 조합은 총회의 권한을 대행하게 하기 위하여 대의원회를 두어야 한다.
③ 조합장 또는 이사의 자기를 위한 조합과의 계약이나 소송에 관하여는 감사가 조합을 대표한다.
④ 조합의 설립시에는 토지소유자 3분의 2 이상의 동의를 얻어야 한다.
⑤ 조합원은 보유토지의 면적에 비례하여 의결권을 행사한다.

56 도시개발법령상 원형지의 공급과 개발에 관한 설명으로 틀린 것은?
① 원형지개발자의 선정은 수의계약의 방법으로 하는 것이 원칙이다.
② 지방자치단체가 원형지 개발자인 경우 10년의 범위에서 대통령령이 정하는 기간 안에는 원형지를 매각할 수 없다.
③ 공급될 수 있는 원형지는 도시개발구역 전체 토지면적의 3분의 1 이내로 한정한다.
④ 원형지 공급가격은 개발계획이 반영된 원형지의 감정가격에 시행자가 원형지에 설치한 기반시설 등의 공사비를 더한 금액을 기준으로 시행자와 원형지개발자가 협의하여 결정한다.
⑤ 원형지개발자가 세부계획에서 정한 착수기한 안에 공사에 착수하지 아니하는 경우에는 공급계약을 해제할 수 있다.

57 도시개발법령상 환지방식에 의한 사업시행에 관한 설명으로 옳은 것은?
① 시행자는 면적이 작은 토지라도 토지소유자의 동의 없이는 환지 대상에서 제외할 수 없다.
② 시행자는 토지 소유자의 신청에 따라 해당 토지에 대하여 환지를 정하지 아니하는 경우 임차권자의 동의는 받을 필요가 없다.
③ 환지계획에서 정하여진 환지는 그 환지처분이 공고된 날부터 종전의 토지로 본다.
④ 시행자는 환지처분이 공고되면 공고 후 14일 이내에 관할 등기소에 이를 알리고 토지와 건축물에 관한 등기를 촉탁하거나 신청하여야 한다.
⑤ 준공검사 전 또는 공사 완료 공고 전에는 체비지를 사용할 수 없다.

58 도시개발법령상 도시개발채권에 관한 설명으로 옳은 것은?
① 도시개발조합은 토지 등의 매수대금의 일부를 지급하기 위하여 사업시행으로 조성된 토지·건축물로 상환하는 도시개발채권을 발행할 수 있다.
② 도시개발채권을 발행하는 경우 발행총액에 대하여 국토교통부장관의 승인을 받아야 한다.
③ 도시개발채권의 소멸시효는 상환일부터 기산하여 원금은 5년, 이자는 3년으로 한다.
④ 도시개발채권의 상환은 5년부터 10년까지의 범위에서 기획재정부장관이 따로 정하여 고시한다.
⑤ 「국토의 계획 및 이용에 관한 법률」 제56조 제1항에 따른 허가를 받은 자 중 토지형질변경허가를 받은 자는 도시개발채권을 매입하여야 한다.

59 도시 및 주거환경정비법령상 토지등소유자에 해당하는 것은?
① 주거환경개선사업의 경우 정비구역 밖에 위치한 토지의 지상권자
② 재개발사업의 경우 정비구역 안에 위치한 토지의 임차권자
③ 재건축사업의 경우 정비구역 안에 위치한 건축물이 있는 토지의 지상권자
④ 주거환경개선사업의 경우 정비구역 안에 위치한 건축물의 저당권자
⑤ 신탁업자가 사업시행자로 지정된 경우 신탁업자에게 토지 또는 건축물을 신탁한 위탁자

60 도시 및 주거환경정비법령상 도시·주거환경정비기본계획(이하 '기본계획'이라 함)에 관한 설명으로 옳은 것만 고른 것은?

> ㉠ 기본계획의 내용 중 정비사업의 계획기간을 단축하는 경우 도지사의 변경승인을 받아야 한다.
> ㉡ 기본계획의 수립권자는 기본계획을 수립하거나 변경하려는 경우에는 14일 이상 주민에게 공람하여 의견을 들어야 한다.
> ㉢ 기본계획의 수립권자는 기본계획에 대하여 3년마다 타당성을 검토하여 그 결과를 기본계획에 반영하여야 한다.

① ㉠　　　　　　　　　② ㉡
③ ㉠, ㉡　　　　　　　④ ㉠, ㉢
⑤ ㉡, ㉢

61 도시 및 주거환경정비법령상 재개발사업에 대한 정비구역의 지정권자는 다음의 어느 하나에 해당하는 경우에는 정비구역 등을 해제하여야 한다. 틀린 것은?

① 정비예정구역에 대하여 기본계획에서 정한 정비구역 지정 예정일부터 3년이 되는 날까지 시장 또는 군수가 정비구역을 지정하지 아니하는 경우
② 토지등소유자가 정비구역으로 지정·고시된 날부터 2년이 되는 날까지 추진위원회의 승인을 신청하지 아니하는 경우
③ 토지등소유자가 정비구역으로 지정·고시된 날부터 3년이 되는 날까지 조합설립인가를 신청하지 아니하는 경우(추진위원회를 구성하지 아니하는 경우로 한정한다)
④ 추진위원회가 추진위원회 승인일부터 3년이 되는 날까지 조합설립인가를 신청하지 아니하는 경우
⑤ 조합이 조합설립인가를 받은 날부터 3년이 되는 날까지 사업시행계획인가를 신청하지 아니하는 경우

62 도시 및 주거환경정비법령상 정비사업의 시행자에 관한 내용으로 옳은 것은?

① 주거환경개선사업은 조합이 시행하거나 조합이 조합원의 과반수의 동의를 받아 시장·군수등과 공동으로 시행할 수 있다.
② 토지등소유자가 50인 미만인 경우에는 토지등소유자가 재건축사업을 시행할 수 있다.
③ 재건축사업을 조합이 시장·군수등과 공동으로 시행하려면 조합원의 3분의 2 이상의 동의를 받아야 한다.
④ 순환정비방식으로 정비사업을 시행할 필요가 있다고 인정하는 때에는 시장·군수등이 직접 정비사업을 시행하거나 토지주택공사 등을 사업시행자로 지정하여 정비사업을 시행하게 할 수 있다.
⑤ 시장·군수등이 토지주택공사 등을 사업시행자로 지정·고시한 때에는 조합설립인가를 취소할 수 있다.

63 도시 및 주거환경정비법령상 조합의 정관 등에 관한 내용으로 틀린 것은?

① 시·도지사는 표준정관을 작성하여 보급할 수 있다.
② 조합이 정관을 변경하려는 경우에는 총회를 개최하여 조합원 과반수의 찬성으로 시장·군수등에게 신고하여야 한다.
③ 조합원의 자격변경 내용의 정관을 변경하려면 조합원 3분의 2 이상의 찬성이 있어야 한다.
④ 정관에는 정비구역의 위치 및 면적에 관한 사항이 포함되어야 한다.
⑤ 조합의 명칭 및 사무소소재지 변경은 시장·군수등에게 신고하여야 한다.

64 도시 및 주거환경정비법령상 관리처분 등에 관한 내용으로 틀린 것은?

① 사업시행계획인가 또는 관리처분계획인가의 조정 시기는 인가를 신청한 날부터 1년을 넘을 수 없다.
② 관리처분계획에는 분양대상자별 종전의 토지 또는 건축물 명세 및 사업시행계획인가 고시가 있는 날을 기준으로 한 가격이 포함되어야 한다.
③ 분양신청을 하지 아니한 자의 경우 사업시행자는 관리처분계획이 인가·고시된 다음 날부터 90일 이내에 토지, 건축물 또는 그 밖의 권리의 손실보상에 관한 협의를 하여야 한다.
④ 투기과열지구의 정비사업에서 관리처분계획에 따라 분양대상자 및 그 세대에 속한 자는 분양대상자 선정일부터 5년 이내에는 투기과열지구에서 분양신청을 할 수 없다.
⑤ 과밀억제권역에 위치한 재개발사업의 경우에는 토지등소유자가 소유한 주택수의 범위에서 3주택까지 공급할 수 있다.

65 건축법령상 용어에 관한 설명으로 옳은 것은?

① '이전'은 건축물의 주요구조부를 해체하여 같은 대지의 다른 위치로 옮기는 것을 말한다.
② 건축물의 피난계단을 증설하는 것은 '증축'에 해당한다.
③ '개축'은 건축물이 천재지변으로 멸실된 경우 그 대지에 종전과 같은 규모의 범위에서 다시 축조하는 것을 말한다.
④ 건축물의 바닥이 지표면 아래에 있는 층으로서 바닥에서 지표면까지 평균높이가 해당 층 높이의 3분의 1인 것은 '지하층'에 해당한다.
⑤ 바닥(최하층 바닥은 제외)은 '주요구조부'에 해당한다.

66 건축법령상 건축물의 용도변경으로서 허가대상인 것을 모두 고른 것은?

	용도변경 전	용도변경 후
㉠	숙박시설	위락시설
㉡	문화 및 집회시설	교육연구시설
㉢	판매시설	관광휴게시설
㉣	의료시설	장례식장
㉤	운동시설	수련시설

① ㉠, ㉡, ㉤
② ㉠, ㉢, ㉣
③ ㉡, ㉢, ㉣
④ ㉡, ㉣, ㉤
⑤ ㉢, ㉣, ㉤

67 건축법령상 건축허가에 관한 내용으로 틀린 것은?

① 건축물을 건축하거나 대수선하려는 자는 특별자치시장·특별자치도지사 또는 시장·군수·구청장의 허가를 받아야 한다.
② 21층 이상의 건축물을 특별시에서 건축하려면 특별시장의 허가를 받아야 한다.
③ 연면적의 합계가 10만제곱미터 이상인 건축물을 광역시에서 건축하려면 광역시장의 허가를 받아야 한다.
④ 연면적의 10분의 3 이상을 증축하여 층수가 21층 이상으로 되는 경우 특별시에서 건축하려면 특별시장의 허가를 받아야 한다.
⑤ 연면적의 합계가 10만제곱미터 이상인 창고를 광역시에서 건축하려면 광역시장의 허가를 받아야 한다.

68 건축법령상 도시·군계획시설에서 가설건축물을 건축하는 경우 그 허가권자에 해당하지 않는 것은?

① 특별자치시장
② 광역시장
③ 특별자치도지사
④ 시장
⑤ 군수

69 건축법령상 승강기에 관한 다음의 내용 중 ( ) 안에 들어갈 내용으로 옳게 묶은 것은?

> 건축주는 (㉠) 이상으로서 연면적이 (㉡)제곱미터 이상인 건축물을 건축하려면 승강기를 설치하여야 한다.

① ㉠ − 5층, ㉡ − 1천
② ㉠ − 5층, ㉡ − 2천
③ ㉠ − 6층, ㉡ − 1천
④ ㉠ − 6층, ㉡ − 2천
⑤ ㉠ − 6층, ㉡ − 3천

70 건축법령상 대지면적이 200m²인 대지에 건축되어 있고, 각 층의 바닥면적이 동일한 지하 1층, 지상 4층인 하나의 평지붕 건축물로서 용적률이 200%라고 할 때, 이 건축물의 각 층의 바닥면적은 얼마인가? (단, 제시된 조건 이외의 다른 조건이나 제한은 고려하지 아니함)

① 60m²
② 80m²
③ 100m²
④ 120m²
⑤ 140m²

71 건축법령상 건축협정에 관한 설명으로 틀린 것은?

① 토지 또는 건축물의 소유자 등은 전원의 합의로 지구단위계획구역에서 건축협정을 체결할 수 있다.
② 둘 이상의 토지를 소유한 자가 1인인 경우에도 그 토지소유자는 해당 토지의 구역을 건축협정 대상 지역으로 하는 건축협정을 정할 수 있다.
③ 건축협정구역에서 건축물의 건축·대수선 또는 리모델링을 하려는 소유자 등은 인가된 건축협정에 따라야 한다.
④ 건축협정구역에 있는 토지나 건축물 등에 관한 권리를 협정체결자인 소유자 등으로부터 이전받은 자는 협정체결자로서의 지위를 승계한다.
⑤ 협정체결자는 건축협정을 폐지하려는 경우 협정체결자 전원의 동의를 받아 건축협정인가권자의 인가를 받아야 한다.

72
주택법령상 주택 외의 건축물과 그 부속토지로서 주거시설로 이용가능한 준주택에 해당하지 않는 것은?
① 기숙사
② 어린이집
③ 다중생활시설
④ 노인복지주택
⑤ 오피스텔

73
주택법령상 주택건설사업 등의 등록에 관한 설명 중 옳은 것은?
① 연간 30호 이상의 단독주택 건설사업을 시행하려는 자 또는 연간 10만m^2 이상의 대지조성사업을 시행하려는 자는 국토교통부장관에게 등록하여야 한다.
② 등록사업자와 공동으로 주택건설사업을 하려는 주택조합은 국토교통부장관에게 등록하여야 한다.
③ 한국토지주택공사가 주택건설사업을 시행하려는 경우에는 국토교통부장관에게 등록하지 않아도 된다.
④ 고용자가 등록사업자와 공동으로 근로자의 주택을 건설하려는 경우에는 국토교통부장관에게 등록하여야 한다.
⑤ 주택건설사업의 등록을 하려는 자가 개인인 경우에는 자산평가액 5억원 이상이 되어야 한다.

74
주택법령상 주택조합에 대한 설명으로 옳은 것은?
① 조합원을 공개모집한 이후 조합원의 자격상실로 인한 결원을 충원하려면 시장·군수·구청장에게 신고하고 공개모집의 방법으로 조합원을 충원하여야 한다.
② 주택조합은 임대주택으로 건설·공급하여야 하는 세대수를 포함하여 주택건설예정세대수의 80% 이상의 조합원으로 구성하여야 한다.
③ 지역주택조합 또는 직장주택조합의 설립인가를 받기 위하여 조합원을 모집하려는 자는 해당 주택건설대지의 80퍼센트 이상에 해당하는 토지의 사용권원을 확보하여야 한다.
④ 주택조합은 그 구성원을 위하여 건설하는 주택을 해당 조합원에게 우선공급할 수 없다.
⑤ 조합임원의 선임을 의결하는 총회의 경우에는 조합원의 100분의 20 이상이 직접 출석하여야 한다.

75
주택법령상 대지의 소유권 확보와 관련된 내용으로 틀린 것은?
① 주택건설사업계획의 승인을 받으려는 자는 해당 주택건설대지의 소유권을 확보하여야 한다.
② 사업계획승인을 받은 사업주체는 해당 주택건설대지 중 사용할 수 있는 권원을 확보하지 못한 대지의 소유자에게 그 대지를 시가(市價)로 매도할 것을 청구할 수 있다.
③ 주택건설대지면적의 80% 이상의 사용권원을 확보한 경우에는 사용권원을 확보하지 못한 대지의 모든 소유자에게 매도청구를 할 수 있다.
④ 매도청구 대상이 되는 대지의 소유자와 매도청구를 하기 전에 3개월 이상 협의를 하여야 한다.
⑤ 사업계획승인권자는 사업주체가 경매로 인하여 대지의 소유권을 상실한 경우에는 그 사업계획의 승인을 취소할 수 있다.

76
주택법령상 주택의 분양가격 제한 등에 관한 설명으로 틀린 것은?
① 사업주체가 공공택지에서 일반인에게 공급하는 도시형 생활주택의 경우에는 분양가상한제가 적용된다.
② 시장·군수·구청장은 사업계획승인 신청이 있는 날부터 20일 이내에 분양가심사위원회를 설치·운영하여야 한다.
③ 국토교통부장관이 분양가상한제 적용지역을 지정하는 경우에는 미리 시·도지사의 의견을 들어야 한다.
④ 분양가상한제적용직전월부터 소급하여 3개월간의 주택매매거래량이 전년 동기 대비 20퍼센트 이상 증가한 지역은 분양가상한제 적용지역으로 지정할 수 있다.
⑤ 국토교통부장관은 분양가상한제 적용지역으로 계속 지정할 필요가 없다고 인정하는 경우에는 주거정책심의위원회의 심의를 거쳐 그 지정을 해제하여야 한다.

77 주택법령상 주택공급과 관련하여 금지되는 공급질서 교란행위에 해당하지 않는 것은?

① 주택을 공급받을 수 있는 조합원 지위의 증여
② 주택상환사채의 저당
③ 주택을 공급받을 수 있는 조합원 지위의 매매를 위한 인터넷 광고
④ 주택상환사채의 매입을 목적으로 하는 전화 광고
⑤ 입주자저축 증서의 증여

78 주택법령상 리모델링에 관한 설명으로 틀린 것은?

① 소유자 전원의 동의를 받은 입주자대표회의는 시장·군수·구청장의 허가를 받아 리모델링을 할 수 있다.
② 특별시장·광역시장 및 대도시의 시장은 관할 구역에 대하여 리모델링 기본계획을 5년 단위로 수립하여야 한다.
③ 수직증축형 리모델링의 대상이 되는 기존 건축물의 층수가 15층 이상인 경우에는 3개층까지 증축할 수 있다.
④ 대도시의 시장이 리모델링 기본계획을 수립하거나 변경하는 경우 도지사의 승인을 받아야 한다.
⑤ 증축형 리모델링을 하려는 자는 시장·군수·구청장에게 안전진단을 요청하여야 한다.

79 농지법령상 농지의 소유에 관한 설명으로 틀린 것은?

① 농지는 자기의 농업경영에 이용하거나 이용할 자가 아니면 이를 소유하지 못한다.
② 농지를 임대하거나 사용대하는 경우에는 자기의 농업경영에 이용하지 아니하는 농지라도 그 기간 중에는 이를 계속하여 소유할 수 있다.
③ 「농지법」에서 허용된 경우를 제외하고는 농지의 소유에 관한 특례를 정할 수 없다.
④ 상속에 의하여 농지를 취득한 자로서 농업경영을 하지 않는 자는 그 상속농지 중에서 1만m^2 이내의 것에 한하여 이를 소유할 수 있다.
⑤ 주말·체험영농을 하려는 자는 세대원별로 1천m^2까지 농지를 소유할 수 있다.

80 농지법령상 농지의 임대차에 관한 설명으로 옳은 것은?

① 농지의 임차인이 농작물의 재배시설로서 고정식온실을 설치한 농지의 경우 임대차 기간은 3년 이상으로 한다.
② 자경 농지를 농림축산식품부장관이 정하는 이모작을 위하여 8개월 이내로 임대할 수 있다.
③ 60세 이상이 되어 더 이상 농업경영에 종사하지 아니하게 된 자가 소유하고 있는 농지를 임대하려면 자기의 농업경영에 이용한 기간이 8년이 넘어야 한다.
④ 임차인이 임대차 기간의 만료 2개월 전까지 임대인에게 계약기간 연장의 뜻을 통지하지 아니하면 임대차계약은 기간만료로 해지된 것으로 본다.
⑤ 임대차계약은 그 등기가 없는 경우에는 효력이 발생하지 아니한다.

부동산공시법령

01 아래의 경계점좌표등록부를 갖춰두는 지역의 지적도에 관한 설명으로 옳은 것은?

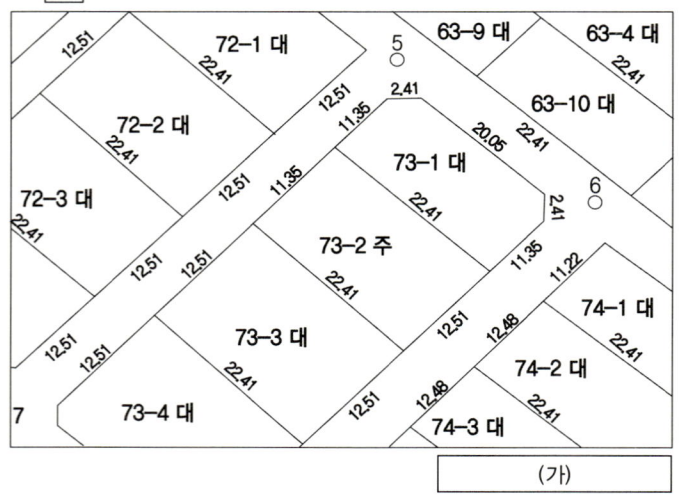

① 73-2의 경계선상에 등록된 '22.41'은 좌표에 의하여 계산된 경계점 간의 높이를 나타낸다.
② 73-2에 대한 면적측정은 전자면적측정기에 의한다.
③ 73-2의 지목은 '주차장'이다.
④ (가)의 부분, 즉 도곽선의 오른쪽 아래 끝에 "이 도면에 의하여 측량을 할 수 있음"이라고 기록되어 있다.
⑤ 73-2에 대한 토지면적은 토지대장에 등록한다.

02 공간정보의 구축 및 관리 등에 관한 법령상 지목의 구분에 관한 설명으로 옳은 것은?

① 온수·약수·석유류 등이 용출되는 용출구(湧出口)와 그 유지(維持)에 사용되는 부지는 "광천지"로 하지 아니한다.
② 축산업 및 낙농업을 하기 위하여 초지를 조성한 토지와 이에 접속된 주거용 건축물의 부지는 "목장용지"로 한다.
③ 학교용지에 있는 유적·고적·기념물 등을 보호하기 위하여 구획된 토지는 "사적지"로 한다.
④ 연·왕골 등이 자생하는 배수가 잘 되지 아니하는 토지는 "유지"로 한다.
⑤ 주차전용 건축물 및 이에 접속된 부지와 노상주차장부지는 "주차장"으로 한다.

03 공간정보의 구축 및 관리 등에 관한 법령상 축척변경에 관한 설명으로 옳은 것은?

① 축척변경에 관한 사항을 심의·의결하기 위하여 국토교통부에 축척변경위원회를 둔다.
② 축척변경위원회의 위원장은 위원 중에서 국토교통부장관이 지명한다.
③ 지적소관청은 축척변경에 관한 측량을 완료하였을 때에는 축척변경 신청일 현재의 지적공부상의 면적과 측량 후의 면적을 비교하여 그 변동사항을 표시한 토지이동현황 조사서를 작성하여야 한다.
④ 지적소관청은 청산금의 결정을 공고한 날부터 20일 이내에 토지소유자에게 청산금의 납부고지 또는 수령통지를 하여야 한다.
⑤ 청산금의 납부 및 지급이 완료되었을 때에는 지적소관청은 지체 없이 축척변경의 시행공고를 하여야 한다.

04 신규등록에 관한 설명으로 옳은 것은?

① 토지소유자는 신규등록할 토지가 있으면 그 사유가 발생한 날부터 30일 이내에 지적소관청에게 신규등록을 신청하여야 한다.
② 토지소유자가 신규등록을 신청할 때에는 신규등록 사유를 적은 신청서에 법원의 확정판결서 등을 첨부하여 시·도지사에게 제출하여야 한다.
③ 신규등록을 신청할 때 첨부해야 할 서류를 해당 지적소관청이 관리하는 경우에는 지적소관청의 확인으로 그 서류의 제출을 갈음할 수 있다.
④ 신규등록을 한 지적소관청은 지체없이 등기촉탁을 하여야 한다.
⑤ 신규등록을 할 때의 토지소유자는 등기소의 소유권변경 사실의 통지를 받아 등록한다.

05 공간정보의 구축 및 관리 등에 관한 법령상 지적공부의 복구에 관한 관계 자료에 해당하는 것을 모두 고른 것은?

㉠ 측량 준비도
㉡ 법원의 확정판결서 정본 또는 사본
㉢ 토지(건물)등기사항증명서 등 등기사실을 증명하는 서류
㉣ 지적소관청이 작성하거나 발행한 지적공부의 등록내용을 증명하는 서류

① ㉠, ㉡ ② ㉡, ㉢ ③ ㉢, ㉣
④ ㉡, ㉢, ㉣ ⑤ ㉠, ㉡, ㉢, ㉣

06 다음 설명 중 틀린 것은?
① 국토교통부장관은 지적공부의 효율적인 관리 및 활용을 위하여 지적정보 전담 관리기구를 설치·운영한다.
② 지적소관청은 토지의 이동에 따라 지상경계를 새로 정한 경우에는 경계점좌표등록부를 작성·관리하여야 한다.
③ 정보처리시스템을 통하여 기록·저장한 지적공부가 멸실한 경우 시·도지사, 시장·군수 또는 구청장이 지체 없이 복구하여야 한다.
④ 지적공부를 열람하거나 그 등본을 발급받으려는 자는 해당 지적소관청에 그 열람 또는 발급을 신청하여야 한다.
⑤ 다만, 정보처리시스템을 통하여 기록·저장된 지적공부(지적도 및 임야도는 제외한다)를 열람하거나 그 등본을 발급받으려는 경우에는 특별자치시장, 시장·군수 또는 구청장이나 읍·면·동의 장에게 신청할 수 있다.

07 토지이동사유에 관한 다음 내용 중 옳은 것은?
① 신규등록을 한 경우 등기부도 개설하여야 하므로 등기촉탁을 하게 된다.
② 등록전환의 경우 지적측량을 하지 아니하나 토지이동조사는 하여야 한다.
③ 토지소유자는 토지를 분할하려면 대통령령이 정하는 바에 따라 지적소관청에 분할을 신청하여야 한다.
④ 합병의 경우 도면의 경계가 변경되므로 지적측량을 시행하여야 한다.
⑤ 건물의 용도가 다르게 된 경우에는 지목변경과는 무관하다.

08 토지대장과 경계점좌표등록부의 공통 등록사항에 해당하는 것을 모두 고른 것은?

㉠ 토지의 지목
㉡ 토지의 소재와 지번
㉢ 소유자의 성명 또는 명칭, 주소 및 주민등록번호
㉣ 개별공시지가
㉤ 좌표
㉥ 토지의 고유번호
㉦ 토지의 면적

① ㉡, ㉥ ② ㉢, ㉥, ㉦
③ ㉠, ㉡, ㉥, ㉦ ④ ㉡, ㉢, ㉣, ㉥
⑤ ㉡, ㉢, ㉤, ㉥, ㉦

09 지적전산자료에 관한 설명으로 틀린 것은?
① 전국 단위의 지적전산자료의 이용신청은 국토교통부장관, 시·도지사 또는 지적소관청에게 하여야 한다.
② 시·군·구(자치구가 아닌 구를 포함한다) 단위의 지적전산자료 이용신청은 시·도지사 또는 지적소관청에게 하여야 한다.
③ 중앙행정기관의 장, 그 소속 기관의 장 또는 지방자치단체의 장이 신청하는 경우에는 관계 중앙행정기관의 심사를 받지 아니한다.
④ 토지소유자가 사망하여 그 상속인이 피상속인의 토지에 대한 지적전산자료를 신청하는 경우에는 관계 중앙행정기관의 심사를 받지 아니할 수 있다.
⑤ 지적전산자료를 신청하려는 자는 지적전산자료의 이용 또는 활용 목적 등에 관하여 미리 관계 중앙행정기관의 심사를 받아야 한다.

10 토지의 조사 등록에 관한 설명이다. 옳은 것은?
① 지적소관청은 모든 토지에 대하여 필지별로 소재·지번·지목·면적·경계 또는 좌표 등을 조사·측량하여 지적공부에 등록하여야 한다.
② 지적공부에 등록하는 지번·지목·면적·경계 또는 좌표는 토지이동이 있을 때 지적소관청의 신청을 받아 토지소유자가 결정한다.
③ 지적소관청은 토지이동현황을 직권으로 조사, 측량하여 토지의 소재·지번·지목·면적·경계 또는 좌표를 결정하려는 때에는 토지이동현황 조사계획을 수립하여 시·도지사 또는 대도시 시장의 승인을 받아야 한다.
④ 지적소관청은 토지이용현황 조사계획에 따라 토지의 이용현황을 조사한 때에는 토지이용조사부에 토지의 이용현황을 적어야 한다.
⑤ 지적소관청은 토지의 이동현황을 직권으로 조사·측량하여 토지의 지번·지목·면적·경계 또는 좌표를 결정하려는 때에는 토지이동현황 조사계획을 수립하여야 한다. 이 경우 토지이동현황 조사계획은 시, 군, 구별로 수립하되, 부득이한 사유가 있는 때에는 읍, 면, 동별로 수립할 수 있다.

11 지적기준점성과와 그 측량기록의 보관 및 열람 등에 관한 설명으로 틀린 것은?
① 시·도지사나 지적소관청은 지적기준점성과와 그 측량기록을 보관하여야 한다.
② 지적삼각점성과를 열람하거나 등본을 발급받으려는 자는 시·도지사 또는 지적소관청에게 신청하여야 한다.
③ 지적삼각보조점성과를 열람하거나 등본을 발급받으려는 자는 지적소관청에 신청하여야 한다.
④ 지적도근점성과를 열람하거나 등본을 발급받으려는 자는 지적소관청에 신청하여야 한다.
⑤ 지적기준점성과의 열람 및 등본 발급 신청을 받은 지적측량수행자는 이를 열람하게 하거나 등본을 발급하여야 한다.

12 공간정보의 구축 및 관리 등에 관한 법령상 지적측량을 실시하여야 하는 경우를 모두 고른 것은?

> ㉠ 지적측량수행자가 실시한 측량성과에 대하여 지적소관청이 검사를 위해 측량을 하는 경우
> ㉡ 지적소관청이 지적공부의 일부가 멸실되어 이를 복구하기 위하여 측량을 할 필요가 있는 경우
> ㉢ 「지적재조사에 관한 특별법」에 따른 지적재조사사업에 따라 토지의 이동이 있어 측량을 할 필요가 있는 경우
> ㉣ 토지소유자가 지적소관청에 바다가 된 토지에 대하여 지적공부의 등록말소를 신청하기 위하여 측량을 할 필요가 있는 경우

① ㉠, ㉡, ㉢
② ㉠, ㉡, ㉣
③ ㉠, ㉢, ㉣
④ ㉡, ㉢, ㉣
⑤ ㉠, ㉡, ㉢, ㉣

13 환매특약의 등기에 관한 설명으로 틀린 것은?
① 등기원인에 환매기간이 정하여져 있는 경우에는 이를 기록하여야 한다.
② 매매로 인한 소유권이전등기와 환매특약등기는 별개의 신청정보로 동시에 신청해야 한다.
③ 매도인과 매수인은 환매에 따른 권리취득의 등기와 환매특약의 말소등기를 동시에 신청하여야 한다.
④ 매매비용을 기록해야 한다.
⑤ 매수인이 지급한 대금을 기록해야 한다.

14 등기신청인에 관한 설명 중 옳은 것을 모두 고른 것은?

> ㉠ 소유권보존등기의 말소등기는 등기명의인이 공동으로 신청한다.
> ㉡ 채권자가 채무자를 대위하여 등기신청을 하는 경우, 채권자가 등기신청인이 된다.
> ㉢ 대리인이 방문하여 등기신청을 대리하는 경우, 그 대리인은 행위능력자임을 요하지 않는다.
> ㉣ 부동산에 관한 근저당권설정등기의 말소등기를 함에 있어 근저당권 설정 후 소유권이 제3자에게 이전된 경우, 근저당권설정자 또는 제3취득자는 근저당권자와 공동으로 그 말소등기를 신청할 수 있다.

① ㉠, ㉢
② ㉡, ㉣
③ ㉠, ㉢, ㉣
④ ㉡, ㉢, ㉣
⑤ ㉠, ㉡, ㉢, ㉣

15 다음 중 등기완료 후 등기필정보를 작성·통지하지 않는 경우는?

① 전세권설정등기
② 소유권이전청구권가등기
③ 甲의 단독 소유를 甲·乙의 공유로 하는 변경(경정)등기
④ 관공서가 등기권리자를 위해 촉탁하는 소유권보존등기
⑤ 승소한 등기의무자가 신청하는 판결에 의한 등기

16 2022년에 체결된 「부동산 거래신고 등에 관한 법률」 제3조 제1항 제1호의 부동산 매매계약의 계약서를 등기원인증서로 하는 소유권이전등기에 관한 설명으로 틀린 것은?

① 신청인은 위 법률에 따라 신고한 거래가액을 신청정보의 내용으로 등기소에 제공해야 한다.
② 신청인은 시장·군수 또는 구청장이 제공한 거래계약신고필증정보를 첨부정보로서 등기소에 제공해야 한다.
③ 신고 관할관청이 같은 거래부동산이 2개 이상인 경우, 신청인은 매매목록을 첨부정보로서 등기소에 제공해야 한다.
④ 거래부동산이 1개라 하더라도 여러 명의 매도인과 여러 명의 매수인 사이의 매매계약인 경우에는 매매목록을 첨부정보로서 등기소에 제공해야 한다.
⑤ 등기관은 거래가액을 등기기록 중 갑구의 "권리자 및 기타사항"란에 기록하는 방법으로 등기하며, 이는 매매목록을 첨부하는 경우에도 같다.

17 등기에 관한 설명이다. 옳지 않은 것은?

① 등기관은 등기의 착오 또는 빠진 부분이 등기관의 잘못으로 인한 것임을 발견한 경우에는 지체 없이 이를 경정하여야 한다. 다만, 등기상 이해관계 있는 제3자가 있는 경우에는 그의 승낙서를 제공하여야 한다.
② 존재하지 않는 건물에 관해서도 소유권의 등기명의인은 1개월 이내에 멸실등기를 신청하여야 하며, 이를 게을리하면 과태료가 부과된다.
③ 멸실등기시 등기관은 멸실등기로 인하여 말소되는 저당권자·전세권자 등에게 멸실등기 한다는 뜻을 통지한다.
④ 말소회복등기의 이해관계인의 판단시점은 말소등기시가 아니라 회복등기시를 기준으로 한다.
⑤ 순위 1번의 전세권설정등기를 회복함에 있어서 순위 2번의 전세권자는 말소회복등기의 이해관계인에 해당되지 않는다.

18 유증등기에 관한 설명으로 옳지 않은 것은?

① 특정유증의 경우 등기해야 유증의 효력이 발생한다.
② 수증자가 여러 명인 포괄유증의 경우 각자가 자기지분만에 관하여 등기를 신청할 수 있다.
③ 미등기부동산의 포괄유증의 경우 직접 포괄수증자 명의의 보존등기는 할 수 없다.
④ 유류분을 침해하는 유증등기를 신청한 경우에도 등기관이 수리하여야 한다.
⑤ 특정유증, 포괄유증등기는 공동신청에 의한다.

19 등기신청에 관한 설명으로 틀린 것은? (다툼이 있으면 판례에 따름)

① 매도인 甲과 매수인 乙이 매매계약을 체결한 후 아직 등기신청을 하지 않고 있는 동안, 매도인 甲이 사망한 경우에는 상속등기를 생략하고 甲의 상속인이 등기의무자가 되어 그 등기를 신청할 수는 없다.
② 가등기를 마친 후에 가등기권자가 사망한 경우, 그 상속인은 상속등기를 할 필요 없이 상속을 증명하는 서면을 첨부하여 가등기의무자와 공동으로 본등기를 신청할 수 있다.
③ 건물이 멸실된 경우, 그 건물소유권의 등기명의인이 1개월 이내에 멸실등기 신청을 하지 않으면 그 건물대지의 소유자가 그 건물소유권의 등기명의인을 대위하여 멸실등기를 신청할 수 있다.
④ 피상속인으로부터 그 소유의 부동산을 매수한 매수인이 등기신청을 하지 않고 있던 중 상속이 개시된 경우, 상속인은 신분을 증명할 수 있는 서류를 첨부하여 피상속인으로부터 바로 매수인 앞으로 소유권이전등기를 신청할 수 있다.
⑤ 1동의 건물에 속하는 구분건물 중 일부만에 관하여 소유권보존등기를 신청하면서 나머지 구분건물의 표시에 관한 등기를 동시에 신청하는 경우, 구분건물의 소유자는 1동에 속하는 다른 구분건물의 소유자를 대위하여 그 건물의 표시에 관한 등기를 신청할 수 있다.

20 권리질권의 등기에 관한 설명으로 틀린 것은?

① 저당권부 채권을 질권의 목적으로 한때에는 그 저당권등기에 질권의 등기를 하여야 질권의 효력이 저당권에 미친다.
② 등기권리자는 권리질권자이고 등기의무자는 저당권자이다.
③ 권리질권등기를 신청하는 경우에는 등기의무자의 인감증명정보를 등기소에 제공할 필요가 없다.
④ 권리질권등기시 변제기와 이자는 등기원인에 약정이 있는 경우에만 등기부에 기록한다.
⑤ 권리질권등기는 주등기로 한다.

21 동일한 부동산에 관한 아래의 등기의 순위를 바르게 나타낸 것은? (괄호 안의 숫자는 접수연도에 해당)

> A. 순위번호 3번, 접수번호 제300호의 소유권이전청구권 가등기(2019)
> B. 순위번호 4번, 접수번호 제200호의 소유권가압류등기 (2020)
> C. 순위번호 1번, 접수번호 제400호의 저당권설정등기 (2019)
> D. 순위번호 2번, 접수번호 제500호의 저당권설정등기 (2020)

① C > A > B > D
② C > D > A > B
③ A > C > B > D
④ (A = B) > C > D
⑤ B > A > C > D

22 가처분등기에 관한 설명으로 틀린 것은?
① 소유권에 대한 가처분등기는 주등기로 실행하고, 소유권 외의 권리에 대한 가처분등기는 부기등기로 실행한다.
② 처분금지가처분이 등기된 부동산에 대하여는 소유권이전등기를 신청할 수 없다.
③ 승소한 가처분채권자가 판결에 의한 등기시 가처분 이후의 등기(가처분에 저촉되는 등기)의 말소는 승소한 가처분채권자의 신청에 의한다.
④ 승소한 가처분채권자가 판결에 의한 등기시 당해 가처분등기의 말소는 등기관의 직권에 의한다.
⑤ 등기된 임차권에 대하여 가압류등기를 할 수 있다.

23 가등기에 관한 설명으로 틀린 것은?
① 지상권설정청구권을 보전하기 위한 가등기는 을구에 주등기 형식으로 한다.
② 저당권설정등기청구권보전 가등기에 의하여 저당권설정의 본등기를 한 경우 가등기 후 본등기 전에 마쳐진 등기는 직권말소의 대상이 되지 아니 한다.
③ 부동산 거래신고 등에 관한 법률에 의한 토지거래허가구역 내의 토지에 대한 소유권이전 청구권보전 가등기의 신청정보에는 토지거래허가정보를 제공하지 않아도 된다.
④ 乙이 甲 소유 토지에 대한 소유권이전청구권을 보전하기 위하여 가등기를 한 후 甲이 그 토지를 丙에게 양도한 경우, 乙의 본등기청구의 상대방은 甲이다.
⑤ 하나의 가등기에 관하여 여러 사람의 가등기권자 있는 경우에 그 중 일부의 가등기권리자는 자기지분만에 관하여 본등기를 신청할 수 있다.

24 등기신청에 관한 설명으로 옳은 것은?
① 법인 아닌 사단이나 재단도 사용자등록을 하여 전자신청을 할 수 있다.
② 토지거래허가구역 내의 토지에 대하여 진정명의회복을 원인으로 하는 소유권이전등기를 신청하는 경우에도 토지거래허가는 받아야 한다.
③ 이행판결에 의한 등기는 승소한 등기권리자 또는 패소한 등기의무자가 단독으로 신청한다.
④ 신탁재산에 속하는 부동산의 신탁등기는 신탁자와 수탁자가 공동으로 신청하여야 한다.
⑤ 전자표준양식에 의한 등기신청의 경우, 자격자대리인(법무사 등)이 아닌 자도 타인을 대리하여 등기를 신청할 수 있다.

부동산세법

25 2025년 10월 25일 국내소재에 등기된 부동산을 양도하는 경우 양도단계에서 부담할 수 있는 세금은 모두 몇 개인가?

- ㉠ 재산세
- ㉡ 지방교육세
- ㉢ 인지세
- ㉣ 농어촌특별세
- ㉤ 지방소득세
- ㉥ 종합소득세

① 1개 ② 2개
③ 3개 ④ 4개
⑤ 5개

26 납세의무・성립・확정시기에 대한 설명으로 틀린 것은?

① 소득세는 과세기간이 끝나는 때 납세의무가 성립하고 납세의무자가 과세표준과 세액을 신고하는 때 확정된다.
② 재산세는 과세기준일에 납세의무가 성립하고 지방자치단체의 장이 세액을 결정하는 때 확정된다.
③ 인지세는 과세문서를 작성하는 때 납세의무가 성립과 동시에 확정된다.
④ 지방소득세는 소득세・법인세 납세의무가 성립하는 때 성립하고 신고하는 때 확정된다.
⑤ 등록면허세는 재산권 등을 등기 또는 등록을 하는 때 납세의무가 성립하고 납세의무자의 신고가 있더라도 지방자치단체가 과세표준과 세액을 결정하는 때 확정된다.

27 「지방세법」상 부동산의 취득세 과세표준을 사실상의 취득가격으로 하는 경우 이에 포함될 수 있는 항목을 모두 고른 것은? (다만, 아래 항목은 개인이 국가로부터 시가로 유상취득하기 위하여 취득시기 이전에 지급하였거나 지급하여야 할 것으로 가정함)

- ㉠ 취득대금을 일시급으로 지불하여 일정액을 할인 받은 경우 그 할인액
- ㉡ 부동산의 건설자금에 충당한 차입금의 이자
- ㉢ 연불조건부 계약에 따른 이자상당액 및 연체료
- ㉣ 취득대금 외에 당사자 약정에 의한 취득자 채무인수액
- ㉤ 중개보수

① ㉠, ㉡ ② ㉣
③ ㉢, ㉤ ④ ㉠, ㉢
⑤ ㉠, ㉢, ㉤

28 취득세 중과세 대상에 대한 설명으로 틀린 것은?

① 고급오락장이 건축물의 일부에 시설된 경우에는 해당 건축물의 부속된 토지 중 그 건축물의 연면적에 대한 고급오락장용 건축물의 연면적 비율에 해당하는 토지를 고급오락장용 부속토지로 보아 중과세를 적용한다.
② 고급오락장에 부속된 토지의 경계가 불분명한 경우에는 그 건축물의 바닥면적의 10배(도시지역 안은 5배)를 부속토지로 본다.
③ 고급주택・골프장 또는 고급오락장용 건축물을 증축・개축 또는 개수한 경우와 일반건축물을 증축・개축 또는 개수하여 고급주택 또는 고급오락장이 된 경우에 그 증가되는 건축물 가액에 대하여 해당 중과세율을 적용한다.
④ 고급오락장용 건축물을 취득한 날로부터 60일(상속은 예외) 이내에 고급오락장이 아닌 용도로 사용하거나 고급오락장이 아닌 용도로 사용하기 위하여 용도변경공사를 착공하는 경우는 중과세를 적용하지 아니한다.
⑤ 1구의 건축물의 연면적(주차장면적 제외)이 331제곱미터를 초과하고 그 주거용 건축물과 부속토지의 취득당시 시가표준액이 9억원을 초과하는 경우 고급주택으로 표준세율과 중과기준세율의 100분의 400을 합한 세율을 적용한다.

29 다음 중 취득세 세율에 관한 설명으로 옳은 것은?

① 법인이 조정대상지역 내 2주택을 취득하는 경우 「지방세법」 제11조 제1항 제7호 나목의 세율을 표준세율로 하여 해당 세율에 중과기준세율의 100분의 200을 합한 세율을 적용한다.
② 지방자치단체의 장은 조례로 정하는 바에 따라 표준세율과 중과세율에 대하여 100분의 50의 범위에서 가감 조정할 수 있다.
③ 무주택자가 유상거래를 원인으로 취득당시의 가액이 6억원 이하인 주택을 취득하는 경우 1천분의 20의 세율을 적용한다.
④ 건축물 건축(신축과 재축은 제외) 또는 개수로 인하여 건축물 면적이 증가할 때에는 그 증가된 부분에 대하여 원시취득으로 보아 1천분의 28의 세율을 적용한다.
⑤ 주택 유상거래 세율 적용시 주택 수를 계산할 때 분양권과 조합원입주권은 주택 수에 포함하지 아니한다.

30 「지방세법」상 등록면허세에 관한 설명으로 틀린 것은?
① 채권자 대위적 등기의 경우 채권자 대위자는 납세의무자를 대위하여 부동산의 등기에 대한 등록면허세를 신고납부할 수 있다. 이 경우 채권자 대위자는 행정안전부령이 정하는 바에 따라 납부확인서를 발급 받을 수 있다.
② 사실상의 취득가격을 등록면허세의 과세표준으로 하는 경우 등록 당시에 자산재평가 또는 감가상각 등의 사유로 그 가액이 달라진 경우에는 변경된 가액을 과세표준으로 한다.
③ 대도시 밖에 있는 법인의 본점이나 주사무소를 대도시로 전입함에 따른 등기는 법인등기에 대한 세율의 100분의 200을 적용한다.
④ 부동산 등기에 대한 등록면허세 납세는 부동산 소재지이나 그 납세지가 분명하지 아니한 경우에는 등록관청 소재지로 한다.
⑤ 등록을 하려는 자는 과세표준에 세율을 적용하여 등록을 하기 전까지 납세지를 관할하는 지방자치단체의 장에게 신고납부하여야 한다.

31 다음 재산세에 대한 설명으로 바르지 않은 것은?
① 재산세는 과세기준일에 납세의무가 성립하고 과세권자가 세액을 결정하는 때 납세의무가 확정되는 조세이다.
② 재산세 도시지역분의 경우에도 물납이 가능하다.
③ 「도로법」에 따른 도로(도로관리시설, 휴게시설, 주차장, 주유소, 충전소, 교통관광안내소, 연구시설은 제외한다)와 그 밖의 일반인의 자유로운 통행을 위하여 제공할 목적으로 개설한 사설도로는 재산세를 비과세한다. 다만, 「건축법 시행령」에 따른 대지안의 공지는 제외한다.
④ 재산세 과세대상 중 건축물과 주택의 경우 초과누진세율을 적용한다.
⑤ 주택에 대한 과세표준은 과세기준일 현재 시가표준액에 공정시장가액 비율을 곱하여 산정한 주택의 과세표준이 과세표준 상한액[직전연도 해당주택의 과세표준 상당액 + (과세기준일 당시 시가표준액으로 산정한 과세표준 × 과세표준 상한율)]보다 큰 경우에는 해당 주택의 과세표준은 과세표준 상한액으로 한다.

32 재산세의 과세대상 토지 중 합산과세대상에 해당하지 않는 것은?
① 「건축법」 등의 규정에 의하여 허가 등을 받아야 할 건축물로서 허가 등을 받지 아니한 건축물의 부속토지
② 시지역의 주거지역에 소재하는 공장 건축물의 부속토지로서 기준면적 이내인 토지
③ 과세기준일 현재 계속 염전으로 실제 사용하고 있거나 사용하다가 사용을 폐지한 토지
④ 도시지역의 개발제한구역 안의 목장용지로서 기준면적을 초과하는 토지
⑤ 1구의 건축물이 허가를 받지 아니하거나 사용승인을 받지 아니하고 주거용으로 사용하는 면적이 전체 건축물 면적의 100분의 50 이상인 경우 그 부속토지

33 다음은 재산세에 대한 설명이다. 바르지 않은 것은?
① 과세대상인 건물을 구분함에 있어서 1구의 건물이 주거와 주거 외의 용도에 겸용되는 경우, 주거용으로 사용되는 면적이 전체의 100분의 50 이상인 경우에는 주택으로 본다.
② 지방자치단체의 장은 과세대상의 누락·위법·착오 등으로 인하여 이미 부과한 세액을 변경하거나 수시부과하여야 할 사유가 발생하면 수시로 부과·징수할 수 있다.
③ 과밀억제권역 내에서 공장을 신설하는 경우에 있어서 그 건축물에 대한 재산세 세율은 최초 과세기준일로부터 5년간 표준세율의 100분의 500을 적용한다.
④ 재산세 과세대상에 소유권 변동 사유 등이 발생했을 때에는 과세기준일로부터 15일 이내에 소재지 관할 시장·군수에게 신고하여야 하며 이 경우 신고를 하지 아니한 경우 시장·군수가 조사하여 직권으로 과세대장에 등재할 수 있으며 무신고 가산세는 적용하지 아니한다.
⑤ 중과세 대상이 되는 신설·증설된 공장을 5년간의 과세기간 전에 승계취득한 경우에는 승계취득한 자는 남은 기간에 대하여 납세의무가 없다.

34 다음은 재산세와 종합부동산세의 비교 설명이다. 틀린 것은?

① 주택을 여러 채 보유한 경우 재산세는 주택별로 과세하나 종합부동산세는 소유자별로 합산하여 과세한다.
② 재산세와 종합부동산세의 과세기준일은 서로 동일하다.
③ 건축물의 경우 재산세 과세대상이지만 종합부동산세 과세대상이 아니다.
④ 종합합산대상 토지를 보유한 경우 재산세는 납세의무자별로, 시·군·구별로 합산 과세하나 종합부동산세는 전국의 토지를 세대별로 합산하여 과세한다.
⑤ 종합부동산세 과세대상인 주택의 범위는 재산세 과세대상인 주택의 범위와 다르다.

35 다음은 종합부동산세에 대한 설명이다. 틀린 것은?

① 각각 주택을 소유한 甲과 乙이 2021년 5월 31일 혼인 신고를 한 후 계속하여 보유하는 경우 2025년분 종합부동산세 과세시 혼인한 자별로 각각 1세대로 본다.
② 주택분 종합부동산세액 계산시 적용하는 주택 수 계산의 경우 상속을 원인으로 취득한 경우로 상속지분이 40% 이하이거나 그 지분율에 해당하는 금액이 수도권은 6억원 이하, 비수도권은 3억원 이하인 주택은 주택 수에서 제외한다.
③ 조정대상 지역 내 2주택을 보유한 종합부동산세의 납세의무자가 해당 연도에 납부하여야 할 주택분 재산세액 상당액과 주택분 종합부동산세 상당액의 합계액으로 해당 납세의무자에게 직전 연도에 해당 주택에 부과된 주택에 대한 총세액상당액으로 계산한 세액의 100분의 150을 초과하는 세액에 대하여는 이를 없는 것으로 본다.
④ 과세기준일 현재 토지분 재산세의 납세의무자로서 「자연공원법」에 따라 지정된 공원자연환경지구의 임야를 소유하는 자는 토지에 대한 종합부동산세 납세의무가 있다.
⑤ 종합부동산세는 주택에 대한 종합부동산세와 토지에 대한 종합부동산세의 세액을 합한 금액을 그 세액으로 한다.

36 「소득세법」상 1세대 1주택(고가주택에 해당하지 않고 등기된 주택임)을 양도한 경우로서 양도소득세 비과세 대상이 아닌 것은?

① 「임대주택법」에 의한 건설임대주택을 1년 전에 취득하여 양도한 경우로서 당해 건설임대주택의 취득일로부터 당해 주택의 양도일까지의 거주기간이 7년인 경우
② 부산광역시에 소재하는 주택을 1년 6개월 동안 보유하고 양도한 경우로서 양도일로부터 1년 전에 세대전원이 「해외이주법」에 따른 해외이주로 출국한 경우
③ 인천광역시에 소재하는 주택을 1년 6개월 동안 보유하고 1년 동안 거주하던 중 양도한 경우로서 기획재정부령이 정하는 취학상 형편(유, 초, 중 제외)으로 다른 시·군으로 이사한 경우
④ 광주광역시에 소재하는 주택을 1년 동안 보유하고 양도한 경우로서 양도일로부터 6개월 전에 2년 동안 해외거주를 필요로 하는 근무상 형편으로 세대전원이 출국한 경우
⑤ 서울특별시에 소재하는 주택을 5년 동안 보유(2년 이상 거주)하고 양도한 경우

37 국내에 주택 1채와 토지를 국외에 1채의 주택을 소유하고 있는 거주자 甲이 2025년 중 해당 부동산을 모두 양도하는 경우 이에 관한 설명으로 틀린 것은?

① 甲이 국내 주택을 먼저 양도하는 경우 2년 이상 보유(조정대상지역이 아님)한 경우라도 1세대 2주택에 해당하므로 양도소득세가 과세된다.
② 甲이 국외 주택의 양도일까지 계속 5년 이상 국내에 주소를 둔 거주자인 경우 국외 주택의 양도에 대하여 양도소득세 납세의무가 있다.
③ 甲의 부동산 양도에 대한 소득세의 납세지는 甲의 주소지를 원칙으로 한다.
④ 국외주택 양도의 경우 보유기간이 3년 이상인 경우에도 장기보유특별공제를 적용하지 아니한다.
⑤ 국외주택 양도소득에 대하여 납부하였거나 납부할 국외주택 양도소득세액은 해당 과세기간의 국외주택 양도소득금액 계산상 필요경비에 산입할 수 있다.

38 거주자 甲은 배우자인 거주자 乙이 2017년 5월 1일에 3억원에 취득한 토지를 2021년 6월 1일에 乙로부터 증여(증여당시 시가 7억원)받아 소유권이전등기를 마쳤다. 이후 甲은 2025년 6월 1일에 토지를 특수관계없는 丙에게 10억원에 양도하였다. 이 경우 양도소득 납세의무에 대한 설명으로 옳은 것은?

① 토지의 양도차익 계산시 양도가액에서 공제할 취득가액은 7억원이다.
② 토지의 양도차익 계산시 취득시기는 2017년 5월 1일이다.
③ 토지의 양도차익 계산시 甲의 증여세는 양도가액에서 공제할 수 없다.
④ 甲과 乙은 양도소득세에 대하여 연대납세의무를 진다.
⑤ 토지의 양도소득세 납세의무자는 乙이다.

39 「소득세법」상 양도소득세 세율에 대한 설명이다. 틀린 것은?

① 피상속인이 1년 6개월 동안 보유한 등기된 건물을 상속인이 상속받아 6개월간 보유하고 양도하는 경우 세율은 6%~45% 8단계 초과누진세율을 적용한다.
② 주택과 조합원입주권의 보유기간이 1년 미만인 경우 양도소득세 세율은 100분의 70의 세율을 적용한다.
③ 2년 이상 보유한 비사업용 토지의 경우 기본세율(6%~45%)에 100분의 10을 더한 세율을 적용한다.
④ 건물의 보유기간이 2년 이상인 경우로서 과세표준이 1,400만원인 경우에는 양도소득세 세율은 6%~45%이다.
⑤ 배우자 또는 직계존비속으로 증여 받은 자산에 대한 이월과세의 경우 세율 적용시 보유기간은 증여자가 취득한 날로부터 양도일까지로 한다.

40 「소득세법」상 부동산 임대에 관련된 사업소득에 관한 설명으로 틀린 것은?

① 과세기간 종료일 현재 기준시가 12억원을 초과하는 주택과 국외에 소재하는 주택의 월세에 대한 임대소득은 주택 수와 관계없이 과세한다.
② 주택 수를 계산할 때 해당 공동소유하는 주택을 임대하여 얻은 수입금액이 연간 6백만원 이상이거나 기준시가 12억원을 초과하는 경우로서 그 주택의 지분을 100분의 30을 초과하여 보유하는 경우 해당 공동주택을 소유하는 것으로 계산되지 아니하는 경우라도 주택을 소유한 것으로 계산한다.
③ 부부가 각각 주택을 1채씩 보유한 상태에서 1주택을 임대하고 연간 2천만원 이하의 임대 수입이 발생한 경우 비과세된다.
④ 사업자가 부동산을 임대하고 임대료 외에 전기료, 수도료 등 공공요금이 명목으로 지급받은 금액이 공공요금의 납부액을 초과할 때 그 초과하는 금액은 사업소득 총수입금액에 산입한다.
⑤ 주거용 건물 임대업에서 발생한 결손금은 종합소득과세표준을 계산할 때 공제한다.

MEMO

박문각 홈페이지에서 **정오표**를 확인하세요.

공인중개사 관련법령의 제정·개정시 정오표를 신속히 올려
수험생 여러분의 학습에 편리성을 도모하고 있습니다.

www.pmg.co.kr ▶ 박문각출판

박문각 공인중개사
방송대학 TV강의 무료수강

2025년 9월 22일부터 박문각 공인중개사에서 제공하는
방송대학 TV강의를 무료로 수강하실 수 있습니다.

www.pmg.co.kr

STEP 01 박문각 공인중개사 접속

STEP 02 로그인 (회원가입 필수)

STEP 03 공인중개사 메뉴에서 **무료특강** 클릭 (상단)

STEP 04 방송대학 TV강의 모의고사강의 클릭
(무료수강 배너 클릭 후 이벤트 페이지 접속)

STEP 05 무료강의 신청하기 클릭

STEP 06 나의 학습_무료강의 수강 클릭

박문각 공인중개사
실전모의고사 2차

공인중개사법·중개실무 | 부동산공법
부동산공시법령 | 부동산세법

2024 고객선호브랜드지수 1위
교육(교육서비스)부문

2023 고객선호브랜드지수 1위
교육(교육서비스)부문

2022 한국 브랜드 만족지수 1위
교육(교육서비스)부문 1위

2021 조선일보 국가브랜드 대상
에듀테크 부문 수상

2021 대한민국 소비자 선호도 1위
교육부문 1위

2020 한국 산업의 1등
브랜드 대상 수상

2019 한국 우수브랜드
평가대상 수상

박문각 공인중개사
온라인강의 www.pmg.co.kr
유튜브   박문각 클라쓰

박문각 북스파
박문각 공식
온라인 서점

방송대학TV

동영상강의 무료제공 | 방송시간표 수록

기본이론 방송 2025. 1. 13(월) ~ 7. 2(수)
문제풀이 방송 2025. 7. 7(월) ~ 8. 20(수)
모의고사 방송 2025. 8. 25(월) ~ 10. 1(수)

정가 30,000원

박문각   www.pmg.co.kr   교재문의 02-6466-7202   동영상강의 문의 02-6466-7201

ISBN 979-11-7262-911-3
ISBN 979-11-7262-909-0 (1·2차 세트)

전면개정 제36회 공인중개사 시험대비
방송대학TV 무료강의 | 첫방송 2025.8.25(월) 오전 7시

박문각 공인중개사

실전모의고사 2차 해설편

공인중개사법·중개실무 | 부동산공법
부동산공시법령 | 부동산세법

박문각 부동산교육연구소 편

브랜드만족 1위 박문각

2025

동영상강의
www.pmg.co.kr

합격까지 박문각
합격 노하우가 다르다!

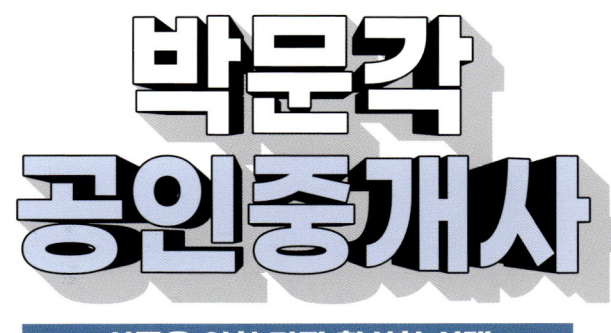

성공을 위한 가장 확실한 선택

박문각은 1972년부터의 노하우와 교육에 대한 끊임없는 열정으로 공인중개사 합격의 기준을 제시하며 경매 및 중개실무 연계교육과 합격자 네트워크를 통해 공인중개사 합격자들의 성공을 보장합니다.

01

공인중개사의 시작 박문각

공인중개사 시험이 도입된 제1회부터 제35회 시험까지 수험생들의 합격을 이끌어 온 대한민국 유일의 교육기업입니다.

02

오랜시간 축적된 데이터

1회부터 지금까지 축적된 방대한 데이터로 박문각 공인중개사는 빠른 합격 & 최다 합격률을 자랑합니다.

03

업계 최고&최다 교수진 보유

공인중개사 업계 최다 교수진이 최고의 강의로 수험생 여러분의 합격을 위해 끊임없이 연구하고 있습니다.

04

전국 학원 수 규모 1위

전국 20여 개 학원을 보유하고 있는 박문각 공인중개사는 업계 최대 규모로서 전국 학원 수 규모 1위 입니다.

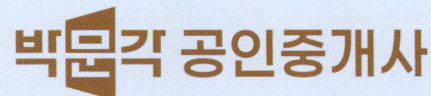

전면개정 제36회 공인중개사 시험대비
방송대학TV 무료강의 | 첫방송 2025.8.25(월) 오전 7시

박문각 공인중개사

실전모의고사 2차 해설편

공인중개사법·중개실무 | 부동산공법
부동산공시법령 | 부동산세법

박문각 부동산교육연구소 편

브랜드만족 1위 박문각
근거자료 후면표기

2025

동영상강의
www.pmg.co.kr

합격까지 박문각
합격 노하우가 다르다!

정답 및 해설

본문 ▶ P. 8

1교시

공인중개사법·중개실무

Answer

01.②	02.③	03.④	04.①	05.④	06.④	07.②	08.④
09.②	10.①	11.③	12.①	13.④	14.③	15.④	16.⑤
17.⑤	18.②	19.③	20.⑤	21.④	22.①	23.⑤	24.①
25.③	26.①	27.②	28.③	29.①	30.②	31.⑤	32.⑤
33.②	34.③	35.⑤	36.④	37.⑤	38.③	39.②	40.①

01 ②

㉠㉢ (○)

플러스해설 ㉡ (×) 시·도지사는 원칙적인 시험시행기관이라서, 위원회의 의결을 요하지 아니한다. 국토교통부장관이 시행할 때 위원회의 사전의결을 거쳐야 한다.
㉣ (×) 시·도지사는 합격자 결정·공고일로부터 "1개월" 이내에 공인중개사자격증 교부를 하여야 한다.

02 ③

③ 중개대상물에 해당되는 것은 ㉡㉣㉤이다.
플러스해설 ㉠ 영업용 건물의 영업시설·비품 등 유형물이나 거래처, 신용, 영업상의 노하우 등 무형의 재산적 가치(이른바 권리금)는 중개대상물이라고 할 수 없으므로, 그러한 유·무형의 재산적 가치의 양도에 대하여 이른바 "권리금" 등을 수수하도록 중개한 것은 중개행위에 해당하지 아니한다(대판 2006. 9.22, 2005도6054).
㉢ 특정한 아파트에 입주할 수 있는 권리가 아니라 아파트에 대한 추첨기일에 신청을 하여 당첨이 되면 아파트의 분양예정자로 "선정될 수 있는" 지위를 가리키는 데에 불과한 "입주권"은 중개대상물인 건물에 해당한다고 보기 어렵다(대판 1991. 4.23, 90도1287).

03 ④

④ 임원 (또는 무한책임사원) "전원"이 실무교육을 받아야 한다. 1/3 이상이 공인중개사이어야 한다는 것과 구별하여야 한다.

04 ①

㉠ (○) 법인인 개업공인중개사는 법 제14조에 규정된 업무만을 영위할 목적으로 설립되어야 한다. 중개업 및 주택의 임대관리 등 부동산의 관리대행업은 법 제14조에 규정된 업무에 해당하므로, 등록을 신청할 수 있다.

㉡ (○) 자본금 5천만원 이상의 「상법」상의 회사에 해당하므로, 등록을 신청할 수 있다.
플러스해설 ㉢ (×) 대표자를 제외하고도, 임원 또는 사원(합명회사 또는 합자회사의 무한책임사원을 말함)의 3분의 1 이상이 공인중개사이어야 한다. 그러므로 8명이라면 그중 3명 이상이 공인중개사이면 된다.
㉣ (×) 분사무소의 책임자는 실무교육을 받아야 한다. 그러나 "중개보조원"은 실무교육의 대상이 아니라, "직무교육"의 대상이다.

05 ④

④ "이 법(「공인중개사법」)" 위반으로 받은 300만원 이상의 벌금형인 경우에만 결격사유에 해당된다. "타법" 위반으로 받은 벌금형이나, 이 법 위반이더라도 300만원 미만의 벌금형은 결격사유에 해당하지 아니한다.
플러스해설 ① 집행유예기간이 만료되고 2년이 경과되지 아니한 자는 결격에 해당한다.
② 법정대리인의 동의를 받아도 피성년후견인은 여전히 결격에 해당한다.
③ 임원이 결격이면 법인도 결격에 해당된다.
⑤ 집행이 종료된 날부터 3년이 경과되지 않은 자는 결격에 해당한다.

06 ④

④ 개업공인중개사는 소속공인중개사의 자격증 원본을 게시하여야 한다.

07 ②

② 법 제15조 제2항에 따라 연대책임을 진다.
플러스해설 ① 중개사무소 개설등록을 한 "후"에 업무개시 전까지 보증을 설정하여야 한다.
③ "모든" 행위가 아니라, "업무상 행위"일 때만 甲이 배상책임을 지게 된다.
④ 甲은 乙의 행위가 법 제33조의 금지행위에 해당되므로, 乙의 행위로 인하여 甲의 등록이 취소되거나, 업무정지처분을 받을 수 있다.
⑤ 구상권을 행사할 수 있다.

08 ④

④ 분사무소의 설치신고·이전신고·휴업신고 등은 모두 주된 사무소 소재지 등록관청에 하여야 한다.

플러스 해설 ① 분사무소 설치는 주된 사무소가 소재하는 시·군·구를 제외하여야 한다.
② 임시시설물 설치는 처벌된다.
③ 지역농업협동조합 같은 특수법인에게는 분사무소 책임자요건이 적용되지 않는다.
⑤ "휴업" 중이더라도 승낙서를 제공할 수 있으므로, 중개사무소를 공동으로 사용(공동사무소)할 수 있다. "업무정지" 중인 개업공인중개사가 승낙서를 제공할 수 없는 것과 구별하여야 한다.

09 ②

㉠ (×) "10일" 이내에 이전 "후"의 등록관청에 이전사실을 신고해야 한다.
㉡ (○)
㉢ (×) 등록관청 관할 구역 "외"의 지역으로 이전한 경우이므로, 변경교부가 아니라, 등록증 "재교부"를 하여야 한다.

10 ①

① 법인의 등록할 인장은 「상업등기규칙」에 따라 신고한 "법인"의 인장이어야 한다. 지문은 개인(공인중개사인 개업공인중개사나 부칙상의 개업공인중개사나 소속공인중개사)의 인장등록과 관련된 내용이다. 구별하여야 한다.

11 ③

③ 휴업신고나 폐업신고는 모두 등록증을 첨부하여 "방문신고"하여야 한다. 전자문서로는 둘 다 할 수 없다.

12 ①

① 비밀누설위반은 공인중개사법령상의 유일한 반의사불벌죄(反意思不罰罪)에 해당한다. 1년 이하의 징역 또는 1천만원 이하의 벌금형의 대상이나, 피해자의 명백한 의사에 반하여까지는 처벌하지 아니한다.

13 ④

④ 일반중개계약서와 전속중개계약서에 중개보수를 기재하고 중개보수 한도표를 첨부하거나, 그 핵심내용을 요약 기재하도록 되어 있다.

플러스 해설 ① 일반중개계약서는 권장서식에 불과하므로, 이 서식을 사용할 의무는 "없다".
② 전속중개계약의 유효기간은 다른 약정이 없으면 "3개월"로 한다.
③ "업무정지"사유에 해당한다.
⑤ 일반중개계약서이든, 전속중개계약서이든 유효기간은 원칙적으로 3개월이라고 기술되어 있다.

14 ③

③ "취득"시 부담할 조세는 확인·설명사항에 해당하나, "양도"시 부담할 조세(양도소득세 등)는 확인·설명사항에 해당되지 아니한다.

15 ④

④ 실제권리관계, 내·외부시설물의 상태, 벽면·도배 상태, 환경조건, 현장안내는 "개업공인중개사 세부 확인사항"란에 분류되어 있다(확인·설명서 시행규칙 별지서식 참조).

16 ⑤

⑤ 중개보수는 실제거래가격이 아니라, "거래예정금액(예정가)"을 기준으로 계산하여 적는다(확인·설명서 시행규칙 별지서식 참조).

17 ⑤

⑤ 중개보수 및 실비의 금액 및 산출내역은 확인·설명서에 기재하여야 하며, 거래계약서의 필요적 기재사항은 아니다. 구별하여야 한다.

> **거래계약서의 필요적 기재사항**
> 거래당사자의 인적사항, 물건의 표시, 물건의 인도일시, 권리이전의 내용, 거래대금·계약금 등 그 지급에 관한 사항, 계약일, 조건이나 기한(있을 때), 확인·설명서 교부일자, 기타 약정

플러스 해설 ④ 대판 2007.6.14, 2007다3285

18 ②

플러스 해설 ② 예치하도록 권고 "할 수" 있다. 해야 할 의무는 없다.
④⑤ 법령상의 명령위반으로 업무정지처분의 대상이 된다.

19 ③

③ 소유자의 대리인이나 수임인으로부터 직접거래를 한 것도 중개의뢰인과 직접거래에 해당되며(대판 1990.11.9, 90도1872), 개업공인중개사의 경제공동체인 배우자명의로 직접거래한 경우에도 금지행위(법 제33조)에 해당되어 3년 이하의 징역 또는 3천만원 이하의 벌금형으로 처벌된다(대판 2021.8.12, 2021도6910).

플러스 해설 ① 공인중개사인 개업공인중개사는 겸업에 대한 제한이 없으므로, 편의점의 운영을 겸업할 수 있다.
② 권리금 알선료는 중개업 본업이 아니라, 겸업에 불과하므로 중개보수의 한도규정이 적용되지 아니한다.
④ 개업공인중개사가 "다른" 개업공인중개사의 중개로 임차하는 행위는 중개의뢰인과 직접거래에 해당되지 아니한다(대판 1991.3.27, 90도2858).
⑤ 거래당사자 "일방"을 대리하는 행위는 "쌍방"대리가 아니어서 금지되지 아니한다.

20 ⑤

⑤ 주된 사무소 자체는 4억원 이상, 그리고 분사무소는 분사무소 마다 2억원 이상 추가로 설정되어야 한다. 분사무소가 5개이므로, 주된 사무소까지 포함해서 총 14억 이상이 설정되어야 한다.

21 ④

④ 15억원 이상의 주택에 대한 중개보수의 시·도 조례의 한도는 주택의 매매·교환은 0.7%(1천분의 7) 이내이며, 주택의 임대차 등은 0.6%(1천분의 6) 범위 이내이다.

22 ①

① ㉠㉡이 옳으며, ㉢㉣은 틀린 지문이다.
㉠㉡ (○)
플러스 해설↑ ㉢ (×) 초과중개보수는 법 제33조의 금지행위에 해당되어, "상대적 등록취소사유"에 해당된다. 그러므로 반드시 등록을 취소하여야 하는 사유가 아니라, 등록을 취소"할 수" 있는 사유에 해당한다.
㉣ (×) 매매계약에 관한 거래금액만을 적용한다. 즉, 매매계약에 대한 중개보수만 받을 수 있다.

23 ⑤

⑤ 등록취소사유가 아니라, "업무정지"처분 사유에 해당한다.

24 ①

① 협회에 관하여 공인중개사법령에 규정된 것 외에는 「민법」중 "사단법인"에 관한 규정을 적용한다.

25 ③

③ 수사기관에 고발한 경우에도 포상금은 "등록관청"에 지급신청을 하여야 한다.
플러스 해설↑ ① 신고 또는 고발한 사건에 대하여 검사가 공소제기하거나 기소유예처분을 한 경우에 포상금은 지급되는데, 판사가 무죄판결을 선고하였다는 의미는 검사는 "공소제기"를 한 경우이므로, 포상금은 지급된다. 옳은 지문이다.

26 ①

① 자격정지 처분은 자격증을 "교부"한 시·도지사가 할 수 있다.

27 ②

② 등록취소 전에는 청문의 절차를 거치는 것이 원칙이나, 위법성이 명백하거나 청문의 필요성이 없을 때에는 청문을 생략할 수 있다(행정절차법). 개인의 사망이나 법인의 해산을 이유로 등록을 취소할 때에는 청문을 할 필요성이 없다.

28 ③

③ 폐업기간이 "3년을 초과"한 경우에는 폐업 전의 사유로 등록취소 등의 행정처분을 할 수 "없다". 맞는 지문이다.
플러스 해설↑ ① 폐업기간이 1년을 초과한 경우, 폐업신고 전의 위반행위에 대한 행정처분이 업무정지에 해당하는 경우에는 재등록 개업공인중개사에게 다시 업무정지처분을 할 수 "없다".
② 폐업신고 전에 개업공인중개사에게 한 업무정지처분의 효과는 그 "처분일"로부터 1년간 재등록 개업공인중개사에게 승계된다. 폐업일 기준이 아니다.
④ 폐업신고 전에 개업공인중개사에게 한 과태료부과처분의 효과는 그 "처분일"로부터 1년간 재등록 개업공인중개사에게 승계된다. 폐업일 기준이 아니다.
⑤ 재등록 개업공인중개사에 대하여 폐업신고 전의 개설등록 취소 및 업무정지에 해당하는 위반행위에 대한 행정처분을 함에 있어서는 폐업기간과 폐업의 사유 등을 "고려해야" 한다.

29 ①

① 중개대상물에 대한 허위·과장광고를 한 개업공인중개사에 대하여는 "등록관청"이 500만원 이하의 과태료를 부과할 수 있다. 국토교통부장관이 아니다.

30 ②

② 개업공인중개사가 개별적으로 보존할 때에는 전속중개계약서 3년, 확인·설명서 3년, 거래계약서 5년 이상 보존되어야 한다.

31 ⑤

⑤ ㉠㉡㉣이 틀리다.
㉠ (×) 변경일부터 "7일" 이내에 그 변경된 인장을 등록관청에 등록해야 한다.
㉡ (×) 업무보증에 대한 설명시, 업무보증증서 사본이나 전자문서도 교부하여야 한다.
㉣ (×) 일반중개계약서는 보존의무가 없다.
플러스 해설↑ ㉢ (○)

32 ⑤

플러스 해설↑ ① 부동산거래신고는 "매매계약(공급계약 포함)"만 신고한다. 증여계약은 신고사항이 아니다.
② 개업공인중개사가 중개를 완성한 경우에는 "개업공인중개사"가 단독으로 신고하여야 한다.
③ 농지취득자격증명과 관계없이 매매계약은 부동산거래신고를 "하여야" 한다.
④ 시장·군수 또는 구청장이 아니라, "국토교통부장관"이다.

33 ②

② 중개보수는 확인·설명서에 기재하면 되며, 부동산거래신고사항은 아니다. 구별하여야 한다.

> **부동산거래신고사항**
> 인적사항, 계약일·중도금·잔금지급일, 부동산의 면적·종류, 부동산의 소재지·지번·지목, 실제거래가격, 개업공인중개사의 인적사항, 조건이나 기한, 위탁관리인의 인적사항, 자금조달계획·입주(이용)계획(해당되는 경우에 한함)

34 ③

③ 외국인이 법원경매(계약 이외의 원인)로 취득한 경우에는 소유권을 "취득"한 날(즉, 경락대금을 완납한 날)로부터 6개월 이내에 취득신고를 하여야 한다.

플러스 해설 ① 외국인으로 변경된 날부터 "6개월" 이내에 "시·군·구청장"에게 신고해야 한다.
② 국토교통부장관이 아니라, "시·군·구청장"이 과태료를 부과한다.
④ 부동산거래신고를 한 경우에는 외국인특례에 따른 토지취득의 신고를 한 것으로 본다.
⑤ 그 내용을 "시·도지사"에게 통보해야 한다.

35 ⑤

⑤ 농지취득자격증명은 농지에 대한 매매계약의 "효력발생요건이 아니라", 그 매매계약에 기하여 이행으로서 소유권이전등기를 신청할 때에 "첨부할 서류"이다(판례).

플러스 해설 ① 공유농지를 단순히 분할하는 경우에는 농지취득자격증명이 필요가 없다.
② 농지전용협의를 마친 농지를 매수할 때에는 농지취득자격증명이 필요없다.
③ 매수신청시가 아니라, "매각결정기일"까지 농지취득자격증명을 제출해야 한다.
④ 고정식 온실이나 버섯재배사의 경우에는 330m² 이상을 확보하면 농지취득자격증명을 발급받을 수 있다.

36 ④

④ 확정일자는 우선변제권의 요건일뿐이며, 최우선변제권의 요건은 아니다. 최우선변제권은 대항요건을 갖추고 소액보증금에 해당되면 인정된다.

37 ⑤

㉠ (×) 임차인의 계약갱신요구권은 최초의 임대차기간을 포함한 전체 임대차기간이 "10년"을 초과하지 않는 범위에서만 행사할 수 있다.
㉡ (×) 동의를 받은 적법한 전대차의 경우, 전차인도 임차인의 계약갱신요구권을 대위행사할 수 "있다".
㉣ (×) 갱신되는 임대차는 전(前) 임대차와 동일한 조건으로 다시 계약된 것으로 보는 것은 옳으나, 차임과 보증금은 증감청구 할 수 있다.
플러스 해설 ㉢ (○)

38 ③

플러스 해설 ③ 보증금의 증액은 연 5% 이내. 보증금을 월세로 전환시에는 산정률은 연 12% 또는 한국은행 기준금리의 4.5배수 중에서 낮은 비율이다.

39 ②

플러스 해설 ①「민사집행법」상의 매각방법은 기일입찰과 기간입찰, 호가경매, 이렇게 3가지 방법 중에서 집행"법원"이 매각방법을 결정한다.
③ 등기촉탁시가 아니라, 매수인이 매각대금 "완납시"에 매수인은 바로 소유권을 취득한다.
④ 대금지급"기일"이 아니라, 대금지급"기한" 내에 매각대금을 완납하면 된다.
⑤ 매수신고가격의 10%가 아니라, 물건 "최저매각가격"(최저가, 최저매각대금)의 10%이다.

40 ①

① 개업공인중개사가 매수신청대리를 위임받은 경우 매수신청대리대상물의 "경제적 가치", 기본적인 사항, 권리관계, 법상의 제한, 부담인수할 권리 등을 위임인에게 확인·설명해야 한다.
플러스 해설 ②「민사집행법」의 규정에 따른 차순위매수신고를 할 수 "있다".
③ 공탁금은 그가 폐업, 사망 또는 해산한 날부터 3년 이내에는 회수할 수 "없다".
④ 매수신청대리인으로 등록하기 위하여 부동산경매에 관한 실무교육을 "별도"로 받아야 한다. 중개업의 실무교육수료 여부에 상관없이 별도의 경매실무교육을 받아야 한다.
⑤ 중개사무소가 있는 곳을 관할하는 "지방법원장"에게 매수신청대리인 등록을 해야 한다.

TEST 01

부동산공법

Answer

41.①	42.⑤	43.①	44.④	45.⑤	46.④	47.③	48.①
49.④	50.②	51.③	52.③	53.①	54.④	55.①	56.②
57.④	58.②	59.④	60.③	61.①	62.②	63.③	64.③
65.②	66.①	67.④	68.③	69.⑤	70.③	71.①	72.①
73.⑤	74.③	75.⑤	76.④	77.④	78.②	79.⑤	80.④

41 ①

플러스 해설 ② 용도구역은 용도지역 및 용도지구의 제한을 강화 또는 완화하여 적용하며, 시장·군수는 용도구역을 지정할 수 없다.
③ 국가계획이란 중앙행정기관이 법률에 의하여 수립하거나 국가의 정책적인 목적달성을 위하여 수립하는 계획 중 도시·군기본계획의 내용 또는 도시·군관리계획으로 결정하여야 할 사항이 포함된 계획을 말하며, 광역도시계획으로 정할 사항이 포함되어야 하는 것은 아니다.
④ 기반시설 중 도시·군관리계획으로 결정된 시설은 도시·군계획시설이다.
⑤ 기반시설부담구역은 개발밀도관리구역 외의 지역을 대상으로 지정한다. 따라서 중복하여 지정할 수 없다.

42 ⑤

플러스 해설 ① 인접한 시 또는 군의 관할구역을 포함하여 도시·군기본계획을 수립할 수 있다.
② 국토교통부장관이 정한다.
③ 인구 50만 이상의 대도시의 시장을 포함한 시장 또는 군수가 도시·군기본계획을 수립하려면 도지사의 승인을 받아야 한다.
④ 변경시에도 공청회를 개최하여야 한다.

43 ①

플러스 해설 ⓒ 5분의 4 이상 ⇨ 3분의 2 이상
ⓒ 도시·군관리계획의 입안의 제안을 받은 자는 그 처리결과를 제안자에게 제안일부터 45일 이내에 도시·군관리계획 입안에의 반영 여부를 통보하여야 한다. 다만, 부득이한 사정이 있는 경우에는 1회에 한하여 30일을 연장할 수 있다.

44 ④

플러스 해설 ① 용도지역과 용도지구는 중첩하여 지정될 수 있다.
② 용도지역 상호간에는 중복 지정될 수 없다.
③ 관리지역이 세부 용도지역으로 지정되지 아니한 경우에 용적률과 건폐율은 보전관리지역에 관한 규정을 적용한다.
⑤ 수산자원보호구역의 지정을 도시·군관리계획으로 결정할 수 있다.

45 ⑤

㉠ 계획관리지역: 100%
㉡ 준공업지역: 400%
㉢ 준주거지역: 500%
㉣ 근린상업지역: 900%

46 ④

④ 시·도지사 또는 대도시 시장은 일반주거지역·일반공업지역 및 계획관리지역에 복합용도지구를 지정할 수 있다.

47 ③

플러스 해설 ① 도시의 무질서한 확산을 방지하기 위하여 도시의 개발을 제한할 목적으로 지정하는 것은 개발제한구역이다.
② 시가화조정구역은 시·도지사가 지정하는 것이 원칙이며, 국가계획과 연계하여 시가화조정구역을 지정할 필요가 있는 경우 국토교통부장관이 지정할 수 있다.
④ 시가화조정구역의 지정에 관한 도시·군관리계획결정은 시가화유보기간이 끝난 날의 다음 날에 그 효력을 잃는다.
⑤ 국방과 관련하여 보안상 도시의 개발을 제한할 필요가 있는 경우에 지정하는 것은 개발제한구역이다.

48 ①

플러스 해설 다음의 어느 하나에 해당하는 지역은 지구단위계획구역으로 지정하여야 한다.

1. 정비구역 및 택지개발지구에서 시행되는 사업이 끝난 후 10년이 지난 지역
2. 시가화조정구역 또는 공원에서 해제되는 지역으로서 그 면적이 30만제곱미터 이상인 지역
3. 녹지지역에서 주거지역·상업지역 또는 공업지역으로 변경되는 지역으로서 그 면적이 30만제곱미터 이상인 지역

49 ④

플러스 해설 ① 100만m² ⇨ 200만m²
② 공동구가 설치된 경우에는 대통령령으로 정하는 바에 따라 공동구에 수용하여야 할 시설이 모두 수용되도록 하여야 한다. 전선로·통신선·수도관·열수송관·중수도관·쓰레기수송관은 공동구에 수용하여야 하며, 가스관·하수도관, 그 밖의 시설은 공동구협의회의 심의를 거쳐 수용할 수 있다.
③ 공동구의 설치에 필요한 비용은 이 법 또는 다른 법률에 특별한 규정이 있는 경우를 제외하고는 공동구 점용예정자와 사업시행자가 부담한다.
⑤ 공동구관리자는 5년마다 해당 공동구의 안전 및 유지관리계획을 대통령령으로 정하는 바에 따라 수립·시행하여야 한다.

50 ②

플러스 해설 ① 도시·군계획사업에 의한 행위는 개발행위허가 대상이 아니다.
③ 「건축법」에 의한 건축허가를 받으면 개발행위허가를 받은 것으로 본다.
④ 재해복구 또는 재난수습을 위한 응급조치를 한 경우에는 1개월 이내에 신고하여야 한다.
⑤ 개발밀도관리구역 안에서는 기반시설의 설치 또는 그에 필요한 용지의 확보에 관한 계획서를 제출하지 아니한다.

51 ③

③ 주거지역·상업지역·공업지역은 성장관리계획구역의 지정대상이 아니다.

52 ③

플러스 해설 ① 주거·상업 또는 공업지역에서 지정하며, 녹지지역은 대상이 아니다.
② 주민의 의견을 들을 필요가 없다.
④ 향후 2년 이내에 당해 지역의 수도에 대한 수요량이 수도시설의 시설용량을 초과할 것으로 예상되는 지역에 개발밀도관리구역을 지정할 수 있다.
⑤ 개발밀도관리구역 안에서는 그 용도지역에 적용되는 용적률의 최대한도의 50%의 범위 안에서 용적률을 강화하여 적용한다.

53 ①

플러스 해설 도시개발구역을 지정할 수 있는 자는 다음과 같다.

1. 원칙: 시·도지사 또는 대도시 시장
2. 예외: 국토교통부장관은 다음의 어느 하나에 해당하면 도시개발구역을 지정할 수 있다.
   ㉠ 국가가 도시개발사업을 실시할 필요가 있는 경우
   ㉡ 관계 중앙행정기관의 장이 요청하는 경우
   ㉢ 공공기관의 장 또는 정부출연기관의 장이 30만제곱미터 이상으로서 국가계획과 밀접한 관련이 있는 도시개발구역의 지정을 제안하는 경우
   ㉣ 도시개발사업이 필요하다고 인정되는 지역이 둘 이상의 시·도 또는 대도시의 행정구역에 걸치는 경우에 관계 시·도지사 또는 대도시 시장의 협의가 성립되지 아니하는 경우
   ㉤ 천재지변, 그 밖의 사유로 인하여 도시개발사업을 긴급하게 할 필요가 있는 경우

54 ④

플러스 해설 ① 50만m² 이상의 도시개발구역을 지정하려면 국토교통부장관과 협의를 하여야 한다.
② 도시개발구역을 둘 이상의 사업시행지구로 분할하는 경우 분할 후 각 사업시행지구의 면적이 각각 1만m² 이상이어야 한다.
③ 지방공사는 동의 없이 도시개발구역의 지정을 제안할 수 있다.
⑤ 대도시 시장을 제외한 시장·군수 또는 구청장은 시·도지사에게 도시개발구역의 지정을 요청할 수 있다.

55 ①

플러스 해설 ② 조합의 조합원은 도시개발구역의 토지 소유자로 한다.
③ 조합장 또는 이사의 자기를 위한 조합과의 계약이나 소송에 관하여는 감사가 조합을 대표한다.
④ 금고 이상의 형의 선고를 받고 그 집행이 종료되거나 집행을 받지 아니하기로 확정된 후 2년이 지나지 아니한 자는 조합의 임원이 될 수 없다. 2년이 지난 자는 임원이 될 수 있다.
⑤ 조합의 임원은 의결권을 가진 조합원이어야 하고, 정관으로 정한 바에 따라 총회에서 선임한다.

56 ②

플러스 해설 ㉠ 민간사업시행자는 대통령령으로 정하는 금융기관 등으로부터 지급보증을 받은 경우에만 이를 발행할 수 있다. 지방공사는 보증을 받을 필요가 없다.
㉡ 토지상환채권의 발행규모는 그 토지상환채권으로 상환할 토지·건축물이 해당 도시개발사업으로 조성되는 분양토지 또는 분양건축물 면적의 2분의 1을 초과하지 아니하도록 하여야 한다.

57 ④

④ 원형지를 공장부지로 직접 사용하는 자의 선정은 경쟁입찰의 방식으로 하며, 경쟁입찰이 2회 이상 유찰된 경우에는 수의계약의 방법으로 할 수 있다.

58 ②

② 환지예정지가 지정되면 종전의 토지의 소유자와 임차권자 등은 환지예정지 지정의 효력발생일부터 환지처분이 공고되는 날까지 환지예정지나 해당 부분에 대하여 종전과 같은 내용의 권리를 행사할 수 있으며 종전의 토지는 사용하거나 수익할 수 없다.

59 ④

"공동이용시설"이란 주민이 공동으로 사용하는 놀이터·마을회관·공동작업장, 그 밖에 대통령령으로 정하는 다음의 시설을 말한다.

1. 공동으로 사용하는 구판장·세탁장·화장실 및 수도
2. 탁아소·어린이집·경로당 등 노유자시설
3. 그 밖에 1. 및 2.의 시설과 유사한 용도의 시설로서 시·도조례로 정하는 시설

60 ③

③ 토지등소유자의 100분의 30 이상이 정비구역 등(추진위원회가 구성되지 아니한 구역으로 한정한다)의 해제를 요청하는 경우

61 ①

① 재건축사업은 정비구역에서 인가받은 관리처분계획에 따라 건축물을 건설하여 공급하는 방법에 의한다. 환지로 공급하는 방법은 인정되지 아니한다.

62 ②

② 재개발사업의 경우 토지등소유자의 동의방법은 다음과 같다.

> 1. 1필지의 토지 또는 하나의 건축물을 여럿이서 공유하는 경우에는 해당 토지 또는 건축물의 토지등소유자의 4분의 3 이상의 동의를 받아 이를 대표하는 1인을 토지등소유자로 산정할 것
> 2. 토지에 지상권이 설정되어 있는 경우 토지의 소유자와 해당 토지의 지상권자를 대표하는 1인을 토지등소유자로 산정할 것
> 3. 1인이 다수 필지의 토지 또는 다수의 건축물을 소유하고 있는 경우에는 필지나 건축물의 수에 관계없이 토지등소유자를 1인으로 산정할 것
> 4. 둘 이상의 토지 또는 건축물을 소유한 공유자가 동일한 경우에는 그 공유자 여럿을 대표하는 1인을 토지등소유자로 산정할 것

따라서 A, B·C·D·E를 대표하는 1인, F, G로 4인이 된다.

63 ③

③ 세입자의 주거 및 이주대책은 사업시행계획서에 포함되는 사항이다.

64 ③

플러스 해설↑ ① 시장·군수등이 아닌 사업시행자는 정비사업에 관한 공사를 완료한 때에는 대통령령이 정하는 방법 및 절차에 의하여 시장·군수등의 준공인가를 받아야 한다.
② 다음 날에 해제된 것으로 본다.
④ 14일 이내에 ⇨ 지체 없이
⑤ 5년간 행사하지 아니하면 소멸한다.

65 ②

플러스 해설↑ ① 지붕틀 3개 이상을 수선 또는 변경하는 것
③ 주계단·피난계단 또는 특별피난계단을 증설 또는 해체하거나 수선 또는 변경하는 것
④ 기둥 3개 이상을 수선 또는 변경하는 것
⑤ 건축물의 외벽에 사용하는 마감재료를 해체하는 것

넓혀 보기
대수선

대수선의 의의	건축물의 기둥, 보, 내력벽, 주계단 등의 구조나 외부 형태를 수선·변경하거나 증설하는 것으로서 대통령령으로 정하는 것
대수선의 범위	다음의 어느 하나에 해당하는 것으로서 증축·개축 또는 재축에 해당하지 아니하는 것 1. 내력벽을 증설 또는 해체하거나 그 벽면적을 30제곱미터 이상 수선 또는 변경하는 것 2. 기둥을 증설 또는 해체하거나 세 개 이상 수선 또는 변경하는 것 3. 보를 증설 또는 해체하거나 세 개 이상 수선 또는 변경하는 것 4. 지붕틀(한옥의 경우에는 지붕틀의 범위에서 서까래는 제외)을 증설 또는 해체하거나 세 개 이상 수선 또는 변경하는 것 5. 방화벽 또는 방화구획을 위한 바닥 또는 벽을 증설 또는 해체하거나 수선 또는 변경하는 것 6. 주계단·피난계단 또는 특별피난계단을 증설 또는 해체하거나 수선 또는 변경하는 것 7. 다가구주택의 가구 간 경계벽 또는 다세대주택의 세대 간 경계벽을 증설 또는 해체하거나 수선 또는 변경하는 것 8. 건축물의 외벽에 사용하는 마감재료를 증설 또는 해체하거나 벽면적 30제곱미터 이상 수선 또는 변경하는 것

66 ①

① 동물병원과 노래연습장은 모두 근린생활시설군에 속하므로 용도변경의 허가 또는 신고대상이 아니다.

플러스 해설↑ ②③④⑤는 모두 상위시설군으로 변경하는 것이므로 허가대상이다.

67 ④

④ 사전결정 통지를 받은 경우에는 다음의 허가를 받거나 신고 또는 협의를 한 것으로 본다.

> 1. 「국토의 계획 및 이용에 관한 법률」에 따른 개발행위허가
> 2. 「산지관리법」에 따른 산지전용허가와 산지전용신고, 산지일시사용허가·신고. 다만, 보전산지인 경우에는 도시지역만 해당된다.
> 3. 「농지법」에 따른 농지전용허가·신고 및 협의
> 4. 「하천법」에 따른 하천점용허가

68 ③

③ 건축허가나 건축물의 착공을 제한하는 경우 제한기간은 2년 이내로 한다. 다만, 1회에 한하여 1년 이내의 범위에서 제한기간을 연장할 수 있다.

> **넓혀 보기**
>
> **건축허가의 제한**
>
> | 제한권자 | 국토교통부장관 | 국토관리를 위하여 특히 필요하다고 인정하거나 주무부장관이 국방, 국가유산의 보존, 환경보전 또는 국민경제를 위하여 특히 필요하다고 인정하여 요청하면 허가권자의 건축허가나 허가를 받은 건축물의 착공을 제한할 수 있다. |
> |---|---|---|
> | | 특별시장·광역시장·도지사 | 지역계획이나 도시·군계획에 특히 필요하다고 인정하면 시장·군수·구청장의 건축허가나 허가를 받은 건축물의 착공을 제한할 수 있다. |
> | 제한기간 | | 건축허가나 건축물의 착공을 제한하는 경우 제한기간은 2년 이내로 한다. 다만, 1회에 한하여 1년 이내의 범위에서 제한기간을 연장할 수 있다. |
> | 제한절차 | | 1. 국토교통부장관이나 시·도지사는 건축허가나 건축허가를 받은 건축물의 착공을 제한하려는 경우에는 「토지이용규제 기본법」에 따라 주민의 의견을 청취한 후 건축위원회의 심의를 거쳐야 한다.
2. 국토교통부장관이나 특별시장·광역시장·도지사는 건축허가나 건축물의 착공을 제한하는 경우 제한 목적·기간, 대상 건축물의 용도와 대상 구역의 위치·면적·경계 등을 상세하게 정하여 허가권자에게 통보하여야 하며, 통보를 받은 허가권자는 지체 없이 이를 공고하여야 한다. |
> | 보고 및 해제 | | 특별시장·광역시장·도지사는 시장·군수·구청장의 건축허가나 건축물의 착공을 제한한 경우 즉시 국토교통부장관에게 보고하여야 하며, 보고를 받은 국토교통부장관은 제한 내용이 지나치다고 인정하면 해제를 명할 수 있다. |

69 ⑤

- 공개공지 등의 면적은 대지면적의 (㉠ 100분의 10) 이하의 범위에서 건축조례로 정한다.
- 공개공지 등에는 연간 (㉡ 60)일 이내의 기간 동안 건축조례로 정하는 바에 따라 주민들을 위한 문화행사를 열거나 판촉활동을 할 수 있다.

70 ③

③ 특별시장·광역시장은 도시의 관리를 위하여 필요하면 가로구역별 건축물의 최고높이를 특별시·광역시의 조례로 정할 수 있다.

71 ①

플러스 해설 ㉡ 상습적 위반(동일인이 최근 3년 내에 2회 이상 법 또는 법에 따른 명령이나 처분을 위반)의 경우에 부과될 금액을 100분의 100의 범위에서 해당 지방자치단체의 조례로 정하는 바에 따라 가중하여야 한다.

㉢ 허가권자는 최초의 시정명령이 있었던 날을 기준으로 하여 1년에 2회 이내의 범위에서 해당 지방자치단체의 조례로 정하는 횟수만큼 그 시정명령이 이행될 때까지 반복하여 이행강제금을 부과·징수할 수 있다.

72 ①

① 폭 20m 이상의 일반도로로 분리되어야 별개의 주택단지로 본다.

73 ⑤

플러스 해설 ① 등록사업자는 주택도시보증공사 등의 보증을 받은 때에 한하여 이를 발행할 수 있으나, 한국토지주택공사는 보증을 받을 필요가 없다.
② 국토교통부장관의 승인을 받아야 한다.
③ 상환기간은 주택상환사채발행일부터 주택의 공급계약체결일까지의 기간으로 한다.
④ 등록사업자의 등록이 말소된 경우에도 그가 발행한 주택상환사채의 효력에는 영향을 미치지 아니한다.

74 ③

플러스 해설 ① 국토교통부장관에게 등록하여야 한다.
② 자본금이 3억원 이상이어야 한다.
④ 등록사업자가 등록증의 대여를 한 경우에는 그 등록을 말소하여야 한다.
⑤ 한국토지주택공사는 주택건설사업 등의 등록의무가 없다.

75 ⑤

플러스 해설 ① 국민주택을 공급받기 위하여 직장주택조합을 설립하려는 자는 관할 시장·군수·구청장에게 신고하여야 한다.
② 주택조합은 주택건설예정세대수의 50퍼센트 이상의 조합원으로 구성하되, 조합원은 20명 이상이어야 하지만, 리모델링주택조합의 경우에는 그러하지 아니하다.
③ 주택조합은 등록사업자가 소유하는 공공택지를 주택건설대지로 사용해서는 아니 된다.
④ 조합원의 사망·자격상실·탈퇴 등으로 인한 결원을 충원하거나 미달된 조합원을 재모집하는 경우에는 신고하지 아니하고 선착순의 방법으로 조합원을 모집할 수 있다.

76 ④

사업계획승인을 받은 사업주체는 다음 각 호에 따라 해당 주택건설대지 중 사용할 수 있는 권원을 확보하지 못한 대지의 소유자에게 그 대지를 시가(市價)로 매도할 것을 청구할 수 있다. 이 경우 매도청구 대상이 되는 대지의 소유자와 매도청구를 하기 전에 3개월 이상 협의를 하여야 한다.

TEST 01

> 1. 주택건설대지면적의 95퍼센트 이상의 사용권원을 확보한 경우: 사용권원을 확보하지 못한 대지의 모든 소유자에게 매도청구 가능
> 2. 제1호 외의 경우: 사용권원을 확보하지 못한 대지의 소유자 중 지구단위계획구역 결정고시일 10년 이전에 해당 대지의 소유권을 취득하여 계속 보유하고 있는 자를 제외한 소유자에게 매도청구 가능

77 ④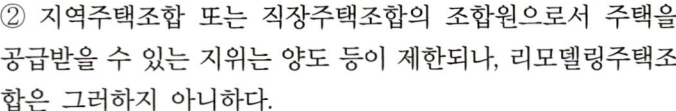

플러스 해설 ① 한국토지주택공사가 총지분의 100분의 70을 출자한 부동산투자회사는 공공주택사업자이므로 입주자모집의 승인을 받을 필요가 없다.
② 관광특구에서 건설·공급하는 공동주택으로서 해당 건축물의 층수가 50층 이상이거나 높이가 150미터 이상인 경우 분양가상한제를 적용하지 아니한다.
③ 분양가상한제 적용지역은 국토교통부장관이 지정한다.
⑤ 상속의 경우에는 제외된다.

78 ②

② 지역주택조합 또는 직장주택조합의 조합원으로서 주택을 공급받을 수 있는 지위는 양도 등이 제한되나, 리모델링주택조합은 그러하지 아니하다.

79 ⑤

플러스 해설 ① 농지취득자격증명은 시·구·읍·면의 장이 발급한다.
② 농지전용협의를 마친 농지를 취득하는 경우 농지취득자격증명을 발급받지 아니하고 농지를 취득할 수 있다.
③ 주말·체험영농을 목적으로 농업진흥지역 외의 농지를 취득하는 경우 농지취득자격증명을 발급받아야 한다.
④ 시·구·읍·면의 장은 농지취득자격증명의 발급 신청을 받은 때에는 그 신청을 받은 날부터 7일(농업경영계획서를 작성하지 아니하고 농지취득자격증명의 발급신청을 할 수 있는 경우에는 4일, 농지위원회의 심의 대상의 경우에는 14일) 이내에 신청인에게 농지취득자격증명을 발급하여야 한다.

80 ④

플러스 해설 ① 국내 여행은 위탁경영의 사유가 아니다.
② 농업법인이 청산 중인 경우 위탁경영이 가능하다.
③ 부상으로 3개월 이상의 치료가 필요한 경우 위탁경영이 가능하다.
⑤ 3개월 이상 국외 여행 중인 경우 위탁경영이 가능하다.

2교시

부동산공시법령

Answer

01.④	02.③	03.④	04.①	05.⑤	06.⑤	07.②	08.④
09.③	10.②	11.①	12.②	13.②	14.④	15.①	16.④
17.③	18.⑤	19.①	20.②	21.③	22.①	23.④	24.③

01 ④

④ 경계복원측량 및 지적현황측량은 측량성과를 검사하지 않는다.

02 ③

ⓒ 축척변경위원회는 5명 이상 10명 이하의 위원으로 구성하되, 위원의 2분의 1 이상을 토지소유자로 하여야 한다. 이 경우 그 축척변경 시행지역의 토지소유자가 5명 이하일 때에는 토지소유자 전원을 위원으로 위촉하여야 한다.

03 ④

플러스 해설 ① 지번변경으로 지번을 새로이 부여하는 경우에는 지적확정측량을 준용하여 <u>종전 지번중 본번</u>으로 부여하여야 한다.
② 합병의 경우는 본번 중 선순위 지번을 합병 후의 지번으로 한다.
③ 분할의 경우에는 분할 후의 필지 중 1필지의 지번은 분할 전의 지번으로 하고, 나머지 필지의 지번은 분할 전 본번의 최종 부번 다음 순번의 부번으로 부여한다.
⑤ 등록전환의 경우로서 대상 토지가 여러필지인 경우 그 지번부여지역의 최종본번 다음 순번의 본번을 붙여서 부여할 수 있다.

04 ①

① 축척변경위원회는 5인 이상 10인 이내의 위원으로 구성하되, 위원의 1/2 이상을 토지소유자로 하여야 한다.

05 ⑤

⑤ 「공간정보의 구축 및 관리 등에 관한 법률」 제64조 제1항 및 제2항

> **법 제64조【토지의 조사·등록 등】** ① 국토교통부장관은 모든 토지에 대하여 필지별로 소재·지번·지목·면적·경계 또는 좌표 등을 조사·측량하여 지적공부에 등록하여야 한다.
> ② 지적공부에 등록하는 지번·지목·면적·경계 또는 좌표는 토지의 이동이 있을 때 토지소유자(법인이 아닌 사단이나 재단의 경우에는 그 대표자나 관리인을 말한다. 이하 같다)의 신청을 받아 지적소관청이 결정한다. 다만, 신청이 없으면 지적소관청이 직권으로 조사·측량하여 결정할 수 있다.

06 ⑤

분할에 따른 지상 경계를 지상건축물에 걸리게 결정할 수 없는 것이 원칙이고, 예외적으로 그렇게 결정할 수 있는 경우(①②③④의 네가지)가 있다. 따라서 ⑤가 정답이다.

▫ 소유권이전이나 매매 등을 위하여 분할하는 경우에는 지상경계를 지상건축물에 걸리게 결정할 수 없다.

07 ②

② 지적소관청은 바다로 된 토지의 등록말소 신청에 의하여 토지의 표시 변경에 관한 등기를 할 필요가 있는 경우에는 지체 없이 관할 등기관서에 그 등기를 촉탁하여야 한다.

08 ④

플러스 해설 ① 지적소관청은 해당 청사에 지적서고를 설치하고 그 곳에 지적공부(정보처리시스템을 통하여 기록·저장한 경우는 제외)를 영구히 보존하여야 하며, 천재지변이나 그 밖에 이에 준하는 재난을 피하기 위하여 필요한 경우 또는 시, 도지사의 승인을 받은 경우 외에는 해당 청사 밖으로 지적공부를 반출할 수 없다.
② 지적공부를 정보처리시스템을 통하여 기록·저장한 경우 지적소관청은 그 지적공부를 지적정보관리체계에 영구히 보존해야 한다.
③ 국토교통부장관은 정보처리시스템을 통하여 기록·저장한 지적공부가 멸실·훼손될 경우를 대비하여 지적공부를 복제하여 관리하는 정보관리체계를 구축해야 한다.
⑤ 지적소관청은 부동산의 효율적 이용과 부동산과 관련된 정보의 종합적 관리·운영을 위하여 부동산종합공부를 관리·운영한다.

09 ③

플러스 해설 ① 지적도에는 일람도가 아니라 색인도가 등록되어 있다.
② 토지대장등본에서는 소유권을 확인할 수 있으나 저당권을 확인할 수 없다.
④ 공유지연명부에는 지목은 등록되어 있지 않다.
⑤ 경계점좌표등록부에는 지목, 축척이 등록되어 있지 않다.

10 ②

② 신규등록의 토지는 관할 등기관서에 그 등기를 촉탁하지 않는다.

11 ①

① ㉡만 합병이 가능하다. 다음 각 호의 어느 하나에 해당하는 경우에는 합병 신청을 할 수 없다.

> 1. 합병하려는 토지의 지번부여지역, 소유자 또는 지목이 서로 다른 경우
> 2. 합병하려는 토지에 다음 각 목의 등기 외의 등기가 있는 경우
>   ㉠ 소유권·지상권·전세권 또는 임차권의 등기
>   ㉡ 승역지(承役地)에 대한 지역권의 등기
>   ㉢ 합병하려는 토지 전부에 대한 등기원인(登記原因) 및 그 연월일과 접수번호가 같은 저당권의 등기(창설적 공동저당)
>   ㉣ 등기사항이 동일한 신탁등기
> 3. 합병하려는 토지의 지적도 및 임야도의 축척이 서로 다른 경우
> 4. 합병하려는 각 필지의 지반이 연속되지 아니한 경우
> 5. 합병하려는 토지가 등기된 토지와 등기되지 아니한 토지인 경우
> 6. 합병하려는 각 필지의 지목은 같으나 일부 토지의 용도가 다르게 되어 법 제79조 제2항에 따른 분할대상 토지인 경우. 다만, 합병 신청과 동시에 토지의 용도에 따라 분할 신청을 하는 경우는 제외한다.
> 7. 합병하려는 토지의 소유자별 공유지분이 다르거나 소유자의 주소가 서로 다른 경우
> 8. 합병하려는 토지가 구획정리, 경지정리 또는 축척변경을 시행하고 있는 지역의 토지와 그 지역 밖의 토지인 경우

12 ②

플러스 해설 ① 자연의 유수(流水)가 있거나 있을 것으로 예상되는 토지의 지목은 '하천'이다.
③ 용수(用水) 또는 배수(排水)를 위하여 일정한 형태를 갖춘 인공적인 수로·둑 및 그 부속시설물의 부지의 지목은 '구거'이다.
④ 지하에서 석유류 등이 용출되는 용출구와 그 유지에 사용되는 부지는 '광천지'이다.
⑤ 물이 고이거나 상시적으로 물을 저장하고 있는 댐·저수지·소류지(沼溜地)·호수·연못 등의 토지의 지목은 '유지'이다.

13 ②

② 구분지상권은 등기할 수 있지만 구분임차권은 등기할 수 없다.

14 ④

플러스 해설 ① 소유권보존등기신청은 단독신청이므로 등기필정보나 인감증명정보는 제공할 필요가 없으나 대장등본은 제공하여야 한다.

② 시장 발행의 사실 확인서에 의하여 자기의 소유권을 증명하는 자는 건물의 소유권보존등기를 할 수 있다.
③ 공유자 중 1인이 자기지분만에 대한 보존등기는 불가능하다.
⑤ 소유권보존등기를 신청하는 자는 신청정보의 내용으로 등기원인과 그 연월일을 제공할 필요가 없다.

15 ①

플러스 해설 ② 대지권에 대한 전세권설정등기를 할 수 없다.
③ "대지권이라는 뜻의 등기"는 "토지등기기록"의 "해당 구(갑구나 을구)"에 "직권"으로 "주등기"로 한다.
④ 대지권을 등기한 건물의 등기기록에는 그 건물만에 관한 소유권이전등기를 할 수 없다.
⑤ 대지권을 등기한 건물의 등기기록에는 그 건물만에 관한 전세권설정등기를 할 수 있다.

16 ④

④ 저당권이 이전된 후 저당권말소등기권리자는 저당권설정자이고, 등기의무자는 저당권양수인이다. 이 경우 저당권설정등기를 말소신청하면 저당권이전등기는 등기관이 직권으로 말소한다.

17 ③

③ 등기관이 소유권의 일부에 관한 이전등기를 할 때에는 이전되는 지분을 기록하여야 한다. 이 경우 등기원인에 공유물불분할의 약정이 있을 때에는 그 약정에 관한 사항도 기록하여야 한다. 공유물불분할 약정의 변경등기는 공유자 전원이 공동으로 신청하여야 한다(법 제67조 제2항).

18 ⑤

㉠ 지상권설정등기는 주등기로 실행한다.
㉢ 소유권 처분제한의 등기는 주등기로 실행한다.

19 ①

① 저당권자가 저당권설정자의 동의 없이 저당권이전등기를 경료한 경우 저당권설정자는 이해관계인이 아니므로 이의신청을 할 수 없다.

20 ②

㉠ 토지수용의 재결의 실효를 원인으로 하는 토지수용으로 인한 소유권이전등기 말소신청은 공동으로 한다.
㉡ 전세금 증액에 따른 전세권변경등기는 권리변경등기로 공동으로 신청한다.

21 ③

③ 국토계획 및 이용에 관한 법률에 의한 토지거래허가구역 내의 토지에 대한 소유권이전 청구권보전 가등기의 신청정보에는 토지거래허가정보를 제공하여야 한다.

22 ①

① 등기사항증명서의 발급 또는 등기기록의 열람업무는 "법원행정처장"이 정하는 바에 따라 인터넷을 이용하여 처리할 수 있다(「부동산등기규칙」 제28조 제1항).
플러스 해설 ② 「부동산등기규칙」 제28조 제2항
③④⑤ 등기예규 제1774호

23 ④

플러스 해설 ① 토지수용으로 인한 소유권이전등기의 경우 그 부동산의 처분제한등기는 직권말소한다.
② 상속인이 수인인 경우 자기지분만 상속등기는 불가능하다.
③ 진정명의회복을 원인으로 한 소유권이전등기 신청시에는 토지거래허가증을 제공하지 않아도 된다.
⑤ 합유지분에 대한 저당권 및 처분제한등기는 할 수 없다.

24 ③

③ 甲 건물을 乙 건물에 합병하는 것을 등록한 경우 乙 건물 소유권의 등기명의인은 건축물대장상 건물의 합병등록이 있은 날로부터 1월 이내에 건물합병등기를 신청하여야 한다.

부동산세법

Answer

| 25. ④ | 26. ⑤ | 27. ② | 28. ② | 29. ④ | 30. ① | 31. ③ | 32. ③ |
| 33. ⑤ | 34. ① | 35. ⑤ | 36. ⑤ | 37. ⑤ | 38. ④ | 39. ④ | 40. ④ |

25 ④

④ ㉢ 재산세
플러스 해설 ㉣ 종합부동산세의 경우 보유 관련 조세이지만 국세이다.

1. 취득과 보유단계만 공통인 조세: 지방교육세
2. 보유와 양도단계만 공통인 조세: 지방소득세
3. 취득과 양도단계만 공통인 조세: 인지세
4. 취득, 보유, 양도단계 공통인 조세: 농어촌특별세, 부가가치세, 지방소비세

26 ⑤

⑤ 납세의무자란 지방세법에 따라 지방세를 납부할 의무(특별징수의무자는 제외)가 있는 자를 말한다.

27 ②

② 개인 간에 부동산을 교환한 경우 유상취득으로 취득세를 부과한다.

28 ②

> **핵심 체크**
>
> **주택 유상 거래**(1주택과 조정대상지역 외 2주택)
> 1. 6억원 이하 주택: 1천분의 10
> 2. 6억원 초과 – 9억원 이하: (취득당시 취득가액 × 2/3억원 – 3) × 100분의 1
> 3. 9억원 초과: 1천분의 30

29 ④

④ 상속으로 인한 취득의 경우 시가표준액을 과세표준으로 한다.

30 ①

플러스 해설 ② 저당권 설정등기: 채권금액
③ 지역권 설정등기: 요역지가액
④ 전세권 말소등기: 건수
⑤ 임차권 설정등기: 월 임대차금액

31 ③

③ 「신탁법」에 따라 수탁자 명의로 등기·등록된 신탁재산의 경우 위탁자별로 구분된 재산에 대해서는 그 위탁자가 납세의무자이다.

32 ③

③ 일반영업용 건축물의 시가표준액이 해당 부속토지의 시가표준액의 100분의 2에 미달하는 건축물의 부속토지 중 그 건축물의 바닥면적을 제외한 부속토지는 종합합산과세대상이다.

33 ⑤

⑤ 신고하지 않아도 무신고가산세는 부과되지 않는다.

34 ①

① 1주택과 공시가격 4억원 이하의 지방 저가주택을 함께 소유하고 있는 경우 해당 연도 9월 16일부터 9월 30일까지 관할 세무서장에게 신청하여야 1세대 1주택자로 본다.

35 ⑤

⑤ 영업권은 사업에 사용하는 토지, 건물, 부동산에 관한 권리와 함께 양도하는 경우에 한하여 양도소득세 과세대상이다.

36 ⑤

⑤ 상시 주거목적이 아닌 콘도미니엄이나 공장 내 합숙소는 주택으로 보지 아니한다.

37 ⑤

⑤ 취득에 관한 쟁송이 있는 자산에 대하여 그 소유권 등을 확보하기 위하여 직접 소요된 소송비용, 화해비용 등의 금액으로서 그 지출한 연도의 각 소득금액 계산에 있어서 필요경비에 산입한 금액은 필요경비에 포함하지 아니한다.

38 ④

④ 고가주택의 경우 보유기간이 3년 이상인 경우 매년 4% 공제를 적용하고, 거주기간이 2년 이상인 경우 거주기간에 따라 매년 4% 공제를 적용한다. 보유기간에 따른 공제율 12%(3년 × 4% = 12%)와 거주기간에 따른 공제율 8%(2년 × 4% = 8%)을 합한 20%의 공제율을 적용한다.

39 ④

④ 등기된 국내 소재 토지를 2025년 5월 10일에 양도한 경우 예정신고기한은 2025년 7월 31일이다.

40 ④

④ 건축물의 신축하고 그 취득일로부터 5년 이내에 양도하는 경우로서 감정가액을 취득가액으로 하는 경우에는 그 감정가액의 100분의 5에 해당하는 금액을 양도소득 결정세액에 가산한다.

정답 및 해설

본문 ▶ P. 31

1교시

공인중개사법·중개실무

Answer

01.④	02.①	03.⑤	04.②	05.②	06.③	07.②	08.④
09.④	10.②	11.②	12.①	13.③	14.⑤	15.④	16.③
17.⑤	18.③	19.③	20.⑤	21.④	22.③	23.②	24.⑤
25.⑤	26.①	27.②	28.⑤	29.②	30.①	31.③	32.⑤
33.④	34.①	35.④	36.①	37.④	38.③	39.①	40.①

01 ④

 ① 출제위원이 성실의무 위반으로 시험의 신뢰도를 현저히 저하시킨 경우에는 그 위원의 명단을 다른 시험시행기관장 및 그 출제위원이 소속하고 있는 기관의 장에게 통보하여야 하며, 국토교통부장관 또는 시·도지사는 그 위원을 "5년간" 출제위원으로 위촉하여서는 아니 된다.
② 자격증 재교부는 자격증을 교부한 시·도지사에게 신청하여야 한다.
③ 국토교통부장관이 아니라, 시·도지사가 자격증을 교부하여야 한다(법 제5조 제2항).
⑤ 구체적인 공고는 시험시행일 "90일" 전까지 공고한다.

02 ①

① 중개보조원은 신분고지의무가 있으며, 위반시 과태료대상이 된다.
 ② 개업공인중개사인 법인의 사원으로서 중개업무를 수행하는 공인중개사는 소속공인중개사에 포함된다[법 제2조(용어) 제5호].
③ 무등록중개업자에게 의뢰한 거래당사자를 공동정범으로 처벌하는 규정은 없다. 거래당사자가 무자격자에게 중개를 의뢰한 행위는 처벌의 대상이 되지 아니한다(대판 2013.6.27, 2013도32460).
④ 이중소속은 금지된다.
⑤ 중개대상물(부동산)에 대한 거래행위를 알선하는 것은 중개에 해당한다.

03 ⑤

 ㉠ 영구 포락지는 개인토지소유권이 소멸되어, 중개대상물이 될 수 없다.
㉡ 온천수는 독자적인 부동산이 아니라, 토지의 구성부분에 불과하여, 토지와 별개의 독자적인 중개대상물에 해당하지 아니한다.
㉢ 금전채권은 부동산에 관한 권리가 아니므로, 중개대상이 될 수 없다(대판 2019.7.11, 2017도13559).
㉣ 선박등기를 하였더라도 선박은 중개대상물에 해당하지 아니한다. 그러므로 4가지 모두 다 법 제3조의 중개대상물에는 해당하지 아니한다.

04 ②

 ① 국토교통부에 심의위원회를 "둘 수" 있다. 임의기관이다.
③ 심의위원회의 위원이 해당 안건에 대하여 "자문"을 한 경우에도 심의위원회의 심의·의결에서 제척된다.
④ 위원장이 부득이한 사유로 직무를 수행할 수 없을 때에는 위원장이 "미리 지명한 위원"이 그 직무를 대행한다(영 제1조의4 제2항).
⑤ 심의위원회의 회의는 재적위원 과반수의 출석으로 개의(開議)하고, "출석위원" 과반수의 찬성으로 의결한다.

05 ②

② "이 법(「공인중개사법」)" 위반으로 300만원 이상의 벌금형의 선고를 받아야 3년간의 결격사유에 해당한다. 타 법 위반의 벌금형은 결격사유에 해당하지 아니한다.
 ① 피성년후견인은 후견인의 동의를 받은 경우에도 여전히 결격사유에 해당된다.

06 ③

③ 법인인 개업공인중개사는 법 제14조에 규정된 업무만을 수행할 수 있다. 제시된 업무 중에서 ㉠㉡㉢은 법 제14조에 규정된 업무에 해당하나, ㉣은 법 제14조에 규정된 업무에 해당하지 아니한다.

법 제14조【개업공인중개사의 겸업제한 등】① 법인인 개업공인중개사는 다른 법률에 규정된 경우를 제외하고는 중개업 및 다음 각 호에 규정된 업무와 제2항에 규정된 업무 외에 다른 업무를 함께 할 수 없다.
  1. 상업용 건축물 및 주택의 임대관리 등 부동산의 관리대행
  2. 부동산의 이용·개발 및 거래에 관한 상담
  3. 개업공인중개사를 대상으로 한 중개업의 경영기법 및 경영정보의 제공
  4. 상업용 건축물 및 주택의 분양대행
  5. 그 밖에 중개업에 부수되는 업무로서 대통령령이 정하는 업무
② 개업공인중개사는 「민사집행법」에 의한 경매 및 「국세징수법」 그 밖의 법령에 의한 공매대상 부동산에 대한 권리분석 및 취득의 알선과 매수신청 또는 입찰신청의 대리를 할 수 있다.

07 ②

② 개업공인중개사는 고용관계가 종료된 날부터 "10일" 이내에 종료신고를 하여야 한다. 위반시에는 업무정지처분의 대상이 된다.

플러스 해설 ① 중개보조원의 업무상 행위는 그를 고용한 개업공인중개사의 행위로 "본다". 즉, 간주한다.
③ 중개보조원이 중개업무와 관련된 행위를 함에 있어서 과실로 거래당사자에게 손해를 입힌 경우, 그를 고용한 개업공인중개사뿐만 아니라 중개보조원도 손해배상책임이 "있다". 연대책임을 진다.
④ 개업공인중개사 및 소속공인중개사의 공인중개사자격증 "원본"을 중개사무소에 게시하여야 한다.
⑤ 중개보조원의 고용신고는 전자문서에 의해서도 할 수 "있다".

08 ④

④ 중개대상물 표시·광고에는 중개사무소의 소재지, 연락처, 명칭, 등록번호와 개업공인중개사의 성명이 표기되어야 한다(법 제18조의2, 영 제17조의2).

플러스 해설 ㉢ 중개사무소의 건축연도는 표기해야 할 의무가 있는 것이 아니다.

09 ④

④ 공인중개사인 개업공인중개사와 법인인 개업공인중개사는 전국에 소재하는 중개대상물을 모두 중개할 수 있으며, 부칙상의 개업공인중개사는 중개사무소가 소재하는 "특·광·도" 관할구역 안에 소재하는 중개대상물을 모두 중개할 수 있다. "등록관청(시·군·구) 관할" 이내로 제한되지 아니한다.

10 ②

② "소속공인중개사"가 등록하지 아니한 인장을 중개행위에 사용한 경우, "시·도지사"가 6개월의 범위 안에서 자격정지를 명할 수 있다. 자격정지는 등록관청이 아니라, 시·도지사의 권한에 해당된다.

11 ②

② 폐업신고는 사전신고에 해당되므로, 폐업을 "하고자 할 때" 미리 등록증을 첨부하여 사전신고를 하여야 한다. 폐업을 "한 때" 신고하는 사후신고가 아니다. 항상 주의하여야 한다.

플러스 해설 ① 부득이한 사유가 있는 경우에는 6개월을 초과하는 휴업을 할 수 있다.
⑤ 개업공인중개사 3종류 모두 자유롭게 휴업과 폐업을 할 수 있다.

12 ①

① 매도하기 위한 의뢰인과 전속중개계약서를 작성하므로, "이전용"에 기재하여야 한다. 이전용 전속중개계약서에는 소유자 및 등기명의인, 중개대상물의 표시, 권리관계, 거래규제 및 공법상 제한사항, 중개의뢰금액, 그 밖의 사항을 기재한다.

플러스 해설 ㉡ 희망 지역, ㉢ 취득 희망가격은 "취득용" 전속중개계약서에 기재하며, ㉣ 주택의 내·외부시설물의 상태는 물건의 표시란(이전용)에 기재되지 아니한다. 확인·설명서에 기재한다.

13 ③

③ 전속중개계약의 경우, 정보공시시에 ㉠ 각 권리자의 인적사항은 공개해서는 아니되며, ㉡ 경제적 가치는 공개의무가 있는 사항이 아니다.

플러스 해설 ㉢ 공시지가를 공개하여야 하며(임대차의 경우에는 공개하지 아니할 수 있으나, 본 문제는 매매물건이므로 공개하여야 한다), ㉣ 벽면 및 도배 상태도 공개하여야 한다.

14 ⑤

⑤ 중개보조원에게는 중개대상물 확인·설명의무가 없다.

플러스 해설 ① 부동산개업공인중개사와 중개의뢰인과의 법률관계는 「민법」상의 위임관계와 같으므로 개업공인중개사는 중개의뢰의 본지에 따라 선량한 관리자의 주의로써 의뢰받은 중개업무를 처리하여야 할 의무가 있다(대판 1993.5.11, 92다55350).
② 공동중개의 경우, 공동중개한 개업공인중개사 "모두"가 서명 및 날인을 하여야 한다.
③ 중개대상물에 대한 확인·설명을 중개가 완성되기 "전"에 하여야 한다.
④ 개업공인중개사는 중개대상물 확인·설명서를 작성하여 거래당사자에게 교부하고, 그 원본, 사본 또는 전자문서를 "3년간" 보존하여야 한다(공인전자문서센터에 보관된 경우는 제외. 법 제25조 제3항).

15 ④

④ 「공인중개사법」에 따른 공제사업을 하는 자(협회)의 명의로 계약금 등을 예치하도록 권고할 수 있다. 공제사업을 하는 자도 예치명의자에 해당된다(영 제27조 제1항).

플러스 해설 ① 소속공인중개사 명의로는 예치할 수 없다. 맞는 지문이다.
② 예치대상은 계약금·중도금 또는 잔금이다.
③ 「보험업법」에 따른 보험회사는 계약금 등의 예치명의자가 될 수 있다.
⑤ 위반시에는 업무정지처분의 대상이 된다.

16 ③

③ 전세계약서상 명의자는 개업공인중개사의 배우자로서 경제적 공동체 관계이고, 개업공인중개사가 해당 아파트에 실제로 거주하며, 자신이 직접 시세보다 저렴한 금액으로 임차하는 이익을 얻은 경우에는 중개의뢰인과 직접 거래에 해당되어 처벌대상이 된다(대판 2021.8.12, 2021도6910).

플러스 해설 ① 중개대상물 매매업은 금지행위에 해당한다(법 제33조).
② 쌍방대리가 금지행위에 해당되며, 일방대리는 금지행위에 해당하지 아니한다.
④ 중개의뢰인과 직접거래는 금지행위에 해당되며, 이는 법인인 개업공인중개사의 임원에게도 적용된다.
⑤ 중개의뢰인과 직접거래는 금지행위에 해당되며, 이는 중개보조원에게도 적용된다.

17 ⑤

⑤ 거래정보사업자는 개업공인중개사로부터 공개를 의뢰받은 중개대상물의 정보에 한하여 이를 부동산거래정보망에 공개하여야 하며, 의뢰받은 내용과 다르게 정보를 공개하거나 어떠한 방법으로든지 개업공인중개사에 따라 정보가 차별적으로 공개되도록 하여서는 아니된다(법 제24조 제4항).

18 ③

③ 창립총회는 600인 이상이 출석하여야 하며, 서울특별시에서 100인 이상, 광역시·도 및 특별자치도에서 각각 20인 이상이 참석하여야 한다. 협회설립은 국토교통부장관의 설립인가를 받고 설립등기를 함으로써 성립된다.

19 ③

플러스 해설 ① 공제사업은 "비영리사업"에 해당하며, 회원 간의 "상호부조"를 목적으로 공제사업을 할 수 있다(영 제31조 제6호). 영리사업이 아니다.
② "지체 없이" 국토교통부장관에게 보고하여야 한다.
④ 협회는 개업공인중개사에 대한 등록취소나 업무정지처분 권한이 "없다". 등록관청에게 그 권한이 있다.
⑤ 협회는 부동산 중개제도의 연구·개선에 관한 업무를 수행할 수 있다. 고유업무에 해당한다.

20 ⑤

플러스 해설 ① 공제운영위원회는 위원장 포함하여 19명 이내로 구성된다. 공인중개사정책심의위원회와 구별하여야 한다.
② 금융감독원의 원장은 국토교통부장관의 요청이 있는 경우에는 공제사업에 관하여 조사 또는 검사를 할 수 "있다".
③ 공인중개사협회는 책임준비금을 다른 용도로 사용하고자 하는 경우에는 국토교통부장관의 승인을 얻어야 한다. 승인을 얻어서 다른 용도로 전용하여 사용할 수 있다.
④ 책임준비금의 적립비율은 공제사고 발생률 및 공제금지급액 등을 종합적으로 고려하여 정하되, 공제료 수입액의 100분의 "10 이상"으로 정한다.

21 ④

플러스 해설 ① 포상금은 1건당 "50만"원으로 한다. 정가제이다.
② 판사의 유죄·무죄 선고와 관계없이, 검사가 공소제기하거나, "기소유예"의 결정을 한 경우에는 포상금이 지급된다.
③ 지방자치단체가 아니라, "국고"에서 보조할 수 있다.
⑤ "최초"로 신고·고발한 자에게 지급된다.

22 ③

③ 지방자치단체 "조례"에 따라 수수료를 납부해야 하는 것은 ㉠㉢㉣이다.
㉠ (주된 사무소 소재지) 시·군·자치구조례 ㉢ 시·군·자치구조례 ㉣ (주된 사무소 소재지) 시·군·자치구조례

플러스 해설 ㉡ "산업관리공단(즉, 업무를 위탁받은 자)이 정하는 수수료를 납부하여야 한다.

> 법 제47조【수수료】① 다음 각 호의 어느 하나에 해당하는 자는 "당해" "지방자치단체의 조례"가 정하는 바에 따라 수수료를 납부하여야 한다.
> 1. 제4조의 규정에 의한 공인중개사자격시험에 응시하는 자
> 2. 제5조 제3항의 규정에 의하여 공인중개사자격증의 재교부를 신청하는 자
> 3. 제9조 제1항의 규정에 의하여 중개사무소의 개설등록을 신청하는 자
> 4. 제11조 제2항의 규정에 의하여 중개사무소등록증의 재교부를 신청하는 자
> 5. 제13조 제3항의 규정에 의하여 분사무소설치의 신고를 하는 자
> 6. 제13조 제5항의 규정에 의하여 분사무소설치신고필증의 재교부를 신청하는 자

23 ②

플러스 해설 ① 공인중개사의 자격취소처분은 자격증을 "교부한" 시·도지사가 이를 행한다.
③ 자격정지가 아니라, "자격취소" 처분을 하기 전에 청문의 절차를 거쳐야 함이 원칙이다.
④ 자격정지가 아니라, "자격취소" 처분을 받은 자가 자격증을 시·도지사에게 반납하여야 한다.
⑤ 분실 등의 "사유서"를 제출하면 된다.

24 ⑤

⑤ 중개업무와 관련하여, 범죄단체조직, 사문서 위조·변조·행사, 사기, 횡령, 배임 등의 선고를 받은 경우에는 자격정지사유가 아니라, "자격취소" 사유에 해당한다. 나머지 지문들은 모두 자격정지 사유에 해당한다.

25 ⑤

⑤ 법 제33조 제1항의 금지행위를 위반한 경우에는 "상대적" 등록취소사유에 해당한다.

플러스 해설 ① 사망, 해산은 절대적 등록취소사유에 해당한다.
④ 법 제10조의 결격사유는 절대적 등록취소사유에 해당한다.

26 ①

① 100만원 이하의 과태료
플러스 해설 ②③④⑤ 500만원 이하의 과태료

27 ②

② 토지나 건물 등에 대한 "매매계약(공급계약 포함)"은 부동산거래신고의 대상이다.
플러스 해설 ① 저당권설정계약은 부동산거래신고대상이 아니다.
③ 「입목법」에 따른 입목은 부동산거래신고대상이 아니다.
④ 전세권 설정계약은 부동산거래신고대상이 아니다.
⑤ 교환계약은 부동산거래신고대상이 아니다.

28 ⑤

플러스 해설 ① 개업공인중개사가 "30일" 이내에 신고하여야 한다.
② "중개보조원"은 부동산거래신고를 대행할 수 "없다".
③ "지방공사"가 단독으로 신고하여야 한다.
④ 공법상 거래규제 및 이용제한은 부동산거래신고사항이 "아니다". 이는 확인·설명사항이며, 확인·설명서에 기재할 사항이다. 구별하여야 한다.

29 ②

② 개업공인중개사의 전화번호·상호 또는 사무소 소재지는 정정신청사항에 해당되나, 소속공인중개사의 성명이나 주소는 정정신청대상에 해당하지 아니한다.

> 「부동산거래신고법 시행규칙」(국토부령) 제5조【부동산 거래계약 신고 내용의 정정 및 변경】① 거래당사자 또는 개업공인중개사는 부동산 거래계약 신고 내용 중 다음 각 호의 어느 하나에 해당하는 사항이 잘못 기재된 경우에는 신고관청에 신고 내용의 정정을 신청할 수 있다. 〈개정 2017. 5. 30.〉
> 1. 거래당사자의 주소·전화번호 또는 휴대전화번호
> 2. 거래 지분 비율
> 3. 개업공인중개사의 전화번호·상호 또는 사무소 소재지
> 4. 거래대상 건축물의 종류
> 5. 거래대상 부동산 등(부동산을 취득할 수 있는 권리에 관한 계약의 경우에는 그 권리의 대상인 부동산을 말한다. 이하 같다)의 지목, 면적, 거래 지분 및 대지권비율

30 ①

① 녹지지역은 200m²를 초과하는 경우, 소유권이나 지상권의 설정 및 이전에 관한 유상의 계약 및 예약을 하기 전에 미리 시·군·구청장의 허가를 받아야 한다. "유상의 지상권" 설정이므로, 허가를 받아야 한다.
플러스 해설 ② 토지거래계약 허가를 받은 경우에는 「농지법」에 따른 농지취득자격증명을 받은 것으로 본다.
③ 토지 전부를 임의 매수하는 경우, 매매계약이므로 토지거래계약 허가를 받아야 한다.
④ 실수요자이므로, B군수는 허가를 하여야 한다.
⑤ 토지거래계약 허가신청에 대해 불허가처분을 받은 경우, 甲은 그 통지를 받은 날부터 "1개월" 이내에 B군수에게 해당 토지에 관한 권리의 매수를 청구할 수 있다.

31 ③

③ 「부동산거래신고법」제18조 제5항
플러스 해설 ① 토지거래허가를 받은 후 의무이용기간 동안 토지를 이용하지 아니하고 그대로 방치한 경우, 이행강제금은 토지취득가액의 "100분의 10"에 상당하는 금액을 부과한다.
② 토지거래허가를 받은 후 의무이용기간 동안 허가관청의 승인을 받지 아니하고 무단으로 변경하여 이용하는 경우, 이행강제금은 토지취득가액의 "100분의 5"에 상당하는 금액을 부과한다.
④ 토지거래계약허가를 받아 토지를 취득한 자가 직접 이용하지 아니하고 임대한 경우: 토지 취득가액의 "100분의 7"에 상당하는 금액을 이행강제금으로 부과한다[「부동산거래신고법 시행령」(대통령령) 제16조 제3항 제2호].
⑤ 이행강제금 부과처분을 받은 자는 법 제18조 제6항에 따라 이의를 제기하려는 경우에는 부과처분을 고지받은 날부터 "30일" 이내에 시·군·구청장에게 하여야 한다[「부동산거래신고법 시행령」(대통령령) 제16조 제7항].

32 ⑤

⑤ 부동산거래신고와 관련하여 거래가 없음에도 거래가 있는 것처럼 허위·가장신고를 한 자도 포상금을 지급할 수 있는 신고·고발의 대상이 된다. 포상금 지급대상은 부동산거래신고를 거짓으로 한 자, 허위·가장신고를 한 자, 허위·가장으로 해제 등의 신고를 한 자, 부정한 방법으로 토지거래허가를 받은 자, 허가구역에서 무허가로 거래를 한 자, 허가받은 목적대로 토지를 이용하지 아니한 자 등이다.
플러스 해설 ① 익명으로 고발하여 고발인을 확인할 수 없는 경우에는 당해 신고포상금을 지급하지 아니할 수 있다(영 제19조의2 제2항 제3호).
② 해당 위반행위에 관여한 자는 포상금 지급을 하지 아니할 수 있다(영 제19조의2 제2항 제2호).
③ 시·군·구의 재원으로 한다.
④ 부동산 등의 거래가격을 신고하지 않은 자를 신고·고발한 경우는 포상금 지급대상이 아니다. 이와 달리, 거짓으로 신고를 한 자를 신고·고발한 경우에는 포상금 지급의 대상이 되나, 그 한도는 1천만원 이하이다.

33 ④

④ 구성원의 1/2 이상이 대한민국 국민으로 구성이 되어 있으면, 실질적인 "외국인에 해당"한다.
플러스 해설 ① 외국인이 법원경매와 같은 계약 "이외"의 원인으로 취득한 경우에는 부동산 등을 취득한 날부터 "6개월" 이내에 신고하여야 한다.
② "임대차"계약은 소유권을 취득하는 계약이 아니므로, 외국인취득 신고의 대상이 아니다.

③ "15일" 이내에 허가 또는 불허가처분을 하여야 한다.
⑤ 외국인이 "판결"과 같은 계약 "이외"의 원인으로 취득한 경우에는 부동산 등을 취득한 날부터 "6개월" 이내에 "신고하여야" 한다.

34 ①

㉣ (×) 법정지상권이 건물의 소유에 부속되는 종속적인 권리가 되는 것이 아니며, 하나의 독립된 법률상의 물권으로서의 성격을 지니고 있는 것이기 때문에, 건물의 소유자가 건물과 법정지상권 중 어느 하나만을 처분하는 것도 가능하다(대판 2001.12.27, 2000다1976).

플러스 해설
㉠ (○) 대판 1992.6.12, 92다7221
㉡ (○) 대판 1997.1.21, 96다40080
㉢ (○) 대판 1981.7.7, 80다2243

35 ④

④ 20년을 모두 소급하여 지급할 필요는 없고(대판 1995.2.28, 94다37912), 토지소유자가 "청구한 때"부터 지료지급의무가 발생한다(대판 2021.4.29, 2017다228007).

플러스 해설
① 「장사 등에 관한 법률」은 이 법이 시행된 이후에 설치된 최초의 분묘부터 「장사 등에 관한 법률」이 적용된다. 그러므로 이 법 시행 "이전"에 이미 설치된 분묘에 대하여는 일정한 요건을 갖추면 분묘기지권이 인정된다.
② 유골이 있더라도, 봉분이 없으면 분묘기지권은 인정되지 아니한다(대판 1991.10.25, 91다18040).
③ 봉분이 있더라도, 유골이 없는 가묘에 대하여는 분묘기지권이 인정되지 아니한다(대판 1991.10.25, 91다18040).
⑤ 쌍분이나 합장 등의 새로운 권능은 인정되지 아니한다(대판 2007.6.28, 2007다16885).

36 ①

① "국토교통부장관"이 구축·운영하여야 한다.

플러스 해설
② 전자인증의 방법으로 신분을 증명할 수 있다.
⑤ 공인전자문서센터에 자동 보관된 경우에는 서면을 별도로 보존할 필요가 없다.

37 ④

㉡ 대판 2016.5.19, 2014도6992 전합

플러스 해설
㉠ 친구 사이의 명의신탁약정은 "무효"이다.
㉢ 甲과 乙 사이의 매매계약은 "유효"하다. 그러므로 甲은 乙을 상대로 소유권이전등기를 청구할 수 "있다".
㉣ 친구 丙의 등기가 무효이므로, 소유권은 여전히 매도인 乙에게 귀속된다.

38 ③

③ 해지된 것으로 보는 것이 아니라, 묵시적으로 갱신된다.

플러스 해설
① 3기의 차임액(300만원)에 달하도록 연체가 되면 임대인이 일방적으로 해지할 수 있다.
② 감액은 제한이 없으나, 증액은 제한이 있다.
④ 환산보증금[보증금 + (월차임×100)]이 1억 5천이므로, 소액보증금에 해당되지 아니한다. 그러므로 선순위저당권보다 먼저 배당받을 수 있는 최우선변제권(소액보증금 중 일정액에 대한 우선변제권)은 인정되지 않는다.
⑤ 등기도 없고 사업자등록도 없으므로, 대항력이 없는 상태이다.

39 ①

① 입찰보증금은 법원에서 달리 정함이 없으면 최저매각가격의 10%이므로, 1억원을 입찰보증금액으로 제공하여야 한다. 1억 3천만원이 아니다.

플러스 해설
② 최고가매수신고를 한 사람이 둘 이상인 때에는 집행관은 그 사람들에게 다시 입찰(추가입찰)하게 하여 최고가 매수신고인을 정한다. 맞는 지문이다.
③ 허가결정에 항고할 때에는 매각대금(최고가)의 10%를 공탁하여야 한다. 15억의 10%이므로, 1억 5천만원을 공탁하여야 한다. 맞는 지문이다.
④ 차순위매수신고는 그 신고액이 최고가매수신고액에서 그 보증액을 뺀 금액을 넘는 때에만 할 수 있다(「민사집행법」 제114조 제2항). 보증액이 1억원이므로, 15억 - 1억 = 14억. 즉, 甲이 차순위매수신고를 하기 위해서는 신고액이 14억원을 넘어야 한다.
⑤ 경락대금을 완납한 날에 소유권을 취득한다. 맞는 지문이다.

40 ①

① 최종 말소기준권리(말소기준권리 중에서 최선순위)가 丙의 저당권이 되므로, 이 사례에서 丙, 乙, 丁의 권리는 모두 소제된다. 그러므로 乙은 임차권으로 대항할 수 "없다". 종합적으로 권리분석을 하면 다음과 같다.

순위	권리	비 고
1	丙	9/12 저당권등기 - 우선변제권 발생
2	乙	9/13 임차권 (0시 기준) 대항력과 우선변제권 발생
3	丁	6/4 저당권등기 - 우선변제권 발생

임차인 乙이 9월 12일에 인도와 주민등록을 하였으므로, 대항력이 9월 13일 0시를 기준으로 발생되며, 확정일자를 9월 12일 미리 받아 두었더라도, 우선변제권도 대항력이 발생되는 9월 13일 0시를 기준으로 발생된다.

플러스 해설
② 乙의 임차권은 소제되므로, 옳은 지문이다.
③ 乙은 丁보다는 우선하여 보증금을 배당받을 수는 있지만, 丙보다는 후순위로 배당을 받아야 한다. 옳은 지문이다.
④ 乙이 우선변제권 행사로 보증금을 반환받기 위해서는 X주택을 매수인(낙찰자)에게 먼저 인도하여야 한다. 옳은 지문이다.
⑤ 乙이 강제경매를 신청한 경우에는 별도의 배당요구를 하지 않아도 배당을 받을 수 있다(당연배당자. 「민사집행법」 제148조 제1호).

부동산공법

Answer

41.②	42.②	43.⑤	44.④	45.③	46.②	47.①	48.⑤
49.④	50.④	51.②	52.⑤	53.②	54.⑤	55.⑤	56.②
57.②	58.①	59.⑤	60.③	61.②	62.③	63.④	64.③
65.①	66.⑤	67.②	68.④	69.③	70.③	71.⑤	72.④
73.③	74.③	75.②	76.④	77.④	78.①	79.②	80.①

41 ②

② 국가계획과 관련된 광역도시계획의 수립이 필요한 경우나 광역계획권을 지정한 날부터 3년이 지날 때까지 관할 시·도지사로부터 광역도시계획의 승인 신청이 없는 경우에는 국토교통부장관이 광역도시계획을 수립하여야 한다.

42 ②

② 도시혁신구역의 지정에 관한 공간재구조화계획의 입안을 제안하려는 자는 대상 토지면적의 3분의 2 이상의 토지소유자의 동의를 받아야 한다.

43 ⑤

⑤ 도시·군관리계획결정 당시 이미 사업이나 공사에 착수한 자는 그 도시·군관리계획결정에 관계없이 그 사업이나 공사를 계속할 수 있다.

44 ④

④ 공유수면(바다만 해당한다)의 매립 목적이 그 매립구역과 이웃하고 있는 용도지역의 내용과 같으면 도시·군관리계획의 입안 및 결정절차 없이 그 매립준공구역은 그 매립의 준공인가일부터 이와 이웃하고 있는 용도지역으로 지정된 것으로 본다. 이 경우 관계 특별시장·광역시장·특별자치시장·특별자치도지사·시장 또는 군수는 그 사실을 지체 없이 고시하여야 한다.

45 ③

플러스 해설 ① 농업적 생산을 위하여 개발을 유보할 필요가 있는 지역은 생산녹지지역이다.
② 자연녹지지역에서는 아파트를 건축할 수 없다.
④ 도시지역이 세부 용도지역으로 지정되지 아니한 경우 행위제한을 적용함에 있어 보전녹지지역의 규정을 적용한다.
⑤ 자연녹지지역에 자연취락지구를 지정할 수 있다.

46 ②

플러스 해설 ① 경관지구 − 자연경관지구, 시가지경관지구, 특화경관지구
③ 보호지구 − 역사문화환경보호지구, 중요시설물보호지구, 생태계보호지구
④ 취락지구 − 자연취락지구, 집단취락지구
⑤ 개발진흥지구 − 주거개발진흥지구, 산업·유통개발진흥지구, 관광·휴양개발진흥지구, 복합개발진흥지구, 특정개발진흥지구

47 ①

플러스 해설 ② 도시혁신구역으로 지정된 지역은 「건축법」에 따른 특별건축구역으로 지정된 것으로 본다.
③ 용도지역 및 용도지구에 따른 제한에도 불구하고 도시혁신구역에서의 토지의 이용, 건축물이나 그 밖의 시설의 용도·건폐율·용적률·높이 등에 관한 제한 및 그 밖에 대통령령으로 정하는 사항에 관하여는 도시혁신계획으로 따로 정한다.
④ 공간재구조화계획 결정권자가 도시혁신구역의 지정에 관한 공간재구조화계획을 결정하기 위하여 관계 행정기관의 장과 협의하는 경우 협의 요청을 받은 기관의 장은 그 요청을 받은 날부터 10일(근무일 기준) 이내에 의견을 회신하여야 한다.
⑤ 도시혁신구역의 지정 및 변경은 공간재구조화계획으로 결정한다.

48 ⑤

플러스 해설 ① 「택지개발촉진법」에 따라 지정된 택지개발지구의 전부 또는 일부에 대하여 지구단위계획구역을 지정할 수 있다.
② 지구단위계획구역의 지정 및 지구단위계획 모두 도시·군관리계획으로 결정한다.
③ 세 개 이상의 노선이 교차하는 대중교통 결절지로부터 1km 이내에 위치한 지역은 지구단위계획구역으로 지정할 수 있다.
④ 정비구역 또는 택지개발지구에서 사업이 끝난 후 10년이 지난 지역은 지구단위계획구역으로 지정하여야 한다.

49 ④

플러스 해설 ① 타인의 토지에 출입하려는 자는 특별시장·광역시장·특별자치시장·특별자치도지사·시장 또는 군수의 허가를 받아야 한다. 다만, 행정청인 도시·군계획시설사업의 시행자는 허가를 받지 아니하고 타인의 토지에 출입할 수 있다.
② 출입하려는 날의 7일 전까지 당해 토지의 소유자·점유자 또는 관리인에게 그 일시와 장소를 알려야 한다.
③ 타인의 토지를 임시통로로 일시사용하려면 토지의 소유자·점유자 또는 관리인의 동의를 얻어야 한다.
⑤ 타인토지의 출입 등에 의한 행위로 인하여 손실을 받은 자가 있는 때에는 행위자가 속한 행정청이 손실을 보상하여야 한다.

50 ④

플러스 해설 ① 도시·군계획시설채권은 매수청구시 매수대금의 지급을 위하여 발행한다.
② 매수의무자가 지방자치단체인 경우에 도시·군계획시설채권을 발행할 수 있다.

③ 비업무용토지로서 매수대금이 3천만원을 초과하는 금액을 지급하는 경우 도시·군계획시설채권을 발행할 수 있다.
⑤ 도시·군계획시설채권의 이율은 조례로 정한다.

51 ②

플러스 해설 ㉠ 성장관리계획구역은 녹지지역·관리지역·농림지역·자연환경보전지역에 지정할 수 있고, 공업지역은 지정대상이 아니다.
㉢ 생산관리지역, 농림지역, 자연녹지지역, 생산녹지지역에서 성장관리계획으로 정하는 바에 따라 건폐율을 30% 이내에서 완화하여 적용할 수 있다. 보전녹지지역은 건폐율을 완화할 수 있는 지역이 아니다.

넓혀 보기

성장관리계획구역에서의 건폐율과 용적률의 완화
성장관리계획구역에서는 다음의 범위에서 성장관리계획으로 정하는 바에 따라 특별시·광역시·특별자치시·특별자치도·시 또는 군의 조례로 정하는 비율까지 건폐율과 용적률을 완화하여 적용할 수 있다.

대상지역	건폐율	용적률
계획관리지역	50퍼센트 이하	125퍼센트 이하
생산관리지역	30퍼센트 이하	
농림지역		
자연녹지지역		
생산녹지지역		

52 ⑤

플러스 해설 ① 기반시설부담구역은 특별시장·광역시장·특별자치시장·특별자치도지사·시장 또는 군수가 지정한다.
② 용도지역 등이 변경되어 행위 제한이 완화되는 지역에 기반시설부담구역을 지정하여야 한다.
③ 해당 지역의 전년도 개발행위허가 건수가 전전년도 개발행위허가 건수보다 20퍼센트 이상 증가한 지역에 기반시설부담구역을 지정하여야 한다.
④ 기반시설부담구역은 기반시설이 적절하게 배치될 수 있는 규모로서 최소 10만제곱미터 이상의 규모가 되도록 지정하여야 한다.

53 ②

② 국가, 지방자치단체, 조합은 제안할 수 없다.

54 ⑤

⑤ 민간시행자는 지정권자의 승인을 받아 신탁업자와 신탁계약을 체결하여 도시개발사업을 시행할 수 있다. 한국토지주택공사인 경우에는 이에 해당하지 아니한다.

55 ⑤

⑤ 수용 또는 사용의 대상이 되는 토지의 세부목록을 고시한 경우에는 「공익사업을 위한 토지 등의 취득 및 보상에 관한 법률」에 따른 사업인정 및 그 고시가 있었던 것으로 본다.

56 ②

플러스 해설 ① 공급계획을 변경하는 경우에도 지정권자에게 승인을 받아야 한다.
③ 경쟁입찰의 방법에 따른다.
④ 추첨의 방법으로 분양할 수 있다.
⑤ 시행자는 학교, 폐기물처리시설, 이주단지의 조성을 위한 토지를 공급하는 경우에는 해당 토지의 가격을 「감정평가 및 감정평가사에 관한 법률」에 따른 감정평가법인 등이 감정평가한 가격 이하로 정할 수 있다.

57 ②

② 토지 소유자가 신청하거나 동의하면 해당 토지의 전부 또는 일부에 대하여 환지를 정하지 아니할 수 있다. 다만, 해당 토지에 관하여 임차권자 등이 있는 경우에는 그 동의를 받아야 한다.

58 ①

① 준공검사 전 또는 공사 완료 공고 전에는 조성토지등(체비지는 제외한다)을 사용할 수 없다. 다만, 사업 시행의 지장 여부를 확인받는 등 대통령령으로 정하는 바에 따라 지정권자로부터 사용허가를 받은 경우에는 그러하지 아니하다. 체비지는 준공검사 전이라도 사용이 가능하다.

59 ⑤

플러스 해설 ① 정비기반시설이 열악하고 노후·불량건축물이 밀집한 지역에서 주거환경을 개선하는 사업은 재개발사업이다.
② 상업지역·공업지역 등에서 도시기능의 회복 및 상권활성화 등을 위하여 도시환경을 개선하기 위한 사업은 재개발사업이다.
③ 대지란 정비사업으로 조성된 토지를 말한다.
④ 공용주차장은 정비기반시설에 해당한다.

60 ③

플러스 해설 ㉣ 물건을 1개월 이상 쌓아놓는 행위가 허가대상이다.

넓혀 보기

정비구역에서의 행위제한

1. 시장·군수등의 허가를 받아야 하는 행위는 다음과 같다.

    ㉠ **건축물의 건축 등**: 건축물(가설건축물을 포함)의 건축, 용도변경
    ㉡ **공작물의 설치**: 인공을 가하여 제작한 시설물의 설치
    ㉢ **토지의 형질변경**: 절토(땅깎기)·성토(흙쌓기)·정지(땅고르기)·포장 등의 방법으로 토지의 형상을 변경하는 행위, 토지의 굴착 또는 공유수면의 매립
    ㉣ **토석의 채취**: 흙·모래·자갈·바위 등의 토석을 채취하는 행위
    ㉤ 토지분할
    ㉥ **물건을 쌓아놓는 행위**: 이동이 쉽지 아니한 물건을 1개월 이상 쌓아놓는 행위
    ㉦ 죽목의 벌채 및 식재

2. 다음의 어느 하나에 해당하는 행위는 허가를 받지 아니하고 할 수 있다.

    ㉠ 재해복구 또는 재난수습에 필요한 응급조치를 위한 행위
    ㉡ 기존 건축물의 붕괴 등 안전사고의 우려가 있는 경우 해당 건축물에 대한 안전조치를 위한 행위
    ㉢ 농림수산물의 생산에 직접 이용되는 것으로서 국토교통부령으로 정하는 간이공작물의 설치
    ㉣ 경작을 위한 토지의 형질변경
    ㉤ 정비구역의 개발에 지장을 주지 아니하고 자연경관을 손상하지 아니하는 범위에서의 토석의 채취
    ㉥ 정비구역에 존치하기로 결정된 대지에 물건을 쌓아놓는 행위
    ㉦ 관상용 죽목의 임시식재(경작지에서의 임시식재는 제외한다)

61 ②

② 토지등소유자가 20인 미만인 경우에는 토지등소유자가 직접 재개발사업을 시행할 수 있다.

62 ③

③ 재건축사업의 추진위원회가 조합을 설립하려는 때에는 주택단지의 공동주택의 각 동별 구분소유자의 과반수 동의와 주택단지의 전체 구분소유자의 100분의 70 이상 및 토지면적의 100분의 70 이상의 토지소유자의 동의를 받아 정비구역 지정·고시 후 시장·군수등의 인가를 받아야 한다.

63 ④

플러스 해설 ① 파산선고를 받고 복권되지 아니한 자는 조합임원이 될 수 없다.
② 조합임원의 임기는 3년 이하의 범위에서 정관으로 정하되, 연임할 수 있다.
③ 조합임원이 결격사유에 해당되어 퇴임되더라도 퇴임 전에 관여한 행위는 그 효력을 잃지 않는다.
⑤ 조합장이 아닌 조합임원은 조합의 대의원이 될 수 없다.

64 ③

③ 사업시행자는 관리처분계획이 인가·고시된 다음 날부터 90일 이내에 다음 각 호에서 정하는 자와 토지, 건축물 또는 그 밖의 권리의 손실보상에 관한 협의를 하여야 한다. 다만, 사업시행자는 분양신청기간 종료일의 다음 날부터 협의를 시작할 수 있다.

1. 분양신청을 하지 아니한 자
2. 분양신청기간 종료 이전에 분양신청을 철회한 자
3. 제72조 제6항 본문에 따라 분양신청을 할 수 없는 자
4. 제74조에 따라 인가된 관리처분계획에 따라 분양대상에서 제외된 자

65 ①

"주요구조부"란 내력벽(耐力壁), 기둥, 바닥, 보, 지붕틀 및 주계단(主階段)을 말한다. 다만, 사이 기둥, 최하층 바닥, 작은 보, 차양, 옥외 계단, 그 밖에 이와 유사한 것으로 건축물의 구조상 중요하지 아니한 부분은 제외한다.

66 ⑤

①②③④의 경우 하위시설군에 해당하는 용도로 변경하는 경우로서 신고대상이고, ⑤의 경우 상위시설군에 해당하는 용도로 변경하는 경우로서 허가대상이다.

67 ⑤

⑤ 사전결정 통지를 받은 경우에는 다음의 허가를 받거나 신고 또는 협의를 한 것으로 본다.

1. 국토의 계획 및 이용에 관한 법률에 따른 개발행위허가
2. 산지관리법에 따른 산지전용허가와 산지전용신고, 산지일시사용허가·신고. 다만, 보전산지인 경우에는 도시지역만 해당된다.
3. 농지법에 따른 농지전용허가·신고 및 협의
4. 하천법에 따른 하천점용허가

68 ④

④ 층수가 21층 이상이거나 연면적의 합계가 10만제곱미터 이상인 건축물을 특별시나 광역시에 건축하려면 특별시장이나 광역시장의 허가를 받아야 한다.

69 ③

③ 연면적의 합계가 1,500m² 미만인 물류시설로서 국토교통부령으로 정하는 건축물에 대하여는 조경 등의 조치를 하지 아니할 수 있다. 다만, 주거지역 또는 상업지역에 건축하는 것은 제외한다.

70 ③

③ 지하층의 바닥면적은 용적률 산정을 위한 연면적에서 제외된다. 따라서 이 건축물의 연면적은 2,000㎡(= 4개층 × 500㎡)이고 대지면적이 1,000㎡ 이므로 용적률은 200%(= 2,000㎡ ÷ 1,000㎡ × 100%)이다.

71 ⑤

⑤ 전용주거지역이나 일반주거지역에서 건축물을 건축하는 경우에는 건축물의 높이를 정북방향으로의 인접대지경계선으로부터의 거리에 따라 대통령령으로 정하는 높이 이하로 하여야 한다.

72 ④

플러스 해설 ㉠ 도시형 생활주택은 300세대 미만이어야 한다.

넓혀 보기

도시형 생활주택
도시형 생활주택이란 300세대 미만의 국민주택규모에 해당하는 주택으로서 도시지역에 건설하는 다음의 주택을 말한다.

아파트형 주택	다음의 요건을 모두 갖춘 아파트 1. 세대별로 독립된 주거가 가능하도록 욕실 및 부엌을 설치할 것 2. 지하층에는 세대를 설치하지 않을 것
단지형 연립주택	연립주택. 다만, 건축위원회의 심의를 받은 경우에는 주택으로 쓰는 층수를 5개층까지 건축할 수 있다.
단지형 다세대주택	다세대주택. 다만, 건축위원회의 심의를 받은 경우에는 주택으로 쓰는 층수를 5개층까지 건축할 수 있다.

73 ③

플러스 해설 ①②④⑤ 어린이놀이터, 근린생활시설, 유치원, 경로당은 복리시설이다.

74 ③

③ 「부정수표단속법」 또는 「주택법」을 위반하여 금고 이상의 실형의 선고를 받고 그 집행이 종료되거나 집행이 면제된 날부터 2년이 경과되지 아니한 자

75 ①

① 국민주택을 공급받기 위하여 직장주택조합을 설립하려는 자는 관할 시장·군수 또는 구청장에게 설립신고를 하여야 한다.

76 ④

④ 국가·지방자치단체·한국토지주택공사 또는 지방공사가 주택건설사업을 하는 경우에는 해당 주택건설대지의 소유권을 확보하지 않아도 사업계획승인을 받을 수 있다.

77 ④

④ 한국토지주택공사(사업주체가 「공공주택 특별법」의 공공주택사업자인 경우에는 공공주택사업자를 말한다)의 동의를 받아야 한다.

78 ①

① 토지임대부 분양주택의 토지에 대한 임대차기간은 40년 이내로 한다.

79 ②

② 2개월 ⇨ 3개월

80 ①

① 농업진흥지역 지정은 「국토의 계획 및 이용에 관한 법률」에 따른 녹지지역·관리지역·농림지역 및 자연환경보전지역을 대상으로 한다. 다만, 특별시의 녹지지역은 제외한다.

2교시

부동산공시법령

Answer

01. ① 02. ② 03. ① 04. ⑤ 05. ③ 06. ③ 07. ② 08. ④
09. ① 10. ② 11. ③ 12. ⑤ 13. ③ 14. ⑤ 15. ③ 16. ①
17. ① 18. ② 19. ② 20. ③ 21. ⑤ 22. ⑤ 23. ① 24. ①

01 ①

영 제84조 ② 지적소관청은 제1항에 따른 토지의 이동이 있는 경우에는 토지이동정리 결의서를 작성하여야 하고, 토지소유자의 변동 등에 따라 지적공부를 정리하려는 경우에는 소유자정리 결의서를 작성하여야 한다.

02 ②

② 토지이용계획확인서는 지적공부의 복구자료가 아니다.

규칙 제72조 영 제61조 제1항에 따른 지적공부의 복구에 관한 관계 자료(이하 "복구자료"라 한다)는 다음 각 호와 같다.
1. 지적공부의 등본
2. 측량 결과도
3. 토지이동정리 결의서
4. 부동산등기부 등본 등 등기사실을 증명하는 서류
5. 지적소관청이 작성하거나 발행한 지적공부의 등록내용을 증명하는 서류
6. 법 제69조 제3항에 따라 복제된 지적공부
7. 법원의 확정판결서 정본 또는 사본

03 ①

① 합필등기를 할 수 있는 권리에 "가처분등기"는 포함되지 않는다. '소유권', '용익권', '등기원인 연월일 접수번호가 동일한 저당권', '등기사항이 동일한 신탁등기', '특례(대장상 합병등록 절차를 마친 후)' 이외에는 합병할 수 없다. 「공간정보의 구축 및 관리 등에 관한 법률」 제80조 제3항 제2호

04 ⑤

⑤ 지적공부 보관상자는 벽으로부터 '15센티미터' 이상 띄워야 하며, 높이 '10센티미터' 이상의 깔판 위에 올려놓아야 한다.

05 ③

① 축척변경시행지역의 토지소유자가 5명 이하일 때에는 토지소유자 전원을 위원으로 위촉하여야 한다.
② 위원장은 위원 중에서 지적소관청이 지명한다.
④ 위원장은 회의 소집시 일시·장소·안건을 회의 개최 5일 전까지 서면으로 통지하여야 한다.
⑤ 축척변경위원회는 5명 이상 10명 이하의 위원으로 구성하되, 위원의 '2분의 1 이상'을 토지소유자로 하여야 한다. '과반'은 '2분의 1 초과'이므로 '2분의 1 이상'과 다름을 주의하여야 한다. 「공간정보의 구축 및 관리 등에 관한 법률 시행령」 제79조 제1항 전단

06 ③

③ 등기부와 지적공부와의 토지 표시사항이 불일치하는 경우에는 등기부를 정정하는 것이지 지적공부를 정정하는 경우는 아니다.

07 ②

① 연·왕골 등이 재배되는 토지는 '답', 자생하는 토지는 '유지'로 한다.
③ 묘지의 관리를 위한 건축물의 부지는 "대"로 한다.
④ 용수(用水) 또는 배수(排水)를 위하여 일정한 형태를 갖춘 인공적인 수로·둑의 부지는 "구거"로 한다.
⑤ 학교용지·공원·종교용지 등 다른 지목으로 된 토지에 있는 유적·고적·기념물을 보호하기 위하여 구획된 토지는 '사적지'로 하지 아니한다.

08 ④

④ 경계점좌표등록부를 갖춰 두는 지역에서 면적측정을 하는 경우에는 좌표면적계산법에 의하여야 한다.

09 ①

법 제28조 [지적위원회] ① 다음 각 호의 사항을 심의·의결하기 위하여 국토교통부에 중앙지적위원회를 둔다.
1. 지적 관련 정책 개발 및 업무 개선 등에 관한 사항
2. 지적측량기술의 연구·개발 및 보급에 관한 사항
3. 제29조 제6항에 따른 지적측량 적부심사(適否審査)에 대한 재심사(再審査)
4. 제39조에 따른 측량기술자 중 지적분야 측량기술자(이하 "지적기술자"라 한다)의 양성에 관한 사항
5. 제42조에 따른 지적기술자의 업무정지 처분 및 징계요구에 관한 사항

10 ②

ⓒ 소유권의 지분은 대지권등록부와 공유지연명부의 등록사항이다.
ⓜ 건물의 명칭은 대지권등록부의 등록사항이다.

11 ③

① 경계점좌표등록부를 갖추어 두는 지역의 지적도에는 좌표에 의하여 계산된 경계점간의 거리가 등록된다.
② 지적도면의 축척은 지적도 7종, 임야도 2종으로 구분한다.

④ 경계점좌표등록부를 갖춰 두는 지역의 지적도에는 도곽선의 오른쪽 아래 끝에 "이 도면에 의하여 측량을 할 수 없음"이라고 적어야 한다.
⑤ 고유번호는 등록되어 있지 않다.
🔲 좌표에 의하여 계산된 경계점간의 거리는 '경계점좌표등록부를 갖춰 두는 지역의 지적도'에 등록된다. 임야도에 등록된 토지는 경계점좌표등록부를 갖추어 두지 않는다.

12 ⑤

플러스 해설 ① 지방지적위원회의 의결서를 받은 자가 지방지적위원회의 의결에 불복하는 경우에는 그 의결서를 받은 날부터 90일 이내에 국토교통부장관을 거쳐 중앙지적위원회에 재심사를 청구할 수 있다.
② 지적측량 적부재심사 청구를 받은 국토교통부장관은 30일 내에 중앙지적위원회에 회부하여야 한다.
③ 지적측량 적부재심사 청구를 회부받은 중앙지적위원회는 그 심사청구를 회부받은 날부터 60일 이내에 심의 · 의결하여야 한다.
④ 중앙지적위원회는 지적측량 적부재심사를 의결한 때에는 위원장과 참석위원 전원이 서명 및 날인한 지적측량 적부재심사 의결서를 '지체 없이' 국토교통부장관에게 송부해야 한다.

13 ③

③ 甲 소유로 등기된 토지에 설정된 乙 명의의 근저당권을 丙에게 이전하는 등기를 신청하는 경우, 등기의무자는 양도인인 乙이다.

14 ⑤

플러스 해설 ① 법인 아닌 사단은 그 사단 명의로 등기를 신청할 수 있다.
② 사립학교는 설립주체가 누구인지를 불문하고 학교 명의로 등기를 신청할 수 없다.
③ 지방자치단체는 등기신청의 당사자능력이 인정되나 읍, 면은 등기신청적격이 인정되지 않는다.
④ 민법상 조합을 등기의무자로 한 근저당권설정등기는 신청할 수 없고, 채무자로 표시한 근저당권설정등기도 신청할 수 없다.

15 ③

플러스 해설 ① 소유권보존등기가 경료된 경우, 그 등기명의인은 직전 소유자에 대하여 적법한 등기원인에 의하여 소유권을 취득한 것으로 추정되지 않는다.
② 실체적 권리관계의 소멸로 인하여 무효가 된 담보가등기라도 이해관계 있는 제3자가 있기 전에 다른 채권담보를 위하여 유용하기로 합의하였다면 그 등기는 유효이다.
④ 등기의 추정력은 표제부의 등기에도 인정되지 않는다.
⑤ 건물멸실로 무효인 소유권보존등기라도 이해관계 있는 제3자가 있기 전 신축건물에 유용하기로 합의한 경우에는 그 등기는 유효이다.

16 ①

① 승소한 등기권리자가 판결에 의한 등기신청을 하지 않는 경우에 패소한 등기의무자도 그 판결에 의하여 직접 등기신청을 할 수 없다.

17 ①

플러스 해설 ② 전세권설정등기는 주등기로 행하여진다.
③ 공유부동산에 전세권을 설정할 경우, 그 등기기록에 기록된 공유자 전원이 등기의무자이다.
④ 전세권이 소멸하기 전에 전세금반환채권의 일부양도에 따른 전세권일부이전등기를 신청할 수 없다.
⑤ 5개 이상의 부동산에 관한 권리를 목적으로 하는 전세권설정등기를 하는 경우에는 공동전세목록을 작성하여야 한다.

18 ②

② 인감증명을 제출하여야 하는 자가 국가 또는 지방자치단체인 경우에는 인감증명을 제출할 필요가 없다.

> **방문하여 부동산등기신청시 인감증명을 제출하는 경우**
> **규칙 제60조【인감증명의 제출】** ① 방문신청을 하는 경우에는 다음 각 호의 인감증명을 제출하여야 한다. 이 경우 해당 신청서(위임에 의한 대리인이 신청하는 경우에는 위임장을 말한다)나 첨부서면에는 그 인감을 날인하여야 한다. 〈개정 2018. 8. 31.〉
> 1. 소유권의 등기명의인이 등기의무자로서 등기를 신청하는 경우 등기의무자의 인감증명
> 2. 소유권에 관한 가등기명의인이 가등기의 말소등기를 신청하는 경우 가등기명의인의 인감증명
> 3. 소유권 외의 권리의 등기명의인이 등기의무자로서 법 제51조에 따라 등기를 신청하는 경우 등기의무자의 인감증명
> 4. 제81조 제1항에 따라 토지소유자들의 확인서를 첨부하여 토지합필등기를 신청하는 경우 그 토지소유자들의 인감증명
> 5. 제74조에 따라 권리자의 확인서를 첨부하여 토지분필등기를 신청하는 경우 그 권리자의 인감증명
> 6. 협의분할에 의한 상속등기를 신청하는 경우 상속인 전원의 인감증명
> 7. 등기신청서에 제3자의 동의 또는 승낙을 증명하는 서면을 첨부하는 경우 그 제3자의 인감증명
> 8. 법인 아닌 사단이나 재단의 등기신청에서 대법원예규로 정한 경우
> ② 제1항 제1호부터 제3호까지 및 제6호에 따라 인감증명을 제출하여야 하는 자가 다른 사람에게 권리의 처분권한을 수여한 경우에는 그 대리인의 인감증명을 함께 제출하여야 한다. 〈신설 2018. 8. 31.〉
> ③ 제1항에 따라 인감증명을 제출하여야 하는 자가 국가 또는 지방자치단체인 경우에는 인감증명을 제출할 필요가 없다. 〈개정 2018. 8. 31.〉
> ④ 제1항 제4호부터 제7호까지의 규정에 해당하는 서면이 공정증서이거나 당사자가 서명 또는 날인하였다는 뜻의 공증인의 인증을 받은 서면인 경우에는 인감증명을 제출할 필요가 없다. 〈개정 2018. 8. 31.〉

19 ②

플러스 해설 ㉠ 존속기간은 임의적 기록사항이다.
㉡ 소유권보존등기시 등기원인과 등기원인일자는 기록되지 않는다.
㉢ 저당권의 변제기는 임의적 기록사항이다.

20 ③

③ 소유권이전 가등기 시에도 등기필정보를 작성·통지한다.

21 ⑤

플러스 해설 ① 저당권부채권에 대한 질권의 설정등기는 할 수 있다.
② 등기기록 중 다른 구(區)에서 한 등기 상호간에는 등기한 권리의 순위는 접수번호에 따른다.
③ 존재하지 않는 건물에 관해서도 소유권의 등기명의인은 지체 없이 멸실등기를 신청하여야 하며, 과태료가 부과되지 않는다.
④ 채권자가 채무자를 대위하여 등기신청을 하는 경우, 채권자가 등기신청인이 된다.

22 ⑤

⑤ 근저당권설정등기에서 '존속기간'과 '약정'은 임의적 신청정보이지만, '변제기'나 '이자'는 등기사항이 아니다.

23 ①

① 신탁의 일부가 종료되어 권리이전등기와 함께 신탁등기의 변경등기를 할 때에는 하나의 순위번호를 사용한다.

24 ①

① 가등기가처분명령에 의한 가등기는 가등기가처분의 명령법원이 이를 촉탁하지 않고 가등기가처분명령서정본에 의한 가등기는 가등기권리자가 단독으로 신청한다.

부동산세법

Answer

| 25. ② | 26. ⑤ | 27. ② | 28. ⑤ | 29. ③ | 30. ③ | 31. ② | 32. ① |
| 33. ① | 34. ⑤ | 35. ④ | 36. ④ | 37. ⑤ | 38. ① | 39. ② | 40. ⑤ |

25 ②

플러스 해설 ① 취득세 : 과세물건을 취득하는 때
③ 개인분 주민세 : 과세기준일(매년 7월 1일)
④ 중간예납하는 소득세 : 중간예납기간이 끝나는 때(6월 30일)
⑤ 소득세 : 과세기간이 끝나는 때(12월 31일)

26 ⑤

⑤ 이의신청, 심판청구는 그 처분의 집행에 효력을 미치지 아니한다. 다만, 압류한 재산에 대하여는 이의신청, 심판청구의 결정처분이 있는 날부터 30일까지 공매 처분을 보류할 수 있다.

27 ②

② 소유권이전고시일이 아니라 소유권이전고시일의 다음 날 그 토지를 취득한 것으로 본다.

28 ⑤

플러스 해설 ① 부담부증여로 취득한 경우 취득일이 속한 달의 말일부터 3개월 이내 신고하여야 한다.
② 가산세는 제외한다.
③ 등록면허세의 경우에만 적용되는 규정이고, 취득세는 적용하지 아니한다.
④ 신고납부기한 내 재산권과 그 밖의 권리의 취득 이전에 관한 사항을 공부에 등기하거나 등록하려는 경우에는 등기 또는 등록신청서를 등기·등록관서에 접수하는 날까지 신고납부하여야 한다.

29 ③

③ (비상장)법인 설립시 발행하는 주식을 취득함으로써 「지방세기본법」에 따른 과점주주가 되었을 때는 그 과점주주가 해당 법인의 부동산 등을 취득한 것으로 보지 아니한다.

30 ③

③ 지상권 설정등기의 경우 부동산가액을 과세표준으로 한다.

31 ②

② 지방자치단체가 1년 이상 공용 또는 공공용으로 사용하는 재산으로 무상으로 사용하는 경우 재산세를 비과세한다.

32 ①

① 국가·지방자치단체·지방자치단체조합과 재산세 과세대상을 연부로 매매계약을 체결하고 그 재산을 무상으로 사용하는 경우 매수계약자를 납세의무자로 본다.

33 ①

① 고급주택의 경우 취득세는 중과세하지만 재산세는 일반 주택과 동일한 세율을 적용한다.

34 ⑤

⑤ 주택분 종합부동산세액을 계산할 때 1주택을 여러사람이 공동으로 매수하여 소유한 경우 공동소유자 각자 그 주택을 소유한 것으로 본다.

35 ④

④ 법정요건을 갖춘 양도담보계약에 의하여 소유권을 이전한 후 채무불이행으로 변제에 충당한 경우 양도로 본다.

36 ④

1. 양도차익 = 양도가액 − 필요경비(취득가액 + 자본적 지출 + 양도비)
2. 양도소득금액 = 양도차익 − 장기보유특별공제
3. 양도소득 과세표준 = 양도소득금액 − 양도소득 기본공제

37 ⑤

⑤ 환산취득가액은 양도가액을 추계할 경우에는 적용되지 않고 취득가액을 추계할 경우에는 적용한다.

38 ①

① 장기보유특별공제는 토지, 건물로서 보유기간이 3년 이상 인 것 및 조합원입주권(조합원으로부터 취득한 것은 제외)에 대하여 적용한다.

39 ②

플러스 해설 ① 100분 50
③ 100분 40
④ 100분 60
⑤ 100분 60

40 ⑤

⑤ 해당 과세기간의 과세표준이 없거나 결손금액이 있는 경우에도 확정신고를 하여야 한다.

Test 03 정답 및 해설

본문 ▶ P. 54

1교시

공인중개사법·중개실무

Answer

01.②	02.③	03.②	04.④	05.②	06.②	07.①	08.⑤
09.④	10.③	11.①	12.⑤	13.④	14.①	15.③	16.④
17.⑤	18.②	19.⑤	20.⑤	21.⑤	22.②	23.②	24.②
25.①	26.②	27.①	28.⑤	29.④	30.①	31.④	32.②
33.④	34.③	35.①	36.③	37.①	38.⑤	39.③	40.③

01 ②

플러스 해설 ① 개업공인중개사는 이 법에 의하여 중개사무소의 개설"등록"을 한 자를 말한다.
③ "중개업"이라 함은 다른 사람의 의뢰에 의하여 일정한 "보수"를 받고 중개를 업으로 행하는 것을 말한다.
④ "공인중개사"라 함은 공인중개사 자격을 "취득"한 자를 말한다.
⑤ "중개"라 함은 중개대상물에 대하여 거래당사자 간의 매매·교환·임대차 "그 밖"의 권리의 득실변경에 관한 행위를 알선하는 것을 말한다.

02 ③

③ ㉠㉡㉣ 총 3개가 중개대상물에 해당된다.
㉠ 중개대상물 중 '건물'에는 기존의 건축물뿐만 아니라, 장차 건축될 특정의 건물도 포함된다고 볼 것이므로 아파트의 특정 동, 호수에 대하여 피분양자가 선정되거나 분양계약이 체결된 후에는 그 특정아파트가 완성되기 전이라 하여도 이에 대한 매매 등 거래를 중개하는 것은 '건물'의 중개에 해당한다(대판 2005. 5.27, 2004도62).
㉡ 명인방법을 갖춘 수목이나 명인방법을 갖춘 수목의 집단은 토지와 서로 별개의 부동산으로 별도의 중개대상물에 해당한다.
㉣ 토지거래허가구역이더라도, 허가를 받고 충분히 거래가 가능하므로, 중개대상에 해당한다.
플러스 해설 ㉢ 세차장구조물은 콘크리트 지반 위에 볼트조립방식 등을 사용하여 철제 파이프 또는 철골의 기둥을 세우고 그 상부에 철골 트러스트 또는 샌드위치 판넬 지붕을 덮었으며, 기둥과 기둥 사이에 차량이 드나드는 쪽을 제외한 나머지 2면 또는 3면에 천막이나 유리 등으로 된 구조물로서 주벽이라고 할 만한 것이 없고, 볼트만 해체하면 쉽게 토지로부터 분리·철거가 가능하므로 이를 토지의 정착물이라 볼 수는 없다고 할 것이다(대판 2009.1.15, 2008도9427).
그러므로 이는 중개대상물로 인정할 수 없다.

㉤ 영업용 건물의 영업시설·비품 등 유형물이나 거래처, 신용, 영업상의 노하우 등 무형의 재산적 가치(이른바 권리금)는 중개대상물이라고 할 수 없으므로, 그러한 유·무형의 재산적 가치의 양도에 대하여 이른바 "권리금" 등을 수수하도록 중개한 것은 중개행위에 해당하지 아니한다(대판 2006.9.22, 2005도6054).

03 ②

㉡ 하나만 옳은 지문이다.
플러스 해설 ㉠ 실무교육과 연수교육은 시·도지사가 시행한다.
㉢ 28시간 이상 32시간 이하
㉣ 500만원 이하의 과태료

04 ④

④ 건축물대장이 없는 건물이더라도, 준공검사·사용승인 등을 받은 건물은 개설등록이 가능하다.

05 ②

② 업무보증설정신고를 받은 때에는 협회에 통보할 필요가 없다.

> 영 제14조【등록사항 등의 통보】등록관청은 다음 각 호의 어느 하나에 해당하는 때에는 그 사실을 국토교통부령이 정하는 바에 따라 법 제41조에 따른 공인중개사협회에 통보하여야 한다.
> 1. 법 제11조 제1항의 규정에 따라 중개사무소등록증을 교부한 때
> 2. 법 제13조 제3항·법 제20조 제1항 또는 법 제21조 제1항의 규정에 따른 신고를 받은 때
> 3. 법 제15조 제1항에 따라 소속공인중개사 또는 중개보조원의 고용이나 고용관계 종료의 신고를 받은 때
> 4. 법 제38조 또는 법 제39조에 따른 행정처분을 한 때

06 ②

㉢ 하나만 결격사유에 해당된다.
㉢ 집행유예는 그 기간 동안도 결격사유에 해당되며, 또한 그 기간이 만료되고도 2년간도 결격사유에 해당한다.
플러스 해설 ㉠ 피특정후견인은 결격사유에 해당되지 않는다. 피한정후견인과 피성년후견인은 결격사유에 해당된다. 구별하여야 한다.
㉡ 선고유예는 결격사유에 해당되지 않는다. 집행유예와 구별하여야 한다.
㉣ 이 법(공인중개사법) 위반으로 벌금형의 선고를 300만원 이상 받아야 3년간 결격사유에 해당한다. 벌금액이 200만원인 경우에는 결격사유에 해당하지 아니한다.

TEST 03

07 ①

① 법인인 개업공인중개사는 법 "제14조"에 규정된 업무만을 영위할 수 있다. 그러므로 보기에서는 ⓒ 하나만 적법한 업무에 해당한다.

> **법 제14조 규정된 업무**
> ① "중개업"
> ② 상업용 건축물 및 주택의 임대관리 등 부동산의 "관리대행"
> ③ 부동산의 이용·개발·거래에 관한 "상담"
> ④ "기타" 중개업에 부수되는 업무로서 대통령령이 정하는 업무 (각종 용역업의 "알선")
> ⑤ "주택" 및 "상가"의 "분양대행"
> ⑥ 개업공인중개사를 대상으로 한 중개업의 "경영기법" 및 경영정보의 제공
> ⑦ "경매" 및 공매대상 부동산의 권리분석 및 취득의 알선과 매수신청(입찰신청)의 대리업무

08 ⑤

⑤ 법 제7638호 부칙 제6조 제2항에 규정된 개업공인중개사는 사무소의 명칭에 "공인중개사사무소"라는 문자를 사용해서는 안 되며, "부동산중개"라는 명칭을 사용하여야 한다.

플러스 해설 ① "500만원" 이하의 과태료처분대상이 된다.
② 옥외광고물에는 개업공인중개사의 성명을 "표기하여야" 한다.
③ 중개대상물 표시·광고에는 법인의 경우, 대표자의 성명을 "명시하여야" 한다.
④ 등록관청의 철거명령을 따르지 아니한 경우, 등록관청은 "행정대집행법"에 따른 대집행을 할 수 "있다".

09 ④

플러스 해설 ① 이전신고 전에 발생한 사유로 인한 행정처분은 "이전 후"의 등록관청이 행한다.
② 이전신고는 이전한 날부터 "10일" 이내에 해야 한다.
③ 주된 사무소의 이전신고는 이전 "후"의 등록관청에 해야 한다.
⑤ 분사무소 이전신고를 받은 주된 사무소 등록관청은 이전 전 "및" 이전 후의 분사무소 소재지 관할 시장·군수 또는 구청장에게 이를 지체 없이 통보해야 한다.

10 ③

③ 법인의 분사무소에서 사용하는 인장은 "주된 사무소" 소재지 등록관청에 등록하여야 한다.

11 ①

플러스 해설 ㉠ 휴업신고한 후에는 "재개신고"를 하면 된다. 등록을 다시 할 필요는 없다.
ⓒ 법령에 정한 사유를 제외하고 휴업은 "6개월"을 초과할 수 없다.
㉢ 개업공인중개사는 3개월을 초과하는 휴업을 "하고자" 할 때에 미리 신고하여야 한다. 사전신고이다.
㉣ 휴업기간 변경신고는 전자문서가 가능하다.

12 ⑤

⑤ 부동산 개업공인중개사와 중개의뢰인과의 법률관계는 「민법」상의 위임관계와 같으므로 개업공인중개사는 중개의뢰의 본지에 따라 "선량한 관리자"의 주의로써 의뢰받은 중개업무를 처리하여야 할 의무가 있다(대판 1993.5.11, 92다55350). 자기재산과 동일한 주의의무보다 한 단계 더 높은 선량한 관리자의 주의의무를 부담한다.

플러스 해설 ① "임대차"에 대한 전속중개계약을 체결한 개업공인중개사는 중개대상물의 "공시지가"를 공개하지 아니할 수 있다. "매매"의 경우에는 공개하여야 한다.
③ 전속중개계약은 법령이 정하는 계약서에 의하여야 하며, 중개의뢰인과 개업공인중개사가 모두 서명 "또는" 날인한다. 개업공인중개사의 서명 "및" 날인의무는 거래계약서와 확인·설명서에만 적용된다.

13 ④

④ 개업공인중개사는 다가구주택의 일부에 대한 임대차계약을 중개함에 있어서 임차의뢰인이 임대차계약이 종료된 후에 임대차보증금을 제대로 반환받을 수 있는지 판단하는 데 필요한 다가구주택의 권리관계 등에 관한 자료를 제공하여야 하므로, 임대의뢰인에게 그 다가구주택 내에 이미 거주해서 살고 있는 "다른 임차인"의 (임대차계약내역 중 개인정보에 관한 부분을 제외하고) 임대차보증금, 임대차의 시기와 종기 등에 관한 부분의 자료를 요구하여 이를 확인한 다음 임차의뢰인에게 설명하고, 그 자료를 제시하여야 한다(대판 2012.1.26, 2011다63857).

플러스 해설 ⑤ "권리관계"에 대한 내용이므로 확인·설명사항에 해당한다.

14 ①

① 토지용 확인·설명서[Ⅲ]에는 ㉠ 단독경보형감지기 ⓒ 내진설계 적용 여부 ㉣ 환경조건 ㉤ 벽면·도배 상태를 기재하는 란이 없다. ⓒ 실제권리관계는 확인·설명서 4종류 모두에 기재되는 공통기재사항이므로 토지용 확인·설명서에도 당연히 기재되는 란이 있으며, 이는 세부 확인사항에 해당한다. 그러므로 ⓒ 하나만 옳은 내용이 된다.

15 ③

③ 거래계약서는 표준서식의 규정이 없다. 필요적 기재사항을 기재하면 된다. 거래계약서에는 필요적 기재사항으로, 거래당사자의 인적사항, 물건의 표시, 물건의 인도일시, 권리이전의 내용, 거래대금, 계약일, 조건이나 기한(있을 때), "확인·설명서 교부일자", 기타 약정을 기재하여야 한다.

플러스 해설 ① 거래계약서는 공인중개사법령에서는 정해진 서식이 없다.
② 중개보수의 금액 및 산출내역은 거래계약서의 필요적 기재사항이 아니다.
④ 서명 "및" 날인해야 한다.
⑤ 서명 "및" 날인해야 한다.

16 ④

④ (초과중개보수) 범죄의 본질은 개업공인중개사 등이 중개의뢰인으로부터 보수 등의 명목으로 법정의 한도를 초과하는 금품을 취득함에 있는 것이지, 중개의뢰인에게 현실적으로 그 한도 초과액 상당의 재산상 손해가 발생함을 요건으로 하는 것이 아니다(대판 2004.11.12, 2004도4136).

플러스 해설⁺ ① 중개대상물에 대한 매매업은 금지된다(법 제33조 제1항 제1호).
② 분양권은 거래가 금지된 증서에 해당하지 않는다(대판 1990. 4.27, 89도1886).
③ 대판 1993.5.25, 93도773
⑤ 대판 1990.11.23, 90누4464

17 ⑤

⑤ 개업공인중개사가 법정한도를 초과하는 금액을 받은 경우에는 초과중개보수로 처벌되며, 초과분을 반환 하였다하더라도, 범죄의 성립에는 영향이 없다(대판 2004도4136, 대판 2004도4136).

플러스 해설⁺ ① 상대적 등록취소사유는 모두 업무정지처분사유에도 해당하므로, 업무정지를 명할 수 "있다".
② 보수 등의 명목으로 소정의 한도를 초과하는 액면금액의 당좌수표를 교부 받은 경우에는 그 당좌수표를 교부 받는 단계에서 곧바로 이 법에 위반되며, 비록 그 후 그 당좌수표가 부도처리 되었다거나 또는 중개의뢰인에게 그대로 반환되었더라도 위 죄의 성립에는 아무런 영향이 없다(대판 2004.11.12, 2004도4136).
③ 1년 이하의 징역 또는 1천만원 이하의 벌금사유에 해당한다.
④ 개업공인중개사의 법령에서 정한 한도를 초과하는 중개보수 약정은 그 한도를 "초과하는 범위 내"에서 무효라고 할 것이다(대판 2007.12.20, 2005다32159 전합).

18 ④

④ 乙이 징역 또는 벌금형을 선고받은 경우 甲은 乙의 위반행위 방지를 위한 상당한 주의·감독을 게을리 하지 아니한 경우에는 벌금형을 받지 아니한다. 벌금형이 면책된다(법 제50조 단서).

플러스 해설⁺ ① 乙의 행위는 법 제33조 규정의 금지행위에 해당되며, 소속공인중개사의 금지행위는 "자격정지"사유에 해당한다.
② 거짓행위를 한 乙은 1년 이하의 징역 또는 1천만원 이하의 벌금에 처한다.
③ 법 제33조 규정의 금지행위는 "상대적" 등록취소사유에 해당하므로, 등록관청은 甲의 중개사무소 개설등록을 취소"할 수" 있다.
⑤ 고용인의 업무상 행위는 그를 고용한 개업공인중개사의 행위로 본다(법 제15조 제2항). 그러므로 개업공인중개사도 연대책임을 지게 된다. 丙은 甲에게도 손해배상을 청구할 수 "있다".

19 ⑤

⑤ 개업공인중개사는 중개가 완성된 때에만 거래계약서 등을 작성·교부하여야 하고, 중개를 하지 아니하였음에도 함부로 거래계약서 등을 작성·교부하여서는 아니 된다.
부동산 개업공인중개사가 자신의 중개로 전세계약이 체결되지 않았음에도 실제 계약당사자가 아닌 자에게 전세계약서와 중개대상물 확인·설명서 등을 작성·교부해 줌으로써 이를 담보로 제공받아 금전을 대여한 대부업자가 대여금을 회수하지 못하는 손해를 입은 사안에서, 개업공인중개사의 주의의무 위반에 따른 손해배상책임을 인정한다(대판 2009다78863, 78870).

플러스 해설⁺ ② 대판 2005.10.7, 2005다32197

20 ⑤

플러스 해설⁺ ⑤ 중개대상물인 주택 소재지와 중개사무소 소재지가 다른 경우 "중개사무소" 소재지를 관할하는 시·도 조례에서 정한 기준에 따라 중개보수를 받아야 한다.

21 ⑤

⑤ 15억 이상의 주택 매매에 대한 중개보수는 국토교통부령 범위(거래금액의 "1천분의 7) 이내"의 한도에서 "시·도 조례"로 정한다.

22 ②

② ㉠㉡㉢ 모두 조치명령의 내용에 포함된다. ㉣ 공제사업의 정지명령은 개선명령에 포함되지 아니한다.

플러스 해설⁺ ㉤ 공제사업의 양도·처분 명령은 개선명령에 해당되지 아니한다.

> 「공인중개사법」제42조의4(공제사업 운영의 개선명령)
> 국토교통부장관은 협회의 공제사업 운영이 적정하지 아니하거나 자산상황이 불량하여 중개사고 피해자 및 공제 가입자 등의 권익을 해칠 우려가 있다고 인정하면 다음 각 호의 조치를 명할 수 있다.
> 1. 업무집행방법의 변경
> 2. 자산예탁기관의 변경
> 3. 자산의 장부가격의 변경
> 4. 불건전한 자산에 대한 적립금의 보유
> 5. 가치가 없다고 인정되는 자산의 손실 처리
> 6. 그 밖에 이 법 및 공제규정을 준수하지 아니하여 공제사업의 건전성을 해할 우려가 있는 경우 이에 대한 개선명령

23 ②

② 자격취소 처분은 자격증을 "교부"한 시·도지사가 하여야 한다.

플러스 해설⁺ ① 자격 "정지"는 청문대상이 아니다. 자격 "취소"가 청문의 대상이다.
③ 자격취소처분을 받아 그 자격증을 반납하고자 하는 자는 그 처분을 받은 날부터 "7일" 이내에 반납해야 한다.

④ 처분권자가 자격취소처분을 한 때에는 "5일" 이내에 이를 국토교통부장관과 다른 시·도지사에게 통보해야 한다.
⑤ 자격증을 교부한 시·도지사와 중개사무소의 소재지를 관할하는 시·도지사가 서로 다른 경우에는 "중개사무소 소재지 관할" 시·도지사가 자격취소처분에 필요한 절차(청문)를 이행하고, 그 결과를 자격증을 교부한 시·도지사에게 통보하여야 한다.

24 ②

② 「공인중개사법」 위반으로 징역형의 선고를 받은 경우에는 자격정지 사유가 아니라, "자격취소"사유에 해당한다.

자격정지사유
(법 제33조 제1항 소정의) 금지행위를 한 경우
이중소속을 한 경우
이중(거짓)계약서를 작성한 경우
업무를 담당한 소속공인중개사가 거래계약서에 서명 및 날인을 하지 아니한 경우
업무를 담당한 소속공인중개사가 확인·설명서에 서명 및 날인을 하지 아니한 경우
중개대상물의 확인·설명을 성실하고 정확하게 하지 아니하거나, 설명의 근거자료 제시하지 아니한 경우(확인·설명 위반)
인장등록을 하지 아니하거나 또는 등록하지 아니한 인장을 사용한 경우

25 ①

① 중개보조원 법정 한도 초과고용은 "절대적" 등록취소사유이면서, 1년 이하의 징역 또는 1천만원 이하의 벌금형의 대상이 된다.
플러스 해설 ② 이 법 위반으로 벌금형의 선고를 "300만원"이상 받아야 결격사유로서 절대적 등록취소사유에 해당된다. 200만원이므로 등록취소사유가 아니다.
③ "선고유예"는 결격사유에 해당하지 아니하므로, 절대적 등록취소사유에 해당하지 아니한다.
④ 최근 1년 이내에 3회 이상의 업무정지 또는 과태료 처분을 받고, 다시 업무정지 또는 과태료사유가 발생된 경우에는 "상대적(임의적)" 등록취소사유에 해당된다.
⑤ 법 제33조 제1항의 금지행위는 "상대적(임의적)" 등록취소사유에 해당한다.

26 ③

㉠ 법 제33조 규정의 금지행위에 해당된다. 금지행위는 개업공인중개사의 상대적 등록취소사유이면서 업무정지사유이다. 소속공인중개사에게는 자격정지사유에 해당된다.
㉡ 서명·날인의무 위반은 개업공인중개사는 업무정지사유이며, 소속공인중개사는 자격정지사유이다.
㉢ 서명·날인의무 위반은 개업공인중개사는 업무정지사유이며, 소속공인중개사는 자격정지사유이다.
플러스 해설 ㉣ 이중소속을 한 경우에는 개업공인중개사는 "절대적" 등록취소사유이며, 소속공인중개사는 "자격정지"사유이다.

27 ①

① 폐업기간이 "1년을 초과"한 경우에 해당되어, 폐업신고 전의 업무정지사유에 해당하는 위반행위에 대하여 업무정지처분을 할 수 "없다".
플러스 해설 ② 폐업기간이 4년이므로, 폐업기간이 "3년을 초과"한 경우에 해당되어, 폐업신고 전의 중개사무소 개설등록 취소사유에 해당하는 위반행위를 이유로 개설등록취소처분을 할 수 "없다".
③④ 폐업신고 전에 개업공인중개사에게 한 업무정지처분이나 과태료처분의 효과는 그 처분일부터 "1년간" 재등록 개업공인중개사에게 승계된다.
⑤ 폐업기간이나 폐업의 사유 등을 고려하여야 함이 맞다.

28 ⑤

⑤ 국토교통부장관은 인터넷을 이용한 중개대상물 표시·광고와 관련하여 정보통신서비스제공자에게 모니터링을 위한 자료제출을 요구할 수 있으며, 이러한 요구에 불응한 정보통신서비스제공자에게 국토교통부장관은 500만원 이하의 과태료를 부과할 수 있다.
플러스 해설 ① 등록관청
② 국토교통부장관
③ 시·도지사
④ 등록관청

29 ④

④ 법 제33조 제2항 소정의 금지행위에 해당되며, 3년 이하의 징역 또는 3천만원 이하의 벌금형의 대상이 된다.

30 ①

① ㉠: 30일, ㉡: 3개월, ㉢: 15일, ㉣: 2분의 1, ㉤: 6개월

31 ④

④ 「공공주택 특별법」에 따른 공급계약에 의해 부동산을 공급받는 자로 선정된 지위(이른바, 분양권)를 매매하는 계약은 부동산거래신고의 대상에 해당한다.
플러스 해설 ① 투기과열지구에 소재하는 주택은 금액 상관없이 자금조달·입주계획과 그 증명자료까지 제출하여야 한다.
② 비규제지역에 소재하는 주택의 경우에는 "6억" 이상의 주택일 때에는 자금조달·입주계획을 신고하여야 한다.
③ 신고필증을 발급받은 때에는 검인은 받은 것으로 본다.
⑤ 조건이나 기한이 있는 경우 모두 신고해야 한다.

32 ②

② 부동산거래신고서의 제출은 거래당사자 중의 "1인"이 제출하면 된다. 공동으로 제출할 필요는 없다.

33 ④

플러스 해설 ④ 허가구역의 지정은 허가구역의 지정을 공고한 날부터 "5일 후"에 그 효력이 발생한다.

34 ③

③ 부동산을 소유한 대한민국 국민이 대한민국 국적을 상실한 경우 부동산을 계속보유하려면 국적을 상실한 때부터 "6개월" 이내에 계속보유신고를 해야 한다.

35 ①

① 「장사 등에 관한 법률」에 따르면 1기의 분묘 또는 해당 분묘에 매장된 자와 배우자관계였던 자의 분묘를 같은 구역 안에 설치하는 묘지를 "개인묘지"라고 한다.

플러스 해설 ④ 대판 2007.6.14, 2006다84423
⑤ 대판 1992.6.23, 92다14762

36 ③

③ 법원경매로 농지를 매수하려면 "매수신청시"가 아니라, "매각결정기일"까지 농지자격취득증명서를 제출하면 된다. 매각결정기일은 매각기일로부터 1주 이내로 법원에서 정해진다. 매각결정기일까지 농지취득자격증명을 제출하지 못하면 불허가처분결정을 받게 되어 농지를 취득할 수 없게 된다.

37 ①

① 임차인이 임차주택에 대하여 보증금반환청구소송의 확정판결에 따라 경매를 신청하는 경우 반대의무의 이행이나 이행의 제공을 집행개시의 요건으로 하지 아니한다[「주택임대차보호법」 제3조의2(보증금의 회수) 제1항].

플러스 해설 ② 「주택임대차보호법」 제3조의3(임차권등기명령) 제6항
③ 「주택임대차보호법」 제3조의6 제4항
④ 「주택임대차보호법」 제9조(주택 임차권의 승계) 제1항
⑤ 「주택임대차보호법」 제12조

38 ⑤

⑤ 임차권등기명령에 따른 등기의 경우, 등기비용과 관련된 비용까지 임대인에게 청구할 수 "있다".

> 「상가건물 임대차보호법」 제6조(임차권등기명령) ① 임대차가 종료된 후 보증금이 반환되지 아니한 경우 임차인은 임차건물의 소재지를 관할하는 지방법원, 지방법원지원 또는 시·군법원에 임차권등기명령을 신청할 수 있다.
> ⑧ 임차인은 제1항에 따른 임차권등기명령의 신청 및 그에 따른 임차권등기와 관련하여 든 비용을 임대인에게 청구할 수 있다.

플러스 해설 ② 임대인·임차인의 인적사항은 임대차계약의 "당사자"가 자료열람을 요청을 할 수 있으며, 임대차계약의 당사자가 "아닌" 자는 자료열람 요청을 할 수 없다(「상가건물 임대차보호법 시행령」 제3조의3 참조).

39 ③

③ ㉠㉡㉢ 3개가 틀린 지문이다.
㉠ 압류의 효력은 등기나 송달이 되면 먼저 된 시점에서 발생한다.
㉡ 압류의 효력이 발생된 "이후"에 임대차계약을 체결한 소액임차인은 최우선변제권을 주장할 수 없다.
㉢ 매수인은 매각대금을 다 내면 즉시 소유권을 취득한다.

플러스 해설 ㉣ 저당권은 말소기준권리로서 항상 소멸된다.

40 ③

③ 중개사무소 개설등록이 취소되면, 매수신청대리업의 절대적 등록취소사유에 해당된다. 그러므로 지방법원장은 등록을 취소하여야 한다.

부동산공법

Answer

41.⑤	42.②	43.④	44.④	45.②	46.⑤	47.⑤	48.②
49.②	50.③	51.⑤	52.①	53.④	54.④	55.①	56.④
57.③	58.③	59.⑤	60.②	61.⑤	62.②	63.①	64.②
65.③	66.②	67.④	68.⑤	69.③	70.①	71.②	72.④
73.②	74.③	75.⑤	76.④	77.④	78.③	79.⑤	80.①

41 ⑤

⑤ 교통광장은 광장을 세분한 것이다.

> **넓혀 보기**
>
> **기반시설의 세분**
> 기반시설 중 도로·자동차정류장 및 광장은 다음과 같이 세분할 수 있다.
>
> | | |
> |---|---|
> | 도로 | 가. 일반도로
나. 자동차전용도로
다. 보행자전용도로
라. 보행자우선도로
마. 자전거전용도
바. 고가도로
사. 지하도로 |
> | 자동차정류장 | 가. 여객자동차터미널
나. 물류터미널
다. 공영차고지
라. 공동차고지
마. 화물자동차 휴게소
바. 복합환승센터
사. 환승센터 |
> | 광장 | 가. 교통광장
나. 일반광장
다. 경관광장
라. 지하광장
마. 건축물부설광장 |

42 ②

플러스 해설 ⓒ 개발제한구역은 제안할 수 있는 사항이 아니다.
ⓔ 공업기능 또는 유통물류기능을 집중적으로 개발·정비하기 위한 개발진흥지구(산업·유통개발진흥지구)의 지정에 관한 사항을 제안할 수 있다.

43 ④

플러스 해설 ① 주민의 의견을 들어야 하며, 공청회를 개최하여야 할 의무는 없다.
② 지구단위계획은 의회의견을 청취하여야 하는 사항이 아니다.
③ 시장 또는 군수가 입안한 지구단위계획구역의 지정·변경과 지구단위계획의 수립·변경에 관한 도시·군관리계획은 시장 또는 군수가 직접 결정한다.
⑤ 시장·군수가 지형도면을 작성한 경우 도지사의 승인을 받아야 하나, 지구단위계획에 관한 지형도면에 대해서는 승인받을 필요가 없다.

44 ④

플러스 해설 ① 「항만법」에 의한 항만구역으로서 도시지역에 연접한 공유수면
② 「어촌·어항법」에 의한 어항구역으로서 도시지역에 연접한 공유수면
③ 「산업입지 및 개발에 관한 법률」에 의한 국가산업단지, 일반산업단지, 도시첨단산업단지(농공단지는 제외)
⑤ 전원개발사업구역 및 그 예정구역은 도시지역으로 결정·고시된 것으로 본다. 단, 수력발전소 또는 송·변전설비만을 설치하기 위한 경우에는 제외한다.

45 ②

② 자연녹지지역에 지정된 개발진흥지구 – 30% 이하

넓혀 보기

용도지역의 건폐율 및 용적률 특례
다음의 지역에서의 건폐율과 용적률은 다음의 범위에서 특별시·광역시·특별자치시·특별자치도·시 또는 군의 도시·군계획조례로 정하는 비율 이하로 한다.

지 역		건폐율	용적률
취락지구		60퍼센트 이하	
개발진흥지구	도시지역 외의 지역에 지정된 경우	40퍼센트 이하	100퍼센트 이하
	자연녹지지역에 지정된 경우	30퍼센트 이하	
	계획관리지역에 지정된 산업·유통개발진흥지구	60퍼센트 이하	
수산자원보호구역		40퍼센트 이하	80퍼센트 이하
「자연공원법」에 따른 자연공원		60퍼센트 이하	100퍼센트 이하
「산업입지 및 개발에 관한 법률」에 따른 농공단지		70퍼센트 이하	150퍼센트 이하
공업지역에 있는 국가산업단지·일반산업단지·도시첨단산업단지 및 준산업단지		80퍼센트 이하	

46 ⑤

⑤ 특정용도제한지구란 주거 및 교육 환경 보호나 청소년 보호 등의 목적으로 오염물질 배출시설, 청소년 유해시설 등 특정시설의 입지를 제한할 필요가 있는 지구를 말한다.

47 ⑤

⑤ 시·도지사 또는 대도시 시장은 도시의 자연환경 및 경관을 보호하고 도시민에게 건전한 여가·휴식공간을 제공하기 위하여 도시지역 안에서 식생(植生)이 양호한 산지(山地)의 개발을 제한할 필요가 있다고 인정하면 도시자연공원구역의 지정 또는 변경을 도시·군관리계획으로 결정할 수 있다.

48 ②

플러스 해설 ① 공공시행자를 지정하는 경우 동의를 받을 필요가 없다. 민간에 해당하는 자가 도시·군계획시설사업의 시행자로 지정을 받으려면 도시계획시설사업의 대상인 토지(국·공유지를 제외)면적의 3분의 2 이상에 해당하는 토지를 소유하고, 토지소유자 총수의 2분의 1 이상에 해당하는 자의 동의를 얻어야 한다.
③ 실시계획의 고시가 있은 때에는 「공익사업을 위한 토지 등의 취득 및 보상에 관한 법률」의 규정에 의한 사업인정 및 고시가 있은 것으로 본다.
④ 재결신청은 실시계획에서 정한 도시·군계획시설사업의 시행기간에 하여야 한다.
⑤ 도시·군계획시설사업을 완료한 경우에는 시·도지사 또는 대도시 시장에게 준공검사를 받아야 한다.

49 ②

플러스 해설 ① 지목이 대(垈)인 경우 매수청구가 가능하다.
③ 20년 ⇨ 10년
④ 허가를 받아야 한다.
⑤ 10년 ⇨ 20년

50 ③

플러스 해설 ① 지방자치단체가 시행하는 개발행위의 경우에는 이행보증금을 예치하지 아니한다.
② 부지면적을 5% 범위에서 축소하는 경우이다.
④ 지구단위계획 또는 성장관리계획이 수립된 지역에서 하는 개발행위허가는 도시계획위원회의 심의를 거치지 아니한다.
⑤ 전·답 사이의 지목변경을 수반하는 경작을 위한 토지의 형질변경은 개발행위허가의 대상이 아니다.

51 ⑤

플러스해설 ① 개발행위허가를 제한하고자 하는 자가 시·도지사인 경우에는 시·도 도시계획위원회의 심의를 거치기 전에 관할 시장·군수의 의견을 들어야 한다.
② 한 차례만 3년 이내의 기간 동안 개발행위허가를 제한할 수 있다.
③ 한 차례만 2년 이내의 기간 동안 개발행위허가의 제한을 연장할 수 있다.
④ 개발행위허가의 제한을 연장하는 경우 도시계획위원회의 심의를 거치지 아니한다.

52 ①

① 행위제한이 강화되는 지역이므로 기반시설부담구역의 지정 대상이 아니다.

53 ④

플러스해설 ① B시는 대도시이므로 B시장이 직접 도시개발구역을 지정할 수 있다.
② 도시개발구역의 면적이 100만㎡ 이상인 경우 공청회를 개최할 의무가 있다.
③ 국가, 지방자치단체, 조합을 제외한 시행자가 될 수 있는 자가 도시개발구역 지정을 제안할 수 있다.
⑤ 전부 환지방식이므로 토지소유자 또는 조합을 시행자로 하는 것이 원칙이다.

54 ④

플러스해설 ① 지정권자에게 인가를 받아야 한다.
② 변경신고를 하여야 한다.
③ 토지면적의 4분의 3 ⇨ 3분의 2
⑤ 공유 토지는 공유자의 동의를 받은 대표공유자 1명만 의결권이 있으며, 「집합건물의 소유 및 관리에 관한 법률」에 따른 구분소유자는 구분소유자별로 의결권이 있다.

55 ①

다음에 해당하는 토지는 추첨의 방법으로 분양할 수 있다.

1. 「주택법」에 따른 국민주택규모 이하의 주택건설용지
2. 「주택법」에 따른 공공택지
3. 330㎡ 이하의 단독주택용지 및 공장용지

플러스해설 ②③④⑤는 모두 수의계약의 방법으로 공급할 수 있는 경우이다.

56 ④

플러스해설 ① 사업 시행으로 조성된 토지·건축물로 상환한다.
② 토지상환채권의 이율은 발행당시의 은행의 예금금리 및 부동산 수급상황을 고려하여 발행자가 정한다.
③ 시행자(지정권자가 시행자인 경우는 제외한다)는 토지상환채권을 발행하려면 미리 지정권자의 승인을 받아야 한다.
⑤ 지방공사는 지급보증을 받을 필요가 없다.

57 ③

플러스해설 ① 환지계획에서 정하여진 환지는 그 환지처분이 공고된 날의 다음 날부터 종전의 토지로 본다.
② 체비지는 시행자가 환지처분이 공고된 날의 다음 날에 소유권을 취득한다.
④ 도시개발사업의 시행으로 행사할 이익이 없어진 지역권은 환지처분이 공고된 날이 끝나는 때에 소멸한다.
⑤ 환지처분은 행정상 처분이나 재판상의 처분으로서 종전의 토지에 전속(專屬)하는 것에 관하여는 영향을 미치지 아니한다.

58 ③

플러스해설 ① 도시개발채권은 지방자치단체의 장(시·도지사)이 발행한다.
② 행정안전부장관의 승인을 받아야 한다.
④ 도시개발채권은 「주식·사채 등의 전자등록에 관한 법률」에 따라 전자등록하여 발행하거나 무기명으로 발행할 수 있다.
⑤ 도시개발채권의 상환기간은 5년부터 10년까지의 범위에서 지방자치단체의 조례로 정한다.

59 ⑤

⑤ 구청장은 정비구역의 지정권자가 아니다.

60 ②

플러스해설 ㉠ 주거환경개선사업의 경우에도 관리처분계획에 따라 주택 및 부대시설·복리시설을 건설하여 공급하는 방법이 가능하다.
㉢ 정비구역의 전부 또는 일부를 수용하여 주택을 건설한 후 토지등소유자에게 공급하는 방법은 주거환경개선사업의 사업시행방법이다.

61 ⑤

플러스해설 ① 조합설립인가를 받은 후 시공자를 선정하는 것이 원칙이다.
② 200명 ⇨ 100명
③ 경쟁입찰 ⇨ 규약이 정하는 방법
④ 시장·군수등이 정비사업을 시행하는 경우 시행자 지정·고시 후 시공자를 선정하여야 한다.

62 ②

플러스해설 ① 조합장 1인, 이사, 감사는 필수 임원이다.
③ 이사 ⇨ 감사
④ 있다. ⇨ 없다.
⑤ 조합장이 아닌 조합임원은 대의원이 될 수 없다. 대의원은 조합원 중에서 선출하며, 대의원회의 의장은 조합장이 된다.

63 ①

플러스 해설 ② 건축물의 높이 및 용적률 등에 관한 건축계획은 사업시행계획의 내용이다.
③ 정비구역지정 후 분할된 토지를 취득한 자에 대하여는 현금으로 청산할 수 있다.
④ 분양설계에 관한 계획은 분양신청기간이 만료되는 날을 기준으로 하여 수립한다.
⑤ 과밀억제권역에 위치한 재건축사업의 경우에는 토지등소유자가 소유한 주택수의 범위에서 3주택까지 공급할 수 있다. 다만, 투기과열지구 또는 조정대상지역에서 사업시행계획인가를 신청하는 재건축사업의 경우에는 그러하지 아니하다.

64 ②

② 공공재개발사업을 시행하는 경우 법적상한용적률의 100분의 120까지 건축할 수 있다.

65 ③

플러스 해설 ① 5천㎡ 이상이 아니라서 다중이용 건축물이 아니다.
② 수련시설은 다중이용 건축물이 아니다.
④ 교육연구시설은 다중이용 건축물이 아니다.
⑤ 문화 및 집회시설 중 동물원·식물원은 다중이용 건축물에서 제외된다.

66 ②

플러스 해설 ㉡ 주요구조부란 내력벽, 기둥, 바닥, 보, 지붕틀 및 주계단을 말하며, 차양은 이에 해당되지 않는다.
㉣ 고속도로 통행료 징수시설에 대해서 건축법을 적용하지 아니한다.

> **넓혀 보기**
>
> **건축법을 적용하지 않는 건축물**
> 다음의 어느 하나에 해당하는 건축물에는 이 법을 적용하지 아니한다.
> 1. 「문화유산의 보존 및 활용에 관한 법률」에 따른 지정문화유산이나 임시지정문화유산 또는 「자연유산의 보존 및 활용에 관한 법률」에 따라 지정된 천연기념물등이나 임시지정천연기념물, 임시지정명승, 임시지정시·도자연유산, 임시자연유산자료
> 2. 철도나 궤도의 선로 부지(敷地)에 있는 다음의 시설
>   ① 운전보안시설
>   ② 철도 선로의 위나 아래를 가로지르는 보행시설
>   ③ 플랫폼
>   ④ 해당 철도 또는 궤도사업용 급수(給水)·급탄(給炭) 및 급유(給油) 시설
> 3. 고속도로 통행료 징수시설
> 4. 컨테이너를 이용한 간이창고(「산업집적활성화 및 공장설립에 관한 법률」에 따른 공장의 용도로만 사용되는 건축물의 대지에 설치하는 것으로서 이동이 쉬운 것만 해당된다)
> 5. 「하천법」에 따른 하천구역 내의 수문조작실

67 ④

플러스 해설 ① 연면적의 10분의 3을 증축하여 층수가 21층이 되는 건축물이며, 공장과 창고는 제외된다.
② 연면적의 합계가 100,000㎡ 이상이라도 창고는 사전승인의 대상이 아니다.
③⑤ 연면적의 합계가 1천㎡ 이상이거나 층수가 3층 이상이어야 한다.

68 ⑤

안전영향평가를 받아야 하는 건축물은 다음과 같다.

1. 초고층 건축물
2. 다음의 요건을 모두 충족하는 건축물
   ㉠ 연면적이 10만 제곱미터 이상일 것
   ㉡ 16층 이상일 것

①과 ②는 초고층 건축물에 해당하므로 안전영향평가의 대상이고, ③과 ④는 연면적이 10만 제곱미터 이상이고 층수가 16층 이상이므로 안전영향평가의 대상이다.

69 ③

플러스 해설 ① 위락시설은 공개공지 설치대상이 아니다.
② 용적률과 높이의 1.2배 이하의 범위 안에서 이를 완화하여 적용할 수 있다.
④ 30일 ⇨ 60일
⑤ 공개공지 등의 면적은 대지면적의 100분의 10 이하의 범위에서 건축조례로 정한다.

70 ①

플러스 해설 ② 특별시장이나 광역시장은 도시의 관리를 위하여 필요하면 가로구역별 건축물의 높이를 특별시나 광역시의 조례로 정할 수 있다.
③ 전용주거지역과 일반주거지역 안에서 건축하는 건축물의 높이는 일조(日照) 등의 확보를 위하여 정북방향(正北方向)의 인접 대지경계선으로부터의 거리에 따라 대통령령으로 정하는 높이 이하로 하여야 한다.
④ 일반상업지역과 중심상업지역에 건축하는 공동주택은 채광(採光) 등의 확보를 위한 높이 제한이 적용되지 아니한다.
⑤ 200㎡ 이상이다.

71 ②

② 1층의 전부가 필로티 구조이므로 1층의 높이인 4m는 높이에서 제외된다. 옥상의 장식탑의 수평투영면적의 합계(100㎡)가 건축면적(1,000㎡)의 8분의 1 이하이므로 12m를 넘는 부분(15m − 12m = 3m)만 높이에 산입한다. 따라서 이 건축물의 높이는 29m(= 30m − 4m + 3m)이다.

72 ④

플러스 해설 ① 공동주택은 아파트, 연립주택, 다세대주택으로 구분된다.
② 세대구분형 공동주택이란 공동주택의 주택 내부 공간의 일부를 세대별로 구분하여 생활이 가능한 구조로 하되, 그 구분된 공간의 일부를 구분소유 할 수 없는 주택을 말한다.
③ 2분의 1 ⇨ 3분의 1
⑤ 하나의 건축물에는 단지형 연립주택 또는 단지형 다세대주택과 아파트형 주택을 함께 건축할 수 없다.

73 ②

② 연간 20호 이상의 단독주택, 연간 20세대 이상의 공동주택 건설사업을 시행하려는 자 또는 연간 1만제곱미터 이상의 대지조성사업을 시행하려는 자는 국토교통부장관에게 등록하여야 한다.

74 ③

플러스 해설 ① 주택조합(세대수를 증가하지 아니하는 리모델링주택조합은 제외한다)이 그 구성원의 주택을 건설하는 경우에는 대통령령으로 정하는 바에 따라 등록사업자(지방자치단체·한국토지주택공사 및 지방공사를 포함한다)와 공동으로 사업을 시행할 수 있다.
② 주택조합(등록사업자와 공동으로 주택건설사업을 하는 주택조합만 해당)은 등록할 필요가 없다.
④ 리모델링주택조합에 대해서는 대지사용권 확보에 관한 규정이 적용되지 않는다.
⑤ 리모델링주택조합은 조합원 수에 관한 제한이 없다.

75 ⑤

⑤ 전체 세대수가 600세대 이상인 경우 공구별로 분할하여 시행할 수 있다.

76 ④

④ 주택상환사채를 발행하려는 자는 대통령령으로 정하는 바에 따라 주택상환사채발행계획을 수립하여 국토교통부장관의 승인을 받아야 한다.

77 ④

플러스 해설 ① 공공주택사업자가 입주자를 모집하려는 경우에는 시장·군수·구청장의 승인(복리시설의 경우에는 신고를 말한다)을 받지 아니한다.
②「도시 및 주거환경정비법」에 따른 공공재개발사업에서 건설·공급하는 주택에 대해서는 분양가상한제를 적용하지 아니한다.
③ 국토교통부장관이 분양가상한제 적용 지역을 지정할 수 있다.
⑤ 투기과열지구에서 건설·공급되는 주택의 전매제한 기간은 수도권의 경우 3년, 수도권 외의 지역의 경우 1년이다. 다만, 전매행위 제한기간 이내에 해당주택에 대한 소유권이전등기를 완료한 경우 소유권이전등기를 완료한 때에 전매행위제한기간이 지난 것으로 본다.

78 ③

플러스 해설 ① 세대원이 근무 또는 생업상의 사정이나 질병치료·취학·결혼으로 인하여 세대원 전원이 다른 광역시, 특별자치시, 특별자치도, 시 또는 군으로 이전하는 경우 전매가 가능하며, 수도권 안에서 이전하는 경우는 제외한다.
② 2년 이상 해외에 체류하는 경우에 전매가 가능하다.
④ 세대원 전부가 해외로 이주하는 경우에 전매가 가능하다.
⑤ 세대원 전부가 이전하는 경우에 전매가 가능하다.

> **넓혀 보기**
>
> **전매가 가능한 경우**
> 다음의 어느 하나에 해당하여 한국토지주택공사의 동의를 받은 경우에는 전매제한을 적용하지 아니한다.
> 1. 세대원이 근무 또는 생업상의 사정이나 질병치료·취학·결혼으로 인하여 세대원 전원이 다른 광역시, 특별자치시, 특별자치도, 시 또는 군(광역시의 관할구역에 있는 군은 제외)으로 이전하는 경우. 다만, 수도권 안에서 이전하는 경우는 제외한다.
> 2. 상속에 따라 취득한 주택으로 세대원 전원이 이전하는 경우
> 3. 세대원 전원이 해외로 이주하거나 2년 이상의 기간 동안 해외에 체류하려는 경우
> 4. 이혼으로 인하여 입주자로 선정된 지위 또는 주택을 배우자에게 이전하는 경우
> 5. 「공익사업을 위한 토지 등의 취득 및 보상에 관한 법률」에 따라 공익사업의 시행으로 주거용 건축물을 제공한 자가 사업시행자로부터 이주대책용 주택을 공급받은 경우(사업시행자의 알선으로 공급받은 경우를 포함)로서 시장·군수·구청장이 확인하는 경우
> 6. 분양가상한제 적용주택 및 공공택지 외의 택지에서 건설·공급되는 주택의 소유자가 국가·지방자치단체 및 금융기관에 대한 채무를 이행하지 못하여 경매 또는 공매가 시행되는 경우
> 7. 입주자로 선정된 지위 또는 주택의 일부를 배우자에게 증여하는 경우
> 8. 실직·파산 또는 신용불량으로 경제적 어려움이 발생한 경우

79 ⑤

⑤ 농업경영을 통한 농산물의 연간판매액이 120만원 이상인 자이다.

80 ①

플러스 해설 ② 소유상한을 초과하는 농지만 처분의무의 대상이 된다.
③ 6개월 이내에 처분할 것을 명할 수 있다.
④ 한국농어촌공사에 매수청구할 수 있다.
⑤ 한국농어촌공사는 매수 청구를 받으면 「부동산 가격공시에 관한 법률」에 따른 공시지가를 기준으로 해당 농지를 매수할 수 있다. 이 경우 인근 지역의 실제 거래 가격이 공시지가보다 낮으면 실제 거래 가격을 기준으로 매수할 수 있다.

TEST 03

2교시

부동산공시법령

Answer

01. ③	02. ⑤	03. ②	04. ①	05. ①	06. ③	07. ④	08. ②
09. ⑤	10. ①	11. ②	12. ③	13. ④	14. ⑤	15. ③	16. ①
17. ②	18. ④	19. ④	20. ④	21. ③	22. ④	23. ①	24. ②

01 ③

③ ㉠㉡㉢㉤

지상경계점등록부의 등록사항은 다음과 같다.

1. 토지의 소재
2. 지번
3. 공부상 지목과 실제 토지이용 지목
4. 경계점표지의 종류 및 경계점 위치
5. 경계점좌표(경계점좌표등록부시행지역에 한한다)
6. 경계점의 사진파일
7. 경계점의 위치설명도

02 ⑤

⑤ 지적도 또는 임야도에 등록된 토지가 면적의 증감없이 경계의 위치만 잘못 등록된 경우 지적소관청이 직권으로 조사, 측량하여 정정할 수 있다.

03 ②

㉢ 야영장은 유원지이고, ㉣ 황무지, 습지는 임야이고, ㉥ 국가유산으로 지정된 역사적인 유적·고적 등을 보존하기 위하여 구획된 토지는 사적지이다.

04 ①

① 임야대장의 면적과 등록전환 될 면적의 차이가 허용범위를 초과하는 경우에는 임야대장의 면적 또는 임야도의 경계를 지적소관청이 직권에 의하여 정정하여야 한다.

05 ①

① 600분이 1 축척의 경우 토지대장 또는 임야대장에 등록하는 최소면적은 0.1m²이므로 최소면적 미만으로 측정되더라도 최소면적인 0.1m²로 등록하여야 한다.

06 ③

③ 도시개발사업 등의 원활한 사업추진을 위하여 사업시행자가 공사 준공 전에 토지의 합병을 신청하는 경우에는 지목변경을 신청할 수 있다.

07 ④

㉢ 대지권등록부에는 전유부분의 건물표시를 등록하여야 하지만, 공유지연명부에는 이를 등록하지 않는다.

08 ②

결번이 발생하는 경우	결번이 발생하지 않는 경우
㉠ 등록전환 ㉡ 합병 ㉢ 바다로 된 토지의 등록말소 ㉣ 도시개발사업의 시행 ㉤ 축척변경 ㉥ 행정구역개편 ㉦ 지번변경 ㉧ 지번정정 등	㉠ 지목변경 ㉡ 분할 ㉢ 신규등록

09 ⑤

플러스 해설 ① 축척변경위원회는 5명 이상 10명 이하의 위원으로 구성하되, 위원의 2분의 1 이상을 토지소유자로 하여야 한다.
② 축척변경시행지역 안의 토지소유자가 5명 이하인 때에는 토지소유자 전원을 위원으로 위촉하여야 한다.
③ 위원장은 위원 중에서 지적소관청이 지명한다.
④ 위원장은 축척변경위원회의 회의를 소집하는 때에는 회의 일시·장소 및 심의안건을 회의 개최 5일 전까지 각 위원에게 서면으로 통지하여야 한다.

10 ①

넓혀 보기

지적전산자료 신청
1. 전국 단위의 지적전산자료 : 국토교통부장관, 시·도지사 또는 지적소관청에게 신청
2. 시·도 단위의 지적전산자료 : 시·도지사 또는 지적소관청에게 신청
3. 시·군·구(자치구가 아닌 구를 포함한다) 단위의 지적전산자료 : 지적소관청에게 신청

11 ②

② 지적소관청은 토지의 표시변경에 관한 등기를 할 필요가 있는 경우 지체 없이 관할 등기관서에 그 등기를 촉탁하여야 한다.

12 ③

플러스 해설 ① 지목변경 토지는 새로이 측량하여 면적결정하지 않는다.

② 지적도 축척이 1200분의 1인지역의 토지면적은 1제곱미터 미만의 끝수가 있는 경우 0.5제곱미터 미만일 때에는 버리고 0.5제곱미터를 초과하는 때에는 올리며, 0.5제곱미터일 때에는 구하려는 끝자리의 숫자가 0 또는 짝수이면 버리고 홀수이면 올린다.
④ 축척이 1/600인 지적도에서 1필지의 산출면적이 123.45㎡인 경우 대장에 등록할 면적은 123.4㎡이다.
⑤ 토지를 분할하는 경우 분할 전후 면적의 차이가 허용범위를 초과하는 경우에는 지적공부상의 면적 또는 경계를 정정하여야 한다.

13 ④

㉠ 전세권양도금지 특약의 등기를 신청한 경우는 법령에 근거가 있는 특약사항이므로 각하사유가 아니다.
㉢ 위조된 甲(갑)의 인감증명에 의한 甲(갑)으로부터 乙(을)로의 소유권 이전등기는 제29조 2호가 아니라 제29조 9호(첨부정보를 제공하지 않은 경우)의 각하사유이다.
(사건이 등기할 것이 아닌 경우) 법 제29조 제2호에서 "사건이 등기할 것이 아닌 경우"란 다음 각 호의 어느 하나에 해당하는 경우를 말한다.

1. 등기능력 없는 물건 또는 권리에 대한 등기를 신청한 경우
2. 법령에 근거가 없는 특약사항의 등기를 신청한 경우
3. 구분건물의 전유부분과 대지사용권의 분리처분 금지에 위반한 등기를 신청한 경우
4. 농지를 전세권설정의 목적으로 하는 등기를 신청한 경우
5. 저당권을 피담보채권과 분리하여 양도하거나, 피담보채권과 분리하여 다른 채권의 담보로 하는 등기를 신청한 경우
6. 일부지분에 대한 소유권보존등기를 신청한 경우
7. 공동상속인 중 일부가 자신의 상속지분만에 대한 상속등기를 신청한 경우
8. 관공서 또는 법원의 촉탁으로 실행되어야 할 등기를 신청한 경우
9. 이미 보존등기된 부동산에 대하여 다시 보존등기를 신청한 경우
10. 그 밖에 신청취지 자체에 의하여 법률상 허용될 수 없음이 명백한 등기를 신청한 경우

14 ⑤

⑤ "등기필정보"란 등기부에 새로운 권리자가 기록되는 경우에 그 권리자를 확인하기 위하여 등기관이 작성한 정보를 말한다.
「부동산등기법」 제2조 제4호
플러스 해설 ① 「부동산등기법」 제2조 제1호
② 「부동산등기법」 제2조 제2호
③ 「부동산등기법」 제2조 제3호
④ 「부동산등기법」 제15조 제2항

15 ③

③ 등기관이 수용으로 인한 소유권이전등기를 하는 경우 그 부동산의 등기기록 중 소유권, 그 밖의 처분제한에 관한 등기가 있으면 그 등기를 직권으로 말소하여야 한다. 다만 그 부동산을 위한 지역권등기는 직권말소되지 않는다.

16 ①

① 국가, 지방자치단체, 국제기관 및 외국정부의 등록번호는 국토교통부장관이 지정·고시한다.

17 ②

② 전세권자가 소유권을 취득하여 전세권말소등기를 신청하는 경우에는 전세권은 혼동으로 소멸하므로 혼동으로 인한 권리의 말소등기는 단독으로 신청한다.
플러스 해설 ① 포괄유증이든 특정유증이든 유증으로 인한 소유권이전등기를 신청은 수증자와 유언집행자가 공동으로 신청한다.
③ 토지수용의 재결의 실효를 원인으로 하는 토지수용으로 인한 소유권이전등기의 말소신청은 공동으로 신청한다.
④ 등기명의인인 사람의 사망으로 권리가 소멸한다는 약정이 등기되어 있는 경우에 사람의 사망으로 그 권리가 소멸한 경우의 말소등기는 단독신청이다.
⑤ 소유권이전등기의 이행판결에 가집행이 붙은 경우, 판결이 확정되지 아니하였으므로 가집행 선고에 의한 소유권이전등기를 할 수 없다.

18 ④

④ 부동산이 甲 ⇨ 乙 ⇨ 丙으로 매도되었으나 등기명의가 甲에게 남아 있어 丙이 乙을 대위하여 甲 ⇨ 乙 소유권이전등기를 신청하는 경우, 절차법상 등기의무자 즉 등기부상 불리한 자는 甲이고, 절차법상 등기권리자 즉 등기부상 유리한 자는 乙이다.

19 ④

④ 권리변경등기(전세금증액변경등기등)는 원칙적으로 부기등기로 실행하지만 등기상 이해관계 있는 제3자의 승낙이 없는 경우에는 주등기로 실행한다.

20 ④

④ 승소한 등기권리자의 판결에 의한 등기를 신청하는 경우이므로 "판결정본(+확정증명서)"이 등기원인증명정보로 제공되게 된다. 공동신청에 의한 진정명의회복등기의 경우에는 "확인서"가 등기원인증명정보로 제공된다.
플러스 해설 ① 승소한 등기권리자의 판결에 의한 등기이므로 단독신청이어서 등기신청시 등기의무자의 권리에 관한 등기필정보를 제공하지 아니한다.
② 새로운 등기원인이 없으므로 등기원인일자를 기록할 수 없다(하지만 등기원인란에 '진정명의회복'이라고 기록하는 점은 주의하여 알아두어야 한다).

③ 진정명의회복은 진정한 명의를 회복하는 것으로서 거래가 아니므로 토지거래허가서와는 무관하다.
⑤ 진정명의회복은 진정한 명의를 회복하는 것으로서 취득이 아니므로 농지취득자격증명과는 무관하다.

21 ③

플러스 해설 ① 가등기에 기한 본등기를 금지하는 가처분등기는 허용되지 않는다.
② 하나의 가등기에 관하여 여러 사람의 가등기권리자가 있는 경우에 그 중 일부의 가등기권리자가 공유물보존행위에 의하여 가등기 전부에 대한 본등기를 신청할 수 없다.
④ 가등기권리자가 수인인 경우 자기지분만의 본등기는 신청할 수 있다.
⑤ 장래에 확정될 청구권을 보전하기 위한 가등기는 할 수 있다.

22 ④

플러스 해설 ① 등기관의 결정 또는 처분에 이의가 있는 자는 "관할 지방법원"에 이의신청을 할 수 있다(「부동산등기법」제100조). 즉, 지문의 "관할 등기소"를 "관할 지방법원"으로 고쳐야 옳다. 이의신청은 관할 지방법원에 하는 것이지만, 이의신청서는 관할 등기소에 제출하도록 하고 있음을 유의하여야 한다.
② 이의의 신청은 관할 등기소에 이의신청서를 제출하는 방법으로 한다.
③ 새로운 사실이나 새로운 증거방법을 근거로 이의신청을 할 수는 없다.
⑤ 이의에는 집행정지(執行停止)의 효력이 없다.

23 ①

① 가처분등기보다 "늦은 등기이므로" 甲의 신청에 의하여 말소의 대상이 된다.
플러스 해설 ②④⑤는 가처분등기보다 "먼저된 등기이므로" 말소할 수 없다.
③의 등기는 가처분등기보다 늦었으나 "대항력이 있으므로" 말소할 수 없다.

24 ②

플러스 해설 ① 구분지상권에 있어 지하나 공간의 상하의 범위는 평균해면 또는 지상권을 설정하는 토지의 특정지점을 포함한 수평면을 기준으로 하여 이를 명백히 하여야 하므로 도면을 제공할 필요가 없다.
③ 등기관이 전세권설정이나 전전세(轉傳貰)의 등기를 할 때에는 전세금 또는 전전세금, 범위, 존속기간, 위약금 또는 배당금의 사항을 기록하되 존속기간, 위약금 또는 배당금의 사항은 등기원인에 그 약정이 있는 경우에만 기록한다.
④ 지역권 설정의 등기를 하는 경우에는 신청정보에 요역지의 표시, 지역권 설정의 목적과 범위를 적고 지역권 설정의 범위가 승역지의 일부일 때에는 그 범위를 표시한 도면을 첨부하여야 한다.
⑤ 상가건물임대차 보호법상 등기명령에 의한 임차권등기에 기초하여 임차권이전등기를 할 수 없다.

부동산세법

Answer

| 25.② | 26.④ | 27.① | 28.② | 29.⑤ | 30.⑤ | 31.② | 32.③ |
| 33.⑤ | 34.④ | 35.③ | 36.② | 37.③ | 38.③ | 39.① | 40.④ |

25 ②

② 대금을 청산한 날까지 목적물이 완성 또는 확정되지 아니한 경우 – 그 목적물이 완성 또는 확정된 날

26 ④

④ 이축권의 가액을 대통령령으로 정하는 방법에 따라 별도로 평가하여 신고하는 경우 양도소득세 과세대상이 아니다.

27 ①

① 乙(수증자)이 납부한 증여세는 환급해준다.

28 ②

② 양도소득세 예정신고납부는 의무규정으로 신고납부의무를 이행하지 아니한 경우 가산세가 부과된다.

29 ⑤

⑤ ㉠ 2주택, ㉡ 1년, ㉢ 3년, ㉣ 2년

30 ⑤

⑤ 주택 정착면적 계산시 무허가 정착면적을 포함하여 계산하며, 도시지역 중 수도권의 경우 주거·상업·공업지역의 경우 주택 정착면적의 3배, 녹지지역은 5배, 도시지역 밖은 10배까지를 부속토지로 본다.

31 ②

② 차량·기계장비·항공기 및 주문에 의하여 건조하는 선박은 원시취득의 경우에는 납세의무가 없고 승계취득의 경우에 납세의무가 있다.

32 ③

③ 비상장 법인 설립시에 발행하는 주식을 취득함으로써 과점주주가 된 때에는 해당 법인의 부동산 등을 취득한 것으로 보지 아니한다.

33 ⑤

⑤ 법인 설립 당시 과점주주가 아니었고 추가로 5%를 취득하여 50%가 되었지만, 50%를 초과하는 경우 과점주주이기 때문에 50%는 과점주주가 아니므로 납세의무가 없다.

34 ④

④ 전세권 설정등기에 대한 등록면허세 산출세액이 건당 6천원보다 적을 때에는 6천원을 등록면허세액으로 한다.

35 ③

③ 과세기준일(6월 1일)까지는 양수인이 납세의무자이고, 6월 1일 이후는 양도인이 납세의무자이다.

플러스 해설↑ ① 재산세 과세기준일 현재 사실상 소유자가 원칙적인 납세의무자이다.
② 주택의 건물과 부속토지의 소유자가 다른 경우 그 주택에 대한 산출세액을 그 건축물과 그 부속토지의 시가표준액비율로 나누어 그 소유자를 재산세 납세의무자로 본다.
④ 재산세 과세기준일 현재 소유권의 귀속이 분명하지 아니하여 사실상의 소유자를 확인할 수 없는 경우에는 사용자를 납세의무자로 한다.
⑤ 「신탁법」에 따라 수탁자 명의로 등기·등록된 신탁재산의 경우 그 위탁자가 재산세를 납부할 의무가 있다.

36 ②

② 시 이상의 주거지역 내 공장 건축물 부속토지로서 공장입지기준면적 범위 안의 토지는 별도합산 과세대상이다.

37 ③

③ 체납된 지방세를 납부하지 아니하였을 때에는 납부기한 지난날로부터 매 1개월이 경과할 때마다 체납된 지방세의 1만분의 66에 상당하는 납부지연가산세를 징수한다.

38 ③

③ 1세대 1주택 단독명의자의 경우만 주택분 종합부동산세 산출세액에서 소유자의 연령과 주택 보유기간에 따른 공제율 합계 100분의 80의 범위에서 중복하여 공제한다.

39 ①

① 지방세 소멸시효는 5천만원(가산세를 제외한 금액) 미만인 경우 5년이다.

> 넓혀 보기
>
> **지방세 소멸시효**
> 1. 5천만원(가산세를 제외한 금액) 이상 : 10년
> 2. 5천만원(가산세를 제외한 금액) 미만 : 5년

40 ④

④ 서류를 송달받아야 할 자가 정당한 사유없이 서류 수령을 거부한 경우 공시송달하는 것이 아니라 송달할 장소에 서류를 둘 수 있다.

Test 04 정답 및 해설

본문 ▶ P. 75

1교시

공인중개사법 · 중개실무

Answer

01. ①	02. ③	03. ⑤	04. ①	05. ①	06. ④	07. ③	08. ②
09. ④	10. ②	11. ⑤	12. ④	13. ①	14. ③	15. ④	16. ④
17. ⑤	18. ④	19. ③	20. ③	21. ②	22. ③	23. ⑤	24. ⑤
25. ①	26. ②	27. ①	28. ①	29. ③	30. ①	31. ②	32. ⑤
33. ④	34. ②	35. ③	36. ②	37. ⑤	38. ②	39. ⑤	40. ④

01 ①

① 중개업의 해당 여부는 다른 사람의 의뢰 + 일정한 보수 + 업(계속성)의 요건을 갖추었는지의 여부로 판단한다.

플러스 해설 ② 분양대행은 중개업이 아니라, 겸업(부업)에 해당한다.
③ 저당권설정계약은 부동산에 대한 권리의 설정이므로, 중개대상에 해당하며, 그 행위가 금전소비대차에 부수하여 이루어진 경우라 하더라도 달리 볼 바도 아니다(대판 1996.9.24, 96도1641).
④ 공인중개사 자격이 없는 자가 우연한 기회에, 단 1회 타인 간의 거래행위를 중개한 경우 등과 같이, 중개를 "업"으로 한 것이 "아니라면" 그에 따른 중개보수 지급약정은 유효하다. 다만, 중개보수 약정이 부당하게 과다하여 「민법」상 신의성실 원칙이나 형평 원칙에 반한다고 볼만한 사정이 있는 경우에는 상당하다고 인정되는 범위 내로 감액된 보수액만을 청구할 수 있다(대판 2012.6.14, 2010다86525).
⑤ 중개대상물의 거래당사자들로부터 보수를 현실적으로 받지 아니하고, 단지 보수를 받을 것을 약속하거나 거래당사자들에게 보수를 요구하는 데 그친 경우에는 '중개업'에 해당한다고 할 수 없어, 무등록중개행위로서의 처벌대상이 아니다(대판 2006.9.22, 2006도4842).

02 ③

③ ㉠㉡㉣은 중개대상물이 아니다.
㉠ (×) 세차장구조물은 건물로 보지 아니한다(대판 2009.1.15, 2008도9427).
㉡ (×) 권리금을 말하며, 권리금은 중개대상물에 해당하지 아니한다. 이른바 "권리금" 등을 수수하도록 중개한 것은 중개행위에 해당하지 아니한다(대판 2006.9.22, 2005도6054).
㉣ (×) 대토권은 중개대상물이 아니다. "대토권"은 이 사건 주택이 철거될 경우 일정한 요건하에 택지개발지구 내에 이주자택지를 공급받을 지위에 불과하고, 특정한 토지나 건물에 해당한다고 볼 수 없으므로, 법 제3조에서 정한 중개대상물에 해당하지 않는다고 볼 것이다(대판 2011.5.26, 2011다23682).

플러스 해설 ㉢ (○) 명인방법을 갖춘 수목의 집단은 토지와 별개의 부동산으로서, 토지와 구별되는 별개의 중개대상물에 해당한다.
㉣ (○) 소유권보존등기를 한 수목의 집단은 입목등기된 입목을 의미하며, 중개대상물에 해당한다.
㉤ (○) 분양계약체결 후의 장래에 건축될 건물은 분양권을 의미하며, 중개대상물에 해당한다(대판 2005.5.27, 2004도62).

03 ⑤

⑤ 대판 2007.3.29, 2006도9334

플러스 해설 ① 금고 이상의 형에 대한 집행유예 기간 중인 자도 시험에 응시하여 공인중개사가 될 수가 "있다". 다만, 등록의 결격사유에 해당되어, 집행유예 기간이 경과되기 전에는 등록은 할 수 없다.
② 공인중개사 자격이 취소되고 "3년"이 경과하지 아니한 자는 공인중개사가 될 수 없다.
③ 자격증을 "교부한" 시 · 도지사가 자격취소처분을 한다.
④ 중개사무소의 대표자를 가리키는 명칭은 일반인으로 하여금 그 명칭을 사용하는 자를 공인중개사로 오인하도록 할 위험성이 있는 것으로 「공인중개사법」 제28조가 사용을 금지하는 '공인중개사와 유사한 명칭'에 해당한다(대판 2007.3.29, 2006도9334).

04 ①

① 정책심의위원회의 심의사항은 손해배상, 자격취득, 중개보수변경, 중개업 육성에 관한 사항이다. 부동산거래신고사항과는 관련 없다.

05 ①

① 실무교육은 "시 · 도지사"가 시행한다. 국토교통부장관이 아니다.

플러스 해설 ③ 중개보조원이 고용관계가 종료된 후 1년 이내에 다시 중개보조원이 되려는 경우에는 직무교육은 면제가 되나, "소속공인중개사"로 고용신고 되려는 자는 실무교육을 받아야 한다.

06 ④

④ 자본금은 "5천만원" 이상이어야 한다. 4억원 이상의 업무보증금과 구별하여야 한다.

법인인 개업공인중개사의 등록기준
㉠ 법 제14조에 규정된 업무만을 영위할 "목적"으로 설립되어야 한다.
㉡ 「상법」상 회사이거나 「협동조합 기본법」상의 협동조합(사회적 협동조합은 제외)으로서, "자본금"이 5천만원 이상이어야 한다.
㉢ "대표자"는 공인중개사이어야 하며, 실무교육을 받아야 하고, 결격사유가 없어야 한다.
㉣ 대표자를 제외하고도, 임원 또는 사원(합자회사나 합명회사의 무한책임사원을 말함. 이하 같음)의 1/3 이상이 공인중개사이어야 한다.
㉤ "임원 또는 사원(무한책임사원을 말함)" "전원"이 시·도지사가 시행하는 실무교육을 등록신청일 전 1년 이내에 수료하여야 하며, 전원이 결격사유가 없어야 한다.
㉥ 중개"사무소"를 확보하여야 한다(개인중개사무소와 동일한 내용).

07 ③

③ 업무정지 "처분" 당시가 아니라, 업무정지 "사유발생" 당시의 임원이 결격사유에 해당한다.

플러스 해설 ① "선고유예"는 결격사유가 아니므로 종사가 가능하다.
② 결격사유에 해당하므로 종사할 수 없다.
④ 폐업 전의 사유로 재등록관청에서 등록을 취소한 경우에는 3년에서 폐업기간을 공제한 기간 동안만 결격기간이 된다.
⑤ 집행유예 기간이 만료되고도 2년이 더 경과된 후에 결격에서 벗어나게 된다.

08 ②

② 법인인 개업공인중개사(중개법인)은 법 제14조에 규정된 업무만을 수행할 수 있다.
㉠㉢이 「공인중개사법」 제14조 규정된 업무에 해당된다.

「공인중개사법」 제14조의 규정
① "중개업" ② 상업용 건축물 및 주택의 임대관리 등 부동산의 "관리대행" ③ 부동산의 이용·개발·거래에 관한 "상담"(부동산 컨설팅) ④ "기타" 중개업에 부수되는 업무로서 대통령령이 정하는 업무 (각종 용역업의 '알선', 이사업체·도배업체 등의 '소개'·'알선') ⑤ "주택" 및 "상가건물"의 "분양대행" ⑥ 개업공인중개사를 대상으로 한 중개업의 "경영기법" 및 경영정보의 제공 ⑦ "경매" 및 공매대상 부동산의 권리분석 및 취득의 알선과 매수신청(입찰신청)의 대리업무

09 ④

④ 외국인은 스스로 결격사유 없음을 증명하여야 하며, 개업공인중개사는 증빙서류를 첨부하여 고용신고를 하여야 한다.

플러스 해설 ① 개업공인중개사는 고용인을 고용한 경우에는 "업무개시 전"까지 고용신고하여야 한다.
② 고용신고는 전자문서에 의하여도 할 수 "있다".

③ 개업공인중개사는 고용신고서를 작성하여 제출하면 되고, 공인중개사 자격증 사본을 첨부할 필요가 없다. 등록관청이 자격증 교부한 시·도지사에게 자격확인을 요청하여 확인을 한다.
⑤ 고용인의 "업무상" 행위는 그를 고용한 개업공인중개사의 행위로 "본다"(법 제15조 제2항).

10 ②

② ㉢ 등록취소, ㉣ 사무소 이전의 경우, 지체 없이 간판을 철거하여야 한다.

플러스 해설 ㉠ 휴업이나 ㉡ 업무정지 기간 동안에는 간판을 철거할 필요는 없다.

11 ⑤

⑤ 최근 1년 이내에 2회 이상의 업무정지처분을 받고, 다시 업무정지처분의 사유가 발생한 경우이므로, 절대적 등록취소사유에 해당된다.

플러스 해설 ① 이전을 한 날로부터 "10일" 이내에 이전신고하여야 한다.
② 등록관청 관할 구역 "외"의 지역으로 이전한 경우이므로, 등록증의 "변경교부"가 아니라, 등록증을 "재교부"하여야 한다.
③ 최근 "1년" 이내의 행정처분서류와 진행중인 경우 그 관련 서류를 모두 송부하여야 한다.
④ 이전 "후"의 관청인 강북구청장에게 하여야 한다.

12 ④

④ 강남구청장에게 하여야 한다. 분사무소에 관한 설치신고, 이전신고, 휴업·폐업신고, 인장등록 모두 "주된 사무소" 소재지 등록관청에 하여야 한다.

플러스 해설 ② 이중사무소 설치 금지 위반으로서 상대적(임의적) 등록취소사유에 해당된다.
⑤ 분사무소를 이전한 경우에는 주된 사무소 소재지 등록관청인 "강남구청장"에게 이전신고를 하여야 한다.

13 ①

플러스 해설 ② 법인인 개업공인중개사의 주된 사무소에서 사용할 인장은 「상업등기규칙」에 따라 신고한 "법인의 인장"이어야 한다.
③ 인장을 변경한 경우에는 "7일" 이내에 변경등록 하여야 한다.
④ 중개사무소를 공동으로 활용하더라도, 각자 개별적인 개업공인중개사이므로, 각자 자신의 인장을 등록하여야 한다
⑤ 중개행위에 사용할 인장은 업무개시 전까지 "하여야" 한다. 다만, 중개사무소 개설등록을 신청할 때에 인장을 등록 "할 수도" 있다.

14 ③

③ 6개월을 초과하는 무단휴업은 상대적 등록취소 사유에 해당되어, 등록이 취소될 수 있다. 맞는 지문이다.

플러스 해설 ① 개업공인중개사가 3개월을 초과하는 휴업을 "하고자" 할 때 "미리" 신고를 하여야 한다.
② 재개신고를 하여 휴업신고시에 제출했던 등록증을 즉시 "반환" 받아야 한다.
④ 휴업신고나 폐업신고는 전자문서에 의한 신고는 할 수 없으며, 등록증을 첨부하여 방문신고하여야 한다.
⑤ 분사무소의 휴업신고는 주된 사무소 소재지 등록관청에 신고하여야 한다.

15 ④

플러스 해설 ① 일반중개계약서는 권장서식에 불과하므로, 서식 사용의무가 "없다".
② 일반중개계약서는 작성의무가 "없다".
③ 중개의뢰인이 전속중개계약의 유효기간 내에 "다른" 개업공인중개사에게 의뢰하여 거래를 성사한 경우에는 중개보수의 "100%"를 위약금으로 지급하여야 한다.
⑤ 임대차인 경우에는 공시지가를 공시하지 아니할 수 있으나, "매매"물건인 경우에는 공시지가를 공개하여야 한다.

16 ④

플러스 해설 ① 건축물의 내진설계 적용 여부와 내진능력은 개업공인중개사 "기본"확인사항이다.
② 단독경보형감지기는 내·외부시설물의 상태에서 소방과 관련된 내용으로, "세부"확인사항에 속한다.
③ 건폐율 상한 및 용적률 상한은 "시·군 조례"를 확인하여 기재한다.
⑤ 거래예정금액은 중개 완성되기 "전"의 거래예정금액을 기재한다.

17 ⑤

⑤ 거래당사자의 인적사항, 물건의 표시, 물건의 인도일시, "권리이전의 내용", 거래대금·계약금 등 그 지급에 관한 사항, 조건이나 기한 있을 때 조건·기한, 확인·설명서 교부일자, 기타약정은 거래계약서의 필요적 기재사항에 해당한다.

플러스 해설 ① 개업공인중개사가 서로 다른 2 이상의 거래계약서를 작성한 경우에는 등록이 취소될 수 있다. 그러나 1년 이하의 징역 또는 1천만원 이하의 벌금 사유에는 해당되지 아니한다.
② 양도소득세의 일부를 회피할 목적으로 매매계약서에 실제로 거래한 가액을 매매대금으로 기재하지 아니하고, 그보다 낮은 금액을 매매대금으로 기재하였다 하여, 그것만으로 그 매매계약이 사회질서에 반하는 법률행위로서 무효로 된다고 할 수는 없다(대판 2007.6.14, 2007다3285).
즉, 진정한 거래계약의 내용은 유효하며, 다만 이중 거짓계약서 작성으로 처벌이 될 뿐이다.
③ 소속공인중개사가 중개업무를 수행하면서 거래계약서에 거래금액을 거짓으로 기재한 경우에는 "자격정지"처분의 대상이 된다.
④ 법인의 대표자가 아니라, 분사무소 "책임자"와 담당 소속공인중개사가 함께 서명 및 날인을 하여야 한다.

18 ④

④ 법원은 예치명의자가 될 수 없다. 예치명의자에는 개업공인중개사, 은행, 체신관서, 보험회사, 신탁업자, 전문회사, 「공인중개사법」상의 공제사업자가 있다. "법원"은 예치명의자가 될 수 "없다".

19 ③

③ 중개의뢰인 쌍방으로부터 중개"의뢰"를 받는 것은 금지행위에 해당되지 아니한다. 계약체결의 대리 권한을 쌍방으로부터 받는 "쌍방대리"가 금지행위에 해당된다. 구별하여야 한다.

플러스 해설 ① 초과되는 약정은 초과분이 무효가 되어, 부당이득으로 반환하여야 한다(대판 2007.12.20, 2005다32159 전합).
② 대판 2004.11.12, 2004도4136
④ 중개대상물 매매업에 해당되어, 1년 이하의 징역 또는 1천만원 이하의 벌금형의 대상이 된다.
⑤ 대판 1990.11.9, 90드1872

20 ③

③ "거래행위"는 중개행위가 아니다.

> **판례**(대판 2011.4.14, 2010다101486)
> 甲이 공인중개사 자격증과 중개사무소 등록증을 대여 받아 중개사무소를 운영하던 중 오피스텔을 임차하기 위하여 위 중개사무소를 방문한 乙에게 자신이 오피스텔을 소유하고 있는 것처럼 가장하여 "직접 거래당사자"로서 임대차계약을 체결한 사안에서, 비록 임대차계약서의 중개사란에 중개사무소의 명칭이 기재되고, 공인중개사 명의로 작성된 중개대상물 확인·설명서가 교부되었다고 하더라도, 甲의 위 행위를 사회통념상 거래당사자 사이의 임대차를 알선·중개하는 행위에 해당한다고 볼 수 없다.

플러스 해설 ① 대판 2007.4.12, 2005다40853
② 대판 2005.10.7, 2005다32197
④ 법 제30조 제2항
⑤ 대판 2005.10.7, 2005다32197

21 ②

1. 주거전용면적이 85m² 이하인 경우에는 매매는 0.5% 범위 내에서 받는다. 매매대금이 5억이므로, 5억 × 0.5% = 250만원
2. 법정한도를 초과하는 약정은 초과분이 무효가 된다. 그러므로 500만원을 약정하였더라도, 법정한도인 250만원까지만 받을 수 있다.
3. 특수한 주거용 오피스텔이므로, 조례(주택)가 적용되는 것이 아니다.

22 ③

③ 개업공인중개사(회원)의 가입이용신청서 + 등록증 사본. 맞는 지문이다.

플러스 해설 ① 가입자가 이용하는 데 지장이 없는 정도로서 "국토교통부장관"이 정하는 용량 및 성능을 갖춘 컴퓨터 설비를 확보하여야 한다.
② 거래정보사업자가 되려면 전국 500명 이상의 개업공인중개사가 가입·이용을 신청하여야 하며, 2개 이상의 시·도에서 각각 "30명" 이상의 개업공인중개사가 가입·이용신청을 하여야 한다.
④ 국토교통부장관은 거래정보사업자 지정신청을 받은 날로부터 "30일" 이내에 이를 검토하여 그 지정 여부를 결정해야 한다.
⑤ 거래정보사업자로 지정받은 법인이 해산하여 부동산거래정보망사업의 계속적인 운영이 불가능한 경우, 국토교통부장관은 청문을 "거치지 않고", 사업자 지정을 취소"할 수" 있다.

23 ⑤

플러스 해설 ① 설립"할 수" 있다(임의설립주의).
② 협회는 법인으로서, "법인설립등기"를 함으로써 성립한다. 설립인가를 받았다고 바로 성립되는 것이 아니다.
③ 지부와 지회는 정관이 정하는 바에 따라 "둘 수" 있다. 두어야 할 의무는 없다.
④ 협회에 대하여는 주된 사무소이든, 지부이든, 지회이든 "국토교통부장관"만이 지도·감독할 수 있다.

24 ⑤

⑤ 등록증이 재교부되어야 하므로, 행정수수료를 납부하여야 한다.

지방자치단체에 따른 행정수수료 납부사유
① 공인중개사 자격시험에 응시하는 자(응시수수료)
② 자격증의 재교부를 신청하는 자
③ 중개사무소의 개설등록을 신청하는 자
④ 등록증의 재교부를 신청하는 자(관할구역 밖으로 중개사무소 이전신고시에도 등록증 재교부에 준하는 수수료 납부)
⑤ 분사무소설치의 신고를 하는 자
⑥ 신고필증의 재교부를 신청하는 자

25 ①

① ㉠ "이중등록"은 포상금 지급 대상 사유가 아니다. ㉡ "초과중개보수"를 수수한 것은 포상금 지급대상 사유가 아니다. ㉢ 검사가 공소제기를 하였으므로, 판사의 무죄선고와 관계없이 포상금은 지급된다. 배분에 대한 합의 방법이 7:3이므로, 甲은 "35만원"을 지급받게 된다.

> **포상금 지급사유**
> 부정등록, 등록증 양도·대여(양수 포함), 무등록중개업, 자격증 양도·대여(양수 포함), 개업공인중개사가 아닌 자의 광고행위, 법 제33조 제1항의 금지행위 중 시세조작, 투기조장, 법 제33조 제2항의 금지행위가 있다.

26 ②

플러스 해설 ① 자격취소는 기속행위이므로, 시·도지사는 자격취소를 "하여야" 한다.
③ "7일" 이내에 반납하여야 한다.
④ 자격정지는 보고 통지의무가 없다. 5일 이내에 보고하고 통지하는 사후절차는 오로지 "자격취소"에만 있는 제도이다.
⑤ 자격정지는 부과기준에 "2분의 1"의 범위 내에서 가중하여 처벌할 수 있으며, 가중하여 처벌하는 경우라도 6개월을 초과할 수 없다.

27 ①

㉢ 절대적 등록취소 사유에 해당된다.
플러스 해설 ㉠ 법 제33조 제1항의 금지행위에 해당된다. 상대적 등록취소사유이다.
㉡ 법 제33조 제1항의 금지행위에 해당된다. 상대적 등록취소사유이다.
㉣ 이중사무소, 임시시설물 설치는 상대적 등록취소사유이다.
㉤ 6개월을 초과하는 무단휴업은 상대적 등록취소사유이다.

28 ①

㉠ 1개만 옳은 지문이다.
플러스 해설 ㉡ "등록관청"
㉢ "500만원" 이하의 과태료
㉣ "국토교통부장관"
㉤ "3,000만원" 이하의 과태료

29 ③

㉠ 1년 - 1천만원 이하
㉡ 1년 - 1천만원 이하(+ 절대적 등록취소사유)
㉢ 1년 - 1천만원 이하(+ 지정취소사유)
플러스 해설 ㉣ 3년 - 3천만원 이하(+ 상대적 등록취소사유)

30 ①

① 전자거래계약시스템을 통하여 전자계약을 한 경우에는 자동으로 부동산거래신고가 되어, 거래신고를 한 것으로 본다.
플러스 해설 ② 거래당사자 중 일방이 국가나 지방자치단체인 경우에는 "국가나 지방자치단체"가 신고를 하여야 한다. 이 경우는 일반인에게는 신고의무가 없다.
③ 부동산에 대한 "공급계약"도 신고를 "하여야" 한다.
④ 토지거래허가를 받은 경우에도 별도로 부동산거래신고를 "하여야" 한다.
⑤ 공동매수인이 변경된 경우, 교체나 추가된 경우에는 변경신고의 대상이 아니고, "일부가 제외"된 경우에만 변경신고의 대상이 된다.

TEST 04

31 ②

② 이 경우는 부가가치세를 "포함"한 가격으로 신고하여야 한다(현존하는 토지와 건물에 대한 신고시에는 부가가치세를 제외한 가격으로 신고).

32 ⑤

⑤ 특별한 공고가 없는 경우, 상업지역은 150㎡를 초과하는 토지인 경우에만 허가를 받는다. 150㎡ 이하는 허가를 받지 아니한다.

[플러스 해설] ④ 특별한 공고가 없는 경우, 주거지역에서 60㎡를 초과하는 경우에는 허가를 받아야 한다.

33 ④

㉠ 거짓신고의 경우, 부과된 과태료의 20%를 포상금(한도액은 1천만원)으로 지급한다. 그러므로 2천만원의 20% = "400만원"
㉡ 거짓신고의 경우, 부과된 과태료의 20%를 포상금(한도액은 1천만원)으로 지급한다. 그러므로 1억원의 20% = 2천만원. 그러나 한도액이 1천만원이므로, 여기서는 "1천만원"이 지급된다.
㉢ 이 경우는 검사가 공소제기하거나 기소유예처분을 하게 되면, 신고관청은 포상금을 지급한다. 검사가 공소제기를 하였으므로, 판사의 무죄선고와 관계없이 포상금은 지급된다. 이 경우는 1건당 "50만원"
㉣ 모두 행정기관에 의하여 발각되기 전에 신고하였으므로, 모두 그대로 지급된다. 총 합산액은 1,450만원이 된다.

34 ②

② 국적이 변경된 날로부터 "6개월" 이내에 계속보유신고를 하여야 한다.

35 ③

③ 분묘기지권이 소멸하는 분묘기지권 포기는 그 권리자가 의무자에 대하여 그 권리를 포기하는 의사표시를 하는 것으로 족하고, 그 외에 점유까지도 포기하여야만 그 권리가 소멸하는 것이 아니다(대판 1992.6.23, 92다14762).

[플러스 해설] ① 대판 2001.8.21, 2001다28367
② 대판 1991.10.25, 91다18040
④ 매장신고는 30일 이내에 하여야 한다.
⑤ 「장사 등에 관한 법률」 제27조 제4항

36 ②

② 도시민의 주말·체험영농은 1,000㎡ "미만"이어야 한다.

37 ⑤

⑤ 전자시스템을 통하여 전자계약을 하는 경우, 등록된 개업공인중개사만이 회원가입이 되므로, 무등록중개업을 방지하는 데 효율적이다.

38 ②

② 다가구용 단독주택으로 소유권보존등기가 경료된 건물의 일부를 임차한 임차인은 이를 인도 받고 임차 건물의 지번을 정확히 기재하여 전입신고를 하면 「주택임대차보호법」 소정의 대항력을 적법하게 취득하고, 나중에 다가구용 단독주택이 다세대주택으로 변경되었다는 사정만으로, 임차인이 "이미" 취득한 대항력을 "상실하게 되는 것은 아니라" 할 것이다(대판 2007.2.8, 2006다70516).

[플러스 해설] ① 「주택임대차보호법」 제11조(일시사용을 위한 임대차) 이 법은 일시 사용하기 위한 임대차임이 명백한 경우에는 적용하지 아니한다.
③ 간접점유자에 불과한 임차인 자신의 주민등록으로는 대항력의 요건을 적법하게 갖추었다고 할 수 없으며, 당해 주택에 실제로 거주하는 직접점유자(전차인)가 자신의 주민등록을 마친 경우에 한하여 비로소 그 간접점유자가 대항력을 취득할 수 있다(대판 2001.1.19, 2000다55645).
④ 대항력이 주민등록을 한 날 그 다음 날에 발생되므로, 이 경우는 저당권이 우선하고, 저당권보다 후순위의 임차권은 경매매각으로 소멸되므로, 낙찰자(매수인)에게 대항할 수 없다.
⑤ 「주택임대차보호법 시행령」 제22조

39 ⑤

[플러스 해설] ① "6개월 전"부터 종료시까지
② "1년 6개월" 이상
③ 전통시장도 권리금이 보호"된다".
④ 법무부장관이 아니라, "국토교통부장관"이다.

40 ④

④ 허가결정에 항고할 때에는 "매각대금"의 10%를 공탁하여야 한다.

[플러스 해설] ⑤ 배당요구가 필요한 배당요구채권자는, 소액임차인이라 하더라도 경락기일까지 배당요구를 한 경우에 한하여 비로소 배당을 받을 수 있고, 적법한 배당요구를 하지 아니한 경우에는 경락대금으로부터 배당을 받을 수는 없을 것이므로, 그를 배당에서 제외하는 것으로 배당표가 작성·확정되고 그 확정된 배당표에 따라 배당이 실시되었다면, 후 순위 채권자에게 배당되었다고 하여 부당이득반환을 청구할 수는 없다(대판 2002.1.22, 2001다70702).

부동산공법

Answer

41. ⑤	42. ②	43. ⑤	44. ⑤	45. ③	46. ④	47. ③	48. ⑤
49. ⑤	50. ②	51. ⑤	52. ④	53. ①	54. ①	55. ②	56. ⑤
57. ④	58. ④	59. ⑤	60. ③	61. ③	62. ⑤	63. ④	64. ②
65. ②	66. ⑤	67. ①	68. ⑤	69. ④	70. ⑤	71. ③	72. ④
73. ④	74. ③	75. ②	76. ④	77. ⑤	78. ②	79. ①	80. ⑤

41 ⑤

플러스 해설 ① 광역도시계획은 광역계획권의 장기발전방향을 제시하는 계획이다.
② 성장관리계획은 도시·군관리계획이 아니다.
③ 도시·군계획사업이란 도시·군관리계획을 시행하기 위한 사업으로 도시·군계획시설사업, 도시개발법에 따른 도시개발사업, 도시 및 주거환경정비법에 따른 정비사업을 말한다. 대지조성사업은 도시·군계획사업이 아니다.
④ 도시·군계획시설사업이란 도시·군계획시설을 설치·정비 또는 개량하는 사업을 말한다.

42 ②

② 광역계획권이 둘 이상의 시·도의 관할 구역에 걸쳐 있는 경우에는 국토교통부장관이 지정한다.

43 ⑤

산업·유통개발진흥지구의 지정을 제안할 수 있는 대상지역은 다음의 요건을 모두 갖춘 지역으로 한다.

1. 지정 대상 지역의 면적은 1만제곱미터 이상 3만제곱미터 미만일 것
2. 지정 대상 지역이 자연녹지지역·계획관리지역 또는 생산관리지역일 것
3. 지정 대상 지역의 전체 면적에서 계획관리지역의 면적이 차지하는 비율이 100분의 50 이상일 것
4. 지정 대상 지역의 토지특성이 과도한 개발행위의 방지를 위하여 국토교통부장관이 정하여 고시하는 기준에 적합할 것

44 ⑤

시·도지사 또는 대도시 시장은 해당 시·도 또는 대도시의 도시·군계획조례로 정하는 바에 따라 도시·군관리계획결정으로 주거지역·상업지역·공업지역·녹지지역을 추가적으로 세분하여 지정할 수 있다.

45 ③

플러스 해설 ㉡ 집단취락지구 안에서의 건축제한에 관하여는 개발제한구역의 지정 및 관리에 관한 특별조치법령이 정하는 바에 의한다.
㉢ 고도지구 안에서는 도시·군관리계획으로 정하는 높이를 초과하는 건축물을 건축할 수 없다.

46 ④

④ 용도지역 및 용도지구에 따른 제한에도 불구하고 복합용도구역에서의 건축물이나 그 밖의 시설의 용도·종류 및 규모 등의 제한에 관한 사항은 대통령령으로 정하는 범위에서 복합용도계획으로 따로 정한다.

47 ③

③ 제1종 전용주거지역의 연면적 700m²(= 700m² × 100%)를 제외한 나머지 1,200m²(= 1,900m² − 700m²)가 준주거지역의 연면적이므로 A시의 도시·군계획조례가 정하는 준주거지역의 용적률은 400%(= 1,200 ÷ 300m² × 100%)이다.

48 ⑤

지구단위계획(주민이 입안을 제안한 것에 한정한다)에 관한 도시·군관리계획결정의 고시일부터 5년 이내에 이 법 또는 다른 법률에 따라 허가·인가·승인 등을 받아 사업이나 공사에 착수하지 아니하면 그 5년이 된 날의 다음 날에 그 지구단위계획에 관한 도시·군관리계획결정은 효력을 잃는다.

49 ⑤

⑤ 개발행위허가를 받은 부지면적을 5퍼센트 범위에서 '축소' 하는 경우에는 별도의 변경허가를 받지 않아도 된다.

50 ②

기반시설부담구역에서 기반시설설치비용의 부과대상인 건축행위는 「국토의 계획 및 이용에 관한 법률」 제2조 제20호에 따른 시설로서 200제곱미터(기존 건축물의 연면적 포함)를 초과하는 건축물의 신축·증축 행위로 한다.

51 ⑤

⑤ '사업구역경계의 변경이 없는 범위에서' 건축물의 연면적 10% 미만을 변경하는 경우에 실시계획 변경인가를 받을 필요가 없다.

52 ④

다음의 어느 하나에 해당하는 처분을 하려면 청문을 하여야 한다.

1. 개발행위허가의 취소
2. 도시·군계획시설사업의 시행자 지정의 취소
3. 실시계획인가의 취소

TEST 04

53 ①

① 국가, 지방자치단체, 조합은 제안할 수 있는 자가 아니다.

54 ①

플러스 해설 ② 3년 ⇨ 2년
③ 3년 ⇨ 5년
④ 3년이 되는 날의 다음 날에 해제된 것으로 본다.
⑤ 공사완료로 도시개발구역의 지정이 해제의제된 경우에는 도시개발구역 지정 전의 용도지역 및 지구단위계획구역으로 각각 환원되거나 폐지된 것으로 보지 아니한다.

55 ②

- 의결권을 가진 조합원의 수가 50인 이상인 조합은 총회의 권한을 대행하게 하기 위하여 대의원회를 둘 수 있다.
- 대의원회에 두는 대의원의 수는 의결권을 가진 조합원 총수의 100분의 10 이상으로 하고, 대의원은 의결권을 가진 조합원 중에서 정관에서 정하는 바에 따라 선출한다.

56 ⑤

⑤ 민간시행자가 토지상환채권을 발행하는 경우 지급보증을 받아야 하며, 지방공사 등 공공시행자는 보증을 받을 필요가 없다.

넓혀 보기

토지상환채권

발행목적 등	시행자는 토지 소유자가 원하면 토지등의 매수대금의 일부를 지급하기 위하여 대통령령으로 정하는 바에 따라 사업 시행으로 조성된 토지·건축물로 상환하는 채권(토지상환채권)을 발행할 수 있다.
발행규모	토지상환채권으로 상환할 토지·건축물이 해당 도시개발사업으로 조성되는 분양토지 또는 분양건축물 면적의 2분의 1을 초과하지 아니하도록 하여야 한다.
발행절차	1. 민간시행자는 대통령령으로 정하는 금융기관 등으로부터 지급보증을 받은 경우에만 이를 발행할 수 있다. 2. 시행자(지정권자가 시행자인 경우는 제외)는 토지상환채권을 발행하려면 대통령령으로 정하는 바에 따라 토지상환채권의 발행계획을 작성하여 미리 지정권자의 승인을 받아야 한다.
발행조건 등	1. 토지상환채권의 이율은 발행당시의 은행의 예금금리 및 부동산 수급상황을 고려하여 발행자가 정한다. 2. 토지상환채권은 기명식(記名式) 증권으로 한다.
채권의 이전	토지상환채권을 이전하는 경우 취득자는 그 성명과 주소를 토지상환채권원부에 기재하여 줄 것을 요청하여야 하며, 취득자의 성명과 주소가 토지상환채권에 기재되지 아니하면 취득자는 발행자 및 그 밖의 제3자에게 대항하지 못한다.

57 ④

④ 330m² 이하의 단독주택용지는 추첨의 방법으로 공급할 수 있다.

58 ④

플러스 해설 ① 환지계획의 작성기준에 관하여 필요한 사항은 국토교통부령으로 정할 수 있다.
② 토지 소유자가 신청하거나 동의하면 해당 토지의 전부 또는 일부에 대하여 환지를 정하지 아니할 수 있다. 다만, 해당 토지에 관하여 임차권자등이 있는 경우에는 그 동의를 받아야 한다.
③ 환지계획에서 정하여진 환지는 그 환지처분이 공고된 날의 다음 날부터 종전의 토지로 본다.
⑤ 청산금은 이자를 붙여 분할징수하거나 분할교부할 수 있다.

59 ⑤

플러스 해설 ① 대지란 정비사업으로 조성된 토지를 말한다.
② 주거환경개선사업은 도시저소득 주민이 집단거주하는 지역으로서 정비기반시설이 극히 열악하고 노후·불량건축물이 과도하게 밀집한 지역의 주거환경을 개선하거나 단독주택 및 다세대주택이 밀집한 지역에서 정비기반시설과 공동이용시설 확충을 통하여 주거환경을 보전·정비·개량하기 위한 사업을 말한다.
③ 도로, 상하수도, 공원, 공용주차장은 정비기반시설에 해당한다.
④ 재건축사업의 경우 지상권자는 토지등소유자가 아니다.

60 ③

정비구역에서 시장·군수등의 허가를 받아야 하는 행위는 다음과 같다.

1. 건축물의 건축 등: 건축물(가설건축물을 포함한다)의 건축, 용도변경
2. 공작물의 설치: 인공을 가하여 제작한 시설물의 설치
3. 토지의 형질변경: 절토(땅깎기)·성토(흙쌓기)·정지(땅고르기)·포장 등의 방법으로 토지의 형상을 변경하는 행위, 토지의 굴착 또는 공유수면의 매립
4. 토석의 채취: 흙·모래·자갈·바위 등의 토석을 채취하는 행위
5. 토지분할
6. 물건을 쌓아놓는 행위: 이동이 쉽지 아니한 물건을 1개월 이상 쌓아놓는 행위
7. 죽목의 벌채 및 식재

61 ③

재건축사업의 경우 공동주택 외 건축물은 준주거지역 및 상업지역에서만 건설할 수 있다. 이 경우 공동주택 외 건축물의 연면적은 전체 건축물 연면적의 100분의 30 이하이어야 한다.

62 ⑤

플러스 해설 ① 동의한 자에 한하여 조합원이 되는 것은 재건축사업의 경우이며, 재개발사업의 경우 동의 여부에 관계없이 조합원이 된다.
② 조합장의 자기를 위한 조합과의 계약이나 소송에 관하여는 감사가 조합을 대표한다.
③ 조합임원의 임기는 3년 이하의 범위에서 정관으로 정하되, 연임할 수 있다.
④ 투기과열지구에서 재개발사업을 시행하는 경우 관리처분계획의 인가 후 해당 정비사업의 건축물 또는 토지를 양수한 자는 조합원이 될 수 없다.

63 ④

④ 재개발사업의 시행자가 지정개발자(토지등소유자가 지정개발자인 경우에 한함)인 경우 정비사업비의 100분의 20에 해당하는 금액을 예치하게 할 수 있다.

64 ②

플러스 해설 ① 투기과열지구의 정비사업에서 관리처분계획에 따라 분양대상자 또는 일반 분양대상자 및 그 세대에 속한 자는 분양대상자 선정일(조합원 분양분의 분양대상자는 최초 관리처분계획 인가일을 말한다)부터 5년 이내에는 투기과열지구에서 분양신청을 할 수 없다. 다만, 상속, 결혼, 이혼으로 조합원 자격을 취득한 경우에는 분양신청을 할 수 있다.
③ 사업시행자는 관리처분계획을 수립하여 시장·군수등의 인가를 받아야 하며, 관리처분계획을 변경·중지 또는 폐지하려는 경우에도 또한 같다.
④ 과밀억제권역에 위치하지 아니한 재건축사업의 토지등소유자에게는 소유한 주택 수만큼 공급할 수 있다. 다만, 투기과열지구 또는 「주택법」에 따라 지정된 조정대상지역에서 사업시행계획인가를 신청하는 재건축사업의 토지등소유자는 제외한다.
⑤ 재건축사업의 경우 관리처분은 조합이 조합원 전원의 동의를 받아 그 기준을 따로 정하는 경우에는 그에 따른다.

65 ②

② 문화 및 집회시설이라도 동물원 및 식물원은 다중이용 건축물에 해당하지 아니한다.

66 ⑤

⑤ 모두 대수선 행위에 해당된다.

67 ①

플러스 해설 ② 층수가 21층 이상이거나 연면적의 합계가 10만제곱미터 이상인 건축물을 광역시에 건축하려면 광역시장의 허가를 받아야 한다. 다만, 공장과 창고는 제외한다.
③ 고속도로 통행료 징수시설은 건축법의 적용대상이 아니다.
④ 건축신고를 한 자가 신고일부터 1년 이내에 공사에 착수하지 아니하면 그 신고의 효력은 없어진다.
⑤ 건축위원회의 심의를 받은 자가 심의 결과를 통지 받은 날부터 2년 이내에 건축허가를 신청하지 아니하면 건축위원회 심의의 효력이 상실된다.

68 ⑤

플러스 해설 ① 도시·군계획시설 또는 도시·군계획시설예정지에서 가설건축물을 건축하려면 시장·군수·구청장의 허가를 받아야 한다.
② 신고하여야 하는 가설건축물의 존치기간은 3년 이내로 한다.
③ 신고대상인 가설건축물의 존치기간을 연장하려면 존치기간 만료일 7일 전까지 신고를 해야 한다.
④ 공장에 설치한 가설건축물의 경우에는 시장·군수·구청장에게 그 존치기간의 연장을 원하지 않는다는 사실을 통지하지 아니하는 경우에는 기존 가설건축물과 동일한 기간으로 존치기간을 연장한 것으로 본다.

69 ④

플러스 해설 ① 허가·신고시에 시·도지사, 시장·군수·구청장이 위치를 지정하여 공고하는 도로도 건축법상의 도로에 포함된다.
② 예정도로를 포함한다.
③ 이해관계인의 해외거주 등 동의를 받지 아니하고 건축위원회의 심의를 거쳐 도로를 지정할 수 있는 예외 규정을 두고 있다.
⑤ 통과도로의 너비는 원칙적으로 4m 이상이어야 한다.

70 ⑤

⑤ 주택의 발코니 등 건축물의 노대나 그 밖에 이와 비슷한 것의 바닥은 난간 등의 설치 여부에 관계없이 노대 등의 면적에서 노대 등이 접한 가장 긴 외벽에 접한 길이에 1.5미터를 곱한 값을 뺀 면적을 바닥면적에 산입한다.

71 ③

플러스 해설 ① 시장·군수·구청장은 특별시장·광역시장·도지사에게 각각 특별건축구역의 지정을 신청할 수 있다.
② 군사기지 및 군사시설 보호구역에 특별건축구역을 지정하는 경우에는 국방부장관과 사전에 협의하여야 한다.
④ 특별건축구역에서 건축기준 등의 특례사항을 적용하여 건축할 수 있는 건축물은 다음의 어느 하나에 해당되어야 한다.

1. 국가 또는 지방자치단체가 건축하는 건축물
2. 「공공기관의 운영에 관한 법률」에 따른 공공기관 중 대통령령으로 정하는 공공기관이 건축하는 건축물
3. 그 밖에 대통령령으로 정하는 용도·규모의 건축물로서 도시경관의 창출, 건설기술 수준향상 및 건축 관련 제도 개선을 위하여 특례 적용이 필요하다고 허가권자가 인정하는 건축물

⑤ 개발제한구역, 자연공원, 접도구역, 보전산지에 특별건축구역을 지정할 수 없다.

72 ④

플러스 해설 ㉠㉢ 경비실과 조경시설은 부대시설에 해당한다.

73 ②

플러스 해설 ① 세대구분형 공동주택은 공동주택의 주택 내부 공간의 일부를 세대별로 구분하여 생활이 가능한 구조로 하되, 그 구분된 공간의 일부를 구분소유 할 수 없다.
③ 하나의 세대가 통합하여 사용할 수 있도록 세대 간에 연결문 또는 경량구조의 경계벽 등을 설치하여야 한다.
④ 세대구분형 공동주택이 주택단지 공동주택 전체 호수의 3분의 1을 넘지 않아야 한다.
⑤ 세대구분형 공동주택의 세대별로 구분된 각각의 공간의 주거전용면적 합계가 주택단지 전체 주거전용면적 합계의 3분의 1을 넘지 않아야 한다.

넓혀 보기

세대구분형 공동주택

의의	공동주택의 주택 내부 공간의 일부를 세대별로 구분하여 생활이 가능한 구조로 하되, 그 구분된 공간의 일부를 구분소유 할 수 없는 주택으로서 대통령령으로 정하는 건설기준, 설치기준, 면적기준 등에 적합한 주택
사업계획의 승인을 받아 건설하는 공동주택의 경우	1. 세대별로 구분된 각각의 공간마다 별도의 욕실, 부엌과 현관을 설치할 것 2. 하나의 세대가 통합하여 사용할 수 있도록 세대 간에 연결문 또는 경량구조의 경계벽 등을 설치할 것 3. 세대구분형 공동주택의 세대수가 해당 주택단지 안의 공동주택 전체 세대수의 3분의 1을 넘지 않을 것 4. 세대별로 구분된 각각의 공간의 주거전용면적 합계가 해당 주택단지 전체 주거전용면적 합계의 3분의 1을 넘지 않는 등 국토교통부장관이 정하여 고시하는 주거전용면적의 비율에 관한 기준을 충족할 것
「공동주택관리법」에 따른 행위의 허가를 받거나 신고를 하고 설치하는 공동주택의 경우	1. 구분된 공간의 세대수는 기존 세대를 포함하여 2세대 이하일 것 2. 세대별로 구분된 각각의 공간마다 별도의 욕실, 부엌과 구분 출입문을 설치할 것 3. 세대구분형 공동주택의 세대수가 해당 주택단지 안의 공동주택 전체 세대수의 10분의 1과 해당 동의 전체 세대수의 3분의 1을 각각 넘지 않을 것 4. 구조, 화재, 소방 및 피난안전 등 관계 법령에서 정하는 안전 기준을 충족할 것

74 ③

플러스 해설 ① 지역주택조합의 경우 설립인가를 받은 날부터 2년 이내에 사업계획승인을 신청하여야 한다.
② 등록사업자와 공동으로 주택건설사업을 하려는 주택조합은 주택사업의 등록을 할 필요가 없다.
④ 국민주택을 공급받기 위하여 직장주택조합을 설립하려는 자는 관할 시장·군수·구청장에게 신고하여야 한다.
⑤ 리모델링주택조합은 조합원 수의 제한이 없다.

75 ②

플러스 해설 ① 국민주택규모의 주택을 50% 이상 건설하는 사업주체에게 국·공유지를 우선 공급할 수 있다.
③ 1년 ▷ 2년, 취소하여야 한다. ▷ 취소할 수 있다.
④ 체비지의 양도가격은 감정가격을 원칙으로 한다.
⑤ 리모델링주택조합은 그 리모델링 결의에 찬성하지 아니하는 자의 주택 및 토지에 대하여 매도청구할 수 있다.

76 ④

플러스 해설 ① 사업주체는 사업계획승인을 받아 시행하는 주택건설사업 또는 대지조성사업을 완료한 경우에는 주택 또는 대지에 대하여 시장·군수·구청장의 사용검사를 받아야 한다.
② 한국토지주택공사가 사업주체인 경우에는 국토교통부장관의 사용검사를 받아야 한다.
③ 사용검사는 그 신청일부터 15일 이내에 하여야 한다.
⑤ 공동주택에 대해서 세대별 임시사용승인이 가능하다.

77 ⑤

⑤ 분양가상한제적용직전월부터 소급하여 주택공급이 있었던 2개월 동안 해당 지역에서 공급되는 주택의 월평균 청약경쟁률이 모두 5대 1을 초과하였거나 해당 지역에서 공급되는 국민주택규모 주택의 월평균 청약경쟁률이 모두 10대 1을 초과한 지역에 분양가상한제 적용 지역을 지정할 수 있다.

78 ②

리모델링주택조합은 주택의 리모델링을 위하여 설립하는 것으로, 주택을 건설·공급하지 아니한다. 따라서 양도·양수·알선 금지 규정과는 관계없다.

79 ①

① 전·답, 과수원, 그 밖에 법적 지목(地目)을 불문하고 실제로 농작물 경작지 또는 대통령령으로 정하는 다년생식물 재배지로 이용되는 토지는 농지에 해당한다. 다만, 다음의 토지는 농지에서 제외된다.

> 1. 지목이 전·답, 과수원이 아닌 토지로서 농작물 경작지 또는 다년생식물 재배지로 계속하여 이용되는 기간이 3년 미만인 토지
> 2. 지목이 임야인 토지로서 「산지관리법」에 따른 산지전용허가를 거치지 아니하고 농작물의 경작 또는 다년생식물의 재배에 이용되는 토지
> 3. 「초지법」에 따라 조성된 초지

80 ⑤

플러스 해설 ① 다음의 어느 하나에 해당하는 자에게 이행강제금을 부과한다.

> 1. 처분명령을 받은 후 정당한 사유없이 지정기간까지 그 처분명령을 이행하지 아니한 자
> 2. 원상회복 명령을 받은 후 그 기간 내에 원상회복 명령을 이행하지 아니하여 시장·군수·구청장이 그 원상회복 명령의 이행에 필요한 상당한 기간을 정하였음에도 그 기한까지 원상회복을 아니한 자

② 감정평가법인 등이 감정평가한 감정가격 또는 개별공시지가 중 더 높은 가액의 100분의 25에 해당하는 이행강제금을 부과한다.
③ 이행강제금을 매년 1회 이내에서 반복하여 부과·징수될 수 있다.
④ 이미 부과된 이행강제금은 징수하여야 한다.

2교시

부동산공시법령

Answer

01.①	02.⑤	03.④	04.③	05.①	06.④	07.②	08.②
09.①	10.②	11.①	12.④	13.②	14.①	15.④	16.④
17.②	18.⑤	19.④	20.②	21.④	22.④	23.⑤	24.③

01 ①

① 축척변경에 따라 확정된 사항을 지적공부에 등록하여야 한다. 이 경우 지적도에 등록하는 기준은 축척변경 확정측량 결과도 또는 경계점좌표에 따른다.

02 ⑤

플러스 해설 ① 토지대장과 임야대장에는 토지의 지목과 면적을 등록하나, 건축물 및 구조물 등의 위치는 지적도와 임야도의 등록사항이다.
② 공유지연명부에는 소유권 지분과 소유자의 성명 또는 명칭, 주소 및 주민등록번호를 등록하고, 필지별 공유지연명부의 장번호가 등록된다. 집합건물별 대지권등록부의 장번호는 대지권등록부의 등록사항이다.
③ (국토교통부장관이 아니라) 지적소관청은 토지의 이동에 따라 지상경계를 새로 정한 경우에는 지상경계점등록부를 작성·관리하여야 한다.
④ 합병에 따른 경계·좌표 또는 면적은 따로 지적측량을 하지 아니하고 다음 구분에 따라 결정한다.

> 1. 합병 후 필지의 경계 또는 좌표: 합병 전 각 필지의 경계 또는 좌표 중 합병으로 필요 없게 된 부분을 말소하여 결정
> 2. 합병 후 필지의 면적: 합병 전 각 필지의 면적을 합산하여 결정

03 ④

플러스 해설 ① 「국토의 계획 및 이용에 관한 법률」 등 관계법령에 따른 토지의 형질변경 등의 공사가 준공된 경우, 토지 소유자는 60일 이내에 지목변경을 신청하여야 한다.
② 산지관리법에 의한 산지전용허가, 건축법에 의한 건축허가 등 개발행위허가 등을 받은 경우에는 등록전환을 신청할 수 있다.
③ 신규등록 신청시 그 소유권을 증명하는 서면으로 토지 등기사항증명서는 포함되지 않는다.
⑤ 등록전환에 따른 면적을 정할 때 임야대장의 면적과 등록전환 될 면적의 차이가 오차의 허용범위 이내인 경우, 등록전환 될 면적을 등록전환 면적으로 결정한다.

04 ③

㉡ 위원이 제척 사유에 해당하는 경우에는 해당 안건의 당사자가 기피신청을 하지 않더라도 스스로 해당 안건의 심의·의결에서 회피(回避)하여야 한다.

05 ①

① 지적소관청이 토지소유자에게 지적정리 등을 통지하여야 하는 시기는 다음 각 호의 구분에 따른다(법 제85조).

1. 토지의 표시에 관한 변경등기가 필요한 경우 : 그 등기완료의 통지서를 접수한 날부터 15일 이내
2. 토지의 표시에 관한 변경등기가 필요하지 아니한 경우 : 지적공부에 등록한 날부터 7일 이내

06 ④

④ 경계점좌표등록부시행지역은 소수점 이하 첫째 자리까지 등록하며, 끝수처리 해야 할 숫자가 5 하나뿐이므로 5사5입법을 적용한다. 따라서 5 앞의 숫자가 홀수(3)이므로 5를 올려 1024.4m²로 등록하게 된다.

07 ②

플러스 해설 ① 토지가 해면 또는 수면에 접하는 경우에는 최대만조선 또는 최대만수위 되는 선을 기준으로 지적공부에 등록한다.
③ 도시개발사업 등의 사업시행자가 사업지구의 경계를 결정하기 위하여 분할하고자 하는 경우 지상경계는 지상건축물을 걸리게 결정할 수 있다.
④ 연접되는 토지 간에 높낮이의 차이가 있는 경우로서 지상경계의 구획을 형성하는 구조물 등의 소유자가 다른 경우에는 그 소유권에 따른다.
⑤ 지적공부상 경계가 기술적인 착오로 진실한 경계선과 다르게 등록된 것과 같은 특별한 사정이 있는 경우에 경계확정은 실제의 경계로 한다.

08 ②

㉠ 지적위원회의 위원장 및 부위원장을 제외한 위원의 임기는 "2년"으로 한다(「공간정보의 구축 및 관리 등에 관한 법률 시행령」 제20조 제4항).
㉡ 시·도지사는 지방지적위원회의 의결서를 받은 날부터 "7일 이내"에 지적측량 적부심사 청구인 및 이해관계인에게 그 의결서를 통지하여야 한다(「공간정보의 구축 및 관리 등에 관한 법률」 제29조 제5항).
㉢ 지적위원회의 위원장이 회의를 소집할 때에는 회의 일시·장소 및 심의 안건을 회의 "5일 전까지" 각 위원에게 서면으로 통지하여야 한다(「공간정보의 구축 및 관리 등에 관한 법률 시행령」 제21조 제5항).

09 ①

① 자동차·선박·기차 등의 제작 또는 정비공장 안에 설치된 급유·송유시설 등의 부지는 '주유소용지'에서 제외한다(「공간정보의 구축 및 관리 등에 관한 법률 시행령」 제58조 제12호).

10 ②

플러스 해설 ① 지적공부 보관상자는 벽으로부터 15센티미터 이상 띄워야 하며, 높이 10센티미터 이상의 깔판 위에 올려놓아야 한다.

③ 창문과 출입문은 2중으로 하되, 바깥쪽 문은 반드시 철제로 하고 안쪽 문은 곤충·쥐 등의 침입을 막을 수 있도록 철망 등을 설치하여야 한다.
④ 온도 및 습도 자동조절장치를 설치하고, 연중 평균온도는 섭씨 20±5도를, 연중평균습도는 65±5퍼센트를 유지하여야 한다.
⑤ 카드로 된 토지대장·임야대장·공유지연명부·대지권등록부 및 경계점좌표등록부는 100장 단위로 바인더(binder)에 넣어 보관하여야 한다.

11 ①

① 토지소유자 등 이해관계인은 지적측량을 지적측량수행자에게 의뢰하고, 지적측량수행자는 지적측량수행계획서를 그 다음 날까지 지적소관청에게 제출하여야 한다.

12 ④

④ 고유번호 19자리 중 11번째 자리는 대장을 표시하는 자리이고, 8자리는 지번을 표시하는 숫자로서 11번째가 2로 등록된 토지는 임야대장에 등록되어 있다. 따라서 지번을 정할 때 이 토지의 지번은 산58-1이다.

13 ②

② 지방자치단체는 등기신청의 당사자능력이 인정되지만, 읍·면은 등기신청적격이 인정되지 않는다.

14 ①

① 「부동산등기법」 제23조 제4항의 판결은 확정된 이행판결이어야 한다.

15 ④

④ 소유권보존등기를 관공서가 촉탁하는 경우에도 부동산의 표시를 증명하는 서면을 첨부정보로 등기소에 제공하여야 한다.

16 ④

㉡ 매매를 원인으로 소유권이전등기를 신청하는 경우, 등기권리자 및 등기의무자의 주소를 증명하는 정보는 제공하여야 한다.

17 ②

② 2번 저당권이 설정된 후 1번 저당권 일부이전의 부기등기가 이루어진 경우, 배당에 있어서 그 부기등기는 2번 저당권에 선순위가 된다.

18 ⑤

⑤ 집합건물의 규약상 공용부분이라는 뜻을 정한 규약을 폐지한 경우, 그 공용부분의 취득자는 소유권 "보존"등기를 신청하여야 한다.

19 ④

④ 여러 명의 가등기권리자 중 1인이 자기지분만에 관한 본등기는 신청할 수 있지만, 전원명의의 본등기는 신청할 수 없다.

20 ②

② 전부회복하는 말소회복등기는 주등기로 실행하고, 일부회복하는 말소회복등기는 부기등기로 한다.

21 ④

플러스 해설 ① 말소등기의 말소등기는 불가능하다.
② 말소등기는 기존의 등기가 원시적 또는 후발적인 원인에 의하여 등기사항 전부가 부적법할 것을 요건으로 한다.
③ 농지를 목적으로 하는 전세권설정등기가 실행된 경우, 등기관은 이를 직권으로 말소할 수 있다.
⑤ ④에 따라 등기를 말소할 때에는 등기상 이해관계 있는 제3자 명의의 등기는 등기관이 직권으로 말소한다.

22 ④

㉠ 의사진술을 명하는 이행판결에 의한 소유권이전등기는 승소한 자가 단독으로 신청한다.
㉡ 저당권자가 소유권을 취득한 경우에는 혼동에 의한 말소등기에 해당하므로 단독으로 신청한다.
㉢ 전세금 증액에 따른 전세권변경등기는 전세권설정자와 전세권자가 공동으로 신청하여야 한다.
㉣ 법원의 가처분명령에 따른 가등기는 가등기권리자가 단독으로 신청할 수 있다.
㉤ 토지수용의 재결실효를 원인으로 하는 소유권이전등기의 말소등기는 공동으로 신청하여야 한다.

23 ⑤

⑤ 소유권이전등기를 한 경우 등기관은 그 첨부된 정보에 의하여 직권으로 등기명의인의 표시변경등기(주소변경등기)를 할 수 있다.

24 ③

③ "군수의 확인"에 의하여 최초의 소유권을 증명하는 경우는 "건물"의 소유권보존등기에 한한다.

부동산세법

Answer

| 25.③ | 26.④ | 27.③ | 28.③ | 29.④ | 30.③ | 31.② | 32.⑤ |
| 33.⑤ | 34.③ | 35.② | 36.⑤ | 37.④ | 38.③ | 39.③ | 40.③ |

25 ③

③ ㉡ 법인합병과 ㉢ 납세자의 사망은 소멸사유에 해당하지 아니한다.

26 ④

④ 이의신청 신청금액이 2천만원 미만인 경우 배우자 등을 대리인으로 선임할 수 있다.

27 ③

③ 파산선고로 인하여 처분되는 부동산의 경우 양도소득세는 비과세 되지만 취득세는 과세한다.

28 ③

③ 매매계약서상의 약정금액을 일시급 등의 조건으로 할인받은 경우에는 할인된 금액을 과세표준으로 한다.

29 ④

④ 납세의무자가 취득세 과세물건을 사실상 취득한 후 취득세 신고를 하지 아니하고 매각하는 경우에는 산출세액에 100분의 80을 가산한 금액을 세액으로 하여 보통징수의 방법으로 징수한다.

30 ③

③ 신고하고 납부한 것으로 보아 가산세를 부과하지 않는다.

31 ②

② 과세기준일 현재 양도·양수된 경우 양수인이 납세의무가 있고 과세기준일(6월 1일) 이후 권리가 변동된 경우에는 매도자를 납세의무자로 한다. 따라서 양수인(乙)이 납세의무자이다.

32 ⑤

⑤ 고급주택의 경우 취득세의 경우에만 사치성 재산으로 중과세하고 재산세에서 사치성 재산에는 고급주택은 해당하지 아니한다. 즉, 고급주택도 일반주택과 같이 초과누진세율을 적용한다.

33 ⑤

⑤ 주택분 재산세로 해당 연도에 부과할 세액이 20만원 이하인 경우 7월 16일부터 7월 31일까지 한꺼번에 부과·징수할 수 있다.

34 ③

③ 상가를 소유한 경우 건축물의 경우 재산세는 과세하지만 종합부동산세는 과세하지 아니한다.

35 ②

플러스해설 ① 배우자 또는 직계존비속 간의 양도는 증여로 추정되는 경우로서 대가의 지급사실을 객관적으로 입증하는 경우에는 양도에 해당하므로 항상 양도로 보지 않는 것은 아니다.
③ 이혼에 따른 위자료에 갈음하여 양도소득세 과세대상이 이전된 경우에 양도에 해당하나, 재산분할에 따라 이전된 경우에는 양도에 해당하지 아니한다.
④ 공유물 분할의 경우 2개 이상의 공유토지로 분할하였다가 지분변동 없이 단순히 재분할하는 경우에도 양도로 보지 아니한다.
⑤ 매매원인 무효소에 의하여 그 매매사실이 원인무효로 판시되어 환원될 경우에는 양도로 보지 아니한다.

36 ⑤

⑤ 양도소득세의 경우 예정신고를 하면 양도소득세 납세의무가 확정된다.
플러스해설 ④ 취득세 면세점(취득가액 50만원 이하)에 해당하는 경우에는 등록면허세 과세대상에 해당한다.

37 ④

④ 양도소득세는 종합소득 및 퇴직소득과 구분하여 과세한다.

38 ③

③ 고가주택의 양도차익 계산 방식이다.

1. 양도가액 : 15억
2. 취득가액(추계조사 결정 – 환산취득가액 적용)
   ① 환산취득가액 = 양도가액 × (취득당시기준시가)/(양도당시기준시가)
   ② 15억원 × [3억원(취득당시기준시가)/6억원(양도당시기준시가)] = 7억5천만원
3. 필요경비(필요경비개산공제) : 취득당시 기준시가의 3/100
   ① 3억원(취득당시기준시가) × 3% = 9백만원
   ② 환산취득가액 적용시 필요경비는 다음의 ㉠과 ㉡ 중 큰 금액을 필요경비로 한다.
      ㉠ 환산취득가액 + 필요경비개산공제
      ㉡ 자본적지출액 + 양도비
4. 고가주택의 양도차익
   ① 일반양도차익 × (양도가액 – 12억원)/양도가액
   ② 15억원 – (7억5천만원 + 9백만원) = 7억4천1백만원
5. 고가주택이므로 7억4천1백만원 × (15억원 – 12억원)/15억원 = 148,200,000원

39 ③

③ 甲의 토지 양도에 대한 양도소득세 납세지는 甲의 주소지를 원칙으로 한다.

40 ③

③ 1년 이상 거주하던 주택을 양도하는 경우 비과세한다.

Test 05 정답 및 해설

본문 ▶ P. 98

1교시

공인중개사법 · 중개실무

Answer

01.⑤	02.④	03.②	04.④	05.④	06.⑤	07.②	08.④
09.④	10.②	11.⑤	12.⑤	13.③	14.③	15.①	16.④
17.③	18.⑤	19.①	20.③	21.②	22.①	23.⑤	24.⑤
25.①	26.③	27.①	28.④	29.③	30.②	31.①	32.①
33.③	34.②	35.⑤	36.④	37.③	38.②	39.②	40.①

01 ⑤

⑤ 입목저당의 효력은 토지에는 미치지 않으나, 벌채된 입목에는 담보의 특정성을 상실하지 않는 한, 입목 저당의 효력이 "미친다".

플러스 해설 ① 부동산에 대한 권리의 득실변경을 알선하는 것은 중개에 해당한다.
② 법정지상권의 성립은 중개대상이 안되지만, 법정지상권이 거래행위를 통하여 양도(이전)될 때에는 중개대상이 된다.
③ 법정지상권이 인정된다(「입목법」 제6조).
④ 입목과 그 지반이 토지는 별개의 부동산이므로, 서로 영향이 없다.

02 ④

④ "공인중개사정책심의위원회"의 위원장이 부득이한 사유로 직무를 수행할 수 없을 때, "미리 지명해 둔 위원"이 직무를 대행한다. 부위원장은 협회의 "공제운영위원회"에 있으나, 여기에는 부위원장이 없다.

03 ②

② 연수교육은 관보에 공고하지 "않으며", 개별적으로 통지를 한다. 실무교육 받은 후 2년 되기 2개월 전까지 시·도지사가 개별통지를 한다.

04 ④

④ 등록을 신청할 때에는 등록신청서 + 사무소확보증명서류 + "실무교육수료증 사본" + "여권용" 사진을 제출하여야 한다. 다만, 실무교육수료증 사본은 등록관청이 전자적 조치로 확인이 가능하면 제출하지 아니할 수 있다.

플러스 해설 ① 법 제9조 제2항
⑤ 사회적 협동조합은 등록을 할 수 없다.

05 ④

㉠ (×) 건축물대장이 없더라도, 준공검사·사용승인·사용인가 등이 된 건물은 등록을 할 수 있다.
㉢ (×) 다음 달 10일까지 "공인중개사 협회"에 통보하여야 한다.
㉣ (×) 등록의 통지를 받았으므로, 등록은 된 것이며, 무등록중개업으로 처벌되지는 아니한다.
㉤ (×) 업무정지는 등록이 유효한 상태이므로, 무등록중개업으로 처벌되지는 아니한다. 다만 절대적 등록취소사유에 해당될 뿐이다.

플러스 해설 ㉡ (○)

06 ⑤

㉠ (×) 파산(결격사유)으로 등록이 취소된 경우에는 면책·복권이 되면(결격사유가 해소되면) 바로 중개업 종사가 가능하다.
㉡ (×) 업무정지 "사유" 발생 당시의 임원이 결격이다. 처분 당시가 기준이 아니다.
㉢ (×) "선고유예"는 결격사유 자체가 아니다.
㉣ (×) 피성년후견인은 법정대리인(후견인)의 동의를 받아도 중개업에 종사할 수 없다.
㉤ (×) 개인회생신청·인가받은 자는 결격사유에 해당하지 않는다.

07 ②

② 지적도상의 "주"는 주유소용지를 말한다.

08 ④

④ 개업공인중개사도 500만원 이하의 과태료처분의 대상이 된다. 다만, 지도·감독을 게을리 하지 아니한 것이 인정되면 면책된다.

플러스 해설 ① 고용신고는 "업무개시 전"까지 하여야 한다.
② 고용신고는 전자문서에 의하여도 할 수 있다.
③ 500만원 이하의 과태료처분의 대상이 된다.
⑤ "외국인"을 소속공인중개사로 고용 신고하는 경우에는 그의 결격사유 없음을 증명하는 서류를 제출하여야 "한다".

09 ④

플러스해설 ① 등록한 개업공인중개사가 아니면, "부동산중개"라는 명칭을 사용할 수 "없다".
② 중개사무소의 등록취소 처분을 받은 경우에는 "지체 없이" 사무소의 간판을 철거하여야 한다.
③ 경매대리업에는 적용되는 내용이나, 중개업에는 적용되지 아니한다.
⑤ 중개대상물 광고물에 공통으로 표기해야 하는 것은, 중개사무소 소재지. 연락처. 명칭, 등록번호, 개업공인중개사의 성명이다. 소속공인중개사의 명칭은 기재할 의무가 없다.

10 ②

② 공동사무소는 개업공인중개사가 각자 운영한다. 대표자가 따로 없다. 그러므로 휴업신고도 각자한다.

11 ⑤

⑤ ㉢㉣㉤이 틀린 내용이다.
㉢ 분사무소는 주된 사무소와 별도로 휴업할 수 "있다".
㉣ 휴업신고는 사전신고이므로, 3개월을 초과하는 휴업을 "하고자" 할 때, "미리" 신고하여야 한다.
㉤ 휴업기간 변경신고서에는 중개사무소등록증을 첨부하지 "아니한다".

플러스해설 ㉠ 등록을 다시 할 필요 없이, "재개신고"를 하면 된다.
㉡ 법령에 정한 사유를 제외하고 휴업은 6개월을 초과할 수 없다.

12 ⑤

플러스해설 ① 유효기간의 원칙은 3개월이지만, 특약으로 달리 약정할 수도 있다. 약정에 따라 2개월이 유효기간이 된다.
② 업무처리상황의 통보는 2주일에 1회 이상으로 하면 된다.
③ 정보공개는 7일 이내에 하여야 한다.
④ 중개의뢰인 A가 유효기간 내에 스스로 발견한 상대방과 직거래를 한 경우에는 약정한 중개보수의 "50% 범위 내"에서 전속개업공인중개사가 소요한 "비용"을 지불하여야 한다.

13 ③

③ 개업공인중개사가 중개대상물 확인·설명의무를 위반하면 "500만원 이하의 과태료" 사유이며, 확인·설명서를 작성 "교부" 보존하지 아니하면 업무정지 사유에 해당한다.

플러스해설 ② 대판 1999.5.14, 98다30667
④ 대판 2002.2.5, 2001다71484
⑤ 대판 2012.1.26, 2011다63857

14 ③

③ 전기용량과 용수시설은 비주거용 건축물 확인·설명서에서 "공업용"일 때에 기재한다. 내·외부시설물 상태는 "세부" 확인사항에 해당한다.

15 ①

① 거래계약서는 "사본"으로 보관할 수도 있지만, "원본"이나 "전자문서"도 가능하다. 또한 전자시스템으로 전자계약서를 작성한 경우에는 공인전자문서에 자동보관되므로, 개별적으로 5년 보존할 필요가 없다.

플러스해설 ④ 중개보수의 금액 및 산출내역은 거래계약서에 기재하지 않아도 된다. 이는 확인·설명서에 기재해야 할 사항이다.
⑤ 확인·설명서 교부일자는 거래계약서의 필요적 기재사항에 해당되나, 보증증서 사본의 교부일자는 거래계약서의 필요적 기재사항이 아니다.

16 ④

④ 자격취소는 기속행위라서 반드시 자격취소를 하여야 한다.

플러스해설 ① 개업공인중개사는 거래당사자에게 계약금 등을 예치하도록 권고"할 수" 있다.
② 국토교통부장관은 일반중개계약서의 표준이 되는 서식을 정하여 이의 사용을 권장"할 수" 있다.
③ 법인인 개업공인중개사의 분사무소는 「상업등기규칙」에 따라 "법인의 인장"을 등록함이 원칙이며, 예외적으로 대표자가 보증하는 인장으로 등록을 "할 수" 있다.
⑤ 개업공인중개사는 업무의 효율적 수행을 위하여 중개사무소를 공동으로 활용"할 수" 있다. 공동활용의 의무는 없다.

17 ③

③ 상가건물의 "분양대행"은 "겸업"에 해당되며, 겸업보수는 "중개보수"의 제한규정이 적용되지 아니한다. 그러므로 상가분양대행료는 초과중개보수제한 규정이 적용되지 아니하여, 초과중개보수로 처벌되지 아니한다.

플러스해설 ① 결과적으로 전매차익을 올리지 못하고 말았다고 할지라도 위 전매중개는 「공인중개사법」 제15조 제6호 소정의 탈세를 목적으로 이전등기를 하지 아니한 부동산의 매매를 중개하여 부동산투기를 조장하는 행위에 해당한다(대판 1990.11.23, 90누4464). 즉, 전매차익이 없어도 투기조장에 해당한다.
② 금지행위에 해당한다. 보수 등의 명목으로 소정의 한도를 초과하는 액면금액의 당좌수표를 교부 받은 경우에는 특별한 사정이 없는 한, 그 당좌수표를 교부 받는 단계에서 곧바로 이 법에 위반되며, 비록 그 후 그 당좌수표가 부도처리 되었다거나 또는 중개의뢰인에게 그대로 반환되었더라도 위 죄의 성립에는 아무런 영향이 없다(대판 2004.11.12, 2004도4136).
④ 쌍방대리는 금지행위에 해당한다.
⑤ 법정중개보수를 초과하였으므로, 초과중개보수로 금지행위에 해당한다.

18 ⑤

⑤ 모두 틀린 지문이다.
㉠ 등록을 한 후 "업무개시 전"까지 업무보증을 설정하여야 한다.
㉡ 지역농협은 "2천만원"이상 보증설정 하여야 한다.
㉢ "만료일"까지 재설정하여야 한다.
㉣ "15일" 이내에 다시 가입하여야 한다.

19 ①

① 중개 "사무소" 소재지 관할 시·도 조례에 따라 주택보수를 받아야 한다.
플러스해설 ④ 주택은 국토교통부령 범위 내에서 (시·도)조례에 따르며, 주택 이 외의 물건은 국토교통부령으로 정한다.
⑤ 주택의 경우 중개보수는 매매·교환은 0.7% 범위 내(15억원 이상의 경우)에서 시·도 조례에 따르며, 임대차 등은 0.6% 범위 내(15억원 이상의 경우)에서 시·도 조례에 따른다.

20 ③

③ 주택의 면적이 전체면적 중에서 1/3에 불과하므로, 전체를 "상가건물"로 중개보수를 받아야 한다(조례가 적용되는 것이 아님). 또한 매매와 임대차가 동일 기회에 이루어졌으므로, "매매계약"에 대한 보수만을 받을 수 있다.
상가건물은 0.9% 범위 내에서 협의하는데, 개업공인중개사가 받고자 하는 상한요율을 "게시"한 경우(법정한도 범위 내에서 게시)에는 중개사무소에 게시된 한도 요율까지만 받을 수 있다. 그러므로, 1억 × 0.8 % = 80만원

21 ②

② 운영규정에는 등록절차, 정보이용 및 제공방법, 회비, 권리·의무관계 등을 규정하여야 한다. 맞는 지문이다.
플러스해설 ① 거래정보사업자 지정은 "30일" 이내 하여야 한다.
③ 지정취소 "할 수" 있다.
④ 사망·해산·운영불능의 경우에는 청문을 거치지 않고 지정을 취소할 수 있다.
⑤ 거래정보사업자는 개업공인중개사로부터 의뢰받은 정보에 한하여 공개하여야 한다.

22 ①

① 1개 (㉢ 하나만 옳은 것이다)
플러스해설 ㉠ 협회 공제운영위원회의 위원장과 부위원장은 위원 중에서 "호선"(선거)한다.
㉡ 「민법」의 "사단법인"의 규정이 적용된다.
㉣ 국토교통부장관의 승인을 얻어야 한다.
㉤ 총수입액이 아니라, "공제료 수입액"의 10% 이상을 책임준비금으로 적립하여야 한다.

23 ⑤

플러스해설 ① 부정등록을 신고한 자는 포상금 지급 대상이 된다.
② 검사가 공소제기하거나 기소유예를 한 경우에 한하여 지급된다.
③ 1인당이 아니라, "1건당" 50만원이다. 배분방법의 합의가 없으면, 균등하게 배분하여 지급한다.
④ "최초"로 신고·고발한 자에게만 지급된다.

24 ⑤

⑤ 중개대상물의 확인·설명의 근거자료를 제시하지 않은 경우는 부과기준이 3개월이다.
플러스해설 ① 법 제33조 제1항의 금지행위는 부과기준이 6개월이다.
② 이중계약서 작성은 부과기준이 6개월이다.
③ 이중소속은 부과기준이 6개월이다.
④ 법 제33조 제1항의 금지행위는 부과기준이 6개월이다.

25 ①

플러스해설 ② 5일 이내에 통보의무는 "자격취소"에만 있는 제도이다.
③ 업무정지는 절대로 "6개월"을 초과할 수 없다.
④ 업무정지는 등록증 반납의무가 없으므로, 재개신고를 할 필요가 없다.
⑤ 등록증 반납은 "등록취소"에만 있는 제도이다. 업무정지는 등록증 반납의무가 없다.

26 ③

③ ㉠㉡㉣이 옳다.
㉠ (○)
㉡ (○)
㉣ (○)
플러스해설 ㉢ (×) 법 제33조 제1항의 금지행위로서, 3년 이하의 징역 또는 3천만원 이하의 벌금형의 대상이다.
㉤ (×) 법 제33조 제2항의 금지행위로서, 3년 이하의 징역 또는 3천만원 이하의 벌금형의 대상이다.

27 ①

① 국토교통부장관 - (특·광)시·도지사 - 등록관청 - 신고관청. 과태료 처분권자는 반드시 정리하여야 한다.

28 ④

④ 중개보수는 확인·설명서에 기재할 사항이며, 부동산거래 신고사항은 아니다.
플러스해설 ① 개업공인중개사는 부동산거래신고를 매매계약 체결일로부터 "30일" 이내에 당해 부동산이 소재하는 "신고관청"에 신고하여야 한다.

② 부동산거래신고에 대하여 거짓신고를 "조장"하거나 "방조"한 자는 "500만원" 이하의 과태료처분대상이 된다.
③ 전자문서에 의한 부동산거래신고의 경우에는 위임을 받은 자가 대행하여 신고할 수 "없다".
⑤ 과태료를 감면해 줄 수 있는 리니언시제도는 자료 제출과는 상관없는 제도이다.

29 ③

③ 토지거래허가를 받아도 매매계약에 대한 부동산거래신고는 "별도로" 하여야 한다.

플러스 해설 ④ 권리이전의 내용은 거래계약서의 필요적 기재사항에 해당되며, 부동산거래신고사항은 아니다.

30 ②

② 선매자가 토지를 매수할 때의 가격은 "감정가"를 기준으로 한다.

플러스 해설 ① 토지거래허가와 관련해서는, 부정한 방법으로 허가를 받은 자, 허가받은 목적대로 사용하지 아니한 자, 무허가 계약을 한 자를 신고·고발한 자에게 포상금이 지급될 수 있다.
⑤ 무상 증여계약은 유상계약이 아니므로, 토지거래허가를 받을 필요가 없다. 맞는 지문이다.

31 ①

㉠ 기본모니터링은 매 분기별로 시행하는 것을 말한다.
㉡ 모니터링기관은 매년 12월 31일까지 기본계획서를 제출하여야 한다.
㉢ 국토교통부장관에게 제출하여야 한다.
㉣ 기본모니터링이 분기별로 끝나면 매 분기 마지막 날부터 30일 이내에 결과보고서를 작성하여 국토교통부장관에게 제출하여야 한다.

32 ①

① 위반시 "300만원" 이하의 과태료 대상이다.

33 ③

③ 익명이나 가명으로 신고 또는 고발하여 신고인 또는 고발인을 확인할 수 없는 경우에는 포상금을 지급하지 아니할 수 있다(영 제19조의2 제2항).

플러스 해설 ① 부동산의 실제거래가격을 거짓으로 신고한 자를 신고·고발한 자는 포상금 지급의 대상이 된다.
② 토지거래허가를 받지 아니하고 토지거래계약을 체결한 자를 신고·고발한 자는 포상금 지급의 대상이 된다.
④ 영 제19조의2 제2항
⑤ 영 제19조의3 제5항

34 ②

② 가족 "자연장지"나 종중·문중 "자연장지"는 사전에 "신고"를 하여야 한다. 가족 "묘지"나 "종중·문중 묘지"는 사전에 "허가"를 받아야 한다.

35 ⑤

플러스 해설 ① 배우자·종중·종교단체의 경우에는 탈세·탈법·강제집행면탈 등의 목적이 아닌 한, 명의신탁약정과 등기는 유효하다.
② 과징금은 부과한다.
③ 100분의 30 "범위 내"에서 과징금을 부과한다.
④ 1차 이행강제금은 부동산평가액의 10%를 부과하고, 1년이 경과된 후에는 2차 이행강제금을 부동산평가액의 20%를 부과한다.

36 ④

④ 경매등기이전에 "등기"가 되어 있으면 배당요구를 하지 않아도 당연히 배당받는 "당연배당자"에 해당한다. 맞는 지문이다.

플러스 해설 ① 일시 사용을 위한 임대차임이 명백한 경우에는 「주택임대차보호법」이 적용되지 아니한다.
② 법인 중에서 토지주택공사, 지방공사, 중소기업은 「주택임대차보호법」에 의한 보호를 받는다.
③ 차임 등의 증액청구에 대한 제한규정은 임대차계약이 종료된 후 재계약을 하는 경우에는 적용되지 아니한다(대판 2002.6.28, 2002다23482).
⑤ 임대인이 계약해제로 인하여 주택의 소유권을 상실하게 되었더라도, 임차인이 그 계약이 해제되기 전에 대항력을 갖춘 경우에는 새로운 소유자에게 대항할 수 "있다"(대판 2008.4.10, 2007다38908, 38915).

37 ③

③ 3개(㉠㉢㉣)가 틀린 지문이다.
㉠ 이행지체에 빠진 임대인의 보증금반환의무는 임차권등기명령에 의하여 등기된 임차권등기의 말소의무보다 "먼저 이행"되어야 한다. 그러므로 임대인은 보증금을 먼저 반환을 하여야 임차권등기의 말소를 청구할 수 있다.
㉢ 계약기간을 1년으로 정한 경우라도 임차인은 2년을 주장할 수 있으며, 임대인은 1년으로 항변할 수 "없다".
㉣ 선순위의 저당권이 말소기준권리가 되어, 기준권리보다 후순위의 임차권은 소멸된다. 존속을 주장할 수 "없다".

플러스 해설 ㉡ 대판 1996.1.26, 95다30338
㉤ 「주택임대차보호법」 제9조 제1항

38 ②

② 대규모 점포 또는 준대규모 점포의 일부에 대한 임차권은 권리금이 보호되지 아니한다(법 제10조의5).

39 ②

② 임차인이 선순위 저당권을 대위변제하게 되면, 말소기준권리가 임차권의 후순위인 근저당이 말소기준권리가 되어, 임차권은 낙찰자(매수인)에게 "인수"된다.

플러스 해설 ① 최선순위로 담보가등기가 말소기준권리가 되고, 담보가등기와 그 후순위에 소유권이전청구권 보전가등기는 모두 "소제"된다.
③ 말소기준권리보다 선순위 확정일자 임차인이 배당요구를 한 경우에는 배당으로 보증금을 모두 변제받으면 "소제"가 된다.
④ 말소기준권리보다 선순위의 전세권자이 배당을 요구한 경우에는 "소제"된다.
⑤ 근저당에 앞서 가압류등기가 되어 있는 경우, 가압류등기가 말소기준권리가 되어 모두 "소제"된다.

40 ①

① 매수신청대리업의 실무교육시간은 "32시간 이상 44시간 이하"이다. 중개업의 실무교육시간과 구별하여야 한다.

부동산공법

Answer

41.②	42.④	43.②	44.②	45.②	46.⑤	47.①	48.③
49.③	50.③	51.④	52.①	53.③	54.①	55.⑤	56.③
57.④	58.④	59.④	60.①	61.②	62.②	63.④	64.③
65.⑤	66.③	67.③	68.⑤	69.③	70.⑤	71.③	72.③
73.①	74.③	75.⑤	76.④	77.④	78.③	79.②	80.②

41 ②

② 공원은 공간시설에 속한다. 학교·공공청사·문화시설 및 공공필요성이 인정되는 체육시설 등이 공공·문화체육시설에 속한다.

42 ④

④ 광역계획권이 둘 이상의 시·도의 관할 구역에 걸쳐 있는 경우 국토교통부장관이 광역계획권을 지정한다.

43 ②

플러스 해설 ① 3개월 이내에 신고하고 그 사업이나 공사를 계속할 수 있다.
③ 도시·군관리계획의 입안 및 결정에 필요한 비용을 제안자에게 부담시킬 수 있다.
④ 수산자원보호구역의 지정에 관한 도시·군관리계획은 해양수산부장관이 결정한다.
⑤ 도시·군관리계획 결정의 효력은 지형도면을 고시한 날부터 발생한다.

44 ②

② 택지개발사업이 완료로 해제되는 경우에는 이전의 용도지역으로 환원되지 아니한다.

45 ②

② 계획관리지역에 위치한 특정개발진흥지구에 지구단위계획구역을 지정할 수 있다.

46 ⑤

도시혁신구역에 대하여는 다음의 법률 규정에도 불구하고 도시혁신계획으로 따로 정할 수 있다.

> 1. 「주택법」에 따른 주택의 배치, 부대시설·복리시설의 설치기준 및 대지조성기준
> 2. 「주차장법」에 따른 부설주차장의 설치
> 3. 「문화예술진흥법」에 따른 건축물에 대한 미술작품의 설치
> 4. 「건축법」에 따른 공개 공지 등의 확보
> 5. 「도시공원 및 녹지 등에 관한 법률」에 따른 도시공원 또는 녹지 확보기준
> 6. 「학교용지 확보 등에 관한 특례법」에 따른 학교용지의 조성·개발 기준

47 ①

전선로·통신선로·수도관·열수송관·중수도관·쓰레기수송관은 공동구에 수용하여야 하며, 가스관·하수도관, 그 밖의 시설은 공동구협의회의 심의를 거쳐 수용할 수 있다.

48 ③

플러스 해설 ① 개발행위허가를 받은 자가 행정청인 경우 개발행위허가를 받은 자가 새로 공공시설을 설치하거나 기존의 공공시설에 대체되는 공공시설을 설치한 경우에는 새로 설치된 공공시설은 그 시설을 관리할 관리청에 무상으로 귀속되고, 종래의 공공시설은 개발행위허가를 받은 자에게 무상으로 귀속된다.
② 개발행위허가를 받은 자가 행정청인 경우 개발행위허가를 받은 자는 개발행위가 끝나 준공검사를 마친 때에는 해당 시설의 관리청에 공공시설의 종류와 토지의 세목(細目)을 통지하여야 한다. 이 경우 공공시설은 그 통지한 날에 해당 시설을 관리할 관리청과 개발행위허가를 받은 자에게 각각 귀속된 것으로 본다.
④ 개발행위허가를 받은 자가 행정청이 아닌 경우 개발행위허가를 받은 자가 새로 설치한 공공시설은 그 시설을 관리할 관리청에 무상으로 귀속되고, 개발행위로 용도가 폐지되는 공공시설은 새로 설치한 공공시설의 설치비용에 상당하는 범위에서 개발행위허가를 받은 자에게 무상으로 양도할 수 있다.
⑤ 개발행위허가를 받은 자가 행정청이 아닌 경우 개발행위허가를 받은 자는 관리청에 귀속되거나 그에게 양도될 공공시설에 관하여 개발행위가 끝나기 전에 그 시설의 관리청에 그 종류와 토지의 세목을 통지하여야 한다. 이 경우 공공시설은 준공검사를 받음으로써 그 시설을 관리할 관리청과 개발행위허가를 받은 자에게 각각 귀속되거나 양도된 것으로 본다.

49 ③

성장관리계획구역에서는 다음의 구분에 따른 범위에서 성장관리계획으로 정하는 바에 따라 특별시·광역시·특별자치시·특별자치도·시 또는 군의 조례로 정하는 비율까지 건폐율을 완화하여 적용할 수 있다.

1. 계획관리지역: 50퍼센트 이하
2. 생산관리지역·농림지역 및 대통령령으로 정하는 녹지지역: 30퍼센트 이하

50 ③

③ 공업지역 – 3만㎡ 미만

51 ④

④ 대학은 기반시설부담구역에 설치가 필요한 기반시설에 해당하지 않는다.

52 ①

① 단계별 집행계획을 수립하는 경우와 개발밀도관리구역을 지정하는 경우에는 주민의 의견을 들어야 하는 규정을 두고 있지 않다.

53 ③

도시개발구역을 지정한 후에 개발계획에 포함시킬 수 있는 내용

1. 도시개발구역 밖의 지역에 기반시설을 설치하여야 하는 경우 그 시설의 설치에 필요한 비용의 부담 계획
2. 수용 또는 사용 대상이 되는 토지 등의 세부목록
3. 임대주택건설계획 등 세입자 등의 주거 및 생활안정대책
4. 순환개발 등 단계적 사업추진이 필요한 경우 사업추진계획

54 ①

플러스 해설 ② 도시지역 안의 상업지역: 10,000㎡ 이상
③ 도시지역 안의 공업지역: 30,000㎡ 이상
④ 도시지역 안의 자연녹지지역: 10,000㎡ 이상
⑤ 도시지역 외의 지역: 300,000㎡ 이상

55 ⑤

⑤ 지방자치단체의 장이 집행하는 공공시설에 관한 사업과 병행하여 시행할 필요가 있는 경우 전부 환지방식인 경우에도 지방자치단체 등을 시행자로 지정할 수 있다. 시행자를 변경할 수 있는 사유에 해당하지 않는다.

56 ③

플러스 해설 ① 조합장 또는 이사의 자기를 위한 조합과의 계약이나 소송에 관하여는 감사가 조합을 대표한다.
② 조합의 임원은 총회에서 선임한다.
④ 금고 이상의 형의 선고를 받고 그 형이 종료되거나 집행을 받지 아니하기로 확정된 후 2년이 지나지 아니한 자는 임원이 될 수 없다.
⑤ 임원으로 선임된 자가 파산선고를 받은 경우에는 그 다음 날부터 임원의 자격을 상실한다.

57 ④

플러스 해설 ① 토지상환채권은 이전이 가능하다. 토지상환채권을 이전하는 경우 취득자는 그 성명과 주소를 토지상환채권원부에 기재하여 줄 것을 요청하여야 하며, 취득자의 성명과 주소가 토지상환채권에 기재되지 아니하면 취득자는 발행자 및 그 밖의 제3자에게 대항하지 못한다.
② 기명식 증권으로 발행한다.
③ 기획재정부장관 ⇨ 발행자
⑤ 3분의 2 ⇨ 2분의 1

58 ④

④ 준공검사 전 또는 공사 완료 공고 전에는 조성토지 등(체비지는 제외한다)을 사용할 수 없다. 다만, 사업 시행의 지장 여부를 확인받는 등 대통령령으로 정하는 바에 따라 지정권자로부터 사용허가를 받은 경우에는 그러하지 아니하다.

59 ④

플러스 해설 ① 군수는 기본계획의 수립권자가 아니다.
② 대도시 시장이 아닌 시장이 수립한 경우 도지사의 승인을 받으며, 특별시장이나 광역시장이 수립한 경우 승인을 받지 않는다.
③ 3년 ⇨ 5년
⑤ 30일 ⇨ 60일

60 ①

플러스 해설 ② 조합은 주거환경개선사업의 시행자가 될 수 없다.
③ 3분의 2 이상 ⇨ 과반수
④ 재개발사업의 토지등소유자가 20명 미만인 경우 조합을 구성하지 아니하고 토지등소유자가 시행할 수 있다.
⑤ 재건축사업에서 관리처분계획에 따라 공동주택 외 건축물을 건설하여 공급하는 것은 준주거지역, 상업지역에서만 가능하다.

61 ②

재개발사업의 경우에는 동의자 수 산정방법은 다음과 같다.

1. 1필지의 토지 또는 하나의 건축물을 여럿이서 공유하는 경우에는 해당 토지 또는 건축물의 토지등소유자의 4분의 3 이상의 동의를 받아 이를 대표하는 1인을 토지등소유자로 산정할 것
2. 토지에 지상권이 설정되어 있는 경우 토지의 소유자와 해당 토지의 지상권자를 대표하는 1인을 토지등소유자로 산정할 것
3. 1인이 다수 필지의 토지 또는 다수의 건축물을 소유하고 있는 경우에는 필지나 건축물의 수에 관계없이 토지등소유자를 1인으로 산정할 것

A, B, C는 토지를 공유하였으므로 대표하는 1인을 토지등소유자로 산정하여야 하고, D는 주택의 소유자이므로 1인의 토지등소유자로 산정하여야 한다. E의 경우 다수 필지를 소유하고 있지만 1인으로 산정하여야 하며, F와 G 토지소유자와 지상권자이므로 대표 1인을 토지등소유자로 산정하여야 한다. 따라서 총 4명이다.

62 ②

② 사업시행자는 주거환경개선사업 또는 재개발사업의 시행으로 철거되는 주택의 소유자 또는 세입자에 대하여 주택자금의 융자알선 등 임시거주에 상응하는 조치를 하여야 한다. 재건축사업은 해당되지 않는다.

63 ④

④ 과밀억제권역에 위치하지 아니한 재건축사업의 토지등소유자에게 소유한 주택 수만큼 공급할 수 있다.

64 ③

③ 시장·군수등이 아닌 사업시행자는 시장·군수등에게 징수를 위탁할 수 있다.

65 ⑤

⑤ 자연녹지지역은 도시지역으로서 건축법을 전면적으로 적용받는 지역이다.

66 ③

[플러스 해설] ① 운수시설을 창고시설로 용도변경하는 것은 동일한 시설군 내에서의 변경이므로 관할 구청장에게 건축물 기재내용 변경신청을 하여야 한다.
② 발전시설을 공장으로 용도변경하는 경우 구청장의 허가를 받아야 한다.
④ 숙박시설을 종교시설로 용도변경하는 경우 구청장의 허가를 받아야 한다.
⑤ 업무시설을 교육연구시설로 용도변경하는 경우 구청장의 허가를 받아야 한다.

67 ③

[플러스 해설] ① 건축허가뿐만 아니라 이미 허가받은 건축물의 착공을 제한할 수도 있다.
② 시·도지사가 시장·군수·구청장의 건축허가나 허가를 받은 건축물의 착공을 제한한 경우 국토교통부장관에게 보고하여야 하며, 승인을 받는 것은 아니다.
④ 건축허가나 건축물의 착공을 제한하는 경우 제한기간은 2년 이내로 한다. 다만, 1회에 한하여 1년 이내의 범위에서 제한기간을 연장할 수 있다.
⑤ 국토교통부장관이나 시·도지사는 건축허가나 건축물의 착공을 제한하는 경우 허가권자에게 통보하여야 하며, 통보를 받은 허가권자는 지체 없이 이를 공고하여야 한다.

68 ⑤

⑤ 산업단지 안에서 건축하는 2층 이하의 건축물로서 바닥면적의 합계가 500m² 이하인 공장

69 ③

③ 지정된 도로를 폐지하거나 변경하는 경우에는 이해관계인의 동의를 받아야 하며, 동의를 받지 않아도 되는 예외의 경우를 정하고 있지 않다.

70 ⑤

⑤ 층고가 1.5m 이하인 다락은 바닥면적에 산입하지 아니한다. 1.5m를 초과하는 다락의 면적은 바닥면적에 산입한다. 하나의 건축물의 각 층 바닥면적의 합계가 연면적이므로 바닥면적에 포함되면 연면적에도 포함된다.

> **넓혀 보기**
>
> **연면적의 산정**
> 연면적은 하나의 건축물 각 층의 바닥면적의 합계로 하되, 용적률을 산정할 때에는 다음에 해당하는 면적은 제외한다.
> 1. 지하층의 면적
> 2. 지상층의 주차용(해당 건축물의 부속용도인 경우만 해당)으로 쓰는 면적
> 3. 초고층 건축물과 준초고층 건축물에 설치하는 피난안전구역의 면적
> 4. 건축물의 경사지붕 아래에 설치하는 대피공간의 면적

71 ③

[플러스 해설] ① 100분의 10 ⇨ 100분의 50
② 허가권자는 영리목적을 위한 위반이나 상습적 위반 등 대통령령으로 정하는 경우에 100분의 100의 범위에서 해당 지방자치단체의 조례로 정하는 바에 따라 가중하여야 한다.
④ 허가권자는 시정명령을 받은 자가 이를 이행하면 새로운 이행강제금의 부과를 즉시 중지하되, 이미 부과된 이행강제금은 징수하여야 한다.
⑤ 허가권자는 최초의 시정명령이 있었던 날을 기준으로 하여 1년에 2회 이내의 범위에서 해당 지방자치단체의 조례로 정하

는 횟수만큼 그 시정명령이 이행될 때까지 반복하여 이행강제금을 부과·징수할 수 있다.

72 ③

③ 폭 20m 이상의 일반도로로 분리된 토지를 별개의 주택단지로 본다.

73 ①

플러스 해설 ② 도시형 생활주택은 세대수가 300세대 미만이어야 한다.
③ 하나의 건축물에는 단지형 연립주택 또는 단지형 다세대주택과 아파트형 주택을 함께 건축할 수 없다.
④⑤ 하나의 건축물에는 도시형 생활주택과 그 밖의 주택을 함께 건축할 수 없다. 다만, 다음 각 호의 어느 하나에 해당하는 경우는 예외로 한다.

> 1. 도시형 생활주택과 주거전용면적이 85제곱미터를 초과하는 주택 1세대를 함께 건축하는 경우
> 2. 「국토의 계획 및 이용에 관한 법률 시행령」에 따른 준주거지역 또는 상업지역에서 아파트형 주택과 도시형 생활주택 외의 주택을 함께 건축하는 경우

74 ③

플러스 해설 ① 토지소유자가 주택을 건설하는 경우에는 등록사업자와 공동으로 사업을 시행'할 수 있다.'
② 주택조합(리모델링주택조합은 제외)이 그 구성원의 주택을 건설하는 경우에는 등록사업자(지방자치단체·한국토지주택공사 및 지방공사를 포함한다)와 공동으로 사업을 시행'할 수 있다.'
④ 고용자가 그 근로자의 주택을 건설하는 경우에는 등록사업자와 공동으로 사업을 시행'하여야 한다.'
⑤ 고용자가 등록사업자와 공동으로 주택을 건설하려는 경우 사업계획승인을 신청하려면 고용자가 주택건설대지의 소유권을 확보하고 있어야 한다.

75 ⑤

구청장은 사업계획승인권자가 아니다. 사업계획승인권자는 다음과 같다.

> 1. 주택건설사업 또는 대지조성사업으로서 해당 대지면적이 10만제곱미터 이상인 경우: 시·도지사 또는 인구 50만 이상의 대도시의 시장
> 2. 주택건설사업 또는 대지조성사업으로서 해당 대지면적이 10만제곱미터 미만인 경우: 특별시장·광역시장·특별자치시장·특별자치도지사 또는 시장·군수
> 3. 국가 및 한국토지주택공사가 시행하는 경우와 대통령령으로 정하는 경우: 국토교통부장관

76 ④

④ 사업주체는 매도청구대상 대지의 소유자에게 그 대지를 시가로 매도할 것을 청구할 수 있다.

77 ④

플러스 해설 ㉠ 리모델링주택조합의 조합원은 주택을 공급받을 수 있는 지위를 가지지 아니하므로 공급질서 교란행위와는 관계없다.
㉢ 입주자저축증서의 양도 등(광고, 알선 등 포함)은 금지되며 상속 및 저당은 제외한다.

78 ③

등록사업자는 자본금·자산평가액 및 기술인력 등이 다음의 기준에 맞고 금융기관 또는 주택도시보증공사의 보증을 받은 경우에만 주택상환사채를 발행할 수 있다.

> 1. 법인으로서 자본금이 5억원 이상일 것
> 2. 「건설산업기본법」제9조에 따라 건설업 등록을 한 자일 것
> 3. 최근 3년간 연평균 주택건설 실적이 300호 이상일 것

79 ②

② 주말·체험영농을 하려고 농업진흥지역 외의 농지를 소유하는 경우 농지취득자격증명을 발급받아야 하며, 발급을 신청하는 경우 주말·체험영농계획서는 제출하지 아니한다.

80 ②

② 대리경작자는 시장·군수 또는 구청장이 직권으로 지정하거나 유휴농지를 경작하려는 농업인 또는 농업법인의 신청을 받아 지정할 수 있다.

2교시

부동산공시법령

Answer

01.④	02.②	03.③	04.②	05.③	06.④	07.⑤	08.④
09.④	10.⑤	11.②	12.②	13.③	14.①	15.④	16.①
17.④	18.④	19.②	20.②	21.⑤	22.②	23.③	24.④

01 ④

지적소관청은 지적공부의 정리를 위하여 토지이동의 경우에는 토지이동정리 결의서를 작성하고, 토지소유자를 정리한 경우에는 소유자정리 결의서를 작성한다. 따라서 ④의 "소유자정리 결의서"를 "토지이동정리 결의서"로 고쳐야 옳다.

02 ②

플러스 해설 ① 지번은 지적소관청이 지번부여지역별로 차례대로 부여한다.
③ 지적소관청은 도시개발사업 등이 준공되기 전에 지번을 부여하는 때에는 사업계획도에 따라 부여하여야 한다.
④ 지번은 북서에서 남동으로 순차적으로 부여한다.
⑤ 지적소관청은 지번에 결번이 생긴 때에는 지체 없이 그 사유를 결번대장에 적어 영구히 보존하여야 한다.

03 ③

③ 토지를 분할하는 경우 주거·사무실 등의 건축물이 있는 필지에 대하여는 분할 전의 지번을 우선하여 부여하여야 한다.

04 ②

② 「농어촌정비법」에 따른 농어촌정비사업의 사업시행자가 지적소관청에 토지의 이동을 신청한 경우 토지의 이동은 토지의 형질변경 등의 공사가 준공된 때에 이루어진 것으로 본다.

05 ③

③ 부동산종합공부를 열람하거나 부동산종합공부 기록사항에 관한 증명서를 발급받으려는 자는 부동산종합공부 열람·발급 신청서(전자문서로 된 신청서를 포함한다)를 지적소관청 또는 읍·면·동장에게 제출하여야 한다.

06 ④

④ 좌표에 의하여 계산된 경계점간의 거리는 경계점좌표시행지역의 지적도에 등록되어 있는 사항이다.
플러스 해설 ①②③⑤는 경계점좌표등록부에 등록하는 사항이다.

07 ⑤

⑤ 지적소관청은 등록전환될 면적을 등록전환면적으로 결정한다.

08 ④

④ 등록전환 토지가 최종지번에 인접하면 최종 본번의 다음 순번의 본번을 부여할 수 있다.

09 ④

㉠ 「공간정보의 구축 및 관리 등에 관한 법률 시행령」 제82조 제1항 제1호. "토지이동정리 결의서의 내용과 다르게 정리된 경우"가 옳다.
㉡ 「공간정보의 구축 및 관리 등에 관한 법률 시행령」 제82조 제1항 제2호
㉢ 「공간정보의 구축 및 관리 등에 관한 법률 시행령」 제82조 제1항 제5호. "지적측량성과와 다르게 정리된 경우"가 옳다.
㉣ 「공간정보의 구축 및 관리 등에 관한 법률 시행령」 제82조 제1항 제7호

10 ⑤

⑤ 검사측량(㉠)과 지적재조사측량(㉣)은 의뢰에서 제외한다 (「공간정보의 구축 및 관리 등에 관한 법률」 제24조 제1항).

11 ②

| 소유권 증명서류 | ① 「공유수면매립법」에 의한 준공검사확인증사본
② 도시계획구역의 토지를 그 지방자치단체의 명의로 등록하는 때에는 기획재정부장관과 협의한 문서의 사본
③ 법원의 확정판결서 정본 또는 사본
④ 그 밖에 소유권을 증명하는 서류의 사본 |

※ 소유권에 관한 첨부서면에 등기사항증명서, 등기필정보, 등기완료통지서 등은 포함되지 않는다.

12 ②

다음 각 호의 사항을 심의·의결하기 위하여 국토교통부에 중앙지적위원회를 둔다.

1. 지적 관련 정책 개발 및 업무 개선 등에 관한 사항
2. 지적측량기술의 연구·개발 및 보급에 관한 사항
3. 측량기술자 중 지적분야 측량기술자(이하 "지적기술자"라 한다)의 양성에 관한 사항
4. 지적기술자의 업무정지 처분 및 징계요구에 관한 사항
5. 지적측량 적부심사(適否審査)에 대한 재심사(再審査)

13 ③

ⓒ 신청에 의한 말소, ⓗ 관공서의 촉탁에 의한 등기에 해당한다.

14 ①

① ㉠: 없는 ㉡: 농지 ㉢: 일부지분

15 ④

④ 등기를 실행한 경우로서「부동산등기법」제29조 제5호에 해당하는 경우이므로(즉,「부동산등기법」제29조 제1호·제2호에 해당하는 경우가 아니므로) 이의신청이 불가능하다.

플러스 해설† ①③ 등기를 실행한 경우에는「부동산등기법」제29조 제1호·제2호에 해당하는 경우에 한하여 이의신청이 가능하다.
②⑤ 등기를 각하한 경우에는 그 사유를 불문하고 이의신청이 가능하다.

16 ①

① 무인발급기를 이용하여 발급할 수 있는 등기사항증명서는 '등기사항전부증명서'에 한한다.

17 ④

④ 승소한 등기의무자가 등기를 신청하는 경우에는 등기필정보를 제공할 필요가 있다.

18 ④

④ 건물의 등기기록에 대지권등기를 한 경우, 그 권리의 목적인 토지의 등기기록 중 해당구에 대지권이 있다는 뜻을 등기하여야 한다.

19 ②

② 상속인의 등기신청에서 등기원인은 피상속인의 법률행위이고, 공동신청으로 한다.

20 ②

② 합유등기가 된 후 합유자의 탈퇴 또는 사망으로 잔존합유자 1인이 됨에 따라 그 1인 명의로 등기를 할 때에는 합유명의인 변경등기의 방식으로 하여야 한다.

21 ⑤

플러스 해설† ① 1필 토지 전부에 지상권설정등기를 하는 경우, 지상권 설정의 범위를 기록해야 한다.
② 지역권의 경우, 승역지의 등기기록에 설정의 목적, 범위 등을 기록하고 요역지의 등기기록에는 지역권에 관한 등기사항을 기록한다.
③ 전세권의 존속기간이 만료된 경우, 그 전세권설정등기를 말소하지 않고 동일한 범위를 대상으로 하는 다른 전세권설정등기를 할 수 없다.
④ 5개의 목적물에 하나의 전세권설정계약으로 전세권설정등기를 하는 경우, 공동전세목록을 작성한다.

22 ②

② (부동산의 물리적)일부에 대한 저당권설정(처분)은 불가능하다(일부인 상태로는 처분할 수 없다는 뜻). 따라서 지문의 "신청할 수 있다"를 "신청할 수 없다"로 고쳐야 옳다. 물리적으로 일부인 부분을 처분하려면 일부인 상태로는 안 되므로, 반드시 분할·분필을 선행하여 독립한 1부동산으로 만들어야 한다.

플러스 해설† ①「민법」제371조
③「부동산등기법」제75조 제1항 제1호 및 제2호
④「부동산등기규칙」제137조 제1항
⑤ (공유)지분에 대한 저당권설정(처분)은 가능하다.

23 ③

③ 등기상 이해관계 있는 제3자가 있는 경우에는 직권경정시 이해관계인의 승낙서가 필요하다.

24 ④

ⓛ 등기권리자의 단독신청에 따라 수용으로 인한 소유권이전등기를 하는 경우, 그 부동산을 위해 존재하는 지역권의 등기는 등기관이 직권으로 말소할 수 없는 권리이다.
ⓒ 수용으로 인한 소유권이전등기가 된 후 토지수용위원회의 재결이 실효된 경우, 그 소유권이전등기의 말소등기는 공동으로 신청하여야 한다.
ⓔ 수용으로 인한 소유권이전등기신청서에 등기원인은 토지수용으로, 그 연월일은 수용의 재결일이 아닌 '수용개시일'로 기록하여야 한다.

부동산세법

Answer

| 25.④ | 26.④ | 27.① | 28.④ | 29.④ | 30.② | 31.④ | 32.② |
| 33.② | 34.③ | 35.① | 36.③ | 37.⑤ | 38.⑤ | 39.② | 40.② |

25 ④

④ 지방교육세는 재산세와 자동차세에 부가되는 경우 당해 재산에 설정된 저당권에 따라 담보된 채권보다 우선한다.

26 ④

플러스 해설† ① 양도소득세 : 양도단계에 부과되는 조세
② 종합소득세 : 보유와 양도단계 공통인 조세
③ 부가가치세 : 취득, 보유, 양도단계 공통인 조세
⑤ 인지세 : 취득과 양도단계 공통인 조세

27 ①

① 증여로 인한 승계취득의 경우 해당 취득물건을 등기·등록을 하지 아니하고 취득일이 속한 달의 말일부터 3개월 이내에 공증받은 공정증서에 의하여 계약이 해제된 사실이 입증되는 경우에는 취득한 것으로 보지 아니한다.

28 ④

④ 상속으로 인한 취득의 경우 상속개시일이 속한 달의 말일부터 6개월(외국에 주소를 둔 경우 9개월) 이내에 취득세를 신고하고 납부하여야 한다.

29 ④

④ 개수로 인한 취득(개수로 인하여 건축물 면적이 증가하지 아니함)은 중과기준세율을 적용한다.

30 ②

② 등록면허세는 중가산세 규정을 적용하지 아니한다.

31 ④

④ 신고하고 납부한 것으로 보아 신고불성실 가산세를 부과하지 아니한다.

32 ②

② 과세표준이 증가함에 따라 재산세 세부담이 누진적으로 증가할 수 있는 것은 누진세율 적용대상이 이에 해당한다. 「체육시설의 설치·이용에 관한 법률 시행령」에 따른 회원제 골프장이 아닌 골프장용 토지 중 원형이 보전되는 임야는 별도합산대상 토지로서 1천분의 2 ~ 1천분의 4 초과누진세율을 적용한다. 나머지는 분리과세대상으로 비례세율을 적용한다.

33 ②

② 「건축법 시행령」에 따른 다가구 주택은 1가구가 독립하여 구분 사용할 수 있도록 분리된 부분을 1구의 주택으로 보며, 이 경우 그 부속 토지는 건물면적 비율에 따라 각각 나눈 면적을 1구의 부속 토지로 본다.

34 ③

③ 재산세 과세대상에 변동이 발생한 경우 납세의무자는 과세기준일로부터 15일 이내에 시장·군수에게 신고하여야 한다.

35 ①

① 주택분 종합부동산세액에서 공제되는 재산세액은 재산세 표준세율의 100분의 50의 범위에서 가감된 세율이 적용된 경우에는 그 세율이 적용된 세액으로 한다.

36 ③

ⓛ 필요경비개산공제는 적용한다.
ⓒ 미등기시 세율은 100분의 70이다.

37 ⑤

⑤ 자산의 가치를 증가시키거나 내용연수를 연장시키는 자본적 지출액은 필요경비에 포함하지만 취득 후 본래의 용도를 유지하기 위해 소요된 수익적 지출액은 필요경비에 포함하지 아니한다.

38 ⑤

⑤ 대지와 건물을 동일한 세대 구성원인 경우 각각 소유하고 있는 경우에 1세대 1주택으로 본다.

39 ②

② 건물 면적: 120m², 토지 면적: 560m²

- 주거 > 주거 이외: 전부 주택
- 주거 ≤ 주거 이외: 주택 부분만 주택

겸용주택의 경우 주거 부분이 주거 이외 부분보다 작기 때문에 주거 부분만 주택으로 보아 비과세한다.

1. 건 물
   ① 주택: 80m²(비과세)
   ② 상가: 120m²(과세)
2. 토 지
   ① 주택 부수토지

   $800㎡ \times \dfrac{80㎡}{200㎡} = 320㎡$ (수도권 주거 지역의 경우 주택 정착면적의 3배까지만 비과세하기 때문에 240m²만 비과세하고 80m²는 과세한다)

   ② 상가 부수토지

   $800㎡ \times \dfrac{120㎡}{200㎡} = 480㎡$ (과세)

따라서 과세되는 면적은 건물: 120m², 토지: 560m²이다.

40 ②

② 양도소득세의 분납은 가능하지만 물납은 폐지되었다. 양도소득세 납부세액이 1천만원을 초과하는 경우 예정신고와 확정신고 모두 분할납부가 가능하다.

Test 06 정답 및 해설

본문 ▶ P. 120

1교시

공인중개사법·중개실무

Answer

01. ①	02. ②	03. ⑤	04. ④	05. ③	06. ⑤	07. ③	08. ②
09. ⑤	10. ②	11. ⑤	12. ①	13. ④	14. ③	15. ④	16. ③
17. ⑤	18. ①	19. ①	20. ③	21. ④	22. ①	23. ⑤	24. ①
25. ④	26. ⑤	27. ②	28. ⑤	29. ③	30. ④	31. ③	32. ②
33. ①	34. ①	35. ②	36. ③	37. ②	38. ④	39. ④	40. ②

01 ①

① ㉠만 옳은 지문이고, 나머지 지문은 모두 틀린 지문이다.
플러스 해설 ㉡ 공인중개사 자격취득에 관하여 필요한 사항을 심의하기 위하여 국토교통부에 정책심의위원회를 "둘 수" 있다. 임의기관이다.
㉢ 공인중개사 정책심의위원회는 위원장 1명을 "포함"하여, 7명 이상 11명 이하의 위원으로 구성한다.
㉣ 공인중개사 정책심의위원회는 중개보수의 변경에 대한 사항을 심의할 수 "있다".
㉤ 국토교통부장관은 공인중개사의 시험수준의 균형유지 등을 위하여 필요한 때에는 공인중개사 정책심의위원회의 의결을 "거쳐서", 시험문제를 출제하거나 시험을 시행할 수 있다.

02 ②

② 중개보조원을 위한 직무교육은 "직업윤리" 등을 교육의 내용으로 한다. 지문의 내용은 직무교육의 내용이 아니라, "실무교육"의 내용이다.

03 ⑤

⑤ 공인중개사 자격이 없는 자가 우연한 기회에, 단 1회 타인간의 거래행위를 중개한 경우 등과 같이, 중개를 "업"으로 한 것이 "아니라면" 그에 따른 중개보수 지급약정이 강행법규에 위배되어 무효라고 할 것은 아니고(주 ; "유효"하다), 다만 중개보수 약정이 부당하게 과다하여「민법」상 신의성실 원칙이나 형평 원칙에 반한다고 볼만한 사정이 있는 경우에는 상당하다고 인정되는 범위 내로 감액된 보수액만을 청구할 수 있다(대판 2012.6.14, 2010다86525).
플러스 해설 ① 대판 2007.3.29, 2006도9334
② 대판 2007.1.12, 2006도6599
③ 대판 2007.1.11, 2006도7594
④ 대판 2010.12.23, 2008다75119

04 ④

④ ㉠만 맞는 지문이고, 나머지 4개는 모두 틀린 지문이다.
㉡ "중개업"이라 함은 다른 사람의 의뢰에 의하여 "일정한 보수를 받고", 중개를 업으로 행하는 것을 말한다.
㉢ "개업공인중개사"라 함은 이 법에 의하여 중개사무소 개설 "등록을 한 자"를 말한다.
㉣ "소속공인중개사"라 함은 개업공인중개사에 소속된 공인중개사(법인인 개업공인중개사의 사원 또는 임원으로서 공인중개사인 자를 "포함"한다)로서, "중개업무를 수행"하거나, 개업공인중개사의 중개업무를 보조하는 자를 말한다.
㉤ "중개보조원"이라 함은 공인중개사가 "아닌 자"로서, 개업공인중개사에 소속이 되어, 현장안내·일반서무 등 개업공인중개사의 중개업무와 관련된 "단순한 업무를 보조하는 자"를 말한다.

05 ③

③ 등록의 절차 : 신청 ⇨ 등록 ⇨ 업무보증 ⇨ 등록증 교부
플러스 해설 ① 중개업을 영위하고자 하는 자는 "중개사무소"를 두고자 하는 지역을 관할하는 시장·군수·구청장에게 중개사무소의 개설등록을 하여야 한다. 주민등록상의 주소지가 기준이 되는 것이 아니다.
② 등록신청을 받은 등록관청은 "7일" 이내에 개업공인중개사의 종별에 따라 구분하여 등록을 하고, 등록신청인에게 서면으로 통지하여야 한다.
④ 업무정지 기간 중에는 중개업무를 수행할 수 없으므로, 중개사무소의 개설등록을 신청할 수 "없다".
⑤ 등록관청은 중개사무소 등록사항을 공인중개사협회에 등록증을 교부한 날로부터 "다음 달 10일까지" 통보하여야 한다.

06 ⑤

⑤ 결격, 사망, 해산, 등록기준 미달로 인하여 등록이 취소된 경우에는 3년의 결격기간이 적용되지 아니한다. 이러한 경우가 아닌 "이중계약서"를 원인으로 등록이 취소된 경우에는 원칙대로 등록이 취소된 후 3년의 결격기간이 적용된다.
플러스 해설 ①② 결격사유를 이유로 등록이 취소된 경우이므로, 등록취소된 후 3년의 결격기간이 적용되는 것이 아니라, 그 원인인 결격사유 자체가 해소되어야 중개업 종사가 가능하다.
③ 사망이나 해산을 원인을 등록이 취소된 경우, 등록취소된 후 3년의 결격기간이 적용되는 것이 아니라, 그 원인이 해소되어야 중개업 종사가 가능하다.

④ 결격사유를 이유로 등록이 취소된 경우이므로, 등록취소된 후 3년의 결격기간이 적용될 것이 아니라, 그 원인인 결격사유 자체가 해소(징역 10년의 집행종료 후 3년 경과)되어야 중개업 종사가 가능하다.

07 ③

③ 경매의 경우에는 丙의 선의·악의 관계없이 경매는 유효하고, 수탁자 乙이 소유권을 취득한다(대판 2012.11.15, 2012다69197).

플러스 해설 ① 경매의 경우에는 수탁자 乙이 소유권을 취득하였으므로, 甲은 乙에게 X건물에 대한 소유권이전등기의 말소를 청구할 수 없다.
② 甲은 乙에게 경락대금의 반환만을 청구할 수 있을 뿐이다.
④ 명의신탁자의 부당이득반환청구권은 부동산 자체로부터 발생한 채권이 아닐 뿐만 아니라, 소유권 등에 기한 부동산의 반환청구권과 동일한 법률관계나 사실관계로부터 발생한 채권이라고 보기도 어려우므로, 결국 「민법」 제320조 제1항에서 정한 유치권의 성립요건으로서의 목적물과 채권 사이의 견련관계를 인정할 수 없다(대판 2009.3.26, 2008다34828).
⑤ 타인의 권리를 매매하는 계약이므로 일단 매매계약 자체는 유효하다.

08 ②

② 10억에 대하여 0.9%까지 받을 수 있다. 입목은 "주택 이외"의 것이므로, 0.9%가 법정한도가 된다. 매매대금 10억 × 0.9% = 900만원. 그러므로 개업공인중개사 甲은 중개보수를 매도인에게 900만원까지 받을 수 있다.

플러스 해설 ① 입목과 그 지반인 토지는 서로 별개의 부동산이므로, 입목에 대한 매매계약의 효력은 그 지반인 토지에는 영향을 미치지 아니한다. 그러므로 입목의 매수인은 토지에 대한 소유권이전등기를 청구할 수는 "없다".
③ 입목은 부동산거래신고의 대상이 아니다. 부동산거래신고는 토지나 건물을 전제로 한다.
④ 개업공인중개사 甲은 확인·설명서[Ⅰ] 주거용 건축물, 확인·설명서[Ⅱ] 비주거용 건축물, 확인·설명서[Ⅲ] 토지, 확인·설명서[Ⅳ] 입목·광업재단·공장재단 서식 중에서, "확인·설명서[Ⅳ]"를 작성하여 의뢰인 쌍방에게 교부하여야 한다.
⑤ 입목은 「부동산등기 특별조치법」상의 검인의 대상이 "아니다". 검인은 토지와 건물을 전제로 한다.

09 ⑤

⑤ 법 제50조 양벌규정에 따라 고용인으로 인하여 개업공인중개사가 벌금형의 선고를 받은 경우에는 결격사유에 해당되지 아니한다(판례).

플러스 해설 ① 신분고지의 의무는 "중개보조원"의 의무이다.
② 고용인의 "업무상" 행위는 그를 고용한 개업공인중개사의 행위로 본다.
③ 벌금형에는 면책규정이 있으나, 민사상 손해배상책임에는 면책규정이 없다.

④ 고용인의 업무상 행위의 결과가 징역형 또는 벌금형의 대상인 경우, 그 고용인(행위자)을 처벌하는 외에 개업공인중개사에게도 동일한 "금액"의 벌금이 아니라, 동일한 "한도"의 벌금을 과한다.

10 ②

② 분사무소 이전신고, 설치신고, 휴업·폐업신고는 모두 "주된" 사무소 소재지 등록관청에 하여야 한다.

플러스 해설 ① 공동사무소를 의미한다. 승낙서를 첨부하여야 한다.
③ 이전 전의 위법행위에 대한 행정처분은 이전 후의 등록관청이 이를 행한다.
④ 이전신고시: 이전신고서 + 사무소확보증명서류 + 등록증
⑤ 중개사무소 이전신고를 하지 않으면 100만원 "이하"(부과기준은 30만원)의 과태료 처분의 대상이 된다.

11 ⑤

⑤ 중개보수 및 실비는 확인·설명서 기재사항에 해당되고, 거래계약서의 필요적 기재사항은 아니다.

> **거래계약서의 필요적 기재사항**
>
> 거래당사자의 "인적사항", "물건"의 표시, "물건"의 인도일시, "권리이전"의 내용, "거래금액"·계약금액 및 그 지급일자 등 지급에 관한 사항, "계약일", 계약의 "조건"이나 기한이 있는 경우에는 그 조건 또는 기한, 중개대상물 확인·설명서 "교부일자", "기타"(그 밖의) 약정내용(특약사항)

12 ①

① 휴·폐업신고는 등록증 "사본"이 아니라, 등록증 "원본"을 첨부하여야 한다.

13 ④

④ "물건의 표시"란에 건물의 기본적인 사항(소재지, 면적, 건축연도, 구조, 용도)을 기재하여야 한다.

플러스 해설 ① 중개보수의 50% "범위 내"에서 개업공인중개사의 소요된 비용으로 지불하여야 한다.
② 개업공인중개사는 중개의뢰인에게 문서로서 "2주일에 1회" 이상 업무처리상황을 보고하여야 한다.
③ 중개대상물에 관한 정보를 부동산거래정보망 "또는" 일간 신문에 공개하여야 한다.
⑤ 개업공인중개사는 정보공개시에 의뢰인의 인적사항은 매매·교환·임대차 구별하지 아니하고 절대로 공개해서는 아니 된다.

14 ③

③ 당해 물건의 경제적 가치는 "경매대리업"에서의 설명사항에 해당된다. 중개업의 설명사항에는 해당되지 아니한다.

TEST 06

> **중개대상물에 대한 설명사항**
>
> 당해 중개대상물에 관한 기본적인 사항(소재지, 면적, 구조 등), 당해 중개대상물의 권리관계에 관한 사항, 토지이용계획, 공법상 거래규제 및 이용제한에 관한 사항, 수도·전기·가스·소방·열공급·승강기 및 배수 등 시설물의 상태, 벽면, 바닥면 및 도배의 상태, 일조·소음·진동 등 "환경조건", 도로 및 대중교통수단과의 연계성, 시장·학교와의 근접성 등 "입지조건", 중개대상물에 대한 권리를 "취득"함에 따라 부담하여야 할 조세의 종류 및 세율, 거래예정금액, 중개보수 및 실비의 금액과 그 산출내역

15 ④

④ 모두 틀린 지문이다.
㉠ 개업공인중개사가 중개대상물의 가격 등 내용을 사실과 다르게 거짓으로 표시·광고하거나 사실을 과장되게 하는 표시·광고를 한 경우, "500만원" 이하의 과태료 처분사유에 해당된다.
㉡ 중개완성시 개업공인중개사는 업무보증에 대한 설명도 하여야 하며, 위반시에는 "100만원" 이하의 과태료 처분사유에 해당된다.
㉢ 개업공인중개사가 중개대상물에 대하여 근거자료의 제시 없이 설명을 한 경우에는 "500만원" 이하의 과태료 처분 사유에 해당된다.
㉣ 법 제50조의 양벌규정은 소속공인중개사가 과태료 부과 대상인 행위를 한 경우에는 적용되지 "아니"한다. 법 제50조의 양벌규정은 "벌금형"에만 적용된다.

16 ③

③ 개업공인중개사는 다가구주택의 일부에 대한 임대차계약을 중개함에 있어서 임차의뢰인이 임대차계약이 종료된 후에 임대차보증금을 제대로 반환받을 수 있는지 판단하는 데 필요한 다가구주택의 권리관계 등에 관한 자료를 제공하여야 하므로, 임차의뢰인에게 부동산 등기부상에 표시된 중개대상물의 권리관계 등을 확인·설명하는 데 그쳐서는 아니 되고, 임대의뢰인에게 그 다가구주택 내에 이미 거주해서 살고 있는 "다른 임차인"의 (임대차계약내역 중 개인정보에 관한 부분을 제외하고) 임대차보증금, 임대차의 시기와 종기 등에 관한 부분의 자료를 요구하여 이를 확인한 다음 임차의뢰인에게 설명하고, 그 자료를 제시하여야 한다.
개업공인중개사가 고의나 과실로 이러한 의무를 위반하여 임차의뢰인에게 재산상의 손해를 발생하게 한 때에는 「공인중개사법」제30조에 의하여 이를 배상할 책임이 있다(대판 2012.1.26, 2011다63857).
플러스 해설 ① 중개대상물의 매도의뢰인·임대의뢰인 등에게 당해 중개대상물의 상태에 관한 자료를 요구할 수 있다.
② 자료요구에 불응한 경우에는 그 사실을 설명"하고", 확인·설명서에 기재도 하여야 한다.
④ 다가구주택 내에 이미 거주해서 살고 있는 다른 임차인의 임대차계약내역을 임차의뢰인에게 설명하여야 한다.
⑤ 중개보수·실비 금액 및 산출내역은 설명해야 할 사항이면서, 확인·설명서에 기재하여야 할 사항이다.

17 ⑤

⑤ "증여세"는 확인·설명서에 기재해야 할 기재사항이 아니다. 확인·설명서의 취득조세 부분은 취득세, 농어촌특별세, 지방교육세를 기재하여야 한다.

18 ①

① 임대차거래인 경우, 전속중개계약시에 공시지가를 공개하지 아니할 수 있고, 확인·설명서에는 공시지가·공시가격을 기재하지 아니할 수 있다. 취득조세는 기재를 제외하여야 한다. 미분양아파트의 임대차인 경우에는 임차인에게 미분양아파트인지를 미리 설명하여야 한다.

19 ①

① 공인중개사법령에서는 거래계약서의 표준서식이 없다. 강제서식이나 권장서식 일체가 없다.

20 ③

1. 보증금 + (월차임 × 100) = {1,600 + (20만 × 100)} = 3,600만원. 3,600만원은 5천만원 미만에 해당하므로, 거래대금을 수정하여야 한다. {보증금 + (월차임 × 70)}으로 다시 산정을 하면, {1,600 + (20만 × 70)} = "3천만원"이 거래대금이 된다.
2. 요율은 법정한도 범위 내에서 게시된 요율이 0.5%이므로, 0.5%가 적용된다. 그러면, 3천만원 × 0.5% = 15만원. 결국 15만원이 중개보수로 산출된다. 양쪽 중개의뢰인으로부터 받을 수 있는 총액은 30만원이 된다.

21 ④

④ 분사무소는 분사무소 "책임자"의 성명을 표기하여야 한다.
플러스 해설 ① 개업공인중개사가 중개대상물에 대한 표시·광고에는 성명을 표기하여야 하며, 위반시 "100만원" 이하의 과태료에 처한다.
② 개업공인중개사가 아닌 자가 "공인중개사사무소"라는 명칭을 사용한 경우에는 "1년" 이하의 징역 또는 "1천만원" 이하의 벌금형의 대상이 된다.
③ 개업공인중개사가 설치한 옥외광고물에 성명을 거짓으로 표기한 경우에는 "100만원" 이하의 과태료를 부과한다.
⑤ 등록관청이 위법하게 설치된 사무소 간판의 철거를 명하였음에도 이를 철거하지 않는 경우, 「행정대집행법」에 따라 "대집행"할 수 있다.

22 ①

① 대판 2000.2.11, 99다59306
플러스 해설 ② 동일한 대상물에 대한 동일 당사자 간에 매매와 임대차가 동시에 체결되었으므로, 중개보수는 "매매계약"만 받을 수 있다. 임대차는 중개보수를 받을 수 없다.
③ "매매계약" 부분은 부동산거래신고를 하여야 한다. 임대차계약은 신고할 필요없다.

④ 매매계약과 임대차계약에 대한 각각의 계약서와 확인·설명서를 모두 작성하여 교부하여야 한다.
⑤ 무등록으로 중개를 한 경우라도, 그 중개를 통한 거래당사자 사이의 매매계약과 임대차계약은 "유효"하다.

23 ⑤

⑤ 공동사무소는 사무소 공간을 공동으로 사용한다는 개념이며, 공동사무소의 대표자라는 개념은 없다. 개업공인중개사는 "각자"의 인장을 등록하여야 한다.

24 ①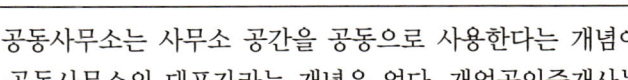

① 권리금은 중개대상이 아니다.

> **판 례**
> 영업용 건물의 영업시설·비품 등 유형물이나 거래처, 신용, 영업상의 노하우 등 무형의 재산적 가치(이른바 권리금)는 중개대상물이라고 할 수 없으므로, 그러한 유·무형의 재산적 가치의 양도에 대하여 이른바 "권리금" 등을 수수하도록 중개한 것은 중개행위에 해당하지 아니한다(대판 2006.9.22, 2005도6054).

플러스 해설 ② 유치권의 "이전"은 거래행위를 통하여 이전되는 것이므로, 중개의 대상이 될 수 있다.
③ 환매권의 "이전"도 거래행위를 통하여 이전되는 것이므로, 중개의 대상이 될 수 있다.
④ 법정지상권의 "이전"도 거래행위를 통하여 이전되는 것이므로, 중개의 대상이 될 수 있다.
⑤ 중개대상물의 범위에 관하여 토지와 '건축물, 그 밖의 토지의 정착물' 등을 규정하고 있는바, 여기서 말하는 '건축물'은 「민법」 제99조상의 부동산에 해당하는 건축물에 한정되어야 할 것이다. 그런데 법률상 독립된 부동산으로서의 건물이라고 하려면 최소한의 기둥과 지붕 그리고 주벽이 이루어져야 할 것이다(대판 2009.1.15, 2008도9427).

25 ④

플러스 해설 ① 부동산거래정보망이란 "개업공인중개사 상호"간의 정보교환체계이다.
② "국토교통부장관"은 부동산거래정보망을 설치·운영할 자를 지정할 수 있다.
③ "개업공인중개사"가 보유하고 있는 컴퓨터가 아니라, "거래정보사업자"가 되려는 자가 보유하는 주된 컴퓨터의 용량 및 성능을 확인할 수 있는 서류를 제출하여야 한다.
⑤ 운영규정은 거래정보사업자 지정을 "받은 날로부터 3개월 이내"에 운영규정을 정하여 국토교통부장관의 승인을 받아야 한다.

26 ⑤

⑤ 협회는 공제사업 운용실적을 매 회계연도 종료 후 3개월 이내에 일간신문 "또는" 협회보에 "공시하고", 협회의 인터넷 홈페이지에 게시하여야 한다.
플러스 해설 ② 대판 1995.9.29, 94다47261

27 ②

② 업무정지처분은 사후절차가 없다. 5일 이내에 보고·통지하는 것은 "자격취소"처분 뿐이다.
플러스 해설 ⑤ 재개신고는 휴업신고를 한 다음에만 하는 것이다.

28 ⑤

⑤ 개업공인중개사가 금지행위로서 초과중개보수를 받은 경우, 상대적 등록취소(행정처분)대상이면서 1년 이하의 징역 또는 1천만원 이하의 벌금(행정형벌)의 대상이기도 하다. 행정처분과 행정형벌이 병과되는 경우는 많다.
플러스 해설 ① 중개보조원은 자격취소나 자격정지, 등록취소나 업무정지처분의 대상이 되지 않는다.
② 중개보조원이 신분고지의무를 위반한 경우, 500만원 이하의 과태료처분의 대상이 된다.
③ 거래정보사업자가 허위정보를 공개한 경우 지정취소사유이면서, 행정형벌로서 1년 이하의 징역 또는 1천만원 이하의 벌금의 대상이 된다.

29 ③

③ ㉢㉣이 3년 - 3천 이하에 해당한다.
㉢ 절대적 등록취소사유이면서, 3년 - 3천 이하
㉣ 상대적 등록취소사유이면서, 3년 - 3천 이하
플러스 해설 ㉠ 1년 - 1천 이하
㉡ 상대적 등록취소사유이면서, 1년 - 1천 이하

30 ④

④ 증여계약은 신고대상이 아니고, 매매계약(공급계약 포함)이 신고의 대상이 된다.
플러스 해설 ① 부동산이 소재하는 "신고관청"에 신고하여야 한다.
② 부동산거래신고에 대하여 거짓신고를 조장하거나 방조한 자는 "500만원" 이하의 "과태료"처분대상이 된다. 벌금형이 아니다.
③ 소속공인중개사는 방문신고에 한하여 부동산거래신고서 제출을 대행할 수 있다.
⑤ 택지개발촉진법에 따른 부동산에 대한 공급계약은 부동산거래신고의 "대상이다".

31 ③

③ 중개보수 및 실비는 부동산거래신고대상이 아니다. 이는 확인·설명사항이며, 확인·설명서 기재사항이다.

> **부동산거래신고사항**
> 거래당사자의 "인적사항", "계약체결일", 중도금 지급일 및 잔금 지급일, 거래대상 "부동산"의 "면적" 및 "종류", 거래대상 "부동산"의 "소재지", "지번" 및 "지목", "실제" 거래가격, (개업공인중개사 중개시) 당해 "개업공인중개사"의 인적사항 및 중개사무소 개설등록에 관한 사항, (계약의 조건이나 기한이 있는 경우에는) "조건" 또는 기한, 위탁관리인의 인적사항(해당되는 경우), 자금조달이용(입주)계획(해당되는 경우)

32 ②

② 무단변경은 부과기준이 5% 이다.

33 ①

① 일부무효는 전부무효가 원칙이므로, 특약이 없는 한, 건물만의 이전등기를 청구할 수 "없음"이 원칙이다.

> **판 례**
> 토지거래허가구역 내의 토지와 지상건물을 일괄하여 매매한 경우, 매수인이 토지에 관한 허가가 없으면 건물만이라도 매수하였을 것이라고 볼 수 있는 특별한 사정이 없는 한, 토지에 대한 매매거래허가를 받기 전의 상태에서는 지상건물에 대하여도 그 거래계약 내용에 따른 이행청구(소유권이전등기청구 등) 내지 채무불이행으로 인한 손해배상청구를 할 수 "없다"(대판 1994.1.11, 93다22043).

플러스해설 ② 대판 1995.12.12, 95다28236
③ 대판 2011.6.30, 2011도614
④ 대판 1994.12.27, 94다4806
⑤ 대판 1997.6.27, 97다9369

34 ①

① 2년 이하의 징역 또는 "2천만원" 이하의 벌금형의 대상이 된다.

플러스해설 ② 외국인이 대한민국 내의 부동산의 "소유권"을 취득할 때에 이 특례가 적용된다. 그러므로 저당권취득에는 적용되지 아니한다.
④ 외국정부나 국제기구도 외국인에 해당된다.
⑤ 개정된 내용으로 옳은 내용이다.

35 ②

플러스해설 ① "농업인"의 경우에는 소유상한제도가 적용되지 아니한다. 비농업인이 상속으로 취득할 때 면적의 제한을 받는 것이다.
③ 주말·체험 영농을 위해 농지를 취득하고자 하는 자는 도시민의 경우 세대원 전체, 총면적이 "1,000㎡ 미만"이어야 한다.
④ 도시민이 주말·체험영농을 하고자 하는 경우에는 주말·체험영농계획서를 제출하여야 농지취득자격증명을 발급받을 수 있다.
⑤ 농지전용협의를 완료한 농지는 농지취득자격증명이 "필요없다".

36 ③

③ ㉠㉢ 부동산경매절차에서 부동산을 매수하려는 사람이 다른 사람과의 명의신탁약정 아래, 그 사람의 명의로 매각허가결정을 받아 자신의 부담으로 매수대금을 완납한 경우, 경매목적 부동산의 소유권은 매수대금의 부담 여부와는 관계없이 그 "명의인"이 취득하게 되고, 매수대금을 부담한 명의신탁자와 명의를 빌려 준 명의수탁자 사이의 명의신탁약정은 무효이므로, 명의신탁자는 명의수탁자에 대하여 그 부동산 자체의 반환을 구할 수는 없고, 명의수탁자에게 제공한 매수대금에 상당하는 금액의 "부당이득반환청구권"을 가질 뿐이다(대판 2009.9.10, 2006다73102).

플러스해설 ㉡ 법원경매에서는 소유자인 乙의 선의·악의와는 상관없이, 낙찰자(명의수탁자)인 丙이 소유권을 취득하게 된다.

37 ②

② 둘 다 1/2 범위 내에서만 최우선변제권이 인정된다.

38 ④

④ 경매보수는 최고가매수신고인으로 확정이 되면, 감정가의 1%, 또는 최저가의 1.5% 범위 내에서 협의하여 받을 수 있다. 감정가를 기준으로 한다면 최고 "2천만원"까지 받을 수 있다.

플러스해설 ① 입찰보증금은 최저매각가의 10%이므로, 1억이다.
② 항고공탁금은 매각대금의 10%이므로, 2억이다.
③ 차순위매수신고는 최고가(20억)에서 입찰보증금(1억)을 **뺀** 금액보다 높아야 하므로, 19억을 초과한 자만이 할 수 있다.
⑤ 경매개시결정등기 후의 것은 낙찰자에게 대항할 수 없다.

39 ④

④ 5년 + 3년 + 3년 + 5년 + 5년 = 21년

40 ②

② 경매매수신청 대리업의 업무보증은 대리업 등록을 하기 전에 미리 설정하여야 한다. 업무개시 전까지가 아니다. 구별하여야 한다.

부동산공법

Answer

41.⑤	42.③	43.④	44.⑤	45.③	46.①	47.④	48.④
49.③	50.③	51.⑤	52.②	53.③	54.④	55.⑤	56.①
57.④	58.①	59.③	60.①	61.①	62.⑤	63.②	64.⑤
65.⑤	66.②	67.③	68.①	69.②	70.③	71.①	72.②
73.⑤	74.①	75.③	76.②	77.④	78.①	79.①	80.①

41 ⑤

⑤ "용도구역"이란 토지의 이용 및 건축물의 용도·건폐율·용적률·높이 등에 대한 용도지역 및 용도지구의 제한을 강화하거나 완화하여 따로 정함으로써 시가지의 무질서한 확산방지, 계획적이고 단계적인 토지이용의 도모, 토지이용의 종합적 조정·관리 등을 위하여 도시·군관리계획으로 결정하는 지역을 말한다.

42 ③

다음의 어느 하나에 해당하는 시 또는 군은 도시·군기본계획을 수립하지 아니할 수 있다.

1. 「수도권정비계획법」에 의한 수도권에 속하지 아니하고 광역시와 경계를 같이하지 아니한 시 또는 군으로서 인구 10만명 이하인 시 또는 군
2. 관할구역 전부에 대하여 광역도시계획이 수립되어 있는 시 또는 군으로서 당해 광역도시계획에 도시·군기본계획의 내용이 모두 포함되어 있는 시 또는 군

43 ④

④ 도시자연공원구역의 지정 및 변경에 관한 사항은 도시·군관리계획의 입안을 제안할 수 있는 사항이 아니다.

넓혀 보기

도시·군관리계획의 입안을 제안할 수 있는 사항
주민(이해관계자를 포함)은 다음의 사항에 대하여 도시·군관리계획을 입안할 수 있는 자에게 도시·군관리계획의 입안을 제안할 수 있다.
1. 기반시설의 설치·정비 또는 개량에 관한 사항
2. 지구단위계획구역의 지정 및 변경과 지구단위계획의 수립 및 변경에 관한 사항
3. 다음의 어느 하나에 해당하는 용도지구의 지정 및 변경에 관한 사항
   ① 개발진흥지구 중 공업기능 또는 유통물류기능 등을 집중적으로 개발·정비하기 위한 개발진흥지구로서 대통령령으로 정하는 개발진흥지구(산업·유통개발진흥지구)
   ② 용도지구 중 해당 용도지구에 따른 건축물이나 그 밖의 시설의 용도·종류 및 규모 등의 제한을 지구단위계획으로 대체하기 위한 용도지구
4. 도시·군계획시설입체복합구역의 지정 및 변경과 도시·군계획시설입체복합구역의 건축제한·건폐율·용적률·높이 등에 관한 사항

44 ⑤

① 시장·군수는 인접한 시·군의 전부 또는 일부를 포함하여 도시·군관리계획을 입안할 수 있다.
② 도시·군관리계획 입안일부터 5년 이내에 재해취약성 분석을 실시한 경우에는 재해취약성 분석을 실시하지 아니할 수 있다.
③ 시장·군수가 입안한 지구단위계획구역의 지정 또는 변경에 관한 도시·군관리계획은 해당 시장·군수가 직접 결정한다.
④ 기반시설의 설치에 관한 사항에 대하여 도시·군관리계획의 입안을 제안하려는 자는 대상 토지 면적의 5분의 4 이상의 토지소유자의 동의를 받아야 한다.

45 ③

① 공유수면(바다에 한한다)의 매립목적이 그 매립구역과 이웃하고 있는 용도지역의 내용과 같으면 도시·군관리계획의 입안 및 결정절차 없이 그 매립 준공구역은 그 매립의 준공인가일부터 이와 이웃하고 있는 용도지역으로 지정된 것으로 본다.
② 택지개발지구는 도시지역에 연접 여부에 관계없이 도시지역으로 결정·고시된 것으로 본다.
④ 관리지역에서 「농지법」에 따른 농업진흥지역으로 지정·고시된 지역은 농림지역으로 결정·고시된 것으로 본다.
⑤ 관리지역의 산림 중 「산지관리법」에 따라 보전산지로 지정·고시된 지역은 그 고시에서 구분하는 바에 따라 농림지역 또는 자연환경보전지역으로 결정·고시된 것으로 본다.

46 ①

① 생산녹지지역(20%) - 제3종 일반주거지역(50%) - 유통상업지역(80%)

47 ④

① 도시·군계획조례로 용도지구를 신설하는 경우 해당 용도지역 또는 용도구역의 행위제한을 완화해서는 아니 된다.
② 경관지구는 자연경관지구, 시가지경관지구, 특화경관지구로 세분된다.
③ 집단취락지구는 개발제한구역 안의 취락을 정비하기 위하여 필요한 지구를 말한다.
⑤ 복합용도지구는 용도지역의 지정목적이 크게 저해되지 아니하도록 해당 용도지역 전체 면적의 3분의 1 이하의 범위에서 지정하여야 한다.

48 ④

④ 3년 이내에 시행하는 도시·군계획시설사업은 제1단계 집행계획에 포함되도록 하여야 한다.

49 ③

가. 지정하려는 구역 면적의 50% 이상이 계획관리지역이고, 나머지 용도지역은 생산관리지역 또는 보전관리지역일 것
나. 아파트 또는 연립주택의 건설계획이 포함되는 경우에는 30만㎡ 이상일 것

50 ③

ⓒ은 건축법에 따른 대지의 분할제한면적(상업지역의 경우 150㎡) 미만으로의 분할이므로 허가받아야 한다.

㉠ 전·답사이의 지목변경을 수반하는 경작을 위한 토지의 형질변경은 허가대상이 아니다.
ⓛ 녹지지역·관리지역 또는 자연환경보전지역에 물건을 1개월 이상 쌓아놓는 행위가 허가대상이다.

51 ⑤

플러스 해설 ① 매수의무자는 매수청구를 받은 날부터 6개월 이내에 매수 여부를 결정하여 토지소유자에게 알려야 한다.
② 다음의 어느 하나에 해당하는 경우로서 매수의무자가 지방자치단체인 경우에는 도시·군계획시설채권을 발행하여 지급할 수 있다.

> 1. 토지 소유자가 원하는 경우
> 2. 대통령령으로 정하는 부재부동산 소유자의 토지 또는 비업무용 토지로서 매수대금이 3천만원을 초과하여 그 초과하는 금액을 지급하는 경우

③ 도시·군계획시설채권의 구체적인 상환기간은 10년 이내의 범위에서 지방자치단체의 조례로 정한다.
④ 도시·군계획시설을 설치하거나 관리하여야 할 의무가 있는 자가 서로 다른 경우에는 설치하여야 할 의무가 있는 자에게 매수청구하여야 한다.

52 ②

플러스 해설 ① 기반시설부담구역은 특별시장·광역시장·특별자치시장·특별자치도지사·시장 또는 군수가 지정한다.
③ 개발행위로 인하여 기반시설의 수용능력이 부족할 것이 예상되는 지역 중 기반시설의 설치가 곤란한 지역은 개발밀도관리구역의 지정대상이다.
④ 기반시설부담구역은 최소 10만m² 이상의 규모가 되도록 지정하여야 한다.
⑤ 기반시설부담구역의 지정고시일부터 1년이 되는 날까지 기반시설설치계획을 수립하지 아니하면 그 1년이 되는 날의 다음 날에 기반시설부담구역의 지정은 해제된 것으로 본다.

53 ③

플러스 해설 ① 1만제곱미터 이상이어야 한다.
② 지방공사의 장 ⇨ 공공기관 또는 정부출연기관의 장
④ 도시개발구역을 둘 이상의 사업시행지구로 분할할 수 있는 경우는 지정권자가 도시개발사업의 효율적인 추진을 위하여 필요하다고 인정하는 경우로서 분할 후 각 사업시행지구의 면적이 각각 1만제곱미터 이상인 경우로 한다.
⑤ 도시개발구역의 지정이 해제의제된 경우에는 그 도시개발구역에 대한 용도지역 및 지구단위계획구역은 해당 도시개발구역 지정 전의 용도지역 및 지구단위계획구역으로 각각 환원되거나 폐지된 것으로 본다. 다만, 공사완료 및 환지처분의 공고로 도시개발구역의 지정이 해제의제된 경우에는 환원되거나 폐지된 것으로 보지 아니한다.

54 ④

④ 토지 매수 업무는 주택건설사업자 등에게 대행하게 할 수 있는 업무가 아니다.

55 ⑤

대의원회는 총회의 의결사항 중 다음의 사항을 제외한 총회의 권한을 대행할 수 있다.

> 1. 정관의 변경
> 2. 개발계획의 수립 및 변경(개발계획의 경미한 변경은 제외)
> 3. 환지계획의 작성(환지계획의 경미한 변경은 제외)
> 4. 조합임원의 선임
> 5. 조합의 합병 또는 해산에 관한 사항

56 ①

플러스 해설 ② 도시개발사업을 시행하는 지역의 지가가 인근의 다른 지역에 비하여 현저히 높은 경우에 환지방식으로 시행한다.
③ 대지로서의 효용증진과 공공시설의 정비를 위하여 지목 또는 형질의 변경이나 공공시설의 설치·변경이 필요한 경우에 환지방식으로 시행한다.
④ 계획적이고 체계적인 도시개발 등 집단적인 조성이 필요한 경우에 수용 또는 사용 방식으로 시행한다.
⑤ 시행 방식을 수용 또는 사용방식에서 혼용방식으로, 수용 또는 사용방식에서 전부 환지방식으로, 혼용방식에서 전부 환지방식으로 변경할 수 있다. 따라서 혼용방식에서 수용 또는 사용방식으로 변경할 수 없다.

넓혀 보기

도시개발사업의 시행방식
시행자는 도시개발구역으로 지정하려는 지역에 대하여 다음에서 정하는 바에 따라 도시개발사업의 시행방식을 정함을 원칙으로 한다.

환지방식	1. 대지로서의 효용증진과 공공시설의 정비를 위하여 토지의 교환·분할·합병, 그 밖의 구획변경, 지목 또는 형질의 변경이나 공공시설의 설치·변경이 필요한 경우 2. 도시개발사업을 시행하는 지역의 지가가 인근의 다른 지역에 비하여 현저히 높아 수용 또는 사용방식으로 시행하는 것이 어려운 경우
수용 또는 사용방식	계획적이고 체계적인 도시개발 등 집단적인 조성과 공급이 필요한 경우
혼용방식	도시개발구역으로 지정하려는 지역이 부분적으로 환지방식이 필요한 경우 또는 수용 또는 사용방식이 필요한 경우에 해당하는 경우

57 ④

플러스 해설 ㉠㉢은 추첨으로 공급할 수 있는 사유이다.

58 ①

플러스 해설 ② 환지계획에서 정하여진 환지는 그 환지처분이 공고된 날의 다음 날부터 종전의 토지로 본다.
③ 환지예정지가 체비지의 용도로 지정된 경우 이미 처분된 체비지는 그 체비지를 매입한 자가 소유권 이전 등기를 마친 때에 소유권을 취득한다.

④ 시행자는 지정권자에 의한 준공검사를 받은 경우에는 60일 이내에 환지처분을 하여야 한다.
⑤ 시행자는 환지처분이 공고되면 공고 후 14일 이내에 관할 등기소에 이를 알리고 토지와 건축물에 관한 등기를 촉탁하거나 신청하여야 한다.

59 ③

③ 주민이 공동으로 사용하는 놀이터·마을회관·공동작업장 등은 공동이용시설이다.

60 ①

[플러스 해설] ② 특별시장·광역시장·특별자치시장·특별자치도지사 또는 시장은 기본계획에 대하여 5년마다 타당성 여부를 검토하여 그 결과를 기본계획에 반영하여야 한다.
③ 기본계획의 수립권자는 기본계획을 수립하려는 경우 14일 이상 주민에게 공람하여 의견을 들어야 한다.
④ 건축물배치계획은 사업시행계획에 포함된다.
⑤ 대도시의 시장이 아닌 시장은 기본계획의 내용 중 정비사업의 계획기간을 단축하는 경우 도지사의 변경승인을 받지 아니할 수 있다.

61 ①

[플러스 해설] ② 재건축사업을 위한 재건축진단은 주택단지의 건축물을 대상으로 한다.
③ 재건축진단 실시를 요청하는 때에는 정비예정구역 안에 소재한 건축물 및 부속 토지소유자 10분의 1의 동의를 얻어야 한다.
④ 재건축진단에 소요되는 비용은 정비계획의 입안권자가 부담하는 것이 원칙이며, 재건축진단 실시의 요청을 받아 실시하는 경우에는 재건축진단 실시를 요청하는 자에게 부담하게 할 수 있다.
⑤ 주택의 구조 안전상 사용금지가 필요하다고 시장·군수등이 인정하는 건축물은 재건축진단에서 제외한다.

62 ⑤

⑤ 재건축사업의 경우 환지로 공급하는 방법은 허용되지 않는다.

> **넓혀 보기**
>
> **정비사업의 시행방법**
>
> | | |
> |---|---|
> | 주거환경 개선사업 | 다음의 어느 하나에 해당하는 방법 또는 이를 혼용하는 방법으로 한다.
1. 사업시행자가 정비구역에서 정비기반시설 및 공동이용시설을 새로 설치하거나 확대하고 토지등소유자가 스스로 주택을 보전·정비하거나 개량하는 방법
2. 사업시행자가 정비구역의 전부 또는 일부를 수용하여 주택을 건설한 후 토지등소유자에게 우선 공급하거나 대지를 토지등소유자 또는 토지등소유자 외의 자에게 공급하는 방법
3. 사업시행자가 환지로 공급하는 방법
4. 사업시행자가 정비구역에서 인가받은 관리처분계획에 따라 주택 및 부대시설·복리시설을 건설하여 공급하는 방법 |
> | 재개발사업 | 정비구역에서 인가받은 관리처분계획에 따라 건축물을 건설하여 공급하거나 환지로 공급하는 방법으로 한다. |
> | 재건축사업 | • 재건축사업은 정비구역에서 인가받은 관리처분계획에 따라 건축물을 건설하여 공급하는 방법으로 한다. 다만, 주택단지에 있지 아니하는 건축물의 경우에는 지형여건·주변의 환경으로 보아 사업 시행상 불가피한 경우로서 정비구역으로 보는 사업에 한정한다.
• 건축물을 건설하여 공급하는 경우 주택, 부대시설 및 복리시설을 제외한 건축물(공동주택 외 건축물)은 「국토의 계획 및 이용에 관한 법률」에 따른 준주거지역 및 상업지역에서만 건설할 수 있다. 이 경우 공동주택 외 건축물의 연면적은 전체 건축물 연면적의 100분의 30 이하이어야 한다. |

63 ②

② 투기과열지구로 지정된 지역에서 재개발사업을 시행하는 경우에는 관리처분계획의 인가 후 해당 정비사업의 건축물 또는 토지를 양수한 자는 조합원이 될 수 없다.

64 ⑤

[플러스 해설] ① 시장·군수등이 아닌 사업시행자가 정비사업 공사를 완료한 때에는 대통령령으로 정하는 방법 및 절차에 따라 시장·군수등의 준공인가를 받아야 한다.
② 시장·군수등은 준공인가를 하기 전이라도 완공된 건축물이 사용에 지장이 없는 등 대통령령으로 정하는 기준에 적합한 경우에는 입주예정자가 완공된 건축물을 사용할 수 있도록 사업시행자에게 허가할 수 있다.
③ 정비구역의 지정은 준공인가의 고시가 있은 날의 다음 날에 해제된 것으로 본다.
④ 정비구역의 해제는 조합의 존속에 영향을 주지 아니한다.

65 ⑤

[플러스 해설] ① 지하의 공작물에 설치하는 점포는 건축물에 해당한다.
② '지하층'이란 건축물의 바닥이 지표면 아래에 있는 층으로서 바닥에서 지표면까지의 평균높이가 해당 층 높이의 2분의 1 이상인 것을 말한다.
③ '고층건축물'이란 층수가 30층 이상이거나 높이가 120미터 이상인 건축물을 말한다.
④ '리모델링'이란 건축물의 노후화를 억제하거나 기능향상 등을 위하여 대수선하거나 건축물의 일부를 증축 또는 개축하는 행위를 말한다.

66 ①

① 주거지역·상업지역에 설치하는 통신용 철탑의 경우 높이 6미터를 넘는 경우에 신고대상이다.

TEST 06

> **넓혀 보기**
>
> **신고대상 공작물**
> 공작물을 축조(건축물과 분리하여 축조하는 것)할 때 특별자치시장·특별자치도지사 또는 시장·군수·구청장에게 신고를 하여야 하는 공작물은 다음과 같다.
>
> | | |
> |---|---|
> | 높이 2미터를 넘는 | 옹벽 또는 담장 |
> | 높이 4미터를 넘는 | 장식탑, 기념탑, 첨탑, 광고탑, 광고판, 그 밖에 이와 비슷한 것 |
> | 높이 6미터를 넘는 | 굴뚝 |
> | | 골프연습장 등의 운동시설을 위한 철탑, 주거지역·상업지역에 설치하는 통신용 철탑, 그 밖에 이와 비슷한 것 |
> | 높이 8미터를 넘는 | 고가수조나 그 밖에 이와 비슷한 것 |
> | 높이 8미터(위험방지를 위한 난간의 높이는 제외) 이하의 | 기계식 주차장 및 철골 조립식 주차장(바닥면이 조립식이 아닌 것을 포함)으로서 외벽이 없는 것 |
> | 높이 5미터를 넘는 | 「신에너지 및 재생에너지 개발·이용·보급 촉진법」에 따른 태양에너지를 이용하는 발전설비와 그 밖에 이와 비슷한 것 |
> | 바닥면적 30제곱미터를 넘는 | 지하대피호 |
> | 건축조례로 정하는 제조시설, 저장시설(시멘트사일로를 포함한다), 유희시설, 그 밖에 이와 비슷한 것 | |
> | 건축물의 구조에 심대한 영향을 줄 수 있는 중량물로서 건축조례로 정하는 것 | |

67 ③

시장·군수는 다음의 어느 하나에 해당하는 건축물의 건축을 허가하려면 도지사의 승인을 받아야 한다.

> 1. 층수가 21층 이상이거나 연면적의 합계가 10만 제곱미터 이상인 건축물. 다만, 공장과 창고는 제외한다.
> 2. 자연환경이나 수질을 보호하기 위하여 도지사가 지정·공고한 구역에 건축하는 3층 이상 또는 연면적의 합계가 1천제곱미터 이상인 건축물로서 대통령령으로 정하는 용도에 해당하는 건축물: 공동주택, 제2종 근린생활시설(일반음식점만 해당한다), 업무시설(일반업무시설만 해당한다), 숙박시설, 위락시설
> 3. 주거환경이나 교육환경 등 주변 환경을 보호하기 위하여 필요하다고 인정하여 도지사가 지정·공고한 구역에 건축하는 위락시설 및 숙박시설에 해당하는 건축물

68 ①

플러스 해설 ㉢ 연면적의 합계가 100m² 이하인 건축물의 건축이다.
㉣ 건축물의 높이를 3m 이하의 범위에서 증축하는 건축물이다.

69 ②

플러스 해설 ㉠ 일반공업지역은 공개공지를 설치하여야 하는 지역이 아니다.

㉡ 공개공지를 설치하는 경우에는 건축물의 높이제한을 1.2배 이하의 범위에서 완화하여 적용할 수 있다.

70 ③

플러스 해설 ① 건축물의 1층이 차량의 주차에 전용(專用)되는 필로티인 경우 그 면적은 바닥면적에 산입되지 아니한다.
② 층고(層高)가 1.5m(경사진 형태의 지붕인 경우 1.8m) 이하인 다락은 바닥면적에 산입되지 아니한다.
④ 층의 구분이 명확하지 않은 건축물은 건축물의 높이 4m마다 하나의 층으로 보고 층수를 산정한다.
⑤ 주택의 발코니 등 건축물의 노대 등의 바닥은 난간 등의 설치 여부에 관계없이 노대 등의 면적에서 노대 등이 접한 가장 긴 외벽에 접한 길이에 1.5m를 곱한 값을 뺀 면적을 바닥면적에 산입한다.

71 ①

① 전용주거지역·일반주거지역 안의 모든 건축물 또는 중심상업지역·일반상업지역을 제외한 지역에서 공동주택은 일조 등의 확보를 위한 높이제한에 관한 규정을 적용받는다.

72 ②

플러스 해설 ① 민영주택이란 국민주택을 제외한 주택을 말한다.
③ 국민주택규모란 주거전용면적이 1호 또는 1세대당 85m² 이하인 주택(「수도권정비계획법」에 따른 수도권을 제외한 도시지역이 아닌 읍 또는 면 지역은 1호 또는 1세대당 주거전용면적이 100m² 이하인 주택)을 말한다.
④ 단독주택의 경우 지하실의 면적은 주거전용면적에서 제외하되, 거실로 사용되는 면적은 주거전용면적에 포함된다.
⑤ 복도, 계단, 현관 등 공동주택의 지상층에 있는 공용면적은 주거전용면적에서 제외한다.

73 ⑤

⑤ 세대수 증가형 리모델링은 각 세대의 증축 가능 면적을 합산한 면적의 범위에서 기존 세대수의 15% 이내에서 세대수를 증가하는 증축 행위를 할 수 있다.

74 ①

① 국민주택을 공급받기 위하여 직장주택조합을 설립하려는 자는 관할 시장·군수·구청장에게 신고하여야 한다.

75 ③

③ 사업계획승인권자는 사업주체가 승인받은 날부터 5년 이내에 공사를 시작하지 아니하는 경우 그 사업계획의 승인을 취소할 수 있다.

76 ②

플러스 해설 ① 공공주택사업자(국가·지방자치단체·한국토지주택공사 및 지방공사)가 입주자를 모집하려는 경우에는 시장·군수·구청장의 승인(복리시설의 경우에는 신고를 말한다)을 받지 아니한다.
③ 「관광진흥법」에 따라 지정된 관광특구에서 건설·공급하는 공동주택으로서 해당 건축물의 층수가 50층 이상이거나 높이가 150m 이상인 경우 분양가상한제를 적용하지 아니한다.
④ 사업주체는 분양가상한제 적용주택으로서 공공택지에서 공급하는 주택에 대하여 입주자모집 승인을 받았을 때에는 입주자 모집공고에 분양가격을 공시하여야 한다.
⑤ 시장·군수·구청장은 마감자재 목록표와 영상물 등을 사용검사가 있은 날부터 2년 이상 보관하여야 하며, 입주자가 열람을 요구하는 경우에는 이를 공개하여야 한다.

77 ④

플러스 해설 ① 시가로 매도할 것을 청구할 수 있다.
② 주택의 소유자 전체의 4분의 3 이상의 동의를 받아 선정한다.
③ 매도청구에 관한 소송에 대한 판결은 주택의 소유자 전체에 대하여 효력이 있다.
⑤ 매도청구의 의사표시는 실소유자가 해당 토지 소유권을 회복한 날부터 2년 이내에 해당 실소유자에게 송달되어야 한다.

78 ①

플러스 해설 ② 국토교통부장관의 승인을 얻어야 한다.
③ 사채권자의 명의변경은 취득자의 성명 및 주소를 채권원부에 기재하는 방법으로 한다.
④ 등록사업자의 등록이 말소된 경우에도 그가 발행한 주택상환사채의 효력에는 영향을 미치지 아니한다.
⑤ 주택상환사채의 상환기간은 3년을 초과할 수 없다.

79 ①

다음의 토지는 농지에서 제외된다.

> 1. 지목이 전·답, 과수원이 아닌 토지로서 농작물 경작지 또는 다년생식물 재배지로 계속하여 이용되는 기간이 3년 미만인 토지
> 2. 지목이 임야인 토지로서 「산지관리법」에 따른 산지전용 허가를 거치지 아니하고 농작물의 경작 또는 다년생식물의 재배에 이용되는 토지
> 3. 「초지법」에 따라 조성된 초지

80 ①

① 자경 농지를 농림축산식품부장관이 정하는 이모작을 위하여 8개월 이내로 임대하거나 무상사용하게 할 수 있다.

2교시

부동산공시법령

Answer

01.②	02.④	03.⑤	04.①	05.⑤	06.②	07.③	08.⑤
09.④	10.②	11.①	12.②	13.③	14.④	15.④	16.④
17.④	18.③	19.⑤	20.②	21.①	22.①	23.④	24.①

01 ②

② 지상경계의 구획을 형성하는 구조물 등의 소유자가 다른 경우에는 그 소유권에 따라 지상 경계를 결정한다(영 제55조 제2항).

02 ④

④ 분할의 경우에는 분할 후의 필지 중 1필지의 지번은 '분할 전의 지번(100)'으로 하고, 나머지 필지의 지번은 본번의 최종 부번(2) 다음 순번(3, 4)으로 순차적으로 '부번'을 부여한다. 따라서 분할 후 세 필지의 지번은 100, 100−3, 100−4가 된다.

03 ⑤

⑤ 지적소관청은 관할 시, 도지사 또는 대도시시장의 승인을 받은 경우에는 지적공부(정보처리시스템을 통하여 기록·저장한 경우는 제외)를 해당 청사 밖으로 반출할 수 있다.

04 ①

① 지목을 토지대장 및 임야대장에 등록하는 때에는 정식명칭으로 표기하나, 지목을 지적도 및 임야도(지적도면)에 등록하는 때에는 다음의 부호로 표기하여야 한다(규칙 제64조). 다만, 주차장, 공장용지, 하천, 유원지의 4개 지목은 두 번째 글자로 등록하고, 나머지 24개의 지목은 첫 번째 글자로 등록한다. 따라서 유원지는 "원", 하천은 "천", 공장용지 "장"으로 등록한다.

05 ⑤

⑤ 지적도의 축척은 1/500, 1/600, 1/1000, 1/1200, 1/2400, 1/3000, 1/6000로 구분하고, 임야도의 축척은 1/3000, 1/6000로 구분한다(규칙 제69조). 1/2000, 1/1500은 지적도의 축척에 해당하지 않는다.

06 ②

② (산)으로 표기된 토지는 지형이 산이라는 뜻이 아니라, 임야대장 및 임야도 등록지임을 뜻한다(「공간정보의 구축 및 관리 등에 관한 법률 시행령」 제56조 제1항).

07 ③

③ 지적공부를 정보처리시스템을 통하여 기록·저장한 경우 '관할 시·도지사, 시장·군수 또는 구청장'은 그 지적공부를 지적정보관리체계에 영구히 보존하여야 한다(「공간정보의 구축 및 관리 등에 관한 법률」 제69조 제2항).

08 ⑤

⑤ 경계점좌표등록부에는 경계가 등록되지 아니한다. 경계는 도면(지적도 또는 임야도)에 등록된다.

09 ④

④ 합병, 지목변경, 지적현황측량, 경계복원측량 등은 면적측정의 대상이 아니다.

10 ②

② 행정구역의 개편에 따라 새로 지번을 부여할 때에는 지적확정측량 실시지역의 지번부여방식을 준용하여야 한다. 인접토지의 본번에 부번을 붙여서 지번을 부여하는 방법은 신규등록(또는 등록전환)지역의 지번부여방법이다.

11 ①

> 지적측량의 측량기간은 5일로 하며, 측량검사기간은 4일로 한다. 다만, 지적기준점을 설치하여 측량 또는 측량검사를 하는 경우 지적기준점이 15점 이하인 경우에는 4일을, 15점을 초과하는 경우에는 4일에 15점을 초과하는 4점마다 1일을 가산한다.

12 ②

중앙 지적위원회의 제척사유는 다음과 같다.

1. 위원 또는 그 배우자나 배우자이었던 사람이 해당 안건의 당사자가 되거나 그 안건의 당사자와 공동권리자 또는 공동의무자인 경우
2. 위원이 해당 안건의 당사자와 친족이거나 친족이었던 경우
3. 위원이 해당 안건에 대하여 증언, 진술 또는 감정을 한 경우
4. 위원이 해당 안건의 원인이 된 처분 또는 부작위에 관여한 경우
5. 위원이나 위원이 속한 법인·단체 등이 해당 안건의 당사자의 대리인이거나 대리인이었던 경우이다.

13 ③

⊙ 甲의 명의로 등기된 부동산이 乙과 丙에게 전전매매된 경우 최종매수인 丙은 甲으로부터 乙명의로의 등기를 대위신청할 수 있는데, 이때 등기신청인은 채권자 丙이고, 등기권리자는 채무자 乙이다. 등기가 되면 등기기록상 유리해지는 자가 등기권리자이다.
㉣ 甲소유 토지에 대해 甲과 乙의 가장매매에 의해 乙 앞으로 소유권이전등기가 된 후에 선의의 丙 앞으로 저당권설정등기가 설정된 경우, 乙 앞으로 된 소유권이전등기의 말소등기를 신청할 수 '없다.' 말소등기를 하려면 등기상 이해관계 있는 제3자의 승낙을 받아야 하는데, 선의의 제3자인 丙의 승낙을 받을 수 없기 때문이다.

14 ④

④ ㉠, ㉡, ㉣, ㉤은 모두 「부동산등기법」 제29조 제2호로 각하하는 경우에 해당한다.
㉢ 소유권 외의 권리가 등기되어 있는 일반건물에 대해 멸실등기를 신청한 경우는 각하사유가 아니다.

15 ④

④ 동일한 신청서로 수개의 부동산에 관한 등기신청을 한 경우 일부 부동산에 대한 등기신청을 취하할 수 있다.

16 ④

④ 합필대상 토지에 소유권, 지상권, 전세권, 승역지 지역권, 임차권 이외의 등기가 있는 경우에는 합병할 수 없는 것이 원칙이다. 그러므로 합필대상토지에 가압류등기가 있으면 합필등기를 할 수 없다.

17 ④

④ 법인 아닌 사단·재단은 전자신청을 할 수 없다.

18 ③

① 공유부동산에 전세권을 설정하는 경우, 그 등기기록에 기록된 공유자 전원이 등기의무자가 된다.
② 공유자 중 1인의 지분포기로 인한 소유권이전등기는 지분을 포기한 공유자와 취득한 공유자가 공동으로 신청하여야 한다.
④ 부동산의 특정일부에 대한 저당권설정등기는 할 수 없고, 공유지분에 대한 용익권설정등기도 할 수 없다.
⑤ 합유등기를 하는 경우, 합유자의 지분비율이 기록되지 않는다.

19 ⑤

⑤ 법인 아닌 사단 A 명의의 부동산에 관해 A와 B의 매매를 원인으로 이전등기를 신청하는 경우, 특별한 사정이 없는 한 A의 사원총회 결의가 있음을 증명하는 정보를 제출하여야 한다. 사원총회결의서는 법인 아닌 사단이 등기의무자로 신청할 때 첨부하는 것으로서 법인 아닌 사단 A 명의의 부동산에 관해 A와 B의 매매를 원인으로 이전등기를 신청하는 경우에는 첨부해야 한다.

플러스 해설 ① 합유등기에는 합유지분을 표시하지 않고 합유인 뜻만 표시한다.
② 농지에 대하여 공유물분할을 원인으로 하는 소유권이전등기를 신청하는 경우, 농지취득자격증명을 첨부할 필요가 없다.
③ 미등기 부동산의 공유자 중 1인은 자기 지분만에 대하여 소유권보존등기를 신청할 수 없다.
④ 갑구 순위번호 2번에 기록된 A의 공유지분 4분의 3 중 절반을 B에게 이전하는 경우, 등기목적란에 "2번 A 지분 4분의 3 중 일부(8분의 3) 이전"으로 기록한다.

20 ②

㉠ 전세권등기를 말소하는 경우 그 전세권을 목적으로 하는 저당권도 말소되므로 저당권자는 당연히 등기상 이해관계인에 해당한다.
㉢ 소유권보존등기를 말소하면 등기기록이 폐쇄되므로 그 등기기록상 저당권자는 당연히 등기상 이해관계인이다.
플러스 해설 ㉡ 지상권과 전세권은 양립할 수 없으므로 선순위 지상권등기를 회복하기 위해서는 현재의 전세권을 먼저 말소하여야 한다. 그러므로 지상권등기를 회복할 때에는 이미 전세권은 존재하지 않으므로 등기상 이해관계인이 아니다.
㉣ 후순위 소유권을 말소하여야 선순위 소유권의 말소가 가능하므로 선순위 소유권을 말소하려고 할 때 이미 후순위 소유권자는 말소되고 존재하지 않으므로 등기상 이해관계인이 아니다.
㉤ 저당권이 말소되더라도 지상권은 영향을 받지 않으므로 등기상 이해관계인이 아니다.

21 ①

① 폐쇄한 등기기록에 대해서도 등기사항의 열람 및 등기사항증명서의 발급은 청구할 수 있다. 다만 이 경우 등기사항증명서에는 매 장마다 폐쇄등기부임을 표시하여야 한다(등기예규 제1570호).

22 ①

① 신청정보의 등기의무자의 표시(상속인)가 등기기록(피상속인)과 일치하지 않지만 각하되지 아니하도록 규정(법 제29조 제7호 단서)을 두고 있다.

23 ④

㉠ 등기소에 보관 중인 등기신청서는 법관이 발부한 영장에 의해 압수하는 경우에는 등기소 밖으로 옮길 수 있다.

24 ①

플러스 해설 ② 근저당권의 존속기간은 등기할 수 있다.
③ 근저당권의 채권최고액은 채권자가 여러 명이면 채권자별로 구분하여 기재하지 않고 단일하게 기재한다.
④ 근저당권설정등기 신청서에 변제기 및 이자를 기재하지 않는다.
⑤ 민법상 저당권부 채권에 대한 질권을 설정함에 있어서 채권최고액은 등기할 수 있다.

부동산세법

Answer

25. ⑤ 26. ③ 27. ④ 28. ③ 29. ⑤ 30. ④ 31. ② 32. ④
33. ④ 34. ② 35. ⑤ 36. ③ 37. ② 38. ① 39. ⑤ 40. ③

25 ⑤

⑤ 신탁재산의 재산세와 종합부동산세의 납세의무자는 위탁자이다.

26 ③

플러스 해설 ① 등록면허세는 납세의무자가 신고하는 때 납세의무가 확정되고 신고를 하지 아니한 경우 지방자치단체가 결정하는 때 확정된다.
② 종합부동산세는 과세기준일에 납세의무가 성립하고 과세권자가 결정하는 때 납세의무가 확정된다.
④ 재산세는 과세기준일(6월 1일)에 납세의무가 성립하고 과세권자가 결정하는 때 납세의무가 확정된다.
⑤ 중간예납하는 소득세는 중간예납기간이 끝나는 때 납세의무가 성립되고 신고하는 때 확정된다.

27 ④

플러스 해설 ① 임시흥행장 공장현장 사무소 등(사치성 재산은 제외) 존속기간이 1년을 초과하지 아니하는 임시용 건축물의 취득에 대하여는 취득세를 부과하지 아니한다.
② 유상승계 취득의 경우 등기·등록을 하지 아니하고 화해조서, 인낙조서에 의하여 취득일로부터 60일 이내에 계약이 해제된 사실을 입증하는 경우에는 취득한 것으로 보지 아니한다.
③ 법인 설립시에 발행하는 주식을 취득함으로써 과점주주가 된 때에는 과세하지 않는다.
⑤ 면적 비율이 아니라 시가표준액 비율로 나누어 계산한다.

28 ③

③ 상속으로 인해 부동산을 취득하는 경우 시가표준액을 과세표준으로 한다.

TEST 06

29 ⑤

⑤ 토지 지목변경, 건축물 개수, 차량 기계장비, 선박의 종류 변경으로 가액이 증가되거나 과점주주의 주식취득 등은 간주취득으로 중과기준세율을 적용한다.

30 ④

④ 지역권 설정 등기의 경우 요역지가액을 과세표준으로 한다.

31 ②

② 토지와 건물의 소유자가 다른 주택에 대해 세율을 적용할 때 해당 주택의 토지와 건물가액을 합한 과세표준에 해당 세율을 적용한다.

32 ④

④ 재산세의 과세표준을 시가표준액에 공정시장가액비율을 곱하여 산정할 수 있는 대상은 토지와 건축물 주택의 경우에 적용한다.

33 ④

④ 주택에 대한 재산세의 납기는 토지와 건축물에 대하여 각각 과세하는 것이 아니라 해당 연도 부과·징수 세액에 대하여 1/2은 매년 7월 16일에서 7월 31일까지, 나머지 1/2은 매년 9월 16일에서 9월 30일까지 납부하여야 한다.

34 ②

② 연령별 공제와 보유기간별 공제가 중복되는 경우 80/100 범위에서 중복공제가 가능하다.

35 ⑤

⑤ 신규주택 취득 후 3년 이내에 종전 주택을 양도하는 경우 주택 수에서 제외한다.

36 ③

③ 「지적재조사에 관한 특별법」 제18조에 따른 경계의 확정으로 지적공부상의 면적이 증가되어 같은 법 제20조에 따라 징수한 조정금은 필요경비에 포함하지 아니한다.

37 ②

② 공익사업과 관련된 지상권을 대여함으로써 발생하는 소득은 사업소득에 해당하지 아니한다.

38 ①

① 보유세인 재산세는 필요경비에 포함하지 않는다.

39 ⑤

⑤ 양도 당시 실지거래가액이 인정되는 않는 경우 매매사례가액 – 감정가액 – 기준시가 순서로 추계조사 결정·경정할 수 있다. 환산취득가액은 취득가액을 추계조사 결정·경정하는 경우에만 적용하고 양도가액의 경우에는 적용하지 아니한다.

40 ③

플러스 해설 ① 허가를 받은 후 잔금을 지급한 경우에는 양도일이 속한 달의 말일부터 2개월 이내 예정신고하여야 한다.
② 예정신고와 확정신고 모두 분할납부가 가능하다.
④ 양도소득세 산출세액이 아니라 감정가액 또는 환산취득가액의 100분의 5에 해당하는 금액을 양도소득 결정세액에 더한다.
⑤ 2024년 토지의 양도에서 발생한 양도차손을 2025년 건물의 양도로 인한 양도소득금액에서 이월하여 공제할 수 없다.

Test 07 정답 및 해설

본문 ▶ P. 143

1교시

공인중개사법·중개실무

Answer

01.②	02.④	03.②	04.③	05.②	06.③	07.③	08.①
09.③	10.①	11.③	12.④	13.⑤	14.⑤	15.②	16.③
17.④	18.③	19.①	20.⑤	21.⑤	22.②	23.①	24.⑤
25.①	26.①	27.⑤	28.⑤	29.②	30.②	31.②	32.④
33.④	34.①	35.④	36.⑤	37.③	38.④	39.④	40.①

01 ②

② 시·도지사의 고유업무는 ⓒⓜ 이렇게 2개이다.
플러스 해설 ⓘ 국토교통부장관, ⓛ 국토교통부장관, ⓒ 시·도지사, ⓔ 시·군·구청장(등록관청), ⓜ 시·도지사

02 ④

④ ⓘ 15일 이내 ⓛ 3년 ⓒ 7일 ⓔ 1년

03 ②

플러스 해설 ⓒ (×) 시·군·구별로 1개
ⓔ (×) 주된 사무소 소재지 관할 안에는 분사무소를 설치할 수 없다.

04 ③

플러스 해설 ① 직업윤리는 실무교육, 연수교육, 직무교육의 공통내용이다.
② 등록관청은 개업공인중개사 등의 부동산거래사고 예방을 위한 교육을 실시할 수 "있다".
④ 2년이 되기 "2개월" 전까지 연수교육의 일시·장소·내용 등을 당사자에게 통지해야 한다.
⑤ 중개보조원이 소속공인중개사가 되려는 경우에는 실무교육을 별도로 받아야 한다.

05 ②

플러스 해설 ① 위원장이 위원 중에서 미리 지명해 둔 위원이 직무를 대행한다. 부위원장 제도는 공제운영위원회에 있다.
③ 해당 안건의 당사자는 위원에게 공정한 심의·의결을 기대하기 어려운 사정이 있는 경우에는 심의위원회에 "기피"신청을 할 수 있고, 심의위원회는 의결로 이를 결정한다. "회피"와 기피를 구별하여야 한다.
④ 정책심의위원회 위원은 "국토교통부장관"이 임명 또는 위촉한다.
⑤ 친족이었던 경우에도 제척된다.

06 ③

③ 회사로서, 자본금이 5천만원 이상이므로 다른 요건을 충족하면 등록을 할 수 있다.
플러스 해설 ① 대표자, 임원 또는 사원 전원이 "실무교육"을 받아야 한다.
② 중개사무소 면적에 대한 확보의무는 없다.
④ 사회적 협동조합은 등록을 할 수 없다.
⑤ 대표자는 공인중개사이어야 하며, 대표자를 "제외"한 임원 또는 사원의 3분의 1 이상은 공인중개사일 것

07 ③

③ 중개보수는 "설명사항"이며 "확인·설명서"에 기재할 사항이다. 전속중개시 공개할 사항은 아니다.

전속중개계약시의 정보공개할 사항
중개대상물을 특정하기 위하여 필요한 사항(소재지, 면적 등의 물건의 기본적인 사항), 중개대상물의 권리관계에 관한 사항(다만, 각 권리자의 주소·성명 등 인적사항에 관한 정보는 공개하여서는 아니 된다), 공법상 이용제한 및 거래규제에 관한 사항, 수도·전기·가스·소방·열 공급 승강기 설비, 오수·폐수·쓰레기 처리시설 등의 상태, 벽면 및 도배의 상태, 일조·소음·진동 등 환경조건, 도로 및 대중교통수단과의 연계성, 시장·학교 등과의 근접성, 지형 등 입지조건, 중개대상물의 거래예정금액, 공시지가(다만, 임대차 거래의 경우에는 공시지가를 공개하지 아니할 수 있다)

08 ①

① 등록의 절차: 신청 ⇨ 등록 ⇨ 보증 ⇨ 등록증 교부
플러스 해설 ② 소속공인중개사는 중개사무소의 개설등록을 신청할 수 "없다". 이중소속은 금지되기 때문이다.
③ 외국인은 등록을 신청할 때에 스스로 결격사유 없음을 증명할 수 있는 서류를 "첨부하여야" 한다. 한국인은 제출할 필요가 없다.
④ 중개사무소의 개설등록신청서에는 신청인의 여권용 사진을 "첨부하여야" 한다.
⑤ 등록관청은 등록증을 교부한 때에는 교부일로부터 "다음 달 10일까지" 공인중개사협회에 통보하여야 한다.

09 ③

③ 결격사유(이법위반 + 벌금형 + 300만원 이상 + 3년)를 이유로 등록이 취소된 경우에는 등록취소된 날을 기준으로 하는 것이 아니라, 그 원인되는 결격사유가 해소되면 중개업 종사가 가능하다. 그러므로, 벌금형의 선고를 받은 날을 기준으로 3년이 경과되는 시점인 2025년 "4월 4일" 이후부터 종사가 가능하다.

10 ①

① ㉠ 하나만 틀린 지문이다. 근거자료를 제시"하고", 설명하여야 한다.

11 ③

③ 법 제14조에 규정된 업무는 모든 개업공인중개사가 수행할 수 있다. 다만, 부칙상의 개업공인중개사는 법 제14조 규정업무 중에서 경매·공매 알선 및 대리를 수행할 수 없다. 상가건물에 대한 분양대행은 법 제14조에 규정된 업무이며, 법인인 개업공인중개사도 수행할 수 있고, 개인인 개업공인중개사(원칙적으로 겸업의 제한이 없음)도 수행할 수 있으므로, 결국 모든 개업공인중개사가 다 수행할 수 있다.

12 ④

④ ㉠ (×) 이중소속은 금지된다.
㉢ (×) 벌금형이 아니라, 과태료처분의 대상이 된다.

13 ⑤

⑤ 피해자(의뢰인)에게도 과실이 있으면, 가해자(개업공인중개사)의 과실과 상계처리된다(대판 2008.6.12, 2008다22276, 대판 2011.7.14, 2011다21143).
플러스 해설 ① 대판 2005.10.7, 2005다32197
② 대판 2005.10.7, 2005다32197
③ 대판 2009.11.26, 2009다59350
④ 대판 2008.5.29, 2007두26568

14 ⑤

⑤ 소속공인중개사는 "거래계약서"와 "확인·설명서"에만 서명 및 날인의 의무가 있다. 중개계약서에는 소속공인중개사는 서명 및 날인의무가 없다.
플러스 해설 ① 권장서식으로 표준서식이 정해져 "있다".
② "일반"중개계약은 상황통지의무가 적용되지 아니한다.
③ "일반"중개계약은 정보공개의무가 적용되지 아니한다. 전속중개계약과 구별하여야 한다.
④ "일반"중개계약은 통지의무가 없다. 전속중개계약과 구별하여야 한다.

15 ②

② 중개사무소 이전신고시에는 제출서류는 이전신고서와 사무소확보증명서류와 등록증이다. 맞는 지문이다.
플러스 해설 ① 甲은 이전을 한 날로부터 10일 이내에 "강동구청장"에게 이전신고를 하여야 한다.
③ 이전신고를 받은 등록관청은 등록증을 "재교부"하여야 한다. 변경교부가 아니다. 관할구역 밖으로 이전한 경우이므로 변경교부는 아니 되고, 재교부하여야 한다.
④ 중개사무소 이전은 간판도 "철거하여야" 한다.
⑤ 甲이 강서구에서 했던 위반행위에 대하여는 이전 후의 등록관청인 "강동구청장"이 행정처분을 하여야 한다.

16 ③

③ ㉢㉣ 원본
플러스 해설 ㉠㉡㉢ 사본

17 ④

④ 법인인 개업공인중개사는 법 제14조에 규정된 업무만을 수행할 수 있다. 거래정보사업은 법 제14조 규정된 업무가 아니다.
플러스 해설 ① 지정취소사유이면서 1년 이하의 징역 또는 1천만원 이하의 벌금형의 대상이다.
② 운영규정은 지정을 받은 날로부터 3개월 이내에 국토교통부장관의 승인을 받아야 한다.
③ 지정이 취소될 수 있다(재량행위).
⑤ 사망이나 해산, 운영불능의 경우에는 청문을 생략할 수 있다.

18 ③

③ ㉣㉤ 두 개만 옳은 지문에 해당된다.
플러스 해설 ㉠㉡㉢은 주거용 건축물 설명서[Ⅰ]에만 기재된다. 문제에서는 비주거용 건축물 설명서[Ⅱ]를 묻고 있으므로, ㉠㉡㉢을 제외시켜야 한다.

19 ①

① 거래계약서의 필요적 기재사항은 반드시 반복해야 한다.

> **거래계약서의 필요적 기재사항**
> 거래당사자의 인적사항, 물건의 표시, 물건의 인도일시, 권리이전의 내용, 거래대금·계약금 등 지급에 관한 사항, 계약일, 조건이나 기한, 확인·설명서 교부일자, 기타 약정

플러스 해설 ② 거래계약서의 표준이 되는 서식이 정해져 있지 않다.
③ 중개보수와 실비의 금액 및 산출내역은 거래계약서의 필요적 기재사항이 아니다.
④ 거래계약서에는 소속공인중개사와 개업공인중개사가 함께 서명 "및" 날인해야 한다.
⑤ 공동으로 서명 및 날인 하여야 한다.

20 ⑤

⑤ ㉠ 개업공인중개사가 아파트 분양권의 매매를 중개하면서 중개보수 "산정"에 관한 지방자치단체의 조례를 "잘못" 해석하여 법에서 허용하는 금액을 초과한 중개보수를 수수한 경우가 (정당한) 법률의 착오에 해당하지 아니하며, 이는 (초과금품수수로) 처벌된다(대판 2005.5.27, 2004도62).
㉡ 중개대상물 매매업으로 금지행위에 해당한다.
㉢ 쌍방대리로서 금지행위에 해당한다.
㉣ 초과중개보수로 금지행위에 해당한다.

21 ⑤

⑤ 매매계약과 임대차계약의 거래당사자가 서로 다르므로, "별개"의 건수로서 매매보수와 임대차보수를 모두 받을 수 있는 사례이다.
1. 매매 중개보수 = 3억 × 0.4%(조례) = 120만원
2. 임대차 중개보수 = 거래대금을 먼저 구하면, 2천 + (20만원 × 100) = 4천만원. 이는 5천만원 미만에 해당하므로, 거래대금을 다시 산정해야 한다. 즉, 2천 + (20만원 × 70) = 3,400만원. 이것을 거래대금으로 하여, 3,400만 × 0.5%(조례) = 17만원
3. 모두 다 쌍방으로부터 받으면, 총액은 274만원이 된다.

22 ②

② 분양권의 거래대금은 매도인이 총 수수한 대금[(즉, 기납입금액(계약금, 중도금 등)과 프리미엄을 합한 금액)]으로 한다. 그러므로, 기납입금(계약금 3천 + 중도금 3천) + 프리미엄(2천) = 8천만원. 이것을 거래대금으로 하여 8천 × 0.5% = 40만원. 쌍방으로부터 받으면, 80만원이 정답이 된다.

23 ①

플러스 해설↑ ㉠ 협회에 관하여 공인중개사법령에 규정된 것 외에는 「민법」 중 "사단법인"에 관한 규정을 적용한다.
㉢ 운영위원회의 회의는 "출석위원" 과반수의 찬성으로 심의사항을 의결한다.
㉣ 공제계약이 유효하게 성립하기 위하여는 공제계약 당시에 공제사고의 발생 여부가 확정되어 있지 않아야 한다(대판 2014.10.27, 2014다212926).

24 ⑤

⑤ 위반시 업무정지대상이다.
플러스 해설↑ ① 계약금 등을 예치하는 경우 거래당사자 명의로 예치할 수 "없다". 예치명의자는 개업공인중개사, 은행, 체신관서, 보험회사, 신탁업자, 전문회사, 공제사업자로 한정되어 있다.
② 계약금 등을 예치하는 경우 고용신고 된 중개보조원의 명의로 예치할 수 "없다".
③ 보증서를 "예치명의자"에게 교부하고 계약금 등을 미리 수령할 수 있다. 예치기관에 교부하는 것이 아니다.
④ 개업공인중개사는 계약금을 자기 명의로 예치하는 경우에는 기존의 자기 재산과 "분리하여 관리하여야" 한다. 위반시 업무정지이다.

25 ①

① 부정등록, 등록증 양도·대여, 무등록중개업, 자격증 양도·대여 등이 포상금신고대상이 되며, 검사가 공소제기나 기소유예처분을 했을 때, 포상금을 지급한다.
㉠ 甲(50만원)
㉡ 초과 중개보수는 포상금 대상이 아니다.
㉢ 이중사무소 설치도 포상금 대상이 아니다.
㉣ 검사가 무혐의처분 한 것은 포상금 대상이 아니다.

26 ①

① 중개사무소 관할 시·도지사가 자격취소나 자격정지처분의 사전절차를 이행한 후 자격증을 교부한 시·도지사에게 통보하여야 한다. 자격취소나 자격정지처분은 자격증을 "교부"한 시·도지사가 이를 행한다.

27 ⑤

⑤ 모두 옳은 지문이다.

위반행위	부과기준
1. 결격사유에 해당하는 자를 소속공인중개사 또는 중개보조원으로 둔 경우(다만, 그 사유가 발생한 날부터 2개월 이내에 그 사유를 해소한 경우에는 제외) (즉, "고용"위반)	6개월
2. "거래정보망"에 중개대상물에 관한 정보를 거짓으로 공개한 경우	
3. 법 제38조 제2항(상대적, "임의적" 등록취소사유) 각 호의 어느 하나를 최근 1년 이내에 1회 위반한 경우	
4. 최근 1년 이내에 「공인중개사법」에 의하여 2회 이상 업무정지 또는 과태료의 처분을 받고 다시 과태료의 처분에 해당하는 행위를 한 경우	
5. 인장등록을 하지 아니하거나 등록하지 아니한 인장을 사용한 경우	3개월
6. 국토교통부령이 정하는 전속중개계약서에 의하지 아니하고 전속중개계약을 체결하거나 계약서를 보존하지 아니한 경우	
7. 중개대상물 확인·설명서를 작성·교부하지 아니하거나 보존하지 아니한 경우(전자문서센터 보관시는 제외)	
8. 중개대상물 확인·설명서에 서명 및 날인을 하지 아니한 경우	
9. 거래계약서를 작성·교부하지 아니하거나, 보존하지 아니한 경우(전자문서센터 보관시는 제외)	
10. 거래계약서에 서명 및 날인을 하지 아니한 경우 (이하 생략)	(이하 생략)

TEST 07

28 ⑤
⑤ 토지거래허가를 받아도 부동산거래신고는 별도로 하여야 한다.

29 ②
② ㉠㉡ 두 개가 등록을 취소해야 하는 사유이다.
㉠ 결격사유로서 절대적 등록취소사유
㉡ 부정등록은 절대적 등록취소사유 + (3년 - 3천 이하)
플러스 해설↑ ㉢㉣㉤ 상대적 등록취소사유

30 ②
② 재매각에서 종전매수인은 입찰에 참여할 수 "없다". 재매각은 종전매수인(낙찰자)가 경락대금을 완납하지 아니한 경우에, 그 사람 때문에 다시 매각하는 것을 말한다.
종전매수인은 경락대금을 완납하여야 하며, 경락대금을 재매각하기 3일 전까지 완납하면 재매각은 취소된다.

31 ②
② 그 "다음 날"에 "허가"가 있는 것으로 본다.

32 ④
플러스 해설↑ ㉤ 입목은 부동산거래신고 대상이 아니다.

33 ④
플러스 해설↑ ㉠ 전세권설정계약은 부동산거래신고의 대상이 아니다.
㉢ "신고관청"이 가격의 적정성을 검토한다.
㉤ 국토교통부장관이 "직접" 조사할 수도 있다.

34 ①
① 상속은 계약 이외의 원인이므로, 소유권취득일로부터 "6개월" 이내에 신고하여야 한다, 위반시에는 100만원 이하의 과태료이다.

35 ④
④ 부동산거래신고법상의 포상금 대상은 부동산거래신고를 거짓으로 한자, 허위신고를 한자, 허위해제신고를 한 자, 주택임대차신고를 거짓신고를 한 자, 토지거래허가를 위반하여, 부정허가를 받은 자, 허가를 받지 아니하고 계약을 한 자, 허가받은 목적대로 사용(이용)하지 아니한 자이다.
㉡㉢㉣㉥ (○)
플러스 해설↑ ㉠㉤ (×)

36 ⑤
⑤ 건물이 없는 토지(나대지)에 대하여 저당권이 설정된 후, 저당권설정자가 그 위에 건물을 건축하였다가 담보권의 실행을 위한 경매절차에서 경매로 인하여 그 토지와 지상 건물이 소유자를 달리하였을 경우에는 법정지상권이 인정되지 않는다.

37 ③
③ 종중·문중 자연장지는 "사전신고"를 하여야 한다.

38 ④
④ ㉠ 10년 ㉣ 차임과 보증금 증감 청구할 수 있다.

39 ④
㉠ 사례는 3자 간의 등기명의신탁(중간생략형 명의신탁)에 해당한다.
㉢ 甲과 乙 사이의 매매계약은 "유효"하다. 그러므로 甲은 乙을 상대로 소유권이전등기를 청구할 수 "있다".
㉣ 丙의 등기가 무효이므로, 소유권은 여전히 매도인 乙에게 귀속된다.
플러스 해설↑ ㉡ 횡령죄에 해당되지 않는다(대판 2016.5.19, 2014도6992 전합).

40 ①
① 관리인의 자격은 제한이 없다. 소유자가 아니라도 관리인이 될 수 있다.
플러스 해설↑ ④ 전원의 동의가 있으면, 소집절차를 거치지 않을 수 있다.
▪ 관리단집회의 소집절차 : 관리단집회를 소집하려면 관리단집회일 1주일 전에 회의의 목적사항을 구체적으로 밝혀 각 구분소유자에게 통지하여야 한다(「집합건물법」 제34조).
⑤ 연체료는 승계되지 아니한다.

부동산공법

Answer

41.④	42.③	43.⑤	44.②	45.⑤	46.⑤	47.⑤	48.④
49.③	50.②	51.③	52.③	53.②	54.①	55.③	56.②
57.④	58.⑤	59.⑤	60.②	61.④	62.④	63.②	64.⑤
65.⑤	66.②	67.⑤	68.②	69.④	70.③	71.⑤	72.②
73.③	74.⑤	75.③	76.①	77.②	78.②	79.⑤	80.②

41 ④

④ 「수도권정비계획법」에 의한 수도권에 속하지 아니하고 광역시와 경계를 같이하지 아니한 시 또는 군으로서 인구 10만명 이하인 시 또는 군은 도시·군기본계획을 수립하지 아니할 수 있다.

42 ③

플러스 해설 ① 10년 단위로 수립하여야 하는 규정은 별도로 두고 있지 아니하다.
② 광역계획권이 2 이상의 시·도의 관할 구역에 걸쳐 있는 경우에는 국토교통부장관이 광역계획권을 지정할 수 있다.
④ 시·도지사는 광역도시계획을 수립하거나 변경하려면 국토교통부장관의 승인을 받아야 한다. 다만, 도지사가 시장 또는 군수와 공동으로 수립하는 광역도시계획 및 시장 또는 군수의 요청으로 도지사가 단독으로 수립하는 광역도시계획은 그러하지 아니하다.
⑤ 광역도시계획에 관한 기초조사로 인하여 손실을 받은 자가 있는 때에는 그 행위자가 속한 행정청이 그 손실을 보상하여야 한다.

43 ⑤

⑤ 산업·유통개발진흥지구의 지정에 관한 사항을 제안하려는 경우 대상 토지 면적의 3분의 2 이상의 토지소유자의 동의를 받아야 한다.

44 ②

② 특별시장·광역시장이 도시·군기본계획을 수립하는 경우 승인을 받지 않는다.

45 ⑤

플러스 해설 ① 제1종 일반주거지역은 저층 주택 중심의 편리한 주거환경의 조성을 위하여 필요한 지역이다.
② 일반상업지역은 일반적인 상업기능 및 업무기능을 담당하게 하기 위하여 필요한 지역이다. 근린지역에서의 일용품 및 서비스의 공급을 위하여 필요한 지역은 근린상업지역이다.
③ 준공업지역은 경공업 그 밖의 공업을 수용하되, 주거기능·상업기능 및 업무기능의 보완이 필요한 지역이다. 환경을 저해하지 아니하는 공업의 배치를 위하여 필요한 지역은 일반공업지역이다.

④ 자연녹지지역은 도시의 녹지공간의 확보, 도시확산의 방지, 장래 도시용지의 공급 등을 위하여 보전할 필요가 있는 지역으로서 불가피한 경우에 한하여 제한적인 개발이 허용되는 지역이다. 도시의 자연환경·경관·산림 및 녹지공간을 보전할 필요가 있는 지역은 보전녹지지역이다.

46 ⑤

⑤ 전원개발사업구역 및 그 예정구역은 도시지역으로 결정·고시된 것으로 본다. 수력발전소만을 설치하기 위한 경우는 제외된다.

넓혀 보기

용도지역의 지정특례

공유수면 매립지의 용도지역 지정	공유수면(바다만 해당)의 매립 목적이 그 매립구역과 이웃하고 있는 용도지역의 내용과 같으면 도시·군관리계획의 입안 및 결정 절차 없이 그 매립준공구역은 그 매립의 준공인가일부터 이와 이웃하고 있는 용도지역으로 지정된 것으로 본다.
도시지역 지정의제	다음의 어느 하나의 구역 등으로 지정·고시된 지역은 이 법에 따른 도시지역으로 결정·고시된 것으로 본다. 1. 「항만법」에 따른 항만구역으로서 도시지역에 연접한 공유수면 2. 「어촌·어항법」에 따른 어항구역으로서 도시지역에 연접한 공유수면 3. 「산업입지 및 개발에 관한 법률」에 따른 국가산업단지, 일반산업단지 및 도시첨단산업단지 4. 「택지개발촉진법」에 따른 택지개발지구 5. 「전원개발촉진법」에 따른 전원개발사업구역 및 예정구역(수력발전소 또는 송·변전설비만을 설치하기 위한 전원개발사업구역 및 예정구역은 제외)
관리지역 특례	관리지역에서 「농지법」에 따른 농업진흥지역으로 지정·고시된 지역은 농림지역으로, 관리지역의 산림 중 「산지관리법」에 따라 보전산지로 지정·고시된 지역은 그 고시에서 구분하는 바에 따라 농림지역 또는 자연환경보전지역으로 결정·고시된 것으로 본다.

47 ⑤

플러스 해설 ① 주민이 산업·유통개발진흥지구의 지정을 제안할 수 있는 대상지역은 자연녹지지역·계획관리지역·생산관리지역이어야 한다.
② 주민이 산업·유통개발진흥지구의 지정을 제안하는 경우 지정 대상 지역의 전체 면적에서 계획관리지역의 면적이 차지하는 비율이 100분의 50 이상이어야 한다.
③ 계획관리지역에 위치한 주거개발진흥지구에 지구단위계획구역을 지정할 수 있다.
④ 도시지역 외의 지역에 지정된 개발진흥지구에서의 건폐율은 40퍼센트 이하의 범위에서 특별시·광역시·특별자치시·특별자치도·시 또는 군의 도시·군계획조례로 정하는 비율을 초과하여서는 아니 된다.

TEST 07

48 ④

도시·군관리계획 결정권자는 도시·군계획시설의 입체복합적 활용을 위하여 다음의 어느 하나에 해당하는 경우에 도시·군계획시설이 결정된 토지의 전부 또는 일부를 도시·군계획시설입체복합구역으로 지정할 수 있다.

> 1. 도시·군계획시설 준공 후 10년이 경과한 경우로서 해당 시설의 개량 또는 정비가 필요한 경우
> 2. 주변지역 정비 또는 지역경제 활성화를 위하여 기반시설의 복합적 이용이 필요한 경우
> 3. 첨단기술을 적용한 새로운 형태의 기반시설 구축 등이 필요한 경우
> 4. 그 밖에 효율적이고 복합적인 도시·군계획시설의 조성을 위하여 필요한 경우로서 대통령령으로 정하는 경우

49 ③

③ 10만㎡ ⇨ 30만㎡

50 ②

② 국가·지방자치단체·공공기관 그 밖에 대통령령이 정하는 자 외의 자가 도시·군계획시설사업의 시행자로 지정되려면 도시·군계획시설사업대상 토지(국공유지를 제외)면적의 3분의 2 이상에 해당하는 토지를 소유하고, 토지소유자 총수의 2분의 1 이상에 해당하는 자의 동의를 얻어야 한다.

51 ③

매수의무자는 매수청구를 받은 토지를 매수할 때에는 현금으로 그 대금을 지급한다. 다만, 다음 각 호의 어느 하나에 해당하는 경우로서 매수의무자가 지방자치단체인 경우에는 도시·군계획시설채권을 발행하여 지급할 수 있다.

> 1. 토지 소유자가 원하는 경우
> 2. 대통령령으로 정하는 부재부동산 소유자의 토지 또는 비업무용 토지로서 매수대금이 3천만원을 초과하여 그 초과하는 금액을 지급하는 경우

52 ③

③ 녹지지역이나 계획관리지역으로서 수목이 집단적으로 자라고 있는 지역에 대해서 개발행위허가를 제한한 경우에는 그 제한을 연장할 수 없다.

53 ②

② 공공기관의 장 또는 정부출연기관의 장이 30만㎡ 이상의 규모로 국가계획과 밀접한 관련이 있는 도시개발구역의 지정을 제안하는 경우

54 ①

① 도시개발사업에 관한 실시계획의 인가를 받은 후 2년 이내에 사업을 착수하지 아니하는 경우 시행자를 변경할 수 있다.

55 ③

① 조합원은 도시개발구역 안에 소재한 토지소유자로 한다.
② 조합원의 수가 50인 이상인 조합은 총회의 권한을 대행하게 하기 위하여 대의원회를 둘 수 있다.
④ 조합의 설립시에는 토지면적 3분의 2 이상의 토지소유자와 토지소유자 총수의 2분의 1 이상의 동의를 얻어야 한다.
⑤ 조합원은 보유토지의 면적에 관계없이 평등한 의결권을 행사한다.

56 ②

② 국가 또는 지방자치단체가 원형지 개발자인 경우 매각제한을 받지 않는다.

57 ④

① 시행자는 면적이 작은 토지는 환지 대상에서 제외할 수 있다.
② 토지 소유자의 신청에 따라 환지를 정하지 아니하는 경우 임차권자의 동의를 받아야 한다.
③ 환지계획에서 정하여진 환지는 그 환지처분이 공고된 날의 다음 날부터 종전의 토지로 본다.
⑤ 체비지는 준공검사 전 또는 공사 완료 공고 전이라도 사용할 수 있다.

58 ⑤

① 도시개발채권은 시·도지사가 발행한다. 도시개발조합은 토지상환채권을 발행할 수 없다.
② 도시개발채권을 발행하는 경우 행정안전부장관의 승인을 받아야 한다.
③ 도시개발채권의 소멸시효는 상환일부터 기산하여 원금은 5년, 이자는 2년으로 한다.
④ 도시개발채권의 상환은 5년부터 10년까지의 범위에서 지방자치단체의 조례로 정한다.

59 ⑤

①②④ 주거환경개선사업 및 재개발사업의 경우 토지등소유자는 정비구역에 위치한 토지 또는 건축물의 소유자 또는 그 지상권자를 말한다.
③ 재건축사업의 경우 토지등소유자는 정비구역 안에 소재한 건축물 및 토지소유자를 말한다.

60 ②

플러스해설 ㉠ 대통령으로 정하는 다음의 경미한 사항을 변경하는 경우에는 도지사의 승인을 받지 아니할 수 있다.

1. 정비기반시설의 규모를 확대하거나 그 면적을 10% 미만의 범위에서 축소하는 경우
2. 정비사업의 계획기간을 단축하는 경우
3. 공동이용시설에 대한 설치계획을 변경하는 경우
4. 사회복지시설 및 주민문화시설 등에 대한 설치계획을 변경하는 경우
5. 구체적으로 면적이 명시된 정비예정구역의 면적을 20% 미만의 범위에서 변경하는 경우
6. 단계별 정비사업 추진계획을 변경하는 경우
7. 건폐율 및 용적률을 각 20% 미만의 범위에서 변경하는 경우
8. 정비사업의 시행을 위하여 필요한 재원조달에 관한 사항을 변경하는 경우
9. 도시·군기본계획의 변경에 따라 기본계획을 변경하는 경우

㉢ 기본계획의 수립권자는 기본계획에 대하여 5년마다 타당성을 검토하여 그 결과를 기본계획에 반영하여야 한다.

61 ④

④ 3년 ⇨ 2년

62 ④

플러스해설 ① 주거환경개선사업은 조합이 시행할 수 없다.
② 토지등소유자가 20인 미만인 경우에는 토지등소유자가 재개발사업을 시행할 수 있다.
③ 재건축사업은 조합이 시행하거나 조합이 조합원의 과반수의 동의를 받아 시장·군수등, 토지주택공사 등, 건설업자 또는 등록사업자와 공동으로 시행할 수 있다.
⑤ 시장·군수등이 직접 정비사업을 시행하거나 토지주택공사 등을 사업시행자로 지정·고시한 때에는 그 고시일 다음 날에 추진위원회의 구성승인 또는 조합설립인가가 취소된 것으로 본다.

63 ②

② 시장·군수등의 인가를 받아야 한다.

64 ⑤

⑤ 재개발사업이 아니라 재건축사업의 경우이다.

65 ⑤

플러스해설 ① '이전'은 건축물의 주요구조부를 해체하지 아니하고 같은 대지의 다른 위치로 옮기는 것을 말한다.
② 건축물의 피난계단을 증설하는 것은 '대수선'에 해당한다.
③ 건축물이 천재지변으로 멸실된 경우 그 대지에 종전과 같은 규모의 범위에서 다시 축조하는 것은 '재축'이다.
④ 지하층은 건축물의 바닥이 지표면 아래에 있는 층으로서 바닥에서 지표면까지 평균높이가 해당 층 높이의 2분의 1 이상이어야 한다.

66 ②

㉠, ㉢, ㉣은 하위시설군에서 상위시설군으로의 용도변경으로 허가대상이다.

플러스해설 ㉡은 상위시설군에서 하위시설군으로의 용도변경으로 신고대상이고, ㉤은 같은 시설군 안에서의 용도변경으로 허가 또는 신고대상이 아니고 건축물대장 기재내용의 변경을 신청하여야 한다.

67 ⑤

⑤ 특별시나 광역시에서 21층 이상 또는 연면적 합계 10만제곱미터 이상의 건축물을 건축하는 경우 특별시장이나 광역시장의 허가를 받아야 하나, 공장과 창고는 제외한다.

68 ②

도시·군계획시설 및 도시·군계획시설예정지에서 가설건축물을 건축하려는 자는 특별자치시장·특별자치도지사 또는 시장·군수·구청장의 허가를 받아야 한다.

69 ④

④ 건축주는 6층 이상으로서 연면적이 2천제곱미터 이상인 건축물을 건축하려면 승강기를 설치하여야 한다.

70 ③

③ 용적률이 200%이고 대지면적이 200m²이므로 지하층을 제외한 연면적은 400m²이다. 각 층의 바닥면적이 동일한 지상 4층의 건축물이므로 1개층의 바닥면적은 100m²이다.

71 ⑤

⑤ 협정체결자는 건축협정을 폐지하려는 경우 협정체결자 과반수의 동의를 받아 건축협정인가권자의 인가를 받아야 한다.

72 ②

② 어린이집은 준주택에 해당하지 않는다.

73 ③

플러스해설 ①②④ 연간 단독주택의 경우에는 20호, 공동주택의 경우에는 20세대(도시형 생활주택은 30세대) 이상의 주택건설사업을 시행하려는 자 또는 연간 1만m² 이상의 대지조성사업을 시행하려는 자는 국토교통부장관에게 등록하여야 한다. 다

만, 다음의 사업주체의 경우에는 그러하지 아니하다.

1. 국가·지방자치단체, 한국토지주택공사 또는 지방공사
2. 「공익법인의 설립·운영에 관한 법률」에 따라 주택건설사업을 목적으로 설립된 공익법인
3. 주택조합(등록사업자와 공동으로 주택건설사업을 하는 경우만 해당한다)
4. 근로자를 고용하는 자(등록사업자와 공동으로 주택건설사업을 시행하는 경우만 해당한다)

⑤ 6억원 이상이어야 한다.

74 ⑤

플러스 해설 ① 공개모집 이후 조합원의 사망·자격상실·탈퇴 등으로 인한 결원을 충원하거나 미달된 조합원을 재모집하는 경우에는 신고하지 아니하고 선착순의 방법으로 조합원을 모집할 수 있다.
② 주택조합(리모델링주택조합은 제외한다)은 주택건설 예정 세대수(임대주택으로 건설·공급하는 세대수는 제외한다)의 50% 이상의 조합원으로 구성하되, 조합원은 20명 이상이어야 한다.
③ 지역주택조합 또는 직장주택조합의 설립인가를 받기 위하여 조합원을 모집하려는 자는 해당 주택건설대지의 50퍼센트 이상에 해당하는 토지의 사용권원을 확보하여 관할 시장·군수·구청장에게 신고하고, 공개모집의 방법으로 조합원을 모집하여야 한다.
④ 조합원에게 우선공급할 수 있다.

75 ③

③ 80% ⇨ 95%

76 ①

① 도시형 생활주택의 경우에는 분양가상한제를 적용하지 아니한다.

넓혀 보기

분양가상한제의 적용제외
다음의 어느 하나에 해당하는 경우에는 분양가격 제한을 적용하지 아니한다.
1. 도시형 생활주택
2. 「경제자유구역의 지정 및 운영에 관한 특별법」에 따라 지정·고시된 경제자유구역에서 건설·공급하는 공동주택으로서 경제자유구역위원회에서 외자유치 촉진과 관련이 있다고 인정하여 분양가격 제한을 적용하지 아니하기로 심의·의결한 경우
3. 「관광진흥법」에 따라 지정된 관광특구에서 건설·공급하는 공동주택으로서 해당 건축물의 층수가 50층 이상이거나 높이가 150미터 이상인 경우
4. 한국토지주택공사 또는 지방공사가 다음의 정비사업의 시행자로 참여하는 등 대통령령으로 정하는 공공성 요건을 충족하는 경우로서 해당 사업에서 건설·공급하는 주택
  ① 「도시 및 주거환경정비법」에 따른 정비사업으로서 면적, 세대수 등이 대통령령으로 정하는 요건에 해당되는 사업
  ② 「빈집 및 소규모주택 정비에 관한 특례법」에 따른 소규모주택정비사업
5. 「도시 및 주거환경정비법」에 따른 주거환경개선사업 및 공공재개발사업에서 건설·공급하는 주택
6. 「도시재생 활성화 및 지원에 관한 특별법」에 따른 주거재생혁신지구에서 시행하는 혁신지구재생사업에서 건설·공급하는 주택
7. 「공공주택 특별법」에 따른 도심 공공주택 복합사업에서 건설·공급하는 주택

77 ②

② 상속·저당의 경우 금지행위에 해당되지 않는다.

78 ②

② 리모델링 기본계획은 10년 단위로 수립하여야 한다.

79 ⑤

⑤ 주말·체험영농을 하려는 자는 총 1천제곱미터 미만의 농지를 소유할 수 있다. 이 경우 면적 계산은 그 세대원 전부가 소유하는 총 면적으로 한다.

80 ②

플러스 해설 ① 3년 ⇨ 5년
③ 60세 이상이 되어 더 이상 농업경영에 종사하지 아니하게 된 자로서 대통령령으로 정하는 자가 소유하고 있는 농지 중에서 자기의 농업경영에 이용한 기간이 5년이 넘은 농지를 임대·사용대할 수 있다.
④ 임대인이 임대차 기간이 끝나기 3개월 전까지 임차인에게 임대차계약을 갱신하지 아니한다는 뜻이나 임대차계약 조건을 변경한다는 뜻을 통지하지 아니하면 그 임대차 기간이 끝난 때에 이전의 임대차계약과 같은 조건으로 다시 임대차계약을 한 것으로 본다.
⑤ 임대차계약은 그 등기가 없는 경우에도 임차인이 농지소재지를 관할하는 시·구·읍·면의 장의 확인을 받고, 해당 농지를 인도받은 경우에는 그 다음 날부터 제3자에 대하여 효력이 생긴다.

2교시

부동산공시법령

Answer

01.⑤	02.④	03.④	04.③	05.④	06.②	07.③	08.①
09.②	10.⑤	11.⑤	12.⑤	13.③	14.④	15.⑤	16.⑤
17.②	18.③	19.①	20.⑤	21.③	22.②	23.③	24.⑤

01 ⑤

플러스 해설 ① 73-2의 경계선상에 등록된 '22.41'은 좌표에 의하여 계산된 경계점 간의 거리를 나타낸다.
② 73-2에 대한 면적측정은 좌표면적측정기에 의한다.
③ 73-2의 지목은 '주유소용지'이다.
④ (가)의 부분, 즉 도곽선의 오른쪽 아래 끝에 "이 도면에 의하여 측량을 할 수 없음"이라고 기록되어 있다.

02 ④

플러스 해설 ① 온수·약수·석유류 등이 용출되는 용출구(湧出口)와 그 유지(維持)에 사용되는 부지는 "광천지"로 하고, 온수·약수·석유류 등을 일정한 장소로 운송하는 송수관·송유관 및 저장시설의 부지는 제외한다.
② 축산업 및 낙농업을 하기 위하여 초지를 조성한 토지는 "목장용지"로 하고, 주거용 건축물의 부지는 "대"로 한다.
③ 학교용지·공원·종교용지 등 다른 지목으로 된 토지에 있는 유적·고적·기념물 등을 보호하기 위하여 구획된 토지는 "사적지"로 하지 아니한다.
⑤ 주차전용 건축물부지는 "주차장"이고, 노상주차장부지는 "주차장"으로 하지 아니한다.

03 ④

플러스 해설 ① 축척변경에 관한 사항을 심의·의결하기 위하여 지적소관청에 축척변경위원회를 둔다.
② 축척변경위원회의 위원장은 위원 중에서 지적소관청이 지명한다.
③ 지적소관청은 축척변경에 관한 측량을 완료하였을 때에는 축척변경 신청일 현재의 지적공부상의 면적과 측량 후의 면적을 비교하여 그 변동사항을 표시한 지번별 조서를 작성하여야 한다.
⑤ 청산금의 납부 및 지급이 완료되었을 때에는 지적소관청은 지체 없이 축척변경의 확정공고를 하여야 한다.

04 ③

플러스 해설 ① 토지소유자는 신규등록할 토지가 있으면 그 사유가 발생한 날부터 '60일 이내에' 지적소관청에게 신규등록을 신청하여야 한다.

② 토지소유자가 신규등록을 신청할 때에는 신규등록 사유를 적은 신청서에 법원의 확정판결서 등을 첨부하여 '지적소관청'에게 제출하여야 한다.
④ 신규등록은 등기촉탁의 사유가 아니다.
⑤ 신규등록을 할 때의 토지소유자는 '지적소관청이 직접 조사하여 결정'한다.

05 ④

㉠ 준비도나 의뢰서나 계획서는 결과물이 아니므로 지적공부의 복구자료가 될 수 없다.

06 ②

② 지적소관청은 토지의 이동에 따라 지상경계를 새로 정한 경우에는 '지상경계점등록부'를 작성·관리하여야 한다.

07 ③

③ 옳다(「공간정보의 구축 및 관리 등에 관한 법률」 제79조 제1항).
플러스 해설 ① 신규등록의 경우 등기촉탁은 불가능하다.
② 등록전환의 경우 지적측량을 한다.
④ 합병의 경우 지적측량을 하지 아니한다.
⑤ 건물의 용도가 다르게 된 경우에도 지목변경을 가져올 수 있다.

08 ①

㉠ 토지의 지목, ㉢ 소유자의 성명 또는 명칭, 주소 및 주민등록번호 ㉣ 개별공시지가, ㉧ 토지의 면적은 경계점좌표등록부의 등록사항이 아니다.
㉥ 좌표는 토지대장의 등록사항이 아니다.

09 ②

② 시·군·구(자치구가 아닌 구를 포함한다) 단위의 지적전산자료 이용신청은 '지적소관청'에게 하여야 한다.

10 ⑤

플러스 해설 ① 국토교통부장관은 모든 토지에 대하여 필지별로 소재·지번·지목·면적·경계 또는 좌표 등을 조사·측량하여 지적공부에 등록하여야 한다.
② 지적공부에 등록하는 지번·지목·면적·경계 또는 좌표는 토지이동이 있을 때 토지소유자의 신청을 받아 지적소관청이 결정한다.
③ 지적소관청은 토지이동현황을 직권으로 조사, 측량하여 토지의 소재·지번·지목·면적·경계 또는 좌표를 결정하려는 때에는 토지이동현황 조사계획을 수립하여 시, 도지사 또는 대도시 시장의 승인을 받을 필요가 없다.

④ 지적소관청은 토지이동현황 조사계획에 따라 토지의 이동현황을 조사한 때에는 토지이동조사부에 토지의 이동현황을 적어야 한다.

11 ⑤

⑤ 지적기준점성과는 시·도지사나 지적소관청이 이를 열람하게 하거나 등본을 발급하여야 한다.

12 ⑤

⑤ 모두 지적측량 사유이다.

13 ③

③ 매도인과 매수인은 환매에 따른 권리취득의 등기와 환매특약의 말소등기는 등기관이 직권으로 말소한다.

14 ④

㉠ 소유권보존등기의 말소등기는 소유자가 단독으로 신청한다.
㉡, ㉢, ㉣는 옳다.

15 ⑤

등기필정보는 등기명의인이 된 신청인에게 작성·교부한다. 즉, 등기명의인과 신청인이 일치할 때에 작성한다. ⑤의 경우는 등기명의인(등기권리자) ≠ 신청인(등기의무자)이므로 등기완료 후 등기필정보를 작성하지 아니한다.

16 ⑤

⑤ 등기관은 거래가액을 등기기록 중 갑구의 "권리자 및 기타사항"란에 기록하는 방법으로 등기하고, 매매목록을 첨부하는 경우에는 "매매목록"에 거래가액을 기록한다.

17 ②

② 존재하지 않는 건물에 관해서도 소유권의 등기명의인은 지체 없이 멸실등기를 신청하여야 한다. 신청의무가 없으므로 과태료 처분의 대상은 아니다.

18 ③

③ 미등기부동산의 포괄유증의 경우 직접 포괄수증자 명의의 보존등기는 할 수 있다.

19 ①

① 매도인 甲과 매수인 乙이 매매계약을 체결한 후 아직 등기신청을 하지 않고 있는 동안, 매도인 甲이 사망한 경우에는 상속등기를 생략하고 甲의 상속인이 등기의무자가 되어 그 등기를 신청"할 수 있다".

20 ⑤

⑤ 권리질권등기는 부기등기로 한다.

21 ③

③ 접수연도가 빠른 A, C가 B, D보다 우선한다. A, C는 별구에 있으므로 접수번호에 따라 A > C가 된다. 마찬가지로 B, D도 별구에 있으므로 접수번호에 따라 B > D가 된다. 따라서 A > C > B > D의 순이 된다.

22 ②

② 처분금지가처분등기 후에도 처분등기가 가능하다(상대적 무효설, 통설, 판례).

23 ③

③ 부동산 거래신고 등에 관한 법률에 의한 토지거래허가구역 내의 토지에 대한 소유권이전 청구권보전 가등기의 신청정보에는 토지거래허가정보를 제공하여야 한다.

24 ⑤

플러스 해설 ↑ ① 법인 아닌 사단이나 재단은 전자신청을 할 수 없다.
② 토지거래허가구역 내의 토지에 대하여 진정명의회복을 원인으로 하는 소유권이전등기를 신청하는 경우에도 토지거래허가는 받지 않아도 된다.
③ 패소한 등기의무자가 단독으로 신청할 수 없다.
④ 신탁재산에 속하는 부동산의 신탁등기는 수탁자가 단독으로 신청하여야 한다.

부동산세법

Answer

| 25. ④ | 26. ⑤ | 27. ② | 28. ② | 29. ④ | 30. ③ | 31. ④ | 32. ③ |
| 33. ⑤ | 34. ④ | 35. ④ | 36. ① | 37. ① | 38. ② | 39. ④ | 40. ③ |

25 ④

④ 양도단계에 부담하는 조세 : 양도소득세, 종합소득세, 지방소득세, 인지세, 농어촌특별세, 부가가치세

26 ⑤

⑤ 등록면허세는 재산권 등을 등기 또는 등록을 하는 때 납세의무가 성립하고 납세의무자의 신고가 있는 경우에는 신고할 때 납세의무가 확정된다.

27 ②

플러스 해설 ㉠ 취득대금을 일시급으로 지불하여 일정액을 할인받은 경우 그 할인액은 포함하지 아니한다.
㉡, ㉢, ㉣의 경우 개인은 포함하지 않고 법인의 경우에만 포함한다.

28 ②

② 부속토지 경계가 불분명한 경우 도시지역 안·밖에 관계없이 바닥면적의 10배를 부속토지로 본다.

29 ④

플러스 해설 ① 법인의 경우 주택 수와 관계없이 「지방세법」 제11조 제1항 제7호 나목의 세율을 표준세율로 하여 해당 세율에 중과기준세율의 100분의 400을 합한 세율을 적용한다.
② 지방자치단체의 장은 조례로 정하는 바에 따라 표준세율에 대하여 100분의 50의 범위에서 가감 조정할 수 있다.
③ 무주택자가 유상거래를 원인으로 취득당시의 가액이 6억원 이하인 주택을 취득하는 경우 1천분의 10의 세율을 적용한다.
⑤ 주택 유상거래 세율 적용시 주택 수를 계산할 때 분양권과 조합원입주권은 주택 수에 포함한다.

30 ③

③ 대도시 밖에 있는 법인의 본점이나 주사무소를 대도시로 전입함에 따른 등기는 법인등기에 대한 세율의 100분의 300을 적용한다.

31 ④

④ 별도합산대상토지, 종합합산대상토지, 주택의 경우 초과누진세율을 적용한다.

32 ③

③ 분리과세대상이다.

플러스 해설 ① 무허가 건축물 부속토지는 종합합산 과세대상이다.
② 별도합산과세대상이다.
④ 기준면적 초과분은 종합합산과세대상이다.
⑤ 종합합산과세대상이다.

33 ⑤

⑤ 중과세 대상이 되는 신설·증설된 공장을 5년간의 과세기간 전에 승계취득한 경우에는 승계취득한 자는 남은 기간에 대하여 납세의무가 있다.

34 ④

④ 종합부동산세는 세대별로 합산하지 아니하고 납세의무자별로 합산하여 과세한다.

35 ④

④ 과세기준일 현재 토지분 재산세의 납세의무자로서 「자연공원법」에 따라 지정된 공원자연환경지구의 임야는 분리과세대상 토지로 종합부동산세 납세의무가 없다.

36 ①

① 건설임대주택의 경우 당해 주택의 취득일이 아니라 임차일로부터 양도일까지 5년 이상 거주한 경우 보유기간과 무관하게 비과세된다.

37 ①

① 양도시점에 국내의 1주택을 2년 이상 보유한 경우에는 비과세된다. 국외 소재 주택은 국내 주택의 비과세에 영향을 미치지 않는다.

38 ②

플러스 해설 ① 토지의 양도차익 계산시 양도가액에서 공제할 취득가액은 3억원이다.
③ 토지의 양도차익 계산시 甲의 증여세는 필요경비에 포함하여 양도가액에서 공제할 수 있다.
④ 甲과 乙은 양도소득세에 대하여 연대납세의무를 지지 않는다.
⑤ 토지의 양도소득세 납세의무자는 甲이다.

39 ④

④ 건물의 보유기간이 2년 이상인 경우로서 과세표준이 1,400만원 이하인 경우에는 양도소득세 세율은 6/100이다.

40 ③

③ 비과세를 하지 않고 종합과세와 분리과세 중 하나를 선택하여 적용한다.

빠른 정답 찾기

제01회

공인중개사법·중개실무 p.8

01. ② 02. ③ 03. ④ 04. ① 05. ④ 06. ④ 07. ②
08. ④ 09. ② 10. ① 11. ③ 12. ① 13. ④ 14. ③
15. ④ 16. ⑤ 17. ⑤ 18. ② 19. ③ 20. ⑤ 21. ④
22. ① 23. ⑤ 24. ① 25. ③ 26. ① 27. ② 28. ③
29. ① 30. ② 31. ⑤ 32. ⑤ 33. ② 34. ③ 35. ⑤
36. ④ 37. ⑤ 38. ③ 39. ② 40. ①

부동산공법 p.15

41. ① 42. ⑤ 43. ① 44. ④ 45. ⑤ 46. ④ 47. ③
48. ① 49. ④ 50. ② 51. ③ 52. ③ 53. ① 54. ④
55. ① 56. ② 57. ④ 58. ① 59. ⑤ 60. ③ 61. ①
62. ② 63. ③ 64. ③ 65. ② 66. ① 67. ④ 68. ③
69. ⑤ 70. ③ 71. ① 72. ① 73. ⑤ 74. ③ 75. ⑤
76. ④ 77. ④ 78. ② 79. ⑤ 80. ④

부동산공시법령 p.23

01. ④ 02. ③ 03. ④ 04. ① 05. ⑤ 06. ⑤ 07. ②
08. ④ 09. ③ 10. ② 11. ① 12. ② 13. ② 14. ④
15. ① 16. ④ 17. ③ 18. ⑤ 19. ① 20. ① 21. ③
22. ① 23. ④ 24. ③

부동산세법 p.28

25. ④ 26. ⑤ 27. ② 28. ② 29. ④ 30. ① 31. ③
32. ③ 33. ⑤ 34. ① 35. ⑤ 36. ⑤ 37. ⑤ 38. ④
39. ④ 40. ④

제02회

공인중개사법·중개실무 p.31

01. ④ 02. ① 03. ⑤ 04. ② 05. ② 06. ③ 07. ②
08. ④ 09. ② 10. ② 11. ② 12. ① 13. ③ 14. ⑤
15. ④ 16. ③ 17. ⑤ 18. ③ 19. ③ 20. ⑤ 21. ④
22. ③ 23. ② 24. ⑤ 25. ⑤ 26. ① 27. ② 28. ⑤
29. ② 30. ① 31. ③ 32. ⑤ 33. ④ 34. ① 35. ④
36. ① 37. ④ 38. ③ 39. ① 40. ①

부동산공법 p.39

41. ② 42. ② 43. ⑤ 44. ④ 45. ③ 46. ② 47. ①
48. ⑤ 49. ④ 50. ④ 51. ② 52. ⑤ 53. ② 54. ⑤
55. ⑤ 56. ② 57. ⑤ 58. ① 59. ⑤ 60. ③ 61. ②
62. ③ 63. ④ 64. ③ 65. ① 66. ⑤ 67. ⑤ 68. ④
69. ③ 70. ② 71. ⑤ 72. ④ 73. ③ 74. ③ 75. ①
76. ④ 77. ④ 78. ① 79. ② 80. ①

부동산공시법령 p.46

01. ① 02. ② 03. ① 04. ⑤ 05. ③ 06. ③ 07. ②
08. ④ 09. ① 10. ② 11. ③ 12. ② 13. ⑤ 14. ④
15. ③ 16. ① 17. ① 18. ② 19. ② 20. ③ 21. ⑤
22. ⑤ 23. ① 24. ①

부동산세법 p.50

25. ② 26. ⑤ 27. ② 28. ⑤ 29. ③ 30. ③ 31. ②
32. ① 33. ① 34. ① 35. ④ 36. ④ 37. ⑤ 38. ①
39. ② 40. ⑤

제03회

공인중개사법·중개실무 p.54

01. ② 02. ③ 03. ② 04. ④ 05. ② 06. ② 07. ①
08. ⑤ 09. ④ 10. ③ 11. ① 12. ⑤ 13. ④ 14. ①
15. ③ 16. ④ 17. ⑤ 18. ④ 19. ⑤ 20. ⑤ 21. ⑤
22. ② 23. ② 24. ② 25. ② 26. ③ 27. ② 28. ⑤
29. ④ 30. ① 31. ② 32. ② 33. ④ 34. ③ 35. ①
36. ③ 37. ① 38. ⑤ 39. ③ 40. ③

부동산공법 p.61

41. ⑤ 42. ② 43. ④ 44. ④ 45. ② 46. ⑤ 47. ⑤
48. ② 49. ② 50. ③ 51. ⑤ 52. ① 53. ④ 54. ②
55. ① 56. ④ 57. ③ 58. ③ 59. ⑤ 60. ② 61. ⑤
62. ② 63. ① 64. ② 65. ③ 66. ② 67. ④ 68. ⑤
69. ③ 70. ① 71. ② 72. ④ 73. ② 74. ② 75. ⑤
76. ④ 77. ④ 78. ③ 79. ⑤ 80. ①

부동산공시법령 p.68

01. ③ 02. ⑤ 03. ② 04. ① 05. ② 06. ② 07. ④
08. ⑤ 09. ⑤ 10. ① 11. ② 12. ⑤ 13. ④ 14. ⑤
15. ③ 16. ① 17. ② 18. ④ 19. ④ 20. ④ 21. ③
22. ④ 23. ① 24. ②

부동산세법 p.72

25. ② 26. ④ 27. ① 28. ② 29. ⑤ 30. ⑤ 31. ②
32. ③ 33. ⑤ 34. ④ 35. ③ 36. ② 37. ② 38. ③
39. ① 40. ④

제04회

공인중개사법·중개실무 p.75

01. ① 02. ③ 03. ⑤ 04. ① 05. ① 06. ④ 07. ③
08. ② 09. ④ 10. ② 11. ⑤ 12. ④ 13. ① 14. ③
15. ④ 16. ④ 17. ⑤ 18. ④ 19. ③ 20. ③ 21. ③
22. ③ 23. ⑤ 24. ⑤ 25. ① 26. ② 27. ② 28. ①
29. ③ 30. ① 31. ② 32. ⑤ 33. ④ 34. ② 35. ③
36. ② 37. ⑤ 38. ② 39. ⑤ 40. ④

부동산공법 p.82

41. ⑤ 42. ② 43. ⑤ 44. ⑤ 45. ③ 46. ④ 47. ③
48. ⑤ 49. ⑤ 50. ② 51. ⑤ 52. ④ 53. ① 54. ②
55. ② 56. ⑤ 57. ④ 58. ④ 59. ⑤ 60. ③ 61. ③
62. ⑤ 63. ④ 64. ② 65. ② 66. ⑤ 67. ④ 68. ⑤
69. ④ 70. ⑤ 71. ③ 72. ④ 73. ② 74. ③ 75. ②
76. ④ 77. ⑤ 78. ② 79. ① 80. ⑤

부동산공시법령 p.90

01. ① 02. ⑤ 03. ④ 04. ③ 05. ① 06. ④ 07. ②
08. ② 09. ① 10. ② 11. ④ 12. ② 13. ② 14. ①
15. ④ 16. ④ 17. ② 18. ④ 19. ④ 20. ② 21. ④
22. ④ 23. ⑤ 24. ③

부동산세법 p.94

25. ③ 26. ④ 27. ④ 28. ② 29. ④ 30. ③ 31. ①
32. ⑤ 33. ⑤ 34. ③ 35. ② 36. ⑤ 37. ④ 38. ②
39. ③ 40. ③

제05회

공인중개사법·중개실무 p.98

01. ⑤ 02. ④ 03. ② 04. ④ 05. ④ 06. ⑤ 07. ②
08. ④ 09. ④ 10. ② 11. ⑤ 12. ② 13. ③ 14. ①
15. ① 16. ④ 17. ② 18. ⑤ 19. ① 20. ④ 21. ②
22. ② 23. ② 24. ⑤ 25. ① 26. ② 27. ② 28. ④
29. ③ 30. ② 31. ① 32. ① 33. ③ 34. ② 35. ⑤
36. ④ 37. ① 38. ② 39. ② 40. ①

부동산공법 p.106

41. ② 42. ④ 43. ② 44. ② 45. ② 46. ⑤ 47. ①
48. ② 49. ③ 50. ④ 51. ④ 52. ① 53. ③ 54. ①
55. ① 56. ③ 57. ④ 58. ④ 59. ④ 60. ① 61. ②
62. ② 63. ④ 64. ③ 65. ⑤ 66. ③ 67. ③ 68. ⑤
69. ③ 70. ⑤ 71. ③ 72. ② 73. ① 74. ② 75. ⑤
76. ④ 77. ④ 78. ③ 79. ② 80. ②

부동산공시법령 p.112

01. ④ 02. ② 03. ③ 04. ② 05. ③ 06. ④ 07. ⑤
08. ④ 09. ④ 10. ⑤ 11. ④ 12. ② 13. ② 14. ①
15. ① 16. ① 17. ④ 18. ④ 19. ② 20. ② 21. ⑤
22. ② 23. ③ 24. ④

부동산세법 p.116

25. ④ 26. ④ 27. ① 28. ④ 29. ④ 30. ② 31. ④
32. ③ 33. ② 34. ③ 35. ① 36. ③ 37. ⑤ 38. ⑤
39. ② 40. ②

제06회

공인중개사법·중개실무 p.120

01. ① 02. ② 03. ⑤ 04. ④ 05. ③ 06. ⑤ 07. ③
08. ① 09. ⑤ 10. ② 11. ② 12. ① 13. ④ 14. ③
15. ④ 16. ④ 17. ② 18. ④ 19. ① 20. ③ 21. ④
22. ① 23. ② 24. ① 25. ④ 26. ⑤ 27. ② 28. ②
29. ③ 30. ④ 31. ② 32. ② 33. ① 34. ① 35. ②
36. ③ 37. ② 38. ④ 39. ④ 40. ②

부동산공법 p.127

41. ⑤ 42. ④ 43. ④ 44. ⑤ 45. ③ 46. ① 47. ④
48. ④ 49. ③ 50. ③ 51. ④ 52. ② 53. ③ 54. ④
55. ⑤ 56. ① 57. ④ 58. ⑤ 59. ③ 60. ① 61. ①
62. ⑤ 63. ③ 64. ③ 65. ⑤ 66. ① 67. ③ 68. ①
69. ⑤ 70. ① 71. ② 72. ② 73. ⑤ 74. ① 75. ③
76. ② 77. ④ 78. ① 79. ① 80. ①

부동산공시법령 p.135

01. ② 02. ④ 03. ⑤ 04. ① 05. ⑤ 06. ② 07. ①
08. ⑤ 09. ④ 10. ② 11. ② 12. ② 13. ① 14. ①
15. ④ 16. ④ 17. ② 18. ① 19. ② 20. ② 21. ①
22. ① 23. ② 24. ①

부동산세법 p.139

25. ④ 26. ② 27. ② 28. ④ 29. ⑤ 30. ④ 31. ②
32. ④ 33. ④ 34. ② 35. ⑤ 36. ③ 37. ② 38. ①
39. ⑤ 40. ③

제07회

공인중개사법·중개실무   p.143

01.②	02.④	03.②	04.③	05.②	06.③	07.③
08.①	09.③	10.①	11.③	12.④	13.⑤	14.⑤
15.②	16.③	17.④	18.③	19.①	20.⑤	21.⑤
22.②	23.①	24.⑤	25.①	26.①	27.⑤	28.⑤
29.②	30.②	31.②	32.④	33.④	34.①	35.④
36.⑤	37.③	38.④	39.④	40.①		

부동산공법   p.150

41.④	42.③	43.⑤	44.②	45.⑤	46.⑤	47.⑤
48.④	49.③	50.②	51.③	52.③	53.②	54.①
55.③	56.②	57.④	58.⑤	59.⑤	60.②	61.④
62.④	63.②	64.⑤	65.⑤	66.②	67.⑤	68.②
69.④	70.③	71.⑤	72.②	73.③	74.⑤	75.③
76.①	77.②	78.②	79.⑤	80.②		

부동산공시법령   p.158

01.⑤	02.④	03.④	04.③	05.④	06.②	07.③
08.①	09.②	10.①	11.⑤	12.⑤	13.③	14.④
15.⑤	16.⑤	17.②	18.③	19.①	20.⑤	21.③
22.②	23.③	24.⑤				

부동산세법   p.163

25.④	26.⑤	27.②	28.②	29.④	30.③	31.④
32.③	33.⑤	34.④	35.④	36.①	37.①	38.②
39.④	40.③					

TV방송 편성표

방송대학TV
방송기간 2025. 1. 13 ~ 7. 2
방송시간 — 본방송: 월~수 오전 7시 ~ 7시 30분
         — 재방송: 토 오전 6시 ~ 7시 30분(3회 연속방송)

기본이론 방송 (1강 30분, 총 75강)

순서	날짜	요일	과목
1	1. 13	월	부동산학개론 1강
2	1. 14	화	민법·민사특별법 1강
3	1. 15	수	공인중개사법·중개실무 1강
4	1. 20	월	부동산공법 1강
5	1. 21	화	부동산공시법령 1강
6	1. 22	수	부동산학개론 2강
7	1. 27	월	민법·민사특별법 2강
8	1. 28	화	공인중개사법·중개실무 2강
9	1. 29	수	부동산공법 2강
10	2. 3	월	부동산공시법령 2강
11	2. 4	화	부동산학개론 3강
12	2. 5	수	민법·민사특별법 3강
13	2. 10	월	공인중개사법·중개실무 3강
14	2. 11	화	부동산공법 3강
15	2. 12	수	부동산공시법령 3강
16	2. 17	월	부동산세법 1강
17	2. 18	화	부동산학개론 4강
18	2. 19	수	민법·민사특별법 4강
19	2. 24	월	공인중개사법·중개실무 4강
20	2. 25	화	부동산공법 4강
21	2. 26	수	부동산공시법령 4강
22	3. 3	월	부동산세법 2강
23	3. 4	화	부동산학개론 5강
24	3. 5	수	민법·민사특별법 5강
25	3. 10	월	공인중개사법·중개실무 5강
26	3. 11	화	부동산공법 5강
27	3. 12	수	부동산공시법령 5강
28	3. 17	월	부동산세법 3강
29	3. 18	화	부동산학개론 6강
30	3. 19	수	민법·민사특별법 6강
31	3. 24	월	공인중개사법·중개실무 6강
32	3. 25	화	부동산공법 6강
33	3. 26	수	부동산공시법령 6강
34	3. 31	월	부동산세법 4강
35	4. 1	화	부동산학개론 7강
36	4. 2	수	민법·민사특별법 7강
37	4. 7	월	공인중개사법·중개실무 7강
38	4. 8	화	부동산공법 7강
39	4. 9	수	부동산공시법령 7강
40	4. 14	월	부동산세법 5강
41	4. 15	화	부동산학개론 8강
42	4. 16	수	민법·민사특별법 8강
43	4. 21	월	공인중개사법·중개실무 8강
44	4. 22	화	부동산공법 8강
45	4. 23	수	부동산공시법령 8강
46	4. 28	월	부동산세법 6강
47	4. 29	화	부동산학개론 9강
48	4. 30	수	민법·민사특별법 9강
49	5. 5	월	공인중개사법·중개실무 9강
50	5. 6	화	부동산공법 9강
51	5. 7	수	부동산공시법령 9강
52	5. 12	월	부동산세법 7강
53	5. 13	화	부동산학개론 10강
54	5. 14	수	민법·민사특별법 10강
55	5. 19	월	공인중개사법·중개실무 10강
56	5. 20	화	부동산공법 10강
57	5. 21	수	부동산공시법령 10강
58	5. 26	월	부동산세법 8강
59	5. 27	화	부동산학개론 11강
60	5. 28	수	민법·민사특별법 11강
61	6. 2	월	부동산공법 11강
62	6. 3	화	부동산세법 9강
63	6. 4	수	부동산학개론 12강
64	6. 9	월	민법·민사특별법 12강
65	6. 10	화	부동산공법 12강
66	6. 11	수	부동산세법 10강
67	6. 16	월	부동산학개론 13강
68	6. 17	화	민법·민사특별법 13강
69	6. 18	수	부동산공법 13강
70	6. 23	월	부동산학개론 14강
71	6. 24	화	민법·민사특별법 14강
72	6. 25	수	부동산공법 14강
73	6. 30	월	부동산학개론 15강
74	7. 1	화	민법·민사특별법 15강
75	7. 2	수	부동산공법 15강

과목별 강의 수
부동산학개론: 15강 / 민법·민사특별법: 15강
공인중개사법·중개실무: 10강 / 부동산공법: 15강 / 부동산공시법령: 10강 / 부동산세법: 10강

TV방송 편성표

방송대학TV
방송기간 문제풀이: 2025. 7. 7 ~ 8. 20 모의고사: 2025. 8. 25 ~ 10. 1
방송시간 ┌ 본방송: 월~수 오전 7시 ~ 7시 30분
        └ 재방송: 토 오전 6시 ~ 7시 30분(3회 연속방송)

문제풀이 방송 (1강 30분, 총 21강)

순서	날짜	요일	과목	순서	날짜	요일	과목
1	7. 7	월	부동산학개론 1강	12	7. 30	수	부동산세법 2강
2	7. 8	화	민법·민사특별법 1강	13	8. 4	월	부동산학개론 3강
3	7. 9	수	공인중개사법·중개실무 1강	14	8. 5	화	민법·민사특별법 3강
4	7. 14	월	부동산공법 1강	15	8. 6	수	공인중개사법·중개실무 3강
5	7. 15	화	부동산공시법령 1강	16	8. 11	월	부동산공법 3강
6	7. 16	수	부동산세법 1강	17	8. 12	화	부동산공시법령 3강
7	7. 21	월	부동산학개론 2강	18	8. 13	수	부동산세법 3강
8	7. 22	화	민법·민사특별법 2강	19	8. 18	월	부동산학개론 4강
9	7. 23	수	공인중개사법·중개실무 2강	20	8. 19	화	민법·민사특별법 4강
10	7. 28	월	부동산공법 2강	21	8. 20	수	부동산공법 4강
11	7. 29	화	부동산공시법령 2강				

과목별 강의 수
부동산학개론: 4강 / 민법·민사특별법: 4강
공인중개사법·중개실무: 3강 / 부동산공법: 4강 / 부동산공시법령: 3강 / 부동산세법: 3강

모의고사 방송 (1강 30분, 총 18강)

순서	날짜	요일	과목	순서	날짜	요일	과목
1	8. 25	월	부동산학개론 1강	10	9. 15	월	부동산공법 2강
2	8. 26	화	민법·민사특별법 1강	11	9. 16	화	부동산공시법령 2강
3	8. 27	수	공인중개사법·중개실무 1강	12	9. 17	수	부동산세법 2강
4	9. 1	월	부동산공법 1강	13	9. 22	월	부동산학개론 3강
5	9. 2	화	부동산공시법령 1강	14	9. 23	화	민법·민사특별법 3강
6	9. 3	수	부동산세법 1강	15	9. 24	수	공인중개사법·중개실무 3강
7	9. 8	월	부동산학개론 2강	16	9. 29	월	부동산공법 3강
8	9. 9	화	민법·민사특별법 2강	17	9. 30	화	부동산공시법령 3강
9	9. 10	수	공인중개사법·중개실무 2강	18	10. 1	수	부동산세법 3강

과목별 강의 수
부동산학개론: 3강 / 민법·민사특별법: 3강
공인중개사법·중개실무: 3강 / 부동산공법: 3강 / 부동산공시법령: 3강 / 부동산세법: 3강

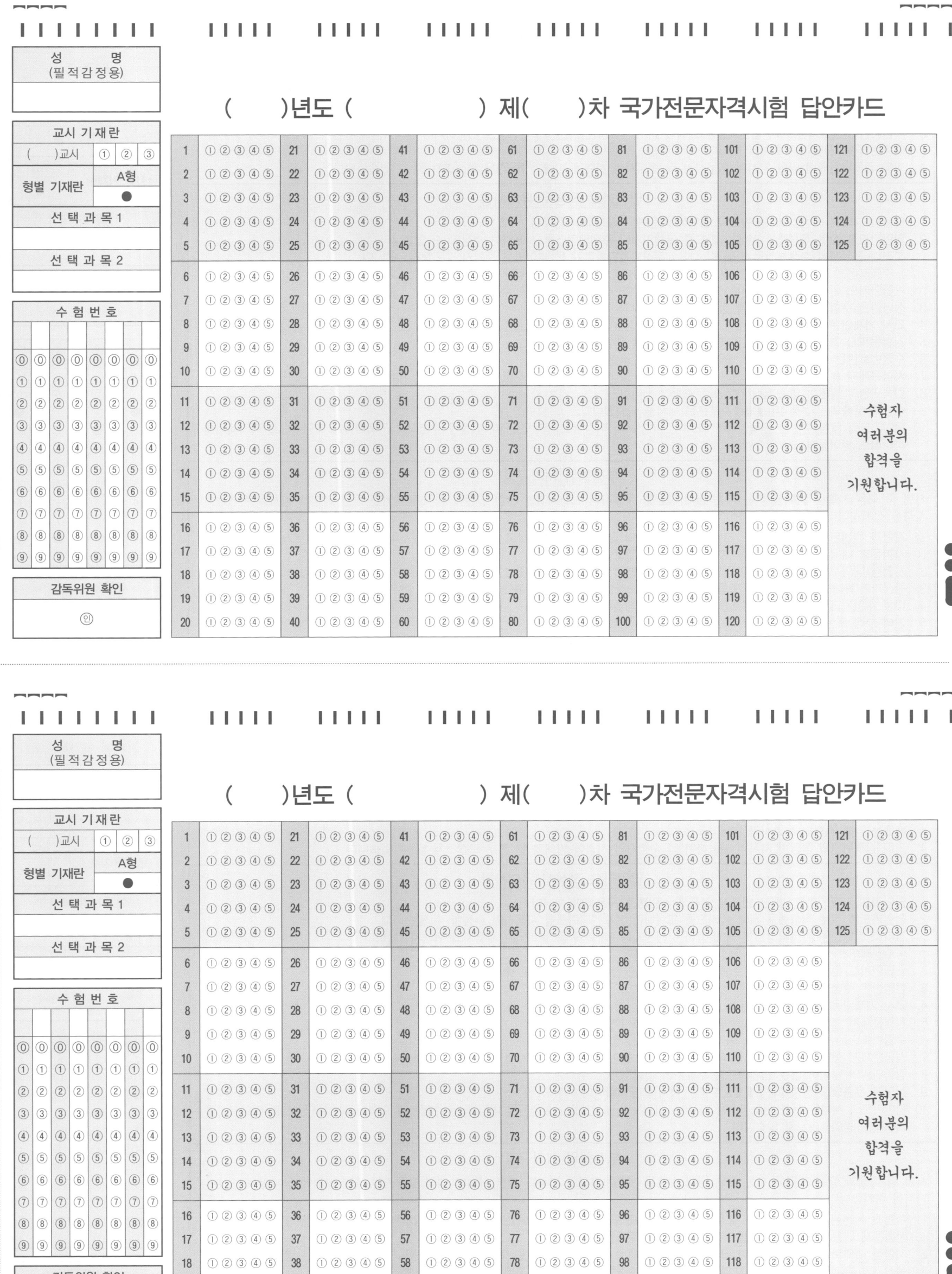

마킹주의	바르게 마킹 : ●
	잘못 마킹 : ⊗, ⊙, ⊘, ◎, ①, ⊖, ◌, ⦸

(예 시) ▶

성 명
(필적감정용)

홍길동

교시 기재란

(1)교시 ● ② ③

형별 기재란 A형 ●

수험자 유의사항
1. 시험 중에는 통신기기(휴대전화·소형 무전기 등) 및 전자기기(초소형 카메라 등)를 소지하거나 사용할 수 없습니다.
2. 부정행위 예방을 위해 시험문제지에도 수험번호와 성명을 반드시 기재하시기 바랍니다.
3. **시험시간이 종료되면 즉시 답안작성을 멈춰야** 하며, 종료시간 이후 계속 답안을 작성하거나 감독위원의 답안카드 제출지시에 불응할 때에는 당해 시험이 무효처리 됩니다.
4. 기타 감독위원의 정당한 지시에 불응하여 타 수험자의 시험에 방해가 될 경우 퇴실조치 될 수 있습니다.

답안카드 작성시 유의사항
1. 답안카드 기재·마킹시에는 **반드시 검은색 사인펜**을 사용해야 합니다.
2. 답안카드를 잘못 작성했을 시에는 카드를 교체하거나 수정테이프를 사용하여 수정할 수 있습니다.
   그러나 불완전한 수정처리로 인해 발생하는 전산자동판독불가 등 불이익은 수험자의 귀책사유입니다.
   − 수정테이프 이외의 수정액, 스티커 등은 사용 불가
   − 답안카드 왼쪽(성명·수험번호 등)을 제외한 '답안란'만 수정테이프로 수정 가능
3. 성명란은 수험자 본인의 성명을 정자체로 기재합니다.
4. 교시 기재란은 해당교시를 기재하고 해당 란에 마킹합니다.
5. 시험문제지 형별기재란에 표시된 형별(A형 공통)을 확인합니다.
6. 수험번호란은 숫자로 기재하고 아래 해당번호에 마킹합니다.
7. 시험문제지 형별 및 수험번호 등 마킹착오로 인한 불이익은 전적으로 수험자의 귀책사유입니다.
8. 감독위원의 날인이 없는 답안카드는 무효처리 됩니다.
9. 상단과 우측의 검은색 띠(▮▮▮) 부분은 낙서를 금지합니다.
10. 답안카드의 채점은 전산 판독결과에 따르며, 마킹누락, 마킹착오, 불완전한 마킹 등은 수험자의 귀책사유에 해당하므로 이의제기를 하더라도 받아들여지지 않습니다.

선 택 과 목 1

선 택 과 목 2

수 험 번 호

0 1 3 2 9 8 0 1

부정행위 처리규정
시험 중 다음과 같은 행위를 하는 자는 당해 시험을 무효처리하고 자격별 관련 규정에 따라 일정기간 동안 시험에 응시할 수 있는 자격을 정지합니다.
1. 시험과 관련된 대화, 답안카드 교환, 다른 수험자의 답안·문제지를 보고 답안 작성, 대리시험을 치르거나 치르게 하는 행위, 시험문제 내용과 관련된 물건을 휴대하거나 이를 주고받는 행위
2. 시험장 내외로부터 도움을 받아 답안을 작성하는 행위, 공인어학성적 및 응시자격서류를 허위기재하여 제출하는 행위
3. 통신기기(휴대전화·소형 무전기 등) 및 전자기기(초소형 카메라 등)를 휴대하거나 사용하는 행위
4. 다른 수험자와 성명 및 수험번호를 바꾸어 작성·제출하는 행위
5. 기타 부정 또는 불공정한 방법으로 시험을 치르는 행위

감독위원 확인

김 ㉘ 독

마킹주의	바르게 마킹 : ●
	잘못 마킹 : ⊗, ⊙, ⊘, ◎, ①, ⊖, ◌, ⦸

(예 시) ▶

성 명
(필적감정용)

홍길동

교시 기재란

(1)교시 ● ② ③

형별 기재란 A형 ●

수험자 유의사항
1. 시험 중에는 통신기기(휴대전화·소형 무전기 등) 및 전자기기(초소형 카메라 등)를 소지하거나 사용할 수 없습니다.
2. 부정행위 예방을 위해 시험문제지에도 수험번호와 성명을 반드시 기재하시기 바랍니다.
3. **시험시간이 종료되면 즉시 답안작성을 멈춰야** 하며, 종료시간 이후 계속 답안을 작성하거나 감독위원의 답안카드 제출지시에 불응할 때에는 당해 시험이 무효처리 됩니다.
4. 기타 감독위원의 정당한 지시에 불응하여 타 수험자의 시험에 방해가 될 경우 퇴실조치 될 수 있습니다.

답안카드 작성시 유의사항
1. 답안카드 기재·마킹시에는 **반드시 검은색 사인펜**을 사용해야 합니다.
2. 답안카드를 잘못 작성했을 시에는 카드를 교체하거나 수정테이프를 사용하여 수정할 수 있습니다.
   그러나 불완전한 수정처리로 인해 발생하는 전산자동판독불가 등 불이익은 수험자의 귀책사유입니다.
   − 수정테이프 이외의 수정액, 스티커 등은 사용 불가
   − 답안카드 왼쪽(성명·수험번호 등)을 제외한 '답안란'만 수정테이프로 수정 가능
3. 성명란은 수험자 본인의 성명을 정자체로 기재합니다.
4. 교시 기재란은 해당교시를 기재하고 해당 란에 마킹합니다.
5. 시험문제지 형별기재란에 표시된 형별(A형 공통)을 확인합니다.
6. 수험번호란은 숫자로 기재하고 아래 해당번호에 마킹합니다.
7. 시험문제지 형별 및 수험번호 등 마킹착오로 인한 불이익은 전적으로 수험자의 귀책사유입니다.
8. 감독위원의 날인이 없는 답안카드는 무효처리 됩니다.
9. 상단과 우측의 검은색 띠(▮▮▮) 부분은 낙서를 금지합니다.
10. 답안카드의 채점은 전산 판독결과에 따르며, 마킹누락, 마킹착오, 불완전한 마킹 등은 수험자의 귀책사유에 해당하므로 이의제기를 하더라도 받아들여지지 않습니다.

선 택 과 목 1

선 택 과 목 2

수 험 번 호

0 1 3 2 9 8 0 1

부정행위 처리규정
시험 중 다음과 같은 행위를 하는 자는 당해 시험을 무효처리하고 자격별 관련 규정에 따라 일정기간 동안 시험에 응시할 수 있는 자격을 정지합니다.
1. 시험과 관련된 대화, 답안카드 교환, 다른 수험자의 답안·문제지를 보고 답안 작성, 대리시험을 치르거나 치르게 하는 행위, 시험문제 내용과 관련된 물건을 휴대하거나 이를 주고받는 행위
2. 시험장 내외로부터 도움을 받아 답안을 작성하는 행위, 공인어학성적 및 응시자격서류를 허위기재하여 제출하는 행위
3. 통신기기(휴대전화·소형 무전기 등) 및 전자기기(초소형 카메라 등)를 휴대하거나 사용하는 행위
4. 다른 수험자와 성명 및 수험번호를 바꾸어 작성·제출하는 행위
5. 기타 부정 또는 불공정한 방법으로 시험을 치르는 행위

감독위원 확인

김 ㉘ 독

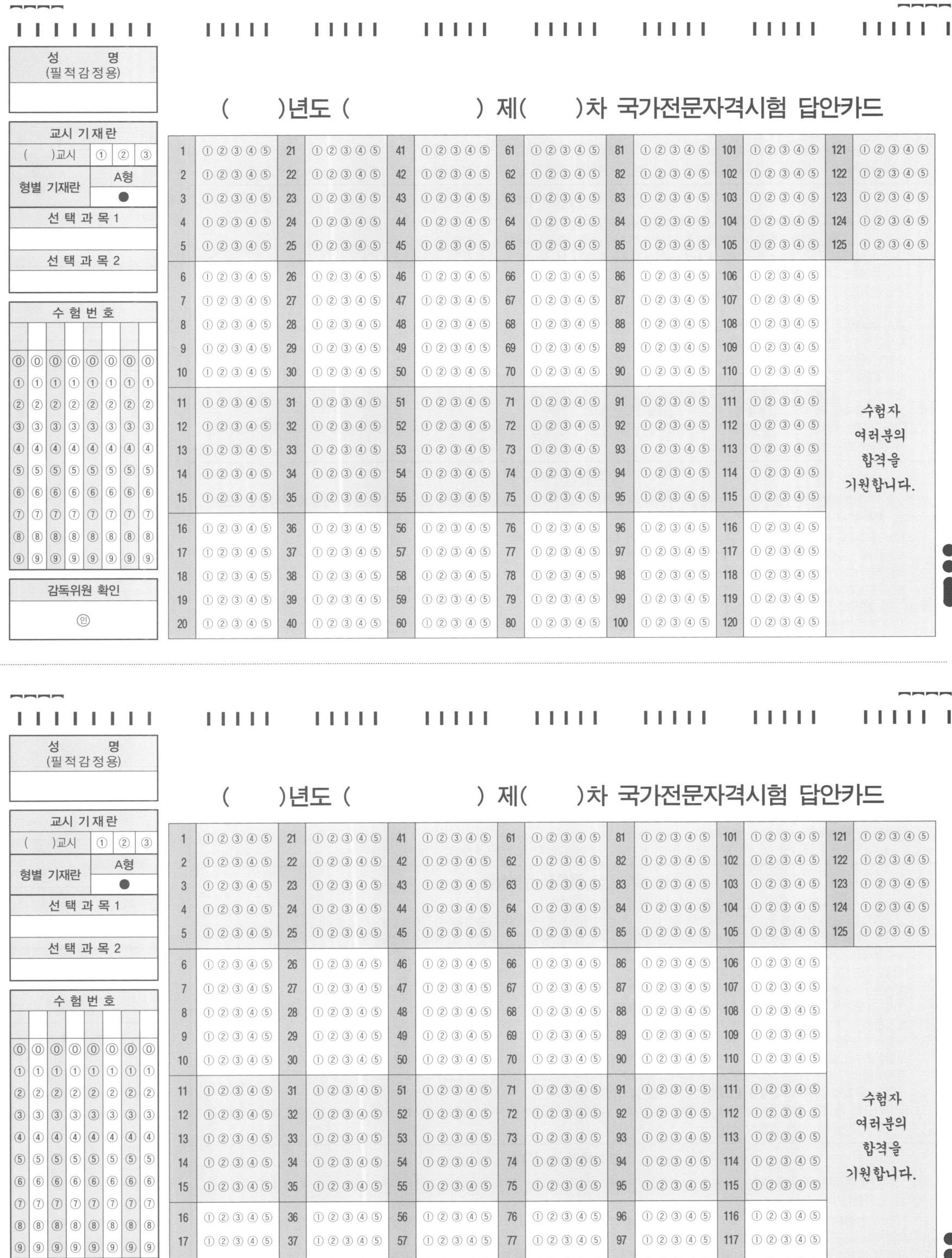

마킹주의

바르게 마킹 : ●
잘못 마킹 : ⊗, ⊙, ⊘, ◐, ①, ⊖, ◌, ◍

(예 시)

성 명 (필적감정용)

홍길동

교시 기재란

(1)교시   ● ② ③

형별 기재란   A형 ●

선 택 과 목 1

선 택 과 목 2

수험자 유의사항

1. 시험 중에는 통신기기(휴대전화·소형 무전기 등) 및 전자기기(초소형 카메라 등)를 소지하거나 사용할 수 없습니다.
2. 부정행위 예방을 위해 시험문제지에도 수험번호와 성명을 반드시 기재하시기 바랍니다.
3. **시험시간이 종료되면 즉시 답안작성을 멈춰야** 하며, 종료시간 이후 계속 답안을 작성하거나 감독위원의 답안카드 제출지시에 불응할 때에는 당해 시험이 무효처리 됩니다.
4. 기타 감독위원의 정당한 지시에 불응하여 타 수험자의 시험에 방해가 될 경우 퇴실조치 될 수 있습니다.

답안카드 작성시 유의사항

1. 답안카드 기재·마킹시에는 **반드시 검은색 사인펜**을 사용해야 합니다.
2. 답안카드를 잘못 작성했을 시에는 카드를 교체하거나 수정테이프를 사용하여 수정할 수 있습니다.
  그러나 불완전한 수정처리로 인해 발생하는 전산자동판독불가 등 불이익은 수험자의 귀책사유입니다.
  − 수정테이프 이외의 수정액, 스티커 등은 사용 불가
  − 답안카드 왼쪽(성명·수험번호 등)을 제외한 '답안란'만 수정테이프로 수정 가능
3. 성명란은 수험자 본인의 성명을 정자체로 기재합니다.
4. 교시 기재란은 해당교시를 기재하고 해당 란에 마킹합니다.
5. 시험문제지 형별기재란에 표시된 형별(A형 공통)을 확인합니다.
6. 수험번호란은 숫자로 기재하고 아래 해당번호에 마킹합니다.
7. 시험문제지 형별 및 수험번호 등 마킹착오로 인한 불이익은 전적으로 수험자의 귀책사유입니다.
8. 감독위원의 날인이 없는 답안카드는 무효처리 됩니다.
9. 상단과 우측의 검은색 띠(▮▮▮) 부분은 낙서를 금지합니다.
10. 답안카드의 채점은 전산 판독결과에 따르며, 마킹누락, 마킹착오, 불완전한 마킹 등은 수험자의 귀책사유에 해당하므로 이의제기를 하더라도 받아들여지지 않습니다.

수 험 번 호

0 1 3 2 9 8 0 1

부정행위 처리규정

시험 중 다음과 같은 행위를 하는 자는 당해 시험을 무효처리하고 자격별 관련 규정에 따라 일정기간 동안 시험에 응시할 수 있는 자격을 정지합니다.

1. 시험과 관련된 대화, 답안카드 교환, 다른 수험자의 답안·문제지를 보고 답안 작성, 대리시험을 치르거나 치르게 하는 행위, 시험문제 내용과 관련된 물건을 휴대하거나 이를 주고받는 행위
2. 시험장 내외로부터 도움을 받아 답안을 작성하는 행위, 공인어학성적 및 응시자격서류를 허위기재하여 제출하는 행위
3. 통신기기(휴대전화·소형 무전기 등) 및 전자기기(초소형 카메라 등)를 휴대하거나 사용하는 행위
4. 다른 수험자와 성명 및 수험번호를 바꾸어 작성·제출하는 행위
5. 기타 부정 또는 불공정한 방법으로 시험을 치르는 행위

감독위원 확인

김 ㊞ 독

마킹주의

바르게 마킹 : ●
잘못 마킹 : ⊗, ⊙, ⊘, ◐, ①, ⊖, ◌, ◍

(예 시)

성 명 (필적감정용)

홍길동

교시 기재란

(1)교시   ● ② ③

형별 기재란   A형 ●

선 택 과 목 1

선 택 과 목 2

수험자 유의사항

1. 시험 중에는 통신기기(휴대전화·소형 무전기 등) 및 전자기기(초소형 카메라 등)를 소지하거나 사용할 수 없습니다.
2. 부정행위 예방을 위해 시험문제지에도 수험번호와 성명을 반드시 기재하시기 바랍니다.
3. **시험시간이 종료되면 즉시 답안작성을 멈춰야** 하며, 종료시간 이후 계속 답안을 작성하거나 감독위원의 답안카드 제출지시에 불응할 때에는 당해 시험이 무효처리 됩니다.
4. 기타 감독위원의 정당한 지시에 불응하여 타 수험자의 시험에 방해가 될 경우 퇴실조치 될 수 있습니다.

답안카드 작성시 유의사항

1. 답안카드 기재·마킹시에는 **반드시 검은색 사인펜**을 사용해야 합니다.
2. 답안카드를 잘못 작성했을 시에는 카드를 교체하거나 수정테이프를 사용하여 수정할 수 있습니다.
  그러나 불완전한 수정처리로 인해 발생하는 전산자동판독불가 등 불이익은 수험자의 귀책사유입니다.
  − 수정테이프 이외의 수정액, 스티커 등은 사용 불가
  − 답안카드 왼쪽(성명·수험번호 등)을 제외한 '답안란'만 수정테이프로 수정 가능
3. 성명란은 수험자 본인의 성명을 정자체로 기재합니다.
4. 교시 기재란은 해당교시를 기재하고 해당 란에 마킹합니다.
5. 시험문제지 형별기재란에 표시된 형별(A형 공통)을 확인합니다.
6. 수험번호란은 숫자로 기재하고 아래 해당번호에 마킹합니다.
7. 시험문제지 형별 및 수험번호 등 마킹착오로 인한 불이익은 전적으로 수험자의 귀책사유입니다.
8. 감독위원의 날인이 없는 답안카드는 무효처리 됩니다.
9. 상단과 우측의 검은색 띠(▮▮▮) 부분은 낙서를 금지합니다.
10. 답안카드의 채점은 전산 판독결과에 따르며, 마킹누락, 마킹착오, 불완전한 마킹 등은 수험자의 귀책사유에 해당하므로 이의제기를 하더라도 받아들여지지 않습니다.

수 험 번 호

0 1 3 2 9 8 0 1

부정행위 처리규정

시험 중 다음과 같은 행위를 하는 자는 당해 시험을 무효처리하고 자격별 관련 규정에 따라 일정기간 동안 시험에 응시할 수 있는 자격을 정지합니다.

1. 시험과 관련된 대화, 답안카드 교환, 다른 수험자의 답안·문제지를 보고 답안 작성, 대리시험을 치르거나 치르게 하는 행위, 시험문제 내용과 관련된 물건을 휴대하거나 이를 주고받는 행위
2. 시험장 내외로부터 도움을 받아 답안을 작성하는 행위, 공인어학성적 및 응시자격서류를 허위기재하여 제출하는 행위
3. 통신기기(휴대전화·소형 무전기 등) 및 전자기기(초소형 카메라 등)를 휴대하거나 사용하는 행위
4. 다른 수험자와 성명 및 수험번호를 바꾸어 작성·제출하는 행위
5. 기타 부정 또는 불공정한 방법으로 시험을 치르는 행위

감독위원 확인

김 ㊞ 독

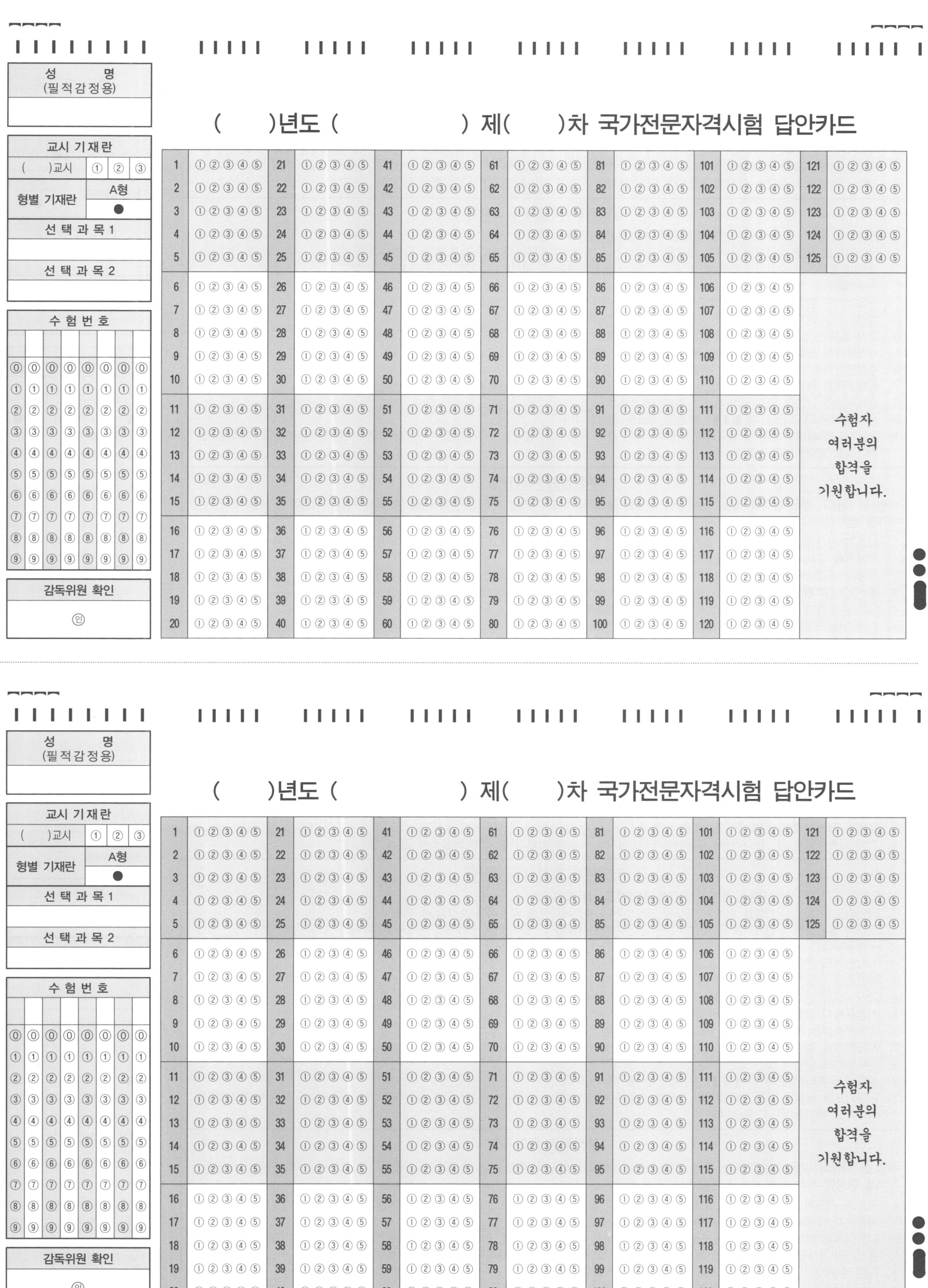

마킹주의	바르게 마킹 : ●
	잘못 마킹 : ⊗, ⊙, ⊘, ◎, ①, ⊖, ⊙, ⦸

(예 시) ▶

성 명
(필적감정용)

홍 길 동

수험자 유의사항
1. 시험 중에는 통신기기(휴대전화·소형 무전기 등) 및 전자기기(초소형 카메라 등)를 소지하거나 사용할 수 없습니다.
2. 부정행위 예방을 위해 시험문제지에도 수험번호와 성명을 반드시 기재하시기 바랍니다.
3. **시험시간이 종료되면 즉시 답안작성을 멈춰야** 하며, 종료시간 이후 계속 답안을 작성하거나 감독위원의 답안카드 제출지시에 불응할 때에는 당해 시험이 무효처리 됩니다.
4. 기타 감독위원의 정당한 지시에 불응하여 타 수험자의 시험에 방해가 될 경우 퇴실조치 될 수 있습니다.

답안카드 작성시 유의사항
1. 답안카드 기재·마킹시에는 **반드시 검은색 사인펜**을 사용해야 합니다.
2. 답안카드를 잘못 작성했을 시에는 카드를 교체하거나 수정테이프를 사용하여 수정할 수 있습니다.
   그러나 불완전한 수정처리로 인해 발생하는 전산자동판독불가 등 불이익은 수험자의 귀책사유입니다.
   - 수정테이프 이외의 수정액, 스티커 등은 사용 불가
   - 답안카드 왼쪽(성명·수험번호 등)을 제외한 '답안란'만 수정테이프로 수정 가능
3. 성명란은 수험자 본인의 성명을 정자체로 기재합니다.
4. 교시 기재란은 해당교시를 기재하고 해당 란에 마킹합니다.
5. 시험문제지 형별기재란에 표시된 형별(A형 공통)을 확인합니다.
6. 수험번호란은 숫자로 기재하고 아래 해당번호에 마킹합니다.
7. 시험문제지 형별 및 수험번호 등 마킹착오로 인한 불이익은 전적으로 수험자의 귀책사유입니다.
8. 감독위원의 날인이 없는 답안카드는 무효처리 됩니다.
9. 상단과 우측의 검은색 띠(▮▮▮) 부분은 낙서를 금지합니다.
10. 답안카드의 채점은 전산 판독결과에 따르며, 마킹누락, 마킹착오, 불완전한 마킹 등은 수험자의 귀책사유에 해당하므로 이의제기를 하더라도 받아들여지지 않습니다.

부정행위 처리규정
시험 중 다음과 같은 행위를 하는 자는 당해 시험을 무효처리하고 자격별 관련 규정에 따라 일정기간 동안 시험에 응시할 수 있는 자격을 정지합니다.
1. 시험과 관련된 대화, 답안카드 교환, 다른 수험자의 답안·문제지를 보고 답안 작성, 대리시험을 치르거나 치르게 하는 행위, 시험문제 내용과 관련된 물건을 휴대하거나 이를 주고받는 행위
2. 시험장 내외로부터 도움을 받아 답안을 작성하는 행위, 공인어학성적 및 응시자격서류를 허위기재하여 제출하는 행위
3. 통신기기(휴대전화·소형 무전기 등) 및 전자기기(초소형 카메라 등)를 휴대하거나 사용하는 행위
4. 다른 수험자와 성명 및 수험번호를 바꾸어 작성·제출하는 행위
5. 기타 부정 또는 불공정한 방법으로 시험을 치르는 행위

교시 기재란
(1)교시 ● ② ③

형별 기재란 A형 ●

선 택 과 목 1

선 택 과 목 2

수 험 번 호

0	1	3	2	9	8	0	1
●	⓪	⓪	⓪	⓪	⓪	●	⓪
①	●	①	①	①	①	①	●
②	②	②	●	②	②	②	②
③	③	●	③	③	③	③	③
④	④	④	④	④	④	④	④
⑤	⑤	⑤	⑤	⑤	⑤	⑤	⑤
⑥	⑥	⑥	⑥	⑥	⑥	⑥	⑥
⑦	⑦	⑦	⑦	⑦	⑦	⑦	⑦
⑧	⑧	⑧	⑧	⑧	●	⑧	⑧
⑨	⑨	⑨	⑨	●	⑨	⑨	⑨

감독위원 확인

김 ㉘ 독

마킹주의	바르게 마킹 : ●
	잘못 마킹 : ⊗, ⊙, ⊘, ◎, ①, ⊖, ⊙, ⦸

(예 시) ▶

성 명
(필적감정용)

홍 길 동

수험자 유의사항
1. 시험 중에는 통신기기(휴대전화·소형 무전기 등) 및 전자기기(초소형 카메라 등)를 소지하거나 사용할 수 없습니다.
2. 부정행위 예방을 위해 시험문제지에도 수험번호와 성명을 반드시 기재하시기 바랍니다.
3. **시험시간이 종료되면 즉시 답안작성을 멈춰야** 하며, 종료시간 이후 계속 답안을 작성하거나 감독위원의 답안카드 제출지시에 불응할 때에는 당해 시험이 무효처리 됩니다.
4. 기타 감독위원의 정당한 지시에 불응하여 타 수험자의 시험에 방해가 될 경우 퇴실조치 될 수 있습니다.

답안카드 작성시 유의사항
1. 답안카드 기재·마킹시에는 **반드시 검은색 사인펜**을 사용해야 합니다.
2. 답안카드를 잘못 작성했을 시에는 카드를 교체하거나 수정테이프를 사용하여 수정할 수 있습니다.
   그러나 불완전한 수정처리로 인해 발생하는 전산자동판독불가 등 불이익은 수험자의 귀책사유입니다.
   - 수정테이프 이외의 수정액, 스티커 등은 사용 불가
   - 답안카드 왼쪽(성명·수험번호 등)을 제외한 '답안란'만 수정테이프로 수정 가능
3. 성명란은 수험자 본인의 성명을 정자체로 기재합니다.
4. 교시 기재란은 해당교시를 기재하고 해당 란에 마킹합니다.
5. 시험문제지 형별기재란에 표시된 형별(A형 공통)을 확인합니다.
6. 수험번호란은 숫자로 기재하고 아래 해당번호에 마킹합니다.
7. 시험문제지 형별 및 수험번호 등 마킹착오로 인한 불이익은 전적으로 수험자의 귀책사유입니다.
8. 감독위원의 날인이 없는 답안카드는 무효처리 됩니다.
9. 상단과 우측의 검은색 띠(▮▮▮) 부분은 낙서를 금지합니다.
10. 답안카드의 채점은 전산 판독결과에 따르며, 마킹누락, 마킹착오, 불완전한 마킹 등은 수험자의 귀책사유에 해당하므로 이의제기를 하더라도 받아들여지지 않습니다.

부정행위 처리규정
시험 중 다음과 같은 행위를 하는 자는 당해 시험을 무효처리하고 자격별 관련 규정에 따라 일정기간 동안 시험에 응시할 수 있는 자격을 정지합니다.
1. 시험과 관련된 대화, 답안카드 교환, 다른 수험자의 답안·문제지를 보고 답안 작성, 대리시험을 치르거나 치르게 하는 행위, 시험문제 내용과 관련된 물건을 휴대하거나 이를 주고받는 행위
2. 시험장 내외로부터 도움을 받아 답안을 작성하는 행위, 공인어학성적 및 응시자격서류를 허위기재하여 제출하는 행위
3. 통신기기(휴대전화·소형 무전기 등) 및 전자기기(초소형 카메라 등)를 휴대하거나 사용하는 행위
4. 다른 수험자와 성명 및 수험번호를 바꾸어 작성·제출하는 행위
5. 기타 부정 또는 불공정한 방법으로 시험을 치르는 행위

교시 기재란
(1)교시 ● ② ③

형별 기재란 A형 ●

선 택 과 목 1

선 택 과 목 2

수 험 번 호

0	1	3	2	9	8	0	1
●	⓪	⓪	⓪	⓪	⓪	●	⓪
①	●	①	①	①	①	①	●
②	②	②	●	②	②	②	②
③	③	●	③	③	③	③	③
④	④	④	④	④	④	④	④
⑤	⑤	⑤	⑤	⑤	⑤	⑤	⑤
⑥	⑥	⑥	⑥	⑥	⑥	⑥	⑥
⑦	⑦	⑦	⑦	⑦	⑦	⑦	⑦
⑧	⑧	⑧	⑧	⑧	●	⑧	⑧
⑨	⑨	⑨	⑨	●	⑨	⑨	⑨

감독위원 확인

김 ㉘ 독

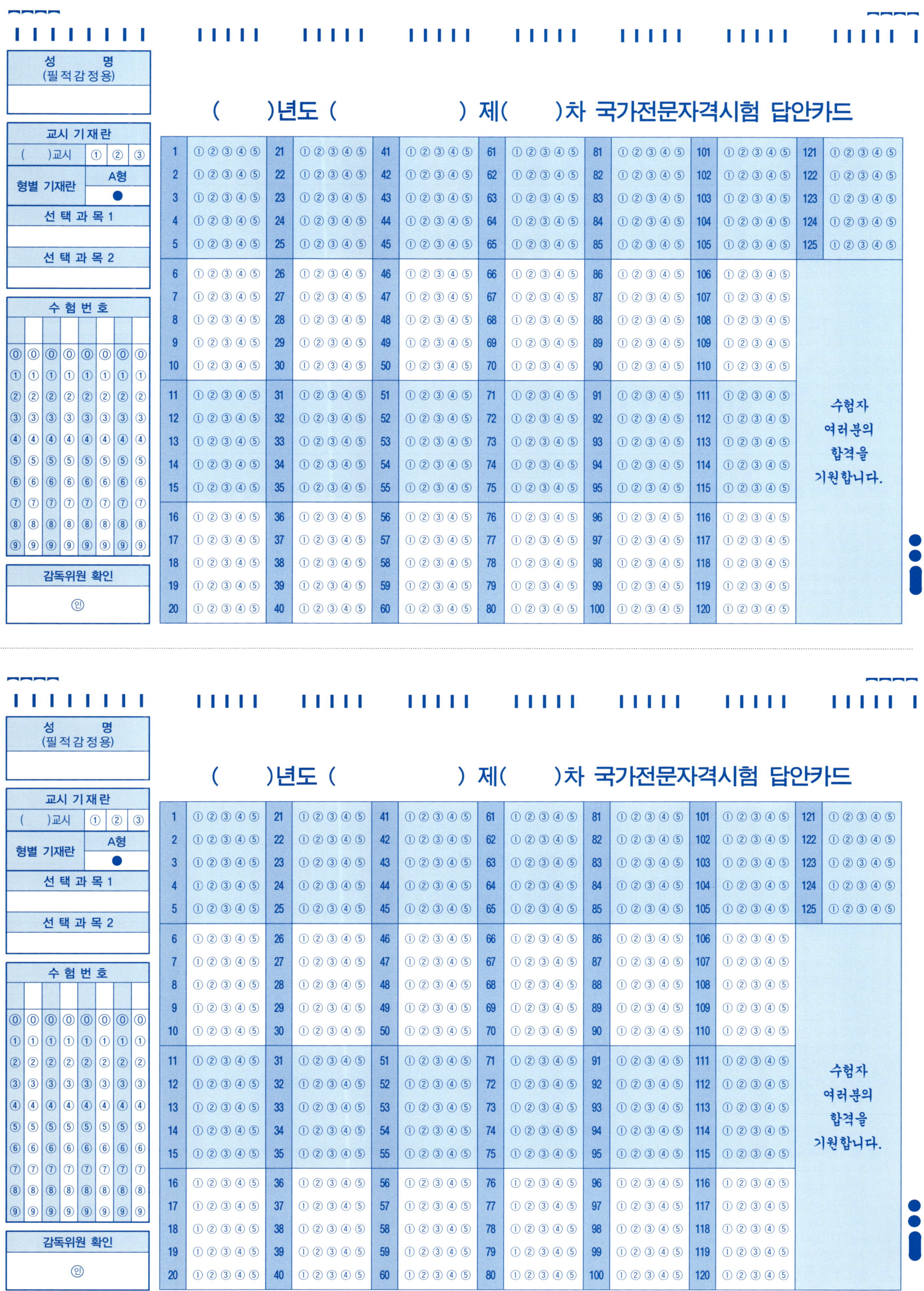

마킹주의

바르게 마킹: ●
잘못 마킹: ⊗, ⊙, ⊘, ◎, ①, ⊖, ◌, ⊘

(예 시)

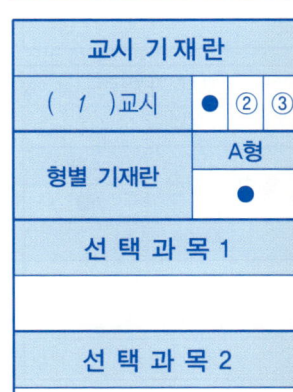

수험자 유의사항

1. 시험 중에는 통신기기(휴대전화·소형 무전기 등) 및 전자기기(초소형 카메라 등)를 소지하거나 사용할 수 없습니다.
2. 부정행위 예방을 위해 시험문제지에도 수험번호와 성명을 반드시 기재하시기 바랍니다.
3. **시험시간이 종료되면 즉시 답안작성을 멈춰야** 하며, 종료시간 이후 계속 답안을 작성하거나 감독위원의 답안카드 제출지시에 불응할 때에는 당해 시험이 무효처리 됩니다.
4. 기타 감독위원의 정당한 지시에 불응하여 타 수험자의 시험에 방해가 될 경우 퇴실조치 될 수 있습니다.

답안카드 작성시 유의사항

1. 답안카드 기재·마킹시에는 **반드시 검은색 사인펜**을 사용해야 합니다.
2. 답안카드를 잘못 작성했을 시에는 카드를 교체하거나 수정테이프를 사용하여 수정할 수 있습니다.
   그러나 불완전한 수정처리로 인해 발생하는 전산자동판독불가 등 불이익은 수험자의 귀책사유입니다.
   - 수정테이프 이외의 수정액, 스티커 등은 사용 불가
   - 답안카드 왼쪽(성명·수험번호 등)을 제외한 '답안란'만 수정테이프로 수정 가능
3. 성명란은 수험자 본인의 성명을 정자체로 기재합니다.
4. 교시 기재란은 해당교시를 기재하고 해당 란에 마킹합니다.
5. 시험문제지 형별기재란에 표시된 형별(A형 공통)을 확인합니다.
6. 수험번호란은 숫자로 기재하고 아래 해당번호에 마킹합니다.
7. 시험문제지 형별 및 수험번호 등 마킹착오로 인한 불이익은 전적으로 수험자의 귀책사유입니다.
8. 감독위원의 날인이 없는 답안카드는 무효처리 됩니다.
9. 상단과 우측의 검은색 띠(▮▮▮) 부분은 낙서를 금지합니다.
10. 답안카드의 채점은 전산 판독결과에 따르며, 마킹누락, 마킹착오, 불완전한 마킹 등은 수험자의 귀책사유에 해당하므로 이의제기를 하더라도 받아들여지지 않습니다.

부정행위 처리규정

시험 중 다음과 같은 행위를 하는 자는 당해 시험을 무효처리하고 자격별 관련 규정에 따라 일정기간 동안 시험에 응시할 수 있는 자격을 정지합니다.

1. 시험과 관련된 대화, 답안카드 교환, 다른 수험자의 답안·문제지를 보고 답안 작성, 대리시험을 치르거나 치르게 하는 행위, 시험문제 내용과 관련된 물건을 휴대하거나 이를 주고받는 행위
2. 시험장 내외로부터 도움을 받아 답안을 작성하는 행위, 공인어학성적 및 응시자격서류를 허위기재하여 제출하는 행위
3. 통신기기(휴대전화·소형 무전기 등) 및 전자기기(초소형 카메라 등)를 휴대하거나 사용하는 행위
4. 다른 수험자와 성명 및 수험번호를 바꾸어 작성·제출하는 행위
5. 기타 부정 또는 불공정한 방법으로 시험을 치르는 행위

마킹주의

바르게 마킹: ●
잘못 마킹: ⊗, ⊙, ⊘, ◎, ①, ⊖, ◌, ⊘

(예 시)

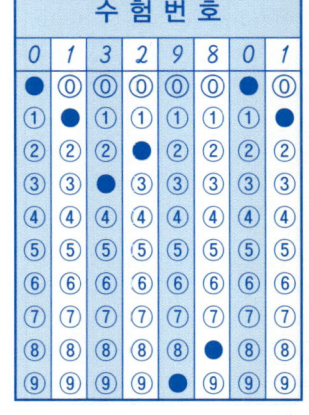

수험자 유의사항

1. 시험 중에는 통신기기(휴대전화·소형 무전기 등) 및 전자기기(초소형 카메라 등)를 소지하거나 사용할 수 없습니다.
2. 부정행위 예방을 위해 시험문제지에도 수험번호와 성명을 반드시 기재하시기 바랍니다.
3. **시험시간이 종료되면 즉시 답안작성을 멈춰야** 하며, 종료시간 이후 계속 답안을 작성하거나 감독위원의 답안카드 제출지시에 불응할 때에는 당해 시험이 무효처리 됩니다.
4. 기타 감독위원의 정당한 지시에 불응하여 타 수험자의 시험에 방해가 될 경우 퇴실조치 될 수 있습니다.

답안카드 작성시 유의사항

1. 답안카드 기재·마킹시에는 **반드시 검은색 사인펜**을 사용해야 합니다.
2. 답안카드를 잘못 작성했을 시에는 카드를 교체하거나 수정테이프를 사용하여 수정할 수 있습니다.
   그러나 불완전한 수정처리로 인해 발생하는 전산자동판독불가 등 불이익은 수험자의 귀책사유입니다.
   - 수정테이프 이외의 수정액, 스티커 등은 사용 불가
   - 답안카드 왼쪽(성명·수험번호 등)을 제외한 '답안란'만 수정테이프로 수정 가능
3. 성명란은 수험자 본인의 성명을 정자체로 기재합니다.
4. 교시 기재란은 해당교시를 기재하고 해당 란에 마킹합니다.
5. 시험문제지 형별기재란에 표시된 형별(A형 공통)을 확인합니다.
6. 수험번호란은 숫자로 기재하고 아래 해당번호에 마킹합니다.
7. 시험문제지 형별 및 수험번호 등 마킹착오로 인한 불이익은 전적으로 수험자의 귀책사유입니다.
8. 감독위원의 날인이 없는 답안카드는 무효처리 됩니다.
9. 상단과 우측의 검은색 띠(▮▮▮) 부분은 낙서를 금지합니다.
10. 답안카드의 채점은 전산 판독결과에 따르며, 마킹누락, 마킹착오, 불완전한 마킹 등은 수험자의 귀책사유에 해당하므로 이의제기를 하더라도 받아들여지지 않습니다.

부정행위 처리규정

시험 중 다음과 같은 행위를 하는 자는 당해 시험을 무효처리하고 자격별 관련 규정에 따라 일정기간 동안 시험에 응시할 수 있는 자격을 정지합니다.

1. 시험과 관련된 대화, 답안카드 교환, 다른 수험자의 답안·문제지를 보고 답안 작성, 대리시험을 치르거나 치르게 하는 행위, 시험문제 내용과 관련된 물건을 휴대하거나 이를 주고받는 행위
2. 시험장 내외로부터 도움을 받아 답안을 작성하는 행위, 공인어학성적 및 응시자격서류를 허위기재하여 제출하는 행위
3. 통신기기(휴대전화·소형 무전기 등) 및 전자기기(초소형 카메라 등)를 휴대하거나 사용하는 행위
4. 다른 수험자와 성명 및 수험번호를 바꾸어 작성·제출하는 행위
5. 기타 부정 또는 불공정한 방법으로 시험을 치르는 행위

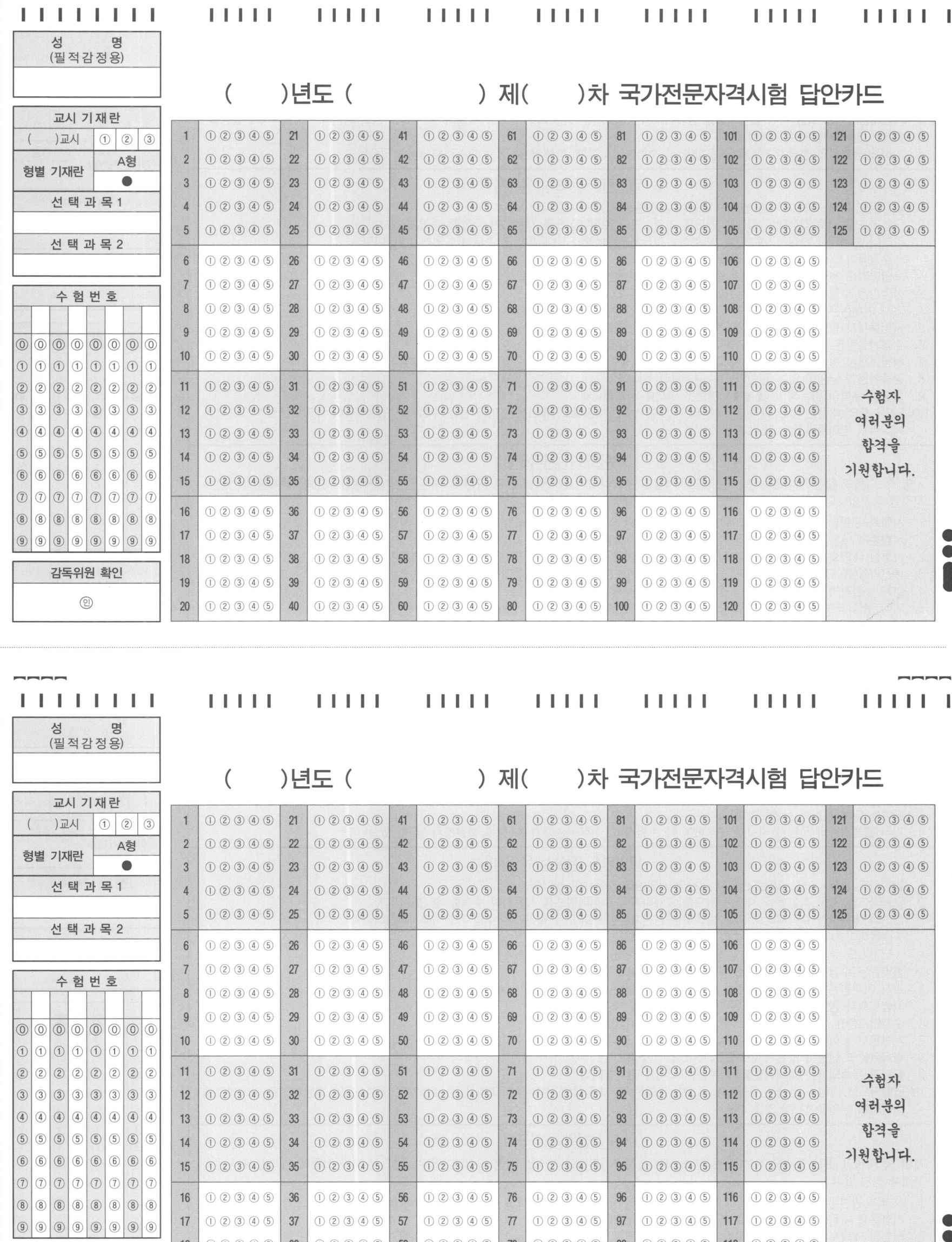

마킹주의

바르게 마킹: ●
잘못 마킹: ⊗, ⊙, ⊘, ◎, ①, ⊖, ◐, ⦸

(예 시)

성 명 (필적감정용)

홍길동

수험자 유의사항
1. 시험 중에는 통신기기(휴대전화·소형 무전기 등) 및 전자기기(초소형 카메라 등)를 소지하거나 사용할 수 없습니다.
2. 부정행위 예방을 위해 시험문제지에도 수험번호와 성명을 반드시 기재하시기 바랍니다.
3. **시험시간이 종료되면 즉시 답안작성을 멈춰야** 하며, 종료시간 이후 계속 답안을 작성하거나 감독위원의 답안카드 제출지시에 불응할 때에는 당해 시험이 무효처리 됩니다.
4. 기타 감독위원의 정당한 지시에 불응하여 타 수험자의 시험에 방해가 될 경우 퇴실조치 될 수 있습니다.

답안카드 작성시 유의사항
1. 답안카드 기재·마킹시에는 **반드시 검은색 사인펜**을 사용해야 합니다.
2. 답안카드를 잘못 작성했을 시에는 카드를 교체하거나 수정테이프를 사용하여 수정할 수 있습니다.
   그러나 불완전한 수정처리로 인해 발생하는 전산자동판독불가 등 불이익은 수험자의 귀책사유입니다.
   - 수정테이프 이외의 수정액, 스티커 등은 사용 불가
   - 답안카드 왼쪽(성명·수험번호 등)을 제외한 '답안란'만 수정테이프로 수정 가능
3. 성명란은 수험자 본인의 성명을 정자체로 기재합니다.
4. 교시 기재란은 해당교시를 기재하고 해당 란에 마킹합니다.
5. 시험문제지 형별기재란에 표시된 형별(A형 공통)을 확인합니다.
6. 수험번호란은 숫자로 기재하고 아래 해당번호에 마킹합니다.
7. 시험문제지 형별 및 수험번호 등 마킹착오로 인한 불이익은 전적으로 수험자의 귀책사유입니다.
8. 감독위원의 날인이 없는 답안카드는 무효처리 됩니다.
9. 상단과 우측의 검은색 띠(▌▌▌) 부분은 낙서를 금지합니다.
10. 답안카드의 채점은 전산 판독결과에 따르며, 마킹누락, 마킹착오, 불완전한 마킹 등은 수험자의 귀책사유에 해당하므로 이의제기를 하더라도 받아들여지지 않습니다.

부정행위 처리규정
시험 중 다음과 같은 행위를 하는 자는 당해 시험을 무효처리하고 자격별 관련 규정에 따라 일정기간 동안 시험에 응시할 수 있는 자격을 정지합니다.
1. 시험과 관련된 대화, 답안카드 교환, 다른 수험자의 답안·문제지를 보고 답안 작성, 대리시험을 치르거나 치르게 하는 행위, 시험문제 내용과 관련된 물건을 휴대하거나 이를 주고받는 행위
2. 시험장 내외로부터 도움을 받아 답안을 작성하는 행위, 공인어학성적 및 응시자격서류를 허위기재하여 제출하는 행위
3. 통신기기(휴대전화·소형 무전기 등) 및 전자기기(초소형 카메라 등)를 휴대하거나 사용하는 행위
4. 다른 수험자와 성명 및 수험번호를 바꾸어 작성·제출하는 행위
5. 기타 부정 또는 불공정한 방법으로 시험을 치르는 행위

교시 기재란

(1)교시 ● ② ③

형별 기재란 A형 ●

선 택 과 목 1

선 택 과 목 2

수 험 번 호

0 1 3 2 9 8 0 1

감독위원 확인

김 (인) 독

제36회 공인중개사 시험대비 **전면개정**

2025 **박문각** 공인중개사 2차 실전모의고사
공인중개사법·중개실무 | 부동산공법 | 부동산공시법령 | 부동산세법

초판인쇄 | 2025. 5. 25. **초판발행** | 2025. 5. 30. **편저** | 박문각 부동산교육연구소
발행인 | 박 용 **발행처** | (주)박문각출판 **등록** | 2015년 4월 29일 제2019-000137호
주소 | 06654 서울시 서초구 효령로 283 서경 B/D 4층 **팩스** | (02)584-2927
전화 | 교재 주문 (02)6466-7202, 동영상문의 (02)6466-7201

판 권
본 사
소 유

이 책의 무단 전재 또는 복제 행위는 저작권법 제136조에 의거, 5년 이하의 징역 또는 5,000만원 이하의 벌금에 처하거나 이를 병과할 수 있습니다.

정가 30,000원
ISBN 979-11-7262-911-3 | ISBN 979-11-7262-909-0(1·2차 세트)